# 파고다 HSK

해설서

**5**급
실전모의고사

PAGODA Books

# 파고다 HSK 5급 해설서

초판 1쇄 인쇄 2016년 6월 30일
초판 1쇄 발행 2016년 6월 30일
초판 9쇄 발행 2025년 4월 16일

**지 은 이** | 파고다교육그룹 언어교육연구소
**펴 낸 이** | 박경실
**펴 낸 곳** | **PAGODA Books** 파고다북스
**출판등록** | 2005년 5월 27일 제 300-2005-90호
**주　　소** | 06614 서울특별시 서초구 강남대로 419, 19층(서초동, 파고다타워)
**전　　화** | (02) 6940-4070
**팩　　스** | (02) 536-0660
**홈페이지** | www.pagodabook.com

**저작권자** | ⓒ 2016 파고다아카데미

이 책의 저작권은 출판사에 있습니다. 서면에 의한 저작권자와 출판사의 허락 없이
내용의 일부 혹은 전부를 인용 및 복제하거나 발췌하는 것을 금합니다.

**Copyright** ⓒ 2016 by PAGODA Academy

All rights reserved. No part of this publication may be reproduced, stored
in a retrieval system, or transmitted, in any form, or by any means, electronic,
mechanical, photocopying, recording or otherwise, without the prior written
permission of the copyright holder and the publisher.

**ISBN** 978-89-6281-729-4(13720)

파고다북스　　www.pagodabook.com
파고다 어학원　www.pagoda21.com
파고다 인강　　www.pagodastar.com
테스트 클리닉　www.testclinic.com

l 낙장 및 파본은 구매처에서 교환해 드립니다.

# 머리말

중국어 능력을 평가하는 HSK(한어수평고시)는 한국을 비롯해 세계 각국에서 중국어 학습자에 대한 절대적인 평가 도구로 활용되고 있습니다.

중국이 세계 경제 대국으로 부상하면서 미국과 더불어 국제 사회에서 가장 영향력 있는 국가로 부각되고 있는 가운데, 국내 주요 기업들도 채용 시 중국 전문가를 선호할 수밖에 없어 갈수록 중국어 학습이나 중국 유학, 한국 대학 어학 특기자 전형 진학 방면의 학습자 역시 증가하고 있습니다. 그리하여 중국어능력평가 시험인 HSK 응시자 수 역시 해마다 증가하고 있습니다.

이처럼 중국어 시험의 중요성이 점점 더 크게 부각되면서 학생들은 빠른 시간 안에 목표 급수를 획득해야 한다는 부담이 더 커지고 있습니다. 특히나 혼자 시험을 준비하는 학생들에게 어떤 것을 공부하고, 어떤 것을 하지 말아야 하는지는 가장 큰 고민거리가 될 것입니다. 시험 출제 경향은 해마다 달라지고 있고, 다양한 어휘와 표현들이 매년 새롭게 쏟아지고 있습니다. 이런 변화를 예전 실전서들은 따라잡을 수 없습니다. 시간이 오래된 책은 여전히 과거의 출제 경향에 머물러 있을 뿐입니다.

본 연구진들은 최근 1~2년간 출제된 기출문제들을 면밀히 분석해 최신 출제 경향을 완벽히 반영하였으며, 실제 시험과 유사한 문제들로 구성해 응시생들이 짧은 시간 동안 효율적으로 공부할 수 있도록 집필하였습니다. 뿐만 아니라 파고다언어교육연구소가 수년간 축적해 온 HSK DB를 바탕으로 5급 합격을 위해 반드시 풀어봐야 하는 듣기, 독해, 쓰기 영역의 모든 문제들을 상세한 해설서와 함께 제공하고 있습니다.

끝으로 본서가 나올 수 있도록 물심양면으로 도와주신 파고다교육그룹의 박경실 회장님께
깊은 감사의 말씀을 전하며, 아울러 어려운 집필 과정 중에 끊임없이 함께 연구하고 고민해 주신
파고다 중국어 강사들과 중국어 컨텐츠 기획실에도 감사의 말씀을 전합니다.

2016. 06
파고다교육그룹 언어교육연구소 저자진 일동

# 파고다 HSK 5급
## 그것이 알고 싶다!

**Q** 5급의 구성과 시험시간은 어떻게 되나요?

**A** HSK 5급은 총 100문항으로 듣기, 독해, 쓰기 3부분으로 나뉘며, 100문항을 약 125분 동안 풀게 됩니다. 듣기 시험을 마치고 나면 답안 작성 시간이 5분이 주어집니다.

| 시험구성 | | 문항 수 | | 배점 | 시험시간 |
|---|---|---|---|---|---|
| 개인 정보 작성 시간 | | | | | 5분 |
| 듣기 | 제 1부분 | 20 | 45 문항 | 100점 | 약 30분 |
| | 제 2부분 | 25 | | | |
| 듣기 답안지 작성 시간 | | | | | 5분 |
| 독해 | 제 1부분 | 15 | 45문항 | 100점 | 45분 |
| | 제 2부분 | 10 | | | |
| | 제 3부분 | 20 | | | |
| 쓰기 | 제 1부분 | 8 | 10문항 | 100점 | 40분 |
| | 제 2부분 | 2 | | | |
| 총계 | | 100문항 | | 300점 | 약 125분 |

**Q** 몇 점이면 합격인가요?

**A** 총 300점 만점에서 180점 이상이면 합격입니다. 영역별 과락 없이 총점만 180점을 넘으면 급수를 획득할 수가 있지만, 성적표에는 영역별로 성적이 모두 표기되기 때문에 점수가 현저히 낮은 영역이 있는 것은 좋지 않습니다.

**Q** 영역별 배점은 어떻게 하나요?

**A** 영역별 배점은 아래와 같습니다. 쓰기 부분은 어법 오류나 틀린 글자가 있으면 감점이 됩니다. 너무 길게 쓰려고 하는 것보다 자신이 알고 있는 문장으로 정확하게 쓰는 것이 좋습니다.

| 영역별 | | 문항 수 | 총점 |
|---|---|---|---|
| 듣기 | | 45문항 | 100점 |
| 독해 | | 45문항 | 100점 |
| 쓰기 | 제 1부분 | 1문항 | 100점 |
| | 제 2부분 | 1문항 | |

**Q 얼마나 공부하면 5급을 받을 수 있나요?**

**A** 사람마다 실력이나 투자할 수 있는 시간이 다르기 때문에 정해진 답은 없습니다. 하지만, 이 책을 풀어보면서 복습하는 방식으로 마스터하고 '아! 그렇구나, 나도 도전할 수 있겠다!'라는 생각이 드는 수준이라면 5급은 충분히 받을 수 있습니다.

**Q 기출문제가 중요하나요?**

**A** 기출문제가 시험에 다시 나오든 나오지 않든, 기출문제는 실제 시험문제의 유형과 난이도를 직접 체험할 수 있는 최적의 문제입니다. 이 책은 최근 1~2년 사이 시험에 출제되었던 기출문제를 토대로 실제 시험문제와 가장 유사하게 만든 100% 기출 활용 문제들로 구성했기 때문에 실전감각을 충분히 익힐 수 있을 것입니다.

**Q 5급 시험 난이도는 어떤가요?**

**A** HSK 시험 출제 경향이나 난이도 면에서 해마다 달라지고 있고, 다양한 어휘와 표현들이 매년 새롭게 쏟아지고 있습니다. 5급 시험은 난이도면에서는 크게 벗어나지 않지만, 계속 새로운 유형이 나타나기 때문에 최신 기출문제의 분석이 매우 중요합니다. 따라서 최근에 나온 출제 경향이 한 동안은 그대로 유지될 가능성이 높기 때문에 최신 기출문제를 많이 풀어보고 접해보는 것이 가장 좋습니다.

**Q 정기 시험 일자는 어떻게 되나요?**

**A** HSK 시험은 매달 1번씩, 12회가 실시되며, 실시 지역과 시행하는 단체가 조금씩 다르므로, HSK 한국사무국 홈페이지(www.hsk.or.kr)에서 확인하는 것이 좋습니다.

# 목차 5급

- 머리말
- 파고다 HSK 5급 그것이 알고 싶다!
- HSK 시험 소개
- HSK 5급 영역별 공략법
- 이 책의 구성 및 특징
- 원고지 작성법

## 모의고사

실전모의고사 **1** 회 • 3
실전모의고사 **2** 회 • 21
실전모의고사 **3** 회 • 39
실전모의고사 **4** 회 • 57
실전모의고사 **5** 회 • 75

## 해설서

실전모의고사 **1** 회 해설서 • 19
실전모의고사 **2** 회 해설서 • 85
실전모의고사 **3** 회 해설서 • 153
실전모의고사 **4** 회 해설서 • 219
실전모의고사 **5** 회 해설서 • 283

# HSK 시험 소개

### HSK란 무엇인가?
汉语水平考试(중국어 능력시험)의 한어병음인 Hànyǔ Shuǐpíng Kǎoshì의 앞 글자를 딴 것으로, 중국어가 제1언어가 아닌 사람이 중국어 능력을 측정하기 위해 만든 표준화 시험이다.

### HSK 용도
- 중국·한국 대학(원) 입학·졸업 시 평가 기준
- 한국 특목고 입학 시 평가 기준
- 각급 업체 및 기관의 채용, 승진을 위한 기준
- 중국 정부 장학생 선발 기준
- 교양 중국어 학력 평가 기준

### HSK 각 급수 구성
HSK는 필기시험(HSK 1급 ~ 6급)과 회화시험(HSK 초급·중급·고급)으로 나뉘며, 필기시험과 회화시험은 각각 독립적으로 실시하고 있다. 필기시험은 급수별로, 회화시험은 등급별로 각각 응시할 수 있다.

| 등급 | | 어휘량 |
| --- | --- | --- |
| HSK 6급 | 기존 고등 HSK에 해당 | 5,000개 이상 |
| HSK 5급 | 기존 초중등 HSK에 해당 | 2,500개 |
| HSK 4급 | 기존 기초 HSK에 해당 | 1,200개 |
| HSK 3급 | 중국어 입문자를 위해 신설된 시험 | 600개 |
| HSK 2급 | | 300개 |
| HSK 1급 | | 150개 |

### HSK 시험 접수

① **인터넷 접수**   HSK 한국사무국 홈페이지(http://www.hsk.or.kr) 에서 접수

② **우편 접수**   **구비 서류** | 응시원서(반명함판 사진 1장 부착) 및 별도 사진 1장, 응시비 입금 영수증

③ **방문 접수**   **준비물** | 응시원서, 사진 3장
　　　　　　　**접수처** | 서울 공자 아카데미(서울 강남구 테헤란로 5길 24 장연빌딩 3층)
　　　　　　　**접수 시간** | 평일 오전 9시 30분 ~ 12시
　　　　　　　　　　　　　평일 오후 1시 ~ 5시 30분
　　　　　　　　　　　　　토요일 오전 9시 30분 ~ 12시

### HSK 시험 당일 준비물

수험표, 신분증, 2B 연필, 지우개

### HSK 시험 성적 확인

**1 성적 조회**

시험 본 당일로부터 1개월 후 HSK 한국사무국 홈페이지(http://www.hsk.or.kr) 우측 중간의
`성적조회` ➡ `중국고시 센터` ➡ `성적조회 GO` 에서 조회가 가능하다.
**입력 정보** | 수험증 번호, 성명, 인증번호

**2 성적표 수령 방법**

HSK 성적표는 성적 조회 가능일로부터 2주 후, 우편 또는 방문을 통해 수령이 가능하다.
우편 수령 신청자의 경우, 등기우편으로 성적표가 발송된다.
방문 수령 신청자의 경우, 홈페이지에서 해당 시험일 성적표 발송 공지문을 확인한 후,
신분증을 지참하여 HSK 한국사무국으로 방문하여 수령한다.

**3 성적의 유효기간**

증서 및 성적은 시험을 본 당일로부터 2년간 유효하다.

# HSK 5급 영역별 공략법

| | 제1부분(第一部分) | 제2부분(第二部分) |
|---|---|---|
| 문제 형식 | 남녀가 한 번씩 말하는 대화 듣고 1개 질문에 답하기 | ① **대화형**: 남녀가 두 번씩 말하는 대화 듣고 1개 질문에 답하기<br>② **단문형**: 단문 듣고 2~3개의 질문에 답하기 |
| 시험 목적 | 남녀의 짧은 대화를 듣고 대화의 장소, 직업, 행동, 상황, 어기 등을 파악하는 능력을 테스트 | ① **대화형**: 남녀의 긴 대화의 장소, 직업, 행동, 상황, 어기 등을 파악하는 능력을 테스트<br>② **단문형**: 긴 녹음의 전체 및 세부 내용을 파악하는 능력을 테스트 |
| 문항 수 | 20문항(1번-20번) | 25문항<br>대화형(21-30번) / 단문형(31번-45번) |
| 시험 시간 | 약 30분 | |

### 문제는 이렇게 풀어라!

## 제1부분

**Step 1** 대화를 듣기 전에 보기를 읽어 대화 내용과 질문을 예측한다.

**Step 2** 보기 중의 내용이 대화에서 그대로 언급되는 경우 정답일 확률이 높다. 따라서 보기와 관련이 있는 내용이 언급되면 해당 보기 옆에 ✔ 표시를 해 둔다.

**Step 3** 질문이 여자에 대해서 묻는 건지, 남자에 대해서 묻는 건지 정확하게 듣고 정답을 선택한다.

## 제2부분

**Step 1** 단문을 듣기 전에 보기를 읽어 단문의 내용과 질문을 예측한다. 보기에 나온 내용이 단문에 그대로 노출이 되기 때문에 정답이 될 확률이 아주 높다.

| Step 2 | 단문을 들으며 보기의 내용이 단문에서 언급되거나 관련 내용이 나오면 표시를 꼭 해둔다. |
| Step 3 | 단문을 모두 들은 후 이어지는 질문을 들으며, 보기 옆에 표시해 둔 정보를 바탕으로 정답을 도출해 낸다. |

|  | 제1부분(第一部分) | 제2부분(第二部分) | 제3부분(第三部分) |
|---|---|---|---|
| 문제 형식 | 빈칸에 알맞은 단어나 문장 고르기 | 단문을 읽고 일치하는 보기 고르기 | 장문을 읽고 3~4개 질문에 답하기 |
| 시험 목적 | 글 전체 내용을 파악하거나 품사의 이해를 요하는 능력 테스트 | 일상 생활, 일반상식 중국문화, 사회 이슈, 에피소드 등을 다룬 단문을 빠르게 읽고 보기의 옳고 그름을 판단하는 능력 테스트 | 장문을 읽고 주제, 내용 전개, 사자성어, 세부적인 정보를 파악하는 능력 테스트 |
| 문항 수 | 15문항(46-60번) | 10문항(61번-70번) | 20문항(71-90번) |
| 시험 시간 | 45분 | | |

### 문제는 이렇게 풀어라!

## 제1부분

**Step 1** 어휘 호응 암기가 우선이다.

"독해 1부분은 어휘 호응 문제다"라고 말을 해도 과언이 아니다. 그렇기 때문에 평소 호응 단어 암기 없이 독해 1 부분의 고득점을 노리는 것은 무리이다.

争取 + 胜利(승리를 쟁취하다), 竞争 + 激烈(경쟁이 치열하다)와 같이 평소 낱개 단어의 암기가 아닌 자주 연결되어 활용되는 호응 단어를 같이 암기해야 한다.

**Step 2** '주어 + 술어 + 목적어' 찾아라.

호응은 주로 문장의 뼈대인 주어, 술어, 목적어에서 이루어진다. 그렇기 때문에 문장의 기본 구조를 분석하는 능력을 길러야 한다.

**Step 3** 스토리는 함정이다.

스토리가 아무리 잘 이해된다 해도 결정적으로 보기항의 단어나 호응 단어를 모른다면 정답을 절대로 찾을 수 없다. 반대로 스토리가 이해되지 않는다고 해도 보기항의 단어나 호응만 제대로 안다면 쉽게 답을 고를 수 있다. 그렇기 때문에 독해 1부분의 문제를 풀 때는 절대 스토리에 연연하지 않도록 한다.

## 제2부분

**Step 1** 도덕적이거나 합리적으로 생각하지 말아라.

독해 2부분은 본문의 내용과 일치하는 하나의 보기 항을 선택하는 것이다. 많은 문제들에서 시험 참가자들에게 혼란을 주기 위해 보기 항에 굉장히 도덕적이거나 합리적인 내용들이 출제되는데, 예를 들면 "我们要互相支持"(우리는 반드시 서로 지지해야 한다.), "要学会沟通"(소통할 줄 알아야 한다)와 같은 보기 항을 제시하는 경우가 있다. 문장으로 봤을 때는 주제에 해당되므로 정답이 될 것 같지만, 본문 내용과 전혀 일치하지 않는 내용이어서 절대 정답이 될 수 없으므로 이런 것들에 속지 않도록 한다.

**Step 2** 어려운 내용일수록 보기 항부터 훑어봐라.

본문 내용이 어려운 문제는 아무리 열심히 읽어도 내용을 정확히 이해하거나 글 주제를 절대 찾을 수 없다. 이럴 때는 순서를 바꾸어 보기 항을 먼저 보고 본문 속에 일치하는 표현이나 단어가 있는지 대조하는 것이 가장 좋은 방법이다.

**Step 3** 버릴 것은 버려라.

독해 2부분 본문 속에는 자주 중국 속담, 격언, 사자성어 등과 같은 해석하기에 굉장히 까다로운 표현들이 출현한다. 또한 간간히 글 속에서 6급 이상의 단어들을 접할 수 있다. 하지만 반드시 기억하자! 우리는 5급 시험을 보고 있다. 이러한 고급 단어들이나 표현들은 5급 정답을 찾는데 절대 영향을 미치지 않는 그저 함정일 뿐이다. 이런 함정을 과감하게 버리는 연습을 반드시 해야 한다.


## 제3부분

**Step 1** 질문을 반드시 먼저 읽고 핵심 키워드로 삼아라.

많은 시험 참가자들이 독해 문제를 풀 때 글의 내용을 이해하려고 해석 위주로 문제를 푸는 습관이 있다. 하지만 이것은 목적지 없이 이리저리 떠도는 떠돌이와 같다. 문제 속에는 왜 이 글을 읽어야 하는지 목적이 반드시 있다. 질문을 핵심 키워드로 삼아 글 속에서 일치하는 부분을 찾자.

**Step 2** 판단 문제, 내용 대조 문제는 반드시 A, B, C, D 보기 항을 읽어라.

"다음 보기 항의 옳고 그름을 판단하시오." 혹은 "위 글을 근거하여 알 수 있는 것은?"과 같은 질문이 출제되는데, 이런 옳고 그름 판단 문제 혹은 내용 대조 문제는 핵심 어휘가 없기 때문에 어디에서 정답이 숨어 있는지 알 수가 없다. 그렇기 때문에 글을 먼저 본다면 긴 지문을 다 읽고 답을 골라야 하므로 시간이 오래 걸린다. 독해 3부분은 전체를 읽고 해석하는 문제가 아니다. 먼저 보기 항의 내용을 정확하게 읽고 본문을 속독하면서 일치하는 단어나 표현에서 정답을 찾아내는 힘을 길러야 한다.

**Step 3** 주제와 제목 찾기는 다른 3개의 질문을 믿고 도전하자!

일반적으로 주제는 글의 맨 처음과 마지막에 있다. 하지만 시간이 부족한 독해 3부분에서 이것 역시 빠르게 찾는 요령이 필요하다. 글의 내용이 "사과는 맛있고, 영양이 풍부하며, 미용에 좋다"이었다면, 결론은 절대 "그래서 수박을 먹어야 한다"일 수가 없다. 주제는 글의 흐름과 일치한다. 그렇기 때문에 만일 주제나 제목을 묻는 문제 이외의 다른 3개의 질문을 모두 해결했다면 이와 같은 흐름 속에서 주제를 찾도록 하자.

|  | 제1부분(第一部分) | 제2부분(第二部分) |
|---|---|---|
| 문제 형식 | 어휘 조합하여 문장 만들기 | ① 주어진 어휘를 사용하여 80자 내외로 글 쓰기<br>② 주어진 그림을 보고 상황에 맞게 80자 내외로 글쓰기 |
| 시험 목적 | 중국어의 기본 어순을 잘 이해하고, 어법적 지식과 올바른 문장을 쓸 수 있는 능력을 갖추고 있는지를 요하는 테스트 | ① 주어진 어휘의 품사와 용법을 정확히 알고, 어법에 맞게 문장을 만들 수 있는지를 요하는 테스트<br>② 그림과 어울리는 상황을 설정해 적절한 어휘로 주제에 맞는 문장을 만들 수 있는지 요하는 테스트 |
| 문항 수 | 8문항(91번-98번) | 2문항(99번- 100번) |
| 시험 시간 | 40분 | |

**문제는 이렇게 풀어라!**

## 제1부분

**Step 1** 먼저 술어를 찾는다.

**Step 2** 술어를 찾은 후, 주어나 목적어가 되는 어휘를 찾아서 배치한다.
주어 + 술어 + 목적어 순으로 배치하되, 술어가 형용사이거나 목적어를 갖지 않는 경우는 주어만 우선 배치한다.

**Step 3** 남은 어휘들은 어순이나 의미에 맞게 배치한다.
반드시 답안지에 마침표(。) 나 물음표(？)를 붙여 완성한다.

# 제2부분

### 99번 문제

**Step 1** 주제 단어를 찾거나 호응 단어를 찾는다.
제시된 어휘 가운데 주제를 나타내는 어휘를 못 찾는다면, 호응 단어를 찾아 연결시켜 주제를 만든다.

**Step 2** 주제를 중심으로 각각 단어에 살을 붙인다.

**Step 3** 각각 어휘에 살을 붙인 문장을 토대로 원고지 작성법에 따라 완성한다.

### 100번 문제

#### 일기 형식

**Step 1** 사진 속 시간, 인물, 장소, 사건, 감정 등 순으로 묘사한다.

**Step 2** 부사어와 정어(관형어)를 이용, 문장 길이를 조절한다.

#### 논설문 형식

**Step 1** 도입(사진 묘사하기)

**Step 2** 살 붙여나가기

**Step 3** 서론(도입을 활용해서 의문 형태로 만들기)

**Step 4** 본론(순서나 나열의 형태로 만들기)

**Step 5** 결론(결론 및 제안으로 마무리)

# 이 책의 구성 및 특징

### 특장점 1
**충분한 실전 연습이 가능한 모의고사 5회분 문제집**

최근 1~2년간 출제된 문제들을 면밀히 분석해 최신 출제 경향을 완벽히 반영했다. 오래된 문제는 배제하고, 최신 시험에 자주 출제되는 문제만 골라 5회분 모의고사로 구성했다.

### 특장점 2
**학습자의 편의를 고려한 친절하고 깔끔한 해설서**

문제 하나하나에 대한 친절하고 깔끔한 해설뿐만 아니라, 구문, 어법까지 Tip으로 제공했다. 특히 문제의 키포인트가 되는 문장에는 컬러로 구분을 해줘 쉽게 답을 찾는데 도움이 될 수 있도록 했다.

따로 사전을 찾아볼 필요가 없도록 어휘를 한눈에 볼 수 있게 충분히 정리했다.

# HSK 5급 원고지 작성법

쓰기 제 2부분에 해당하는 99번과 100번 문제 답안지에는 96자로 쓸 수 있는 원고지가 두 개 주어진다. 80자 내외로 써야 하는데, 적어도 75자, 많아도 85자 이내로 글을 완성하는 것이 가장 좋다. 원고지 작성법에 맞게 썼는가도 채점의 기준이 되므로 원고지 형식에 맞춰 쓸 수 있도록 정확한 원고지 작성법을 알아 두자.

### ❶ 원고지 작성법

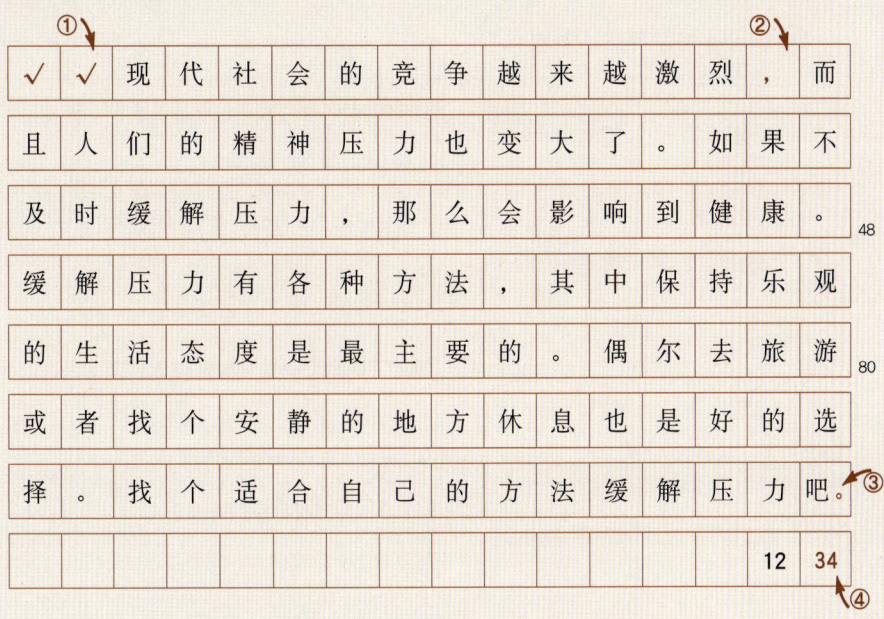

| | | |
|---|---|---|
| ① | ★ **처음 두 칸 비워쓰기**<br>매 단락을 시작할 때는 앞의 두 칸을 비우고 쓰며, 중국어는 한 칸에 한자씩 쓴다. | |
| ② | ★ **문장 부호 한 칸에 한 자씩 쓰기**<br>쉼표( , ), 마침표( 。), 물음표( ? ), 모점( 、)은 한 칸에 한 자씩 쓴다.<br>단, 문장 부호 두개가 연달아 올 경우, :" ……? "한 칸에 문장 부호 두 개를 함께 쓴다. | |
| ③ | ★ **맨 마지막 칸에 문장 부호가 끝날 경우, 중국어와 문장 부호 함께 쓰기**<br>문장 부호는 원고지 맨 앞 칸에는 쓰지 않는다. 이전 줄 마지막 칸에 중국어와 문장 부호를 함께 쓴다. | |
| ④ | ★ **숫자는 한 칸에 두 개씩 쓰기**<br>숫자는 원고지에 한 칸에 두 개씩 쓴다. | |

## ❷ 중국어 문장 부호 사용법

| | | |
|---|---|---|
| 마침표( 。) | 句号 jùhào | 평서문에 쓰여 문장을 마침의 의미를 나타낸다.<br>这是书。 이것은 책이다. |
| 쉼표( , ) | 逗号 dòuhào | 한 문장을 중간에 끊어서 쓸 때 사용한다.<br>在工作上，他非常能干。<br>업무에 있어서, 그는 매우 능력이 있다. |
| 모점( 、) | 顿号 dùnhào | 동등한 관계의 단어를 나열할 때 쓰인다.<br>他很喜欢葡萄、西瓜等水果。<br>그는 포도, 수박 등 과일을 좋아한다. |
| 물음표( ? ) | 问号 wènhào | 문장 끝에 쓰여 물음을 나타낸다.<br>你是中国人吗? 당신은 중국사람이에요? |
| 느낌표( ! ) | 叹号 tànhào | 감탄이나, 놀람 등을 표현할 때 쓰인다.<br>真棒！ 정말 멋져요! |
| 따옴표( "" )<br>쌍점(콜론)( : ) | 引号 yǐnhào<br>冒号 màohào | 화자나 다른사람의 말을 직접 인용할 때 따옴표를 쓰며, 이 인용문을 제시할 때는 쌍점으로 나타낸다.<br>妈妈对我说："你应该努力学习。"<br>엄마가 나에게 '너 열심히 공부해야 한다'고 말씀하셨다. |

# HSK（五级）答题卡

HSK (5급) 답안지 작성법

---

## 汉语水平考试　　　HSK　　　答题卡

→ 수형생 정보를 써 넣으세요.　　　　　　→ 고시장 정보를 써 넣으세요.
请填写考生信息　　　　　　　　　　　　请填写考点信息

按照考试证件上的姓名填写: → 수험표상의 영문 성명을 써 넣으세요.

| 姓名 | JIM MI NA |

如果有中文姓名，请填写: → 중문 성명이 있다면, 써 넣으세요.

| 中文姓名 | 金 美娜 |

→ 고시장 번호를 쓰고 마킹하세요.

考点代码:
8　[0] [1] [2] [3] [4] [5] [6] [7] ■ [9]
1　[0] ■ [2] [3] [4] [5] [6] [7] [8] [9]
5　[0] [1] [2] [3] [4] ■ [6] [7] [8] [9]
0　■ [1] [2] [3] [4] [5] [6] [7] [8] [9]
4　[0] [1] [2] [3] ■ [5] [6] [7] [8] [9]
0　■ [1] [2] [3] [4] [5] [6] [7] [8] [9]
0　■ [1] [2] [3] [4] [5] [6] [7] [8] [9]

→ 국적 번호를 쓰고 마킹하세요.

国籍:
5　[0] [1] [2] [3] [4] ■ [6] [7] [8] [9]
2　[0] [1] ■ [3] [4] [5] [6] [7] [8] [9]
3　[0] [1] [2] ■ [4] [5] [6] [7] [8] [9]

→ 본인 연령을 쓰고 마킹하세요.

年龄:
3　[0] [1] [2] ■ [4] [5] [6] [7] [8] [9]
5　[0] [1] [2] [3] [4] ■ [6] [7] [8] [9]

→ 본인 성별에 마킹하세요.

性别:　男 ■　　女 ■

→ 수험번호를 쓰고 마킹하세요.

考生序号:
0　■ [1] [2] [3] [4] [5] [6] [7] [8] [9]
0　■ [1] [2] [3] [4] [5] [6] [7] [8] [9]
0　■ [1] [2] [3] [4] [5] [6] [7] [8] [9]
3　[0] [1] [2] ■ [4] [5] [6] [7] [8] [9]
1　[0] ■ [2] [3] [4] [5] [6] [7] [8] [9]

---

注意　请用2B铅笔这样写: ■　2B 연필을 사용하여 마킹하세요.

답안 표기 방향에 주의해서 마킹하세요.

**一 听力 듣기**

제1부분
1. [A][B][C][D]　6. [A][B][C][D]　11. [A][B][C][D]　16. [A][B][C][D]　21. [A][B][C][D]
2. [A][B][C][D]　7. [A][B][C][D]　12. [A][B][C][D]　17. [A][B][C][D]　22. [A][B][C][D]
3. [A][B][C][D]　8. [A][B][C][D]　13. [A][B][C][D]　18. [A][B][C][D]　23. [A][B][C][D]
4. [A][B][C][D]　9. [A][B][C][D]　14. [A][B][C][D]　19. [A][B][C][D]　24. [A][B][C][D]
5. [A][B][C][D]　10. [A][B][C][D]　15. [A][B][C][D]　20. [A][B][C][D]　25. [A][B][C][D]

26. [A][B][C][D]　31. [A][B][C][D]　36. [A][B][C][D]　41. [A][B][C][D]
27. [A][B][C][D]　32. [A][B][C][D]　37. [A][B][C][D]　42. [A][B][C][D]
28. [A][B][C][D]　33. [A][B][C][D]　38. [A][B][C][D]　43. [A][B][C][D]
29. [A][B][C][D]　34. [A][B][C][D]　39. [A][B][C][D]　44. [A][B][C][D]
30. [A][B][C][D]　35. [A][B][C][D]　40. [A][B][C][D]　45. [A][B][C][D]

**二 阅读 독해**

제1부분
46. [A][B][C][D]　51. [A][B][C][D]　56. [A][B][C][D]　61. [A][B][C][D]　66. [A][B][C][D]
47. [A][B][C][D]　52. [A][B][C][D]　57. [A][B][C][D]　62. [A][B][C][D]　67. [A][B][C][D]
48. [A][B][C][D]　53. [A][B][C][D]　58. [A][B][C][D]　63. [A][B][C][D]　68. [A][B][C][D]
49. [A][B][C][D]　54. [A][B][C][D]　59. [A][B][C][D]　64. [A][B][C][D]　69. [A][B][C][D]
50. [A][B][C][D]　55. [A][B][C][D]　60. [A][B][C][D]　65. [A][B][C][D]　70. [A][B][C][D]

제3부분
71. [A][B][C][D]　76. [A][B][C][D]　81. [A][B][C][D]　86. [A][B][C][D]
72. [A][B][C][D]　77. [A][B][C][D]　82. [A][B][C][D]　87. [A][B][C][D]
73. [A][B][C][D]　78. [A][B][C][D]　83. [A][B][C][D]　88. [A][B][C][D]
74. [A][B][C][D]　79. [A][B][C][D]　84. [A][B][C][D]　89. [A][B][C][D]
75. [A][B][C][D]　80. [A][B][C][D]　85. [A][B][C][D]　90. [A][B][C][D]

**三 书写 독해**

91. 他把程序安装好了。
92.
93.
94.

请不要写到框线以外! 테두리 선 밖으로 넘어가지 마세요.

HSK 5급 원고지 작성법　**17**

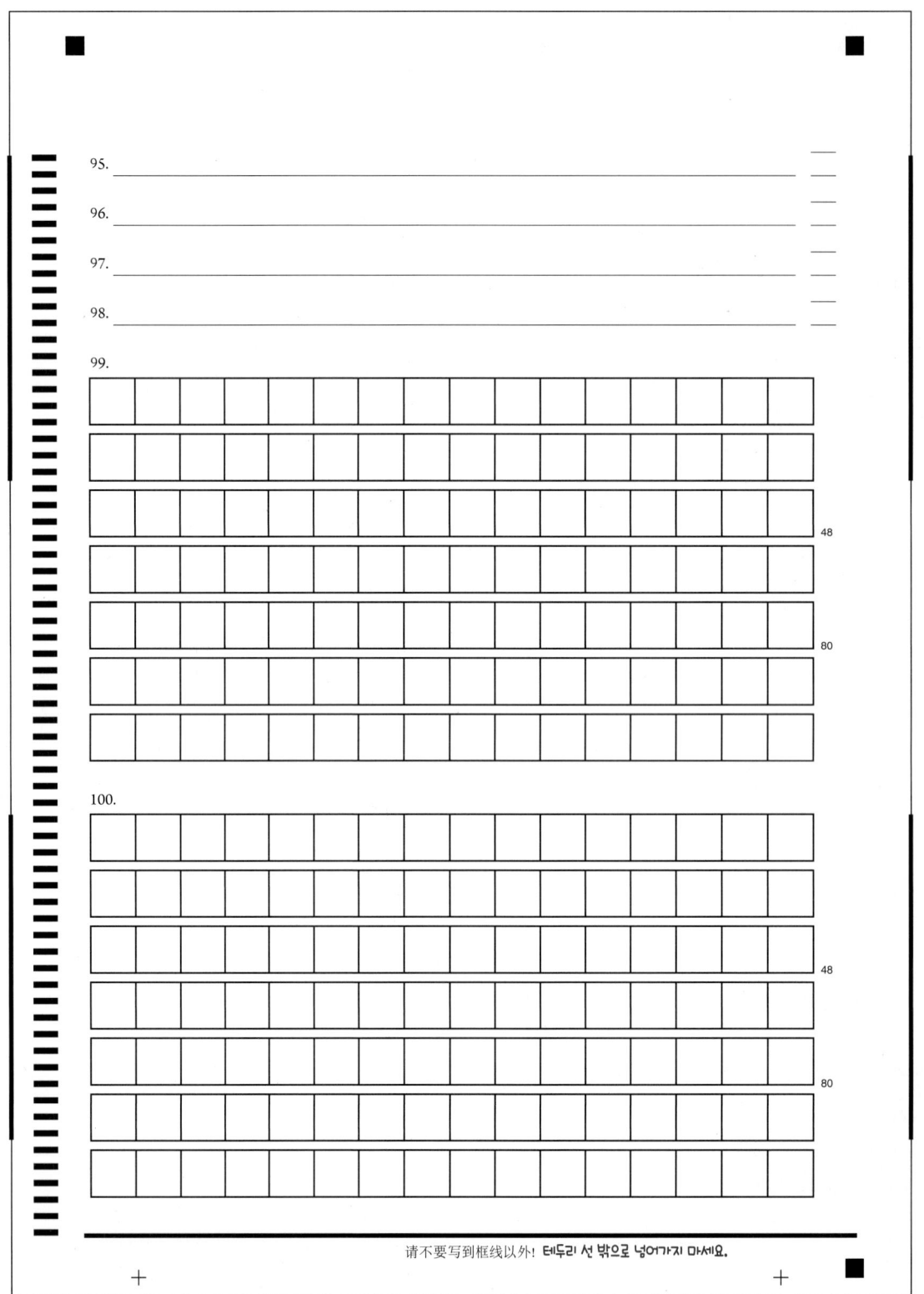

# HSK 5급 1회 모의고사 듣기 스크립트

HSK(五级)第一套听力材料

（音乐，30秒，渐弱）

大家好！欢迎参加HSK (五级) 考试。

大家好！欢迎参加HSK (五级) 考试。

大家好！欢迎参加HSK (五级) 考试。

HSK (五级) 听力考试分两部分，共45题。

请大家注意，听力考试现在开始。

## 第一部分

第1到20题，请选出正确答案。现在开始第1题：

**1**

女：你不是去看京剧了吗？怎么在家呢？

男：别提了，排了半天队。最后连票都没买上。

问：男的本来打算做什么？

**2**

男：那些质量不合格的电子词典，什么时候能退？

女：后天吧，我已经和厂家说好了。

问：关于那些电子词典，可以知道什么？

**3**

女：你租的这房子看起来又舒适，又高档的。设备也都是进口的吧？

男：这些都是次要的，我最看重的就是位置，离公司很近。

问：男的为什么租那套公寓？

**4**

男：这双鞋怎么湿成这样子？

女：我刚给花浇水时，不小心把水洒到鞋子上。

问：女的刚才做什么了？

**5**

女：前一阵多亏您帮我照顾琳琳，要不我都不知道怎么办才好。

男：咱们俩都这么多年的友情，这些还算什么呀！

问：女的主要是什么意思？

**6**

男：你去年接的那件案子，还没消息吗？

女：快了，就等法院的通知呢。

问：女的可能从事什么职业？

**7**

女：墙上摆着的那些都是你自己拍的？

男：是，这算是当记者的好处，可以免费去很多地方。

问：男的认为当记者有什么好处？

**8**

男：你最近怎么不出来散步呢？忙什么呢？

女：这学期课太多了，忙得连业余活动都参加不了。

问：女的最近为什么很少散步？

**9**

女：张教授，您看我的这幅画怎么样？
男：大体上还可以，但美中不足的就是，背景有点暗。
问：男的认为这幅画有什么缺点？

**10**

男：这套漫画书总共有46本，请问您需要买几本？
女：我都要，我特别喜欢这本书的作者。
问：关于那套漫画书，可以知道什么？

**11**

女：这次中秋放假，我们去看看爷爷吧？
男：嗯，我也非常想念他。
问：女的打算在假期做什么？

**12**

男：你不是买完机票了吗？怎么变成坐火车了？
女：今天雾太大，飞不了，我只能坐火车了。
问：根据对话，下列哪项正确？

**13**

女：我想给妈妈买个礼物，买什么好呢？
男：围巾吧，又保暖，又好看，很实用。
问：男的为什么推荐围巾？

**14**

男：我昨天看到小王了，他不是说过要出国留学吗？
女：还没，他的签证还没批下来。好像要等到下个月中旬才能去。
问：小王什么时候出国？

**15**

女：小赵，听说你开了一家咖啡厅，生意怎么样？
男：还好，有表哥帮我，他以前做过这个，经验很丰富。
问：小赵的咖啡厅有谁在帮忙？

**16**

男：你是不是吃了午饭？怎么剩了这么多饭呢？
女：我今天肚子不舒服，不想吃饭。
问：女的为什么不吃饭？

**17**

女：我来通知你们一下，今天的班会不开了，都回家吧。
男：知道了，谢谢你。
问：女的通知了什么？

**18**

男：我的笔呢？我记得用完放到包里了啊？

女：我放到笔盒里了，已经说过多少遍了，用完要放回原处。每次都当耳边风。

问：那支笔在哪里？

**19**

女：我这件衣服挑了很久，是不是看起来不太正式？

男：挺好的，再说就当个嘉宾，你不用太在意。

问：女的担心衣服怎么样？

**20**

男：这个房子真好看！你是不是挑了很久？

女：是啊，买的时候东奔西跑，现在看来值得了。

问：男的觉得房子怎么样？

**第二部分**

第21到45题，请选出正确答案。现在开始第21题：

**21**

女：这个电视剧连播了八年，里面好多演员都变了。

男：这么长的电视剧，应该很有人气吧。

女：对。我有很多朋友也很爱看。

男：听你说的，我也想去看看了。

问：关于这部电视剧，可以知道什么？

**22**

男：对不起，这次的聚会我去不了了。

女：发生什么事了？

男：我父亲病倒了在医院，我需要去照顾他。

女：嗯，我会通知大家的，希望你家人早日康复。

问：男的为什么不能参加聚会？

**23**

女：有家公司招人，听说你现在在找工作，要不要去看看？

男：有什么要求吗？

女：他们需要会计方面的人才，只要肯干就行。

男：太好了，我这就去面试。

问：公司需要什么样的人才？

**24**

男：恭喜你获得了马拉松冠军！

女：谢谢！

男：你平时是不是特别注意训练？

女：是啊，我每天都在坚持高强度训练，今天终于有了回报。

问：关于女的，可以知道什么？

**25**

女：高温已经持续半个月了。什么时候下雨呀？

男：是啊，今年夏天太热啦。
女：不知道有什么避暑的好方法。
男：听说咱家附近新开了一家室内滑冰场，咱去试试。
问：他们打算去哪里玩？

**26**
男：你是不是换了工作？
女：是啊，我打算自己开店。
男：开店一开始都很难经营，你要做好准备啊。
女：没关系，我做了很多准备，我有信心成功。
问：关于女的，可以知道什么？

**27**
女：爸，劳动节我要在外面住一晚。
男：是和朋友们在一起吗？
女：是啊，我们约好了在小刘的家里住一晚。
男：玩得开心点，注意安全。
问：女的打算在节日做什么？

**28**
男：你在看什么呢？怎么这么认真。
女：我要学日语，正在查资料呢。
男：日语谁也比不过我。
女：哎呀，我差点儿忘了，你是日语系毕业生，那我可要拜托你了。

问：根据对话，下列哪项正确？

**29**
女：喂！李总，你传真过来的合同我已经看过一遍。都挺好的。
男：那我们就约个时间签约吧。
女：好的，我让王秘书帮我们安排。
男：好的，那我就等王秘书的通知。
问：女的要让秘书安排什么？

**30**
男：明天上午博物馆将有一个展览，我看挺不错的。
女：主题是什么呀？
男：残疾人的手工艺展。
女：几点啊？咱一起去吧。
问：展览内容是什么？

**第31到32题是根据下面一段话：**

侄女六岁了，聪明伶俐。她自从学到了数字后，就养成了一个好习惯，吃零食前要先确认零食是否过期了。有一天，她从地上捡到了一块钱。激动地拿到我的面前夸耀。当她仔细看了看，却发现那个纸币是1999年的，立即撅起了嘴，并随手把纸币扔进了垃圾桶。只说了一句："真可惜！原来是过期的纸币呀！"

**31** 侄女吃零食前，有什么习惯？

**32** 侄女看到那个纸币的年份后，是怎么做的？

**第33到35题是根据下面一段话：**

著名商人胡雪岩年轻时，曾经在一家中药店卖药。那时，他就显现出了不平凡的推销才能。有一天，有位顾客想买金银花，不巧店里的金银花卖光了。顾客不得不准备离去。在旁的胡雪岩一下子拦住了他，问用金银花做什么。顾客说："我母亲上火了，听邻居说，用金银花泡水喝能治好。我想试一试。"胡雪岩听后，淡淡一笑，说："祛火的药不止金银花，菊花、胖大海等效果哪个都不比金银花差。"随后，顾客听取胡雪岩推荐，高兴地回家了。药店老板看见了胡雪岩的这一举动，于是决定把药店交给胡雪岩管理。

**33** 顾客一开始为什么很失望？

**34** 了解了顾客的来意后，胡雪岩是怎么做的？

**35** 关于胡雪岩，可以知道什么？

**第36到38题是根据下面一段话：**

有个人跟教练学滑冰。刚开始练习时，滑着滑着就忽然摔了下来。经过反复练习，依然没什么进展。最后，他垂头丧气地坐在地上，正想要放弃的时候，看见旁边有个小男孩，从他身边滑过去。他就叫住小男孩子问他怎样学会滑冰的。那孩子说："跌倒了爬起来，爬起来再跌倒，再爬起来，就学会了。"人生是漫长的，无论做什么事都不可能一帆风顺。尽管很艰难，但一定要重新站起来。跌倒并不可怕，重要的是你是否有重新站起来的毅力和勇气。

**36** 那个人刚开始练习时，表现如何？

**37** 那个小男孩子怎么学好滑冰的？

**38** 这段话主要告诉我们什么？

**第39到41题是根据下面一段话：**

有个孩子不小心打坏了书架上的花瓶。他连忙把碎片粘好，并把花瓶放回了原地。母亲到家后，看出来花瓶的变化。问孩子："花瓶是你弄坏的吗？"孩子慌忙向妈妈解释说："有只猫跳进来，把花瓶碰坏了。"母亲知道孩子在说谎，但她什么话也没说。随后，母亲从口袋里拿出三颗糖递给孩子，说："第一颗奖励你丰富的想象力，你居然会想象出了一只会开窗户的猫；第二颗奖励你出色的修复能力，没想到你能将碎了的花瓶重新粘好；最后一颗代表我的歉意，我不应该把花瓶放到易被碰倒的地方。孩子，没把你吓着吧？"孩子听后，感到十分惭愧。从此以后，他再也没有说过谎。

**39** 花瓶被打碎后，孩子做了什么？

**40** 第三颗糖代表什么？

**41** 孩子后来变得怎么样？

**第42到43题是根据下面一段话：**

对于体力劳动者来说，睡眠是一种最有效的休息方式。长期做体力劳动体内会产生大量的酸性的代谢物质。足够的睡眠可以清除这些物质，从而使人精力充沛。相反，长时间用脑的人，常常久坐不动，容易处于低兴奋状态。仅仅靠睡觉无法完全恢复精力。因此，对脑力劳动者而言，缓解疲劳的最有效的方式，是做有氧运动。

**42** 下列哪种方式，适合体力工作者缓解疲劳？

**43** 为什么脑力劳动者的身体，容易处于低兴奋状态？

**第44到45题是根据下面一段话：**

为促使人们更好地认识改善人类居住环境的必要性，1985年12月17日，第40届联合国大会上确定每年十月的第一个星期一为"世界住房日"。"世界住房日"的目的在于引起人们对人类居住环境和住房基本权利的关注，希望各国政府为解决这些问题做出积极努力。从1989年起，联合国人居署还创立了"联合国人居奖"，促使国际社会和各国政府对人类住区的发展和解决人居领域的各种问题给予充分的重视，并鼓励和表彰为改善人类居住环境作出杰出贡献的政府、组织及个人，这是全球人居领域最高规格的奖励。

**44** 每年什么时候是"世界住房日"？

**45** 下列哪项，属于联合国设立"世界住房日"的目的？

# HSK 5급 1회 모의고사 정답

## 一、听力

### 第一部分

1. A  2. D  3. C  4. C  5. D  6. D  7. B  8. C  9. B  10. B
11. C  12. C  13. C  14. A  15. B  16. C  17. A  18. C  19. C  20. B

### 第二部分

21. C  22. A  23. D  24. C  25. A  26. C  27. C  28. A  29. C  30. C
31. B  32. A  33. D  34. D  35. A  36. B  37. B  38. A  39. B  40. D
41. B  42. C  43. A  44. C  45. B

## 二、阅读

### 第一部分

46. A  47. A  48. A  49. D  50. A  51. D  52. D  53. B  54. B  55. B
56. D  57. C  58. B  59. C  60. C

### 第二部分

61. A  62. D  63. C  64. B  65. B  66. B  67. B  68. D  69. B  70. C

### 第三部分

71. D  72. A  73. C  74. D  75. A  76. B  77. A  78. B  79. D  80. B
81. A  82. D  83. C  84. C  85. A  86. D  87. B  88. C  89. B  90. B

## 三、书写

### 第一部分

91. 插画是一门艺术。

92. 这条裤子比前几天紧了不少。

93. 饭桌上摆了一桌菜。

94. 我一会儿去俱乐部咨询一下费用。

95. 他的行为让大家觉得很佩服。

96. 麻烦你把那张合影发给我。

97. 他的手艺相当熟练。

98. 他一下午都躺在沙发上。

### 第二部分

99. 很多上班族在工作中拿不出成果,所以精神压力十分大。如果这种压力得不到适当的缓解,那么就会引发各种疾病。认真工作是件好事,不过也要懂得休息。千万要记住:身体是革命的本钱。

100. 图片里有三个人聚在一起聊天。在中间的人是公司的总经理,不过看起来他和员工之间一点距离也没有。随着社会的发展,很多上司选择用这种方式与员工沟通,这种沟通方式可以打造舒适的工作环境,工作效率也随之提高。

# HSK 5급 1회 듣기

**제1부분** 1~20번 문제는 남녀간의 대화를 듣고 질문에 알맞은 답을 고르는 문제입니다.

🎧 01_1

## 1

女: 你不是去看京剧了吗? 怎么在家呢?
男: 别提了, 排了半天队。最后连票都没买上。

问: 男的本来打算做什么?

A 看京剧　　B 看电影
C 看话剧　　D 学太极拳

여: 너 경극 본다고 했잖아? 왜 집에 있는 거야?
남: 말도 마, 한참을 줄 섰는데, 결국엔 심지어 표 조차도 사지를 못했어.

질문: 남자는 원래 무엇을 할 계획이었는가?

A 경극을 본다
B 영화를 본다
C 연극을 본다
D 태극권을 배운다

**지문 어휘**

京剧 jīngjù 몡 경극
别提了 bié tí le 말도 마라!
排队 pái duì 동 줄을 서다
本来 běnlái 부 원래, 본래
话剧 huàjù 몡 연극
太极拳 tàijíquán 몡 태극권 ★

**정답** A

**해설** 남자의 원래 계획을 묻고 있다. 남자는 원래 무엇을 하고자 했는지를 묻는 질문으로 여자의 말 중에서 "너 경극 본다고 했잖아!"라는 말을 통하여 남자는 원래 경극을 보려 했음을 유추할 수 있다.

## 2

男: 那些质量不合格的电子词典, 什么时候能退?
女: 后天吧, 我已经和厂家说好了。

问: 关于那些电子词典, 可以知道什么?

A 运费高
B 显示不清楚
C 不来电
D 质量不合格

남: 그 품질검사에서 불합격한 전자사전들, 언제 반품할 수 있어요?
여: 내일 모레요, 제가 이미 제조업자와 이야기를 잘 해놓았어요.

질문: 그 전자사전들에 관하여 알 수 있는 것은?

A 운송비가 높다
B 화면이 깨끗하지 못하다
C 전원이 들어오지 않는다
D 품질검사에서 불합격했다

**지문 어휘**

质量 zhìliàng 몡 품질
合格 hégé 형 합격이다
退 tuì 동 반품하다 ★
厂家 chǎngjiā 몡 제조업자
运费 yùnfèi 몡 운송비
显示 xiǎnshì 몡 화면, 디스플레이 ★

정답 **D**

해설 전자사전에 관해 묻고 있다. 남자의 말 속에서 그 품질검사에서 불합격한 전자사전은 언제 반품이 가능한지 물었으므로 전자사전이 품질검사에서 불합격한 것임을 알 수 있다.

## 3

女: 你租的这房子看起来又舒适，又高档的。设备也都是进口的吧?

男: 这些都是次要的，我最看重的就是位置，离公司很近。

问: 男的为什么租那套公寓?

A 环境好
B 离学校近
C 位置好
D 租金便宜

여: 네가 임대한 이 집 보기에 편안하기도 하고 고급스럽기도 해. 설비도 모두 수입품이지?

남: 이것들은 모두 부차적인 것이고, 내가 제일 중시했던 부분은 위치야. 회사에서 가까워.

질문: 남자는 왜 그 아파트를 임대하였는가?

A 환경이 좋다
B 학교에서 가깝다
C 위치가 좋다
D 월세가 싸다

**지문 어휘**

租 zū 동 임대하다
舒适 shūshì 형 편안하다 ★
高档 gāodàng 형 고급스럽다
设备 shèbèi 명 시설, 설비 ★
进口 jìnkǒu 동 수입하다 ★
次要 cìyào 형 부차적이다 ★
看重 kànzhòng 동 중시하다
位置 wèizhi 명 위치 ★
租金 zūjīn 명 임대료, 월세

정답 **C**

해설 남자가 왜 그 집을 임대하였는지 묻고 있다. 남자의 대답에서 여자가 말한 부분은 모두 부차적인 부분이며, 자신이 제일 중시한 부분은 위치로 회사랑 가까운 것을 언급하였다. 그러므로 남자가 이 집을 선택한 이유는 정답 C 위치가 좋기 때문이다.

## 4

男: 这双鞋怎么湿成这样子?

女: 我刚给花浇水时，不小心把水洒到鞋子上。

问: 女的刚才做什么了?

A 打扫房间
B 扫地板
C 浇花
D 洗澡

남: 이 신발은 어쩌자고 이렇게 젖은 거야?

여: 내가 방금 꽃에 물을 줄 때, 조심하지 않아서 물을 신발에 엎질렀어.

질문: 여자는 방금 무엇을 하였는가?

A 방을 청소했다
B 마루를 쓸었다
C 꽃에 물을 주었다
D 샤워했다

**지문 어휘**

湿 shī 동 젖다, 적시다
浇 jiāo 동 (물을) 주다 ★
洒 sǎ 동 (물을) 엎지르다 ★
地板 dìbǎn 명 마루

정답 C

해설 여자가 방금 무엇을 했는지 묻고 있다. 여자의 대답 속에서 방금 꽃에 물을 줄 때, 신발이 젖었다고 했으므로 정답은 C, '꽃에 물을 주었다(浇花)'이다.

## 5

女: 前一阵多亏您帮我照顾琳琳，要不我都不知道怎么办才好。

男: 咱们俩都这么多年的友情，这些还算什么呀！

问: 女的主要是什么意思?
A 不赞同男的的教育方式
B 责怪男的
C 非常欣赏男的
D 感谢男的

여: 지난 얼마간 당신이 저를 대신해 린린을 돌봐준 덕택이에요. 그렇지 않으면 어떻게 해야 좋을지 몰랐을 거예요.

남: 우리 둘 모두 이렇게 오랜 세월 동안 우정을 쌓아왔는데, 이것이 무슨 대수겠어요.

질문: 여자의 주된 의미는 무엇인가?
A 남자의 교육방식을 동의하지 않는다
B 남자를 책망한다
C 남자를 매우 마음에 들어한다
D 남자에게 감사한다

**지문 어휘**

前一阵 qiányízhèn
몡 지난 얼마 동안
多亏 duōkuī 동 은혜를 입다.
덕택이다 ★
照顾 zhàogù 동 돌보다
要不 yàobù 접 그렇지 않으면 ★
友情 yǒuqíng 몡 우정
赞同 zàntóng 동 동의하다
责怪 zéguài 동 책망하다
欣赏 xīnshǎng 동 좋게 여기다,
마음에 들다 ★

정답 D

해설 여자의 말의 의미를 묻고 있다. 여자의 말 속에서 남자에게 은혜를 입었다고 말하는 부분에서 여자가 남자에게 고마워하고 있음을 알 수 있다.

## 6

男: 你去年接的那件案子，还没消息吗?
女: 快了，就等法院的通知呢。

问: 女的可能从事什么职业?
A 教师      B 导游
C 警察      D 律师

남: 네가 작년에 수임한 그 소송, 아직 소식 없니?
여: 머지 않았어, 법원의 통지를 기다리고 있어.

질문: 여자는 아마도 무슨 직업에 종사하겠는가?
A 교사      B 여행가이드
C 경찰      D 변호사

**지문 어휘**

接 jiē 동 수임하다, 소송을 맡다
案子 ànzi 몡 소송, 사건
从事 cóngshì 동 종사하다 ★

정답 D

해설 여자의 직업에 대해 묻고 있다. 남자의 질문에 "작년에 수임한 그 소송"에 관련해 묻고 있고, 여자의 대답에서 "법원의 통지를 기다리고 있다"는 것으로 보아 여자는 변호사임을 알 수가 있다.

## 7

女: 墙上摆着的那些都是你自己拍的?
男: 是, 这算是当记者的好处, 可以免费去很多地方。

问: 男的认为当记者有什么好处?
A 可以见很多明星
B 免费去很多地方
C 收入很丰厚
D 可以随时旅游

여: 벽에 진열 된 것들 모두 네가 찍은 것이니?
남: 응, 이것이 기자의 좋은 점이지, 무료로 매우 많은 곳을 갈 수 있어.

질문: 남자는 기자가 되면 어떤 좋은 점이 있다고 여기는가?
A 많은 스타를 만날 수 있다
B 무료로 많은 곳을 간다
C 수입이 넉넉하다
D 수시로 여행을 갈 수 있다

**지문 어휘**

摆 bǎi 동 진열하다 ★
拍 pāi 동 (사진 등을) 찍다 ★
丰厚 fēnghòu 형 넉넉하다
随时 suíshí 부 수시로, 언제든지 ★

**정답** B

**해설** 기자의 장점에 대해 묻고 있다. 남자의 대답에서 무료로 여러 곳을 갈 수 있다고 했으므로, 정답은 B 임을 알 수 있다.

## 8

男: 你最近怎么不出来散步呢? 忙什么呢?
女: 这学期课太多了, 忙得连业余活动都参加不了。

问: 女的最近为什么很少散步?
A 准备参加比赛
B 搬家了
C 课多
D 忙于考试

남: 너 최근에 왜 산책하러 안 나오니? 뭐가 그리 바쁜 거야?
여: 이번 학기 수업이 너무 많아, 바빠서 심지어 여가활동조차도 참가할 수가 없어.

질문: 여자는 최근 왜 산책을 거의 하지 않는가?
A 경기 참가를 준비한다
B 이사를 하였다
C 수업이 많다
D 시험으로 인해 바쁘다

**지문 어휘**

业余活动 yèyú huódòng 명 여가활동
很少 hěn shǎo 거의 ~하지 않는다
忙于 mángyú 동 ~하느라 바쁘다

**정답** C

**해설** 산책을 하지 못하는 이유를 묻고 있다. 여자의 말에서 이번 학기 수업이 너무 많아서 여가활동조차 하지 못한다고 했으므로 정답은 C임을 알 수 있다.

## 9

女: 张教授，您看我的这幅画怎么样？
男: 大体上还可以，但美中不足的就是，背景有点暗。

问: 男的认为这幅画有什么缺点？
    A 色泽选得不恰当
    B 背景暗
    C 没有个性
    D 没有重点

여: 장교수님, 당신이 보기에 저의 이 그림은 어떤가요?
남: 대체적으로 괜찮아, 그러나 옥의 티라면, 배경이 약간 어두워.

질문: 남자는 이 그림의 단점이 무엇이라 여기는가?
    A 색과 광택의 선택이 적합하지 못하다
    B 배경이 어둡다
    C 개성이 없다
    D 중점이 없다

**지문 어휘**

**大体上** dàtǐshàng 대체적
**美中不足** měizhōng bùzú
⑬ 옥의 티
**背景** bèijǐng ⑬ 배경 ★
**缺点** quēdiǎn ⑬ 단점
**色泽** sèzé ⑬ 색깔과 광택
**恰当** qiàdàng
⑱ 적당하다, 적합하다

**정답** B

**해설** 그림의 단점이 무엇이라 생각하는지 묻고 있다. 남자의 대답에서 그림이 그럭저럭 괜찮지만 옥의 티라면 배경이 어둡다고 했기에, 정답은 B이다.

## 10

男: 这套漫画书总共有46本，请问您需要买几本？
女: 我都要，我特别喜欢这本书的作者。

问: 关于那套漫画书，可以知道什么？
    A 是科幻小说
    B 总共有46本
    C 正在打折销售
    D 非常畅销

남: 이 만화책 세트는 총 46권인데, 당신은 몇 권을 살 건가요?
여: 모두 필요해요, 저는 이 책의 작가를 특히 좋아하거든요.

질문: 그 만화책 세트에 관해, 알 수 있는 것은?
    A 공상과학소설이다
    B 총 46권이다
    C 할인 판매 중이다
    D 매우 잘 팔린다

**지문 어휘**

**漫画书** mànhuàshū ⑬ 만화책
**总共** zǒnggòng ⑮ 총, 모두 ★
**科幻** kēhuàn ⑬ 공상과학, SF
**销售** xiāoshòu ⑯ 판매하다 ★
**畅销** chàngxiāo ⑱ 잘 팔리다

**정답** B

**해설** 만화책 세트에 대해 묻고 있다. 남자의 이야기 초반부에서 이 만화책 세트는 모두 46권이라 했으므로, 정답은 B이다.

## 11

女: 这次中秋放假，我们去看看爷爷吧？
男: 嗯，我也非常想念他。

问: 女的打算在假期做什么？

A 和人聚会
B 去买东西
C 看望爷爷
D 旅游

여: 이번 추석 연휴에, 우리 할아버지 뵈러 갈 거죠?
남: 응, 나도 할아버지가 정말 그리워.

질문: 여자는 이번 휴일에 무엇을 할 계획인가?

A 사람들과 모임을 갖는다
B 물건을 사러 간다
C 할아버지를 찾아 뵙는다
D 여행을 한다

**지문 어휘**

想念 xiǎngniàn 동 그립다 ★
聚会 jùhuì 명 모임 동 모이다, 집합하다
看望 kànwàng 동 찾아 뵙다, 문안하다 ★

**정답** C

**해설** 추석 휴일에 여자는 무엇을 하는지 묻고 있다. 여자의 말에서 이번 추석 연휴에 할아버지를 뵈러 가자고 하였고, 남자 역시 동의한 것을 보아 그들은 이번 추석 연휴에 할아버지를 뵈러 갈 것임을 알 수 있다.

＊ 看望 : 아랫사람이 윗사람을 찾아 뵐 때 사용하는 어휘

## 12

男: 你不是买完机票了吗？怎么变成坐火车了？
女: 今天雾太大，飞不了，我只能坐火车了。

问: 根据对话，下列哪项正确？

A 女的没买机票
B 女的不想走
C 女的坐火车了
D 航班照常起飞

남: 너 비행기표 산 거 아니었니? 왜 기차 타는 걸로 바꿨어?
여: 오늘 안개가 많이 끼어 비행기가 이륙할 수가 없어서 기차를 탈 수 밖에 없었어.

질문: 대화에 근거하여, 다음 중 옳은 것은?

A 여자는 비행기표를 못 샀다
B 여자는 가고 싶지 않다
C 여자는 기차를 탔다
D 항공편은 평소대로 이륙한다

**지문 어휘**

雾 wù 명 안개 ★
照常 zhàocháng 동 평소대로 하다 ★

**정답** C

**해설** 대화를 듣고 정확한 보기를 찾는 문제이다. 소나기로 인해 비행기가 이륙할 수 없게 되어서, 어쩔 수 없이 기차를 탈 수 밖에 없었다는 대화를 통해 여자는 기차를 탔음을 알 수 있다.

## 13

女：我想给妈妈买个礼物，买什么好呢？

男：围巾吧，又保暖，又好看，很实用。

问：男的为什么推荐围巾？

A 很便宜
B 很高档
C 很实用
D 手感好

여: 나 어머니께 선물을 하나 사드리고 싶은데, 무엇을 사는 것이 좋을까?

남: 스카프로 해. 보온도 되고, 예쁘기도 하니. 아주 실용적이야.

질문: 남자는 왜 스카프를 추천했는가?

A 저렴해서
B 고급스러워서
C 실용적이어서
D 촉감이 좋아서

**지문 어휘**

围巾 wéijīn 명 스카프 ★
保暖 bǎonuǎn 동 보온하다
实用 shíyòng 형 실용적이다 ★
推荐 tuījiàn 동 추천하다 ★
高档 gāodàng 형 고급스럽다 ★
手感 shǒugǎn 명 촉감

**정답** C

**해설** 남자가 스카프를 추천한 이유를 묻고 있다. 여자의 질문에 대한 남자의 대답 속에 스카프가 "보온도 되고, 예쁘기도 해서, 실용적이다"라는 말을 통해 실용적인 면이 추천의 이유임을 알 수 있다.

## 14

男：我昨天看到小王了，他不是说过要出国留学吗？

女：还没，他的签证还没批下来。好像要等到下个月中旬才能去。

问：小王什么时候出国？

A 下个月中旬
B 月初
C 月末
D 明年中旬

남: 나 어제 샤오왕을 봤어. 그는 출국하여 유학할 것이라 말하지 않니?

여: 아직이야. 아직 그의 비자가 허가가 나지 않았어. 아마 다음달 중순이 되어서야 갈 수 있을 것 같아.

질문: 샤오왕은 언제 출국하는가?

A 다음달 중순
B 월초
C 월말
D 내년 중순

**지문 어휘**

签证 qiānzhèng 명 비자
批 pī 동 허가하다 ★
中旬 zhōngxún 명 중순 ★

**정답** A

**해설** 샤오왕이 언제 출국하는 지를 묻고 있다. 여자의 말 속에서 아직 비자가 나오지 않았고, "아마 다음 달 중순이 되어서야 갈 수 있을 것 같다"고 말했으므로 정답은 A이다.

## 15

女：小赵，听说你开了一家咖啡厅，生意怎么样？
男：还好，**有表哥帮我**，他以前做过这个，经验很丰富。

问：小赵的咖啡厅有谁在帮忙？

A 朋友
**B 亲戚**
C 父母
D 没人帮忙

여: 샤오짜오야, 듣자 하니 너 커피숍 개업했다며. 장사는 어때?
남: 그럭저럭 괜찮아. 사촌 형이 나를 도와주고 있어. 그는 이전에 이런 일을 한 적이 있어서, 경험이 풍부해.

질문: 샤오짜오의 커피숍은 누가 돕고 있는 중인가?

A 친구
**B 친척**
C 부모님
D 돕는 사람이 없다

**지문 어휘**

**生意** shēngyi 몡 장사
**表哥** biǎogē 몡 사촌 형
**亲戚** qīnqi 몡 친척

**정답** B

**해설** 샤오짜오의 커피숍에서 누가 그를 돕고 있는지 묻고 있다. 남자의 말에서 사촌 형이 돕고 있다고 언급했기에, 친척이 정답이다.

## 16

男：你是不是吃了午饭？怎么剩了这么多饭呢？
女：**我今天肚子不舒服**，不想吃饭。

问：女的为什么不吃饭？

A 已经吃过了
B 不喜欢今天的饭菜
**C 肚子难受**
D 等会再吃

남: 너 점심 먹은 거야 안 먹은 거야? 어찌 이렇게 많은 밥을 남겼어?
여: 나 오늘 속이 불편해, 밥을 먹고 싶지 않아.

질문: 여자는 왜 밥을 먹지 않는가?

A 이미 먹었다
B 오늘의 요리를 좋아하지 않는다
**C 배가 불편하다**
D 잠시 후에 먹는다

**지문 어휘**

**剩** shèng 동 남다, 남기다
**肚子** dùzi 몡 배
**饭菜** fàncài 몡 밥과 반찬, 요리
**难受** nánshòu 혱 불편하다, 견딜 수 없다

**정답** C

**해설** 여자가 밥을 먹지 않는 이유를 묻고 있다. 남자는 여자가 밥을 왜 남겼는지 의아해했고, 그에 대한 대답으로 속이 불편하다고 대답하였다. 不舒服와 难受는 비슷한 의미이므로 정답은 C이다.

## 17

女：我来通知你们一下，今天的班会不开了，都回家吧。
男：知道了，谢谢你。

问：女的通知了什么？
 A 班会取消了
 B 今天没时间
 C 班会人数不够
 D 老师不在

여: 잠시 알려드립니다. 오늘의 학급회의는 하지 않습니다. 모두 돌아가세요.
남: 알겠습니다. 감사합니다.

질문: 여자는 무엇을 통지하였는가?
 A 학급회의가 취소되었다
 B 오늘은 시간이 없다
 C 학급회의의 인원이 부족하다
 D 선생님이 안 계신다

**지문 어휘**

通知 tōngzhī 동 통지하다
班会 bānhuì
명 학년·반·조 등의 회의
取消 qǔxiāo 동 취소하다 ★
人数 rénshù 명 사람 수
不够 búgòu 형 부족하다, 충족하지 않다

**정답** A

**해설** 여자가 통지한 내용에 대해 묻고 있다. 여자는 오늘 학급 회의를 열지 않을 것이니 집으로 돌아가라고 하였으므로, 회의가 취소되었음을 알 수 있다.

## 18

男：我的笔呢？我记得用完放到包里了啊？
女：我放到笔盒里了，已经说过多少遍了，用完要放回原处。每次都当耳边风。

问：那支笔在哪里？
 A 包里
 B 抽屉里
 C 笔盒里
 D 桌子上

남: 내 펜은? 사용한 후에 가방 안에 넣었다고 기억하는데?
여: 내가 필통 안에 넣었어. 다 사용하면 원래의 장소에 두라고 이미 몇 번이나 말했니. 매번 소 귀에 경읽기구나.

질문: 그 펜은 어디에 있는가?
 A 가방 안
 B 서랍 안
 C 필통 안
 D 책상 위

**지문 어휘**

记得 jìde 동 기억하고 있다
笔盒 bǐhé 명 필통
原处 yuánchù 명 본래의 장소
当耳边风 dāng'ěr biānfēng
귓등으로 듣다, 소 귀에 경읽기
支 zhī 양 자루, 개피 (가늘고 긴 물건을 세는 단위)
抽屉 chōuti 명 서랍 ★

**정답** C

**해설** 펜의 위치를 묻고 있다. 남자는 펜을 가방 안에 두었다고 생각하였지만, 여자가 필통 안에 두었다고 하였으므로, 정답은 필통 안이라는 C가 정답이다.

## 19

女: 我这件衣服挑了很久，是不是看起来不太正式？

男: 挺好的，再说就当个嘉宾，你不用太在意。

问: 女的担心衣服怎么样？

A 太厚了
B 太暗了
C 不正式
D 颜色过于鲜艳

여: 나 이 옷 오랫동안 고른 건데, 그다지 갖춰 입지 않은 것처럼 보이는 건 아닐까?

남: 너무 좋아, 게다가 게스트잖아, 너무 신경 쓸 필요 없어.

질문: 여자는 옷이 어떻다고 걱정하는가?

A 너무 두껍다
B 너무 어둡다
C 갖춰 입지 않다
D 색이 너무 화려하다

**지문 어휘**

挑 tiāo 동 고르다, 선택하다
正式 zhèngshì 형 정식의, 공식의
嘉宾 jiābīn 명 귀빈 ★
在意 zàiyì 동 마음에 두다
厚 hòu 형 두껍다
暗 àn 형 어둡다 ★
颜色 yánsè 명 색, 색깔
过于 guòyú 부 지나치게
鲜艳 xiānyàn 형 화려하다 ★

**정답** C

**해설** 옷에 대한 여자의 생각을 묻고 있다. 여자는 옷을 오랫동안 골랐는데 보기에 너무 갖춰 입지 않은 건 아닌지 묻고 있는 것을 보아 정답은 C이다.

## 20

男: 这个房子真好看！你是不是挑了很久？

女: 是啊，买的时候东奔西跑，现在看来值得了。

问: 男的觉得房子怎么样？

A 房间多
B 很好看
C 非常新
D 窗户多

남: 이 집 너무 예쁘다! 너 오랫동안 고른 것 아니야?

여: 맞아, 살 때 여기저기 뛰어 다녔는데, 지금 보면 (뛰어 다닌) 가치가 있었어.

질문: 남자는 집이 어떠하다고 생각하는가?

A 방이 많다
B 매우 예쁘다
C 매우 새 것이다
D 창문이 많다

**지문 어휘**

东奔西跑 dōngbēn xīpǎo
동분서주하다
值得 zhídé
동 (일이) 의의가 있다,
~할 만한 가치가 있다
窗户 chuānghu 명 창문

**정답** B

**해설** 남자가 집에 대해 어떻게 생각하는지 묻고 있다. 남자의 대화 첫 부분에 이 집이 진짜 예쁘다고 언급하였으므로 정답은 B이다.

## 제2부분

21~45번 문제는 남녀간의 대화 또는 단문을 듣고 질문에 알맞은 답을 고르는 문제입니다.

### 21

女: 这个电视剧连播了八年，里面好多演员都变了。
男: 这么长的电视剧，应该很有人气吧。
女: 对。我有很多朋友也很爱看。
男: 听你说的，我也想去看看了。

问: 关于这部电视剧，可以知道什么？

A 是一部情感剧
B 只有女的再看
C 拍了八年
D 演员都没有变

여: 이 드라마는 8년을 연속 방송했어. 드라마 속 꽤 많은 배우들도 모두 바뀌었어.
남: 이렇게 긴 드라마라면, 분명 인기가 많겠지?
여: 맞아, 나의 많은 친구들도 보는 것을 좋아해.
남: 너의 말을 들어보니 나도 한번 보고 싶어지네.

질문: 이 드라마에 관해 알 수 있는 것은?

A 한 편의 멜로드라마이다
B 여자만 다시 본다
C 8년을 촬영했다
D 연기자가 모두 바뀌지 않았다

**지문 어휘**

**电视剧** diànshìjù
명 텔레비전 드라마

**连播** liánbō 동 연속 방송하다

**演员** yǎnyuán 명 배우, 연기자

**人气** rénqì 명 인기

**部** bù 양 서적, 영화 따위에 쓰이는 양사

**情感剧** qínggǎnjù
명 멜로드라마

**拍** pāi 동 (사진을) 찍다, 촬영하다 ★

**정답** C

**해설** 이 드라마에 관해 옳은 것을 묻는 문제이다. 여자의 "이 드라마는 8년을 연속 방영했다"라는 말에서, 이 드라마가 8년간 찍어 왔다는 것을 알 수 있으므로 정답은 C이다.

### 22

男: 对不起，这次的聚会我去不了了。
女: 发生什么事了？
男: 我父亲病倒了在医院，我需要去照顾他。
女: 嗯，我会通知大家的，希望你家人早日康复。

问: 男的为什么不能参加聚会？

A 照顾父亲
B 不想去
C 妻子病了
D 需要休息

남: 미안해, 이번 모임에 나는 갈 수 없을 것 같아.
여: 무슨 일 있니?
남: 우리 아버지가 아프셔서 병원에 계셔, 내가 가서 그를 돌봐야 해.
여: 응, 내가 모두에게 알리도록 할게, 빨리 회복하시길 바랄게.

질문: 남자는 왜 회식에 참가하지 못하는가?

A 아버지를 돌봐야 해서
B 가고 싶지 않아서
C 아내가 아파서
D 휴식이 필요해서

**지문 어휘**

**聚会** jùhuì 명 모임, 회합

**病倒** bìngdǎo
동 병으로 드러눕다

**需要** xūyào 동 필요하다

**照顾** zhàogù 동 보살피다

**早日康复** zǎorìkāngfù
동 빠르게 건강을 회복하다

정답 **A**

해설 남자가 회식을 가지 못하는 이유를 묻는 문제이다. 남자의 아버지가 병원에 입원해 있으므로, 가서 아버지를 돌봐야 한다는 A가 정답이다.

### 23

女: 有家公司招人，听说你现在在找工作，要不要去看看？
男: 有什么要求吗？
女: 他们需要会计方面的人才，只要肯干就行。
男: 太好了，我这就去面试。

问: 公司需要什么样的人才？
　A 跑业务的
　B 金融投资
　C 高学历
　D 会计专业

여: 어떤 회사에서 사람을 모집하는데, 듣자 하니 너 지금 일자리 구한다며, 가서 보지 않을래?
남: 무슨 요구사항이 있어?
여: 그들은 회계방면의 인재를 필요로 하고, 다만 적극적으로 일하는 사람이면 된다네.
남: 너무 좋다. 나 지금 바로 면접보러 가야겠다.

질문: 회사는 어떤 인재를 필요로 하는가?
　A 영업을 뛰는 사람
　B 금융투자자
　C 고학력자
　D 회계 전공자

**지문 어휘**

招人 zhāorén 통 사람을 모집하다
找工作 zhǎo gōngzuò 통 구직하다
要求 yāoqiú 통 요구하다
会计 kuàijì 명 회계, 경리 ★
人才 réncái 명 인재 ★
肯干 kěngàn 형 자발적이다, 적극적이다
面试 miànshì 명 면접시험, 통 면접시험을 보다
跑业务 pǎo yèwù 통 영업을 하다
金融 jīnróng 명 금융
投资 tóuzī 통 (특정 목적을 위해) 투자하다 ★
学历 xuélì 명 학력 ★
专业 zhuānyè 명 전공

정답 **D**

해설 회사에서 어떤 인재를 필요로 하는지 묻는 문제이다. 어떤 회사에서 사람을 모집하는데, 그들은 회계방면의 사람을 필요로 한다고 하였으므로, 내용과 부합하는 회계전공자 D가 정답이다.

### 24

男: 恭喜你获得了马拉松冠军！
女: 谢谢！
男: 你平时是不是特别注意训练？
女: 是啊，我每天都在坚持高强度训练，今天终于有了回报。

남: 마라톤 챔피언이 되신 것을 축하합니다!
여: 감사합니다!
남: 당신은 평소에 특별히 훈련에 신경을 쓰시나요?
여: 그렇습니다. 저는 매일 고강도의 훈련을 유지하고 있습니다. 오늘 마침내 보답을 얻었네요(결실을 맺었네요).

**지문 어휘**

恭喜 gōngxǐ 통 축하하다 ★
获得 huòdé 통 얻다
马拉松 mǎlāsōng 명 마라톤
冠军 guànjūn 명 챔피언, 1등 ★
注意 zhùyì 통 주의하다
训练 xùnliàn 통 훈련하다 ★
坚持 jiānchí 통 어떤 상태나 행위를 계속 지속하다

| 问: 关于女的，可以知道什么? | 질문: 여자에 관해 알 수 있는 것은? |
|---|---|
| A 参加了短跑比赛<br>B 今天状态不好<br>C 获得了比赛冠军<br>D 平时不锻炼 | A 단거리 경주에 참가하였다<br>B 오늘 상태가 좋지 못하다<br>C 경기의 챔피언이 되었다<br>D 평소 단련하지 않는다. |

**回报** huíbào
동 (행동으로) 보답하다
**短跑** duǎnpǎo 명 단거리 경주
**状态** zhuàngtài 명 상태 ★
**锻炼** duànliàn
동 (몸을) 단련하다

**정답** C

**해설** 여자에 대해 옳은 것을 묻는 문제이다. 남자가 인터뷰 초반에 여자가 마라톤 챔피언이 된 것을 축하한다고 했으므로, 여자는 경기에서 챔피언이 되었다는 C가 정답이다.

### 25

| 女: 高温已经持续半个月了。什么时候下雨呀?<br>男: 是啊，今年夏天太热啦。<br>女: 不知道有什么避暑的好方法。<br>男: 听说咱家附近新开了一家室内滑冰场，咱去试试。<br><br>问: 他们打算去哪里玩?<br>A 滑冰场<br>B 沙滩<br>C 划船<br>D 滑雪场 | 여: 고온현상이 이미 보름 동안 지속됐네. 언제 비가 내릴까?<br>남: 그러게, 올 여름은 너무 덥네.<br>여: 더위를 피할 좋은 방법이 무엇인지 모르겠네.<br>남: 우리 집 근처에 실내 스케이트장이 새로 개장했다던데, 우리 가보자.<br><br>질문: 그들은 어디에 가서 놀 예정인가?<br>A 스케이트장<br>B 백사장<br>C 배를 타러<br>D 스키장 |

**지문 어휘**

**持续** chíxù 동 지속하다 ★
**避暑** bìshǔ
동 피서하다, 더위를 피하다
**滑冰场** huábīngchǎng
명 스케이트장
**沙滩** shātān
명 모래사장, 백사장 ★
**划船** huá chuán
동 (노 따위로) 배를 젓다
**滑雪场** huáxuěchǎng
명 스키장

**정답** A

**해설** 그들은 어디에 가서 놀 것인지를 묻는 문제이다. 여자가 고온 현상이 계속되어 어떻게 더위를 피할지 이야기하였고, 남자는 집 부근에 실내 스케이트장이 새로 개장했으니 함께 가자고 하였으므로 스케이트장에 갈 계획임을 알 수 있다.

### 26

| 男: 你是不是换了工作?<br>女: 是啊，我打算自己开店。 | 남: 너 직업 바꾸었니?<br>여: 응, 나는 내 가게를 열 계획이야. |
|---|---|

**지문 어휘**

**打算** dǎsuan
동 …할 생각이다, 계획하다

男: 开店一开始都很难经营，你要做好准备啊。
女: 没关系，我做了很多准备，我有信心成功。
问: 关于女的，可以知道什么？
A 收入低
B 换了公司
C 开店
D 没有资金

남: 개업하면 처음엔 경영하기 힘들어, 너 준비 잘 해야 해.
여: 상관없어. 나 많은 준비를 했고, 성공할 자신도 있어.
질문: 여자에 관해 알 수 있는 것은?
A 수입이 낮다
B 회사를 바꾸었다
C 개업한다
D 자금이 없다

开店 kāi diàn 동 가게를 열다, 상점을 개업하다
经营 jīngyíng 동 운영하다, 경영하다 ★
收入 shōurù 명 수입, 소득
低 dī 형 낮다
资金 zījīn 명 자금 ★

**정답 C**

**해설** 여자에 관해 알 수 있는 것을 묻는 문제이다. 남자는 여자에게 직업을 바꾸었는지 물었고, 여자는 자신이 직접 개업을 할 계획이라 하였으므로, 개업한다는 C가 정답이다.

### 27

女: 爸，劳动节我要在外面住一晚。
男: 是和朋友们在一起吗？
女: 是啊，我们约好了在小刘的家里住一晚。
男: 玩得开心点，注意安全。
问: 女的打算在节日做什么？
A 出去购物
B 和朋友旅游
C 去朋友家玩
D 和家人吃饭

여: 아버지, 노동절에 저 하루만 밖에서 자고 올게요.
남: 친구들과 같이 있는 거니?
여: 네, 샤오리우 집에서 하루 묵기로 약속했어요.
남: 즐겁게 놀아, 안전 조심하고.
질문: 여자는 휴일에 무엇을 할 계획인가？
A 쇼핑하러 간다
B 친구와 여행한다
C 친구 집에 놀러 간다
D 가족과 식사한다

**지문 어휘**

劳动节 Láodòngjié 명 노동절
住 zhù 동 숙박하다, 묵다
约好 yuē hǎo 동 약속하다
节日 jiérì 명 기념일, 경축일
购物 gòuwù 동 물건을 사다
旅游 lǚyóu 동 여행하다

**정답 C**

**해설** 여자가 휴일에 무엇을 할 계획인지 묻는 문제이다. 여자는 아버지께 노동절 연휴에 외박을 하루 할 것이라고 말씀 드리면서 친구 샤오리우의 집에서 묵는다고 말하였기에 "친구 집에 가서 논다"라는 C가 정답이다.

## 28

男: 你在看什么呢？怎么这么认真。

女: 我要学日语，正在查资料呢。

男: 日语谁也比不过我。

女: 哎呀，我差点儿忘了，你是日语系毕业生，那我可要拜托你了。

问: 根据对话，下列哪项正确？

A 男的是日语专业
B 女的不喜欢学习
C 男的是英语专业
D 女的不喜欢问问题

남: 너 무엇을 보고 있어? 어찌 이렇게 진지해.

여: 나 일본어 배우려고, 자료를 검색하는 중이야.

남: 일본어는 그 누구도 나랑 비교할 수 없지.

여: 아! 나는 네가 일본어과 졸업생이라는 것을 하마터면 잊을 뻔했어. 그럼 나 너에게 부탁을 해야겠다.

질문: 대화에 근거하여 다음 중 옳은 것은?

A 남자는 일본어 전공이다
B 여자는 공부를 좋아하지 않는다
C 남자는 영어 전공이다
D 여자는 질문하는 것을 좋아하지 않는다

**지문 어휘**

认真 rènzhēn 형 진지하다
查 chá 동 조사하다
资料 zīliào 명 자료 ★
日语 Rìyǔ 명 일본어
差点儿 chàdiǎnr 부 하마터면
系 xì 명 학과 ★
拜托 bàituō 동 부탁드립니다, 부탁드리다

**정답** A

**해설** 옳은 보기를 찾는 문제이다. 여자가 일본어를 배우기 위해 자료를 검색하는 것을 보고는 남자가 자신의 일본어 실력이 좋다고 하였고, 이에 여자는 남자가 일본어 학과였다는 것을 잊을 뻔 하였다고 하였으므로 남자는 일본어 전공이었음을 유추할 수 있다.

## 29

女: 喂！李总，你传真过来的合同我已经看过一遍。都挺好的。

男: 那我们就约个时间签约吧。

女: 好的，我让王秘书帮我们安排。

男: 好的，那我就等王秘书的通知。

问: 女的要让秘书安排什么？

여: 여보세요. 이 사장님. 당신이 팩스로 보내신 계약서를 저는 이미 한번 읽었어요. 모두 매우 좋습니다.

남: 그럼 우리 시간 정해서 계약을 합시다.

여: 좋습니다. 제가 왕 비서에게 우리 스케줄을 잡아 보도록 시키겠습니다.

남: 좋습니다. 그럼 저는 왕 비서의 연락을 기다리겠습니다.

질문: 여자는 비서에게 무슨 스케줄을 잡도록 시키려고 하는가?

**지문 어휘**

传真 chuánzhēn 명 팩시밀리, 팩스
合同 hétong 명 계약서 ★
签约 qiānyuē 동 (조약·계약서 등에) 서명하다
安排 ānpái 동 (인원·시간 등을) 안배하다, (스케줄을) 잡다, 짜다
合作 hézuò 동 합작하다, 협력하다 ★
事宜 shìyí 명 (관련된) 일, 사항
客户 kèhù 명 거래처, 바이어

A 合作事宜
B 找客户
C 签约时间
D 出差日期

A 협력에 관한 일
B 바이어를 찾도록
C 계약 시간
D 출장 날짜

**정답** C

**해설** 비서의 스케줄 배정에 대해 묻는 문제이다. 남자가 계약을 체결하자고 제시하자 여자는 왕 비서에게 그들의 계약시간 스케줄을 잡도록 시킨다고 하였으므로 정답은 C이다.

## 30

男: 明天上午博物馆将有一个展览，我看挺不错的。
女: 主题是什么呀？
男: 残疾人的手工艺展。
女: 几点啊？咱一起去吧。

问: 展览内容是什么？

A 个人画展   B 珠宝
C 手工艺     D 农产品

남: 내일 오전 박물관에 전시회가 하나 있는데, 아주 괜찮아 보이는데요.
여: 주제는 무엇인가요?
남: 장애인의 수공예품전이요.
여: 몇 시예요? 우리 같이 갑시다.

질문: 전시회의 내용은 무엇인가?

A 개인 그림전   B 보석
C 수공예         D 농산물

**지문 어휘**

博物馆 bówùguǎn
명 박물관 ★

展览 zhǎnlǎn 동 전람하다 ★

主题 zhǔtí 명 (문학 작품의) 주제 ★

残疾人 cánjírén 명 장애인

手工艺展 shǒugōngyìzhǎn
명 수공예 전시회

画展 huàzhǎn 명 화전, 회화 전시회

珠宝 zhūbǎo 명 진주와 보석, 보석류

农产品 nóngchǎnpǐn
명 농산물, 농산품

**정답** C

**해설** 전시회 내용을 묻는 문제이다. 여자가 전시회의 주제를 물었고, 남자는 장애인들의 수공예품전이라 대답하였으므로 정답은 C이다.

第31到32题是根据下面一段话：

侄女六岁了，聪明伶俐。她自从学到了数字后，就养成了一个好习惯，<sup>31</sup>吃零食前要先确认零食是否过期了。有一天，她从地上捡到了一块钱。激动地拿到我的面前夸耀。当她仔细看了看，<sup>32</sup>却发现那个纸币是1999年的，立即撅起了嘴，并随手把纸币扔进了垃圾桶。只说了一句："真可惜！原来是过期的纸币呀！"

31-32번 문제는 다음 내용에 근거한다:

조카는 6살이 되었고, 똑똑하고 영리하다. 그녀는 숫자를 배운 이후부터, 좋은 습관을 길렀는데, <sup>31</sup>간식을 먹기 전에 먼저 간식의 유통기한이 지났는지를 확인했다. 하루는, 그녀가 바닥에서 1위안을 주웠다. 흥분해서 내 앞으로 들고 와서 자랑했다. 그녀가 자세히 관찰을 하고는, <sup>32</sup>그 지폐가 1999년의 것임을 발견했다. 바로 입을 비쭉거리며 지폐를 함부로 쓰레기 통에 버리며 단지 한 마디의 말을 했다: 진짜 아깝다! 알고 보니 유통기한이 지난 지폐구나!

**지문 어휘**

侄女 zhínǚ 명 조카딸

伶俐 línglì 형 영리하다

养成 yǎngchéng 동 습관이 되다

零食 língshí 명 간식, 군것질 ★

确认 quèrèn 동 확인하다 ★

过期 guòqī 동 기한을 넘기다 ★

捡 jiǎn 동 줍다 ★

激动 jīdòng 동 흥분하다

夸耀 kuāyào 동 (자기의 장점을) 자랑하다, 뽐내다

仔细 zǐxì 형 세심하다, 꼼꼼하다

## 31

问: 侄女吃零食前，有什么习惯?
A 挑出甜食
B 检查零食是否过期
C 把手洗干净
D 先了解零食的价钱

질문: 조카는 간식을 먹기 전에, 어떤 습관이 있는가?
A 단 것만 고른다
B 간식의 유통기한이 지났는지 확인한다
C 손을 깨끗이 씻는다
D 먼저 간식의 가격을 잘 알아본다

纸币 zhǐbì 명 지폐
立即 lìjí 부 곧, 즉시 ★
撅嘴 juē zuǐ 동 입을 비쭉거리다
随手 suíshǒu 부 ~하는 김에, 함부로 ★
检查 jiǎnchá 동 검사하다
了解 liǎojiě 동 알아보다, 자세하게 알다
口袋 kǒudai 명 주머니

**정답** B

**해설** 조카의 간식 먹기 전 습관을 묻는 문제이다. 조카는 숫자를 배운 후 좋은 습관이 생겼는데, 간식을 먹기 전에 자신이 먹는 간식의 유통기한을 먼저 확인하는 습관이 생겼다고 하였으므로, 간식의 유통기한이 지났는지 검사한다는 B가 정답이다.

## 32

问: 侄女看到那个纸币的年份后，是怎么做的?
A 当垃圾扔了
B 放进了口袋
C 存起来
D 交给了妈妈

질문: 조카는 그 지폐의 연도를 보고는 어떻게 하였는가?
A 쓰레기로 여겨 버렸다
B 주머니에 넣었다
C 저금했다
D 어머니께 드렸다

**정답** A

**해설** 조카가 그 지폐를 어떻게 하였는지 묻는 문제이다. 조카는 바닥에서 지폐를 들고는 좋아했지만 그 돈의 발행연도가 1999년의 것임을 발견하고는 쓰레기통에 버렸다는 것으로 보아, 주운 돈을 유통기한이 지난 쓰레기로 생각한 것이다.

---

第33到35题是根据下面一段话：

著名商人胡雪岩年轻时，35 曾经在一家中药店卖药。那时，他就显现出了不平凡的推销才能。33 有一天，有位顾客想买金银花，不巧店里的金银花卖光了。顾客不得不准备离去。在旁的胡雪岩一下子拦住了他，问用金银花做什么。顾客说："我母亲

33-35번 문제는 다음 내용에 근거한다:

유명한 상인 후쉬에옌이 젊을 때, 35 일찍이 한 중약방(한약방)에서 약을 팔았다. 그 때, 그는 비범한 판매 재능을 드러냈다. 33 하루는 한 손님이 금은화(약재)를 사고 싶었는데, 공교롭게도 가게의 금은화는 다 팔려버렸다. 손님은 어쩔 수 없이 나가려 했다. 옆에 있던 후쉬에옌은 순간 그를 막아서는 금은화를 어디다 사용하는지 물었다. 손님은 말하길 : 저의 어머니

**지문 어휘**

著名 zhùmíng 형 저명하다
曾经 céngjīng 부 일찍이, 이전에 ★
中药店 zhōngyàodiàn 명 한약방
显现 xiǎnxiàn 동 분명하게 나타나다
平凡 píngfán 형 평범하다

上火了，听邻居说，用金银花泡水喝能治好。我想试一试。"胡雪岩听后，淡淡一笑，说："³⁴祛火的药不止金银花，菊花、胖大海等效果哪个都不比金银花差。"随后，顾客听取胡雪岩推荐，高兴地回家了。药店老板看见了胡雪岩的这一举动，于是决定把药店交给胡雪岩管理。

께서 열이 올랐는데, 이웃이 말하는 것을 들으니, 금은화를 사용하여 물에 우려 마시면 치료할 수 있다고 하기에, 저는 한번 시도하고 싶었습니다. 후쉬에옌은 듣고 나서 덤덤하게 웃으며 말하길 : ³⁴ 열을 가시는 약은 금은화만 있는 것은 아닙니다. 국화, 반대해(약재)등의 효과가 어느 것도 금은화에 뒤지지 않습니다. 이어서 손님은 후쉬에옌의 추천을 귀담아 듣고 즐겁게 집으로 돌아갔다. 약방 사장은 후쉬에옌의 이 행동을 보고는, 약방을 후쉬에옌에게 맡기고 관리하게 하도록 결정하였다.

**33**

问: 顾客一开始为什么很失望?

A 药店员工态度差
B 药太昂贵
C 药店关门了
D 没买到金银花

질문: 손님은 처음에 왜 실망을 하였는가?

A 약방 직원의 태도가 나빠서
B 약이 너무 비싸서
C 약방이 문을 닫아서
D 금은화를 사지 못해서

**정답** D

**해설** 고객이 처음에 실망한 이유를 묻는 문제이다. 고객은 금은화를 사러 왔으나 약방에는 금은화가 다 팔려서 어쩔 수 없이 돌아가려 했다는 내용으로 미루어 보아 원했던 약인 금은화가 없어 사지 못했다는 D가 정답이다.

**34**

问: 了解了顾客的来意后, 胡雪岩是怎么做的?

A 向药店老板咨询
B 替老板说好话
C 帮顾客打听别的药店
D 推荐了其他中药

질문: 손님이 온 이유를 알고 난 후, 후쉬에옌은 어떻게 하였는가?

A 약방 사장님께 자문을 구했다
B 사장님을 대신하여 듣기 좋은 말을 했다
C 손님을 도와 다른 약방에 알아봤다
D 다른 중약(한약)을 추천하였다

**정답** D

**해설** 손님이 온 이유를 듣고 나서 후쉬에옌의 태도를 묻는 문제이다. 손님은 어머니의 열을

推销 tuīxiāo 통 팔다, 마케팅하다
金银花 jīnyínhuā 명 금은화, 인동덩굴의 꽃
不巧 bùqiǎo 부 유감스럽게도, 공교롭게도
不得不 bùdébù 부 어쩔 수 없이
拦住 lán zhù 통 꽉 막다, 차단하다
上火 shàng huǒ 통 열이 나다, 열이 오르다
淡淡 dàndàn 형 덤덤하다, 대수롭지 않다
祛火 qū huǒ 통 열을 내리다
不止 bùzhǐ 통 …에 그치지 않다
菊花 júhuā 명 국화
胖大海 pàngdàhǎi 명 반대해나무
推荐 tuījiàn 통 추천하다 ★
举动 jǔdòng 명 동작, 행위
昂贵 ángguì 형 비싸다
来意 láiyì 명 온 뜻, 온 이유
咨询 zīxún 통 자문하다 ★
替 tì 통 대신하다
经商 jīngshāng 통 장사하다 ★
诊所 zhěnsuǒ 명 의원, 진료소

내리기 위해 금은화를 사 온 것이었고, 후쉬에옌은 손님이 온 이유를 듣고는 열을 내리는 효과가 있는 국화나 반대해를 소개하며 금은화와 동일 효과가 있다고 추천하였으므로 정답은 D이다.

## 35

问: 关于胡雪岩, 可以知道什么?

A 有经商的才能
B 没得到顾客好评
C 独自开了一家诊所
D 是一名老中医

질문: 후쉬에옌에 관해 알 수 있는 것은?

A 장사에 재능이 있다
B 손님의 호평을 받지 못했다
C 혼자서 진료소를 개업하였다
D 한 명의 중의사(한의사)이다

**정답** A

**해설** 후쉬에옌에 관해 묻는 문제이다. 후쉬에옌이 젊었을 때, 약방에서 일했고, 그때의 그는 평범하지 않은 영업 재능을 가지고 있었다고 했기에 장사에 재능이 있었다는 A가 정답이다.

### 第36到38题是根据下面一段话:

有个人跟教练学滑冰。³⁶ 刚开始练习时, 滑着滑着就忽然摔了下来。经过反复练习, 依然没什么进展。最后, 他垂头丧气地坐在地上, 正想要放弃的时候, 看见旁边有个小男孩, 从他身边滑过去。³⁷ 他就叫住小男孩子问他怎样学会滑冰的。那孩子说: "跌倒了爬起来, 爬起来再跌倒, 再爬起来, 就学会了。" 人生是漫长的, 无论做什么事都不可能一帆风顺。³⁸ 尽管很艰难, 但一定要重新站起来。跌倒并不可怕, 重要的是你是否有重新站起来的毅力和勇气。

### 36-38번 문제는 다음 내용에 근거한다:

어떤 사람이 코치에게 스케이트를 배웠다. ³⁶ 막 연습을 시작했을 때, 타다가 갑자기 넘어졌다. 여러 번의 연습을 반복했지만 여전히 아무런 진전이 없었다. 결국 의기소침하여 바닥에 앉아서 막 포기하려 했을 때, 옆으로 한 명의 남자아이가 자신의 옆으로 스케이트를 타고 가는 것을 보았다. ³⁷ 그는 바로 남자아이를 불러 세우고는 그에게 어떻게 배워야 스케이트를 잘 타는지 물어보았다. 그 아이는 말하길: "넘어지면, 일어나고, 일어나면 또 넘어지고, 다시 일어나다 보면 배워져요". 인생은 길고, 무슨 일을 하든 모두 순조롭기는 불가능하다. ³⁸ 비록 어렵지만, 반드시 다시 일어나야 한다. 넘어짐을 결코 두려워해서는 안되며, 당신이 다시금 일어날 의지와 용기가 있는가가 중요한 것이다.

### 지문 어휘

教练 jiàoliàn 몡 감독, 코치 ⭐
滑冰 huábīng 툉 스케이트를 타다
练习 liànxí 툉 연습하다
忽然 hūrán 튄 갑자기, 홀연히 ⭐
摔 shuāi 툉 넘어지다
依然 yīrán 튄 여전하다, 의연하다 ⭐
进展 jìnzhǎn 툉 전진하다
垂头丧气 chuítóusàngqì 졩 의기소침하다, 풀이 죽고 기가 꺾이다
放弃 fàngqì 툉 (권리나 주장·의견 등을) 버리다, 포기하다
跌倒 diē dǎo 툉 넘어지다
漫长 màncháng 혱 길다, 멀다, 지루하다

### 36
问: 那个人刚开始练习时，表现如何？
A 滑得非常稳
B 经常摔倒
C 进步非常快
D 不敢往远滑

질문: 그 사람은 처음 연습을 할 때, 어떠하였는가?
A 매우 안정적으로 탔다
B 자주 넘어졌다
C 진전이 매우 빨랐다
D 스케이트를 타고 멀리 갈 엄두를 못 냈다

**정답 B**

해설) 그 사람이 처음 연습할 때의 모습을 묻는 문제이다. 막 시작했을 때, 타다가 갑자기 넘어졌고, 반복해서 연습했으나 진전이 없었다는 부분을 보아, 계속해서 넘어졌음을 짐작할 수 있으므로 정답은 B이다.

### 37
问: 那个小男孩子怎么学好滑冰的？
A 掌握了技巧
B 不停地练习
C 靠天分
D 他的父母是滑冰选手

질문: 그 남자아이는 어떻게 스케이트를 배운 것인가?
A 기술을 파악했다
B 멈추지 않고 연습했다
C 타고난 재능에 의지했다
D 그의 부모는 스케이트 선수이다

**정답 B**

해설) 그 남자아이는 어떻게 스케이트를 잘 타게 되었는지 묻는 문제이다. 계속해서 넘어지자 지나가는 남자 아이에게 잘 탈 수 있는 방법을 물었고, 아이는 넘어지면, 일어나고, 일어나면, 넘어지고, 그럼 또 일어나기를 반복하다 보니 잘 타게 되었다고 하였기에 끊임없이 연습하였음을 알 수 있다.

### 38
问: 这段话主要告诉我们什么？
A 要敢于面对现实
B 要学会换角度思考问题
C 学会放弃
D 珍惜每一次难得的机会

질문: 이 글이 우리에게 알려주고자 하는 것은?
A 용감하게 현실을 마주해야 한다
B 입장을 바꾸어 문제를 생각하는 것을 배워야 한다
C 포기를 배워야 한다
D 어렵게 얻은 모든 기회를 소중히 여겨야 한다

---

一帆风顺 yìfān fēngshùn
성 일이 순조롭게 진행되다

尽管 jǐnguǎn
접 비록 ~라 하더라도

艰难 jiānnán 형 곤란하다

重新 chóngxīn 부 다시, 재차

毅力 yìlì 명 굳센 의지

表现 biǎoxiàn 명 태도, 행동, 표현 ★

如何 rúhé 대 어떠한가, 어떻게 ★

稳 wěn 형 안정되다

掌握 zhǎngwò 동 숙달하다 ★

技巧 jìqiǎo 명 기교

天分 tiānfèn 명 타고난 소질

面对 miànduì 동 마주 대하다, 직면하다 ★

珍惜 zhēnxī 동 진귀하게 여기다 아끼다, 소중히 여기다 ★

难得 nándé
형 얻기 어렵다, 하기 쉽지 않다

> 정답 ▶ **A**

> 해설 ▶ 지문을 통해 알려주고자 하는 교훈을 묻는 문제이다. 인생의 모든 일은 순조로울 수 없기에, 비록 어렵다고 할 지라도, 반드시 다시 일어나야 하며, 넘어지는 것을 두려워하지 말고, 다시금 일어날 수 있는 의지와 용기가 중요하다고 마무리 지었으므로, 용감하게 현실을 직면하라는 A가 이 글을 통해 알려주고자 하는 교훈임을 알 수 있다.

### 第39到41题是根据下面一段话:
### 39–41번 문제는 다음 내용에 근거한다:

有个孩子不小心打坏了书架上的花瓶。<sup>39</sup> 他连忙把碎片粘好，并把花瓶放回了原地。母亲到家后，看出来花瓶的变化。问孩子："花瓶是你弄坏的吗？"孩子慌忙向妈妈解释说："有只猫跳进来，把花瓶碰坏了。"母亲知道孩子在说谎，但她什么话也没说。随后，母亲从口袋里拿出三颗糖递给孩子，说："第一颗奖励你丰富的想象力，你居然会想象出了一只会开窗户的猫；第二颗奖励你出色的修复能力，没想到你能将碎了的花瓶重新粘好；<sup>40</sup> 最后一颗代表我的歉意，我不应该把花瓶放到易被碰倒的地方。孩子，没把你吓着吧？"<sup>41</sup> 孩子听后，感到十分惭愧。从此以后，他再也没有说过谎。

어떤 아이가 조심하지 않아서 책꽂이에 있는 꽃병을 깨뜨렸다. <sup>39</sup> 그는 급하게 깨진 조각을 잘 붙이고는 꽃병을 원래의 자리로 돌려놓았다. 어머니께서 집에 오신 후, 꽃병의 변화를 알아차리셨고, 아이에게 물었다: "꽃병은 네가 깨뜨린 것이니?" 아이는 황급히 어머니께 설명을 드리며 말했다: "어떤 고양이가 뛰어 들어와서 꽃병을 깨뜨렸어요." 어머니는 아이가 거짓말 하는 것을 알았지만, 아무 말도 하지 않으셨다. 그 다음에 어머니는 주머니에서 세 개의 사탕을 꺼내 아이에게 주며 말씀하셨다. : "첫 번째 사탕은 너의 풍부한 상상력에 상을 주는 것이야, 너는 놀랍게도 창문을 열 줄 아는 고양이 한 마리를 상상해냈어.; 두 번째 사탕은 너의 뛰어난 복원 능력에 상을 주는 것이야, 깨진 꽃병을 다시 붙여 놓을 줄은 생각지도 못했어. ; <sup>40</sup> 마지막 사탕은 나의 미안한 마음을 나타내는 것이야. 나는 꽃병을 쉽게 부딪혀 넘어지는 곳에 두면 안 되는 것이었어. 아이야, 너를 놀라게 한 것은 아니지?"<sup>41</sup> 아이는 듣고 난 후, 매우 부끄럽다고 느꼈다. 그 이후 그는 다시는 거짓말을 하지 않았다.

### 지문 어휘

- **书架** shūjià 명 책꽂이, 책장 ★
- **花瓶** huāpíng 명 화병, 꽃병
- **连忙** liánmáng 부 얼른, 급히 ★
- **碎片** suìpiàn 명 부서진 조각
- **粘** zhān 동 붙이다
- **原地** yuándì 명 제자리
- **慌忙** huāngmáng 형 허둥지둥하다
- **解释** jiěshì 동 설명하다, 해명하다
- **碰** pèng 동 부딪치다, 충돌하다 ★
- **说谎** shuō huǎng 동 (의도적으로) 거짓말하다
- **随后** suíhòu 부 뒤따라, 뒤이어
- **口袋** kǒudai 명 주머니
- **颗** kē 양 알 (둥글고 작은 알맹이 모양과 같은 것을 세는 양사)
- **递** dì 동 건네다 ★
- **奖励** jiǎnglì 명 상, 상품
- **居然** jūrán 부 뜻밖에, 놀랍게도 ★
- **窗户** chuānghu 명 창문, 창
- **修复** xiūfù 동 수리하여 복원하다.
- **代表** dàibiǎo 동 대표하다, 대신하다 ★
- **歉意** qiànyì 명 미안한 마음
- **易** yì 형 쉽다
- **惭愧** cánkuì 형 부끄럽다, 창피하다 ★
- **立即** lìjí 부 곧, 즉시 ★
- **长辈** zhǎngbèi 명 집안 어른 ★
- **诚实** chéngshí 형 진실하다
- **沉默** chénmò 동 침묵하다, 말을 하지 않다 ★

### 39

问: 花瓶被打碎后，孩子做了什么?

질문: 꽃병을 깬 후, 아이는 어떻게 하였는가?

A 把碎片扔了
B 将碎片粘好
C 新买回来一个
D 立即向母亲认错

A 깨진 조각을 버렸다
B 깨진 조각을 잘 붙였다
C 새로 하나를 사서 돌아왔다
D 즉각 어머니께 잘못을 인정했다

**정답** B

**해설** 꽃병을 깬 뒤 아이의 행동을 묻는 문제이다. 아이는 조심하지 않아 책장의 꽃병을 깼고, 황급히 깨진 조각을 붙여서 원래의 위치에 두었다는 내용을 미루어 보아 정답은 B이다.

敏感 mǐngǎn 형 민감하다, 예민하다

### 40

问: 第三颗糖代表什么?
A 对孩子的爱
B 长辈的信任
C 对孩子的不满
D 母亲的歉意

질문: 세 번째 사탕은 무엇을 나타내었는가?
A 아이에 대한 사랑
B 어른의 믿음
C 아이에 대한 불만
D 어머니의 미안한 마음

**정답** D

**해설** 세 번째 사탕의 의미를 묻는 문제이다. 첫 번째 사탕은 상상력에 대한 칭찬이었고, 두 번째 사탕은 꽃병을 복원시킨 실력에 대한 칭찬이었으며, 마지막 사탕인 세 번째 사탕은 어머니의 미안한 마음을 나타낸 것이므로 정답은 D이다.

### 41

问: 孩子后来变得怎么样?
A 特别聪明
B 很诚实
C 很沉默
D 非常敏感

질문: 아이는 후에 어떻게 변하였는가?
A 특히 똑똑해졌다
B 진실해졌다
C 과묵해졌다
D 매우 민감해졌다

**정답** B

**해설** 이 일 후에 아이가 어떻게 변했는지 묻는 문제이다. 어머니의 사탕에 대한 교훈으로 아이는 매우 부끄러워했으며, 이후로는 거짓말을 하지 않았다는 내용으로 미루어보아 진실해졌음을 유추할 수 있으므로 정답은 B이다.

---

第42到43题是根据下面一段话:

42 对于体力劳动者来说，睡眠是一种最有效的休息方式。长期做体力劳动体内会产生大量的酸性的代谢物质。足够的睡眠

42–43번 문제는 다음 내용에 근거한다:

42 육체노동자들에게, 수면은 일종의 제일 효과가 있는 휴식 방법이다. 장기적으로 육체노동을 하면 체내에 대량의 산성대사물질이 생겨난다. 충분한 수면은 이런 물질을 깨끗이 제

**지문 어휘**

体力劳动者 tǐlì láodòngzhě 명 육체노동자

产生 chǎnshēng 동 생기다, 발생하다 ★

可以清除这些物质，从而使人精力充沛。相反，⁴³长时间用脑的人，常常久坐不动，容易处于低兴奋状态。仅仅靠睡觉无法完全恢复精力。因此，对脑力劳动者而言，缓解疲劳的最有效的方式，是做有氧运动。

거하고, 이로서 사람의 체력을 왕성하게 해준다. 반대로, ⁴³오랜 시간 머리를 쓰는 사람은, 종종 오래 앉아서 움직이지 않아서, 쉽게 무기력한 상태에 빠진다. 단지 수면에 의존하여서는 에너지를 완벽히 회복할 방법이 없다. 그래서, 정신노동자들 입장에서 말하자면, 피로를 푸는 제일 효과 있는 방식은 유산소운동을 하는 것이다.

**酸性** suānxìng 명 산성
**代谢物质** dàixièwùzhì 명 대사물질
**足够** zúgòu 형 충분하다
**清除** qīngchú 동 깨끗이 없애다
**精力** jīnglì 명 정력, 정신과 체력 ★
**充沛** chōngpèi 형 넘쳐흐르다, 왕성하다
**相反** xiāngfǎn 접 반대로
**处于** chǔyú 동 처하다
**低兴奋状态** dīxīngfèn zhuàngtài 명 무기력한 상태
**脑力劳动者** nǎolì láodòngzhě 명 정신노동자
**缓解** huǎnjiě 동 완화되다 ★
**疲劳** píláo 형 피곤하다 ★
**有氧运动** yǒuyǎngyùndòng 명 유산소 운동
**适合** shìhé 동 적합하다
**交流** jiāoliú 동 서로 소통하다
**肌肉运动** jīròuyùndòng 명 근육 운동
**规律** guīlǜ 명 규칙, 법칙 ★

### 42

问: 下列哪种方式，适合体力工作者缓解疲劳?
A 与人多交流
B 肌肉运动
C 睡眠
D 有氧运动

질문: 아래 어떤 방식이 육체노동자의 피로를 풀어주는데 적합한가?
A 사람들과의 많은 교류
B 근육운동
C 수면
D 유산소운동

**정답** C

**해설** 육체노동자의 피로를 푸는 방법을 묻는 문제이다. 육체노동자에겐 수면이 최고 효과 있는 휴식이며, 육체노동을 통해 체내에 대량의 산성대사물질이 나오게 되고, 충분한 수면은 이런 물질을 깨끗이 제거한다는 내용으로 미루어 보아 정답은 C이다.

### 43

问: 为什么脑力劳动者的身体，容易处于低兴奋状态?
A 久坐不动
B 饮食不规律
C 长期待在室内
D 空气不好

질문: 왜 정신노동자들은 쉽게 무기력한 상태에 빠지는가?
A 오래 앉아있고 움직이지 않아서
B 식사가 규칙적이지 않아서
C 오래 동안 실내에 머물러서
D 공기가 나빠서

**정답** A

**해설** 정신노동자들이 쉽게 무기력한 상태에 빠지는 이유를 묻는 문제이다. 듣기 지문에서 오랜 시간 머리를 이용해 일하는 사람들은 오래 앉아서 일하고 움직임이 많지 않기에 쉽게 무기력한 상태에 빠진다고 하였으므로 오래 앉아있고 움직이지 않는다는 의미의 A가 정답이다.

**第44到45题是根据下面一段话：**

44-45번 문제는 다음 내용에 근거한다:

为促使人们更好地认识改善人类居住环境的必要性，1985年12月17日，第40届联合国大会上确定 **⁴⁴每年十月的第一个星期一为"世界住房日"**。"世界住房日"的目的在于 **⁴⁵引起人们对人类居住环境和住房基本权利的关注**，希望各国政府为解决这些问题做出积极努力。从1989年起，联合国人居署还创立了"联合国人居奖"，促使国际社会和各国政府对人类住区的发展和解决人居领域的各种问题给予充分的重视，并鼓励和表彰为改善人类居住环境作出杰出贡献的政府、组织及个人，这是全球人居领域最高规格的奖励。

사람들이 인류 주거환경 개선의 필요성을 더 잘 인식하도록 하기 위해서, 1985년 12월 17일, 제 40회 UN 총회에서 ⁴⁴매년 10월 첫 번째 월요일을 "세계 주거의 날"로 확정하였다. "세계 주거의 날"의 목적은 사람들이 ⁴⁵인류의 주거환경과 거주 기본 권리에 대한 관심을 불러 일으켜서, 각국 정부가 이 문제를 해결하기 위해 적극적으로 노력하길 희망하는 것에 있다. 1989년부터 UN 인간 주거 센터에서는 "UN 인간 주거상"을 만들어, 국제사회와 각국 정부가 인류 주거의 발전과 인류 주거 영역의 각종 문제 해결에 대해 충분한 관심을 갖게 하고 있다. 또한 인류 주거환경 개선에 뛰어난 공헌을 한 정부와 조직 및 개인에게 격려와 표창을 하는데, 이것은 전세계 인류 거주 영역의 최고 수준의 상이다.

**지문 어휘**

促使 cùshǐ
⑧ …하도록 (재촉)하다 ★

改善 gǎishàn ⑧ 개선하다 ★

居住 jūzhù ⑧ 거주하다

必要性 bìyàoxìng ⑲ 필요성

届 jiè ⑱ 회(回), 기(期), 차(次) ★

联合国 Liánhéguó
⑲ 유엔(UN), 국제 연합

世界住房日 Shìjiè zhùfángrì
⑲ 세계 주거의 날

在于 zàiyú ⑧ …에 있다 ★

引起 yǐnqǐ
⑧ (주의를) 끌다, 야기하다

权利 quánlì ⑲ 권리 ★

关注 guānzhù
⑧ 주시하다, 관심을 가지다

政府 zhèngfǔ ⑲ 정부 ★

联合国人居署
Liánhéguó rénjūshǔ
⑲ UN 인간 주거 센터

创立 chuànglì ⑧ 창립하다

给予 jǐyǔ ⑧ 주다, 부여하다

鼓励 gǔlì ⑧ 격려하다

表彰 biǎozhāng ⑧ 표창하다

杰出 jiéchū ⑲ 걸출한,
남보다 뛰어난

贡献 gòngxiàn ⑧ 공헌하다 ★

领域 lǐngyù ⑲ 분야, 영역 ★

规格 guīgé ⑲ 표준, 규격

奖励 jiǎnglì ⑲ 상, 상금
⑧ 장려하다, 표창하다

呼吁 hūyù ⑧ 구하다, 청하다

上涨 shàngzhǎng
⑧ (수위·물가 등이) 오르다

**44**

问：每年什么时候是"世界住房日"？

A 10月的第二个周一
B 12月27日
**C 10月的第一个周一**
D 12月的第一个周末

질문: 매년 언제가 세계 주거의 날인가?

A 10월의 두 번째 월요일
B 12월 27일
**C 10월의 첫 번째 월요일**
D 12월의 첫 번째 주말

**정답** C

**해설** 세계 주거의 날이 언제인지 묻는 질문이다. 듣기 지문 속에 제 40회 UN 총회에서 매년 10월 첫 번째 월요일을 세계 주거의 날로 정했다고 언급했으므로 정답은 C이다.

**45**

问: 下列哪项, 属于联合国设立 "世界住房日"的目的?
  A 提醒政府重视环境保护
  B 促使人们关心居住环境
  C 呼吁人们保护环境
  D 限制物价过快上涨

질문: 아래 항목에서 UN이 세계주거의 날을 세운 목적에 속하는 것은?
  A 정부에게 환경보호의 관심을 일깨워주려고
  B 사람들로 하여금 주거환경에 관심을 가지게 하려고
  C 사람들에게 환경보호를 호소하려고
  D 물가가 지나치게 빨리 오르는 것을 제한하려고

[정답] B

[해설] 세계 주거의 날의 목적을 묻는 질문이다. 세계 주거의 날의 목적은 사람들의 인류 주거 환경과 거주 기본 권리의 관심을 불러 일으키기 위한 것이라 언급하였고, 보기 B의 "사람으로 하여금 주거환경에 관심을 가지게 한다"가 의미적으로 일맥상통하므로 정답은 B이다.

# HSK 5급 1회 독해 阅读

**제1부분** 46~60번 문제는 지문 속 빈칸에 알맞은 단어나 문장을 채우는 문제입니다.

第46到48题是根据下面一段话： 46-48번 문제는 다음 내용에 근거한다:

随着改革开放的不断深入发展，同时与其他国家的交往也日趋频繁，世界日益变为一个大家庭。因此，人们开始重视不同国家之间的经济文化交流。但实际上不同国家与民族之间 <u>46 A 存在</u> 着一道看不见摸不着的文化屏障。因而，在跨文化背景下的商务谈判中，谈判双方不仅懂得对方的语言是不够的，还要进一步了解 <u>47 A 彼此</u> 之间的文化差异并接受与自己不同的价值观。相反，如果不能正确认识这些差异，在谈判中有可能 <u>48 A 产生</u> 不必要的误会，有可能失去许多促成谈判成功的机会。

개혁개방이 끊임없이 심도 있게 발전함에 따라, 동시에 다른 국가와의 교류가 나날이 빈번해졌고, 세계는 날로 하나의 큰 가족으로 변했다. 이로 인해, 사람들은 다른 국가와의 경제 문화교류를 중시하기 시작했다. 그러나 실제로 다른 국가와 민족간에 보이지 않고 만질 수 없는 문화 장벽이 <u>46 A 존재</u>하고 있다. 그러므로 문화배경을 뛰어넘어야 하는 비즈니스 협상 중에, 협상하는 쌍방이 서로의 언어에 대한 이해가 부족하다는 것을 알아야 할 뿐 아니라, 한걸음 더 나아가 <u>47 A 서로</u> 간의 문화적 차이를 잘 이해하고, 자신과는 다른 가치관을 받아들여야 한다. 반대로 만약에 이 차이점을 정확히 인식하지 못한다면, 협상 중에 불필요한 오해가 <u>48 A 생길</u> 수 있고, 협상을 성공시킬 수 있는 많은 기회를 잃을 수도 있다.

### 지문 어휘

**改革开放** gǎigé kāifàng
명 개혁개방

**深入** shēnrù 형 깊다

**日趋频繁** rìqū pínfán
갈수록 빈번하다

**日益** rìyì 날로, 나날이

**摸不着** mō bu zháo
동 만질 수 없다

**屏障** píngzhàng
명 (병풍처럼 둘러쳐진) 장벽

**因而** yīn'ér 접 그러므로, 그런까닭에

**跨** kuà
동 (일정한 한계를) 뛰어넘다

**商务** shāngwù 명 비즈니스, 상업상의 용무 ★

**谈判** tánpàn 동 협상하다, 담판하다, 회담하다 ★

**差异** chāyì 명 차이, 다른 점

**价值观** jiàzhíguān 명 가치관

**相反** xiāngfǎn 접 반대로, 거꾸로

**失去** shīqù
동 잃다, 잃어버리다 ★

**促成** cùchéng
동 재촉하여 이루어지게 하다, 서둘러 성사시키다

### 46

| A 存在 | A 존재하다 |
| B 组成 | B 구성하다 |
| C 吸收 | C 흡수하다 |
| D 包括 | D 포함하다 |

**정답** A

**해설** 목적어인 文化屏障(문화적 장벽)과 어울리는 술어를 찾는 문제로, 단체나 모임을 구성한다는 의미인 组成이나 흡수한다는 의미의 吸收는 정답과 거리가 멀고, 包括는 구체적 의미의 목적어를 가지는 단어인데, 文化屏障은 추상적 개념의 단어이므로 호응될 수 없으므로, A의 存在가 정답이다.

### 보기 어휘

**存在** cúnzài 동 존재하다 ★

**组成** zǔchéng
동 조성하다, 구성하다 ★

실전 모의고사 53

**47**

A 彼此　　B 其余　　A 서로　　B 나머지
C 对方　　D 任何　　C 상대방　D 어떤

정답 A

해설 빈칸 바로 뒤의 之间은 '~사이, ~지간'이라는 의미로 彼此와 합성어로 자주 쓰여 '피차간'이라는 의미를 나타낸다. '나머지'라는 의미의 其余, '상대방'이라는 의미의 对方, '무슨, 어떤'의 의미를 가진 任何는 의미상 정답과는 거리가 멀다. 그러므로 정답은 '서로, 피차'의 뜻을 가진 A가 정답이다.

**48**

A 产生　　B 到达　　A 생기다　　B 도착하다
C 达到　　D 养成　　C 도달하다　D 기르다

정답 A

해설 목적어와 호응하는 술어를 찾는 문제로, 목적어인 误会는 추상적 개념의 단어이므로 구체적 장소를 목적어로 취하는 到达는 정답에서 제외되고, 养成은 习惯과 호응하는 단어로 의미상 여기서는 정답과 거리가 멀다. C의 达到는 목적이나 목표에 도달하다로 사용되는 단어이므로 여기서 오해와 연결될 수 있는 단어는 '생기다, 나타나다'라는 의미를 가진 A 产生이 정답이다.

---

**吸收** xīshōu 동 흡수하다 ★
**包括** bāokuò 동 포함하다 ★
**彼此** bǐcǐ 대 피차, 상호 ★
**其余** qíyú 대 나머지, 남은 것 ★
**对方** duìfāng 명 상대방
**任何** rènhé 대 어떠한, 무슨
**产生** chǎnshēng 동 생기다, 발생하다 ★
**到达** dàodá 동 도착하다 ★
**达到** dádào 동 달성하다 ★
**养成** yǎngchéng 동 기르다, 습관이 되다

---

第49到52题是根据下面一段话： 　　49-52번 문제는 다음 내용에 근거한다：

乾隆皇帝几次出访江南，他对甲于天下的苏州风景十分喜爱。一次，他带着母亲一起去了苏州，此次出行让她大开眼界。回到北京后，皇太后一直对江南的 ⁴⁹ **D 豪华** 景象念念不忘。但因她年纪很大，⁵⁰ **A 不便再次出游**。因此，乾隆皇帝为了 ⁵¹ **D 满足** 母亲的期望，命人在北京建了一条苏氏商业街，俗称"苏州街"。这条街不仅在建筑方面仿照苏州，乾隆皇帝还特意 ⁵² **D 派** 人从苏州请来那里的生意人，可

건륭황제(乾隆皇帝)는 강남을 몇 번 방문한 후, 그는 천하 제일의 쑤저우 풍경에 상당한 호감을 가졌다. 한번은, 그는 어머니를 모시고 쑤저우를 갔고, 이 외출은 그녀에게 식견을 넓혀주었다. 베이징으로 돌아온 후, 황태후는 줄곧 강남의 ⁴⁹ **B 화려하고 웅장한** 풍경을 그리워하며 잊지 못했다. 그러나 그녀의 나이가 많아, ⁵⁰ **A 다시 여행을 떠나기가 쉽지 않았다**. 이로 인해, 건륭황제는 어머니의 바람을 ⁵¹ **D 만족시키기** 위해서, 베이징에 하나의 쑤(苏)씨 상업거리를 건설하도록 명령하였고, '쑤저우길'이라 칭했다. 이 길은 건축양식도 쑤저우를 따랐을 뿐 아니라, 건륭황제는 또 특별히 사람을 ⁵² **A 보내** 쑤저우로부터 상인흘

---

**지문 어휘**

**出访** chūfǎng 동 외국을 방문하러 가다
**十分** shífēn 부 매우, 대단히
**喜爱** xǐ'ài 동 흥미를 가지다, 호감을 가지다
**大开眼界** dàkāi yǎnjiè 식견을 넓히다, 시야를 넓히다
**皇太后** huángtàihòu 명 황태후
**念念不忘** niànniàn búwàng 성 마음에 두고 한시도 잊지 않다
**期望** qīwàng 명 기대, 바람, 동 기대하다, 바라다
**商业街** shāngyèjiē 명 상업거리, 상가
**俗称** súchēng 동 속칭하다

谓原汁原味的苏州街景。遗憾的是，由于历史原因，这条街在近代已被烧毁了，此后也就名存实亡了。

지 직접 청해 왔으니, 본연의 쑤저우 거리의 풍경이라 할 수 있었다. 안타까운 것은, 역사로 인해, 이 길은 근대에 와서 이미 타버렸고, 이후 이름만 존재할 뿐 실제의 거리는 없어졌다.

**建筑** jiànzhù 몡 건축물
동 세우다, 건축하다
**仿照** fǎngzhào
동 (기존의 방식·양식에) 따르다
**特意** tèyì 부 특별히, 일부러
**可谓** kěwèi
동 ~라고 말할 수 있다
**遗憾** yíhàn 동 유감이다 ★
**烧毁** shāohuǐ 동 타 버리다
**名存实亡** míngcún shíwáng
성 이름만 있고 실상은 존재하지 않다

### 49

A 高级
B 繁荣
C 经典
D 豪华

A 고급이다
B 번영하다
C 전형적이다
D 화려하고 웅장하다

**보기 어휘**

**高级** gāojí 형 고급인 ★
**繁荣** fánróng
형 번영하다, 크게 발전하다 ★
**经典** jīngdiǎn 형 전형적이고 영향력이 비교적 큰 ★
**豪华** háohuá
형 화려하고 웅장하다 ★
**不便** búbiàn
동 (~하기에) 적당하지 않다
**未曾** wèicéng
부 (일찍이) …한 적이 없다
**发脾气** fā píqi 동 성질부리다
**安慰** ānwèi 동 위로하다 ★
**允许** yǔnxǔ
동 동의하다, 허가하다
**满意** mǎnyì
형 만족하다, 만족스럽다
**满足** mǎnzú
동 만족하다, 흡족하다 ★
**夸** kuā 동 칭찬하다
**逃** táo 동 도망치다, 달아나다 ★
**追** zhuī 동 뒤쫓다, 쫓아가다 ★
**派** pài 동 파견하다

**정답** D

**해설** 황태후(건륭황제의 어머니)는 강남을 다녀와서 줄곧 그곳의 어떠한 풍경에 대해 잊지 못하고 그리워 했다라고 하였는데, '어떠한' 풍경에서 风景을 꾸밀 수 있는 단어는 D의 豪华밖에 없다. 经典은 주로 제작물을 꾸미는 어휘임에 주의하자! 豪华는 호화롭다는 의미도 있지만, 풍경과 함께 쓰여 풍경이 '화려하고 웅장하다'라는 의미로도 사용된다.

### 50

A 不便再次出游
B 总想到处去游玩儿
C 与皇帝关系亲近
D 未曾对人发脾气

A 다시금 여행하기가 쉽지 않다
B 항상 어디로든 여행을 가고 싶어 한다
C 황제와 관계가 친밀했다
D 여태껏 화를 낸 적이 없다

**정답** A

**해설** 빈칸 앞의 내용을 보면 "但因她年纪很大(그녀(황태후)의 나이가 많음으로 인하여)"의 내용으로 보아 그녀가 외출하기가 쉽지 않음을 유추할 수 있고, 이어지는 뒷 문장에는 갈 수 없는 어머니를 위해 베이징에 쑤저우 거리를 만들었다는 내용이 언급되므로 이와 관련 있는 不便再次出游(다시금 여행하기가 쉽지 않다) 보기 A가 정답이다.

### 51

A 安慰    B 允许
C 满意    D 满足

A 위로하다    B 허가하다
C 만족하다    D 만족시키다

**정답** D

**해설** 문장 뒤에 나오는 목적어 期望과 연결되는 단어를 찾아야 하는데, 위로한다는 A나, 허락한다는 B는 정답에서 제외가 되고, C와 D가 모두 만족을 나타내는 단어지만 C의

실전 모의고사 **55**

满意는 형용사로 뒤에 목적어를 받지 못하고, D의 满足는 동사로 목적어를 받을 수 있으므로 여기서는 D가 정답이다.

## 52

A 夸　　　　　　A 칭찬하다
B 逃　　　　　　B 도피하다
C 追　　　　　　C 쫓다
D 派　　　　　　D 파견하다

**정답** D

**해설** 괄호 뒤 내용을 보면 쑤저우로부터 그쪽 상인까지 모셔오기 위한 어떤 행동을 하였다는 것인데, 칭찬 · 도피 · 쫓다 등의 행동은 이와 부합되지 않으므로 사람을 파견하다라는 D가 정답이다.

---

**第53到56题是根据下面一段话：**　　53-56번 문제는 다음 내용에 근거한다:

现代著名作家、文学评论家茅盾先生，原名沈德鸿。他在学校里，各门功课都名列前茅，特别是他的作文更是出色。茅盾中学毕业，参加北京大学入学考试后，自我感觉 ⁵³ B 良好。就安安心心地回家等候好消息了。没想到成绩公布的那天，录取 ⁵⁴ B 名单上，竟没有沈德鸿的名字，令茅盾十分 ⁵⁵ B 失望。但不久，他却意外地收到了北京大学寄来的入学通知，通知书上写的是沈德鸣三个字。茅盾 ⁵⁶ D 因为字迹太杂乱，把"鸿"字写得像个"鸣"字了。这件事对他触动很大。从此，他写字写得一笔一划，端端正正。

유명한 작가이자 문학평론가 모순 선생은, 본명이 심덕홍이다. 그는 학교에서 각 과목마다 학업성적이 좋았고, 특히 그의 작문은 더욱 뛰어났다. 모순이 중고등학교를 졸업하고, 베이징대학 입학 시험을 치른 후, 스스로 ⁵³ B 잘했다고 느꼈고, 안심하며 집에 돌아가 좋은 소식을 기다렸다. 생각지도 못하게 성적이 발표된 그날, 합격자 ⁵⁴ B 명단에서, 놀랍게도 沈德鸿의 이름이 없었고, 모순은 매우 ⁵⁵ B 실망하였다. 그러나 얼마 지나지 않아, 그는 뜻밖에 베이징대학에서 보내온 입학통지서를 받았고, 통지서에는 심덕명(沈德鸣) 세 글자가 쓰여있었다. 모순의 ⁵⁶ D 글씨체가 너무 난잡하여, 鸿(홍)자를 마치 鸣(명)자 처럼 쓴 것이었다. 이 일은 그에게 많은 것을 느끼게 하였다.

그때부터 그는 한 획 한 획 똑바로 글자를 쓰게 되었다.

**지문 어휘**

**著名** zhùmíng
형 저명하다, 유명하다

**功课** gōngkè
명 공부, 학업, 학습

**名列前茅** mínglìe qiánmáo
성 성적이 선두에 있다, 석차가 수석이다

**出色** chūsè 형 특별히 좋다, 대단히 뛰어나다 ★

**等候** děnghòu 동 기다리다

**公布** gōngbù
동 공포(공표)하다 ★

**竟** jìng 부 뜻밖에, 의외로

**意外** yìwài
형 의외의, 뜻밖의 ★

**触动** chùdòng
동 불러일으키다, 부딪치다

**一笔一划** yì bǐ yì huá
또박또박(글씨를 쓰다)

### 53

| | | | |
|---|---|---|---|
| A 无奈 | | A 어쩔 수 없다 | |
| B 良好 | | B 좋다, 잘하다 | |
| C 糊涂 | | C 멍청하다 | |
| D 安慰 | | D 위로하다 | |

**정답** B

**해설** 모순이 시험을 치고 나서 느낀 부분을 찾는 문제로, 모순은 항상 성적이 좋았다는 초반의 내용을 통해 시험을 치고 스스로 "잘했다"고 느꼈음을 유추할 수 있기에 정답은 B이다.

### 54

| | | | |
|---|---|---|---|
| A 人数 | B 名单 | A 사람 수 | B 명단 |
| C 简历 | D 合同 | C 이력서 | D 계약서 |

**정답** B

**해설** 빈칸 앞에 성적이 발표되었다는 내용과, 심덕홍이라는 이름이 없었다는 뒷부분 내용을 종합해 볼 때 합격자 '명단'이라는 어휘가 의미상 가장 적합하다.

### 55

| | | | |
|---|---|---|---|
| A 痛快 | B 失望 | A 통쾌하다 | B 실망하다 |
| C 惭愧 | D 骄傲 | C 부끄럽다 | D 교만하다 |

**정답** B

**해설** 성적이 발표되었지만 모순의 이름인 심덕홍(沈德鸿)이 합격자 명단에 없는 것을 보고 느낀 감정을 찾는 문제로, 통쾌하다거나 교만하다인 A와 D는 정답에서 제외되고, 惭愧는 단점이나 잘못으로 인해 느껴지는 수치를 일컫는 단어이므로 역시 정답에서 제외된다. 분명 시험을 잘 쳤다고 느꼈지만 합격자 명단에 자신의 이름이 없다는 것을 보고 실망하였을 것이므로 B가 정답이다.

### 56

| | |
|---|---|
| A 学习一直刻苦 | A 공부를 계속 열심히 하다 |
| B 显得格外惭愧 | B 특히 부끄럽다고 느끼다 |
| C 忽然转变想法 | C 갑자기 생각이 변했다 |
| D 因为字迹杂乱 | D 글씨체가 너무 난잡하다 |

---

**보기 어휘**

端正 duānzhèng
형 단정하다, 똑바르다

无奈 wúnài
동 어찌 해 볼 도리가 없다 ★

良好 liánghǎo
형 좋다, 양호하다 ★

糊涂 hútu 형 멍청하다 ★

安慰 ānwèi 동 위로하다 ★

人数 rénshù 명 사람 수

名单 míngdān 명 명단, 명부

简历 jiǎnlì 명 이력서 ★

合同 hétong 명 계약서 ★

痛快 tòngkuài
형 통쾌하다, 즐겁다 ★

失望 shīwàng 동 실망하다

惭愧 cánkuì 형 부끄럽다 ★

骄傲 jiāo'ào
형 오만하다, 거만하다

刻苦 kèkǔ
형 노고를 아끼지 않다 ★

显得 xiǎnde
동 (어떤 상황이) 드러나다 ★

忽然 hūrán 부 갑자기, 홀연히 ★

转变 zhuǎnbiàn
동 바뀌다, 바꾸다 ★

字迹 zìjì 명 필적

杂乱 záluàn
형 난잡하다, 어수선하다

**정답** D

**해설** 뒤의 내용상 把"鸿"字写得像个"鸣"字了(鸿이라는 글자를 鸣처럼 썼다)라는 내용을 통해 모순의 글씨체가 알아보기가 힘들다라는 것을 유추할 수 있으므로 D의 因为字迹杂乱(글씨체가 너무 난잡하다)가 정답이다.

---

**第57到60题是根据下面一段话：**

一个旅行者决定利用三年的时间徒步走遍全国各地。一天，旅行者满头大汗地敲开一家的房门，请求屋主给他一杯水。屋主给他倒 57 <u>C 满</u> 了一杯水，旅行者接过水，58 <u>B 一口气把水喝完了</u>。屋主问："喝出水的味道了吗？"旅行者回答道："水怎么会有味道呢？"屋主又给他倒了一杯水，要他坐下来，慢慢喝。旅行者接过水，开始一小口一小口地喝，喝着喝着，他果然 59 <u>C 尝</u> 出了水的甜味。"喝第一杯水时，知道你为什么没有喝出水的味道吗？那是因为你只是为了解渴，目的性太强，又怎么能喝出水的味道呢？"屋主接着说："做任何事都是这样，如果目的性太强，就会失去做事的乐趣和味道。你行程这么匆忙，怎能 60 <u>C 欣赏</u> 到沿途的风景呢？"

57-60번 문제는 다음 내용에 근거한다:

어느 한 여행자는 3년동안 전국각지를 걸어서 두루 돌아다니기로 결정했다. 하루는, 여행자는 온 얼굴이 땀투성이가 되어 한 집의 문을 두드렸고, 집 주인에게 한 잔의 물을 부탁하였다. 집 주인은 그에게 물 한 잔을 57 <u>C 가득</u> 부어서 주었고, 여행자는 물을 건네 받고는, 58 <u>B 단숨에 그 물을 마셔버렸다</u>. 집주인은 물었다 : "물맛이 어떤가요?" 여행자는 대답하길 : "물이 어찌 맛이 있을 수 있습니까?" 집 주인은 또 그에게 한 가득 물 한잔을 부어주고는, 그에게 앉아서 천천히 마시라고 하였다. 여행자는 물을 받아서, 한 모금 한 모금 마시기 시작했고, 마시다 보니, 그는 과연 물의 단맛을 59 <u>C 맛 볼 수</u> 있었다. "첫 잔의 물을 마실 때, 당신은 왜 마신 물의 맛을 알지 못했는지 알겠어요? 그것은 당신이 단지 목마름을 풀기 위한 것 때문이었어요. 목적만 강하다 보니 어찌 물 맛을 알 수 있었겠습니까?" 집주인은 이어서 말하길: "무슨 일을 하든 모두 이렇습니다. 만약에 목적이 너무 강하다면, 일의 즐거움과 맛을 잃을 것입니다. 당신의 여정이 이렇게 급하면 어찌 길가의 풍경을 60 <u>C 감상</u> 할 수 있겠습니까?"

**지문 어휘**

徒步 túbù
동 보행하다, 걸어가다

走遍 zǒu biàn
동 두루 (돌아)다니다

满头大汗 mǎntóudàhàn
온 얼굴이 땀투성이이다.

敲 qiāo 동 치다, 두드리다

请求 qǐngqiú
동 요청하다, 바라다 ★

倒 dào 동 따르다, 붓다, 쏟다

果然 guǒrán
부 과연, 아니나다를까 ★

甜味 tiánwèi 명 단맛, 감미

解渴 jiěkě
동 갈증을 풀다, 갈증을 해소하다

乐趣 lèqù 명 즐거움, 기쁨

味道 wèidao 명 맛

匆忙 cōngmáng
형 매우 바쁘다 ★

沿途 yántú 명 길가

**보기 어휘**

软 ruǎn 형 부드럽다 ★

多 duō 형 (수량이) 많다

满 mǎn 형 가득 차다

浅 qiǎn 형 얕다 ★

一口气 yìkǒuqì
부 단숨에, 단번에

留神 liúshén
동 주의하다, 조심하다

洒 sǎ 동 뿌리다, 엎지르다

疑问 yíwèn 명 의문 ★

---

**57**

A 软　　B 多
C 满　　D 浅

A 부드럽다　B 많다
C 가득하다　D 얕다

**정답** C

**해설** '액체 등을 붓다, 따르다'라는 倒 뒤에 빈칸이 있고, 마지막에 '한 잔의 물'이라는 목적어가 있는 것으로 보아 倒 뒤에 연결 가능한 결과보어를 찾는 문제로, 따르다라는 말과 연결할 수 있는 결과보어로는 가득하다는 의미의 满이 정답이다. '倒满了'는 '가득 따르다'로 해석할 수 있다.

### 58

A 他想住几天再走
B 一口气就把水喝完了
C 不留神把水全洒了
D 不知道房主心中的疑问

A 그는 며칠 묵었다가 가고 싶었다
B 단숨에 물을 다 마셔버렸다
C 조심하지 않아서 물을 모두 쏟았다
D 집주인의 의중을 몰랐다

정답 B

해설 빈칸의 앞 旅行者接过水(여행자가 물을 건네 받는)의 다음 일어난 행동의 문장을 찾는 문제로, 물과 관련이 없는 A와 D는 정답에서 제외 되고, 바로 뒤에 집주인이 물의 맛을 묻는 것으로 보아 B가 정답임을 알 수 있다.

### 59

A 吸
B 闻
C 尝
D 歇

A 흡수하다
B 냄새를 맡다
C 맛보다
D 휴식하다

정답 C

해설 빈칸의 위치상 술어를 찾는 문제로, 목적어가 水的甜味(물의 단맛)인 것으로 보아 술어는 맛과 관련이 있는 것이어야 하기에 '맛보다'라는 C의 尝이 정답이다.

### 60

A 盼望
B 解释
C 欣赏
D 观察

A 간절히 바라다
B 해석하다
C 감상하다
D 관찰하다

정답 C

해설 빈칸의 위치상 술어를 찾는 문제로, 목적어 沿途的风景(길가의 풍경)의 풍경과 연결되는 술어를 찾아야 하므로 风景과 호응관계에 있는 '감상하다'인 欣赏이 정답이다.

吸 xī 동 들이마시다
闻 wén 동 냄새를 맡다 ★
尝 cháng 동 맛보다
歇 xiē 동 휴식하다 ★
盼望 pànwàng 동 간절히 바라다 ★
解释 jiěshì 동 해석하다, 설명하다
欣赏 xīnshǎng 동 감상하다 ★
观察 guānchá 동 관찰하다 ★

## 제2부분

61~70번 문제는 지문을 읽고 내용과 일치하는 것을 고르는 문제입니다.

### 61

把压力视为挑战的人，往往愿意听取别人的批评和建议，以此来完善自己。而把压力视为负面因素的人，哪怕听到的是善意的批评，也会本能地反感，甚至还会因此而生气，进而长时间地处在消极情绪中。

A 要正确对待他人的批评
B 压力大的人往往很悲观
C 要合理利用自己的优势
D 压力不利于人的成长

스트레스를 도전으로 여기는 사람은, 늘 다른 사람의 비평과 의견을 듣기 원하는데, 이것을 통해 스스로를 완전하게 만들 수 있기 때문이다. 그러나 스트레스를 부정적인 요소로 여기는 사람은, 설령 선의의 비평을 듣는다 할지라도, 본능적으로 반감을 갖거나, 심지어 그것으로 인해 화를 내기도 하며, 나아가 오랜 시간 동안 소극적인 정서에 휩싸여 있게 된다.

A 정확하고 분명하게 다른 사람의 비평을 수용해야 한다
B 스트레스가 큰 사람은 늘 매우 비관적이다
C 자신의 장점을 합리적으로 이용해야 한다
D 스트레스는 사람의 성장에 이로움을 주지 않는다

**지문 어휘**

视为 shìwéi 통 여기다, 간주하다, ~으로 보다
听取 tīngqǔ 통 귀담아듣다
负面 fùmiàn 명 부정적인 면
因素 yīnsù 명 요소 ★
哪怕 nǎpà 접 설령 ~라 해도 ★
善意 shànyì 명 선의, 호의
反感 fǎngǎn 통 반감을 가지다
进而 jìn'ér 접 더 나아가
消极 xiāojí 형 소극적이다 ★
对待 duìdài 통 다루다, 대응하다 ★

**정답** A

**해설** 보기의 내용만 살펴보면 모든 내용이 맞는 이야기처럼 보이지만 반드시 제시된 단문과 일치해야 하는 점을 잊지 않도록 하자. 단문의 내용은 스트레스와 비평을 받는 태도의 상관관계를 이야기하고 있다. 타인의 비평에 대해 부정적으로 받아들일 필요가 없음을 간접적으로 묘사하고 있으므로 '정확하고 분명하게 다른 사람의 비평을 대응하고 수용하라'는 의미의 A가 정답이다.

### 62

过去，画儿一般是挂在墙上的。如今往墙上画画，成了家庭装修中最能体现主人个性的画龙点睛之笔。随着新型家居装饰的升温，充满个性和创意的家居手绘墙在潍坊市流行起来。这样既能突出主人的个性，花钱也不多。

과거, 그림은 보통 벽에 걸어두는 것이었다. 요즘은 벽에 그림을 그리는 것이 가정 인테리어 중 주인의 개성을 구현하는 화룡점정의 한 획이 되었다. 새로운 실내 인테리어의 열기가 올라감에 따라, 개성과 창의력이 충만한 직접 손으로 그린 벽은 웨이팡시에서 유행하기 시작했다. 이것은 주인의 개성을 돋보이게 할 수 있으며, 돈도 많이 들지 않는다.

**지문 어휘**

如今 rújīn 명 (비교적 먼 과거에 대하여) 지금, 이제 ★
家庭装修 jiātíng zhuāngxiū 명 홈 인테리어
体现 tǐxiàn 통 구현하다, 구체적으로 드러내다 ★
个性 gèxìng 명 개성 ★
画龙点睛 huàlóng diǎnjīng 성 가장 중요한 부분을 완성하다, 화룡점정

| | |
|---|---|
| A 传统的家居装饰开始消失<br>B 手绘墙画目前还不被人们接受<br>C 传统的家居装饰费用比较便宜<br>D **手绘墙画是直接画在墙上的** | A 전통적인 실내 인테리어가 없어지기 시작했다<br>B 벽에 손으로 직접 그린 그림은 오늘날 사람들에게 환영 받지 못한다<br>C 전통적인 실내 인테리어 비용은 비교적 저렴하다<br>D 수회벽화란 직접 벽에 손으로 그림을 그리는 것이다 |

**정답** D

**해설** 단문에서 요즘은 벽에 그림을 그려서 집 주인의 개성을 나타낸다고 이야기 했으므로, 수회벽화는 직접 벽에 그림을 그리는 것이라는 D와 내용상 일치한다.

**装饰** zhuāngshì 명 인테리어, 장식 ★
**升温** shēngwēn 동 열기를 더하다, 활발해지다
**创意** chuàngyì 명 독창적인 견해, 창조적인 의견, 창의력
**突出** tūchū 형 돋보이다, 두드러지다 ★
**消失** xiāoshī 동 자취를 감추다, 사라지다 ★
**目前** mùqián 명 지금, 현재 ★

## 63

| | |
|---|---|
| 古代文学史上著名的父子作家"三苏"就是指北宋散文家苏洵和他的儿子苏轼、苏辙。其中，苏轼则不但在散文创作上成果甚丰，而且在诗、词、书、画等各个领域中都有重要地位。他的《石钟山记》、《赤壁赋》等作品都流传后世。 | 고대 문학사에서 유명한 부자 작가 "삼소"는 바로 북송시대 수필가 소순과 그의 아들 소식, 소철을 가리키는 것이다. 그 중 소식은 산문 창작에서 성과가 매우 풍부할 뿐만 아니라 시, 사, 서예, 그림 등 각 영역에서도 중요한 위치를 차지하고 있다. 그의《石钟山记》와《赤壁赋》등의 작품은 후세에까지 전해지고 있다. |
| A 苏洵只有一个儿子<br>B 苏洵和苏轼关系不融洽<br>C **苏轼在文学上成就很大**<br>D 《石钟山记》是苏洵的代表作 | A 소순은 오직 한 명의 아들이 있다<br>B 소순과 소식의 관계는 좋지 못하다<br>C 소식은 문학에서 성과가 크다<br>D 《石钟山记》는 소순의 대표작품이다 |

**정답** C

**해설** 단문에서 북송시대의 삼소 중에 苏轼은 산문 창작에서의 성과가 몹시 깊다고 하였기에 보기에서의 문학에서 성과가 크다는 C가 정답이며,《石钟山记》는 소식의 대표작이므로 D는 정답이 될 수 없다.

**지문 어휘**

**著名** zhùmíng 형 저명하다, 유명하다
**散文家** sǎnwénjiā 명 수필가
**创作** chuàngzuò 동 (문예 작품을) 창작하다
**甚** shèn 부 몹시, 매우
**丰** fēng 형 풍부하다
**词** cí 명 (시·노래·글·연극 등의) 구절, 가사
**领域** lǐngyù 명 분야, 영역 ★
**地位** dìwèi 명 (사회적) 지위, 위치 ★
**流传** liúchuán 동 대대로 전해 내려오다 ★
**后世** hòushì 명 후대, 후세
**融洽** róngqià 형 사이가 좋다, 조화롭다

**64**

有句俗语叫"师傅领进门，修行靠个人"。它的意思是说，师傅教的只是基础或者一个法门，起引导的作用，或者说是抛砖引玉，而真正能学到多少东西，修行到何种程度，就看学生的领悟能力，以及努力的程度了。

A 课堂上的师生互动至关重要
B 学生应更注重自身的努力
C 教师要适当听取学生的意见
D 学生的成绩能不能提高在于老师怎么去教

옛 속담에 "스승은 입문을 도울 뿐, 수행은 혼자서 해야 한다"는 말이 있다. 그것의 의미는 스승님이 가르치는 것은 단지 밑바탕 혹은 하나의 방법이며, 지도하는 역할을 하거나 혹은 안에 있는 것을 끌어내는 것이지, 진정으로 얼마나 배울 수 있는지, 어느 정도까지 수행해야 하는가는 바로 학생의 깨달음의 능력 및 노력의 정도에 달려있다는 것이다.

A 교실에서 스승과 제자의 상호작용은 매우 중요하다
B 학생은 반드시 스스로의 노력을 중시해야 한다
C 스승은 학생의 의견을 적절히 경청해야 한다
D 학생의 성적이 오를 수 있는가는 스승이 어떻게 가르치는지에 달려 있다

**지문 어휘**

**俗语** súyǔ 명 속어, 속담
**基础** jīchǔ 명 기초, 바탕
**法门** fǎmén 명 방법, 요령
**引导** yǐndǎo 동 인도하다, 지도하다, 이끌다
**抛砖引玉** pāozhuān yǐnyù 성 성숙되지 않은 의견으로 다른 사람의 고견을 끌어 내다
**修行** xiūxíng 동 도를 닦다
**领悟** lǐngwù 동 깨닫다, 이해하다
**课堂** kètáng 명 교실, 수업
**互动** hùdòng 동 상호 작용을 하다
**至关重要** zhìguān zhòngyào 지극히 중요하다
**注重** zhùzhòng 동 중시하다, 중점을 두다
**在于** zàiyú 동 …에 있다 ⭐

**정답** B

**해설** 단문에서 진정 얼마나 배울 수 있는지, 어느 정도까지 수행하는가는 학생의 깨달음 능력과 노력의 정도를 보아야 한다는 말을 통해 학생 자신이 노력 해야 한다는 의미와 일맥상통하므로 정답은 B이다.

**65**

2015年1月6日，今年中国农业部发布的信息，说明马铃薯有望成为稻米、小麦、玉米之外的第四大主粮作物，推动把马铃薯加工成馒头、面条儿、米粉等主食的项目，意料2020年50%以上的马铃薯将作为主粮消费。

A 马铃薯的消费量已经突破了50%大关
B 马铃薯未来将成为主粮
C 中国人不习惯吃马铃薯
D 零食对身体有很多坏处

2015년 1월 6일, 올해 중국 농업부에서 발표한 소식에서, 감자는 쌀, 밀, 옥수수 외의 네 번째 주식 농작물이 될 가능성이 매우 높으며, 감자를 만두, 면, 당면 등의 주식으로 가공할 수 있는 프로젝트를 추진하게 되면, 2020년엔 50%이상의 감자가 주식으로 소비될 것이라 예측한다고 설명하였다.

A 감자의 소비량은 이미 50%의 관문을 돌파했다
B 감자는 미래에 주식이 될 것이다
C 중국인은 감자를 먹는 것에 익숙지 않다
D 간식은 몸에 해롭다

**지문 어휘**

**马铃薯** mǎlíngshǔ 명 감자
**有望** yǒuwàng 동 유망하다, 가능성이 있다
**稻米** dàomǐ 명 쌀
**小麦** xiǎomài 명 밀 ⭐
**玉米** yùmǐ 명 옥수수, 강냉이 ⭐
**主粮** zhǔliáng 명 주식량
**推动** tuīdòng 동 추진하다, 나아가게 하다
**项目** xiàngmù 명 항목, 프로젝트 ⭐
**意料** yìliào 동 예상하다, 예측하다
**突破** tūpò 동 돌파하다

정답 B

해설 단문에서 감자가 쌀과 밀 그리고 옥수수와 함께 주식 농작물이 될 가능성이 있다고 하였으므로 감자는 미래에 주식이 된다라는 B가 정답이다.

## 66

天气晴朗时，你将会看到很多人都带着孩子到野外放风筝。多姿多彩的风筝后面一般都有长长的尾巴。这些尾巴不仅样式好看，它们还起着保持平衡的作用，能使风筝自由自在地在空中飞舞。

A 风筝的线越粗越好
B 风筝的尾巴能控制平衡
C 前面一般都有长长的尾巴
D 阴暗的天气很适合放风筝

날씨가 쾌청할 때, 당신은 많은 사람들이 아이를 데리고 야외에서 연날리기 하는 것을 볼 수 있을 것이다. 다양한 연의 뒷면에는 보통 모두 기다란 꼬리가 있다. 이 꼬리는 모양을 예쁘게 할 뿐 아니라, 그것은 또 평형을 유지하는 작용을 일으켜, 연이 자유자재로 하늘에서 춤추듯 날아다닐 수 있도록 한다.

A 연의 선은 굵을수록 좋다
B 연 꼬리는 평형을 제어할 수 있다
C 앞면에는 보통 기다란 꼬리가 있다
D 흐리고 어두운 날씨는 연을 날리기에 적합하다

**지문 어휘**

晴朗 qínglǎng 형 쾌청하다
风筝 fēngzheng 명 연
放风筝 fàng fēngzheng 연을 날리다
多姿多彩 duōzī duōcǎi 성 (자태·색채 등이) 갖가지로 다양하다, 다채롭다
样式 yàngshì 명 형식, 양식 ⭐
保持 bǎochí 동 (지속적으로) 유지하다 ⭐
平衡 pínghéng 형 (무게가) 균형이 맞다, 균형 잡히다 ⭐
自由自在 zìyóuzìzài 성 자유자재하다
飞舞 fēiwǔ 동 춤추며 날다, 춤추듯이 공중에 흩날리다
粗 cū 형 (길이가 긴 물건의 굵기가) 굵다
阴暗 yīn'àn 형 어둡다, 음침하다
适合 shìhé 동 적합하다, 부합하다

정답 B

해설 단문에서 다양한 연의 뒷면에는 보통 꼬리가 있고, 이 꼬리는 모양을 예쁘게 해줄 뿐만 아니라 평행을 유지하는 작용을 한다고 하였으므로 보기의 B와 일치한다.

## 67

路途有多远，双脚会告诉你；沿途是否美丽，眼睛会告诉你。面对选择，我们与其按兵不动、犹豫不决，不如勇敢上路。只有让双脚走在路上，让双眼饱览了一路的风光，我们才知道哪一条路是对的，哪一条路是错的。

여정이 얼마나 먼 것인가는 두 발이 너에게 알려줄 것이고, 길이 아름다운지는 눈이 너에게 알려줄 것이다. 선택에 직면했을 때, 우리가 움직이지 않거나 망설이며 결정하지 못하는 것은 용감하게 시작하는 것만 못하다. 오직 두 발로 하여금 길을 걷도록 하고, 두 눈으로 하여금 여정의 풍경을 실컷 보도록 하여야, 우리는 비로소 어느 길이 옳은지, 어느 길이 틀렸는지를 알 수 있다.

**지문 어휘**

路途 lùtú 명 여정
沿途 yántú 명 길가
面对 miànduì 동 마주 보다 ⭐
按兵不动 ànbīngbúdòng 성 임무를 맡았는데도 고의로 일을 진행시키지 않다
犹豫不决 yóuyùbùjué 성 결단을 내리지 못하고 망설이다
饱览 bǎolǎn 동 충분히 보다
风光 fēngguāng 명 풍경, 경치

A 遇到困难要平静
B 面对选择不要犹豫
C 旅行可以开阔眼界
D 散步对健康有帮助

A 어려움을 만나면 차분해야 한다
B 선택에 직면했을 때 망설이면 안 된다
C 여행은 안목을 넓힐 수 있다
D 산책은 건강에 도움이 된다

遇到 yùdào
동 만나다, 마주치다
开阔眼界 kāikuò yǎnjiè
견문을 넓히다

**정답 B**

해설 단문에서는 선택의 순간 우리는 가만히 있거나, 망설이기 보다는 용감하게 길에 오르는 것이 낫다고 하였으므로, 보기 B와 일맥상통한다.

* 접속사 与其 A 不如 B : A는 B만 못하다. B가 A보다 낫다

## 68

随着绿色潮流的不断高涨，绿色消费已成为一种新的时尚。它主要有三层含义：一是倡导消费者在消费时选择未被污染或有助于公众健康的绿色产品；二是建议消费者在消费过程中注意对垃圾的处置，不造成环境污染；三是引导消费者转变消费观念，在追逐健康、舒适的同时，注意节约资源和能源，实现可持续消费。

녹색추세(환경을 보호하고자 환경을 고려한 각종 움직임)가 부단히 급증함에 따라, 녹색소비는 이미 한 종류의 새로운 유행이 되었다. 그것은 세 가지의 주요 의미를 가지고 있다: 첫 번째는 소비자가 소비를 할 때 오염되지 않았거나 대중의 건강에 도움이 되는 녹색상품을 선택하도록 선도하는 것이다. 두 번째는 소비자가 소비 과정 중 쓰레기 처리에 신경을 쓰고, 환경오염을 야기하지 않도록 건의하는 것이다. 세 번째는 소비자의 소비관념을 바꾸어, 건강과 편안함을 추구함과 동시에 자원과 에너지 절약을 신경 쓰며, 지속적 소비를 실현할 수 있도록 인도하는 것이다.

**지문 어휘**

潮流 cháoliú 명 조류
高涨 gāozhǎng
동 (정서·물가 등이) 급증하다
绿色消费 lǜsè xiāofèi
환경오염을 줄이고 소비자가 환경에 미치는 영향을 고려한 소비생활을 의미한다
时尚 shíshàng
명 시대적 유행 ★
含义 hányì 명 (글자·단어·말 등의) 함의, 내포된 뜻
倡导 chàngdǎo
동 앞장서서 제창하다, 선도하다
公众 gōngzhòng 명 대중
处置 chǔzhì 동 처치하다
造成 zàochéng 동 야기하다, 초래하다 ★
引导 yǐndǎo 동 인도하다
转变 zhuǎnbiàn
동 전변하다, 바꾸다 ★
追逐 zhuīzhú 동 쫓다, 추구하다
舒适 shūshì 형 편(안)하다 ★
节约 jiéyuē 동 절약하다
持续 chíxù 동 지속하다 ★
改变 gǎibiàn 동 변하다, 바뀌다
罕见 hǎnjiàn 형 보기 드물다
提倡 tíchàng 동 제창하다 ★

A 消费者的观念不轻易被改变
B 绿色消费造成环境污染
C 市场上绿色食品还罕见
D 绿色消费提倡人们节约资源

A 소비자의 관념은 쉽게 바뀌지 않는다
B 녹색소비는 환경오염을 초래한다
C 시장에서 녹색식품은 여전히 보기 드물다
D 녹색소비는 사람들이 자원을 절약할 것을 제창한다

**정답 D**

해설 단문에서는 녹색소비의 세 가지 의미에 대해 서술하고 있는데, 그 중 세 번째 의미 중에 건강과 편안함을 추구하는 동시에 자원과 에너지의 절약을 신경 쓴다는 내용에서 녹색 소비는 사람들이 자원을 절약하도록 제창한다는 보기 D와 내용이 일치한다.

**69**

动感单车是目前健身房中最受欢迎，最火爆的健身运动。因为它避免了个人运动带来的孤独、乏味和易疲劳的缺点。它自20世纪80年代出现至今，经过了多次技术上的改善。现在，它不仅简单易学，而且能够使人全身得到锻炼，尤其是使年轻人受欢迎的。

스피닝(스핀사이클)은 요즘 헬스장에서 제일 인기 많고, 가장 핫한 운동이다. 그것은 혼자 하는 운동이 가져오는 외로움, 재미의 부족과 쉽게 피로해지는 단점을 피할 수 있다. 그것은 20세기 80년대에 생겨 지금까지 여러 차례 기술의 개선을 거쳤다. 지금, 그것은 간단하고 쉽게 배울 수 있을 뿐 아니라, 사람의 전신을 충분히 단련시킬 수 있어서, 특히 젊은이들에게 인기가 많다.

A 动感单车是室外的运动器材
B 动感单车能锻炼人的全身
C 新手不易学动感单车
D 动感单车只适合年轻人

A 스피닝은 실외 운동 기구이다
B 스피닝은 전신을 단련할 수 있다
C 처음 하는 사람은 쉽게 배울 수 없다
D 스피닝은 오직 젊은이에게 적합하다

**지문 어휘**

动感单车 dònggǎndānchē 명 스피닝 (스핀사이클)
目前 mùqián 명 지금, 현재 ★
火爆 huǒbào 형 왕성하다
避免 bìmiǎn 동 피하다 ★
孤独 gūdú 형 고독하다
乏味 fáwèi 형 재미없다
易 yì 형 쉽다
出现 chūxiàn 동 나타나다
至今 zhìjīn 부 지금까지 ★
改善 gǎishàn 동 개선하다, 개량하다 ★
运动器材 yùndòngqìcái 명 운동 기구
适合 shìhé 동 적합하다

**정답** B

**해설** 단문에서 스피닝(스핀사이클)은 간단하게 배울 수 있을 뿐 아니라 사람의 전신을 충분히 단련할 수 있다고 하였으므로 보기의 B와 내용이 일치한다.

**70**

西双版纳热带雨林是一个融生态旅游、科普教育为一体的旅游景点。它保存着一片中国最完美、物种最丰富的热带雨林。在这片仅占领全国国土面积1/500的土地上，生存着全国1/4的野生动物物种和1/6的野生植物物种。因此被誉为"物种基因库"和"森林生态博物馆。

시슈앙반나 열대 우림 계곡은 생태여행과 과학보급교육이 하나로 융합되어있는 여행지이다. 그것은 중국에서 가장 완벽하고, 종(식물이나 동물의 분류)이 제일 풍부한 열대 우림을 보존하고 있다. 이 열대 우림은 단지 전국 국토 면적의 1/500의 토지를 차지하고 있지만, 전국의 1/4 야생동물종과 1/6 야생식물종이 생존하고 있다. 이로 인해 '종 유전은행'과 '산림생태박물관'으로 불린다.

A 西双版纳是繁盛的大城市
B 西双版纳有一家生态博物馆
C 西双版纳物种丰富
D 西双版纳位于云南最西部

A 시슈앙반나는 번성한 대도시이다
B 시슈앙반나엔 하나의 생태박물관이 있다
C 시슈앙반나의 동식물 종류는 매우 풍부하다
D 시슈앙반나는 윈난 최서부에 위치하고 있다

**지문 어휘**

西双版纳 Xīshuāngbǎnnà 고유 시슈앙반나 [윈난(云南)성 최남단에 있는 유명한 관광지의 하나]
热带雨林 rèdài yǔlín 명 열대 우림
融 róng 동 융합하다
科普 kēpǔ 명 과학보급
完美 wánměi 형 매우 훌륭하다 ★
物种 wùzhǒng 명 종, 종류
占领 zhànlǐng 동 점유하다
誉为 yùwéi 동 ~라고 칭송되다
被誉为 bèi yùwéi 동 ~라고 불리다
基因库 jīyīnkù 명 유전자 은행, 유전자 풀
繁盛 fánshèng 형 번성하다

> **정답** C

> **해설** 단문에서 시슈앙반나의 열대 우림은 중국에서 제일 완벽하고, 종이 제일 풍부한 열대 우림을 보존하고 있다고 했으므로 보기의 C와 일맥상통한다.

## 제3부분  71~90번 문제는 지문을 읽고 질문에 알맞은 답을 고르는 문제입니다.

**第71到74题是根据下面一段话:**

71-74번 문제는 다음 내용에 근거한다:

有一位农夫想要为他的小女儿买一匹小马，在他居住的小城里，共有两匹马要出售，<sup>71</sup>他相比了一下那两匹马，发现除了价钱不一样以外，其他几乎没有什么区别。

<sup>74</sup>商人甲的小马卖3000块，想要就可立即牵走。商人乙则要价3600块，但他告诉农夫：<sup>72</sup>他可以让农夫的女儿先试着学骑小马，而且他还自备小马一个月吃草所需的费用。等过了一个月后，假如农夫的女儿依然不喜欢那匹小马，那么他会亲手去农夫家将把小马牵回来，并且把马房扫干净。若是农夫的女儿喜欢小马，那他会以3600元的价格把这匹小马买下来。

农夫最终决定先将乙的马骑回家看一看。一个月后，<sup>73</sup>不出商人乙所料，农夫果真买下了乙的马。

商人如果想要成功地将自己的商品卖出去，就必须站在顾客的角度去考虑问题，尽量多为客户提供各种各样的服务。商人乙正明白这个道理，才能顺利地做成了这笔生意。

한 농부가 그의 작은 딸을 위해 한 필의 작은 말을 사고 싶었다. 그가 사는 작은 도시에는, 총 두 필의 말을 팔고 있었다. 그는 <sup>71</sup>그 두 필의 말을 서로 비교했으나, 가격이 다른 것 외에는 거의 차이가 없음을 발견하였다.

<sup>74</sup>상인 갑의 작은 말은 3000위안에 파는데, 원하면 바로 끌고 갈 수 있었다. 상인 을은 3600위안의 값을 불렀으나, 그는 농부에게 이렇게 말했다: <sup>72</sup>"그는 농부의 딸에게 먼저 작은 말을 타는 방법을 알려줄 수 있고, 게다가 또 작은 말이 먹을 한 달치 모든 먹이풀 비용을 자신이 준비하겠다"고 했다. 한 달이 지난 후, 만약 농부의 딸이 여전히 그 작은 말을 좋아하지 않는다면, 그는 직접 농부의 집에 가서 작은 말을 끌고 돌아오고, 게다가 마구간을 깨끗이 치워놓겠다고 했다. 만약 농부의 딸이 작은 말을 좋아한다면 3600위안의 가격으로 이 작은 말을 사면 된다고 했다.

농부는 결국 을의 말을 타고 집으로 돌아오기로 결정했다. 한달 후, <sup>73</sup>상인 을의 예측은 맞았고, 농부는 정말로 을의 말을 샀다.

상인이 만약 성공적으로 자신의 상품을 팔고 싶다면, 반드시 고객의 입장에 서서 문제를 생각해야 하고, 최대한 고객을 위해 다양한 서비스를 제공해야 한다. 상인 을은 마침 이 이치를 알고 있었기에 비로소 거래를 순조롭게 성사시킬 수 있었다.

### 지문 어휘

**农夫** nóngfū 명 농부, 농민

**匹** pǐ 양 (말, 노새 따위의 가축을 세는 양사) ★

**出售** chūshòu 동 팔다, 판매하다

**相比** xiāngbǐ 동 비교하다, 견주다

**除了~以外** chúle~yǐwài ~을 제외하고, ~말고

**区别** qūbié 명 구별, 차이

**立即** lìjí 부 곧, 즉시 ★

**牵** qiān 동 끌다, 끌어 잡아당기다

**自备** zìbèi 동 스스로 준비하다

**假如** jiǎrú 접 만약, 만일

**依然** yīrán 부 여전히

**亲手** qīnshǒu 부 직접, 손수

**若** ruò 접 만일, 만약 ★

**最终** zuìzhōng 형 최후의, 최종의

**不出所料** bùchūsuǒliào 성 과연, 예측한대로, 예측을 벗어나지 않다

**果真** guǒzhēn 부 과연, 정말

**必须** bìxū 부 반드시 ~해야 한다, 꼭 ~해야 한다

**角度** jiǎodù 명 (문제를 보는) 각도

**考虑** kǎolǜ 동 고려하다, 생각하다

**提供** tígōng 동 제공하다

**尽量** jǐnliàng 동 양을 다하다.

## 71

问: 根据第一段，那两匹马:
- A 毛色很鲜艳
- B 奔跑速度很快
- C 售价都一样
- D 区别不大

질문: 첫 번째 단락에 근거하여 그 두 필의 말은?
- A 털의 색이 화려하다
- B 뛰는 속도가 빠르다
- C 파는 가격이 같다
- D 차이가 크지 않다

**정답** D

**해설** 첫 번째 단락에 근거하여 두 필의 말에 대해 묻고 있다. 첫 번째 단락에서 마을에서 파는 두 말을 농부가 비교해보니 가격이 다른 것 외에는 거의 큰 차이가 없다고 했으므로 정답은 D 차이가 크지 않다이다.

최대 한도에 이르다 🟤 최대한 ⭐
鲜艳 xiānyàn 🟢 화려하다 ⭐
奔跑 bēnpǎo
🟠 질주하다, 빨리 달리다
售价 shòujià 🟡 판매가
草料 cǎoliào 🟡 풀과 사료
后悔 hòuhuǐ 🟠 후회하다
莫名其妙 mòmíngqímiào
🟢 영문을 알 수 없다
糊涂 hútu 🟢 어리석다, 멍청하다
勉强 miǎnqiǎng
🟢 간신히 …하다
糊口 húkǒu 🟠 입에 풀칠하다
不如 bùrú 🟠 …만 못하다 ⭐

## 72

问: 试骑期间，商人乙会提供什么服务?
- A 教农夫的女儿怎么骑马
- B 免费给农夫21日的草料
- C 每周一次安排人打扫马舍
- D 教农夫的儿子骑马

질문: 시승기간 동안, 상인 을은 어떤 서비스를 제공한다고 했는가?
- A 농부의 딸에게 말을 어떻게 타는지 가르쳐준다
- B 무료로 농부에게 21일치의 풀을 준다
- C 매주 한 번 사람을 보내 마구간을 청소한다
- D 농부의 아들에게 말 타는 것을 가르친다

**정답** A

**해설** 상인 을이 시승기간 동안 제공하는 서비스를 묻고 있다. 두 번째 단락에서 시승기간 동안 상인 을은 농부의 딸로 하여금 먼저 말 타는 것을 배우게 하고, 한달 동안의 풀의 비용을 자신이 내겠다고 하였으므로, B의 21일은 정답에서 제외되고, 만약 불만족스러워서 말을 반납할 때 마구간을 청소해주겠다고 하였으므로 C도 정답에서 제외된다. 여기서는 A '농부의 딸에게 어떻게 말을 타는지 가르쳐 준다'가 정답이다.

## 73

问: 第三段中画线的句子是什么意思?
- A 商人甲事后很后悔
- B 商人乙很莫名其妙
- C 和商人乙想的一样
- D 商人甲很糊涂

질문: 세 번째 단락의 밑줄 친 문장은 어떤 의미인가?
- A 상인 갑은 이후 후회한다
- B 상인 을은 매우 해괴하다
- C 상인 을의 생각과 같았다
- D 상인 갑은 멍청하다

**정답** C

**해설** 不出商人乙所料의 의미는 예측이 빗나가지 않았다는 의미이므로 C 상인 을이 생각한 것과 같았다가 정답이다.

## 74

问: 根据上文，可以知道:
A 马匹买卖勉强糊口
B 农夫的女儿害怕骑马
C 商人乙的生意不如商人甲
D 农夫买了3600块的那匹马

질문: 윗글에 근거하여 알 수 있는 것은?
A 말 매매는 간신히 입에 풀칠을 하는 일이다
B 농부의 딸은 말 타는 것을 무서워한다
C 상인 을의 장사는 상인 갑보다 못하다
D 농부는 3600위안짜리 그 말을 샀다

**정답** D

**해설** 본문에 근거하여 알 수 있는 것은 무엇인지 묻고 있다. 두 번째 단락에서 상인 을은 말의 가격을 3600위안으로 제시하였고, 가격은 비싸지만 다양한 서비스를 제공하였기에 농부는 결국 을의 말을 사서 돌아갔으므로, D 농부는 3600위안의 그 말을 샀다가 정답이다.

---

第75到78题是根据下面一段话：

白居易是中国古代杰出的诗人，78 也是个名副其实的"绿化迷"。他为官多年，不管走到哪里，都会带领百姓种花栽树，所以很多地方都流传着他与绿化相关的故事。

公元819年，75 白居易来到四川就职。见城周山岗满目荒芜，感慨万千。为此，他极力劝说当地人，并亲自带领他们一起种花栽树。树苗栽好后，他总是任劳任怨地前去查看。等到树木逐渐成林后，白居易非常快慰。他早晚去林间散步，并写过很多寄情于山水、树木的诗歌。在他的倡导与带领下，没过多长时间，当地

75-78번 문제는 다음 내용에 근거한다:

白居易(백거이)는 중국 고대의 걸출한 시인이며, 또한 78 명실상부한 "녹화 애호가"였다. 그가 관료로 있었던 오랜 시간, 어디를 가든지 백성을 이끌고 꽃과 나무를 심었고, 그리하여 매우 많은 곳에서 그와 녹화에 관한 이야기가 전해진다.

AD 819년, 75 백거이는 쓰촨에 부임을 하였다. 성 주위의 산 언덕에 온통 잡초가 우거진 것이 눈에 들어왔고, 느끼는 바가 많았다. 이를 위해, 그는 있는 힘을 다해 현지의 사람들을 설득했고, 그리고 직접 그들을 이끌어 함께 꽃과 나무를 심었다. 묘목을 다 심은 후, 그는 항상 불평하지 않고 않고 가서 살펴보았다. 나무가 점차 숲이 된 후, 백거이는 매우 기쁘고 위안이 되었다. 그는 아침 저녁으로 숲에 가서 산책을 하였고, 그리고 매우 많은 산수와 나무에 감정을 실어 시를 썼다. 그의 주도 아래 얼마 되지 않아

---

**지문 어휘**

**杰出** jiéchū 형 걸출하다, 출중하다

**诗人** shīrén 명 시인

**名副其实** míngfù qíshí 성 명실상부하다

**绿化** lǜhuà 동 녹화하다

**为官** wéiguān 관리로서

**带领** dàilǐng
동 인솔하다, 이끌다

**种花** zhòng huā
동 화훼를 재배하다

**栽树** zāishù 동 나무를 심다

**流传** liúchuán
동 대대로 전해 내려오다 ★

**就职** jiùzhí 동 부임하다

**山岗** shāngǎng 명 산언덕

**满目** mǎnmù
동 시야에 가득 들어오다

变得绿树成荫，鸟语花香。

公元825年，⁷⁶白居易被调到苏州当官，这期间他又亲自种了许多桧树。后来，这些树被人们称作"白公桧"。

⁷⁷白居易植树绿化大搞园林的功绩，千古流传，现在苏州政府和人民自筹资金为后人专门修建了白公碑和白公园林，以此来纪念这位伟大的诗人。

그곳은 푸른 나무가 그늘을 이루고, 새가 지저귀고 꽃 향기가 풍기는 곳으로 변했다.

AD 825년, ⁷⁶백거이는 쑤저우로 옮겨 관직에 몸 담았고, 이 기간에 그는 또 자기가 직접 매우 많은 전나무를 심었다. 훗날 이 나무들은 사람들에 의해 '백공회'라 불렀다.

⁷⁷백거이가 나무를 심어 녹화를 크게 행하여 원림을 만든 업적은, 오랜 세월 전해졌고, 현재 쑤저우 정부와 국민들은 자체적으로 자금을 조달하며, 후손들을 위해 일부러 백공비와 백공원림을 지어주었고, 이것으로 이 위대한 시인을 기념한다.

**荒芜** huāngwú
형 잡초가 우거지다, 황폐하다

**感慨万千** gǎnkǎi wànqiān
성 감개가 무량하다

**极力** jílì 부 있는 힘을 다하여

**树苗** shùmiáo 명 묘목

**任劳任怨** rènláo rènyuàn
성 열심히 일하면서도 불평하지 않다

**快慰** kuàiwèi
형 기쁘고 위안이 되다

**寄情** jìqíng 동 무엇에 의탁하여 감정을 나타내다

**倡导** chàngdǎo
동 앞장서서 제창하다

**绿树成荫** lǜshù chéngyīn
푸른 나무가 그늘을 이루다

**鸟语花香** niǎoyǔ huāxiāng
성 새가 지저귀고 꽃이 향기를 풍기다

**桧树** huìshù 명 향나무, 전나무

**大搞** dàgǎo 동 크게 행하다

**功绩** gōngjì 명 공적, 공로

**人民** rénmín 명 국민, 인민

**自筹** zìchóu 동 스스로 조달하다

**资金** zījīn 명 자금

**纪念** jìniàn 동 기념하다 ★

**兴隆昌盛** xīnglóng chāngshèng
흥성하고 번창하다

**活泼** huópo 형 활발하다

**农机具** nóngjījù
명 농기구, 농기계

**修建** xiūjiàn 동 건설하다

**饱食终日, 无所用心**
bǎoshí zhōngrì, wúsuǒ yòngxīn
성 아무런 일에도 관심을 두지 않고 머리를 쓰지 않다

**接近** jiējìn
동 접근하다, 가까이하다 ★

**擅长** shàncháng
동 (어떤 방면에) 뛰어나다

---

**75**

问: 白居易初到四川时，发现当地:

A 长满了杂草
B 四川兴隆昌盛
C 百姓十分活泼
D 人口渐渐增长

질문: 백거이가 처음 쓰촨에 왔을 때, 그곳은?

A 잡초가 무성하게 자라있었다
B 쓰촨은 흥성하고 번창하다
C 백성이 매우 활발하다
D 인구가 점점 증가하다

**정답 A**

**해설** 백거이가 처음 쓰촨에 와서 발견한 것에 대해 묻고 있다. 두 번째 단락에서 백거이는 쓰촨에 부임하여 성 주위의 산들에 잡초들만 무성한 것이 시야에 가득 들어왔다는 내용을 언급한 것으로 보아 A 잡초만이 가득 자라있었다와 내용이 일치한다.

---

**76**

问: 在苏州任职期间，白居易做什么?

A 培养了很多人才
B 种了很多桧树
C 开发了农机具
D 修建了很多房屋

질문: 쑤저우 재임 기간 동안 백거이는 무엇을 하였는가?

A 매우 많은 인재를 길러냈다
B 매우 많은 전나무를 심었다
C 농기구를 개발했다
D 매우 많은 집을 지었다

**정답 B**

**해설** 쑤저우 재임 기간 중 백거이는 무엇을 했는지 묻고 있다. 세 번째 단락에서 백거이는 쑤저우에 관직으로 머문 기간 동안 직접 많은 전나무를 심었다고 했으므로 정답은 B이다.

## 77

问: 根据上文,可以知道:

A 白公碑具有纪念意义
B 白居易饱食终日,无所用心
C 白居易不愿接近百姓
D 四川的百姓擅长花鸟

질문: 본문에 근거하여 알 수 있는 것은?

A 백공비는 기념적 의미가 있다
B 백거이는 하루 종일 배불리 먹고, 아무 일에도 관심이 없다
C 백거이는 백성과 가까이 하기를 원치 않았다
D 쓰촨의 백성은 화조화에 재주가 있다

**정답** A

**해설** 본문을 통해 알 수 있는 것이 무엇인지 묻고 있다. 마지막 단락에서 백거이의 숲을 만든 업적은 오랜 시간 전해져 내려와서 현재 쑤저우 시정부와 국민들이 자체적으로 자금을 조달하여 후손들을 위해 백공비와 백공원림을 지어 백거이를 기념한다고 하였으므로, A 백공비는 기념적 의미가 있다가 정답이다.

## 78

问: 上文主要谈的是:

A 古代当官的路径
B 白居易重视绿化的故事
C 白居易在诗歌上的贡献
D 保护环境的方法

질문: 본문이 주로 이야기 하는 것은?

A 고대 관리가 되는 방법
B 백거이가 녹화를 중시한 이야기
C 백거이의 문학 방면의 업적
D 환경보호의 방법

**정답** B

**해설** 본문이 주로 이야기 하는 것에 대해 묻고 있다. 이 본문은 처음부터 백거이가 중국 고대의 시인이자 녹화 애호가임을 밝히며, 그의 한 일들을 나열한 것으로 보아 B '백거이가 녹화를 중시한 이야기'가 정답이다.

当官 dāngguān
동 관리가 되다

路径 lùjìng 명 방법, 수단

---

### 第79到82题是根据下面一段话:

有个年轻人订了一份杂志,他连续看了几期,便喜欢上了杂志的封面设计和内容。

有一天,这一期的杂志到了,⁸⁰ 年轻人翻着翻着,就突然发现在这份杂志中间有两页居然连到一起没有裁开。他埋怨道: "⁷⁹ 最受年轻读者欢迎的杂志不

79–82번 문제는 다음 내용에 근거한다:

한 젊은이가 잡지 한 부를 주문했고, 그는 연속해서 몇 회를 보고, 잡지의 표지 디자인과 내용을 좋아하게 되었다. 하루는 이번 호의 잡지가 도착했고, ⁸⁰ 젊은이는 넘기고 넘기다 보니, 갑자기 이 잡지의 중간 두 페이지가 놀랍게도 잘리지 않고 연속해서 붙어있는 것을 발견하였다. 그는 불평하며 말하길: "⁷⁹ 이렇게 젊은 독자들에게

**지문 어휘**

订 dìng 동 주문하다
连续 liánxù 동 연속하다 ★
封面 fēngmiàn
명 (현대 서적의) 겉 표지
翻 fān 동 들추다, 뒤적이다
居然 jūrán
부 뜻밖에, 놀랍게도 ★
裁开 cáikāi 동 자르다
埋怨 mányuàn 동 탓하다

料会犯这种低级错误！"说完，他便把那本杂志丢在了一边。

晚上，年轻人又拿起杂志，喃喃自语说："计较这个小小的失误干嘛？自己动手裁开不就好了。"可是当他小心翼翼地把那两页纸裁开后，弄得他更纳闷的就是，这次是其中一页的中间一节被纸糊住了。心想：这杂志实在太糟糕了，我必须要找他们去退钱。谁知，当他耐着性子拆开那层糊纸时，他却发现下面竟写着这样几行字：感谢您帮我们更正错误，您把这本杂志寄给我们，就可以获得1000元奖金！

[81]年轻人试着地把杂志寄了过去。过两天，他竟然真的收到了奖金和杂志，杂志里面还夹着一封信："非常感谢您的参与！在这次活动中，我们故意印错了5000本杂志，但只有18人幸运地得到了这份奖励，您就是这18位幸运之一。"原来，杂志社是想利用这次活动告诉大家，[82]当你带着善意去谅解他人的错误时，将会有意想不到的收获。

**79**

问：关于那份杂志，可以知道什么？

A 封面设计很糟糕
B 以介绍减肥为主
C 每月出版一期
D **受年轻读者的欢迎**

정답 D

해설 잡지에 관해 묻고 있다. 두 번째 단락에서 이 젊은이는 잡지를 보다가 "이렇게 젊은 독자들에게 인기가 있는 잡지가 뜻밖에 이런 수준 낮은 잘못을 범하다니."라고 말했기 때문에 이 잡지는 젊은 독자들에게 인기가 있음을 알 수 있으므로 정답은 D이다.

### 80

问: 第三段中画线词语"失误"是指:

A 中间撕破了几页
B 有两页连在一起
C 有错别字
D 没收到这一期的杂志

질문: 세 번째 단락의 밑줄 친 "실수"가 가리키는 것은?

A 중간에 몇 페이지가 찢어졌다
B 두 페이지가 하나로 붙어있다
C 글자를 잘못 적었다
D 이번 잡지를 받지 못했다

정답 B

해설 세 번째 단락의 밑줄 친 실수에 대해 묻고 있다. 두 번째 단락에서 이 젊은이는 책을 보다가 두 페이지가 잘리지 않고 연결되어 있음을 발견하였다고 하였으므로 문제에서 언급한 실수는 B 두 페이지가 하나로 붙어있다가 정답이다.

### 81

问: 根据第四段, 可以知道:

A 那个年轻人获得了奖励
B 有上百人中奖
C 年轻人生气得说不出话来
D 退了故意印错的杂志

질문: 네 번째 단락을 근거하여 알 수 있는 것은?

A 그 젊은이는 상금을 받았다
B 100명이 넘는 사람이 당첨되었다
C 젊은이는 화가 나서 말이 안 나올 정도였다
D 고의적으로 잘못 인쇄한 잡지를 환불했다

정답 A

해설 네 번째 단락을 통해 알 수 있는 것에 대해 묻고 있다. 이 젊은이는 이 잡지의 잘못 붙여진 종이를 뜯다가 그 잡지를 잡지사에 부치면 1000위안의 상금을 받을 수 있다는 메시지를 보고 시험 삼아 잡지를 잡지사에 부쳤으며, 며칠 뒤에 상금과 잡지를 받았다고 하였으므로 A 그 젊은이는 상금을 받았다가 정답이다.

**82**

问: 最适合做上文标题的是:
A 糊涂的编辑
B 我们要耐心地学习
C 年轻人的烦恼
D 故意印错的杂志

질문: 이 본문의 제목으로 제일 적합한 것은?
A 어리석은 편집장
B 우리는 인내심을 가지고 공부해야 한다
C 젊은이의 걱정
D 고의적으로 잘못 인쇄한 잡지

정답 D

해설 본문의 제목으로 적합한 것에 대해 묻고 있다. 잡지사는 "호의를 가지고 타인의 실수를 양해하다"라는 메시지를 전달하기 위해 고의로 잡지를 잘못 인쇄한 것이라는 전체적 내용을 보았을 때, D "고의로 잘못 인쇄한 잡지"가 정답이다.

---

**第83到86题是根据下面一段话:** | 83-86번 문제는 다음 내용에 근거한다:

燕子是鸟类中最灵活的雀形类之一，也是众所周知的益鸟。几千年来，中国人一直把燕子视为吉祥与美好的象征，非常乐意让燕子在自家屋檐下筑巢"定居"。

⁸³燕子两翼狭长，善于飞行。它飞行速度相当快，喜欢俯冲疾驰，忽上忽下，能在比自己身体长度还小的距离内做90度转弯，也是众所周知的"飞行高手"。

早在几千年前，人们就知道燕子秋去春回的飞迁规律。当秋风萧瑟、树叶飘零时，燕子成群地向南方飞去，到了第二年春暖花开、柳枝发芽的时候，它们又飞回原来生活过的地方。⁸⁴无论迁飞多远，哪怕隔着万水千山，它们也能靠着自己惊人的记忆力

제비는 조류 중 제일 민첩한 참새과의 조류 중 하나이며, 또한 모든 사람이 알고 있는 이로운 새이다. 몇 천 년 동안, 중국인은 줄곧 제비를 행운과 아름다움의 상징으로 여겼으며, 기꺼이 제비로 하여금 자신의 집 처마 아래 보금자리를 지어 살도록 하였다.

⁸³ 제비의 두 날개는 좁고 길며, 비행을 잘한다. 그것의 비행속도는 상당히 빠르며, 급강하며 질주하는 것을 좋아하고, 올라갔다 내려갔다 하며, 자신의 몸 길이보다 짧은 거리에서 90도로 회전을 할 수 있는, 유명한 "비행의 고수"이다.

일찍이 몇 천 년 전, 사람들은 제비가 가을에 갔다가 봄에 돌아오는 이동규칙을 알고 있었다. 가을 바람이 소슬하고, 나뭇잎이 날리며 떨어질 때, 제비는 무리를 이루어 남쪽으로 날아갔다가, 다음해 봄이 와서 꽃이 피고, 버드나무에 싹이 틀 때가 되면, 그들은 또 원래 생활했었던 곳으로 돌아온다. ⁸⁴ 얼마나 멀리 이동했는지를 막론하고, 설령 수없이 많은 산과 강이 가로 막고 있다 해도, 그들은 자

**지문 어휘**

燕子 yànzi 명 제비
鸟类 niǎolèi 명 조류
灵活 línghuó 형 민첩하다 ★
雀形类 quèxínglèi 명 참새과
众所周知 zhòngsuǒ zhōuzhī
성 모든 사람이 다 알고 있다
益鸟 yìniǎo 명 익조
吉祥 jíxiáng
형 운수가 좋다, 행운이다
象征 xiàngzhēng
동 상징하다 ★
乐意 lèyì 동 기꺼이 ~하다
檐 yán 명 처마
筑巢 zhùcháo
동 보금자리를 짓다
翼 yì 명 날개
善于 shànyú
동 ~에 능하다 ★
俯冲疾驰 fǔchōng jíchí
동 급강하며 질주하다
忽上忽下 hūshàng hūxià
올라갔다 내려갔다 하다

返回故乡。燕子捉昆虫为生，⁸⁵且习惯在空中捕食飞虫。可是，北方的冬季没有飞虫供燕子捕食。食物的缺乏使燕子只好每年秋去春来，南北迁徙。

燕子返回家乡后，头一件"大事"便是雌鸟和雄鸟共同建造自己的家园，有时补补旧巢，有时建一个新的巢穴。家燕们不断地用嘴衔来泥土、草茎、羽毛等，再混上自己的唾液。没多久，一个崭新的碗型的窝便出现在你家的屋檐下了。

然而，⁸⁶随着平房逐渐减少、高楼大厦逐渐增多，如今建筑的封闭式格局正使燕子逐渐陷入无处筑巢安家的艰难境地。

신의 놀라운 기억력에 기대어 고향으로 돌아온다. 제비는 곤충을 잡아 생활을 하며, 게다가 ⁸⁵ 공중에서 날아다니는 곤충을 잡는 습관이 있다. 그러나, 북방의 겨울에는 제비가 먹이로 잡는 날아다니는 곤충은 없다. 먹거리의 부족은 제비로 하여금 매년 가을에 갔다가 봄에 돌아오게 하였고, 남북을 옮겨 다니게 했다.

제비가 고향에 돌아온 후 제일 먼저 하는 "큰 일"은 암컷 새와 수컷 새가 함께 자신의 집을 세우는 것인데, 어떤 경우는 오래된 둥지를 수리하기도 하고, 어떤 경우엔 하나의 새로운 둥지를 짓기도 한다. 제비들은 부단히 입으로 진흙, 풀 줄기, 깃털 등을 물어 오고, 그 다음 자신의 타액을 섞는다. 얼마지 않아, 하나의 새로운 그릇 모양의 둥지가 당신 집의 처마아래 생긴다.

그러나, ⁸⁶ 단층집이 점차 감소하고, 고층건물이 점차 많아짐에 따라, 오늘날 건축의 폐쇄식 구조는 제비로 하여금 점차 보금자리를 지을 곳이 없어 정착하기 힘든 지경에 빠지게 하였다.

**83**

问: 关于燕子, 可以知道:
- A 翅膀比较华丽
- B 喜欢独自飞行
- C 飞行本领强
- D 多在夜间活动

질문: 제비에 관해 알 수 있는 것은?
- A 날개가 비교적 화려하다
- B 혼자서 나는 것을 좋아한다
- C 비행능력이 좋다
- D 저녁에 더 활동을 한다

**정답** C

**해설** 제비에 관해 알 수 있는 것을 묻고 있다. 두 번째 단락 앞 부분에서 제비의 두 날개는 좁고 길며, 비행을 잘한다고 하였고, 마지막 부분에서도 유명한 비행의 고수라고 하였으므로, 제비의 비행 능력이 좋다는 것을 알 수 있으므로, 정답은 C이다.

---

转弯 zhuǎnwān
동 모퉁이를 돌다

飞迁 fēiqiān 동 철새가 이동하다

规律 guīlǜ 명 법칙, 규칙 ★

秋风萧瑟 qiūfēngxiāosè
가을바람이 소슬하다

飘零 piāolíng
동 (꽃·잎 등이) 날리며 떨어지다

成群 chéngqún
동 무리를 이루다

柳枝 liǔzhī 명 버드나무 가지

发芽 fāyá
동 발아하다, 싹이 트다

隔 gé 동 (공간적·시간적으로)
떨어져 있다, 가로 막혀 있다

万水千山 wànshuǐqiānshān
성 수없이 많은 산과 강

捉 zhuō 동 사로잡다, 포획하다

昆虫 kūnchóng 명 곤충 ★

捕食 bǔshí
동 (동물이) 먹이를 잡다

缺乏 quēfá 동 결핍되다 ★

迁徙 qiānxǐ 동 옮겨 가다

雌鸟 cíniǎo 명 암새

雄鸟 xióngniǎo 명 수새

巢穴 cháoxué
명 (새나 짐승의) 집

衔 xián 동 입에 물다

草茎 cǎojīng 명 풀 줄기

唾液 tuòyè 명 타액, 침

崭新 zhǎnxīn 형 참신하다

窝 wō 명 둥지

逐渐 zhújiàn 부 점점, 점차 ★

建筑 jiànzhù 명 건축물 ★

封闭 fēngbì 동 폐쇄하다

陷入 xiànrù
동 (불리한 지경에) 빠지다

安家 ānjiā 동 살림을 꾸리다,
정착하다

艰难 jiānnán 형 곤란하다

## 84

问: 根据第三段，可以知道:
- A 燕子只有一个住处
- B 鸟的种类越来越消失
- **C 燕子记忆力好**
- D 鸟类大部分分布在西方

질문: 세 번째 단락에 근거하여 알 수 있는 것은?
- A 제비는 오직 한 개의 거처만 가지고 있다
- B 새의 종류는 점점 사라진다
- **C 제비의 기억력은 좋다**
- D 조류는 대부분 서쪽에 분포되어 있다

**정답 C**

해설 세 번째 단락을 통해 알 수 있는 것을 묻고 있다. 세 번째 단락에서 제비는 아무리 멀리 이동하든, 수많은 산과 강이 가로 막고 있다고 해도 놀라운 기억력으로 원래의 고향으로 돌아온다고 하였으므로, C 제비의 기억력이 좋다가 정답이다.

## 85

问: 燕子为什么不在北方过冬?
- **A 缺少食物**
- B 想躲开天敌
- C 气候严寒
- D 不喜欢下雪

질문: 제비는 왜 북쪽에서 겨울을 나지 않는가?
- **A 먹이가 부족해서**
- B 천적을 피하고 싶어서
- C 기후가 너무 추워서
- D 눈 내리는 것을 좋아하지 않아서

**정답 A**

해설 제비는 왜 북쪽에서 겨울을 나지 않는지 묻고 있다. 세 번째 단락 마지막 부분에 제비는 날아다니는 곤충을 잡아먹으며 살아가지만, 겨울이 되면 날아 다니는 곤충이 사라져 먹거리의 부족으로 인해 가을에는 남쪽으로 갔다가 봄에는 원래 생활했던 곳으로 돌아온다고 하였다. 이를 통해 먹이가 부족해서 남쪽으로 이동함을 알 수 있으므로 정답은 A이다.

## 86

问: 根据上文，下列哪项正确?
- A 燕子象征爱情
- B 燕子的视觉非常灵敏
- C 燕子的飞行本领很差劲
- **D 如今燕子面临安家难题**

질문: 윗글에 근거하여, 다음 중 옳은 것은?
- A 제비는 사랑을 상징한다
- B 제비의 시각은 영민하다
- C 제비의 비행 능력은 매우 나쁘다
- **D 오늘날 제비는 정착하기 힘든 문제에 직면해 있다**

---

境地 jìngdì 명 처지, 상황
翅膀 chìbǎng 명 (새·곤충 등의) 날개 ★
本领 běnlǐng 명 능력, 기량, 재능 ★
消失 xiāoshī 동 자취를 감추다 ★
分布 fēnbù 동 (일정한 지역에) 분포하다 ★
躲开 duǒ kāi 동 피하다, 물러서다
天敌 tiāndí 명 천적
严寒 yánhán 형 추위가 심하다
灵敏 língmǐn 형 영민하다
差劲 chàjìn 형 (능력·품질·성품 등이) 나쁘다, 뒤떨어지다

**정답** D

**해설** 본문에 근거하여 정확한 보기를 찾는 문제이다. 마지막 단락에서 단층집이 감소함으로 제비들이 둥지를 지어 정착하기가 힘든 지경에 처해있다고 하였으므로 정답은 D이다.

---

## 第87到90题是根据下面一段话:

87-90번 문제는 다음 내용에 근거한다:

大超市, 各类商品不可谓不多, 各种服务行业也日趋"五花八门", 但在现实生活中, 几乎每位消费者, 都有为找一种特殊服务或一件急需商品 87<u>"问破嘴皮儿" "跑断腿儿"</u> 却仍寻觅不到, 只能干着急。

有关专家认为, 这些"盲点"产业中, 88<u>一部分是由于新需求尚未引起广泛关注造成的</u>。随着生活节奏的加快和健康的重视, 消费者想买营养全面的快捷食品, 而目前这方面的食品却十分罕见。此类市场盲点一旦被认知, 很容易受到消费者的欢迎。

市场盲点的另一部分是长期被忽视引起的。此类商品一般利润较薄, 商家不愿经营。例如, 在一些大商场中, 89<u>虽然各类商品琳琅满目, 但却很难见到纽扣</u>, 原因就在于纽扣的利润非常低, 商家不太感兴趣。其实, 像圆珠笔、针线等小商品看上去似乎利润较低, 但它们利润比较稳健、风险较低, 其背后可能蕴藏着无限的商机。

企业在生产经营中要是善于 90<u>寻找和发现市场中的这类盲点</u>, 也许就能创造出非凡的卖点来。

---

대형 마트의 각종 상품은 매우 많고, 각종 서비스업도 갈수록 "다양"해지지만, 현실 생활 중 거의 모든 소비자들은 특별한 서비스나, 급하게 필요한 상품을 찾기 위해서, 87 "입이 부르트도록 묻고" "다리가 끊어지도록 달려도" 여전히 찾지 못하고, 단지 속만 애태운다.

관련 전문가들은 이 '사각지대' 산업 중 88 일부는 새로운 수요가 아직 광범위한 관심을 불러일으키지 못한 것 때문에 초래된 것이라 여긴다. 생활 리듬이 빨라지고, 건강이 중시됨에 따라, 소비자들은 영양을 고루 갖춘 패스트푸드를 사고 싶어 하지만, 현재 이 방면의 식품은 오히려 보기가 힘들다. 이런 시장의 사각지대가 일단 사람들에게 인식만 된다면, 소비자의 인기를 쉽게 끌 수 있다.

시장 사각지대의 또 다른 일부는 오랜 시간 경시를 받아 초래된 것이다. 이 종류의 상품은 일반적으로 이윤이 비교적 적기에, 상점에서는 판매하기를 원치 않는다. 예를 들면 큰 상점 중에서, 89 비록 각종 상품이 가득하지만, 그러나 단추는 보기가 어려운데, 원인은 단추의 이윤이 매우 낮은 것 때문에 상점에서 그다지 흥미를 느끼지 못하기 때문이다. 사실 볼펜, 바늘과 실 등의 작은 상품은 보기에는 마치 이윤이 비교적 낮은 것 같지만, 그러나 그들의 이윤은 비교적 안정적이고, 위험성이 비교적 낮아, 그 뒤에는 아마도 무한한 상업의 기회가 잠재되어 있을 것이다.

기업은 생산 경영 중에 만약 시장 속 90 이런 사각지대를 잘 찾는다면, 아마도 뛰어난 셀링 포인트를 만들어 낼 수 있을 것이다.

---

### 지문 어휘

**可谓** kěwèi
동 ~라고 말할 수 있다

**行业** hángyè 명 직업, 직종 ★

**日趋** rìqū 부 나날이, 날로

**五花八门** wǔhuā bāmén
성 각양각색, 형형색색

**特殊** tèshū 형 특수하다 ★

**急需** jíxū 동 급히 필요로 하다

**寻觅** xúnmì 동 찾다

**干着急** gān zháojí
걱정은 하지만 속수무책이다

**盲点** mángdiǎn 명 맹점, 사각지대

**尚未** shàngwèi
부 아직 …하지 않다

**广泛** guǎngfàn
형 광범(위)하다 ★

**造成** zàochéng 동 초래하다, 야기하다 ★

**节奏** jiézòu
명 (일이나 활동의) 리듬, 흐름

**快捷** kuàijié 형 신속하다

**罕见** hǎnjiàn 형 보기 드물다

**忽视** hūshì 동 소홀히 하다 ★

**利润** lìrùn 명 이윤 ★

**薄** báo 형 (감정이) 냉담하다 ★

**琳琅满目** línlángmǎnmù
성 눈 앞에 아름다운 물건이 가득하다

**纽扣** niǔkòu 명 단추

**圆珠笔** yuánzhūbǐ 명 볼펜

**稳健** wěnjiàn 형 굳건하다

**蕴藏** yùncáng 동 잠재하다

**无限** wúxiàn 형 끝이 없다, 무한하다

## 87

问: 第一段中的画线部分说明:
A 消费者常用大超市
B 有些商品极难买到
C 商品价格涨价
D 买家喜欢打折的商品

질문: 첫 번째 단락에서 밑줄 친 부분이 설명하는 것은?
A 소비자는 자주 큰 마켓을 이용한다
B 어떤 상품은 매우 구매하기가 어렵다
C 상품의 가격은 오른다
D 구매자는 할인하는 상품을 좋아한다

**정답** B

**해설** 밑줄에 대한 설명을 찾는 문제이다. 시장에서 사각지대에 있는 상품을 찾기 위해 "묻다 보니 입이 헐고, 뛰다 보니 다리가 끊어질 정도이다"라는 의미로 어떤 상품은 찾기도 사기도 힘들다라는 것을 나타내므로, 정답은 B이다.

## 88

问: 下列哪种原因可能会导致市场盲点的产生?
A 工厂技术没有发展
B 行业竞争激烈
C 新需求未引起关注
D 管理人很愚钝

질문: 아래 어떤 원인이 시장 사각지대의 상품을 야기하였는가?
A 공장 기술이 발전하지 않았다
B 업계의 경쟁이 치열하다
C 새로운 수요는 아직 관심을 불러일으키지 못했다
D 관리인이 매우 미련하다

**정답** C

**해설** 시장에서 사각지대가 생기는 원인을 묻고 있다. 두 번째 단락에서 이런 사각지대의 일부분은 새로운 수요가 아직 광범위한 관심을 불러일으키지 못하여 초래된 것이라 하였으므로, 정답은 C이다.

## 89

问: 商家为什么不愿意经营纽扣生意?
A 进货难
B 利润低
C 制作程序复杂
D 制作费用比较贵

질문: 상점에서는 왜 단추를 판매하기 원치 않는가?
A 입하가 힘들다
B 이윤이 낮다
C 만드는 과정이 복잡하다
D 만드는 비용이 비교적 비싸다

---

商机 shāngjī
명 상업 기회, 사업 기회

寻找 xúnzhǎo
동 찾다, 구하다 ★

非凡 fēifán 형 보통이 아니다, 비범하다, 뛰어나다

涨价 zhǎng jià
동 물가가 오르다

打折 dǎzhé 동 가격을 깎다, 할인하다

愚钝 yúdùn 형 우둔하다

进货 jìnhuò 동 물품이 들어오다

程序 chéngxù 명 순서, 절차 ★

薄利多销 bólì duōxiāo
성 박리다매

网上购物 wǎngshàng gòuwù
명 온라인 쇼핑

**정답** B

**해설** 상점에서는 왜 단추를 취급하지 않는지 묻고 있다. 세 번째 단락에서 상점에는 많은 물건들이 있지만 단추를 찾기가 힘든데, 그 원인은 단추의 이윤이 매우 낮기 때문에 상점에서 그다지 흥미를 느끼지 못하기 때문이라고 하였다.

### 90

问: 最适合做上文标题的是:
- A 已经消失的小商品
- B 市场盲点背后的商机
- C 薄利多销的原理原则
- D 网上购物的好处

질문: 윗글의 제목으로 가장 적합한 것은:
- A 이미 없어진 작은 상품
- B 시장의 사각지대 속에 숨겨진 상업기회
- C 박리다매의 원리원칙
- D 온라인 쇼핑의 장점

**정답** B

**해설** 본문의 제목으로 적절한 것을 찾는 질문이다. 세 번째 단락 마지막 부분에 이런 사각지대의 상품들은 이윤이 비교적 안정적이고, 위험성이 비교적 낮아서 무한한 상업의 기회가 있다고 하였고, 마지막 단락에서 이런 사각지대를 찾는다면 뛰어난 셀링 포인트를 만들어 낼 수 있을 것이라 했으므로, B "시장의 사각지대 속에 숨겨진 상업기회"가 제목으로 적합하다.

# HSK 5급 1회 쓰기

**제1부분**  91~98번 문제는 제시된 어휘를 어순에 맞게 배열하여 문장을 완성하는 문제입니다.

## 91

　　一门　　　插画　　　是　　　艺术

**보기 어휘**
门 mén 양 가지, 과목 (학문, 기술 따위의 항목을 세는데 쓰는 양사)
插画 chāhuà 명 삽화
艺术 yìshù 명 예술

**정답** 插画是一门艺术。
삽화는 하나의 예술이다.

**해설**

| 술어 자리는 是 (~이다) | ➡ | 一门에서 门은 학문 및 기술을 세는 양사로 여기서는 艺术와 함께 배치해야 한다. | ➡ | A 是 B의 경우 일반적으로 A는 작은 범위, B는 큰 범위가 나오므로 插画가 A에 속한다. |

▶ 수량사는 명사의 앞에 위치 : 수사 + 양사 + 명사

## 92

　　比　　　这条裤子　　　紧了　　　前几天　　　不少

**보기 어휘**
条 tiáo 양 가늘고 긴 것, 가늘고 긴 느낌이 있는 유·무형의 것을 세는 양사
裤子 kùzi 명 바지
紧 jǐn 동 (바짝) 죄다

**정답** 这条裤子比前几天紧了不少。
이 바지는 며칠 전 보다 많이 낀다.

**해설**

| 술어 자리는 형용사 紧(꽉 끼다) | ➡ | 술어 紧과 호응 되는 주어는 这条裤子(이 바지)이다. | ➡ | 비교문 어순 "A(주어) 比 B 술어 了不少"에 대입해주면 된다. |

▶ 比 비교문
　A(주어) 比 B 술어 + 정도보어(得多, 多了, 了不少) : A는 B보다 정도보어 만큼(많이, 매우, 적지않게) 술어하다

실전 모의고사 **79**

## 93

| 饭桌上 | 菜 | 摆了 | 一桌 |

**보기 어휘**
饭桌 fànzhuō 명 식탁
摆 bǎi 동 놓다, 진열하다 ★
桌 zhuō 명 상

**정답** 饭桌上摆了一桌菜。
밥상에 한 상의 요리가 진열되었다.

**해설**

| 여기서 술어는 摆(진열하다, 두다) | → | 일반 명사에 방위사를 붙이면 장소가 된다. 여기서는 饭桌(밥상)에 방위사 上이 붙었으므로 장소가 되었고, 존현문에서의 주어는 장소여야 하기에 饭桌上이 주어이다. | → | 목적어 자리에는 불특정 명사인 一桌菜(요리 한 상)가 이 문장의 목적어가 된다. |

▶ 존현문
  장소 + 술어 + 불특정 사람 혹은 사물 : 어느 장소에 불특정한 사람이나 사물이 있다.
▶ 불특정 명사란 일반적으로 수량사가 붙은 명사이다.

## 94

| 咨询一下 | 我一会儿 | 去俱乐部 | 费用 |

**보기 어휘**
咨询 zīxún 동 자문하다 ★
俱乐部 jùlèbù
명 클럽(club), 동호회 ★
费用 fèiyòng 명 비용, 지출

**정답** 我一会儿去俱乐部咨询一下费用。
제가 잠시 후에 동호회(클럽)에 가서 비용을 물어보겠습니다.

**해설**

| 연동문의 동사는 먼저 일어나는 순서대로 쓰게 되어 있다. 가서 물어야 하므로 去가 먼저 나오고 咨询은 뒤에 따라 나온다. | → | 일반적으로 연동문에서 동량보어는 마지막에 나오는 동사에 붙이게 된다. 그리고 목적어인 费用은 일반목적어이므로 동량보어 一下 뒤에 붙인다. |

▶ 연동문
  하나의 주어에 두 개 이상의 동사가 따라 나오는 문장
  형식 : 주어 + 술어1 + 목적어1 + 술어2 + 목적어2
▶ 동량보어와 목적어
  술어 + 동량보어 + 일반목적어
  술어 + 대명사목적어 + 동량보어

## 95

| 他的 | 觉得 | 行为 | 让大家 | 很佩服 |

**보기 어휘**

觉得 juéde 통 …라고 느끼다
行为 xíngwéi 명 행위, 행동 ★
佩服 pèifú 통 탄복하다 ★

**정답** 他的行为让大家觉得很佩服。
그의 행위(태도)는 모두로 하여금 탄복함을 느끼게 한다.

**해설**

| 제시된 단어 중 让은 '~에게 ~을 하게 하다'라는 의미로 겸어문을 만드는 겸어동사이다. 즉 주어는 让 뒤에 나오는 大家(모두)로 하여금 또 다른 술어인 觉得 (느끼다)가 따라 나와서 "주어는 모두들로 하여금 ~라고 느끼게 하다"의 순으로 써준다. | → | 觉得(~라고 느끼다)라는 단어는 단독으로 술어로 올 수 없으며 항상 느껴지는 감정 등의 목적어와 함께 사용해야 한다. 이 문제에서는 很佩服 (탄복하다)와 함께 사용되어 觉得很佩服 '탄복함을 느끼다'로 배열해야 한다. | → | 구조조사 的 뒤로는 일반적으로 명사와 함께 쓰고, 제시된 단어 중 명사는 行为 밖에 없으므로 他的行为(그의 행위)를 주어 자리에 배치한다. |

▶ **겸어문**
하나의 단어가 앞 술어의 목적어, 뒤 술어의 주어가 되는 문장
형식 : 주어1 + 술어(한) + 목적어/주어2 + 술어

## 96

| 你把 | 那张 | 麻烦 | 发给我 | 合影 |

**보기 어휘**

麻烦 máfan
형 귀찮다, 성가시다
发 fā 통 보내다, 건네주다
合影 héyǐng 명 단체 사진 ★

**정답** 麻烦你把那张合影发给我。
실례합니다만 그 단체사진을 저에게 보내주세요.

**해설**

| 那张은 종이로 된 그림이나 사진을 세는 양사로 合影(단체사진)의 양사로 쓰인다. | → | 여기서 술어는 发(보내다, 발송하다)이고, 목적어는 那张合影 (그 단체사진)이다. 그러므로 把자문에 대입하면 把 + 那张合影(목적어) + 发(술어) 给我(기타성분)가 된다. | → | 麻烦은 귀찮다는 의미도 있지만 인칭대사 你와 함께 쓰여 "실례합니다만" 이라는 의미로 주로 문두에 놓인다. |

▶ **把자문**
전치사 把 뒤에 목적어를 수반하고 동작이 把가 이끄는 대상(목적어)에 영향을 끼쳐 어떠한 결과, 변화를 일으키거나, 어떠한 상태에 처하게 만들었음을 강조하는 문장
형식 : 주어 + 把 + 목적어 + 술어 + 기타성분

## 97

| 手艺 | 熟练 | 他的 | 相当 |

**보기 어휘**

**手艺** shǒuyì 명 손재간, 솜씨
**熟练** shúliàn
형 능숙하다, 숙련되어 있다 ★
**相当** xiāngdāng
부 상당히, 무척 ★

**정답** 他的手艺相当熟练。
그의 손재간(솜씨)은 상당히 능숙하다.

**해설**

| 구조조사 的 뒤로는 일반적으로 명사와 함께 쓰고, 제시된 단어 중 명사는 手艺(손재간, 솜씨)밖에 없으므로 他的手艺(그의 손재간)를 주어자리에 배열한다. | ▶ | 형용사가 긍정술어문으로 쓸 경우 정도부사와 함께 써야 한다. 제시된 단어 중 相当은 '상당히'라는 정도부사로, 熟练(능숙하다)의 앞에 배치한다. |

▶ 형용사 술어문
형용사가 술어로 사용된 문장
형식 : 주어 + 정도부사 + 형용사

## 98

| 他一下午 | 躺在 | 沙发 | 都 | 上 |

**보기 어휘**

**躺** tǎng 동 눕다, 드러눕다
**一下午** yí xiàwǔ 오후 내내

**정답** 他一下午都躺在沙发上。
그는 오후 내내 소파 위에 누워있다.

**해설**

| 술어는 躺(눕다)이고, 뒤의 在는 장소나 시간과 함께 사용되는 전치사이면서 결과보어로 쓰였다. 제시된 단어 중 시간명사나 장소명사는 없지만 [명사 + 방위사]는 장소를 만들 수 있으므로, 沙发와 上을 연결하면 沙发上(소파 위)이라는 장소가 된다. | ▶ | 一下午는 부사 都와 함께 자주 사용되며, 부사 都는 주어 뒤 술어 앞에, 놓이므로 '他一下午都躺在~'로 배열한다. |

**제2부분** 99~100번 문제는 제시된 사진과 어휘를 활용하여 80자 내외의 작문을 완성하세요.

## 99

成果    精神    压力    缓解    千万

**Step 1 : 주제를 찾기**

| 주제 단어 | 压力 yālì 스트레스

**Step 2 : 주제 어휘들을 중심으로 각각 어휘에 살 붙이기**

▶ 成果 chéngguǒ 성과, 결과
　拿出成果 결과를 내다

▶ 千万 qiānwàn 부디, 제발, 꼭
　千万要记住 꼭 기억을 해야 한다

**Step 3 : 각각 어휘에 살 붙인 문장을 토대로 원고지에 완성하기**

**정답** 很多上班族在工作中拿不出成果，所以精神压力十分大。如果这种压力得不到适当的缓解，那么就会引发各种疾病。认真工作是件好事，不过也要懂得休息。千万要记住：身体是革命的本钱。

|   | 很 | 多 | 上 | 班 | 族 | 在 | 工 | 作 | 中 | 拿 | 不 | 出 | 成 | 果 | ， |
| 所 | 以 | 精 | 神 | 压 | 力 | 十 | 分 | 大 | 。 | 如 | 果 | 这 | 种 | 压 | 力 |
| 得 | 不 | 到 | 适 | 当 | 的 | 缓 | 解 | ， | 那 | 么 | 就 | 会 | 引 | 发 | 各 |
| 种 | 疾 | 病 | 。 | 认 | 真 | 工 | 作 | 是 | 件 | 好 | 事 | ， | 不 | 过 | 也 |
| 要 | 懂 | 得 | 休 | 息 | 。 | 千 | 万 | 要 | 记 | 住 | ： | 身 | 体 | 是 | 革 |
| 命 | 的 | 本 | 钱 | 。 |   |   |   |   |   |   |   |   |   |   |   |

**해석** 많은 직장인들이 업무에 있어서 성과를 내기란 쉽지가 않기 때문에, 정신적 스트레스가 매우 크다. 만약 이런 스트레스가 적절하게 개선되지 못한다면, 각종 질병을 일으키게 될 것이다. 열심히 일하는 것도 좋은 일이지만, 그러나 쉬는 법도 알아야 한다. 꼭 기억해라: 체력이 국력이라는 것을.

---

**보기 어휘**

**成果** chéngguǒ
명 성과, 결과 ★

**精神** jīngshén 명 정신 ★

**压力** yālì 명 스트레스

**缓解** huǎnjiě 동 완화시키다, 개선시키다 ★

**千万** qiānwàn 부 부디, 제발, 꼭

**지문 어휘**

**因此** yīncǐ
접 이로 인하여, 이 때문에

**上班族** shàngbānzú
명 직장인, 샐러리맨

**适当** shìdàng
형 적절하다, 적합하다

**引发** yǐnfā
동 일으키다, 야기하다

**疾病** jíbìng 명 병, 질병

**懂得** dǒngde 동 알다, 이해하다

**记住** jìzhu 동 기억하다

**身体是革命的本钱**
shēntǐ shì gémìng de běnqián
속 신체는 혁명의 자본이다, 체력이 국력이다

# HSK 5급 2회 모의고사 듣기 스크립트

**HSK(五级)第二套听力材料**

（音乐，30秒，渐弱）

大家好！欢迎参加HSK（五级）考试。

大家好！欢迎参加HSK（五级）考试。

大家好！欢迎参加HSK（五级）考试。

HSK（五级）听力考试分两部分，共45题。

请大家注意，听力考试现在开始。

## 第一部分

第1到20题，请选出正确答案。现在开始第1题：

**1**

女：这些扇子做得真精致，怎么卖？

男：不好意思，这些都是样品，它们都是为我们这里的会员免费提供的。

问：关于这些扇子，可以知道什么？

**2**

男：听说王老师昨天告诉我们考试范围了。你都记上了吗？

女：没呢，不过这些内容已经传到学校网站上了。你可以查一查。

问：男的问女的要什么？

**3**

女：我看你用的杀毒软件和我的一模一样。

男：是吗？它不仅杀毒效果好，而且可以节省不少时间。

问：男的认为那种杀毒软件怎么样？

**4**

男：大夫，你看我什么时候可以出院呢？

女：我看你最近恢复得不错，后天出结果就可以出院。

问：关于那位患者，可以知道什么？

**5**

女：这条街看起来比以前宽敞多了，交通也特别方便了。

男：是啊，听说政府为了修建这条街投了不少资金。

问：那条路现在变得怎么样？

**6**

男：张主任，你能给我一张名片吗？

女：真不巧，今天把名片忘在办公室里了，你先记一下我的手机号码吧。

问：女的是什么意思？

**7**

女：昨天晚上忘了关窗户，被蚊子咬了好几个包。

男：哎呀！看起来不轻啊。我帮你看看家里有没有药水。

问：关于女的，可以知道什么？

**8**

男：这些家具咱们用不上，要不送人吧。

女：那就问问隔壁家的小红，她刚搬来，说不定会用得着。

问：他们和小红是什么关系？

**9**

女：厂里设备出故障了，暂时无法印刷。
男：赶紧找师傅来看看，这样下去会造成重大损失。
问：男的建议怎么做？

**10**

男：这条项链挺适合你的，你喜欢的话，我就买下来送给你。
女：价格倒是不错，就是款式有一点儿过时了，算了吧。
问：女的觉得那条项链怎么样？

**11**

女：你们公司新开发的游戏怎么样？
男：销售量已经达到一个亿了，我看挺受大众的欢迎。
问：关于那款游戏，可以知道什么？

**12**

男：您好，我是销售部新来的实习生。王总让我来您这儿报到。
女：欢迎你成为我们公司的一员。我先给你办理入职手续。
问：男的将在哪个部门工作？

**13**

女：你知道后天的演讲嘉宾是谁吗？
男：上届奥运会的跳远冠军王晓慧。宣传册上有他的详细介绍。
问：关于王晓慧，可以知道什么？

**14**

男：你妈不是已经退休了吗？怎么总是忙来忙去的？
女：她现在是平安交通队的志愿者，每天都要去路口协助指挥交通呢。
问：女的的妈妈为什么还很忙？

**15**

女：你订的是往返的还是单程的？
男：回来的时候需要路过北京分公司，没法买往返的。
问：关于男的，可以知道什么？

**16**

男：你的小儿子不是去当兵了吗？怎么又回来了？
女：明天他哥要结婚了。他请了两天假。
问：根据对话，可以知道什么？

**17**

女：咱儿子英语学院的老师们我看都挺年轻的。
男：别看他们很年轻，但都有海外留学的经验。

问：关于英语学院的老师们，可以知道什么？

**18**

男：今天我第一次参加面试，可把我紧张坏了。
女：放松点，你样样都优秀。只要正常发挥，肯定没问题。
问：男的为什么紧张？

**19**

女：你好，我昨天在你这儿买的这部手机反应太慢。能换个别的吗？
男：只要外包装没拆开，就可以换。
问：女的为什么想换手机？

**20**

男：林导，能提前透露一下您下一步的拍摄计划吗？
女：我现在正选剧本呢，等剧本一确定，就会通知各位的。
问：男的最可能是做什么的？

## 第二部分

第21到45题，请选出正确答案。现在开始第21题：

**21**

女：来，现在换我开吧。
男：算了，我不怎么累。
女：你已经连续开了这么长时间，不要疲劳驾驶。
男：好的，那咱们就轮流开吧。
问：女的希望怎么做？

**22**

男：你们韩国人天天吃得这么辣？胃能受得了吗？
女：吃习惯了。吃辣的还可以缓解压力。
男：我看吃辣的更容易上火。
女：那是因为你们不会吃。
问：根据对话，可以知道什么？

**23**

女：你不要随便向女儿发脾气，她现在是青春期，非常敏感的。
男：最近工作压力太大，我老是不耐烦。
女：我能理解。但在孩子面前，要控制住自己的情绪。
男：你说得没错，我这就去向女儿道歉。
问：男的打算怎么做？

**24**

男：这周末你有时间吗？你能不能陪我去买吉他？
女：你要学吉他？
男：是啊，这样能把空闲时间利用起来。
女：好的，那咱们在哪儿见？
问：男的请女的做什么？

**25**

女：你最近好像有心事？
男：我想跳槽，但是父母不同意。
女：父母的意见可以考虑，但最终还得是由你做决定。
男：但我不知道怎么去跟他们沟通。
问：男的为什么心情不好？

**26**

男：小杨，你手机怎么一直占线呢？
女：我刚跟我妈通话来着，怎么啦？
男：去北京出差的日程安排我都发到你的邮箱里了。你赶紧看一看。
女：知道了，谢谢。
问：男的想让女的看什么？

**27**

女：王教练，据说您要出一本书。
男：对，关于健身的。
女：我正打算减肥呢，书里有没有和减肥相关的内容呢？
男：里面有一章是专门介绍科学减肥的，等书出版了，我就送给你一本。
问：那本书包含下列哪项内容？

**28**

男：我每次旅行时，都会最先去当地的博物馆参观。
女：那你一定去过不少博物馆吧？
男：北京、陕西、西安、苏州…几乎没有我没去过的。
女：这些都是好地方啊！
问：关于男的，可以知道什么？

**29**

女：据说这次参赛者一个比一个厉害，不知我们能不能获胜。
男：无所谓，贵在参与！咱们要好好享受比赛过程。
女：那倒也是，我应该摆正好心态。
男：这么想就对了。
问：男的希望女的怎么做？

**30**

男：您对我们公司的商品满意吗？
女：报价还可以接受，就是设计上有点儿土。
男：设计方面没问题，我们可以按照您的要求改进。
女：好的，那找时间再具体谈一谈吧。
问：女的对商品的哪方面不满意？

**第31到32题是根据下面一段话：**

最新研究显示，东方人和西方人不仅在外貌和思想，而且在辨别面部表情上也存在着差异，这可能导致二者对相同面部表情的有不同的理解。比如，西方人眼里害怕的表情在东方人眼里可能是吃惊，西方人认为是厌恶的表情在东方人看来是发怒。研究人员表示，东方人造成不同理解的原因在于对面部表情的解读方式不同。西方人更关注对方的整个面部，而东方人则主要关注对方的眼睛。

31　西方人认为害怕的表情在东方人看来是什么？

32　根据这段话，下列哪项正确？

**第33到35题是根据下面一段话：**

有一位年轻的服装设计师，举办了自己的时装秀，他把自己最好的作品拿出来。那些权威人士都围着他的作品不停地赞叹。他很自信地等待着评委们打出全场的最高分100分。但其中一位著名评论家，对他说："先生，我认为你的设计太单调了。"后来，全场的评委们都给了他满分时，就这位评论家却给了他95分。他特意找到这位评论家，并对他说："先生，我认为您根本都不了解我的作品。因为表演的时候，我看你一直在睡觉呢。睡着的人哪有资格评论别人呢。"评论家淡淡一笑，就说："有时候睡觉也是表达意见的一种方式啊。"

33　那位评论家认为表演有什么问题？

34　刚开始面对批评，年轻的设计师什么态度？

35　根据对话，下列哪项正确？

**第36到38题是根据下面一段话：**

有个女子认为自己丈夫最大的缺点是胆小，为此她向父亲抱怨丈夫胆小如鼠。她的父亲听完她的话，握住她的手，笑着说："这怎么是缺点呢？分明是个优点嘛！他只不过是非常谨慎罢了，而谨慎的人总是很可靠，很少出乱子的。"这位女子听到爸爸这么一说，就有些疑惑了："难道勇敢反倒成为缺点了？"，爸爸摇摇头："不，谨慎是优点，而勇敢是另外一种优点。"爸爸接着说："如果你是位战士，胆小显然是缺点；如果你是司机，胆小肯定是优点。你应该学会换个角度去考虑问题。"女儿听完，乖乖地回家去了。

36　女儿向父亲抱怨什么？

37　父亲给了女儿什么建议？

38　根据对话，下列哪项正确？

**第39到41题是根据下面一段话：**

树懒是又缓慢又懒的动物。它们懒得喝水，吃东西懒得嚼，5天才下一次树。树懒是唯一身上长有植物的野生动物，它虽然有脚但是却不能走路，靠得是前肢拖动身体前行。它嗅觉灵敏，视觉和听觉不很发达。夜行性，以树叶、果实为食。树懒一般在树上活动，很少下地，它们能长时间倒挂在树上。树懒吃上一点儿就要用好几个小时来消化，而且一吃饱就在树上睡懒觉。树懒的爪子很厉害，劲头很大，爪很锋利，也是防御手段。

39　关于树懒，可以知道什么？

40　树懒通常是怎么睡觉的？

41　关于树懒，下列哪项正确？

**第42到43题是根据下面一段话：**

"住"可以说是人们生活的基本需求之一。现在有不少人在选择住处的时候做客观的、冷静的分析。随着社会迅速地发展，父母与儿女们有了明显的代沟，导致"四世同堂"大家庭已不多见。一般情况下，大部分的老年人喜欢选择就医方便，空气清新，噪音小的地带。刚结婚的年轻夫妻比较喜欢交通方便，经济繁荣的黄金地带。

42　老年人喜欢居住什么样的环境？

43　根据内容，可以知道什么？

**第44到45题是根据下面一段话：**

中国新疆北部和黑龙江流域，有一种鸟叫雷鸟。它善于奔走，飞行也迅速，但不能远飞，是寒带地区特有的鸟类。它还有一项特殊的本领，就是羽色因季节而异，并与环境一致；冬季羽毛白色，与雪地相一致；春夏则为栗棕色和黑褐色，从而能保护自己。全世界共有4种雷鸟，中国产2种，均为中国国家二级保护动物。在北美印第安神话中，雷鸟是全能神灵化身，在空中具有搅动雷电之威力。

**44** 雷鸟用什么方式保护自己？

**45** 关于雷鸟，下列哪项正确？

# 모의고사 정답

## 一、听力

**第一部分**

1. B    2. B    3. C    4. C    5. C    6. D    7. B    8. B    9. D    10. B
11. D   12. A   13. C   14. C   15. B   16. A   17. D   18. D   19. C   20. C

**第二部分**

21. B   22. B   23. A   24. D   25. B   26. A   27. A   28. C   29. B   30. D
31. B   32. A   33. D   34. C   35. C   36. B   37. C   38. B   39. B   40. B
41. A   42. A   43. D   44. D   45. C

## 二、阅读

**第一部分**

46. A   47. C   48. A   49. A   50. A   51. B   52. C   53. C   54. B   55. D
56. B   57. C   58. D   59. C   60. B

**第二部分**

61. D   62. B   63. A   64. B   65. A   66. B   67. B   68. D   69. A   70. A

**第三部分**

71. C   72. D   73. A   74. C   75. C   76. D   77. A   78. B   79. A   80. B
81. C   82. D   83. C   84. A   85. D   86. D   87. B   88. D   89. C   90. A

## 三、书写

**第一部分**

91. 计算机里显示密码输入错误。
92. 奖金会陆续发给员工的。
93. 她看中了一条白金项链。
94. 这个橱柜里没有盘子。
95. 你准备把桌子搬到哪个屋?
96. 这些伟人应该受到大家的尊重。
97. 你们推出的新商品各有特色。
98. 教育是经济发展的基础。

**第二部分**

99. 我是一个超级足球迷。昨天晚上我去看了一场精彩的足球比赛,我支持的球队赢了,真是太高兴了!我和很多球迷一起大喊庆祝。突然,两方的球迷吵起架来了!警察很快赶来,最后打架的球迷互相向对方道了歉。我回家的时候已经两点了。

100. 图片里有一个人正在抽烟。人们感到压力很大的时候,会想抽烟的。可是我要告诉大家:抽烟对身体有很多坏处,经常抽烟的人很容易生病。抽烟还污染环境,也会给身边的人带来危害。为了自己的健康,你们戒烟怎么样?

# HSK 5급 2회 듣기

听力

**제1부분**  1~20번 문제는 남녀간의 대화를 듣고 질문에 알맞은 답을 고르는 문제입니다.

🎧 02_2

### 1

女: 这些扇子做得真精致，怎么卖?

男: 不好意思，这些都是样品，它们都是为我们这里的会员免费提供的。

问: 关于这些扇子，可以知道什么?
　A 价格昂贵　　B 非卖品
　C 即将出口　　D 样式独特

여: 이 부채들은 정말 정교하게 만들었네요. 이거 얼마예요?

남: 죄송하지만, 이것들은 다 샘플이에요. 그것은 여기 있는 회원들에게 무료로 제공되는 것입니다.

질문: 이 부채에 관해서 알 수 있는 것은?
　A 가격이 아주 비싸다
　B 비매품이다
　C 곧 수출을 할 것이다
　D 모양이 독특하다

**지문 어휘**

扇子 shànzi 명 부채 ★
精致 jīngzhì 형 정교하고 치밀하다, 섬세하다
样品 yàngpǐn 명 샘플, 견본(품)
免费提供 miǎnfèi tígōng 무료제공
昂贵 ángguì 형 비싸다
非卖品 fēimàipǐn 명 비매품
即将 jíjiāng 부 곧, 머지않아
出口 chūkǒu 동 수출하다 ★
样式 yàngshì 명 양식, 스타일, 디자인 ★
独特 dútè 형 독특하다, 특별하다, 특이하다 ★

**정답** B

**해설** 이 부채에 관해서 묻고 있다. 남자가 샘플이라고 했고 회원들에게 무료로 제공되는 것이라고 했으므로 이 부채는 결과적으로 비매품임을 알 수 있다.

### 2

男: 听说王老师昨天告诉我们考试范围了。你都记上了吗?

女: 没呢，不过这些内容已经传到学校网站上了。你可以查一查。

问: 男的问女的要什么?
　A 学校网址
　B 考试范围
　C 讲座内容
　D 课程表

남: 왕선생님이 시험 범위를 우리들에게 알려 줬다고 들었는데. 너 다 적어놨어?

여: 아니, 근데 내용들은 이미 학교 웹사이트에 올라 가 있어. 너 거기서 검색해봐.

질문: 남자는 여자에게 무엇을 원하고 있는가?
　A 학교 웹사이트 주소
　B 시험 범위
　C 강좌 내용
　D 수업 시간표

**지문 어휘**

范围 fànwéi 명 범위 ★
记上 jì shang 동 기재하다, 적어놓다
传 chuán 동 전하다, 업로드 하다
学校网站 xuéxiào wǎngzhàn 명 학교 웹사이트
查 chá 동 찾아보다, 조사하다, 검사하다
网址 wǎngzhǐ 명 웹사이트 주소, 인터넷 주소
讲座 jiǎngzuò 명 강좌 ★
课程表 kèchéngbiǎo 명 수업 시간표

**정답** B

**해설** 남자가 여자에게 무엇을 원하고 있는지 묻고 있다. 남자의 첫 대화에서 왕선생님이 시험 범위를 우리들에게 알려줬다고 들었다라는 말로 비추어 보아 남자는 여자에게 시험 범위를 묻는 것임을 알 수 있다.

### 3

女：我看你用的杀毒软件和我的一模一样。
男：是吗？它不仅杀毒效果好，而且可以节省不少时间。

问：男的认为那种杀毒软件怎么样？
A 价格合算
B 效果不怎么样
C 节约时间
D 支付安全

여: 내가 보기에 너 나랑 똑같은 백신프로그램을 사용하는 것 같아.
남: 그래? 그것은 프로그램 바이러스 없애는 효과가 있고, 시간도 많이 절약할 수 있어.

질문: 남자는 그 백신프로그램이 어떻다고 생각하는가?
A 가격이 합리적이다
B 효과가 그다지 좋지 않다
C 시간을 절약한다
D 지불하는 것이 안전하다

**지문 어휘**

杀毒软件 shādú ruǎnjiàn 명 백신 프로그램
一模一样 yìmú yíyàng 성 모양이 완전히 같다
节省 jiéshěng 동 아끼다, 절약하다 ★
合算 hésuàn 형 수지가 맞다, 따져 보다
效果 xiàoguǒ 명 효과
不怎么样 bù zěnmeyàng 그리 좋지 않다
节约 jiéyuē 동 절약하다, 아끼다 형 검소하다, 검약하다
支付 zhīfù 동 지불하다, 내다

**정답** C

**해설** 남자는 그 백신프로그램이 어떻다고 생각하는지 묻고 있다. 남자가 백신프로그램은 프로그램 바이러스를 없애는 효과가 있고 시간도 절약할 수 있다라고 했으므로 정답은 C이다.
* 节省(아끼다, 절약하다) 과 节约(절약하다, 줄이다)는 동의어이다.

### 4

男：大夫，你看我什么时候可以出院呢？
女：我看你最近恢复得不错，后天出结果就可以出院。

问：关于那位患者，可以知道什么？
A 已经出院了
B 换病房了
C 正在住院
D 恢复得不怎么好

남: 의사선생님, 저 언제쯤 퇴원할 수 있을까요?
여: 요즘 회복이 잘 되고 있는 것 같군요, 모레 결과가 나오면 바로 퇴원할 수 있습니다.

질문: 그 환자에 관해서 알 수 있는 것은?
A 이미 퇴원했다
B 병실을 바꿨다
C 현재 입원하고 있다
D 회복상황이 그다지 좋지 않다

**지문 어휘**

大夫 dàifu 명 의사
出院 chū yuàn 동 퇴원하다
恢复 huīfù 동 회복하다, 회복되다 ★
结果 jiéguǒ 명 결과
患者 huànzhě 명 환자
病房 bìngfáng 명 입원실, 병실
住院 zhù yuàn 동 (환자가) 입원하다

정답 C

해설 그 환자에 관해서 묻고 있다. 언제 퇴원하는지 묻는 남자의 질문에 여자가 모레 결과가 나오면 퇴원할 수 있다고 했으므로 현재 그 환자는 아직 입원 중임을 알 수 있다.
  * 出院(퇴원하다) 과 住院(입원하다) 은 반의어이다.

## 5

女: 这条街看起来比以前宽敞多了，交通也特别方便了。
男: 是啊，听说政府为了修建这条街投了不少资金。

问: 那条路现在变得怎么样?
  A 堵得厉害
  B 变窄了
  C 变宽了
  D 更热闹了

여: 이 길은 예전보다 많이 넓어진 것 같아. 교통도 매우 편리해 졌고.
남: 맞아. 정부가 이 길을 시공하기 위해서 적지 않은 자금을 투입했다고 들었어.

질문: 그 길은 현재 어떻게 변했는가?
  A 차 막힘이 심하다
  B 좁아졌다
  C 넓어졌다
  D 더욱 시끌벅적해졌다

**지문 어휘**

看起来 kàn qǐlái 동 보기에
宽敞 kuānchang 형 넓다, 널찍하다
政府 zhèngfǔ 명 정부 ★
修建 xiūjiàn 동 건설하다, 건축하다, 시공하다
投 tóu 동 뛰어들다, 투자하다
资金 zījīn 명 자금 ★
堵 dǔ 동 막히다, 가로막다
厉害 lìhai 형 무섭다, 사납다, 심하다
窄 zhǎi 형 협소하다, 좁다 ★
宽 kuān 형 넓다, 드넓다 ★
热闹 rènao 형 번화하다, 시끌벅적하다

정답 C

해설 그 길은 현재 어떻게 변했는지 묻고 있다. 여자가 이 길은 예전보다 많이 넓어졌다고 언급했으므로 현재의 그 길은 넓어졌음을 알 수 있다.

## 6

男: 张主任，你能给我一张名片吗?
女: 真不巧，今天把名片忘在办公室里了，你先记一下我的手机号码吧。

问: 女的是什么意思?
  A 不想留名片
  B 只想留座机号
  C 没带钱包
  D 可以留手机号码

남: 장 주임님, 저에게 명함 한 장 줄 수 있어요?
여: 공교롭게도 오늘 명함을 사무실에 놓고 왔어요. 우선 저의 휴대폰 번호를 적어두세요.

질문: 여자의 말은 무슨 뜻인가?
  A 명함을 주기 싫어한다
  B 내선번호만 알려주고 싶어한다
  C 지갑을 가져오지 않았다
  D 휴대폰 번호를 남겨줄 수 있다

**지문 어휘**

主任 zhǔrèn 명 주임 ★
名片 míngpiàn 명 명함 ★
不巧 bùqiǎo 부 공교롭게도, 유감스럽게도
办公室 bàngōngshì 명 사무실
记 jì 동 적다, 기록하다, 암기하다
留 liú 동 보관하다, 남기다
座机 zuòjī 명 내선 전화, 전용 전화
钱包 qiánbāo 명 지갑

정답 D

해설 여자가 말한 의미가 무엇인지 묻고 있다. 여자가 마지막 부분에서 휴대폰 번호를 적어두라고 남자에게 얘기했으므로 휴대폰 번호를 남겨줄 수 있음을 알 수 있다.

* 记手机号码(휴대폰 번호를 적어두다)와 留手机号码(휴대폰 번호를 남기다) 는 서로 비슷한 의미이다.

### 7

女: 昨天晚上忘了关窗户，被蚊子咬了好几个包。
男: 哎呀！看起来不轻啊。我帮你看看家里有没有药水。
问: 关于女的，可以知道什么？
 A 摔伤了腿
 B 被蚊子咬了
 C 皮肤过敏
 D 在山上迷路了

여: 어제 저녁에 창문 닫는 거 잊어버려서, 모기에 엄청 물렸어.
남: 아이고! 가벼운 상처가 아닌 것 같아. 집에 약이 있는지 찾아볼게.
질문: 여자에 관해 알 수 있는 것은?
 A 넘어져서 다리를 다쳤다
 B 모기에 물렸다
 C 피부에 알레르기가 났다
 D 산에서 길을 잃었다

**지문 어휘**
窗户 chuānghu 명 창문, 창
蚊子 wénzi 명 모기
咬 yǎo 동 물다, 깨물다 ⭐
药水 yàoshuǐ 명 (액체 상태의) 물약
摔伤 huāishāng 넘어져 다치다
皮肤过敏 pífū guòmǐn 피부가 알레르기 반응을 보이다
迷路 mí lù 동 길을 잃다

**정답** B

**해설** 여자에 관해서 묻고 있다. 여자가 어제 저녁에 창문 닫는 것을 잊어버려서 모기에 물렸다고 했으므로 정답은 B이다.

### 8

男: 这些家具咱们用不上，要不送人吧。
女: 那就问问隔壁家的小红，她刚搬来，说不定会用得着。
问: 他们和小红是什么关系？
 A 亲属
 B 邻居
 C 同事
 D 好朋友

남: 이 가구를 우리는 쓸 데가 없으니, 다른 사람에게 선물해 주자.
여: 그럼 옆집에 샤오홍에게 물어 볼게, 이사 온지 얼마 안 되어서 쓸모가 있을 수도 있을 거야.
질문: 그들은 샤오홍과 어떤 관계인가?
 A 친척
 B 이웃
 C 직장동료
 D 좋은 친구

**지문 어휘**
家具 jiājù 명 가구
用不上 yòng bu shàng 동 쓸 데가 없다, 못 쓰다
要不 yàobù 접 그렇지 않으면, 안 그러면
隔壁 gébì 명 옆집, 이웃집 ⭐
说不定 shuō bu dìng 부 아마, 짐작컨대, 짐작컨대 ~일지도 모른다 ⭐
用得着 yòng de zháo 동 쓸모 있다, 유용하다
亲属 qīnshǔ 명 친족, 친척
邻居 línjū 명 이웃, 이웃사람
同事 tóngshì 명 직장 동료

**정답** B

**해설** 그들은 샤오홍과 무슨 관계인지 묻고 있다. 가구를 다른 사람에게 선물하자는 남자의 말에 여자가 옆집에 사는 샤오홍에게 물어본다고 얘기한 것으로 보아 그들은 샤오홍과 이웃 관계임을 알 수 있다.

* 隔壁(옆집) 와 邻居(이웃)은 서로 비슷한 의미이다.

## 9

女: 厂里设备出故障了，暂时无法印刷。
男: 赶紧找师傅来看看，这样下去会造成重大损失。

问: 男的建议怎么做？

A 买新机器
B 给客户打电话
C 让工人们放假
D 找人维修设备

여: 공장 내 설비가 고장이 나서 잠시 인쇄가 중단되었어요.
남: 얼른 기사님을 찾아서 봐달라고 해요. 이런 상황이 계속되면 손실이 엄청나게 발생할 거예요.

질문: 남자는 어떻게 하라고 건의하였는가?

A 인쇄기를 새로 사라고
B 고객에게 전화를 하라고
C 직원들에게 휴가를 쓰게 해 주라고
D 설비를 수리하는 사람을 찾으라고

**지문 어휘**

设备 shèbèi 명 설비, 시설 ★
出故障 chū gùzhàng 고장이 나다
暂时 zànshí 명 잠시, 잠깐, 일시
印刷 yìnshuā 동 인쇄하다 ★
赶紧 gǎnjǐn 부 서둘러, 얼른, 재빨리 ★
造成 zàochéng 동 초래하다, 발생시키다 ★
损失 sǔnshī 명 손실, 손해
机器 jīqì 명 기계, 기기 ★
客户 kèhù 명 바이어, 거래처
放假 fàng jià 동 방학하다, 휴업하다
维修 wéixiū 동 보수하다, 수리하다 ★

정답 **D**

해설 남자는 어떻게 하길 건의했는지 묻고 있다. 공장 내 설비가 고장 났다라는 여자의 말에 남자가 기사님을 찾아서 봐달라고 하라고 했으므로 남자는 여자에게 설비를 수리하는 사람을 찾도록 건의하고 있다.

## 10

男: 这条项链挺适合你的，你喜欢的话，我就买下来送给你。
女: 价格倒是不错，就是款式有一点儿过时了，算了吧。

问: 女的觉得那条项链怎么样？

A 做工粗糙
B 款式太旧
C 颜色有点鲜艳
D 价格昂贵

남: 이 목걸이 너한테 정말 잘 어울린다. 네가 좋다면 내가 선물로 사 줄게.
여: 가격은 괜찮은데, 디자인이 좀 유행이 지난 것 같아, 됐어.

질문: 여자는 그 목걸이에 대해 어떻게 생각하는가?

A 가공 기술이 매끄럽지 않다
B 디자인이 오래됐다
C 색깔이 조금 화려하다
D 가격이 비싸다

**지문 어휘**

项链 xiàngliàn 명 목걸이 ★
适合 shìhé 동 적합하다, 알맞다
款式 kuǎnshì 명 스타일, 디자인
过时 guòshí 형 유행이 지나다, 시대에 뒤떨어지다
做工 zuògōng 명 가공 기술, 솜씨
粗糙 cūcāo 형 거칠다, 매끄럽지 못하다 ★
旧 jiù 형 오래되다, 낡다
颜色 yánsè 명 색, 색깔
鲜艳 xiānyàn 형 화려하다, 튄다 ★
昂贵 ángguì 형 비싸다

정답 **B**

해설 여자는 그 목걸이에 대해 어떻게 생각하는지 묻고 있다. 가격은 괜찮으나 디자인이 조금 유행이 지난 것 같다고 했으므로 결과적으로 여자는 목걸이의 디자인이 오래되고 구식이라고 느끼고 있다.

## 11

女: 你们公司新开发的游戏怎么样?

男: 销售量已经达到一个亿了，我看挺受大众的欢迎。

问: 关于那款游戏，可以知道什么?

A 难度大
B 只受女士们的欢迎
C 滞销
D 畅销

여: 너희 회사에서 새로 개발한 게임은 어떠니?

남: 판매량이 이미 1억원을 돌파했어, 내 생각에는 대중들에게 인기를 얻고 있는 것 같아.

질문: 그 게임에 관해서 알 수 있는 것은?

A 난이도가 높다
B 여성들에게만 인기가 있다
C 판매가 부진하다
D 판매가 잘 된다

**지문 어휘**

开发 kāifā 동 개발하다
游戏 yóuxì 명 게임
销售量 xiāoshòuliàng 판매량
达到 dádào 동 달성하다, 도달하다 ★
亿 yì 준 억
受欢迎 shòu huānyíng 인기 있다, 환영받다
难度 nándù 명 난이도
女士 nǚshì 명 여사, 숙녀 ★
滞销 zhìxiāo 동 판매가 부진하다
畅销 chàngxiāo 형 잘 팔리다, 판로가 넓다

**정답** D

**해설** 그 게임에 관해서 묻고 있다. 남자가 그 게임은 판매량이 1억원에 달했고, 대중들에게 인기를 얻고 있다고 얘기했으므로 결과적으로 그 게임은 판매가 잘 되고 있음을 알 수 있다.

## 12

男: 您好，我是销售部新来的实习生。王总让我来您这儿报到。

女: 欢迎你成为我们公司的一员。我先给你办理入职手续。

问: 男的将在哪个部门工作?

A 销售部
B 营业部
C 人事部
D 生产部

남: 안녕하세요. 저는 판매부에 새로 들어온 인턴입니다. 왕사장님이 여기에 와서 보고하라고 하셨어요.

여: 저희 회사의 일원이 되신 것을 환영합니다. 제가 입사 수속을 해드릴게요.

질문: 남자는 어느 부서에서 일을 하게 될 것인가?

A 판매부
B 영업부
C 인사부
D 생산부

**지문 어휘**

销售部 xiāoshòubù 명 판매부
实习生 shíxíshēng 명 인턴, 실습생
报到 bàodào 동 도착하였음을 보고하다, 알리다 ★
成为 chéngwéi 동 ~이(가) 되다
一员 yìyuán 명 일원
办理 bànlǐ 동 처리하다, 밟다 ★
入职 rùzhí 명 입사
手续 shǒuxù 명 수속, 절차
部门 bùmén 명 부문, 부서
营业部 yíngyèbù 명 영업부
人事 rénshì 명 인사
生产部 shēngchǎnbù 명 생산부

**정답** A

**해설** 남자는 어느 부서에서 일하게 되는지 묻고 있다. 남자가 판매부에 새로 들어온 인턴이라고 소개하고 있으므로 그는 판매부에서 일을 하게 될 것임을 알 수 있다.

## 13

女: 你知道后天的演讲嘉宾是谁吗?

男: 上届奥运会的跳远冠军王晓慧。宣传册上有他的详细介绍。

问: 关于王晓慧，可以知道什么?
A 是跳水运动员
B 明天要训练
C 拿过金牌
D 没参加过奥运会

여: 너 모레 강연에 게스트로 오는 사람이 누군지 아니?

남: 지난번 올림픽 대회 때 멀리뛰기 우승자 왕샤오후이야. 팸플릿에 그에 대한 소개가 있어.

질문: 왕샤오후이에 관해서 알 수 있는 것은?
A 다이빙 선수이다
B 내일 훈련하려고 한다
C 금메달을 딴 적이 있다
D 올림픽에 참가한 적이 없다

**지문 어휘**

**演讲** yǎnjiǎng
몡 강연, 동 강연하다 ★

**嘉宾** jiābīn 몡 게스트, 귀빈 ★

**奥运会** àoyùnhuì 몡 올림픽(경기)

**跳远** tiàoyuǎn 몡 멀리뛰기

**冠军** guànjūn 몡 챔피언, 우승자 ★

**宣传册** xuānchuáncè
몡 팸플릿, 광고책자

**详细** xiángxì 혱 상세하다, 자세하다

**介绍** jièshào 동 소개하다

**跳水** tiàoshuǐ 몡 다이빙

**金牌** jīnpái 몡 금메달

**정답** C

**해설** 왕샤오후이에 관해서 묻고 있다. 남자가 지난번 올림픽 대회 때 멀리뛰기 우승자라고 언급했으므로 왕샤오후이는 올림픽에 참가해서 금메달을 딴 적이 있음을 알 수 있다.

## 14

男: 你妈不是已经退休了吗? 怎么总是忙来忙去的?

女: 她现在是平安交通队的志愿者，每天都要去路口协助指挥交通呢。

问: 女的的妈妈为什么还很忙?
A 为了挣生活费
B 要照顾孙子
C 在当志愿者
D 被单位再次聘用

남: 너희 엄마 이미 은퇴하시지 않았어? 어째 맨날 바쁘게 왔다 갔다 하셔?

여: 엄마 지금 평안교통대의 자원봉사자로 계셔. 매일 길목에서 교통 지휘를 도와주고 있지.

질문: 여자의 엄마는 왜 아직도 바쁜가?
A 생활비를 벌기 위해서
B 손자를 보살펴 줘야 하므로
C 자원봉사 활동을 하고 있으므로
D 회사에 다시 채용이 되었으므로

**지문 어휘**

**退休** tuìxiū 동 퇴직하다, 은퇴하다 ★

**忙来忙去** máng lái máng qù
바쁘게 왔다 갔다 하다

**志愿者** zhìyuànzhě
몡 자원봉사자 ★

**路口** lùkǒu 몡 길목, 교차로

**协助** xiézhù 동 협조하다, 거들어 주다

**指挥** zhǐhuī 몡 지휘, 동 지휘하다 ★

**交通** jiāotōng 몡 교통

**挣** zhèng 동 벌다 ★

**生活费** shēnghuófèi 몡 생활비

**照顾** zhàogù 동 보살피다, 돌보다

**孙子** sūnzi 몡 손자

**当** dāng 동 담당하다, ~이(가) 되다

**单位** dānwèi 몡 직장, 기관, 단체

**聘用** pìnyòng
동 초빙하여 임용하다, 모시다

**정답** C

**해설** 여자의 엄마가 왜 바쁜지 이유를 묻고 있다. 엄마는 지금 평안교통대의 자원봉사자로 있다고 언급했으므로 여자의 엄마가 바쁜 이유는 자원봉사 활동을 하고 있기 때문이다.

## 15

女: 你订的是往返的还是单程的?

男: 回来的时候需要路过北京分公司, 没法买往返的。

问: 关于男的, 可以知道什么?

A 买了往返票
B 买了单程的
C 行李太多
D 没有相应的票

여: 네가 예약한 게 왕복 티켓이야? 편도 티켓이야?

남: 돌아올 때 베이징 지사에 들렀다 와야 해서, 왕복 티켓을 살 수가 없어.

질문: 남자에 관해서 알 수 있는 것은?

A 왕복티켓을 샀다
B 편도티켓을 샀다
C 여행 짐이 너무 많다
D 적당한 표가 없다

**지문 어휘**

订 dìng 통 예약하다, 주문하다
往返 wǎngfǎn 통 왕복하다, 오가다 ★
单程 dānchéng 명 편도
路过 lùguò 통 거치다, 지나다
分公司 fēngōngsī 명 지점, 지사
没法 méifǎ 방법이 없다
行李 xíngli 명 짐, 수화물
相应 xiāngyìng 형 적합하다, 적당하다
票 piào 명 표, 티켓

**정답** B

**해설** 남자에 관해서 묻고 있다. 남자는 베이징 지사에 들렀다 와야 해서 왕복 티켓은 살 수가 없다고 했으므로 결과적으로 그는 편도 티켓을 샀음을 알 수 있다.

## 16

男: 你的小儿子不是去当兵了吗? 怎么又回来了?

女: 明天他哥要结婚了。他请了两天假。

问: 根据对话, 可以知道什么?

A 女的的大儿子要结婚
B 女的的小儿子退伍了
C 女的的小儿子改行了
D 女的的小儿子违反了队伍的纪律

남: 당신 작은 아들 군대 가지 않았어요? 어떻게 또 돌아왔어요?

여: 내일 그의 형이 결혼하잖아요. 이틀 휴가 내서 왔어요.

질문: 대화에 근거하여 알 수 있는 것은?

A 여자의 큰 아들이 결혼을 한다
B 여자의 작은 아들은 제대했다
C 여자의 작은 아들은 직업을 바꿨다
D 여자의 작은 아들은 대대의 규율을 위반했다

**지문 어휘**

小儿子 xiǎo'érzi 명 막내둥이, 막내 아들
当兵 dāngbīng 통 군대에 가다, 입대하다
结婚 jié hūn 통 결혼하다
请假 qǐng jià 통 휴가를 신청하다
退伍 tuì wǔ 통 제대하다
改行 gǎi háng 통 직업을 바꾸다, 전업하다
违反 wéifǎn 통 위반하다, 어기다 ★
队伍 duìwu 명 단체, 대열, 대오
纪律 jìlǜ 명 법도, 기강 ★

**정답** A

**해설** 이 글에 대해 알 수 있는 것을 묻고 있다. 남자가 여자의 작은 아들이 군대 갔다가 다시 온 이유에 대해 묻자, 여자가 내일 그의 형이 결혼한다고 언급했으므로 결과적으로 그녀의 큰 아들이 결혼함을 알 수 있다.

### 17

女: 咱儿子英语学院的老师们我看都挺年轻的。
男: 别看他们很年轻，但都有海外留学的经验。

问: 关于英语学院的老师们，可以知道什么?

A 个个都体贴
B 没有海外经验
C 耐心不足
D 岁数不大

여: 우리 아들 영어 학원의 선생님들 모두 엄청 젊으신 것 같아요.
남: 그들이 젊다고만 생각하지 마, 선생님들 모두 해외에서 유학한 경험이 있으셔.

질문: 영어 학원의 선생님들에 관해서, 알 수 있는 것은?

A 모두가 아주 자상하고 잘 보살펴준다
B 해외경험이 없다
C 인내심이 부족하다
D 나이가 많지 않다

**지문 어휘**

学院 xuéyuàn 명 단과대학, 학원
年轻 niánqīng 형 젊다, 어리다
别看 biékàn 접 ~라고 생각하지 마라
海外 hǎiwài 명 해외, 외국
体贴 tǐtiē 동 자상하게 돌보다 ★
耐心 nàixīn 명 인내심, 참을성
岁数 suìshù 명 나이, 연세, 연령

**정답** D

**해설** 영어 학원의 선생님들에 관해서 묻고 있다. 영어 선생님들 모두 젊다라고 여자가 말했으므로 영어 학원의 선생님들 모두 나이가 많지 않음을 드러낸다.

* 很年轻(젊다) 과 岁数不大(나이가 많지 않다)는 서로 비슷한 의미이다.

### 18

男: 今天我第一次参加面试，可把我紧张坏了。
女: 放松点，你样样都优秀。只要正常发挥，肯定没问题。

问: 男的为什么紧张?

A 第一天上班
B 观众没反应
C 没做好心理准备
D 初次参加面试

남: 오늘 나 처음으로 면접 보는 건데, 엄청 긴장되네.
여: 긴장 풀어, 너는 모든 방면에 다 뛰어나잖니. 평소대로 하기만 하면, 틀림없이 문제 없을 거야.

질문: 남자는 왜 긴장하는가?

A 첫 출근하는 날이다
B 관중들이 반응이 없다
C 마음의 준비가 안 되었다
D 처음으로 면접을 보다

**지문 어휘**

第一次 dì yī cì 명 최초, 맨 처음
面试 miànshì 명 면접
紧张 jǐnzhāng 형 긴장하다
放松 fàngsōng 동 긴장을 풀다, 느슨하게 하다
样样 yàngyàng 대 여러 가지, 갖가지
优秀 yōuxiù 형 아주 뛰어나다, 우수하다
只要 zhǐyào 접 ~하기만 하면
正常 zhèngcháng 형 정상적인
发挥 fāhuī 동 발휘하다, 표현하다 ★
肯定 kěndìng 부 틀림없이
第一天 dì yī tiān 명 첫날, 첫째 날
反应 fǎnyìng 명 반응 ★
心理准备 xīnlǐ zhǔnbèi 마음의 준비
初次 chūcì 명 처음, 첫 번째

**정답** D

**해설** 남자는 왜 긴장했는지 이유를 묻고 있다. 남자가 오늘 처음으로 면접 보는 것이어서 매우 긴장된다고 언급했으므로 남자가 긴장한 이유는 처음으로 면접을 보기 때문이다.

## 19

女: 你好, 我昨天在你这儿买的这部手机反应太慢。能换个别的吗?

男: 只要外包装没拆开, 就可以换。

问: 女的为什么想换手机?

A 型号不对
B 不来电
C 速度太慢
D 画面不清

여: 안녕하세요, 어제 여기에서 산 휴대폰이 반응이 너무 느려요. 다른 것으로 교환 가능해요?

남: 포장지를 뜯지 않았으면 교환 가능합니다.

질문: 여자는 왜 휴대폰을 교환하고 싶어하는가?

A 모델이 맞지 않다
B 전원이 들어 오지 않는다
C 속도가 너무 느리다
D 화면이 명확히 보이지 않는다

### 지문 어휘

反应 fǎnyìng 명 반응 ★
慢 màn 형 느리다
外包装 wàibāozhuāng 명 외부포장
拆开 chāikāi 동 뜯다, 떼어 내다
换 huàn 동 교환하다, 바꾸다
型号 xínghào 명 모델, 사이즈
来电 láidiàn 동 전기가 들어오다
速度 sùdù 명 속도
画面 huàmiàn 명 화면
不清 bùqīng 형 맑지 않다, 깨끗하지 않다

**정답** C

**해설** 여자는 왜 휴대폰을 교환하고 싶어하는지 묻고 있다. 여자는 어제 산 휴대폰이 반응이 느리다고 했으므로 결과적으로 그녀가 휴대폰을 교환하려는 이유는 속도가 느리기 때문임을 알 수 있다.

## 20

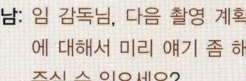

男: 林导, 能提前透露一下您下一步的拍摄计划吗?

女: 我现在正选剧本呢, 等剧本一确定, 就会通知各位的。

问: 男的最可能是做什么的?

A 作家
B 教练
C 记者
D 工程师

남: 임 감독님, 다음 촬영 계획에 대해서 미리 얘기 좀 해 주실 수 있으세요?

여: 지금 대본을 고르고 있는 중이에요. 대본이 확정되면 바로 여러분들께 알려드릴게요.

질문: 남자는 어떤 일을 하는 사람일 가능성이 높은가?

A 작가
B 코치
C 기자
D 엔지니어

### 지문 어휘

提前 tíqián 동 앞당기다
透露 tòulù 동 누설하다, 흘리다, 내비치다
下一步 xià yí bù 명 다음 단계
拍摄 pāishè 동 촬영하다, 사진을 찍다
计划 jìhuà 명 계획, 동 계획하다, 기획하다
选 xuǎn 동 고르다, 선택하다
剧本 jùběn 명 각본, 대본
确定 quèdìng 동 확정하다 ★
通知 tōngzhī 명 통지서, 동 통지하다, 알리다
各位 gèwèi 대 여러분
教练 jiàoliàn 명 감독, 코치 ★
记者 jìzhě 명 기자
工程师 gōngchéngshī 명 기사, 엔지니어 ★

**정답** C

**해설** 남자의 직업을 묻고 있다. 남자가 여자 감독에게 다음 촬영계획에 대해 물어보고 있는 것으로 보아 남자는 제시된 보기 중 기자 일 가능성이 가장 높다.

## 제2부분

21~45번 문제는 남녀간의 대화 또는 단문을 듣고 질문에 알맞은 답을 고르는 문제입니다.

### 21

女: 来，现在换我开吧。

男: 算了，我不怎么累。

女: 你已经连续开了这么长时间，不要疲劳驾驶。

男: 好的，那咱们就轮流开吧。

问: 女的希望怎么做？

A 尽快到达
B 轮流开车
C 坐地铁去
D 停车休息

여: 자, 이제 내가 운전할게 바꾸자.

남: 됐어, 별로 안 힘들어.

여: 너 이미 오랜 시간 연속으로 운전했어, 졸음 운전하면 안되잖아.

남: 알았어. 그럼 우리 번갈아 가면서 운전하자.

질문: 여자는 어떻게 하길 바라는가?

A 최대한 빨리 도착하다
B 번갈아 가면서 운전하다
C 지하철을 타고 간다
D 차를 세우고 휴식한다

**지문 어휘**

连续 liánxù 통 연속하다, 계속하다 ★

疲劳 píláo 형 피곤하다, 지치다 ★

驾驶 jiàshǐ 통 운전하다, 조정하다 ★

疲劳驾驶 píláo jiàshǐ 명 졸음운전

轮流 lúnliú 통 차례로 (번갈아) ~ 하다 ★

尽快 jǐnkuài 부 되도록 빨리 ★

到达 dàodá 통 도달하다, 도착하다 ★

地铁 dìtiě 명 지하철

停车 tíngchē 통 주차하다, 정지하다

**정답** B

**해설** 여자는 어떻게 하길 바라는지 묻고 있다. 여자는 내가 운전하겠다라고 남자에게 얘기했고, 남자는 번갈아 가면서 운전하자라고 여자의 말에 동의하고 있으므로 결국 여자가 바라는 것은 번갈아 가면서 운전하는 것이다.

### 22

男: 你们韩国人天天吃得这么辣？胃能受得了吗？

女: 吃习惯了。吃辣的还可以缓解压力。

男: 我看吃辣的更容易上火。

女: 那是因为你们不会吃。

问: 根据对话，可以知道什么？

남: 너희 한국인들은 매일 이렇게 매운 음식을 먹니? 그럼 위가 견딜 수 있어?

여: 습관 됐어. 매운 걸 먹으면 스트레스가 해소되지.

남: 매운 거 먹으면 더 화가 날 것 같은데.

여: 그건 너희가 매운 것을 잘 못 먹어서 그래.

질문: 대화에 근거하여, 알 수 있는 것은?

**지문 어휘**

天天 tiāntiān 부 매일, 날마다

辣 là 형 맵다

胃 wèi 명 위

受得了 shòu de liǎo 통 견딜 수 있다, 참을 수 있다

习惯 xíguàn 통 ~에 습관이 되다, ~에 버릇이 되다

缓解 huǎnjiě 통 완화시키다, 누그러뜨리다 ★

压力 yālì 명 스트레스, 압력

|  |  |
|---|---|
| A 男的是厨师<br>B 女的是韩国人<br>C 女的口味很清淡<br>D 男的口味重 | A 남자는 주방장이다<br>B 여자는 한국인이다<br>C 여자는 입맛은 담백한 것을 좋아한다<br>D 남자의 입맛은 간이 센 것을 좋아한다 |

**上火** shànghuǒ
동 성내다, 화를 내다
**厨师** chúshī 명 요리사, 조리사
**口味** kǒuwèi 명 입맛, 구미 ★
**清淡** qīngdàn 형 담백하다 ★
**重** zhòng 형 무겁다, 간이 세다

**정답** B

**해설** 이 글에 관해서 알 수 있는 내용을 묻는 문제이다. 남자가 너희 한국인들은 매일 매운 음식을 먹느냐라고 여자에게 물어보고 있으므로 여자는 한국인임을 알 수 있다.

### 23

女: 你不要随便向女儿发脾气，她现在是青春期，非常敏感的。
男: 最近工作压力太大，我老是不耐烦。
女: 我能理解。但在孩子面前，要控制住自己的情绪。
男: 你说得没错，**我这就去向女儿道歉**。

问: 男的打算怎么做?

A 向女儿道歉
B 想换工作
C 想辞职
D 和女儿旅行

여: 당신은 딸한테 함부로 화내지 마세요. 지금 딸은 사춘기라서 아주 예민해져 있어요.
남: 요즘 업무 스트레스가 많아서 계속 못 참겠어요.
여: 이해해요. 그러나 아이 앞에서는 스스로 감정조절을 해야 해요.
남: 당신 말이 맞아요. 내가 가서 딸에게 사과할게요.

질문: 남자는 어떻게 할 계획인가?

A 딸에게 사과한다
B 직업을 바꿀 생각이다
C 사직을 할 생각이다
D 딸과 여행을 간다

**지문 어휘**

**随便** suíbiàn
부 마음대로, 편한 대로, 함부로
**发脾气** fā píqi
동 성질부리다, 화내다
**青春期** qīngchūnqī 명 사춘기
**敏感** mǐngǎn
형 민감하다, 예민하다 ★
**不耐烦** bú nàifán
형 귀찮다, 성가시다 ★
**理解** lǐjiě 동 알다, 이해하다
**控制** kòngzhì 동 자제하다
**情绪** qíngxù 명 정서, 감정 ★
**向A道歉** xiàng A dàoqiàn
A에게 사과하다
**辞职** cí zhí 동 사직하다, 직장을 그만두다 ★
**旅行** lǚxíng 동 여행하다

**정답** A

**해설** 남자는 어떻게 할 계획인지 묻고 있다. 남자의 마지막 대화에서 딸에게 사과하겠다고 했으므로 남자는 딸에게 사과할 계획임을 알 수 있다.

### 24  선생님 강추!

男: 这周末你有时间吗? **你能不能陪我去买吉他?**
女: 你要学吉他?

남: 이번 주 주말에 너 시간 있니? 나랑 함께 기타 사러 갈 수 있어?
여: 너 기타 배우려고?

**지문 어휘**

**陪** péi 동 모시다, 동반하다
**吉他** jítā 명 (악기)기타
**空闲时间** kòngxián shíjiān
여가시간

男: 是啊，这样能把空闲时间利用起来。
女: 好的，那咱们在哪儿见？

问: 男的请女的做什么？
　A 教他弹吉他
　B 帮他辅导汉语
　C 教他音乐
　D 挑选乐器

남: 응. 이렇게 해서 여가시간을 이용해야겠어.
여: 좋아. 그럼 우리 어디서 만날까?

질문: 남자는 여자에게 무엇을 부탁하였는가?
　A 그에게 기타 치는 것을 가르쳐 준다
　B 그에게 중국어 과외를 해준다
　C 그에게 음악을 가르쳐준다
　D 악기를 고른다

**利用** lìyòng
동 이용하다, 활용하다 ★
**辅导** fǔdǎo 동 과외하다 ★
**教** jiāo 동 가르치다, 지도하다
**挑选** tiāoxuǎn
동 고르다, 선발하다
**乐器** yuèqì 명 악기 ★

**정답** D

**해설** 남자는 여자에게 무엇을 부탁했는지 묻고 있다. 남자가 함께 기타 사러 가자고 여자에게 제안을 한 것으로 보아 남자는 여자에게 악기를 골라 달라는 부탁을 하고 있다.

## 25

女: 你最近好像有心事？
男: 我想跳槽，但是父母不同意。
女: 父母的意见可以考虑，但最终还得是由你做决定。
男: 但我不知道怎么去跟他们沟通。

问: 男的为什么心情不好？
　A 和女朋友吵架了
　B 父母不支持他
　C 被女朋友甩了
　D 没找到工作

여: 너 요즘 걱정거리 있는 거 같은데?
남: 직장을 옮기고 싶은데, 부모님이 동의하지 않으셔.
여: 부모님의 의견을 생각해 볼 수는 있지만, 그래도 최종적으로 결정은 너가 하는 거야.
남: 근데 부모님과 어떻게 대화를 해야 할지 모르겠어.

질문: 남자는 왜 기분이 좋지 않은가?
　A 여자친구와 말다툼을 했다
　B 부모님은 그를 지지해주지 않는다
　C 여자친구에게 차였다
　D 일자리를 찾지 못했다

**지문 어휘**

**心事** xīnshì
명 걱정거리, 고민거리
**跳槽** tiào cáo 동 다른 부서로 옮기다, 직업을 바꾸다
**同意** tóngyì
동 동의하다, 찬성하다
**最终** zuìzhōng
형 최후에, 최종적으로
**决定** juédìng 동 결정하다
**沟通** gōutōng
동 교류하다, 소통하다 ★
**吵架** chǎo jià
동 말다툼하다, 다투다
**支持** zhīchí 동 지지하다
**甩** shuǎi 동 (연인관계에서) 차다 ★

**정답** B

**해설** 남자는 왜 기분이 좋지 않은지 이유를 묻고 있다. 남자는 직장을 옮기고 싶은데 부모님이 동의하지 않는다고 얘기했으므로 부모님이 그를 지지해 주지 않는다라는 의미와 일맥상통한다.

＊ **不同意**(동의하지 않다)와 **不支持**(지지하지 않다)는 서로 비슷한 의미이다.

## 26

男：小杨，你手机怎么一直占线呢？

女：我刚跟我妈通话来着，怎么啦？

男：去北京出差的日程安排我都发到你的邮箱里了。你赶紧看一看。

女：知道了，谢谢。

问：男的想让女的看什么？

A 日程安排
B 合作方案
C 车票信息
D 产品订购单

남：샤오양, 휴대폰이 왜 계속 통화 중이죠?

여：방금 엄마랑 통화하고 있었어요. 무슨 일 있어요?

남：베이징으로 출장 가는 스케줄 표를 당신 이메일로 보냈어요. 빨리 확인해 봐요.

여：알겠어요. 감사해요.

질문：남자는 여자에게 무엇을 확인하라고 하였는가?

A 스케줄 표
B 합작 방안
C 차표 정보
D 상품 주문서

**지문 어휘**

占线 zhànxiàn 동 통화 중이다
通话 tōnghuà 동 통화하다
出差 chū chāi 동 출장 가다
日程安排 rìchéng ānpái
일정 안배, 일정 계획표
邮箱 yóuxiāng
명 우편함, 이메일
赶紧 gǎnjǐn 부 서둘러, 재빨리 ★
合作 hézuò
동 합작하다, 협력하다 ★
方案 fāng'àn 명 방안 ★
信息 xìnxī 명 정보
产品 chǎnpǐn
명 생산품, 제품 ★
订购单 dìnggòudān
구매 주문서, 오더 주문서

**정답** A

**해설** 남자는 여자에게 무엇을 보라고 했는지 묻고 있다. 남자가 베이징으로 출장 가는 스케줄 표를 여자의 이메일로 보냈다고 했으므로 남자는 여자에게 스케줄 표를 확인하라고 한 것이다.

## 27

女：王教练，据说您要出一本书。

男：对，关于健身的。

女：我正打算减肥呢，书里有没有和减肥相关的内容呢？

男：里面有一章是专门介绍科学减肥的，等书出版了，我就送给你一本。

问：那本书包含下列哪项内容？

A 科学减肥
B 运动技巧
C 饮食搭配
D 养身之道

여：왕 코치님, 책 내신다면서요?

남：맞아, 건강에 관련한 내용이야.

여：저 마침 다이어트 할 계획이었는데, 책에 다이어트와 관련된 내용도 있나요?

남：책 안의 한 챕터에 과학적인 다이어트 방법에 대해서 특별히 소개해 놨어. 출간되면 한 권 선물로 주지.

질문：책 안에 포함되어 있는 내용은 어느 것인가?

A 과학적인 다이어트
B 운동 테크닉
C 음식 조합
D 보양의 길

**지문 어휘**

教练 jiàoliàn 명 감독, 코치 ★
据说 jùshuō
동 들리는 말에 의하면 ~라 한다
关于 guānyú 전 ~에 관해서
健身 jiànshēn 명 건강,
동 신체를 건강하게 하다 ★
减肥 jiǎn féi 동 살을 빼다,
다이어트하다
相关 xiāngguān 동
상관이 있다, 서로 관련되다 ★
章 zhāng 명 장, 단락
专门 zhuānmén
부 전문적으로, 특별히
科学 kēxué
명 과학 형 과학적이다
出版 chūbǎn 동 출판하다,
출간하다, 발행하다 ★

정답 **A**

해설 책 안에 포함되어 있는 내용은 무엇인지 묻고 있다. 남자가 책 안에 과학적인 다이어트 방법에 대해 특별히 소개해 놓았다고 했으므로 책 안에는 과학적인 다이어트에 관한 내용이 있다.

**技巧** jìqiǎo 명 기교, 테크닉
**饮食** yǐnshí 명 음식
**搭配** dāpèi
동 배합하다, 조합하다
**养身** yǎngshēn
동 보양하다, 양생하다

## 28

男: 我每次旅行时，都会最先去当地的博物馆参观。
女: 那你一定去过不少博物馆吧?
男: 北京、陕西、西安、苏州 … 几乎没有我没去过的。
女: 这些都是好地方啊！

问: 关于男的，可以知道什么?
　A 爱读历史书
　B 常去旅行
　C 喜欢参观博物馆
　D 想当一名导游

남: 나는 매번 여행할 때, 가장 먼저 현지의 박물관을 둘러보러 가.
여: 그럼 너 박물관을 많이 가 봤겠네?
남: 베이징, 산시, 시안, 쑤저우… 내가 안 가 본 곳은 거의 없어.
여: 이 곳들은 모두 좋은 곳이지!

질문: 남자에 관해서, 알 수 있는 것은?
　A 역사책 읽는 것을 좋아한다
　B 여행을 자주 간다
　C 박물관을 둘러보는 것을 좋아한다
　D 가이드가 되고 싶어한다

### 지문 어휘

**旅行** lǚxíng 동 여행하다
**博物馆** bówùguǎn
명 박물관 ★
**参观** cānguān
동 참관하다, 견학하다, 둘러보다
**陕西** Shǎnxī 명 산시성
**西安** Xī'ān 명 시안
**苏州** Sūzhōu 명 쑤저우
**几乎** jīhū 부 거의, 거진 다
**历史书** lìshǐshū 명 역사책
**当** dāng 동 담당하다, ~이 되다
**导游** dǎoyóu 명 가이드

정답 **C**

해설 남자에 관해서 묻고 있다. 남자가 여행을 가게 되면 가장 먼저 현지 박물관을 견학하러 간다고 언급했으므로 결과적으로 남자는 여행을 자주 간다라는 의미보다는 박물관을 둘러보는 것을 좋아한다라는 표현이 더 적합하다.

## 29

女: 据说这次参赛者一个比一个厉害，不知我们能不能获胜。
男: 无所谓，贵在参与！咱们要好好享受比赛过程。
女: 那倒也是，我应该摆正好心态。
男: 这么想就对了。

여: 이번에 참가자들 모두 대단하다고 들었는데요. 우리가 우승을 할 수 있을지 모르겠어요.
남: 상관 없어. 참가하는데 의의를 두자! 우리 이번에는 시합 과정을 마음껏 즐기자.
여: 좋아요. 마음 가짐을 바로 잡아야겠네요.
남: 그렇게 생각하면 돼.

### 지문 어휘

**据说** jùshuō 동 들리는 말에 의하면 ~라 한다 ★
**参赛者** cānsàizhě 참가자, 참가 선수
**厉害** lìhai 형 대단하다, 굉장하다
**获胜** huòshèng 동 이기다, 승리하다
**无所谓** wúsuǒwèi
상관없다, 개의치 않다 ★

问: 男的希望女的怎么做?
　　A 询问对方实力
　　B 享受比赛
　　C 做好充分准备
　　D 勇于争第一

질문: 남자는 여자에게 어떻게 하길 바라는가?
　　A 상대방의 실력을 알아보라고
　　B 시합을 즐기라고
　　C 충분한 준비를 하라고
　　D 용감하게 1위를 쟁취하라고

**정답 B**

해설 남자는 여자에게 어떻게 하길 바라는지 묻고 있다. 이번에 참가자들이 대단해서 우승을 할 지 모르겠다는 여자의 말에 남자는 이번 시합 과정은 마음껏 즐기자고 여자에게 격려를 하고 있으므로 남자는 여자가 시합을 즐기기를 바라고 있음을 알 수 있다.

参与 cānyù 동 참여하다, 참가하다 ★
享受 xiǎngshòu 동 누리다, 즐기다 ★
比赛 bǐsài 명 경기, 시합
过程 guòchéng 명 과정
那倒也是 nàdàoyěshì 그건 그렇다
摆正 bǎizhèng 동 바로잡다
心态 xīntài 명 마음 상태, 마음가짐
询问 xúnwèn 동 알아보다, 물어보다, 의견을 구하다 ★
对方 duìfāng 명 상대방, 상대편 ★
实力 shílì 명 실력
充分 chōngfèn 형 충분하다 ★
准备 zhǔnbèi 동 준비하다
勇于 yǒngyú 동 용감하게 ~하다
争 zhēng 동 쟁탈하다
第一 dìyī 수 1위, 맨 처음

**30**

男: 您对我们公司的商品满意吗?
女: 报价还可以接受,就是设计上有点儿土。
男: 设计方面没问题,我们可以按照您的要求改进。
女: 好的,那找时间再具体谈一谈吧。
问: 女的对商品的哪方面不满意?
　　A 价格　　B 颜色
　　C 功能　　D 设计

남: 당신 저희 회사의 상품이 마음에 드세요?
여: 제시한 가격은 괜찮은 것 같은데, 디자인이 좀 촌스러운 것 같네요.
남: 디자인 면에서는 문제 없습니다, 당신의 요구대로 다시 고쳐 줄 수 있습니다.
여: 좋아요. 그럼 시간 내서 구체적으로 얘기해 봅시다.
질문: 여자는 상품의 어느 부분이 불만족스러운가?
　　A 가격　　B 색깔
　　C 기능　　D 디자인

**정답 D**

해설 여자는 상품의 어느 부분이 불만족스러운지 묻고 있다. 여자가 제시한 가격은 괜찮지만 디자인이 조금 촌스럽다고 했으므로 여자는 결과적으로 디자인 면에 불만족을 느끼고 있음을 알 수 있다.

**지문 어휘**

商品 shāngpǐn 명 상품 ★
满意 mǎnyì 형 만족하다, 만족스럽다
报价 bàojià 명 제시 가격, 견적
接受 jiēshòu 동 받아들이다, 접수하다
设计 shèjì 명 설계, 디자인 ★
土 tǔ 형 촌스럽다, 촌티 나다
按照 ànzhào 전 ~에 따라서, ~에 근거하여
要求 yāoqiú 명 요구 동 요구하다
改进 gǎijìn 동 개선하다, 개량하다 ★
具体 jùtǐ 형 구체적이다 ★
谈 tán 동 말하다, 이야기하다, 토론하다

**第31到32题是根据下面一段话：** 　　31-32번 문제는 다음 내용에 근거한다:

　　最新研究显示，东方人和西方人不仅在外貌和思想，而且在辨别面部表情上也存在着差异，这可能导致二者对相同面部表情的有不同的理解。比如，³¹西方人眼里害怕的表情在东方人眼里可能是吃惊，西方人认为是厌恶的表情在东方人看来是发怒。研究人员表示，东方人造成不同理解的原因在于对面部表情的解读方式不同。³²西方人更关注对方的整个面部，而东方人则主要关注对方的眼睛。

　　최근 연구에 따르면, 동양사람과 서양사람들은 외모와 생각뿐만 아니라 얼굴 표정을 판별할 때에도 차이가 있다고 밝혔다. 이것은 두 나라간의 동일한 표정에서 서로 다른 이해의 차이가 발생한다는 것이다. 예를 들면, ³¹서양사람들 눈에 무서워하는 표정이 동양사람들 눈에는 놀란 표정으로 보이고, 서양사람들이 싫어하는 표정이라고 여기는 것을 동양사람들은 분노하는 표정이라고 여긴다. 연구원들은 동양사람들이 다르게 이해하는 원인이 얼굴 표정을 읽는 방식이 틀리기 때문이라고 밝혔다. ³²서양사람들은 상대방의 전체 얼굴을 주의 깊게 보는 반면, 동양사람들은 상대의 눈을 주의 깊게 보기 때문으로 분석된다.

### 지문 어휘

- **最新** zuìxīn 형 최신의
- **研究** yánjiū 동 연구하다, 탐구하다
- **显示** xiǎnshì 동 뚜렷하게 나타내 보이다 ★
- **东方人** dōngfāngrén 명 동양인
- **西方人** xīfāngrén 명 서양인
- **不仅 A 而且 B** bùjǐn A érqiě B A뿐만 아니라 게다가 B하다
- **外貌** wàimào 명 외모, 용모
- **思想** sīxiǎng 명 사상, 생각, 견해 ★
- **辨别** biànbié 동 판별하다, 구별하다
- **面部** miànbù 명 얼굴, 안면
- **表情** biǎoqíng 명 표정 ★
- **存在** cúnzài 명 존재, 동 존재하다 ★
- **差异** chāyì 명 차이, 다른 점
- **导致** dǎozhì 동 야기하다, 초래하다 ★
- **二者** èrzhě 명 양자
- **相同** xiāngtóng 형 서로 같다, 일치하다
- **理解** lǐjiě 동 알다, 이해하다
- **比如** bǐrú 접 예를 들어, 예컨대
- **眼里** yǎnlǐ 명 눈 속, 안중
- **害怕** hàipà 동 겁내다, 두려워하다, 무서워하다
- **吃惊** chī jīng 동 놀라다
- **厌恶** yànwù 형 몹시 싫어하다
- **发怒** fā nù 동 화내다, 성내다
- **造成** zàochéng 동 초래하다, 야기하다 ★
- **在于** zàiyú 동 ~에 있다, ~에 달려있다 ★
- **解读** jiědú 동 분석하다, 연구하다
- **关注** guānzhù 동 주시하다, 관심을 가지다
- **对方** duìfāng 명 상대방, 상대편 ★
- **整个** zhěnggè 명 모든 것 ★

---

### 31

问: 西方人认为害怕的表情在东方人看来是什么？
A 发怒　　B 吃惊
C 责怪　　D 感动

질문: 서양사람들이 무섭다고 느끼는 표정이 동양사람들 눈에는 무엇으로 보여지는가?
A 분노하다　　B 놀라다
C 원망하다　　D 감동하다

**정답** B

**해설** 서양사람들이 무섭다고 느끼는 표정이 동양사람들 눈에는 무엇으로 보여지는지 묻고 있다. 서양사람들 눈에 무서워하는 표정이 동양사람들 눈에는 놀란 표정으로 보인다라고 언급했다.

### 32

问: 根据这段话，下列哪项正确？
A 西方人更关注对方的面部
B 东西方只有外貌差异
C 表情未必能准确反映心情
D 西方人感情表达更加委婉

질문: 이 글에 근거하여 다음 중 옳은 것은?
A 서양사람들은 상대방의 얼굴을 더 주의 깊게 본다
B 동서양사람들은 단지 외모의 차이만 있다.
C 표정은 기분을 정확히 반영한다고 할 수 없다
D 서양사람의 감정은 더욱 완곡함을 드러낸다

**정답** A

**해설** 이 글과 관련이 있는 내용을 찾는 문제이다. 단문 마지막 부분에서 서양사람들은 상대방의 전체 얼굴을 주의 깊게 보는 반면, 동양사람들은 상대의 눈을 주의 깊게 본다고 했으므로 해당 내용을 보기에서 찾으면 된다.

眼睛 yǎnjing 몡 눈
责怪 zéguài 동 원망하다, 나무라다, 탓하다
感动 gǎndòng 동 감동하다, 감동시키다
未必 wèibì 부 반드시~ 한 것은 아니다, 꼭~ 하다고 할 수 없다 ★
准确 zhǔnquè 형 확실하다, 정확하다
反映 fǎnyìng 동 반영하다, 내비치다 ★
心情 xīnqíng 몡 심정, 마음
更加 gèngjiā 부 더욱 더, 훨씬
委婉 wěiwǎn 형 완곡하다

## 第33到35题是根据下面一段话：

33-35번 문제는 다음 내용에 근거한다:

有一位年轻的服装设计师，举办了自己的时装秀，他把自己最好的作品拿出来。那些权威人士都围着他的作品不停地赞叹。他很自信地等待着评委们打出全场的最高分100分。但其中一位著名评论家，对他说："33 先生，我认为你的设计太单调了。"后来，全场的评委们都给了他满分时，就这位评论家却给了他95分。他特意找到这位评论家，并对他说："先生，34 我认为您根本都不了解我的作品。35 因为表演的时候，我看你一直在睡觉呢。睡着的人哪有资格评论别人呢。"评论家淡淡一笑，就说："有时候睡觉也是表达意见的一种方式啊。"

한 젊은 의류 디자이너가 자신의 패션쇼를 개최하는데, 자신이 생각하는 가장 좋은 작품을 선보였다. 그 분야 유명한 인사들이 그의 작품을 보고 끊임없는 찬사를 아끼지 않았다. 그는 심사위원들이 자신에게 가장 높은 100점을 줄 거라는 자신감으로 기다리고 있었다. 그러나 그 중 한 유명한 평론가가 그에게 "선생님, 제가 생각하기엔 33 당신의 디자인이 너무 단조로운 것 같아요"라고 말했고, 나중에 자리에 있던 심사위원 전부가 그에게 만점을 주었을 때 그 평론가는 그에게 95점 주었다. 그는 특별히 그 평론가를 찾아가서 "선생님, 34 제가 생각하기엔 당신은 근본적으로 저의 작품을 이해하지 못하고 있은 것 같습니다. 왜냐면 35 패션쇼 내내 당신은 잠을 자고 있는 것을 제가 봤거든요, 잠을 자는 사람이 어떻게 남을 평가할 자격이 있겠습니까?"라고 말했다. 평론가는 웃으면서: "어떨 때는 잠을 자는 것도 의견을 표현하는 일종의 방식이기도 합니다"라고 말했다.

**지문 어휘**

服装 fúzhuāng 명 복장, 의류 ★
设计师 shèjìshī 명 설계사, 디자이너
举办 jǔbàn 동 개최하다, 열다
时装秀 shízhuāngxiù 명 패션쇼
作品 zuòpǐn 명 창작품, 작품 ★
权威人士 quánwēirénshì 명 권위자
赞叹 zàntàn 동 찬탄하다, 감탄하며 찬미하다
等待 děngdài 동 기다리다 ★
评委 píngwěi 명 심사위원
打分 dǎfēn 점수를 매기다
评论家 pínglùnjiā 명 평론가, 비평가
单调 dāndiào 형 단조롭다 ★
满分 mǎnfēn 명 만점
特意 tèyì 부 특별히 일부러
资格 zīgé 명 자격 ★
表达 biǎodá 동 나타내다, 표현하다

### 33

问: 那位评论家认为表演有什么问题?

A 作品很有创意
B 比较真实
C 太普遍了
D 作品太单调了

질문: 그 평론가는 패션쇼에 어떤 문제가 있다고 여겼는가?

A 작품이 창의성이 있다
B 비교적 진실되다
C 아주 보편적이다
D 작품이 단조롭다

**意见** yìjiàn 명 견해, 의견
**创意** chuàngyì 명 독창적인 견해, 창조적인 의견
**真实** zhēnshí 형 진실하다 ★
**普遍** pǔbiàn 형 보편적인, 일반적인
**惊讶** jīngyà 형 의아하다, 놀랍다
**无奈** wúnài 동 어째 해 볼 도리가 없다
**如愿以偿** rúyuàn yǐcháng 성 희망이 이루어지다, 소원을 성취하다

**정답** D

**해설** 그 평론가는 패션쇼에 어떤 문제가 있다고 여겼는지 묻고 있다. 그 평론가는 젊은 디자이너가 만든 작품이 매우 단조롭다고 말했으므로 정답은 D이다.

### 34

问: 刚开始面对批评, 年轻的设计师什么态度?

A 惊讶    B 无奈
C 不满    D 感谢

질문: 처음 비평을 받았을 때, 젊은 디자이너는 어떤 태도였는가?

A 놀랐다
B 어쩔 수 없다고 느꼈다
C 불만스러웠다
D 감사했다

**정답** C

**해설** 비평을 받고 젊은 디자이너는 어떤 태도였는지 묻고 있다. 젊은 디자이너는 평론가에게 당신을 이해할 수 없다고 말했으므로 결과적으로는 그 평론가에게 불만스러운 태도를 보였음을 알 수 있다.

### 35

问: 根据对话, 下列哪项正确?

A 这位设计师终于如愿以偿了
B 时装秀被编成了电影
C 表演时这位评论家睡着了
D 全场都给了这位大师100分

질문: 대화를 근거하여, 다음 중 옳은 것은?

A 젊은 디자이너는 마침내 원하던 소원을 이루었다
B 패션쇼는 영화로 만들어졌다
C 쇼를 할 때 이 평론가는 잤다
D 자리에 있던 모든 사람이 젊은 디자이너에게 100점을 주었다

**정답** C

**해설** 이 글에 근거하여 알 수 있는 것은 무엇인지 묻고 있다. 단문 후반부에 패션쇼 내내 잠을 자고 있었다고 언급했으므로 정답은 C이다.

**第36到38题是根据下面一段话:** 36-38번 문제는 다음 내용에 근거한다:

有个女子认为自己丈夫最大的缺点是胆小，<sup>36</sup>为此她向父亲抱怨丈夫胆小如鼠。她的父亲听完她的话，握住她的手，笑着说："这怎么是缺点呢？分明是个优点嘛！他只不过是非常谨慎罢了，而谨慎的人总是很可靠，很少出乱子的。"这位女子听到爸爸这么一说，就有些疑惑了："难道勇敢反倒成为缺点了？"，<sup>38</sup>爸爸摇摇头："不，谨慎是优点，而勇敢是另外一种优点。"爸爸接着说："如果你是位战士，胆小显然是缺点；如果你是司机，胆小肯定是优点。<sup>37</sup>你应该学会换个角度去考虑问题。"女儿听完，乖乖地回家去了。

한 여자는 자기의 남편의 최대 단점이 바로 겁이 많다는 거라고 생각했고, 이 때문에 <sup>36</sup>그녀는 아버지에게 남편이 생쥐처럼 겁이 많다고 불평불만을 드러냈다. 그녀의 아버지는 그녀의 말을 듣고, 그녀의 손을 잡으며, 웃으며 말했다: "이게 어떻게 단점이니? 분명히 장점인데! 그는 단지 매우 신중해서 일거야. 그리고 신중한 사람은 항상 믿음직스럽고, 실수가 적지." 이 여자는 아버지의 말을 듣고, 의문이 생겼다: "그럼 설마 용감한 것이 오히려 단점인건가요?" <sup>38</sup>아버지는 고개를 저으며 말했다: "아니, 신중한 것도 장점이지만, 용감한 것은 또 다른 장점이지." 아버지는 이어서 말했다: "만약에 네가 전사였는데, 겁이 많으면 분명히 단점이야; 만약에 네가 운전기사인데, 겁이 많으면 그건 틀림없이 장점이야. <sup>37</sup>너는 보는 관점을 바꿔서 문제를 생각해 볼 필요가 있어." 딸은 말을 들은 후, 조용히 집으로 돌아갔다.

### 지문 어휘

**胆小** dǎnxiǎo 형 용기가 없다, 소심하다

**抱怨** bàoyuàn 동 원망하다 ★

**胆小如鼠** dǎnxiǎorúshǔ 성 쥐새끼처럼 겁이 많다, 매우 겁이 많다

**握住** wòzhù ~을 꼭 잡고 있다

**缺点** quēdiǎn 명 결점, 단점

**分明** fēnmíng 형 명확하다, 분명하다

**优点** yōudiǎn 명 장점

**只不过 A 罢了** zhǐbúguò A bàle A에 불과하다

**谨慎** jǐnshèn 형 신중하다, 조심스럽다 ★

**可靠** kěkào 형 믿을 만하다, 믿음직하다 ★

**乱子** luànzi 명 소동, 사고

**疑惑** yíhuò 동 의심하다, 의심을 품다

**难道** nándào 부 설마 ~란 말인가? 설마 ~하겠는가?

**勇敢** yǒnggǎn 형 용감하다

**反倒** fǎndào 부 반대로, 도리어

**摇摇头** yáo yáo tóu 고개를 갸웃거리다

**另外** lìngwài 부 별도로, 따로, 달리

**接着** jiēzhe 부 이어서, 연이어

**战士** zhànshì 명 전사

**显然** xiǎnrán 형 명백하다, 분명하다 ★

**肯定** kěndìng 부 확실히, 틀림없이

**换角度** huàn jiǎodù 동 시각을 바꾸다

**乖** guāi 형 얌전하다, 착하다 ★

**挣** zhèng 동 노력하여 벌다 ★

**胆子** dǎnzi 명 담력, 용기

---

**36**
问: 女儿向父亲抱怨什么？

A 丈夫挣得少
B 丈夫胆子太小
C 丈夫每天不回家
D 丈夫不干家务活儿

질문: 여자는 아버지에게 어떤 불평불만을 드러냈는가？

A 남편이 돈을 적게 벌어온다
B 남편이 겁이 많다
C 남편이 매일 집에 들어 오지 않는다
D 남편이 집안 일을 하지 않는다

**정답** B

**해설** 여자는 자신의 아버지에게 어떤 원망을 드러냈는지 묻고 있다. 단문 첫 부분에 남편이 생쥐처럼 겁이 많다고 아버지에게 불평불만을 토로했으므로 정답은 B이다.

**37**

问: 父亲给了女儿什么建议？
A 学会体贴别人
B 懂得孝敬父母
C 换个角度思考问题
D 夫妻要互相谅解

질문: 아버지는 딸에게 어떤 조언을 해 주었는가?
A 다른 사람을 보살필 줄 알아야 한다
B 부모님께 효도 할 줄 알아야 한다
C 보는 관점을 바꿔 문제를 생각해야 다
D 부부는 서로 이해해 주어야 한다

家务活儿 jiāwùhuór 명 집안일
体贴 tǐtiē 동 자상하게 돌보다 ★
懂得 dǒngde 동 알다, 이해하다
孝敬 xiàojìng 동 웃어른을 잘 섬기고 공경하다
互相 hùxiāng 부 서로, 상호
谅解 liàngjiě 동 양해하다, 이해하여 주다
善解人意 shànjiěrényì 다른 사람을 잘 이해하다, 사람의 생각을 잘 알아맞히다
智慧 zhìhuì 명 지혜 ★
不懂装懂 bùdǒngzhuāngdǒng 모르면서 아는 척하다
丈夫 zhàngfu 명 남편

[정답] C

[해설] 아버지는 딸에게 어떤 조언을 해 주었는지 묻고 있다. 단문 마지막 부분에 아버지가 딸에게 너는 보는 관점을 바꿔서 문제를 생각해 볼 필요가 있다고 말했으므로 정답은 C이다.

**38**

问: 根据对话，下列哪项正确？
A 女儿非常善解人意
B 父亲是一个非常有智慧的人
C 不能不懂装懂
D 女子的丈夫是司机

질문: 대화를 근거하여, 다음 중 옳은 것은?
A 딸은 다른 사람을 잘 이해한다
B 아빠는 매우 지혜로운 사람이다
C 모르는데 아는 척 해선 안 된다
D 여자의 남편은 운전기사다

[정답] B

[해설] 대화에 근거하여 올바른 내용을 묻는 문제이다. 이 글의 내용은 아버지와 딸의 대화로 이루어져 있고, 아버지가 딸의 불평을 듣고 다른 시각으로 문제를 바라본다면 단점도 장점이 될 수 있다는 현명하고 지혜로운 조언을 해 주었음을 알 수 있다.

---

**第39到41题是根据下面一段话：**

39-41번 문제는 다음 내용에 근거한다:

**지문 어휘**

³⁹树懒是又缓慢又懒的动物。它们懒得喝水，吃东西懒得嚼，5天才下一次树。树懒是唯一身上长有植物的野生动物，它虽然有脚但是却不能走路，靠得是前肢拖动身体前行。

³⁹나무늘보는 느리고 게으른 동물이다. 그들은 물 마시는 것도 귀찮아하고, 음식을 먹고 씹는 것도 귀찮아하며, 5일이 되어서야 한번 나무에서 내려온다. 나무늘보는 유일하게 몸에 이끼가 자라는 야생동물이며, 그들은 다리가 있지만 걸을 수는 없고, 앞다리에 의지해 몸을 앞으로 당겨서 움직인다.

树懒 shùlǎn 명 나무늘보
懒 lǎn 형 게으르다
嚼 jiáo 동 씹다
唯一 wéiyī 형 유일한, 하나밖에 없는
植物 zhíwù 명 식물
野生动物 yěshēngdòngwù 명 야생동물

它嗅觉灵敏，视觉和听觉不很发达。夜行性，⁴¹ 以树叶、果实为食。 树懒一般在树上活动，很少下地，它们能长时间 ⁴⁰ 倒挂在树上。树懒吃上一点儿就要用好几个小时来消化，而且一吃饱就在树上睡懒觉。树懒的爪子很厉害，劲头很大，爪很锋利，也是防御手段。

후각은 예민하고, 시각과 청각은 발달하지 않았다. 야행성이고, ⁴¹ 나뭇잎과 과실을 주로 먹는다. 나무늘보는 나무 위에서 활동해서 땅에 내려오는 일은 드물다. 그들은 오랫동안 ⁴⁰ 나무 위에서 거꾸로 매달려 지낼 수 있다. 나무늘보는 조금이라도 먹으면 몇 시간이 걸려서 소화가 될 정도이며, 배부르게 먹자마자 나무 위에서 잠을 잔다. 나무들보의 발톱은 매우 무시무시하다, 힘이 매우 세며, 발톱이 아주 날카로워서, 방어할 수 있는 수단이 된다.

**39**

问: 关于树懒，可以知道什么？
A 体型笨重
B 行动缓慢
C 从来没下过树
D 长期不进食

질문: 나무늘보에 관해서, 알 수 있는 것은?
A 몸집이 크다
B 행동이 느리다
C 한 번도 나무에서 내려 가본적이 없다
D 장기간 음식을 먹지 않는다

**정답** B

**해설** 나무늘보에 관해 알 수 있는 것은 무엇인지 묻고 있다. 단문 첫 부분에 나무늘보는 느리고, 게으르다고 했으므로 결과적으로 행동이 느림을 알 수 있다.

**40**

问: 树懒通常是怎么睡觉的？
A 躺在树上
B 倒挂在树上
C 蹲在树洞里
D 趴在树上

질문: 나무늘보는 일반적으로 어떻게 잤는가?
A 나무에서 누워서 잔다
B 나무 위에 거꾸로 매달려 잔다
C 나무 구멍 안에 쪼그리고 잔다
D 나무 위에 엎드려 잔다

**정답** B

**해설** 나무늘보는 일반적으로 어떻게 잤는지 묻고 있다. 단문 중간에 나무늘보는 나무 위에 거꾸로 매달려 잠을 잔다고 언급했으므로 정답은 B이다.

---

靠 kào 동 기대다 ★
前肢 qiánzhī 명 앞다리, 전지
拖动 tuōdòng 동 끌다
嗅觉 xiùjué 명 후각
灵敏 língmǐn 형 영민하다. 재빠르다
视觉 shìjué 명 시각
听觉 tīngjué 명 청각
夜行性 yèhángxìng 야행성
树叶 shùyè 명 나뭇잎
果实 guǒshí 명 과실 ★
而且 érqiě 접 게다가, 뿐만 아니라
爪子 zhuǎzi 명 짐승의 발톱
厉害 lìhai 형 극심하다. 심각하다
劲头 jìntóu 명 힘. 역량
锋利 fēnglì 형 날카롭다. 예리하다
防御 fángyù 동 방어하다
手段 shǒuduàn 명 수단. 방법
体型 tǐxíng 명 체형
笨重 bènzhòng 형 둔중하다, 육중하다
蹲 dūn 동 쪼그리고 앉다, 웅크리고 앉다
寿命 shòumìng 명 수명. 목숨 ★

### 41

问: 关于树懒, 下列哪项正确?

A 以果实为食
B 寿命长
C 白天睡午觉
D 消化食物时间短

질문: 나무늘보에 관해서, 다음 중 옳은 것은?

A 과실을 먹는다
B 수명이 길다
C 낮에 낮잠을 잔다
D 음식을 소화하는 시간이 짧다

정답 A

해설 나무늘보에 관해 올바른 내용을 묻는 문제이다. 단문 중간에 나무늘보는 나뭇잎과 과실을 주로 먹는다고 했으므로 정답은 A이다.

---

 선생님 강추!

**第42到43题是根据下面一段话:**  42-43번 문제는 다음 내용에 근거한다:

"住"可以说是人们生活的基本需求之一。 43 现在有不少人在选择住处的时候做客观的、冷静的分析。随着社会迅速地发展，父母与儿女们有了明显的代沟，导致"四世同堂"大家庭已不多见。一般情况下，42 大部分的老年人喜欢选择就医方便，空气清新，噪音小的地带。刚结婚的年轻夫妻比较喜欢交通方便，经济繁荣的黄金地带。

'주거'는 사람들이 생활하는데 가장 기본적인 필수조건의 하나이다. 43 현재 적지 않은 사람들이 사는 곳을 선택할 때 객관적이고, 냉정하게 분석을 하고 있다. 사회가 빠르게 발전함에 따라, 부모님은 자녀들과 눈에 띄게 세대차이가 생겼고, '사세동당(한 집에 네 세대가 모여 산다)'처럼 대가족을 이루며 사는 집도 흔히 볼 수 없다. 일반적인 상황에서 42 대부분의 노인들은 진료가 편리한'곳이나 공기가 신선한 곳, 소음이 적은 지역을 선택하는 것을 좋아한다. 막 결혼한 젊은 부부들은 교통이 편리한 곳과 경제가 번창한 황금지역을 선호한다.

**지문 어휘**

需求 xūqiú 명 수요, 필요
住处 zhùchù 명 거처, 사는 곳
客观 kèguān 형 객관적이다 ★
冷静 lěngjìng 형 냉정하다. 침착하다
分析 fēnxī 동 분석하다 ★
迅速 xùnsù 형 신속하다. 재빠르다 ★
明显 míngxiǎn 형 뚜렷하다. 분명하다 ★
代沟 dàigōu 명 세대 차
导致 dǎozhì 동 야기하다. 초래하다 ★
就医 jiùyī 동 진찰을 받다. 치료를 받다
清新 qīngxīn 형 신선하다. 맑고 산뜻하다
噪音 zàoyīn 명 소음
地带 dìdài 명 지대. 지역
繁荣 fánróng 형 번창하다. 크게 발전하다
黄金 huángjīn 명 황금 ★
便于 biànyú 동 (~하기에) 쉽다

###  42

问: 老年人喜欢居住什么样的环境?

A 便于就医
B 经济繁荣
C 商业发达
D 交通方便

질문: 노인들은 어떠한 환경에서 사는 것을 좋아하는가?

A 진료가 편리한 곳
B 경제가 번창한 곳
C 상업이 발달한 곳
D 교통이 편리한 곳

정답 A

해설 노인들은 어떠한 환경에서 사는 것을 좋아하는지 묻고 있다. 단문 후반부에 대부분의 노인들은 진료가 편리한 곳, 공기가 신선한 곳을 선호한다고 했으므로 정답은 A이다.

商业 shāngyè 명 상업, 비즈니스 ★

发达 fādá 형 발달하다, 흥성하다 ★

**43**

问：根据内容，可以知道什么？
A 如何搞好社交关系
B 房价趋势
C 怎么处理家庭矛盾
D 各年龄段如何选择住处

질문: 내용에 근거하여 우리가 알 수 있는 것은?
A 어떻게 해야 사회관계를 잘 하는가
B 집값 추세
C 세대 차이 문제를 어떻게 처리 하는가
D 각 연령별로 거주지를 어떻게 선택 해야 하는가

정답 D

해설 이 글의 주제를 묻고 있다. 단문 첫 부분에 현재 적지 않은 사람들이 주거를 선택할 때 객관적이고, 냉정하게 분석을 하고 있다고 했으므로 결과적으로 각 연령별로 거주지를 어떻게 선택해야 하는가에 대한 내용임을 알 수 있다.

### 第44到45题是根据下面一段话： / 44-45번 문제는 다음 내용에 근거한다:

中国新疆北部和黑龙江流域，有一种鸟叫雷鸟。⁴⁵它善于奔走，飞行也迅速，但不能远飞，是寒带地区特有的鸟类。它还有一项特殊的本领，⁴⁴就是羽色因季节而异，并与环境一致；冬季羽毛白色，与雪地相一致；春夏则为栗棕色和黑褐色，从而能保护自己。全世界共有4种雷鸟，中国产2种，均为中国国家二级保护动物。在北美印第安神话中，雷鸟是全能神灵化身，在空中具有搅动雷电之威力。

중국 新疆(신강, 중국어 서부 지역) 북부와 흑룡강유역에는 雷鸟(뇌조)라 불리는 새가 있다. ⁴⁵그 새는 잘 뛰고, 빨리 날지만 멀리 날지는 못하는 한대지역 특유의 조류이다. 그 새는 또 한가지의 특수한 능력이 있는데, ⁴⁴바로 깃털의 색이 계절에 따라 다르다는 것이고, 환경과 일치한다는 것이다: 겨울엔 깃털의 색은 하얀 색인데, 설원과 서로 일치한다; 봄과 여름에는 밤색과 흑갈색으로 변하는데, 자신을 보호할 수 있다. 전 세계에는 4종류의 뇌조가 있고, 중국에는 2종으로, 모두 중국 국가 2급 보호 동물이다. 북미 인디언의 신화 중, 뇌조는 전능한 화신으로 하늘에서 천둥과 번개를 휘젓는 위력을 가지고 있다고 한다.

**지문 어휘**

新疆 Xīnjiāng 명 신장웨이우얼자치구

黑龙江 Hēilóngjiāng 명 헤이룽장성, 흑룡강성

流域 liúyù 명 유역

雷鸟 léiniǎo 명 뇌조

善于 shànyú ~에 능숙하다, ~을 잘하다 ★

奔走 bēnzǒu 동 뛰다, 황급히 달리다, 이러저리 뛰어다니다

飞行 fēixíng 동 비행하다

迅速 xùnsù 동 신속하다, 빠르다 ★

寒带地区 hándài dìqū 명 한대지역

特有 tèyǒu 동 특유하다

鸟类 niǎolèi 명 조류

本领 běnlǐng 명 기량, 역량, 재능 ★

问: 雷鸟用什么方式保护自己?

A 模仿天敌的声音
B 成群生活
C 只在夜里出行
D 更换羽毛及其颜色

질문: 뇌조는 어떤 방식으로 자신을 보호하는가?

A 천적의 소리를 따라 한다
B 무리 생활을 한다
C 단지 저녁에만 나와서 움직인다
D 깃털 및 그 색깔을 바꾼다

[정답] D

[해설] 뇌조의 자신을 보호하는 방식에 대해 묻고 있다. 단문 중간 부분에서 깃털 색이 계절에 따라 다르게 변화하여 자신을 보호할 수 있다고 했으므로 해당 내용을 보기에서 찾으면 된다.

问: 关于雷鸟, 下列哪项正确?

A 寿命短
B 雷鸟去南方过冬
C 飞行速度较快
D 数量极少

질문: 뇌조에 관해, 다음 중 옳은 것은?

A 수명이 짧다
B 뇌조는 남쪽에 가서 월동한다
C 비행 속도가 비교적 빠르다
D 수량이 극히 적다

[정답] C

[해설] 뇌조에 관해 올바른 내용을 묻는 문제이다. 단문에서 멀리 날지는 못하지만 잘 뛰고 빨리 난다고 했으므로 해당 내용을 보기에서 찾으면 된다.

羽色 yǔsè 몡 깃털 색
季节 jìjié 몡 계절
一致 yīzhì 혱 일치하다 ★
羽毛 yǔmáo 몡 깃털
雪地 xuědì 몡 설원
栗棕色 lìzōngsè 몡 밤색
黑褐色 hēhèsè 몡 흑갈색
保护 bǎohù 동 보호하다
北美 Běiměi 몡 북아메리카
印第安 Yìndì'ān 몡 인디언
神话 shénhuà 몡 신화 ★
神灵 shénlíng 몡 신령
化身 huàshēn 몡 화신
具有 jùyǒu 동 가지다, 갖추다
搅动 jiǎodòng 동 휘젓다
雷电 léidiàn 몡 천둥과 번개
威力 wēilì 몡 위력
模仿 mófǎng
동 모방하다, 흉내 내다 ★
天敌 tiāndí 몡 천적
成群 chéngqún
동 무리를 이루다, 떼를 짓다
出行 chūxíng
동 외출하다, 외지로 가다
脚趾 jiǎozhǐ 몡 발가락
过冬 guòdōng
동 월동하다, 겨울을 지내다

# HSK 5급 2회 독해

阅读

**제1부분** 46~60번 문제는 지문 속 빈칸에 알맞은 단어나 문장을 채우는 문제입니다.

第46到48题是根据下面一段话： 46-48번 문제는 다음 내용에 근거한다:

北京烤鸭作为最著名的中国菜品之一。但是北京烤鸭并不是起源于北京，而是在北京发扬光大的。

北京烤鸭其实发源于南京。南京位于被称为"鱼米之乡"的江南大地，46 A 当地 的鸭子肥壮无比，极其鲜美，而用炭火烘烤后的鸭子更是风味 47 C 独特，深受南京人们的欢迎。

后来，明朝的第三个皇帝朱棣将都城从南京迁移到北京，烤鸭这道菜也被带到了北京，很快就受到了北京人的喜爱。到了清朝，这道菜的名声就更响了，于是就被 48 A 正式 命名为"北京烤鸭"。

베이징오리는 가장 유명한 중국 요리 중 하나이다. 그러나 베이징오리는 결코 베이징에서 시작된 것이 아니라, 베이징에서 더욱더 발전된 것이다.

베이징오리는 사실 난징에서 시작되었다. 난징은 '토지가 비옥하며 자원이 풍부한 곳'이라 불리는 강남(江南) 대지에 위치 하고 있고, 46 A 현지 의 오리는 살이 오르고 튼실한 것이 비할 데가 없으며, 매우 맛이 좋고, 숯에 구운 후의 오리는 더욱 맛이 47 C 독특하여, 난징사람들에게 큰 인기를 얻었다.

훗날, 명나라의 세 번째 황제 朱棣(주체)가 도읍을 난징에서 베이징으로 천도하였고, 오리구이도 베이징으로 들고 가게 되었으며, 곧 베이징인들의 사랑을 받았다. 청나라가 되어서, 이 요리의 명성이 크게 퍼지게 되었고, 그래서 48 A 정식으로 베이징오리라는 이름으로 불리게 되었다.

**지문 어휘**

作为 zuòwéi 통 ~로 간주하다, ~로 여기다 ⭐

菜品 càipǐn 명 요리, 음식

不是 A 而是 B búshì A érshì B 접 A가 아니라, B이다

起源 qǐyuán 통 기원하다

鸭子 yāzi 명 오리

肥壮 féizhuàng 형 살지다, 살지고 힘이 세다

无比 wúbǐ 형 더 비할 바가 없다, 매우 뛰어나다

极其 jíqí 부 매우, 몹시 ⭐

鲜美 xiānměi 형 맛이 좋다, 산뜻하고 아름답다

炭火 tànhuǒ 명 숯불

烘烤 hōngkǎo 통 굽다

后来 hòulái 명 그 후, 그 다음

皇帝 huángdì 명 황제

迁移 qiānyí 통 이전하다, 옮기다

喜爱 xǐ'ài 통 좋아하다, 호감을 느끼다

名声 míngshēng 명 명성

响 xiǎng 통 울리다, 소리가 나다

命名 mìngmíng 통 이름짓다, 명명하다

## 46

A 当地    B 家乡
C 表面    D 现场

A 그 곳, 현지    B 고향
C 겉표면         D 현장

**정답** A

**해설** 빈칸 뒤의 ~的鸭子에서 오리구이의 출처를 묻고 있음을 알 수 있고, 앞에서 언급된 江南(강남)이라는 특정장소를 받을 수 있는 어휘인 当地(현지)가 정답이다. D의 现场(현장)은 일반적으로 사건이나 사고가 발생한 장소를 이르는 어휘임을 알아두자!

**보기 어휘**

当地 dāngdì 명 현지 ⭐

家乡 jiāxiāng 명 고향 ⭐

表面 biǎomiàn 명 겉, 표면 ⭐

실전 모의고사 **119**

**47**

| | |
|---|---|
| A 舒适 | A 편안하다 |
| B 巧妙 | B 교묘하다 |
| C 独特 | C 독특하다 |
| D 特色 | D 특색 |

정답 C

해설 빈칸 바로 앞의 风味 는 맛을 뜻하는 어휘이므로 맛과 연결될 수 있는 어휘를 골라야 하며, 제시된 단어 중 술어역할을 하고 의미적으로 맛과 호응할 수 있는 어휘는 '독특하다'는 뜻의 C의 独特 밖에 없다.

**48**

| | |
|---|---|
| A 正式 | A 정식으로 |
| B 全面 | B 전면적이다 |
| C 临时 | C 임시로 |
| D 面向 | D ~에 직면하다 |

정답 A

해설 빈칸 뒤의 命名为는 '~로 이름짓다'라는 의미라는 것에 주목하자! B의 全面는 각 방면으로 골고루 갖추었음을 의미하기에 호응되지 않으며, D의 面临은 뒤에 어디를 향해 직면해 있는지가 따라 나와야 하기에 정답과는 거리가 멀다. A의 正式 와 C의 临时 둘 다 호응이 가능하지만 문장의 의미상 A 正式(정식으로)가 정답이다.

---

第49到52题是根据下面一段话：  49-52번 문제는 다음 내용에 근거한다:

随着科技的 ⁴⁹ A 不断 进步，商品技术含量也越来越高了，然而许多产品的使用方法也越来越复杂了。于是 ⁵⁰ A 如今 商品说明书占据着非常重要的角色。那么商品说明书应具备什么特点呢？首先，⁵¹ B 说明书的语言要简洁易懂，使普通的消费者一看就明白。避免出现专业术语，弄得消费者产品说明与 ⁵² C 实际 不符等问题。其次，信息要完整准确。

과학이 ⁴⁹ A 끊임없이 발전함에 따라 상품 기술 수준이 점점 더 높아지는데 반해, 상품들의 사용방법 또한 복잡해졌다. 그래서 ⁵⁰ A 오늘날 상품설명서가 매우 중요한 역할을 하게 되었다. 그럼 상품설명서는 어떤 특징을 갖추고 있어야 하는가? 우선 ⁵¹ B 설명서의 언어는 간결하고 이해하기 쉬워야 하며, 일반적인 소비자들이 본다면 단번에 이해할 수 있어야 한다. 전문용어를 사용하지 말고, 소비자 상품설명서와 ⁵² C 사실이 부합되지 않는 등의 문제를 피해야 한다. 그 다음은 정보가 확실해야 한다. 만약 상품

---

현场 xiànchǎng 명 현장
舒适 shūshì 형 편안하다, 유쾌하다 ★
巧妙 qiǎomiào 형 교묘하다
独特 dútè 형 독특하다, 특별하다 ★
特色 tèsè 명 특색, 특징 ★
正式 zhèngshì 형 정식의, 공식의 ★
全面 quánmiàn 형 전면적이다, 전반적이다
临时 línshí 형 잠시의, 일시적인 ★
面向 miànxiàng 동 ~에 직면하다, ~에 향하다

**지문 어휘**

随着 suízhe 동 ~에 따라서
科技 kējì 명 과학 기술
进步 jìnbù 명 진보 ★
商品 shāngpǐn 명 상품 ★
技术 jìshù 명 기술
含量 hánliàng 명 함량
然而 rán'ér 접 그러나, 하지만
许多 xǔduō 형 매우 많다, 허다하다
复杂 fùzá 형 복잡하다
于是 yúshì 접 그래서, 그리하여
说明书 shuōmíngshū 명 설명서

如果商品说明书里所提供的信息含糊不清，难以理解，消费者就会失去对该产品的兴趣，不会产生购买欲望，更不会有购买行为。

설명서 안에 제공되는 많은 정보들이 모호하고, 이해하기 어렵다면, 소비자들은 그 상품에 대한 관심을 잃을 수 있고, 구매 욕구가 생기지 않을 수 있으며, 더 나아가 구매를 하지 않게 될 것이다.

### 49

| A 不断 | B 持续 | A 끊임없이 | B 지속하다 |
|---|---|---|---|
| C 继续 | D 连续 | C 계속하다 | D 연속하다 |

**정답** A

**해설** 빈칸 앞에 구조조사 的 가 있고, 빈칸 뒤에는 동사 进步(발전하다)가 있으므로 빈칸에 부사가 들어가야 한다. '~발전함에 따라'라는 문맥이 나와야 하므로, 뒤에 进步와 호응하는 어휘는 A의 不断(끊임없이)이 정답이 된다. 持续는 시간이 연속됨을 나타낼 때 사용하고, 继续는 (과거의 동작을 미래에도 이어서) '계속하다'라는 의미를 나타내며, 连续는 사건이 연속적 발생됨을 나타낼 때 사용한다.

### 50

| A 如今 | B 当代 | A 오늘날 | B 그 시대 |
|---|---|---|---|
| C 期间 | D 事先 | C 기간 | D 사전에 |

**정답** A

**해설** 앞에 상품들의 사용방법 또한 복잡해졌다라는 과거의 얘기가 언급되었고, 결과를 나타내는 접속사 于是를 사용하여 문맥상 그래서 ~ 상품설명서가 매우 중요한 역할을 하게 되었다라는 문장이 성립되어야 하므로 A의 如今(오늘날)이 정답이 된다.

### 51

A 说明书的文字必须要写得漂亮
B 说明书的语言要简洁易懂
C 说明书应配带图片
D 用文字说明是不够的

A 설명서의 문자는 예쁘게 써야 한다
B 설명서의 언어는 간결하고 이해가 쉬워야 한다
C 설명서에는 반드시 그림이 있어야 한다
D 글자로만 설명을 하는 것은 부족하다

**정답** B

**해설** 빈칸 뒤에 일반적인 소비자들이 본다면 단번에 이해할 수 있어야 한다는 문장이 언급되었으므로 빈칸에는 설명서에 대한 특징이 언급되어야 함을 알 수 있다. 그러므로 정답은 B '설명서의 언어는 간결하고 이해하기 쉬워야 한다'이다.

---

占据 zhànjù 동 점거하다, 점유하다
角色 juésè 명 역할, 배역 ★
具备 jùbèi 동 (물품 등을) 갖추다, 구비하다, 완비하다 ★
特点 tèdiǎn 명 특징, 특색
首先 shǒuxiān 대 먼저, 첫째(로)
普通 pǔtōng 형 보통이다, 일반적이다
消费者 xiāofèizhě 명 소비자
避免 bìmiǎn 동 피하다, 모면하다 ★
专业术语 zhuānyè shùyǔ 전문용어
不符 bùfú 동 부합하지 않다, 서로 맞지 않다
其次 qícì 대 다음, 그 다음
信息 xìnxī 명 정보
完整 wánzhěng 형 완전하다, 완벽하다 ★
准确 zhǔnquè 형 확실하다, 틀림없다
提供 tígōng 동 제공하다, 공급하다
含糊不清 hánhu bùqīng 불명확하다, 모호하다
难以 nányǐ 부 ~하기 어렵다
理解 lǐjiě 동 알다, 이해하다
失去 shīqù 동 잃다, 잃어버리다 ★
该 gāi 대 이것
兴趣 xìngqù 명 흥미, 관심
购买 gòumǎi 동 사다, 구매하다
欲望 yùwàng 명 욕망
行为 xíngwéi 명 행위, 행동 ★

**보기 어휘**

不断 búduàn 부 계속해서, 끊임없이 ★
持续 chíxù 동 지속하다 ★
继续 jìxù 명 계속, 동 계속하다
连续 liánxù 동 연속하다 ★
如今 rújīn 명 오늘날 ★

## 52

A 基本　　B 大体上
C 实际　　D 心情

A 기본적인　B 대략
C 사실　　　D 기분

**정답** C

**해설** 빈칸 앞에 전치사 与(~와)가 있으므로, 빈칸에는 명사 성분인 어휘가 들어가야 한다. 여기에서 뒤에 不符 와 서로 호응하는 어휘를 찾는 것이 포인트이다. 문맥상 '~이 부합되지 않는'이라는 문장이 들어가야 하므로 C 의 实际(사실)가 정답이 된다.

当代 dāngdài 명 당대, 그 시대
期间 qījiān 명 기간 ★
事先 shìxiān 명 사전(에), 미리 ★
文字 wénzì 명 문자, 글자 ★
必须 bìxū 부 반드시, 꼭
正确 zhèngquè 형 정확하다, 올바르다
简洁 jiǎnjié 형 (언행, 문장 등이) 깔끔하다, 간결하고 명료하다
易懂 yìdǒng 형 알기 쉽다
配 pèi 동 분배하다, 배치하다
图片 túpiàn 명 사진, 그림 등의 총칭
不够 búgòu 형 부족하다
基本 jīběn 형 기본적인, 주된 ★
大体 dàtǐ 부 대략, 대체로
实际 shíjì 명 실제
心情 xīnqíng 명 심정, 기분

### 第53到56题是根据下面一段话：
### 53-56번 문제는 다음 내용에 근거한다:

古人说:"学而不思则罔, 思而不学则殆。"也就是说, 在读书的过程中, 要给思考留下余地。你在求知时, 学进来的东西, 如果没有同你原有的知识碰头, 就只能 ⁵³ **C 堆** 在那里, 无法变成你自己的养料。人的胃能够处理各种食物, 能够自动地把它们划分为营养和废料, 再根据人体的需要, ⁵⁴ **B 分别** 输送给不同的器官。读书和胃处理食物的原理是一样的。读书需要动脑思考, 才能 ⁵⁵ **D 吸收** 书本上的知识。⁵⁶ **B 读书并加以思考**, 书本知识就能与原有的知识融合在一起, 产生"化学作用"。

옛날 사람들이 "학이불사즉망, 사이불학즉태(배우기만 하고 생각하지 않으면 얻는 것이 없고, 생각만하고 배우지 않으면 위태롭다.)"라고 하였다. 다시 말해서, 학습하는 과정에서 생각해야 하는 여지를 남겨두어야 한다는 말이다. 당신이 지식을 탐구할 때, 만약 배운 것을 원래 가지고 있던 지식과 부합시키지 않고 그저 ⁵³ **C 쌓아** 두기만 한다면 당신 스스로의 양분을 만들 수 없다라는 얘기이다. 사람의 위는 각종 음식물을 소화할 수 있고 그것들을 자동으로 영양과 배출물로 나눌 수 있으며, 다시 인체의 필요에 따라서 ⁵⁴ **B 각각** 다른 기관으로 운송한다. 독서는 위가 식품을 처리하는 원리와도 같다. 독서는 머리를 써서 사고해야지만 책 속의 지식을 ⁵⁵ **D 받아들일** 수 있다. ⁵⁶ **B 독서에 사고를 더하면**, 책에서 배운 지식이 원래 가지고 있던 지식과 융합되고, '화학작용'을 일으키게 된다.

**지문 어휘**

过程 guòchéng 명 과정 ★
思考 sīkǎo 동 사고하다, 깊이 생각하다 ★
余地 yúdì 명 여지
求知 qiúzhī 동 지식을 탐구하다
原有 yuányǒu 형 원래 있는, 고유의
知识 zhīshi 명 지식
碰头 pèngtóu 동 충돌하다, 마주치다
养料 yǎngliào 명 양분, 자양분
胃 wèi 명 위
处理 chǔlǐ 동 처리하다 ★
食物 shíwù 명 음식물
自动 zìdòng 형 자발적인, 자동으로
划分 huàfēn 동 나누다, 구분하다
营养 yíngyǎng 명 영양

### 53

- A 摆
- B 安装
- C 堆
- D 伸

- A 배치하다, 진열하다
- B 설치하다
- C 쌓다
- D 내밀다, 뻗다

**정답** C

**해설** 빈칸 앞에 부사 只能이 있으므로 동사가 들어가야 하고, 빈칸 뒤에 전치사 在가 있으므로, 在와 호응할 수 있는 어휘를 떠올리자! 빈칸이 있는 문장은 '새로 습득한 내용을 원래 있던 지식과 부합시키지 않고 ~한다면 지식의 양분이 될 수 없다'라는 문맥이므로 C의 堆(쌓다)가 정답이다.

### 54

- A 亲自
- B 分别
- C 互相
- D 相对

- A 직접
- B 각각, 따로따로
- C 서로
- D 상대적으로

**정답** B

**해설** 빈칸 뒤에 输送(운송하다)라는 어휘에 주목하자! '인체에 필요에 따라 영양분을 각각 다른 기관으로 운송한다'라는 문맥을 이끌 수 있는 어휘를 선택해야 하므로 输送과 호응할 수 있는 어휘는 B의 分别(각각, 따로따로)가 정답이다.

### 55

- A 形成
- B 组成
- C 吸引
- D 吸收

- A 형성하다
- B 구성하다, 조직하다
- C 끌어당기다, 매료시키다
- D 흡수하다

**정답** D

**해설** 빈칸 뒤에 书本上的知识(책에서 배운 지식을)에 주목하자! 빈칸의 자리는 동사이고, 빈칸 뒤에 목적어 성분인 书本上的知识와 연결되어야 하므로 서로 호응하는 어휘를 찾으면 된다. 그러므로 D의 吸收(받아들이다)가 정답이다.

废料 fèiliào 명 폐품, 폐기물
根据 gēnjù 전 ~에 의거하여
输送 shūsòng 동 수송하다, 운송하다
器官 qìguān 명 기관
处理 chǔlǐ 동 처리하다
原理 yuánlǐ 명 원리
动脑 dòngnǎo 동 머리를 쓰다
融合 rónghé 동 융합하다
化学 huàxué 명 화학 ★

**보기 어휘**

摆 bǎi 동 배치하다, 배열하다, 진열하다 ★
安装 ānzhuāng 동 설치하다, 셋업하다 ★
堆 duī 동 쌓이다, 쌓다 ★
伸 shēn 동 내밀다, 뻗다, 펼치다 ★
亲自 qīnzì 부 직접, 손수 ★
分别 fēnbié 부 각각, 따로따로 ★
互相 hùxiāng 부 서로
相对 xiāngduì 부 상대적으로 ★
形成 xíngchéng 동 형성하다 ★
组成 zǔchéng 동 구성하다, 조직하다, 짜다 ★
吸引 xīyǐn 동 끌어당기다, 매료시키다 ★
吸收 xīshōu 동 받아들이다 ★
途径 tújìng 명 경로, 과정 ★
加以 jiāyǐ 동 ~을 가하다, 더하다 ★
欢乐 huānlè 형 즐겁다, 유쾌하다
阅读 yuèdú 동 열독하다
终身受益 zhōngshēnshòuyì 성 평생 도움을 되다

**56**

A 获取知识的途径有很多
B 读书并加以思考
C 读书带给人的欢乐
D 阅读让人终身受益

A 원리지식을 얻을 수 있는 경로는 매우 많다
B 독서에 사고를 더한다
C 독서는 사람들에게 즐거움을 가져다 준다
D 책 읽기는 사람들에게 평생 도움이 되게 해준다

**정답** B

**해설** 빈칸 뒤에 融合在一起를 주목하자! '함께 융합되다'라는 의미이므로 서로 호응할 수 있는 문맥을 찾으면 된다. 그러므로 A의 读书并加以思考(독서에 사고를 더해지면)가 정답이 된다.

---

**第57到60题是根据下面一段话：**    57-60번 문제는 다음 내용에 근거한다:

小俊特别喜欢画马，刚完成了一幅猎人骑马上山的画儿，正在得意的时候，父亲走过来看了一看，对他说："马背上的人坐得太直了，骑马上坡的时候，身子要向前倾，⁵⁷ C 否则 人和马都容易翻倒。"

过一会儿，小俊又画了一幅猎人"骑马下山"的画儿，父亲看了还是不太满意，对他说："你画的人太向前倾斜了，骑马下山的时侯，马往下走，人要坐得挺直，如果人也跟着马向前倾斜，就很容易滑下去。"

遭到两次批评，小俊 ⁵⁸ D 不耐烦 地说："反正都是骑马，怎么有这么多规矩呢？"父亲说："⁵⁹ C 骑马要讲究方法，不然人很容易从马上摔下来。这和处世是一个

샤오쥔은 특히 말을 그리는 것을 좋아했다. 사냥꾼이 말을 타고 산을 오르는 한 폭의 그림을 완성하고, 득의양양하게 있을 때, 아버지께서 오셔서 보시고는 그에게 말씀하시길: "말 위에 탄 사람이 너무 곧게 앉아 있다. 말을 타고 산을 오를 때, 몸을 앞으로 기울여야 한다. ⁵⁷ C 그렇지 않다면 사람과 말은 쉽게 뒤집힐 것이다."

얼마 지나지 않아, 샤오쥔은 또 한 폭의 말을 타고 산을 내려오는 그림을 그렸고, 아버지가 보시고는 여전히 만족하지 않으시면서 그에게 말씀하시길: 너의 그림의 사람은 너무 앞을 향해 기울어져 있다. 말을 타고 산을 내려올 때에는, 말은 아래로 향하고, 사람은 곧게 앉아야 한다. 만약 사람도 말을 따라 앞으로 기운다면, 쉽게 미끄러지게 될 것이다."

두 번의 꾸중을 듣고, 샤오쥔은 ⁵⁸ D 짜증을 내며 말했다: "어쨌든 모두 말을 타는 것인데, 어찌 이렇게 많은 규칙이 있나요?" 아버지는 말씀하시길 " ⁵⁹ C 말을 타는 것은 방법이 중요하다. 그렇지 않으면 사람은 쉽게 말에

**지문 어휘**

猎人 lièrén 명 사냥꾼
骑马 qí mǎ 동 말을 타다
得意 déyì 동 마음에 꼭 들다, 대단히 만족하다
上坡 shàngpō 명 오르막 길
倾 qīng 형 기울다, 경사지다
翻倒 fāndǎo 동 뒤집다, 전복시키다
倾斜 qīngxié 형 기울다, 쏠리다
滑 huá 형 미끄럽다 ★
遭到 zāodào 동 만나다, 부딪치다, 겪다
反正 fǎnzhèng 부 아무튼, 어쨌든 ★
规矩 guīju 명 규칙 ★
讲究 jiǎngjiu 동 중요시하다, ~에 신경 쓰다 ★
摔 shuāi 동 쓰러지다, 넘어지다
处世 chǔshì 명 처세
道理 dàolǐ 명 도리, 이치 ★
谦虚 qiānxū 형 겸손하다, 겸허하다 ★

道理：当马向高处走好比人生得意时，要谦虚谨慎，身体应该向前倾斜；当马往低处走好比人生失意时，要勇敢 ⁶⁰ B 面对，身体要坐得正、坐得直。"

서 떨어진다. 이것은 사람들과 함께 살아가는 것과 같은 이치다. 말이 위쪽을 향해 가는 것처럼 인생이 잘 풀릴 때, 겸손하고 신중해야 하며, 몸을 앞으로 숙일 줄 알아야 한다. 말이 낮은 곳으로 가는 것처럼 인생이 뜻대로 되지 않을 때, 용감하게 ⁶⁰ B 부딪히고, 몸을 바르고 곧게 해야 한다.

**57**

A 不如
B 尽管
C 否则
D 假如

A ~하는 편이 낫다
B 비록
C 그렇지 않으면
D 만약

정답 C

해설 보기를 통해 접속사를 묻는 문제이므로 접속사와 호응하는 어휘를 찾는 것이 포인트! 빈칸 뒤에 人和马都容易翻倒 라는 문장에서 사람과 말은 쉽게 전복된다라는 내용이 나오므로 문맥과 호응하는 접속사를 찾으면 된다. 否则는 단독으로 사용 가능하며, 否则 앞의 행위를 하지 않으면 否则 뒤의 행위가 나타날 것이다는 표현이므로 문맥상 정답은 C의 否则(그렇지 않으면)가 된다. 不如는 단독으로 사용가능하며, 不如 뒤의 행위가 不如 앞의 행위보다 낫다는 표현이고, 尽管은 虽然의 동의어로 但是 와 호응되어야 하므로 정답에서 제외된다. 假如는 如果의 동의어로 就와 호응되어야 하므로 여기서는 정답이 될 수 없다.

**58**

A 不得了
B 不要紧
C 了不起
D 不耐烦

A 심하다
B 괜찮다, 문제될 것이 없다
C 대단하다
D 귀찮다, 짜증나다

정답 D

해설 본문의 내용상 아버지가 두 차례 연속으로 혼내자 샤오쥔은 그것을 참지 못하고 아버지에게 짜증 내는 문장이 따라 나오는 것으로 보아 정답은 D의 不耐烦(짜증을 내며) 이 정답이다. 不得了는 일반적으로 형용사 뒤에서 정도 보어로 사용되므로 地 앞의 부사자리에는 어울리지 않는다.

**보기 어휘**

谨慎 jǐnshèn
형 신중하다, 조심스럽다 ★
低处 dīchù 명 낮은 곳
失意 shīyì 동 뜻을 이루지 못하다, 뜻대로 되지 않다
勇敢 yǒnggǎn 형 용감하다

不如 bùrú
접 ~하는 편이 낫다 ★
尽管 jǐnguǎn
접 설령 ~할지라도
否则 fǒuzé
접 만약 그렇지 않으면
假如 jiǎrú
접 만일, 만약, 가령 ★
不得了 bùdéliǎo
형 심하다, 큰일나다 ★
不要紧 búyàojǐn
형 괜찮다, 문제 될 것이 없다 ★
了不起 liǎobuqǐ
형 대단하다 ★
不耐烦 bú nàifán
형 귀찮다, 성가시다, 짜증나다 ★
学问 xuéwen 명 학문
即使 jíshǐ 접 설령 ~하더라도
温顺 wēnshùn 형 온순하다
毫无 háowú
동 조금도(전혀) ~이 없다
乐趣 lèqù 명 즐거움, 재미
可言 kěyán 형 말할 만 하다
面临 miànlín
동 직면하다, 당면하다 ★
面对 miànduì
동 직면하다, 마주 대하다 ★
争取 zhēngqǔ 동 쟁취하다 ★
指导 zhǐdǎo
동 지도하다, 이끌어 주다 ★

**59**

A 骑马也是一个学问
B 马即使是温顺的动物
C 骑马要讲究方法
D 骑马毫无乐趣可言

A 말을 타는 것도 하나의 학문이다
B 말이 설령 온순한 동물이라 할 지라도
C 말을 타는 것에는 방법을 중시해야 한다
D 말을 타는 것은 재미있다고 말할 수 없다

정답 C

해설 빈칸의 뒤에 있는 不然은 否则의 동의어로 不然 앞의 행위를 하지 않으면, 사람은 쉽게 말에서 떨어진다라고 언급하였으므로 여기에서는 말 타는 방법을 중시해야 한다는 의미의 C 骑马要讲究方法(말 타는 것에는 방법을 중시해야 한다)가 정답이다.

**60**

A 面临  B 面对
C 争取  D 指导

A 직면하다  B 대면하다
C 쟁취하다  D 이끌어 주다

정답 B

해설 문장의 의미가 말이 낮은 곳을 향해 가는 것은 마치 인생이 뜻대로 되지 않을 때, 용감하게 ~하여, 몸을 바르고 곧게 앉는 것과 같다이기 때문에 面临과 面对 중 하나가 정답이다. 그러나 面临은 뒤에 반드시 목적어가 있어야 하고, 面对는 뒤에 목적어의 유무와는 상관이 없으므로, 정답은 B 面对이다.

---

### 제2부분   61~70번 문제는 지문을 읽고 내용과 일치하는 것을 고르는 문제입니다.

**61**

西红柿中含有94%左右的水分，用来消暑解渴，可与西瓜比美。西红柿中维生素C的含量也很高，大约相等于西瓜的10倍，而且由于有有机酸的保护，在贮藏和烹调过程中，它所含的维生素C又不易遭到破坏，人体利用率很高。

토마토에는 약 94%의 수분이 함유되어 있고, 수박과 더불어 더위와 갈증을 해결할 수 있다. 토마토는 비타민 C 함량이 매우 높으며, 대략 수박의 10배와도 같다. 게다가 유기산의 보호를 받기 때문에 저장과 조리하는 과정 속에서 함유된 비타민C는 쉽게 파괴되지 않고 체내의 이용률이 매우 높다.

**지문 어휘**

西红柿 xīhóngshì 명 토마토
含有 hányǒu 동 함유하다
水分 shuǐfèn 명 수분, 물기
消暑 xiāoshǔ 동 피서하다
解渴 jiěkě 동 갈증을 풀다, 갈증을 해소하다
比美 bǐměi 동 비길 수 있다
维生素 wéishēngsù 명 비타민

A 西红柿生吃更营养
B 蔬菜普遍含有有机酸
C 西瓜不宜长期存放
D 西红柿的维C含量高于西瓜

A 토마토를 생으로 먹으면 영양이 더 있다
B 채소는 보편적으로 유기산을 함유한다
C 수박은 오랜 시간 보관에 적합하지 않다
D 토마토의 비타민 C 함량은 수박보다 높다

含量 hánliàng 명 함량
大约 dàyuē 부 대략, 대강
等于 děngyú 동 ~과 같다 ★
倍 bèi 양 배, 배수
有机酸 yǒujīsuān 명 유기산
保护 bǎohù 동 보호하다
贮藏 zhùcáng 동 저장하다
烹调 pēngtiáo 동 요리하다
营养 yíngyǎng 명 영양 ★
普遍 pǔbiàn
형 보편적인, 전면적인
不宜 bùyí 적당하지 않다
存放 cúnfàng
동 보관해 두다, 맡기다

**정답** D

**해설** 단문에서 토마토의 비타민 C 함유량이 수박의 10배와도 같다고 했고 보기의 D에서는 토마토의 비타민 C 함유량이 수박보다 높다라고 했으므로 서로 일치한다.

## 62

有人说："友谊是一种温静与沉着的爱，没有嫉妒，也没有恐惧，并建立在相互欣赏基础上，欣赏对方身上最看重的优点。"真正的友谊是在你伤心时让你走出低谷，在你开心时和你一起欢笑，在你成功时提醒你不要骄傲，在你遇到挫折时给你信心，在你需要帮助的时候及时帮你。

어떤 사람이 말하길: "우정은 따뜻함과 평정을 잃지 않는 사랑이요, 질투심이 없고, 두려움이 없을 뿐만 아니라, 서로 좋아하는 마음을 기반으로 만들어가는 것이며, 상대방이 가장 소중히 여기는 장점을 좋아해 주는 것이다." 진정한 우정은 당신이 슬퍼할 때, 당신이 늪에서 헤어 나올 수 있도록 해 주며, 당신이 즐거울 때는 당신과 함께 즐거워하고, 당신이 성공할 때는 당신에게 자만하지 말라고 충고를 해 주며, 당신이 좌절에 부딪혔을 때는 당신에게 자신감을 불어 넣어주고, 당신이 도움을 필요로 할 때는 제 때에 당신을 도와주는 역할을 한다.

A 朋友能帮助我们改正错误
B 相互欣赏是建立友谊的前提
C 要理解朋友的难处
D 好朋友之间有时会互相妒忌

A 친구는 우리의 잘못을 고치는 것을 도울 수 있다
B 서로 좋아하는 마음을 갖는 것은 우정을 만들어 가는 전제조건이다
C 친구의 고충을 이해해야 한다
D 좋은 친구 사이에는 어떤 경우 서로 질투할 수 있다

**지문 어휘**

友谊 yǒuyì 명 우의, 우정
温静 wēnjìng
형 상냥하고, 얌전하다
沉着 chénzhuó 형 침착하다
嫉妒 jídù 동 질투하다, 시기하다
恐惧 kǒngjù 동 겁먹다, 두려워하다, 공포감을 느끼다
建立 jiànlì 동 세우다 ★
欣赏 xīnshǎng
동 감상하다, 즐기다 ★
基础 jīchǔ 명 기초, 밑바탕
对方 duìfāng 명 상대방 ★
看重 kànzhòng 동 중시하다, 소중하다
伤心 shāng xīn 동 상심하다, 마음 아파하다
低谷 dīgǔ 명 밑바닥
欢笑 huānxiào 동 즐겁게 웃다
骄傲 jiāo'ào
동 오만하다, 거만하다
挫折 cuòzhé 명 좌절, 실패
改正 gǎizhèng
동 고치다, 개정하다 ★
前提 qiántí 명 전제, 전제조건
难处 nánchǔ 명 고충, 곤란
妒忌 dùjì 동 샘하다, 질투하다

**정답** B

**해설** 단문에서는 우정이란 서로 좋아하는 마음을 기반으로 삼는다라고 언급하였고, 보기의 B에서는 서로 좋은 감정을 갖는 것이 우정의 전제 조건이라고 했으므로 단문과 일치한다.

## 63

迎春花与梅花、水仙和山茶花统称为"雪中四友",是中国常见的花卉之一。迎春花不仅花色端庄秀丽,气质非凡,具有不畏严寒,<u>不择风土</u>,适应性强的特点,历来为人们所喜爱。迎春花栽培历史1000余年。迎春花现在为河南省鹤壁市的市花。

개나리는 매화, 수선화와 동백꽃을 총칭하여 '설중사우(雪中四友)'라고 하는데, 이것은 중국에서 자주 볼 수 있는 꽃의 하나이다. 개나리는 꽃의 색이 매우 아름답고, 기질이 뛰어나며, 추위에도 아랑곳 하지 않으며 <u>물과 흙을 가리지 않아</u>, 적응력이 강한 특징이 있어 예로부터 많은 사람들의 사랑을 받고 있다. 개나리 재배의 역사는 1000여 년이다. 개나리는 현재 허난성 허비시의 시화(市花:시를 대표하는 꽃)이다.

A 迎春花对土壤的要求低
B 迎春花集中分布于河北省
C 迎春花的适应能力非常差
D 迎春花是中国罕见的花卉

A 개나리는 토양에 대한 요구가 적다.
B 개나리는 허베이성에 집중 분포되어 있다.
C 개나리의 적응 능력은 매우 안 좋다.
D 개나리는 중국에서 보기 드문 꽃이다.

**정답** A

**해설** 단문에서 개나리는 물과 흙을 가리지 않는다라고 언급하였고, 보기의 A에서 개나리는 토양에 대한 요구가 적다라고 했으므로 단문과 서로 일치한다.

### 지문 어휘

迎春花 yíngchūnhuā 명 개나리
梅花 méihuā 명 매화
水仙 shuǐxiān 명 수선화
山茶花 shāncháhuā 명 동백꽃
统称 tǒngchēng 동 총칭하다
花卉 huāhuì 명 화훼
端庄秀丽 duānzhuāng xiùlì 용모가 수려하다
气质非凡 qìzhì fēifán 기질이 보통이 아니다, 뛰어나다
不畏严寒 búwèi yánhán 추위에도 아랑곳 하지 않다
不择风土 bùzé fēngtǔ 풍토를 가리지 않는다
适应性 shìyìngxìng 명 적응력
历来 lìlái 부 줄곧, 내내
栽培 zāipéi 동 재배하다, 배양하다
市花 shìhuā 명 시화
土壤 tǔrǎng 명 토양, 흙
集中 jízhōng 동 집중하다 ★
分布 fēnbù 동 분포하다 ★
罕见 hǎnjiàn 동 보기 드물다

## 64

俗话说"艺多不压身",比喻人掌握的技艺越多越好。<u>但这是建立在学得精、学得深的基础上的</u>,而不能今天学这个明天学那个,一项本领还没学好就去学另外的本领,以至于到最后什么也没学成。换句话说,学本领归在要精益求精,而不是得过且过。

속담에 "艺多不压身"라는 말은, 사람이 숙달한 기술이 많을수록 좋다는 것을 비유하는. 그러나 이것은 정밀하고 세밀하게 공부하고, 깊게 공부하는 것을 기본으로 삼으므로, 오늘은 이것을 내일은 저것을 배우면 안되고, 한 가지 능력도 제대로 배우지 못하고, 다른 능력을 배우러 간다면 마지막에는 아무것도 배우지 못하는 지경에 이르게 된다는 의미이다. 다시 말하자면 능력을 배우는 것은 완벽을 추구하는 데 달렸지, 대충대충 하면 안 된다는 것이다.

### 지문 어휘

俗话 súhuà 명 속담, 옛말
艺多不压身 yìduōbùyāshēn 재주는 배워두면 도움이 된다
比喻 bǐyù 동 비유하다
掌握 zhǎngwò 동 장악하다, 파악하다 ★
技艺 jìyì 명 기술, 기교
本领 běnlǐng 명 기량, 능력, 수완 ★
另外 lìngwài 접 그 밖에, 이 외에
至于 zhìyú 동 ~의 정도에 이르다, ~한 결과에 이르다 ★

A 应试着同时学多项本领
B 学习本领应该求精求透
C 学习是一个艰苦的过程
D 现社会需要技艺多的人才

A 반드시 여러 가지 능력을 배우도록 시도해야 한다
B 능력을 배우는 것은 정교하고 정통해야 한다
C 공부는 하나의 어려운 과정이다
D 현 사회는 기술이 많은 인재를 필요로 한다

**换句话说** huànjùhuàshuō 바꾸어 말하면, 다시 말하자면
**归在** guīzài 동 ~에 달리다, ~에 속하다
**精益求精** jīngyì qiújīng 성 훌륭하지만 더욱 더 완벽을 추구하다
**求精求透** qiú jīng qiú tòu 부탁하다
**艰苦** jiānkǔ 형 가난하고 고생스럽다
**人才** réncái 명 인재

정답 **B**

해설 단문에서 기술을 많이 아는 것은 좋지만 정밀하고 세밀하게 공부하고 깊게 공부한다는 기초에 근거한 것이라고 언급하였고, 보기의 B에서는 기술이나 능력을 배움에 있어서 정교하고 그것을 정통해야 한다라고 했으므로 단문과 의미가 일맥상통한다.

**65**

蜻蜓的眼睛既大又鼓，非常奇特，占据着头部的绝大部分，蜻蜓的视力不仅特好，而且特敏锐，因此不需转动头部就能环顾四周。科学家模仿蜻蜓眼睛的结构，制造了一次能拍出近千张的照相机。

잠자리 눈은 크고 튀어나와서 매우 독특하게 생겼으며 머리의 대부분을 차지한다. 잠자리의 시력은 매우 좋을 뿐만 아니라, 민첩해서 머리를 움직일 필요 없이 사방을 둘러 볼 수 있다. 과학자는 잠자리 눈의 구조를 모방하여 한 번에 거의 천 장을 찍을 수 있는 카메라를 만들기도 했다.

A 蜻蜓的视力相当好
B 蜻蜓的分布范围相当广
C 蜻蜓制造了照相机
D 蜻蜓是一只非常活泼的动物

A 잠자리의 시력은 매우 좋다
B 잠자리의 분포범위는 대단히 넓다
C 잠자리는 카메라를 만들었다
D 잠자리는 매우 활발한 동물이다

**지문 어휘**

**蜻蜓** qīngtíng 명 잠자리
**既 A 又 B** jì A yòu B 접 A하고 B하다
**鼓** gǔ 형 동글동글하다, 탱글탱글하다
**奇特** qítè 형 독특하다, 이상하다
**占据** zhànjù 동 점유하다, 차지하다
**大部分** dàbùfen 명 대부분
**视力** shìlì 명 시력
**敏锐** mǐnruì 형 민첩하다, 날카롭다
**转动** zhuàndòng 동 돌다, 회전하다
**环顾四周** huángù sìzhōu 사방을 둘러보다
**科学家** kēxuéjiā 명 과학자
**模仿** mófǎng 동 모방하다, 본뜨다, 흉내내다 ★
**结构** jiégòu 명 구성, 구조, 조직 ★
**制造** zhìzào 동 제조하다, 만들다 ★
**范围** fànwéi 명 범위 ★
**活泼** huópo 형 활발하다, 활달하다
**动物** dòngwù 명 동물

정답 **A**

해설 단문에서 잠자리의 시력은 매우 좋다라고 언급하였고, 보기의 A에서도 잠자리의 시력은 매우 좋다라고 했으므로 단문과 완벽히 일치한다.

**66**

随着现代人交通工具的发展,自行车的功能也有了新变化。对现代人来说,自行车已经远不是代步工具,越来越多的人把骑车当作一种健身方式。自行车还为旅行者提供了一个新的视角,让人们最大限度的发挥自身的力量。因此,很受旅游爱好者的欢迎。

A 应大力提倡自行车健身
B 自行车的功能发生了变化
C 自行车是年轻人健身的首选
D 旅行时必须有自行车

현대인의 교통수단이 발전함에 따라, 자전거의 기능도 새로운 변화가 생겼다. 현대인에게 있어서, 자전거는 이미 도보 대체 수단이 아니다. 점점 많은 사람들은 자전거 타는 것을 일종의 헬스의 하나로 여기고 있다. 자전거는 또 여행자들에게 새로운 것을 바라보게 하는 시각을 전달해 주고, 사람들로 하여금 에너지를 발산하도록 만들어 준다. 이로 인하여 여행애호가들에게 인기를 얻고 있다.

A 자전거로 운동하는 것을 대대적으로 제창해야 한다
B 자전거의 기능에 변화가 생겼다
C 자전거는 젊은 사람들이 몸을 건강하게 하는 첫 번째 선택이다
D 여행할 때 반드시 자전거가 있어야 한다

**지문 어휘**

**工具** gōngjù 명 수단, 도구 ★
**功能** gōngnéng 명 기능, 작용, 효능 ★
**现代** xiàndài 명 현대 ★
**代步** dài bù 동 걸음을 대신하다
**当作** dàngzuò 동 ~로 여기다, ~로 삼다
**方式** fāngshì 명 방식 ★
**提供** tígōng 동 제공하다, 공급하다
**视角** shìjiǎo 명 시각
**限度** xiàndù 명 한도, 한계
**发挥** fāhuī 동 발휘하다 ★
**力量** lìliang 명 힘, 역량 ★
**提倡** tíchàng 동 제창하다 ★
**首选** shǒuxuǎn 동 가장 먼저 고르다

**정답 B**

**해설** 단문 도입부에서 교통수단이 발전되어 자전거의 기능에 새로운 변화가 생겼음을 언급하였고, 보기의 B에서는 그와 동일한 표현으로 자전거의 기능에 변화가 발생하였다라고 했으므로 완벽히 지문과 일치한다.

**67**

心理医生是治愈人们心灵的特殊职业,然而在国内这一新兴的行业还不成熟,不少人对心理医生的工作不了解或者存在误区。心理医生首先要具备扎实的专业知识和技能,并能熟练运用。除此之外,还要深入了解病人的内心。他的最终目的就是让大家过上健康快乐的生活。

정신과 의사는 사람의 마음과 영혼을 치유하는 특이한 직업이지만, 국내에서는 이런 신흥 직업이 아직 발달되지 못해서, 대다수 사람들은 정신과 의사라는 직업에 대해서 이해를 못하거나 오해를 하고 있다. 정신과 의사는 먼저 확고한 직업마인드와 기술을 갖추고 있어야 하며, 능숙 능란하게 (기술을) 활용할 수 있어야 한다. 이외에도, 환자의 속마음을 깊이 이해해야 한다. 그들의 최종목표는 모두로 하여금 건강하고 즐거운 생활을 보낼 수 있도록 하는 것이다.

**지문 어휘**

**治愈** zhìyù 동 치유하다, 완치하다
**心灵** xīnlíng 명 영혼, 마음
**特殊** tèshū 형 특수하다, 특별하다 ★
**新兴** xīnxīng 형 신흥의, 새로 일어난
**成熟** chéngshú 형 성숙하다
**存在** cúnzài 동 존재하다 ★
**误区** wùqū 명 잘못된 인식, 잘못된 방법
**扎实** zhāshi 형 견실하다, 견고하다

A 心理医生很难当
B 心理医生应该了解病人的内心
C 嗓子不舒服的时候也可以去找心理医生
D 心理疾病越来越常见了

A 정신과 의사는 되기 어렵다
B 정신과 의사는 환자의 속마음을 이해하여야 한다
C 목이 불편할 때에 정신과의사를 찾아가도 된다
D 심리적 질병은 가면 갈수록 흔히 볼 수 있다.

技能 jìnéng 명 기능, 솜씨
熟练 shúliàn 형 능숙하다, 숙련되어 있다 ★
深入 shēnrù 형 깊다, 깊이 파고들다
内心 nèixīn 마음, 마음속
最终 zuìzhōng 명 최후, 최종
目的 mùdì 명 목적
难当 nándāng 동 맡기 어렵다
嗓子 sǎngzi 명 목구멍
常见 chángjiàn
동 자주 보다, 흔히 있다

**정답** B

**해설** 정신과 의사는 환자의 속마음을 깊이 이해해야 한다는 말이 언급되어 있으므로 정답은 B이다.

### 68

古时候写文章没有标点符号，读起来很吃力，甚至容易被人误会。到了汉朝才发明了"句读"符号，语意完整的一小段为"句"；句中语意未完，语气可停的一段为"读"。宋朝用'。','，'来表示句读，由此出现了汉语最早的标点符号。

옛날에는 문장을 쓸 때 문장 부호가 없어서 읽기에 매우 힘들었고 심지어 사람들은 오해하기 쉬웠다. 한나라에 와서야 '구두(단락)' 부호를 만들었는데, 어의가 완벽한 작은 단락은 '구(句)'라고 하며, 구에서 말의 의미가 온전하지 않고 어투가 쉴 수 있는 단락은 '독(读)'이라고 했다. 송나라에서는 '。','，'로 구두를 표시하였는데, 이때부터 중국어에서 최초의 문장부호가 탄생한 것이다.

A 标点符号对阅读作用不大
B 古时候没有标点符号也没太大问题
C 汉朝时用'。','，'来表示句读
D 标点符号晚于文章

A 문장 부호는 독서에 큰 영향을 주지 않았다
B 옛날에는 문장 부호가 없어도 큰 문제가 없었다
C 한나라 때에 '。','，'로 구두를 표시하였다
D 문장 부호는 문장보다 늦게 만들어졌다

**지문 어휘**

文章 wénzhāng 명 글, 문장
标点符号 biāodiǎn fúhào 명 문장 부호
吃力 chīlì 형 힘들다
误会 wùhuì 명 오해 동 오해하다
发明 fāmíng 동 발명하다 ★
完整 wánzhěng 형 온전하다, 완벽하다, 완전무결하다 ★
语意 yǔyì (말, 문장)의 의미
由此 yóucǐ 접 이로부터, 이로써
出现 chūxiàn 동 출현하다, 나타나다
晚于 wǎnyú ~보다 늦다

**정답** D

**해설** 단문 도입부에서 옛날에는 문장을 쓸 때 문장 부호가 없었다라고 언급하였고, 보기의 D 에서는 문장 부호는 문장보다 늦게 만들어졌다라고 했으므로 단문과 일치한다.

## 69

吉林市因吉林省而得名，位于吉林省中部偏东。它依山傍水，四季分明，风景优美，环绕的群山和回转的松花江造就了它 "四面青山三面水，一城山色半城江" 的美景，使其兼具南方城市的秀美和北方城市的粗犷。

A 松花江流经吉林市
B 吉林市因靠海而闻名
C 吉林市四季如春
D 吉林市位于中国南部地区

길림시는 길림성으로 유명하고, 길림성 중부에서 동쪽으로 치우쳐 위치해 있다. 이 곳은 배산임수이며, 사계절이 분명하고, 풍경이 아름답고, 여러 산으로 둘러 쌓여 있고 송화강이 둘러져 "사면이 푸른 산이며, 삼면이 물이고, 온 성이 산이고, 성의 반이 물이다"라는 아름다운 풍경을 자아내고, 남방의 수려함과 북방의 호탕함을 겸하고 있는 시이다.

A 송화강은 길림시를 흘러 지나간다
B 길림시는 바다에 근접하여 얻어진 이름이다
C 길림시는 사계절이 봄과 같다
D 길림시는 중국 남부에 위치하고 있다

**정답** A

**해설** 길림시는 여러 산으로 둘러 쌓여 있고, 송화강이 둘러져 아름다운 풍경을 만든다라고 단문에서 언급했으므로 송화강은 길림시를 지나감을 유추할 수 있다.

**지문 어휘**

吉林市 Jílínshì 명 지린시, 길림시
得名 démíng 동 명성이 나다, 이름을 떨치다
偏 piān 형 치우치다, 쏠리다
四季分明 sìjì fēnmíng 사계절이 분명하다
风景 fēngjǐng 명 풍경
优美 yōuměi 형 우아하고 아름답다
环绕 huánrào 동 둘러 싸다, 에워 싸다
群山 qúnshān 명 많은 산, 뭇 산
回转 huízhuǎn 동 되돌아오다, 순환하다
造就 zàojiù 동 육성해 내다, 만들어 내다
美景 měijǐng 명 아름다운 경치
兼具 jiānjù 동 겸비하다
秀美 xiùměi 형 수려하다, 아름답다
粗犷 cūkuáng 형 호방하고 거침이 없다
流经 liújīng 동 경과하다, 지나다
四季如春 sìjì rúchūn 성 일년 내내 기후가 봄날같이 따뜻하다
位于 wèiyú 동 ~에 위치하다 ★

## 70

"夫人外交" 指的当然就是夫人在对外交往中的活动和作用，其中又尤其指由夫人出面完成某种特定的外交任务的外交形式。就外交领域来讲，女性的严谨细致、亲和力都是非常好的特质，发挥好很容易让人接近，特别是在谈话当中女性比较善解人意，更容易沟通，这些方面女性总领事优势更明显些。

'부인 외교'는 당연히 부인들의 대외 교류 중에서의 활동과 역할을 말하며, 특히 부인들이 나서서 어떤 특정한 외교 임무를 완성하는 외교 형식을 말하기도 한다. 외교 영역으로 말하자면 여성의 꼼꼼함과 신중함 그리고 친화력은 모두 매우 좋은 자질을 갖췄다고 할 수 있다. 매우 쉽게 사람들에게 접근하고 특히 담화 중에 여성은 비교적 남의 의중을 잘 헤아리기 때문에 소통을 더욱 쉽게 할 수 있다. 이러한 방면에서 여성 총영사가 더욱 우세하다는 것을 명확히 드러내 보여주고 있다.

**지문 어휘**

夫人 fūrén 명 부인
外交 wàijiāo 명 외교 ★
对外 duìwài 명 대외 동 대외적으로 관계를 맺다
交往 jiāowǎng 동 왕래하다, 교제하다 ★
尤其 yóuqí 부 더욱이, 특히
出面 chūmiàn 동 나서다, 담당하다
完成 wánchéng 동 완성하다, 완수하다, 끝내다
特定 tèdìng 형 특정한, 특별히 지정한

A 女性在外交活动中起着重要角色
B 外交官慢慢会被女性代替
C 外交官中女性占多数
D "夫人外交"只在国外流行

A 여성은 외교 활동 중에 중요한 역할을 한다
B 외교관은 천천히 여성으로 대체될 것이다.
C 외교관 중에 여성이 다수 점유한다.
D '부인 외교'는 국외에서만이 유행한다.

**정답** A

**해설** 단문 도입부에서 부인 외교의 활동과 역할을 언급하며, 외교활동에 있어 여성이 매우 중요한 역할을 하고 있음을 설명하고 있다.

**任务** rènwu 명 임무
**形式** xíngshì 명 형식 ★
**领域** lǐngyù 명 영역, 분야 ★
**严谨** yánjǐn 형 엄격하다, 신중하다
**细致** xìzhì 형 정교하다, 세밀하다, 꼼꼼하다
**特质** tèzhì 명 특질, 특유의 성질
**发挥** fāhuī 동 발휘하다 ★
**接近** jiējìn 동 접근하다, 가까이 다가가다 ★
**谈话** tánhuà 동 담화하다, 이야기하다
**善解人意** shànjiě rényì 다른 사람을 잘 이해하다, 사람의 생각을 잘 알아맞히다
**沟通** gōutōng 동 잇다, 연결하다, 서로 통하게 하다, 소통하다 ★
**总领事** zǒnglǐngshì 명 총영사
**优势** yōushì 명 우세 ★
**明显** míngxiǎn 형 뚜렷하다, 분명하다, 확연히 드러나다 ★
**角色** juésè 명 배역, 역할
**外交官** wàijiāoguān 명 외교관
**代替** dàitì 동 대체하다, 대신하다 ★
**流行** liúxíng 동 유행하다

---

## 제3부분
71~90번 문제는 지문을 읽고 질문에 알맞은 답을 고르는 문제입니다.

### 第71到74题是根据下面一段话:
71~74번 문제는 다음 내용에 근거한다:

所谓"范围偏爱症"就是相对于那些单一的数字,<sup>71</sup>人们会更喜欢使用有上下限的一组数字,比如说超市大卖场有减价活动,同一组商品,在减价30%时和减价20%~40%时,我们更倾

'범위선호증'이라는 것은 상대적으로 단일화된 <sup>71</sup>숫자보다 상하 범위 제한이 있는 숫자를 더 좋아하는 현상을 말한다. 예를 들면, 슈퍼마켓에서 할인행사를 할 때, 같은 상품을, 30% 할인한다고 했을 때와 20%~40% 할인한다고 했을 때와 비교해 보면, 우리는 후자를 더욱 선호한다. 이건 무

**지문 어휘**

**范围偏爱症** fànwéipiān'àizhèng 명 범위선호증
**相对** xiāngduì 부 비교적, 상대적으로 ★
**单一** dānyī 형 단일하다
**数字** shùzì 명 숫자 ★

于选择后者。这是为什么呢？让我们先看个比较好理解的例子。

很多女孩都有减肥的经历，但是大部分人最终都以失败告终了。72 当我们询问失败者给自己定下的减重目标时，大部分人都会给出5斤、8斤或者10斤这样单一的数字。但是反观那些成功者，她们给自己定下的目标大多是"3~5斤"、"4~8斤"这样一段有上下限的目标。

这是因为可浮动的目标有上限和下限两个标准，73 一般的下限都是比较容易达成的目标，当人们完成很容易达成的目标后，会有很强的成就感，并继续挑战最高目标的过程中，一再地享受这种成就感。因此这样既有挑战性、又能不断体验到成就感的有范围的目标，就比那种既不容易达成又没有什么挑战性的单一目标更容易帮助人们成功。

同理，很多商家在商业场上运用了这个理论。以降价10%~50%为例，人们会感觉，那些降价10%的商品一定质量比较好，而降价50%的商品则在价格上更具有吸引力，74 而单一降价30%的商品，价格上既没有太便宜，又不像是品质很好的样子，所以人们反而不愿意选择购买。

엇 때문일까? 먼저 이해를 돕도록 예를 들어보자.

많은 여자들은 모두 다이어트를 해본 경험이 있지만, 대부분의 사람들은 마지막에 실패자로 끝난다. 72 실패자들에게 몇 키로 감량이 목표였냐고 물어보면, 대부분의 사람들은 다 500g, 800g, 혹은 1kg 이라고 단일화된 숫자를 말한다. 그러나 반대로 성공한 사람들을 보면, 그녀들이 정한 목표는 대부분이 "300~500g", "400~800g"처럼 유동적인 기준으로 세웠다.

유동적인 목표는 상한선과, 하한선의 두 가지 기준이 있고, 73 일반적으로 하한선은 비교적 쉽게 목표를 달성할 수 있으며, 쉽게 목표를 달성한 후, 아주 강한 성취감을 느끼고, 최종 목표까지 계속 도전을 하면서, 반복적으로 이런 성취감을 느낄 수가 있기 때문에 성공할 수 있는 것이다. 이처럼 범위식 목표를 세우는 것은 도전성도 있고, 끊임없이 성취감을 체험할 수 있기 때문에, 목표달성에 아무런 도전성이 없는 단일화된 목표보다는 쉽게 사람들의 성공을 이끌어 낸다.

같은 이치로써, 많은 상업가들은 상업을 할 때 이 이론을 응용한다. 10%~50% 할인율을 표시함으로써, 사람들은 10% 할인하는 상품의 품질이 비교적 좋은 것 같고, 또 브랜드가 더 좋은 것 같다고 느낀 것이고, 또 50% 할인하는 상품은 가격적인 부분의 매력을 가지고 있다고 느낄 것이다. 그러나 30%처럼 단일화된 숫자의 할인율은, 오히려 74 가격도 저렴하지 않는 것 같고, 품질도 그다지 좋은 것 같지 않다고 느끼기 때문에 사람들은 물건을 구매하길 꺼려한다.

限 xiàn 동 제한하다
减价 jiǎn jià 동 가격을 인하하다
倾向 qīngxiàng 동 경향이다, 치우치다
失败 shībài 동 실패하다 ★
告终 gàozhōng 동 끝을 알리다, 끝나다
询问 xúnwèn 동 물어 보다 ★
目标 mùbiāo 명 목표 ★
或者 huòzhě 접 ~이던가 아니면 ~이다 ★
反观 fǎnguān 동 돌이켜보다, 되돌아보다
浮动 fúdòng 동 고정되지 않다, 유동적이다
下限 xiàxiàn 명 하한
达成 dáchéng 동 달성하다
成就感 chéngjiùgǎn 명 성취감
挑战 tiǎozhàn 명 도전 ★
一再 yízài 부 거듭, 반복해서 ★
享受 xiǎngshòu 동 누리다, 즐기다 ★
不断 búduàn 부 계속해서, 끊임없이 ★
体验 tǐyàn 명 체험 동 체험하다 ★
商家 shāngjiā 명 상인
商业场 shāngyèchǎng 명 가게, 상점
运用 yùnyòng 동 활용하다, 응용하다 ★
理论 lǐlùn 명 이론 ★
降价 jiàngjià 동 가격을 낮추다, 할인하다
品牌 pǐnpái 명 상표, 브랜드
吸引力 xīyǐnlì 명 흡인력
吉利 jílì 형 길하다

**71**

问: "范围偏爱症"是指人们:
A 喜欢吉利的的数字
B 对数字比较有讲究
C 偏爱有上下限的一组数字
D 爱买打折商品

질문: '범위선호증'이란 사람들의 어떤 면을 의미하는가:
A 행운의 숫자를 좋아한다
B 숫자를 비교적 중요하게 여긴다
C 상하 범위 제한이 있는 숫자를 좋아한다
D 할인 상품을 사는 것을 좋아한다

讲究 jiǎngjiu 통 ~에 신경 쓰다, ~에 주의하다
规律 guīlǜ 명 법칙, 규칙 ★
实现 shíxiàn 통 실현하다, 달성하다 ★
动力 dònglì 명 원동력, 힘
忽视 hūshì 통 소홀히 하다

[정답] C

[해설] '범위선호증'이란 사람들의 어떤 면을 의미하는지 묻고 있다. 단문 첫 부분에 숫자보다 상하 범위 제한이 있는 숫자를 더 좋아하는 현상을 말한다고 했으므로 정답은 C이다.

**72**

问: 根据第二段, 为什么有些女孩子减肥会失败?
A 目标数字不太吉利
B 平时不爱运动
C 生活没有规律
D 目标数字单一

질문: 두 번째 단락에 근거하여, 일부 여자아이들이 왜 다이어트에 실패하는가?
A 목표숫자가 행운의 숫자가 아니라서
B 평소에 운동하길 싫어해서
C 생활이 규칙적이지 않아서
D 목표숫자가 단일화 숫자라서

[정답] D

[해설] 일부 여자들은 왜 다이어트를 실패하는지 그 이유를 묻고 있다. 두 번째 단락에서 다이어트에 성공한 사람은 목표수치를 유동적으로 잡았으나, 실패한 대부분의 사람들은 모두 500g, 800g, 혹은 1kg이라고 단일화된 숫자를 정한다고 했으므로 정답은 D이다.

**73**

问: 根据第三段, 下限目标:
A 比较容易实现
B 没有动力去实现
C 数字不太吉利
D 可以忽视

질문: 세 번째 단락에 근거하여, 하한선 목표란:
A 비교적 쉽게 실현할 수 있다
B 실현할 힘이 없다
C 숫자가 그다지 행운의 숫자가 아니다
D 소홀히 여겨도 된다

[정답] A

[해설] 하한선 목표의 의미를 묻고 있다. 두 번째 단락의 하한선은 비교적 쉽게 목표를 달성할 수 있다고 했으므로 정답은 A이다.

## 74

问: 最后一段主要谈什么?
A 怎么以便宜的价格买到最合算的东西
B 千万不能买打折商品
C "范围偏爱症"影响购物选择
D 人们的购物观念有差别

질문: 마지막 단락에서 주로 이야기하고 있는 것은?
A 어떻게 하면 저렴한 가격으로 합리적인 물건을 살 수 있는지
B 할인상품은 절대로 사지 마라
C '범위선호증'은 물건을 구매할 때 영향을 미친다
D 사람들의 구매개념은 차이가 있다

**정답** C

**해설** 마지막 단락에서 '범위선호증'은 할인율의 범위를 고객에게 제시하여 상품의 품질이나, 가격적인 부분의 매력을 느낄 수 있게 한다고 하였기에 구매에 영향을 미칠 수 있음을 알 수 있다.

---

**第75到78题是根据下面一段话:**

75-78번 문제는 다음 내용에 근거한다:

有一家航空公司遭受到了资金短缺的问题,要是不及时解决,有可能面临破产。

按相关行业惯例,处理此类问题最见效的办法就是通过裁员来节省支出。当时,这家航空公司内部也流传着公司裁员的消息。

⁷⁵正当大家忧虑不安地等待着裁员时,公司总裁却郑重宣布:"请大家放心工作,公司绝对不会裁掉任何一个人的!"员工们先是有些惊愕,而后兴奋不已,纷纷鼓起掌来。"不裁员是好事,但资金短缺的问题该怎么解决呢?"有人感到大惑不解。"请大家放心,⁷⁶我打算裁掉一架飞机。"总裁淡淡一笑回答道:"我决定卖掉公司的一架飞机,换回的钱应该可以应付员工的工资。

한 항공사가 자금부족의 문제에 부딪혔다. 만약 제때에 해결하지 못하면, 파산에 직면할 가능성도 있었다.

관련 업종 관례상, 이런 종류의 문제를 처리하며 가장 효과를 본 방법은 바로 직원 감원을 통해 지출을 아끼는 것이다. 당시, 이 항공사 내부에도 회사의 감원 소식이 전해졌다.

⁷⁵모두가 근심하고 불안해 하며 감원을 기다리고 있을 때, 회사의 CEO는 오히려 정중하게 발표했다: "모두 안심하고 일하십시오, 회사는 절대 어떤 한 사람도 감원하지 않습니다!" 직원은 먼저 약간 놀라서 멍해졌고, 그 후 흥분을 감추지 못하며, 쉴 새 없이 박수를 치기 시작했다. "감원을 하지 않은 일은 좋은 일이지만, 자금 부족의 문제는 어떻게 해결할 것인가?" 어떤 사람들은 도무지 의혹을 풀지 못했다. "모두 안심하십시오, ⁷⁶저는 한 대의 비행기를 감축할 계획입니다" CEO는 웃으며 대답했다: "나는 회사의 비행기 한 대를 팔기로 결정하였습니다. 팔고 난 돈은 직원들의 월급으로 대처할 수 있습니다. 그때가 되어 만약 자금이 여전히 돌지 않는다면, 다시금 한 대를 더 팔 것입니다."

---

**지문 어휘**

航空公司 hángkōng gōngsī 명 항공사
遭受 zāoshòu 동 입다, 당하다
资金 zījīn 명 자금 ⭐
短缺 duǎnquē 동 모자라다, 부족하다
及时 jíshí 부 즉시, 바로, 신속히
面临 miànlín 동 직면하다, 당면하다 ⭐
破产 pòchǎn 동 파산하다, 부도나다 ⭐
相关 xiāngguān 동 상관되다, 서로 관련이 있다 ⭐
行业 hángyè 명 업종 ⭐
惯例 guànlì 명 관례
处理 chǔlǐ 동 처리하다, 해결하다 ⭐
见效 jiànxiào 동 효과를 보다, 효력이 나타나다
裁员 cáiyuán 동 감원하다, 인원을 축소하다
节省 jiéshěng 동 아끼다, 절약하다

到那时如果资金还周转不开，就再卖一架。"多么打动人心的话呀！

其实，在卖掉不卖掉飞机的问题上，总裁和董事曾经发生过严重 ⁷⁷分歧。有几位董事认为，飞机是公司最重要的赢利工具，千万不能轻易卖掉，再加上公司的飞机本来就不太多。总裁却认为，⁷⁸裁员尽管能让公司在短时间内节省成本，但会使员工失去对公司的信任，今后可能没法安心工作。最后，那几位董事被总裁说服了。

얼마나 사람의 마음을 울리는 말인가! 사실 비행기를 팔고 말고의 문제에서 CEO와 이사회 간에 예전부터 심각한 ⁷⁷ 의견 불일치가 있었다. 어떤 몇 이사들은 비행기는 회사의 제일 중요한 이윤을 얻는 수단인데 절대로 쉽게 팔 수 없다고 여겼고, 게다가 회사의 비행기가 원래 많지가 않았다. 하지만 CEO는 ⁷⁸ 오히려 감원은 비록 회사로 하여금 단기적으로 자본은 절약할 수 있지만, 직원으로 하여금 회사에 대한 신임을 잃게 할 것이고, 이후 안심하며 일할 방법이 없다고 여겼다. 결국, 그 몇 이사들은 CEO에 의하여 설득을 당했다.

**支出** zhīchū
몡 지출 동 지출하다 ★

**内部** nèibù 명 내부 ★

**流传** liúchuán 동 유전되다, 대대로 전해내려오다 ★

**忧虑不安** yōulǜ bù'ān
성 우려되고 불안하다

**等待** děngdài 동 기다리다 ★

**总裁** zǒngcái 명 총재, CEO ★

**宣布** xuānbù 동 선언하다, 공포하다

**惊愣** jīng lèng 동 놀라 멍해지다

**兴奋不已** xīngfèn bùyǐ
흥분이 가시지 않다

**纷纷** fēnfēn 부 잇달아, 연달아, 쉴새없이

**鼓掌** gǔzhǎng 동 박수하다, 손뼉을 치다 ★

**大惑不解** dàhuò bùjiě
성 도무지 이해가 되지 않다

**架** jià 양 비행기를 세는 단위

**换回** huànhuí 동 바꾸다

**应付** yìngfu 동 대응하다, 대처하다 ★

**周转不开** zhōuzhuǎn bùkāi
회전이 잘 안 되다

**打动** dǎdòng 동 감동시키다

**分歧** fēnqí 동 어긋나다, 불일치하다

**赢利** yínglì
명 이윤, 이익 동 이윤을 얻다

**工具** gōngjù 명 도구, 수단 ★

**轻易** qīngyì 형 제멋대로이다, 경솔하다 ★

**成本** chéngběn 명 원가, 자본금

**失去** shīqù
동 잃다, 잃어버리다 ★

**安心** ānxīn 형 안심하다

**说服** shuōfú 동 설득하다, 납득시키다 ★

**季度任务** jìdù rènwu
명 분기별 임무

**75**

问: 员工们为什么忧虑不安?

　　A 工资要减一半
　　B 没完成季度任务
　　C 担心被辞退
　　D 怕被总裁责备

질문: 직원들은 왜 걱정하였는가?

　　A 월급이 반으로 줄어서
　　B 분기의 임무를 완성하지 못해서
　　C 해고 당할까 걱정되어서
　　D CEO에 혼날지 걱정되어서

정답 C

해설 구체적 질문으로 지문에서 바로 찾아낼 수 있는 문제 유형이다. 질문에서 忧虑不安은 "걱정을 하다"라는 의미로, 세 번째 단락의 모두가 근심하고 불안해 하며 감원을 기다리고 있을 때라고 했으므로 직원들은 감원 문제로 인해 걱정하고 있음을 알 수 있다.

**76**

问: 总裁是如何解决公司资金短缺的问题的?

　　A 减少日常生活费
　　B 申请银行贷款
　　C 增加更多航班
　　D 卖掉一架飞机

질문: CEO는 어떻게 회사의 자금 부족 문제를 해결하였는가?

　　A 평소 생활비를 줄여서
　　B 은행에 대출을 신청해서
　　C 항공편을 더 증가해서
　　D 비행기 한 대를 팔아서

> [정답] **D**

> [해설] CEO는 어떻게 회사의 자금 부족문제를 해결하였는지 묻고 있다. 단문 세 번째 단락의 CEO는 한 대의 비행기를 감축할 계획이라고 하였고, 회사의 비행기 한 대를 팔기로 결정했다라고 언급했으므로 비행기를 매각함으로 자금문제를 해결한다는 것을 알 수 있다.

### 77

问: 最后一段中的画线词语 "分歧" 最可能是什么意思?

A 意见不一致
B 想法差不多
C 效果很一般
D 语气很过分

질문: 마지막 단락에서 밑줄을 그은 '分歧'의 의미는?

A 의견이 불일치하다
B 생각이 비슷하다
C 효과가 보통이다
D 어투가 지나치다

辞退 cítuì 통 해고하다
减少 jiǎnshǎo 통 감소하다, 줄이다
申请 shēnqǐng 통 신청하다
贷款 dàikuǎn 명 대출금, 통 대출하다 ★
不一致 bù yízhì 불일치하다
语气 yǔqì 명 어투, 말투 ★
过分 guòfèn 통 지나치다, 분에 넘치다, 과분하다 ★
加强 jiāqiáng 통 강화하다
团队 tuánduì 명 단체, 팀
奖励 jiǎnglì 명 상, 상금

> [정답] **A**

> [해설] 밑줄 친 어휘의 뜻을 묻는 문제이다. 分歧 는 명사로 '의견이나 사상이 불일치 한다'라는 의미이므로 여기서는 보기 A의 '의견이 불일치한다'는 것과 일맥상통한다.

### 78

问: 下列哪项属于总裁的观点?

A 应加强团队精神
B 让员工信任公司
C 要多给员工奖励
D 应同意董事会的决定

질문: 아래 중 어느 항목이 CEO의 관점에 속하는가?

A 단체 정신을 강화시켜야 한다
B 직원으로 하여금 회사를 믿게 한다
C 직원에게 상여금을 더 주다
D 이사회의 결정에 동의해야 한다

> [정답] **B**

> [해설] 아래 보기 중 어느 항목이 CEO의 관점에 속하는지 찾는 질문이다. 단문 마지막 단락에 회사로 하여금 단기적으로 자본은 절약하게 할 수는 있지만, 직원들로 하여금 회사에 대한 신임을 잃게 할 것이다라고 언급했으므로 결과적으로 직원들로 하여금 회사를 믿게 하는 것이 CEO의 관점에 해당된다.

第79到82题是根据下面一段话：

两个老板碰面，彼此交换经营心得。老板甲抱怨道："我不能容忍不成材的员工，虽然现在还有三个这样的人待在我的公司，但 79 我过几天会将他们开除掉。"

"哦，他们怎样不成材呢？"老板乙问道。"你不知道，他们一个吹毛求疵，整天嫌这嫌那；一个杞人忧天，80 总为些莫名其妙的事情担忧；而另一个游手好闲，喜欢在外面瞎逛乱混。"

老板乙想了一想，说："要不让他们三人到我的公司上班吧，这样也省了你开除他们的麻烦。"老板甲高兴地答应了。

第二天，这三人到新公司报到，老板乙为他们安排好了相应的岗位：81 爱吹毛求疵的一位负责质量监督；杞人忧天的一位负责安全保卫；而喜欢闲逛的一位负责出外做宣传和调查。一段时间过后，82 这三人在各自的工作上做出了优秀的业绩，那个老板的公司也因此迅速发展起来。

### 79

问：老板甲最初想怎样处理那三位员工？

A 辞退
B 警告
C 罚款
D 转部门

정답 A

해설 사장 갑은 처음에 그 세 명의 직원을 어떻게 하려고 했는지 묻고 있다. 첫 번째 단락에 사장 갑은 세 사람을 며칠 내로 해고시킬 것이다라고 했으므로 정답은 A이다.

### 80

问: "杞人忧天"的意思最可能是:
- A 强烈的责任心
- B 不必要的担心
- C 眼光比较狭窄
- D 考虑得非常周到

질문: '杞人忧天'의 의미로 가장 적합한 것은:
- A 강력한 책임감
- B 불필요한 걱정
- C 안목이 비교적 좁다
- D 매우 꼼꼼하게 생각하다

정답 B

해설 사자 성어 "杞人忧天"의 의미를 묻고 있다. 직원 세 명 가운데, 두 번째 사람을 "杞人忧天"이라고 표현했으므로 관련 내용을 지문에서 찾으면 됩니다. 두 번째 단락에 한 명은 괜한 걱정이 많아 공연한 일에도 걱정을 한다고 언급했으므로 정답은 B임을 알 수 있다. "杞人忧天"는 '앞일에 대해 쓸데없는 걱정을 하다'라는 의미이다.

### 81

问: 老板乙给很挑剔的那个人安排了什么工作?
- A 记录员
- B 安全保卫
- C 质量监督
- D 职工培训

질문: 사장 을은 까다로운 그 사람에게 어떤 업무를 분장했는가?
- A 기록원
- B 안전요원
- C 품질감독
- D 직원양성

정답 C

해설 사장 을은 까다로운 사람에게 어떤 업무를 분장했는지 묻고 있다. 마지막 단락에 생트집을 잡기 좋아하는 사람에게는 품질감독을 시켰다고 했으므로 정답은 C이다.

* 挑剔(지나치게 트집 잡다) 와 吹毛求疵(생트집을 잡다)는 비슷한 의미에 속한다.

### 82

问: 上文主要告诉我们什么?
- A 吃一堑，长一智
- B 要多听取他人意见
- C 不要随便抱怨生活
- D 要学会将缺点转化为优势

질문: 윗글에서 주로 우리에게 알리고자 하는 것은?
- A 한 번 실패(좌절)를 겪고 나면 그만큼 현명해진다
- B 타인의 의견을 많이 경청해야 한다
- C 함부로 생활에 불평 불만해서는 안 된다
- D 단점을 장점으로 바꾸는 법을 배워야 한다

---

辞退 cítuì 동 해고하다
警告 jǐnggào 동 경고하다
罚款 fákuǎn
동 벌금을 부과하다 ★
转部门 zhuǎn bùmén
부서를 옮기다
责任心 zérènxīn 명 책임감
眼光 yǎnguāng 명 안목, 식견
狭窄 xiázhǎi 형 비좁다, 협소하다
周到 zhōudào 형 빈틈없다, 꼼꼼하다 ★
挑剔 tiāotī 동 지나치게 트집잡다, 까다롭다
记录员 jìlùyuán 명 기록원
培训 péixùn 동 양성하다, 키우다, 훈련하다 ★

**정답** D

**해설** 이 글의 주제를 묻고 있다. 이 세 사람은 각자 업무에서 있어서 우수한 성과를 보여줬다고 언급한 것으로 보아 원래 세 사람은 단점이 많은 사람들이었지만, 그 단점을 활용할 수 있는 적절한 업무를 주었더니 오히려 단점을 장점으로 전환하는 예를 보여주고 있으므로 정답은 D이다.

---

**第83到86题是根据下面一段话:** | 83-86번 문제는 다음 내용에 근거한다:

很多父母都有催促孩子的习惯，通常是从早到晚，从大事到小事。比如：有些孩子出门时，会模仿大人穿鞋的样子，自己也会尝试穿一下，但很多父母觉得孩子的动作太慢了，为了缩短时间，父母们一般会阻止自己的孩子做这样的新尝试。

有些父母说自己催促孩子是希望孩子能尽快适应外部的世界，但父母之所以选择催促孩子是因为自身过度担心和焦虑。 83、86 如果经常催促孩子，对孩子的成长是很不利的，会使他们产生一种挫败感，很容易怀疑自己。催促孩子带来的结果主要有三个：孩子要么渐渐认同父母，变成和父母一样过度担心和焦虑的人；要么会产生依赖父母的心理，觉得所有的事情跟自己无关；要么会使孩子产生逆反心理，和父母反着来。

84 父母在教育孩子的过程中应该学会放慢自己的生活节奏，试着和孩子一起按照正常的节奏生活。这样会对孩子的成长更加有利。

另外，专家还强调，应该给孩子自由玩耍的时间。很多父母觉得孩子们一个人和自己的玩具

많은 부모들은 보통 아침부터 저녁까지, 큰일에서 작은 일까지 재촉하는 습관이 있다. 예를 들면, 어떤 아이들은 집을 나설 때, 어른이 신발 신는 모습을 모방하여 스스로 신어보려고 한다. 그러나 많은 부모들은 아이의 동작이 너무 느리다고 생각한 나머지 시간 단축을 위해 아이의 이러한 시도를 막는다.

어떤 부모는 아이를 재촉하는 것이 최대한 빨리 외부환경에 적응하길 바라기 때문이라고 말한다. 그러나 부모가 아이를 재촉하는 것은 자신의 과도한 걱정과 초조함 때문이다. 83、86 만일 과도하게 재촉한다면 아이의 성장에 도움이 되지 않는다. 일종의 좌절감도 생기고 또한 쉽게 자신을 의심하게 될 것이다. 아이를 재촉하면 주로 세 가지 결과가 초래된다. 아이가 점점 부모와 동일시되어 똑같이 지나치게 걱정하며 초조해하는 사람으로 변하거나, 부모에게 의존하여 모든 일은 자신과 무관하다고 여긴다던가, 그렇지 않으면 아이의 역반응 심리로 부모와 대립하게 될 것이다.

84 부모는 아이를 교육시키는 과정에서 마땅히 자신의 생활리듬을 늦추는 것을 배워야 하며, 아이와 함께 정상적인 리듬에 맞춰 생활하는 것을 시도해 본다. 이렇게 한다면 아이의 성장에 더욱 도움이 될 것이다.

그 밖에 전문가들은 마땅히 아이에게 자유로운 놀이시간을 주어야 한다고 강조한다. 많은 부모들은 아이가 혼자 자신의 장난감과 이야기하는 것

**지문 어휘**

催促 cuīcù 동 재촉하다
通常 tōngcháng 명 보통 ★
出门 chū mén 동 외출하다
模仿 mófǎng 동 모방하다 ★
大人 dàrén 명 어른
样子 yàngzi 명 모습
尝试 chángshì 동 시도해 보다
动作 dòngzuò 동 움직이다
缩短 suōduǎn 동 단축하다 ★
阻止 zǔzhǐ 동 저지하다 ★
适应 shìyìng 동 적응하다
外部 wàibù 명 외부
过度 guòdù 동 과도하다
担心 dān xīn 동 염려하다, 걱정하다
焦虑 jiāolǜ 형 초조하다
产生 chǎnshēng 동 생기다 ★
挫败 cuòbài 동 좌절과 실패
怀疑 huáiyí 동 의심하다
渐渐 jiànjiàn 부 점점
认同 rèntóng 동 인정하다
变成 biànchéng 동 …로 변하다
依赖 yīlài 동 의지하다
无关 wúguān 동 무관하다
逆反心理 nìfǎnxīnlǐ 명 역반응 심리
放慢 fàngmàn 동 늦추다
生活节奏 shēnghuó jiézòu 명 생활리듬
专家 zhuānjiā 명 전문가 ★
强调 qiángdiào 동 강조하다 ★
玩耍 wánshuǎ 동 놀다
玩具 wánjù 명 장난감 ★
天空 tiānkōng 명 하늘 ★

聊天，对着天空和云朵发呆，或者非常专注地看蚂蚁搬家是极其浪费时间的行为。其实不然，这些看似浪费时间的事情，可以让孩子获得更多乐趣。⁸⁵父母应该让孩子用自己喜欢的方式玩耍，这样不仅可以帮助他们把事物形象化、概念化，而且能够使他们更了解自己、了解他人。

과 하늘과 구름을 향해 멍하게 있는 것, 혹은 개미가 집을 옮기는 것을 집중해서 보는 행동을 시간낭비라고 생각한다. 사실은 그렇지 않다. 시간을 낭비하는 것처럼 보이는 이러한 행동들은 아이가 더욱 많은 즐거움을 느끼도록 해 준다. ⁸⁵부모는 아이가 좋아하는 방식으로 놀게 해야 한다. 이것은 아이가 사물을 형상화, 개념화하는 것에 도움이 되며 아이가 자신과 타인을 이해하는데 도움이 될 것이다.

**云朵** yúnduǒ 명 구름송이
**发呆** fādāi 동 멍하다, 넋을 잃다
**专注** zhuānzhù 동 집중하다
**蚂蚁** mǎyǐ 명 개미
**获得** huòdé 동 얻다
**乐趣** lèqù 명 즐거움
**方式** fāngshì 명 방식 ★
**形象化** xíngxiànghuà 명 형상화
**概念** gàiniàn 명 개념 ★
**他人** tārén 명 타인
**责任心** zérènxīn 명 책임감
**抱怨** bàoyuàn 동 원망하다 ★
**严厉** yánlì 형 호되다, 단호하다
**依靠** yīkào 동 의지하다, 기대다
**沉默** chénmò 형 과묵하다, 말이적다 ★
**激发** jīfā 동 불러일으키다

### 83

问: 孩子如果被过多地催促，可能会:
A 依靠自己的力量
B 有责任心
C 怀疑自己
D 变得沉默

질문: 아이를 지나치게 재촉한다면 어떤 일이 발생하는가?
A 자신의 힘에 의지하다
B 책임감이 생긴다
C 자신을 의심한다
D 말 수가 줄어든다

**정답** C

**해설** 아이를 지나치게 재촉한다면 어떤 결과가 나타나는 지에 대해 묻고 있다. 단문 두 번째 단락에 과도하게 재촉한다면 쉽게 자신을 의심하게 될 것이라고 했으므로 보기 C의 자신을 의심한다는 내용과 일맥상통한다.

### 84

问: 第三段中，父母应该怎么做?
A 放慢自己的速度
B 经常带孩子去旅游
C 少抱怨生活
D 对孩子更加严厉

질문: 제 3단락에서 제시된 내용에 근거하면 부모는 어떻게 행동해야 하는가?
A 자신의 속도를 늦춰야 한다
B 자주 아이를 데리고 여행을 가야 한다
C 삶에 대한 불평을 줄여야 한다
D 아이를 더욱 엄격히 대해야 한다

**정답** A

**해설** 세 번째에서 제시된 내용에 근거하면 부모는 어떻게 행동해야 하는지에 대해 묻고 있다. 단문 세 번째 단락에 부모는 반드시 자신의 생활리듬을 늦추는 것을 배워야 한라고 했으므로 보기 C의 자신의 속도를 한 템포 늦춰야 한다는 내용과 일맥상통한다.

## 85

问: 孩子通过自己喜爱的方式玩耍，可以：

A 掌握多种语言
B 激发创造力
C 提高动手能力
D 了解自己和他人

질문: 아이가 좋아하는 방식으로 노는 것을 통해 생기는 장점은:

A 많은 언어를 숙달할 수 있다
B 창의력을 발달시킨다
C 업무능력을 단련시킨다
D 자신과 남을 이해할 수 있다

**정답** D

**해설** 아이가 좋아하는 방식으로 노는 것을 통해 생기는 장점은 무엇인지 묻고 있다. 단문 마지막 단락에 아이가 좋아하는 방식으로 노는 것은 아이가 자신과 남을 이해하는데 도움이 된다라고 언급했으므로 보기 D와 일치하는 내용이다.

## 86

问: 最适合做上文标题的是：

A 谁偷听了孩子的秘密
B 兴趣是成长的朋友
C 父母要成为孩子的榜样
D 别让孩子在催促中成长

질문: 윗글의 제목으로 가장 적당한 것은:

A 누가 아이의 비밀을 몰래 들었을까
B 흥미는 성장의 친구
C 부모는 아이의 모범이 되어야 한다
D 아이가 재촉 속에서 자라게 하지 말라

**정답** D

**해설** 이 글의 제목을 찾는 문제이다. 단문 두 번째 단락에서 아이를 재촉 하는 것에 대한 단점을 설명하고 있으므로 "아이가 재촉 속에서 자라게 하지 말라"가 이 글의 제목으로 가장 적당하다.

**第87到90题是根据下面一段话：**  87-90번 문제는 다음 내용에 근거한다:

胡雪岩是中国近代著名商人。他曾经在杂粮行当学徒，后来改行到了浙江金华火腿行。在火腿行干了一段时间后，善于观察和思考的胡雪岩发现，开钱庄很赚钱。于是，87 他暗暗下定决心，一定要到钱庄去当学徒。

可是，怎么去呢？对此，一般人可能就会直截了当地去问：你们那里需要学徒吗？我能不能去呀？或者暗地里偷偷地递上简历、找关系等等。但胡雪岩没有这样做，而是 88 首先详细了解当钱庄学徒所需的条件。当他得知做钱庄学徒要算钱算得快，算盘打得熟，字写得漂亮时，他马上就开始每天暗自苦练书法和珠心算。

他刻苦用心，很快就掌握了。之后，在与钱庄掌柜核对账目时，89 胡雪岩就故意不用算盘，但算得一分不差。因此钱庄掌柜相中了他。后来，掌柜发现胡雪岩的算盘也打得快，还勤快好学，于是，钱庄掌柜便主动跟胡雪岩的老板说："我们钱庄非常需要像胡雪岩这样的人，你愿不愿意把他让给我呢？"看到胡雪岩有更好的发展前途，同时又能进一步加强自己与钱庄的联系，老板自然是高兴地答应了。就这样，胡雪岩就如愿以偿地进入了钱庄，不动声色地顺利实现了第二次跳槽。

胡雪岩[호설암, 후쉬에옌]은 중국 근대 유명한 상인이다. 그는 일찍이 양곡도매상의 수습생이었다가, 훗날 저장성 햄 가공업 업종으로 변경하였다. 햄 가공업을 하고 얼마 뒤, 관찰하고 생각하기를 즐겨하는 호설암은 개인은행을 열면 돈을 많이 벌 수 있다는 것을 발견했다. 그래서 87 그는 반드시 개인은행에 가서 수습생이 되기로 몰래 결심을 내렸다.

그러나 어떻게 갈 것인가? 이것에 대하여 보통사람들은 아마도 단도직입적으로 그 곳에 가서 물었을 것이다: 당신들은 수습생이 필요한가? 내가 가도 되겠는가? 혹은 조용히 암암리에 이력서를 보내거나 인맥을 찾는 등을 할 것이다. 그러나 호설암은 그렇게 하지 않고, 88 먼저 개인은행 수습생의 조건에 대해 상세히 잘 알아보았다. 그가 개인은행의 수습생은 계산이 빨라야 하며, 주판에 능숙하고, 글자도 예쁘게 써야 한다는 것을 알았을 때, 그는 비밀리에 서예와 주산법을 열심히 연습했다.

그는 몹시 열심히 했고, 곧 숙달되었다. 그 후 개인은행 주인과 장부를 대조할 때, 89 호설암은 일부러 주판을 사용하지 않았음에도 한치의 오차도 없이 계산하였다. 이로 인해 개인은행 주인은 그를 마음에 들어 했다. 훗날, 주인은 호설암의 주산이 매우 빠르고, 부지런하고 배우길 좋아하는 것을 발견하였고, 개인은행 주인은 곧 자발적으로 호설암의 사장에게 말했다: "우리 개인은행에서는 호설암 같은 사람이 매우 필요합니다. 당신은 그를 저에게 양보 해 주실 수 있으십니까?" 호설암에게 더 좋은 발전 가능성이 있는 것을 보고, 동시에 자신과 개인은행의 관계를 한 단계 더 강화할 수 있어서, 사장은 자연스레 흔쾌히 허락하였다. 이렇게 호설암은 소원을 이뤄 개인은행에 들어갔고, 태연하고 자연스럽게 두 번째 이직을 실현하였다.

**지문 어휘**

**胡雪岩** Húxuěyán 몡 호설암, 청나라의 상계(商界)를 주름잡던 중국 최고의 상인

**商人** shāngrén 몡 상인, 장사꾼

**曾经** céngjīng 부 일찍이, 이전에

**改行** gǎi háng 동 직업을 바꾸다, 전업하다

**火腿** huǒtuǐ 몡 햄, 소시지

**钱庄** qiánzhuāng 몡 (개인적으로 경영하던) 금융기관

**善于** shànyú 동 ~을 잘하다, ~에 능숙하다 ★

**观察** guānchá 동 관찰하다, 살피다 ★

**思考** sīkǎo 동 사고하다, 깊이 생각하다 ★

**赚钱** zhuàn qián 동 돈을 벌다

**暗暗** àn'àn 부 몰래, 혼자, 암암리에

**下决心** xià juéxīn 동 결심하다

**学徒** xuétú 몡 제자

**直截了当** zhíjiéliǎodàng 셩 직설적으로, 단도직입적으로, 드러내 놓고, 딱 잘라

**偷偷** tōutōu 부 남몰래, 살짝, 슬그머니

**递上** dìshàng 동 내밀다, 내놓다

**简历** jiǎnlì 몡 이력서 ★

**详细** xiángxì 형 상세하다, 자세하다

**条件** tiáojiàn 몡 조건

**得知** dézhī 동 이해하다, 알게 되다

**算钱** suàn qián 동 돈을 세다

**算盘** suànpán 몡 주판, 주산

**暗自苦练** ànzì kǔliàn 남몰래 연습을 하다

**书法** shūfǎ 몡 서예

### 87
问: 根据第一段,可以知道什么?
- A 杂粮行业待遇丰厚
- **B 胡雪岩想改行去钱庄**
- C 胡雪岩是杭州人
- D 火腿行业竞争很激烈

질문: 첫 번째 단락에 근거하여 알 수 있는 것은?
- A 양곡도매업종의 대우가 넉넉하다
- **B 호설암은 업종을 바꾸어 개인은행으로 가고 싶어한다**
- C 호설암은 항저우사람이다
- D 햄 가공업종의 경쟁은 치열하다

**정답 B**

해설) 첫 번째 단락에 근거하여 알 수 있는 것은 무엇인지 묻고 있다. 단문 첫 번째 단락에 그는 반드시 개인은행에 가서 수습생이 되기로 조용히 결심을 내렸다라고 언급한 것으로 보아 호설암은 업종을 변경하고 싶어함을 알 수 있다.

### 88
问: 根据第二段,当钱庄学徒有什么条件?
- A 会拍马屁
- B 善于与人打交道
- C 性格开朗
- **D 算盘打得准**

질문: 두 번째 단락에 근거하여 개인은행의 수습생은 어떤 조건이 있는가?
- A 아부를 잘한다
- B 사람과 잘 교류한다
- C 성격이 활발하다
- **D 주판을 확실히 다루어야 한다**

**정답 D**

해설) 구체적 질문으로 지문에서 바로 찾아낼 수 있는 문제 유형이다. 두 번째 단락에 근거하여 개인은행의 수습생은 어떤 조건이 있는지 묻고 있다. 그가 개인은행의 수습생은 계산이 빨라야 하며, 주판에 익숙하고, 글자도 예쁘게 써야 한다라고 언급을 했으므로 결과적으로 주판을 잘 다루는 것이 조건임을 알 수 있다.

### 89
问: 胡雪岩怎么引起钱庄老板的注意的?
- A 向老板推荐自己
- B 对顾客非常亲切
- **C 心算又快又准**
- D 靠朋友接近钱庄老板

질문: 호설암은 어떻게 개인은행 주인의 주의를 끌었는가?
- A 사장님께 자신을 추천해서
- B 고객에게 매우 친절해서
- **C 암산이 매우 빠르고 정확해서**
- D 친구를 의지해 개인은행 사장과 가까이 해서

---

珠心算 zhūxīnsuàn
명 주산법, 속셈

刻苦用心 kèkǔ yòngxīn
심혈을 기울이다, 고생을 참아내다

掌握 zhǎngwò
동 파악하다, 정통하다, 숙달하다

账目 zhàngmù
명 장부상의 계산, 항목 ★

故意 gùyì 부 고의로, 일부러

掌柜 zhǎngguì 명 상점의 주인

相中 xiāngzhòng
동 마음에 들다, 보고 반하다

勤快好学 qínkuai hàoxué
부지런히 공부하다

主动 zhǔdòng
형 주동적인, 자발적인 ★

前途 qiántú 명 전도, 앞길, 전망

进一步 jìnyíbù
부 나아가, 진일보하여

答应 dāying 동 대답하다 ★

如愿以偿 rúyuànyǐcháng
성 희망이 이루어지다, 소원을 성취하다

不动声色 búdòngshēngsè
성 감정을 드러내지 않다,
(태도가) 침착하다

跳槽 tiào cáo 동 다른 부서로 옮기다, 직업을 바꾸다

待遇 dàiyù 명 대우 ★

丰厚 fēnghòu
형 두텁다, 넉넉하다, 후하다

行业 hángyè 명 업종, 직업 ★

激烈 jīliè 형 치열하다, 격렬하다 ★

拍马屁 pāi mǎpì
동 아부하다, 비위를 맞추다

打交道 dǎ jiāodao
동 왕래하다, 사람을 사귀다

开朗 kāilǎng 형 명랑하다, 낙관적이다, 트이다

推荐 tuījiàn 동 추천하다 ★

실전 모의고사 **145**

정답 **C**

해설 구체적 질문으로 지문에서 바로 찾아낼 수 있는 문제 유형이다. 호설암은 어떻게 개인 은행 주인의 주의를 끌었는지 이유를 묻고 있다. 단문 마지막 단락에 호설암은 일부러 주판을 사용하지 않았음에도, 조금도 오차 없이 계산하였고, 이로 인해 개인은행 주인은 그를 마음에 들어 했다라고 언급했으므로 호설암은 자신의 암산이 빠른 것으로 주인의 주의를 끌었음을 알 수 있다.

**90**

问: 最后一段 "如愿以偿" 的意思是:
A 称心如意
B 兴高采烈
C 兴致勃勃
D 有意外的收获

질문: 마지막 단락에 '如愿以偿'의 의미는?
A 마음에 들어 하다
B 즐겁다
C 흥미진진하다
D 의외의 수확이 있다

정답 **A**

해설 밑줄 친 사자성어의 뜻을 묻는 문제이다. 如愿以偿는 '희망이 이루어지다, 소원을 성취하다'라는 성어이므로 여기서는 보기 A의 称心如意(마음에 들게 하다, 뜻대로 되게 하다)와 의미가 상통한다.

* 如愿以偿 와 称心如意 는 둘 다 마음으로 희망한 것을 실현한다는 의미임을 알아두자!

亲切 qīnqiè 형 친절하다, 친근하다 ★
心算 xīnsuàn 동 암산하다
接近 jiējìn 동 접근하다, 가까이 하다 ★
称心如意 chènxīnrúyì 성 마음에 꼭 들다, 자기 마음에 완전히 부합되다
兴高采烈 xìnggāocǎiliè 성 매우 흥겹다, 매우 기쁘다, 신바람 나다
兴致勃勃 xìngzhìbóbó 성 흥미진진하다
意外 yìwài 형 의외의, 뜻밖의 ★
收获 shōuhuò 명 수확, 성과 동 수확하다, 거둬들이다

# HSK 5급 2회 쓰기

**제1부분** 91~98번 문제는 제시된 어휘를 어순에 맞게 배열하여 문장을 완성하는 문제입니다.

## 91

| 计算机 | 输入错误 | 显示密码 | 里 |

**정답** 计算机里显示密码输入错误。
컴퓨터 안에 비밀번호 입력오류가 표시되어 있다.

**보기 어휘**

计算机 jìsuànjī
명 컴퓨터, 계산기

输入 shūrù
명 입력 동 입력하다 ★

错误 cuòwù 명 오류, 실수

显示 xiǎnshì 동 표시되다, 뚜렷하게 나타내 보이다 ★

密码 mìmǎ 명 비밀번호, 암호

**해설**

| 술어 자리는 동사 显示(표시하다)이다. | → | 주어 자리는 计算机이고, 보기에 방위사 里(안) 가 있으므로 사물을 나타내는 计算机 뒤에 배치한다. | → | 문맥상 密码输入错误(비밀번호 입력 오류)가 전체 목적어에 속한다. |

## 92

| 会陆续 | 员工的 | 奖金 | 发给 |

**정답** 奖金会陆续发给员工的。
보너스는 계속해서 직원들에게 지급될 것이다.

**보기 어휘**

陆续 lùxù
부 끊임없이, 계속해서 ★

员工 yuángōng 명 직원 ★

奖金 jiǎngjīn 명 포상금, 보너스

发 fā 동 지급하다, 보내다

**해설**

| 술어 자리는 发(지급하다)이다. | → | 여기에서는 会陆续의 의미를 파악하는 것이 중요하다. 会는 문장 맨 뒤에 的와 함께 쓰여 ~일 것이다 라는 의미를 나타낸다. 陆续는 '끊임없이, 계속해서' 라는 부사이므로 주어 뒤, 동사 앞에 배치한다. | → | 주어 자리는 奖金(보너스)이고, 发给는 전치사 给가 결과보어로 쓰인 형태이다. 给는 '~에게'라는 의미로 뒤에 대상이 오므로 员工的가 위치한다. |

▶ 会는 문장 마지막에 습관적으로 '的'를 붙여 ~일 것이다 라는 미래의 가능성을 나타낸다.

## 93

一条    她    看中了    白金项链

**보기 어휘**

条 tiáo 양 가늘고 긴 것을 세는 단위
看中 kànzhòng 동 마음에 들다
白金 báijīn 명 백금
项链 xiàngliàn 명 목걸이 ★

**정답** 她看中了一条白金项链。
그녀는 백금 목걸이 하나가 마음에 들었다.

**해설**

| 술어 자리는 看中了(마음에 들었다)이다. | → [주어 + 양사 + 명사] 순으로 배치한다. | → 주어는 她이고, 목적어 앞에 수량사가 위치하므로 一条白金项链으로 나열한다. |

## 94

这个橱柜    没有    盘子    里

**보기 어휘**

橱柜 chúguì 명 찬장
盘子 pánzi 명 쟁반

**정답** 这个橱柜里没有盘子。
이 찬장 안에는 접시가 없다.

**해설**

| 술어 자리는 没有(~에 ~이 없다)이다. | → 有가 나오면 주어 자리는 시간명사나 장소명사가 위치한다. 这个橱柜(이 찬장) 뒤에 방위사 里가 배치되어야 하므로 주어 자리는 这个橱柜里이다. | → 목적어는 盘子(쟁반)이다. |

## 95

搬到    把桌子    屋    哪个    你准备

**보기 어휘**

搬 bān 동 옮기다
桌子 zhuōzi 명 테이블, 책상
屋 wū 명 방, 거실

**정답** 你准备把桌子搬到哪个屋?
당신은 책상을 어느 방으로 옮기려고 하나요?

## 해설

| 술어 자리는 准备 (준비하다)이다. | → | 보기에 把가 있으므로 把자문을 연상하면 된다.<br>[주어 + 把 + 행위의 대상 + 술어 + 기타성분]로 위치 배열한다. | → | 목적어 자리는 의문대명사 哪个가 屋를 수식하므로 哪个屋가 목적어가 된다. |
|---|---|---|---|---|

▶ 把 + 목적어1 + 搬到 + 목적어2(목적어1를 목적어2로 옮기다) 구문을 익혀두자!

### 96

应该   大家的尊重   这些伟人   受到

**보기 어휘**

**应该** yīnggāi
조 마땅히 ~해야 한다

**尊重** zūnzhòng
명 존중 동 존중하다

**伟人** wěirén
명 위인, 위대한 사람

**受到** shòudào 동 받다

**정답** 这些伟人应该受到大家的尊重。
이 위인들은 모두의 존경을 받아야 한다.

### 해설

| 술어 자리는 受到(받았다) 이다. | → | 보기에 应该(~해야 한다)가 있으므로 조동사 순서 배열에 주목한다.<br>[주어 + 조동사 + 술어 + 목적어]로 위치 배열한다. | → | 술어 受到 뒤에 의미상 어울리는 어휘는 大家的尊重(모두의 존경)이므로 목적어 자리에 배치한다. 주어 자리는 관형어 형태인 这些伟人(이 위인들)이다. |
|---|---|---|---|---|

### 97

你们   新商品   特色   推出的   各有

**보기 어휘**

**新商品** xīnshāngpǐn
명 신제품

**特色** tèsè 명 특색, 특징 ★

**推出** tuīchū 동 출시하다, 내놓다

**各** gè 부 각자, 각기

**정답** 你们推出的新商品各有特色。
당신들이 출시한 신제품은 각기 특징이 있습니다.

### 해설

| 술어 자리는 有(있다)이다. | → | 여기서는 동사 推出(출시하다) 뒤에 (관형어를 만드는) 조사 的가 있으므로 뒤에 명사가 위치한다.<br>推出的 와 의미상 어울리는 명사는 新商品(신제품)이다. | → | 주어 자리 위치에 주목한다. 동목구가 주어 자리에 배치하는 형태이므로 你们推出的新商品이 전체 주어에 해당된다. |
|---|---|---|---|---|

▶ 各有特色(각기 특징이 있다)는 통으로 암기해 두자!

## 98

教育是　　　　基础　　　经济发展　　　的

**보기 어휘**

教育 jiàoyù 명 교육
基础 jīchǔ 명 기초, 밑거름
经济 jīngjì 명 경제
发展 fāzhǎn
명 발전, 동 발전하다

**정답** 教育是经济发展的基础。
교육은 경제발전의 밑거름이다.

**해설**

| 술어 자리는 是(이다)이므로 A는 B이다 구문으로 배열한다. | → | A 是 B의 경우, A에는 구체적인 대상이 나오고 B에는 주로 범위가 크고 추상적인 설명이 나열되므로 의미상 经济发展的基础(경제발전의 밑거름)를 목적어 자리에 배치하면 된다. (교육 = 경제발전의 밑거름) |
|---|---|---|

---

**제2부분**　99~100번 문제는 제시된 사진과 어휘를 활용하여 80자 내외의 작문을 완성하세요.

## 99

庆祝　　　球迷　　　警察　　　对方　　　吵架

**보기 어휘**

庆祝 qìngzhù 동 경축하다 ★
球迷 qiúmí 명 축구 팬 ★
警察 jǐngchá 명 경찰
对方 duìfāng 명 상대방 ★
吵架 chǎo jià 동 다투다, 말다툼하다

**Step 1 : 주제를 찾기**

| 주제 단어 | 球迷 qiúmí 축구 팬

**Step 2 : 주제 어휘들을 중심으로 각각 어휘에 살 붙이기**

▶ 庆祝 qìngzhù 경축하다, 자축하다
我和很多球迷一起大喊庆祝。
나와 많은 축구 팬들이 함께 소리를 지르며 축하했다.

▶ 警察 jǐngchá 경찰
警察很快赶来。
경찰이 급히 왔다.

**Step 3 : 각각 어휘에 살을 붙인 문장을 토대로 원고지에 완성하기**

**정답** 我是一个超级足球迷。昨天晚上我去看了一场精彩的足球比赛，我支持的球队赢了，真是太高兴了！我和很多球迷一起大喊庆祝。突然，两方的球迷吵起架来了！警察很快赶来，最后打架的球迷互相向对方道了歉。我回家的时候已经两点了。

**지문 어휘**

球队 qiúduì 명 구기종목의 팀, 단체

|   | 我 | 是 | 一 | 个 | 超 | 级 | 足 | 球 | 迷 | 。 | 昨 | 天 | 晚 | 上 |
|---|---|---|---|---|---|---|---|---|---|---|---|---|---|---|
| 我 | 去 | 看 | 了 | 一 | 场 | 精 | 彩 | 足 | 球 | 比 | 赛 | ， | 我 | 支 持 |
| 的 | 球 | 队 | 赢 | 了 | ， | 真 | 是 | 太 | 高 | 兴 | 了 | ！ | 我 | 和 很 |
| 多 | 球 | 迷 | 一 | 起 | 大 | 喊 | 庆 | 祝 | 。 | 突 | 然 | ， | 两 | 方 的 |
| 球 | 迷 | 吵 | 起 | 架 | 来 | 了 | ！ | 警 | 察 | 很 | 快 | 赶 | 来 | ，最 |
| 后 | 打 | 架 | 的 | 球 | 迷 | 互 | 相 | 向 | 对 | 方 | 道 | 了 | 歉 | 。我 |
| 回 | 家 | 的 | 时 | 候 | 已 | 经 | 两 | 点 | 了 | 。 |   |   |   |   |

大喊 dàhǎn 통 큰소리로 외치다
打架 dǎ jià 통 싸우다 ★
道歉 dào qiàn 통 사과하다

**해석** 나는 프리미어리그 축구 팬이다. 어제 저녁에 나는 멋진 축구경기를 보러 갔었는데, 내가 응원하던 팀이 이겨서 정말 기뻤다! 나와 많은 축구 팬들이 함께 소리를 지르며 자축을 하고 있었는데, 갑자기 양팀의 팬들이 싸우기 시작했다. 경찰이 급히 왔고, 결국 싸움을 벌이던 축구팬들은 서로 상대방에게 사과를 했다. 내가 집에 돌아왔을 때는 이미 2시였다.

**Step 1 : 그림을 간단하게 묘사하기**
▶ 图片里有一个人正在抽烟。
   그림 속의 한 사람이 담배를 피우고 있다.

**Step 2 : 살 붙이기**
▶ 人们感到压力很大的时候，会想抽烟。
   사람들은 스트레스를 많이 받을 때, 담배를 피우고 싶어할 것이다.

**Step 3 : 서론 ⋯ 본론 ⋯ 결론으로 마무리**

**지문 어휘**
抽烟 chōu yān
통 담배를 피우다, 흡연하다
压力 yālì 명 스트레스
坏处 huàichu 명 나쁜 점, 해로운 점 ★
危害 wēihài 통 해를 끼치다, 해치다 ★
戒烟 jiè yān 통 담배를 끊다

**정답** 图片里有一个人正在抽烟。人们感到压力很大的时候，会想抽烟的。可是我要告诉大家：抽烟对身体有很多坏处，经常抽烟的人很容易生病。抽烟还污染环境，也会给身边的人带来危害。为了自己的健康，你们戒烟怎么样？

图片里有一个人正在抽烟。人们感到压力很大的时候，会想抽烟的。可是我要告诉大家：抽烟对身体有很多坏处，经常抽烟的人很容易生病。抽烟还污染环境，也会给身边的人带来危害。为了自己的健康，你们戒烟怎么样？

**[해석]** 그림 속의 한 사람이 담배를 피우고 있다. 사회가 발전함에 따라 사람들은 스트레스를 많이 받을 때, 담배를 피우고 싶어할 것이다. 그러나 모두에게 말해 주고 싶은 것은: 흡연은 몸에 매우 해롭고, 자주 담배를 피우는 사람은 쉽게 병에 걸린다. 흡연은 또 환경을 오염시키고, 주변사람에게 피해를 주기도 한다. 자신의 건강을 위해 담배를 끊으면 어떨까요?

# HSK 5급 3회 모의고사 듣기 스크립트

**HSK(五级)第三套听力材料**

(音乐，30秒，渐弱)

大家好！欢迎参加HSK (五级) 考试。

大家好！欢迎参加HSK (五级) 考试。

大家好！欢迎参加HSK (五级) 考试。

HSK (五级) 听力考试分两部分，共45题。

请大家注意，听力考试现在开始。

## 第一部分

第1到20题，请选出正确答案。现在开始第1题：

**1**

女：师傅，在前面的路口拐弯儿时要小心点儿，路面结冰了，有点儿滑。

男：别担心，这条路我非常熟。

问：女的为什么让男的小心点儿？

**2**

男：辞职以后你打算做什么？

女：我想和朋友合开一所语言培训学校，已经选好地址了。

问：根据对话，下列哪项正确？

**3**

女：晚上玩儿电脑最好把电脑的亮度调暗些，否则对眼睛伤害非常大。

男：好，我以后会注意的。

问：女的建议男的怎么做？

**4**

男：冬至饺子，夏至面，今天是夏至，中午吃面条，好不好？

女：可以啊，那么去隔壁餐馆儿吃吧。那家的面条宽厚、筋道，味道非常香。

问：女的想去哪儿吃面条？

**5**

女：刚刚好像闪电了，你快点儿把阳台的衣服收进来吧。

男：好的，我现在就去。

问：男的接下来要做什么？

**6**

男：准备了这么长时间，对王经理的采访终于结束了。

女：辛苦了，整理完采访资料，回家好好儿休息休息吧。

问：男的刚采访完谁？

**7**

女：这本书内容丰富是丰富，不过太抽象了。儿子可能不喜欢看。

男：那我们再选选吧，选一个故事性强的。

问：女的觉得那本书怎么样？

**8**

男：玻璃我已经擦了好几遍了，觉得还是不干净。

女：要不你拿旧报纸再擦一擦，据说很管用。

问：男的可能在做什么？

**9**

女：这部电影的男主角演得真不错，我听说他是从英语系毕业的。

男：是吗？难怪他英语说得那么流利。

问：女的觉得男主角怎么样？

**10**

男：你的驾照拿到了吗？

女：还没，我笔试没通过，教练让我去补考一次。

问：关于女的，可以知道什么？

**11**

女：领导这星期要组织大家去郊游，你去不去？

男：当然去啊，我刚进单位不久，趁这个机会，正好跟大家熟悉一下。

问：男的是什么意思？

**12**

男：这部动画片为什么看不到字幕？

女：我为了练习听力，把字幕关掉了。

问：女的为什么要关掉字幕？

**13**

女：演唱会很快要开始了，麦克风怎么不出声音呢？

男：我去录音室看看，有可能是设备的问题。

问：男的要去哪儿？

**14**

男：你今天看上去脸色不太好，昨晚又熬夜了吗？

女：是啊，我昨晚写项目总结，只睡了三个小时。现在还头晕呢。

问：女的昨晚为什么熬夜？

**15**

女：你报的那所大学好不好？

男：是重点大学，教学资源非常丰富，不过有点儿偏理科。

问：男的怎么评价那所大学？

**16**

男：这么大规模的展览会，工作人员够不够？

女：当然不够，到时候还会来十几名帮忙的志愿者。

问：女的是什么意思？

**17**

女：家里水管漏水，这事你跟房东说了吗？

男：说了，他说工作人员下午就过来维修。

问：根据对话，可以知道什么？

**18**

男：糟糕，刚才买电脑，忘了开发票了。以后保修的话，还得用呢。

女：你打电话问问售后服务，看补开一张发票行不行。

问：男的怎么了？

**19**

女：恭喜恭喜，母子平安。孩子很健康，6斤7两。

男：谢谢医生，我现在可以进去看看吗？

问：女的为什么恭喜男的？

**20**

男：你买好中秋节回家的车票了吗？

女：没呢，我昨天买的时候，售票系统已经关闭了。因此没买成。

问：女的昨天为什么没买车票？

**第二部分**

第21到45题，请选出正确答案。现在开始第21题：

**21**

女：放寒假的时候，我打算学一门乐器。

男：好啊，你想学什么？

女：钢琴，可是我没基础，担心学不好。

男：你坚持练习的话，一定没问题。

问：女的为什么担心？

**22**

男：我想预订一间大包间，下星期三中午的。

女：好的，先生，请您在这儿先登记一下。

男：请问，我能不能提前点好菜呢？

女：可以，但您得先交300块钱订金。

男：好，没问题。

问：男的接下来最可能会做什么？

**23**

女：这个小区里有家文具店，怎么关门啦？

男：文具店上周就关门了。您有什么事吗？

女：我是那家店的老板的大学同学，我专门来找他的。

男：哦，他好像回老家去了。

问：根据对话，下列哪项正确？

**24**

男：我现在有一个机会，可以出国学习，但没想好要不要去。

女：机会难得，如果能去的话，为什么不去呢？

男：我很快就要毕业了，我担心现在出国会耽误找工作。

女：总之各有优缺点，看你自己怎么选择了。

问：男的怕出国会怎么样？

**25**

女：请问一下，车还没到目的地，为什么停下来了？

男：对不起，现在列车是临时停车。

女：大约要停多长时间？不会晚点吧？

男：要是没有特殊情况，一般都会准点到站。

问：列车怎么了？

**26**

男：我要买一幅画挂在墙上，能不能帮我推荐推荐？

女：您是要挂在卧室的，还是挂在客厅的？

男：挂在卧室里。

女：那您可以试试这幅，色彩比较鲜艳，最近非常流行这种画风。

问：关于那幅画，可以知道什么？

**27**

女：产品的说明书你取回来了吗？

男：还没有，印刷厂那边说星期五才能印完。

女：周五就晚了，你打电话催他们快一点儿。

男：好的。

问：女的让男的做什么？

**28**

男：你看到我放在书包里的光盘了吗？

女：没有啊，你找光盘干什么？

男：有我参加美术展时记的笔记，现在有急用。

女：儿子昨天好像拿你的包了。你问问他。

问：男的在找什么？

**29**

女：你这么着急是要去哪儿啊？

男：对面那家百货店今天开业，有许多优惠活动。

女：真的吗？那我也要过去看看。

男：行啦，抓紧时间，一会儿人就多啦。

问：关于那家百货店，可以知道什么？

**30**

男：我的会员卡快到期了，是在这儿续费吗？

女：不好意思，现在系统有问题。暂时办理不了。

男：那有其他的续费方式吗？

女：您可以在我们官网上注册一个账号，然后直接在线充值。

问：女的建议男的怎么做？

**第31到32题是根据下面一段话：**

孩子想让父亲带他去放风筝。"今天没有风，不能放。风筝只有在有风的时候，才能飞到天上。"父亲说。"那为什么没有风，鸟却仍然可以飞到天上呢？"孩子问。"因为鸟是靠自己飞上天的，而风筝是靠风在飞。"父亲继续说，"所以啊，任何事情都要靠自己，不能只靠别人。不然，就算暂时获得成功，也不会长久。"

31　父亲为什么不带孩子放风筝？

32　父亲告诉了孩子一个什么道理？

第33到35题是根据下面一段话：

汉代著名的医学家淳于意是中国最早发明和使用病历的医生。他勤奋好学，花了很多时间钻研医术，医术很高明。在长期的从医过程中，淳于意发现医生有时对病人的情况记忆不准确，会给治疗带来麻烦。于是，每次看病时，他都记录下来病人的姓名、地址、病症、药方与看病日期等内容。实践证明这种做法对诊断和治疗很有帮助，慢慢地，医生们都向他学习。由于记录的主要内容是病史，所以后来把这种记录称为病历。

33　关于淳于意，下列哪项正确？

34　医生有时记忆不准确，会有怎样的后果？

35　根据这段话，病历上记录的主要内容是什么？

第36到38题是根据下面一段话：

有人给欧阳修一幅画儿，上面画了一丛牡丹花，花下面还蹲坐着一只猫。一天，欧阳修的一位好友来家中做客，他一看到那幅画儿马上说："这画的是中午的牡丹和猫。"欧阳修感到非常疑惑，画中完全看不到太阳，他如何能判断出是中午呢？那位好友指着牡丹说："假如他画的是早上的牡丹，花瓣上应该有露水，但这牡丹看上去已有点儿枯干。显然是因为被中午的阳光晒的。"接着，他又指着猫说："猫在遇到强光时，眼睛就会变得细长，你瞧，这只猫的眼睛眯成了一条线，不是正好说明阳光强烈吗？"

36　画儿上那只猫在哪儿？

37　欧阳修的好友从画儿中看出了什么？

38　根据这段话，猫遇到强光时会怎么样？

第39到41题是根据下面一段话：

为了减少员工由于久坐而产生健康问题，一些企业给员工更换了站立式办公桌。但最新研究表明，站着办公除了有利于提神醒脑外，对改善健康状况并没有什么好处。这是因为人的身体活动水平与健康状况关系密切，因此不管是坐着还是站着，任何一种长时间能量消耗很低的固定姿势，都可能对健康不利。要是企业购买一些健身器材放在办公室，并鼓励员工多锻炼，这肯定比让他们站着工作一天效果好得多。

39　站着办公对员工有什么好处？

40　根据这段话，什么样的状态不利于健康？

41　为了改善员工健康状况，企业应该怎么做？

第42到43题是根据下面一段话：

根据社会心理学：一个人一旦选定自己的角色位置之后，就不会因为其他原因而做出太多的改变。这种现象被叫做"定位效应"。心理学家曾做过这样一个实验，在召开会议前，先让人们自由选择座位，然后让他们在室外休息一会儿后，再进入室内就坐。这样反复进行了多次，结果发现，大多数人每次都选择了他们第一次选择的座位。许多求职者也受到了"定位效应"的影响，他们择业时，往往只考虑心中的理想职位，这就导致他们很容易错过其他机会。

42　关于实验结果，下列哪项正确？

**43** "定位效应"可能会对求职者产生什么影响?

**第44到45题是根据下面一段话:**

杭州在中国最早推出公共自行车服务,发展至今,已经有了一套成熟的运营系统。靠着公共自行车极高的使用率、密集的网点分布、人性化的自助借还功能,加上较低廉的价格,杭州被评选为全球最佳公共自行车服务城市之一。在将旅游业、环境保护与交通问题结合起来,把一个公共项目做到世界级的水平这个方面来说,杭州是一个成功的范例。值得其他城市借鉴和学习。

**44** 关于杭州公共自行车系统,下列哪项正确?

**45** 说话人对杭州公共自行车系统,持什么态度?

# 모의고사 정답

## 一、听力

### 第一部分

1. D  2. B  3. C  4. B  5. B  6. B  7. A  8. D  9. B  10. B
11. D  12. B  13. B  14. C  15. D  16. A  17. A  18. B  19. B  20. A

### 第二部分

21. B  22. C  23. D  24. A  25. A  26. D  27. C  28. C  29. A  30. C
31. D  32. D  33. A  34. A  35. D  36. C  37. B  38. A  39. C  40. A
41. A  42. B  43. A  44. A  45. D

## 二、阅读

### 第一部分

46. C  47. D  48. A  49. B  50. D  51. C  52. C  53. C  54. C  55. B
56. A  57. B  58. B  59. D  60. D

### 第二部分

61. C  62. A  63. C  64. C  65. B  66. B  67. B  68. B  69. A  70. B

### 第三部分

71. D  72. A  73. B  74. C  75. D  76. B  77. C  78. D  79. D  80. A
81. D  82. C  83. D  84. D  85. D  86. B  87. D  88. A  89. C  90. C

## 三、书写

**第一部分**

91. 你家的厨房比我家的宽得多。

92. 会议临时被经理取消了。

93. 这份报告的结论不准确。

94. 她取得了模特儿比赛的亚军。

95. 你需要学会怎么控制情绪。

96. 你的营业执照带来了吗?

97. 这部电视剧带有一些神话色彩。

98. 那位作家用画表达了自己的想法。

**第二部分**

99. 工厂的安全隐患一直都是一个问题。这次事故就是因为平常上级忽视了员工们对安全方面的建议。为此,上级领导认为责任在于他们,也觉得很抱歉。幸好没有造成严重的经济损失,上级应承担所有的责任,并且要做好安全防范措施。

100. 图片里有一位记者采访一位女性领导,随着社会的发展,参加工作的女人越来越多了。那么,女性工作有什么好处呢? 第一、有益于女性的身体健康,第二、提高女性的自信,第三、改善与家人的关系。我们也应该鼓励女性们走进工作岗位吧。

# HSK 5급 3회 듣기　听力

**제1부분**　1~20번 문제는 남녀간의 대화를 듣고 질문에 알맞은 답을 고르는 문제입니다.

🎧 03_3

### 1

女：师傅，在前面的路口拐弯儿时要小心点儿，路面结冰了，有点儿滑。
男：别担心，这条路我非常熟。

问：女的为什么让男的小心点儿？
　A 雨很大　　B 车多
　C 路面不平　D 路上滑

여: 아저씨, 앞에 있는 길에서 커브 틀 때 조심하세요. 길에 얼음이 얼어서, 조금 미끄러워요.
남: 걱정 마세요, 이 길은 제게 매우 익숙한 길이에요.

질문: 여자는 왜 남자에게 조심하라고 하는가?
　A 비가 많이 와서
　B 차가 많아서
　C 길이 고르지 못해서
　D 길이 미끄러워서

**지문 어휘**
师傅 shīfu 명 선생님, 아저씨
拐弯儿 guǎiwānr 동 커브 돌다
结冰 jiébīng 동 얼음이 얼다
滑 huá 형 미끄럽다
熟 shú 형 익숙하다
平 píng 형 평평하다 ⭐

**정답** D
**해설** 여자가 남자에게 왜 조심하라고 하는지 묻는 문제이다. 여자는 길에 얼음이 얼어서 미끄러우니 커브 틀 때 조심하라고 했으므로 길이 미끄럽다라는 D가 정답이다.

### 2

男：辞职以后你打算做什么？
女：我想和朋友合开一所语言培训学校，已经选好地址了。

问：根据对话，下列哪项正确？
　A 男的想读中文系
　B 女的想办语言培训学校
　C 女的赚钱了
　D 女的想跟男的结婚

남: 사표 낸 이후에 넌 무엇을 할 계획이야?
여: 나는 친구와 함께 어학원을 열고 싶어, 이미 위치는 정했어.

질문: 대화에 근거하여, 아래 보기 중 옳은 것은?
　A 남자는 중문과 과정을 밟고 싶다
　B 여자는 어학원을 열고 싶다
　C 여자는 돈을 많이 벌었다
　D 여자는 남자와 결혼하고 싶다

**지문 어휘**
辞职 cízhí
동 직장을 그만두다 ⭐
打算 dǎsuan 동 ~할 생각이다
合开 hékāi 동 공동으로 개점하다
语言培训学校
yǔyán péixùn xuéxiào 명 어학원
选 xuǎn 동 고르다
中文系 zhōngwénxì 명 중문학과
赚钱 zhuàn qián 동 돈을 벌다

정답 B

해설 본문에 근거하여 옳은 보기를 찾는 묻는 문제이다. 남자는 여자에게 사표를 낸 이후의 계획을 물었고, 여자는 친구와 함께 어학원을 열고 싶다고 하였으므로, 여자는 어학원을 열고 싶어한다는 B가 정답이다.

## 3

女: 晚上玩儿电脑最好把电脑的亮度调暗些，否则对眼睛伤害非常大。

男: 好，我以后会注意的。

问: 女的建议男的怎么做？

A 别躺着
B 戴上眼镜
C 把电脑亮度调暗
D 声音关小些

여: 저녁에 컴퓨터를 할 때는 컴퓨터의 밝기를 조금 어둡게 조정하는 것이 좋아. 그렇지 않으면 시력이 많이 손상될 거야.

남: 알았어, 다음엔 주의할게.

질문: 여자는 남자에게 어떻게 하기를 건의하는가?

A 누워 있지 마라
B 안경을 써라
C 컴퓨터 밝기를 어둡게 조절하라
D 소리를 작게 줄여라

**지문 어휘**

亮度 liàngdù 명 밝기
调 tiáo 동 조절하다
否则 fǒuzé 접 만약 그렇지 않으면
伤害 shānghài 동 손상시키다 ★
注意 zhùyì 동 주의하다
躺 tǎng 동 눕다
戴 dài 동 착용하다
眼镜 yǎnjìng 명 안경

정답 C

해설 여자의 건의사항을 묻는 문제이다. 여자가 남자에게 저녁에 컴퓨터를 할 경우 밝기를 조금 어둡게 조정하지 않으면 시력이 많이 손상된다고 하였으므로, 컴퓨터의 밝기를 어둡게 조정하라는 C가 정답이다.

## 4

男: 冬至饺子，夏至面，今天是夏至，中午吃面条，好不好？

女: 可以啊，那么去隔壁餐馆儿吃吧。那家的面条宽厚、筋道，味道非常香。

问: 女的想去哪儿吃面条？

A 便利店
B 隔壁餐馆
C 公司的食堂
D 姥爷家

남: '동지에는 만두, 하지에는 면' 오늘은 하지이니, 점심에 국수 먹는 것 어때?

여: 좋아, 그럼 이웃집 식당에 가서 먹자. 그 집의 면발이 넓고 두껍고, 쫄깃하고, 맛도 좋아.

질문: 여자는 어디에 가서 국수를 먹고 싶어 하는가?

A 편의점
B 이웃집 식당
C 회사의 식당
D 외할아버지 댁

**지문 어휘**

冬至 dōngzhì 명 동지
夏至 xiàzhì 명 하지
隔壁 gébì 명 이웃집 ★
筋道 jīndao 형 쫄깃쫄깃하다
便利店 biànlìdiàn 명 편의점
姥爷 lǎoye 명 외할아버지

정답 ▶ **B**

해설 ▶ 여자가 어디서 국수를 먹고 싶은지 묻는 문제이다. 남자는 여자에게 점심에 국수를 먹자고 의견을 물었고, 여자는 동의하면서 이웃집 식당에 가서 먹자라고 하였으므로, 정답은 이웃집 식당인 B이다.

## 5

女: 刚刚好像闪电了，你快点儿把阳台的衣服收进来吧。

男: 好的，我现在就去。

问: 男的接下来要做什么？
A 看天气预报
B 收衣服
C 拉窗帘
D 关电视

여: 방금 번개가 친 것 같아요, 빨리 베란다의 옷을 걷어와요.

남: 알겠어요, 지금 바로 갈게요.

질문: 남자는 이어서 무엇을 하려고 하는가?
A 일기예보를 본다
B 옷을 걷는다
C 커튼을 치다
D TV를 끄다

**지문 어휘**

闪电 shǎndiàn
동 번개가 번쩍이다 ★

阳台 yángtái
명 발코니, 베란다 ★

天气预报 tiānqì yùbào
명 일기 예보

拉 lā 동 당기다, (커튼 등을) 치다

窗帘 chuānglián 명 커튼 ★

정답 ▶ **B**

해설 ▶ 남자가 대화 이후 할 행동을 묻는 문제이다. 여자가 방금 번개가 친 듯하니, 빨리 베란다의 옷을 걷어오라고 했고, 남자는 동의하였으므로 대화 이후 남자는 옷을 걷으러 갈 가능성이 크기에 정답은 B이다.

## 6

男: 准备了这么长时间，对王经理的采访终于结束了。

女: 辛苦了，整理完采访资料，回家好好儿休息休息吧。

问: 男的刚采访完谁？
A 李导演
B 王经理
C 张教练
D 服务员

남: 이렇게 오랜 시간 준비를 했던, 왕 지배인의 인터뷰가 드디어 끝났어.

여: 수고했어, 인터뷰 자료를 다 정리하면, 집에 가서 푹 쉬어.

질문: 남자는 막 누구의 인터뷰를 끝냈는가?
A 이 감독
B 왕 지배인
C 장 코치
D 종업원

**지문 어휘**

采访 cǎifǎng 동 인터뷰하다 ★

结束 jiéshù 동 끝나다

辛苦 xīnkǔ 형 수고했습니다

整理 zhěnglǐ 동 정리하다

导演 dǎoyǎn 명 감독 ★

教练 jiàoliàn 명 코치 ★

정답 ▶ **B**

해설 ▶ 인터뷰를 한 인물을 묻는 문제이다. 남자는 오랜 시간의 준비 이후, 왕 지배인의 인터뷰가 마침내 끝이 났다고 하였으므로, 정답은 B이다.

## 7

女: 这本书内容丰富是丰富，不过太抽象了。儿子可能不喜欢看。

男: 那我们再选选吧，选一个故事性强的。

问: 女的觉得那本书怎么样?

A 内容抽象
B 插图很可爱
C 字体模糊
D 卖价太高

여: 이 책의 내용은 풍부하긴 풍부한데. 너무 추상적이네요. 아들은 아마 보기 싫어 할 것 같아요.

남: 그럼 우리 다시 골라봐요. 스토리가 탄탄한 것을 고릅시다.

질문: 여자는 그 책이 어떻다고 느끼는가?

A 내용이 추상적이다
B 삽화가 귀엽다
C 글자체가 흐리다
D 판매가가 너무 높다

**지문 어휘**

抽象 chōuxiàng
형 추상적이다 ★

插图 chātú 명 삽화

模糊 móhu
형 분명하지 않다 ★

卖价 màijià 명 판매가

**정답 A**

해설 여자의 책에 대한 생각을 묻는 문제이다. 여자는 이 책의 내용이 풍부하지만 너무 추상적이라 아들이 좋아하지 않을 것이라는 말을 통해 책의 내용이 추상적이라고 생각하고 있다.

## 8

男: 玻璃我已经擦了好几遍了，觉得还是不干净。

女: 要不你拿旧报纸再擦一擦，据说很管用。

问: 男的可能在做什么?

A 种花儿
B 包饺子
C 晒被子
D 擦玻璃

남: 유리는 이미 내가 몇 번이나 닦았는데, 여전히 깨끗하지 않다고 느껴져.

여: 아니면 헌 신문으로 다시 닦아 봐. 듣자 하니, 그 방법이 효과가 있대.

질문: 남자는 아마도 무엇을 하는 중이겠는가?

A 꽃을 심는다
B 만두를 빚는다
C 이불을 말린다
D 유리를 닦는다

**지문 어휘**

擦 cā 동 닦다

旧 jiù 형 옛날의, 과거의

据说 jùshuō
동 전해지는 말에 의하면 ★

管用 guǎnyòng 형 효과적이다

种 zhòng 동 심다

晒 shài 동 햇볕에 말리다 ★

被子 bèizi 명 이불 ★

**정답 D**

해설 남자가 하고 있는 동작을 묻는 문제이다. 남자는 유리를 이미 여러 번 닦았지만 여전히 깨끗하지 않다고 말했으므로, 남자는 현재 유리를 닦고 있을 가능성이 가장 크다.

## 9

女: 这部电影的男主角演得真不错，我听说他是从英语系毕业的。

男: 是吗？难怪他英语说得那么流利。

问: 女的觉得男主角怎么样？

A 年纪太大
B 演技好
C 性格差
D 汉语不标准

여: 이 영화의 남자 주인공은 연기를 참 잘해. 내가 듣기엔 그는 영문과를 졸업했다고 하더라.

남: 그래? 어쩐지 영어를 유창하게 하더라니.

질문: 여자는 남자주인공이 어떻다고 생각하는가?

A 나이가 너무 많다
B 연기를 잘한다
C 성격이 나쁘다
D 중국어가 표준적이지 못하다

**지문 어휘**

主角 zhǔjué 몡 주연
难怪 nánguài 뮈 어쩐지, 과연 ⭐
流利 liúlì 혱 유창하다
年纪 niánjì 몡 나이, 연령 ⭐
演技 yǎnjì 몡 연기
标准 biāozhǔn 혱 표준적이다

**정답** B

**해설** 여자의 남자 주인공에 대한 생각을 묻는 문제이다. 여자가 이 영화의 남자 주인공이 연기를 잘 한다고 한 것으로 보아, 정답은 B이다.

## 10

男: 你的驾照拿到了吗？
女: 还没，我笔试没通过，教练让我去补考一次。

问: 关于女的，可以知道什么？

A 被教练批评了
B 没拿到驾照
C 被警察罚款了
D 想学骑自行车

남: 너 면허증 땄니？
여: 아직, 나 필기시험을 통과 못해서, 운전강사가 다시 재시험을 보라고 했어.

질문: 여자에 관해서, 알 수 있는 것은?

A 운전강사에게 혼났다
B 면허증을 못 땄다
C 경찰에게 벌금을 물었다
D 자전거 타는 것을 배우고 싶다

**지문 어휘**

驾照 jiàzhào 몡 운전 면허증
笔试 bǐshì 몡 필기 시험
补考 bǔkǎo 동 재시험
批评 pīpíng 동 질책하다
罚款 fá kuǎn
동 벌금을 부과하다 ⭐

**정답** B

**해설** 여자에 관해 알 수 있는 것을 묻는 문제이다. 남자는 여자에게 면허증을 땄는지 물었고, 여자는 아직 못 땄으며 필기시험을 통과하지 못해서 다시 시험을 쳐야 한다는 것으로 보아 여자는 아직 면허증을 따지 못했다는 B가 정답이다.

## 11

女: 领导这星期要组织大家去郊游，你去不去?
男: 当然去啊，我刚进单位不久，趁这个机会，正好跟大家熟悉一下。

问: 男的是什么意思?
  A 不熟悉地点
  B 周末面试
  C 打算辞职
  D 会去郊游

여: 사장님께서 이번 주에 사람들을 모아서 야유회를 가려고 하는데, 너는 갈거니?
남: 당연히 가지. 나는 회사에 들어온 지 얼마 안되어서, 이번 기회를 틈타, 모두와 친해져야겠어.

질문: 남자의 말은 무슨 뜻인가?
  A 장소를 잘 모른다
  B 주말에 면접을 본다
  C 사표를 낼 계획이다
  D 야유회를 갈 것이다

**지문 어휘**

组织 zǔzhī 동 구성하다 ★
郊游 jiāoyóu 동 교외로 소풍 가다
单位 dānwèi 명 직장, 회사 ★
趁 chèn 개 ~을 틈타 ★
熟悉 shú 형 잘 알다, 익숙하다
面试 miànshì 명 면접시험

**정답** D

**해설** 남자의 의미를 묻는 문제이다. 여자는 회사에서 야유회를 가는데 남자도 갈 것인지를 물었고, 남자는 당연히 갈 것이라고 하였으므로 정답은 D이다.

## 12

男: 这部动画片为什么看不到字幕?
女: 我为了练习听力，把字幕关掉了。

问: 女的为什么要关掉字幕?
  A 不理解字幕
  B 想练习听力
  C 字幕太大
  D 字幕有错误

남: 이 애니메이션 왜 자막이 안 나와?
여: 듣기를 연습하려고, 자막을 껐어.

질문: 여자는 왜 자막을 껐는가?
  A 자막을 이해하지 못해서
  B 듣기를 연습하고 싶어서
  C 자막이 너무 커서
  D 자막에 오류가 있어서

**지문 어휘**

动画片 dònghuàpiān 명 애니메이션 ★
字幕 zìmù 명 자막 ★
练习 liànxí 동 연습하다

**정답** B

**해설** 자막을 왜 껐는지 묻는 문제이다. 남자는 왜 애니메이션에 자막이 없는지를 물었고, 여자는 듣기 연습을 하고 싶어서 자막을 껐다고 하였으므로 정답은 B 이다.

## 13

女: 演唱会很快要开始了，麦克风怎么不出声音呢?
男: **我去录音室看看**，有可能是设备的问题。

问: 男的要去哪儿?
A 停车场
B 录音室
C 卖票处
D 报刊亭

여: 콘서트가 곧 시작하려 하는데, 마이크는 왜 소리가 안나?
남: 내가 녹음실에 가서 볼게, 아마 설비문제일거야.

질문: 남자는 어디를 가야 하는가?
A 주차장
B 녹음실
C 매표소
D 간행물 판매대

**지문 어휘**

**演唱会** yǎnchànghuì
명 음악회, 콘서트
**麦克风** màikèfēng
명 마이크 ★
**录音室** lùyīnshì 명 녹음실
**设备** shèbèi 명 설비 ★
**报刊亭** bàokāntíng
명 간행물 판매대

**정답** B

**해설** 남자가 가야 할 곳을 묻는 문제이다. 여자는 곧 콘서트가 시작되는데, 마이크의 소리가 나오지 않는다고 하였고, 남자가 설비 문제인 것 같아서 바로 녹음실에 가겠다고 하였으므로, 녹음실인 B가 정답이다.

## 14

男: 你今天看上去脸色不太好，昨晚又熬夜了吗?
女: 是啊，**我昨晚写项目总结**，只睡了三个小时。现在还头晕呢。

问: 女的昨晚为什么熬夜?
A 翻译资料
B 批改作业
C 写项目总结
D 写实验过程

남: 너 오늘 안색이 그다지 좋아 보이지 않아. 어제 저녁에 또 밤 샌 거야?
여: 응. 나 어제 저녁에 프로젝트 최종평가를 쓰느라, 세 시간 밖에 못 잤어. 지금도 어지러워.

질문: 여자는 어제 밤을 왜 샜는가?
A 자료를 번역하느라
B 숙제를 고치느라
C 프로젝트 최종평가를 쓰느라
D 실험과정을 쓰느라

**지문 어휘**

**脸色** liǎnsè 명 안색, 얼굴색
**熬夜** áoyè 동 밤새다 ★
**项目** xiàngmù
명 과제, 프로젝트 ★
**总结** zǒngjié 명 최종평가
**头晕** tóuyūn 동 현기증이 나다
**翻译** fānyì 동 번역하다
**批改** pīgǎi 동 정정하다
**实验** shíyàn
명, 동 실험(하다) ★

**정답** C

**해설** 여자가 늦게 잠을 잔 이유를 묻는 문제이다. 여자는 어제 저녁 프로젝트 최종평가를 쓰느라 세시간 밖에 잠을 자지 못했다고 하였으므로, 정답은 C이다.

## 15

女: 你报的那所大学好不好?
男: 是重点大学，教学资源非常丰富，不过有点儿偏理科。

问: 男的怎么评价那所大学?

A 属于专科学校
B 校区不干净
C 名次比较靠后
D 教学资源丰富

여: 네가 지원한 그 대학은 좋은 대학이야?
남: 명문대학이야, 교육자원이 풍부한데, 약간 이과에 편중되어 있어.

질문: 남자는 그 대학을 어떻게 평가하는가?

A 전문대학에 속해 있다
B 캠퍼스가 깨끗하지 못하다
C 순위가 비교적 뒤쳐진다
D 교육자원이 풍부하다

**지문 어휘**

**重点大学** zhòngdiǎndàxué
명 중점대학, 명문대학

**教学资源** jiàoxué zīyuán
명 교육자원

**偏** piān 형 편중되다, 치우치다

**理科** lǐkē 명 이과

**专科学校** zhuānkēxuéxiào
명 전문대학

**校区** xiàoqū 명 캠퍼스

**名次** míngcì 명 석차, 순위

**정답** D

**해설** 남자의 학교에 대한 평가를 묻는 문제이다. 여자는 남자가 지원한 대학이 좋은 대학인지 물었고, 남자는 그 학교는 명문대학이며, 교육자원이 풍부하다고 하였으므로 정답은 D이다.

## 16

男: 这么大规模的展览会，工作人员够不够?
女: 当然不够，到时候还会来十几名帮忙的志愿者。

问: 女的是什么意思?

A 有志愿者帮忙
B 观众们不够
C 工资发晚了
D 办公室太小

남: 전시회 규모가 이렇게 큰데, 스텝은 충분해?
여: 당연히 부족하지. 그때가 되면 십여 명의 자원봉사자가 또 올 거야.

질문: 여자의 말은 무슨 뜻인가?

A 도와줄 자원봉사자가 있다
B 관람객이 부족하다
C 월급을 늦게 준다
D 사무실이 너무 작다

**지문 어휘**

**规模** guīmó 명 규모, 형태 ★

**展览会** zhǎnlǎnhuì 명 전람회

**工作人员** gōngzuòrényuán
명 스태프

**志愿者** zhìyuànzhě
명 지원자 ★

**정답** A

**해설** 여자의 의미를 묻는 문제이다. 남자는 이번 전시회 규모가 크기 때문에 스텝의 인원에 대해 물었고, 여자는 스텝이 당연히 부족하지만, 전시회 때가 되면 십여 명의 자원 봉사자들이 와서 돕기로 하였다고 대답하였으므로 정답은 A이다.

## 17

女: 家里水管漏水，这事你跟房东说了吗?

男: 说了，他说工作人员下午就过来维修。

问: 根据对话，可以知道什么?

A 水管漏水
B 房东明天搬家
C 电视机坏了
D 空调没开

여: 집안 수도관에 물이 새요, 이 일 집주인이랑 이야기 했어요?

남: 말했어요. 그는 작업자가 오후에 와서 수리한다고 했어요.

질문: 대화에 근거하여, 무엇을 알 수 있는가?

A 수도관에 물이 샌다
B 집주인은 내일 이사한다
C TV가 고장이 났다
D 에어컨을 안 켰다

**지문 어휘**

水管 shuǐguǎn 명 수도관
漏水 lòu shuǐ 동 물이 새다
房东 fángdōng 명 집주인
维修 wéixiū 동 보수하다 ★

**정답** A

**해설** 대화를 통해 알 수 있는 것을 묻는 문제이다. 여자가 남자에게 집안 수도관에 물이 새는 것에 대해 집주인에게 이야기 했는지를 물었으므로, 집에 물이 샌다는 A가 정답임을 알 수 있다.

## 18

男: 糟糕，刚才买电脑，忘了开发票了。以后保修的话，还得用呢。

女: 你打电话问问售后服务，看补开一张发票行不行。

问: 男的怎么了?

A 弄丢了购物小票
B 没开发票
C 印错了名片
D 忘交电费了

남: 큰일났어, 방금 컴퓨터 살 때, 영수증 발급받는 것을 깜빡했어. 이후에 A/S할 때 꼭 필요한데.

여: 서비스센터에 전화해서 영수증 재발급 가능한지 물어봐.

질문: 남자는 어떻게 하였는가?

A 영수증을 잃어버렸다
B 영수증을 발급받지 않았다
C 명함을 잘못 인쇄하였다
D 전기세 내는 것을 잊었다

**지문 어휘**

糟糕 zāogāo 형 망치다 ★
发票 fāpiào 명 영수증 ★
保修 bǎoxiū
동 (무상으로) 보증 수리하다
售后服务 shòuhòufúwù
명 애프터 서비스(A/S)
补开 bǔkāi 동 재발급하다
购物小票 gòuwùxiǎopiào
명 영수증
电费 diànfèi
명 전기 요금, 전기세

**정답** B

**해설** 남자에 대해 묻는 문제이다. 남자는 컴퓨터를 사고 영수증 발급받는 것을 깜빡했다고 했으므로 정답은 B이다. A는 영수증을 받았지만 잃어버린 것이므로 정답과는 거리가 멀다.

## 19

女: 恭喜恭喜，母子平安。孩子很健康，6斤7两。

男: 谢谢医生，我现在可以进去看看吗?

问: 女的为什么恭喜男的?
A 眼睛手术很成功
B 孩子顺利出生了
C 孩子考上大学了
D 男的升职了

여: 축하해요. 어머니와 아이 모두 별 탈 없습니다. 아이는 건강하고 3.35Kg입니다.

남: 의사선생님 감사합니다. 저 지금 들어가서 봐도 괜찮나요?

질문: 여자는 왜 남자를 축하해 주는가?
A 눈 수술이 성공적이어서
B 아이를 순조롭게 출산하여서
C 아이가 대학에 붙어서
D 남자가 승진해서

**지문 어휘**

恭喜 gōngxǐ 동 축하하다 ★
平安 píng'ān 형 평안하다 ★
顺利 shùnlì 형 순조롭다
升职 shēng zhí 동 승진하다

**정답** B

**해설** 여자가 남자를 축하하는 이유를 묻는 문제이다. 여자는 축하한다고 하면서, 어머니와 아이 모두 무사하며, 아이는 건강하고, 3.35Kg이라고 말한 것을 보면 여자는 남자의 아이가 순조롭게 태어났기에 축하해주고 있으므로 정답은 B이다.

## 20

男: 你买好中秋节回家的车票了吗?

女: 没呢，我昨天买的时候，售票系统已经关闭了。因此没买成。

问: 女的昨天为什么没买车票?
A 售票系统关闭了
B 卡里没钱了
C 忘带身份证了
D 网断了

남: 넌 추석에 집에 돌아갈 차표를 샀니?

여: 아니. 내가 어제 사려고 할 때에는, 매표시스템이 이미 닫혔어. 그래서 못 샀어.

질문: 여자는 어제 왜 표를 사지 못했는가?
A 매표시스템이 이미 닫혔다
B 카드에 잔액이 없었다
C 신분증을 챙기지 않았다
D 인터넷이 끊겼다

**지문 어휘**

售票 shòupiào 동 매표하다
系统 xìtǒng 명 시스템
身份证 shēnfènzhèng 명 신분증

**정답** A

**해설** 여자가 표를 사지 못한 이유를 묻는 문제이다. 남자는 추석에 집에 돌아갈 표를 샀는지 물었고, 여자는 어제 저녁 표를 사려고 할 때 매표시스템이 이미 닫혀진 상태였기에 결국 사지 못했다고 하였으므로, 정답은 A이다.

## 제2부분

21~45번 문제는 남녀간의 대화 또는 단문을 듣고 질문에 알맞은 답을 고르는 문제입니다.

### 21

女: 放寒假的时候，我打算学一门乐器。
男: 好啊，你想学什么？
女: 钢琴，可是我没基础，担心学不好。
男: 你坚持练习的话，一定没问题。

问: 女的为什么担心？
A 怕花时间
B 没基础
C 钢琴太重
D 老师难找

여: 겨울방학 때. 나는 악기 하나를 배울 계획이야.
남: 좋네. 너는 어떤 악기를 배우고 싶어?
여: 피아노. 그런데 기초가 없어서 잘 못 할까 봐 걱정이 돼.
남: 네가 꾸준히 연습을 한다면, 분명 문제 없을 거야.

질문: 여자는 왜 걱정하는가?
A 시간이 걸릴 까봐
B 기초가 없어서
C 피아노가 무거워서
D 선생님 찾기가 힘들어서

**지문 어휘**

门 mén 양 가지, 과목
乐器 yuèqì 명 악기 ★
钢琴 gāngqín 명 피아노
基础 jīchǔ 명 기초, 바탕
坚持 jiānchí 계속하다
怕 pà 동 근심하다
难找 nánzhǎo 동 찾기 어렵다

**정답** B

**해설** 여자가 왜 걱정하는지 묻는 문제이다. 여자는 겨울 방학 동안 피아노를 배우려 하는데 기초가 없어서 잘 못 할까 봐 걱정된다고 하였으므로 정답은 기초가 없다인 B이다.

### 22

男: 我想预订一间大包间，下星期三中午的。
女: 好的，先生，请您在这儿先登记一下。
男: 请问，我能不能提前点好菜呢？
女: 可以，但您得先交300块钱订金。
男: 好，没问题。

남: 저는 다음주 수요일 점심에 큰 룸을 하나 예약하고 싶습니다.
여: 좋습니다. 선생님. 여기에 먼저 등록을 해주세요.
남: 실례지만, 제가 미리 음식을 주문할 수 있나요?
여: 가능합니다. 그러나 먼저 300위안의 예약금을 내셔야 합니다.
남: 좋습니다. 문제 없습니다.

질문: 남자는 연이어 무엇을 하

**지문 어휘**

预订 yùdìng 동 예약하다
包间 bāojiān 명 룸
登记 dēngjì 동 기입하다 ★
提前 tíqián 동 앞당기다
订金 dìngjīn 명 예약금
填 tián 동 기입하다
汇款单 huìkuǎndān 명 송금 영수증
修改 xiūgǎi 동 (원고를) 고치다 ★
搜索 sōusuǒ 동 (인터넷에)검색하다 ★

问: 男的接下来最可能会做什么?
A 填汇款单
B 修改日期
C 交订金
D 搜索地址

겠는가?
A 송금 전표를 기입한다
B 날짜를 바꾼다
C 예약금을 낸다
D 주소를 검색한다

> 정답 C

> 해설 남자가 대화 이후 할 행동을 묻는 문제이다. 남자는 식당에 큰 룸을 예약하러 와서 먼저 요리를 주문해놓고 가려고 하자, 여자가 300위안의 예약금을 내야 한다고 했으므로 정답은 C이다.

## 23

女: 这个小区里有家文具店, 怎么关门啦?
男: 文具店上周就关门了。您有什么事吗?
女: 我是那家店的老板的大学同学, 我专门来找他的。
男: 哦, 他好像回老家去了。

问: 根据对话, 下列哪项正确?
A 女的想买文具
B 男的在寄邮件
C 女的想搬到小区里
D 文具店关门了

여: 여기 동네에 문방구가 있었는데, 왜 문을 닫았죠?
남: 문방구는 저번 주에 문을 닫았어요. 무슨 일 있나요?
여: 저는 그 문방구 사장님의 대학교 동창입니다. 일부러 그를 찾으러 온 것입니다.
남: 아, 그는 고향으로 돌아간 것 같습니다.

질문: 대화에 근거하여, 옳은 것은?
A 여자는 문구를 사고 싶다
B 남자는 우편물을 부치고 있다
C 여자는 단지로 이사하고 싶다
D 문방구는 문을 닫았다

**지문 어휘**

小区 xiǎoqū 명 주택단지
文具店 wénjùdiàn 명 문방구
专门 zhuānmén 부 일부러
文具 wénjù 명 문구 ★

> 정답 D

> 해설 대화에 근거하여 옳은 것을 찾는 묻는 문제이다. 여자는 남자에게 문방구가 왜 문을 닫았는지 물었고, 남자는 지난주에 닫았으며, 주인이 고향으로 돌아갔다고 하였으므로 정답은 D이다.

## 24

男: 我现在有一个机会，可以出国学习，但没想好要不要去。

女: 机会难得，如果能去的话，为什么不去呢？

男: 我很快就要毕业了，我担心现在出国会耽误找工作。

女: 总之各有优缺点，看你自己怎么选择了。

问: 男的怕出国会怎么样？

A 耽误找工作
B 不适应当地饮食
C 不能按时回国
D 有语言障碍

남: 나는 지금 출국하여 공부할 수 있는 기회가 있는데, 가야 할지, 말아야 할지 아직 충분히 생각을 못했어.

여: 기회는 얻기가 힘들어. 만약 갈 수 있다면, 왜 안 가는 거야?

남: 나 곧 졸업인데, 지금 출국하면 일자리 찾는 시기를 놓칠 까봐 걱정이 돼.

여: 어쨌든 각각 장단점이 있네. 네가 어떻게 선택하는지 지켜볼게.

질문: 남자는 출국하면 어떤 것을 걱정하는가?

A 일자리를 찾을 시기를 놓칠까봐
B 현지의 음식에 적응하지 못할 까봐
C 제때에 귀국하지 못 할까 봐
D 언어장애가 있을 까봐

**지문 어휘**

难得 nándé 형 얻기 어렵다 ★
耽误 dānwu
동 시기를 놓치다 ★
总之 zǒngzhī
접 아무튼, 어쨌든 ★
适应 shìyìng 동 적응하다
按时 ànshí 부 제때에
障碍 zhàng'ài 명 장애물, 방해물

**정답** A

**해설** 남자가 출국을 걱정하는 이유를 묻는 문제이다. 여자는 기회는 얻기 힘든 것인데 왜 가지 않는지 물었고, 남자는 곧 졸업이라 이번에 출국하여 공부하는 것으로 인해 일자리 찾는 시기에 문제가 생길 것을 걱정하고 있으니, 정답은 A이다.

## 25

女: 请问一下，车还没到目的地，为什么停下来了？

男: 对不起，现在列车是临时停车。

女: 大约要停多长时间？不会晚点吧？

男: 要是没有特殊情况，一般都会准点到站。

여: 말씀 좀 물을게요. 열차가 아직 목적지에 도착하지 않았는데, 왜 멈춘 것인가요?

남: 죄송합니다. 지금 열차가 임시적으로 정차하였습니다.

여: 대략 얼마나 멈춰있어야 하나요? 연착되지는 않겠죠?

남: 만약 특별한 상황이 없다면, 정시에 도착할 것입니다.

**지문 어휘**

目的地 mùdìdì 명 목적지
列车 lièchē 명 열차 ★
临时 línshí 형 잠시의 ★
大约 dàyuē 부 대략, 대강
晚点 wǎndiǎn
동 규정 시간보다 늦다
特殊情况 tèshū qíngkuàng
명 특수한 상황
准点 zhǔndiǎn 부 정시에

问: 列车怎么了?
　A 临时停车
　B 发车晚了
　C 网络信号不好
　D 没电了

질문: 열차는 어떻게 되었는가?
　A 임시적으로 정차하였다
　B 발차가 늦었다
　C 네트워크 신호가 좋지 못하다
　D 전기가 나갔다

**정답** A

**해설** 열차의 상태에 대해 묻는 문제이다. 남자는 임시적으로 멈춘 것이며 특별한 상황이 아니라면 정시에 도착한다고 하였으므로, 기차가 임시적으로 멈추었다는 A가 정답이다.

## 26

男: 我要买一幅画挂在墙上，能不能帮我推荐推荐?
女: 您是要挂在卧室的，还是挂在客厅的?
男: 挂在卧室里。
女: 那您可以试试这幅，色彩比较鲜艳，最近非常流行这种画风。

问: 关于那幅画，可以知道什么?
　A 进口纸张
　B 是单层的
　C 手工画图
　D 色彩鲜艳

남: 저는 벽에 걸 수 있는 그림을 하나 사려고 해요, 추천 좀 해주시겠습니까?
여: 당신은 침실에 걸어두실 건가요? 아니면 거실에 걸어두실 건가요?
남: 침실에 걸어둘 것입니다.
여: 그럼 이 그림 한번 보세요, 색채가 비교적 화려하고, 최근에 매우 유행하는 화풍입니다.

질문: 그 그림에 관해 알 수 있는 것은?
　A 수입한 종이
　B 홑겹이다
　C 수공으로 그린 그림이다
　D 색채가 화려하다

### 지문 어휘

幅 fú 양 폭(그림 등을 세는 양사) ★
推荐 tuījiàn 동 추천하다 ★
卧室 wòshì 명 침실 ★
色彩 sècǎi 명 색채 ★
鲜艳 xiānyàn 형 화려하다 ★
流行 liúxíng 동 유행하다
画风 huàfēng 명 화풍, 그림의 풍경
纸张 zhǐzhāng 명 종이
单层 dāncéng 명 홑겹

**정답** D

**해설** 그림에 대해 묻는 문제이다. 남자는 벽에 걸 그림을 여자에게 추천해 줄 수 있는지 부탁 했고, 여자는 하나의 그림을 권하면서 색이 비교적 화려하고, 최근에 유행하는 화풍이라고 하였으므로, 정답은 D이다.

### 27

女: 产品的说明书你取回来了吗?

男: 还没有, 印刷厂那边说星期五才能印完。

女: 周五就晚了, 你打电话催他们快一点儿。

男: 好的。

问: 女的让男的做什么?

A 复印说明书
B 修改宣传册
C 联系印刷厂
D 给对方结账

여: 상품의 설명서 수령해왔니?

남: 아직. 인쇄소에서 금요일이 되어야 인쇄를 다 할 수 있다고 말했어.

여: 금요일은 늦어, 전화해서 그들에게 빨리 하라고 재촉해.

남: 알겠어.

질문: 여자는 남자에게 무엇을 시켰는가?

A 설명서를 복사하라고
B 홍보책자를 수정하라고
C 인쇄소에 연락하라고
D 상대방에게 결제하라고

**지문 어휘**

取 qǔ 동 받다
印刷厂 yìnshuāchǎng 명 인쇄공장, 인쇄소
催 cuī 동 재촉하다 ★
复印 fùyìn 동 복사하다
修改 xiūgǎi 동 (원고를) 고치다 ★
宣传册 xuānchuáncè 명 홍보책자
结账 jiézhàng 동 계산하다 ★

**정답** C

**해설** 여자가 남자에게 시킨 동작을 묻는 문제이다. 여자는 금요일은 늦으니 전화를 해서 그들을 재촉하라고 하였으므로, 인쇄소에 연락을 하다 라는 C가 정답이다.

### 28

男: 你看到我放在书包里的光盘了吗?

女: 没有啊, 你找光盘干什么?

男: 有我参加美术展时记的笔记, 现在有急用。

女: 儿子昨天好像拿你的包了。你问问他。

问: 男的在找什么?

A 键盘　　B 画儿
C 光盘　　D 刀子

남: 당신은 제가 가방에 둔 CD를 보았나요?

여: 아니요, CD찾아서 무엇을 하려고요?

남: 제가 미술전에 참가했을 때 기록한 필기가 있어요. 지금 급하게 필요해요.

여: 아들이 어제 당신의 가방을 챙긴 것 같아요. 그에게 물어보세요.

질문: 남자는 무엇을 찾고 있는가?

A 키보드　　B 그림
C CD　　　D 칼

**지문 어휘**

光盘 guāngpán 명 CD ★
美术展 měishùzhǎn 명 미술전시회
笔记 bǐjì 명 필기, 기록
好像 hǎoxiàng ~인 것 같다
键盘 jiànpán 명 건반, 키보드 ★

**정답** C

**해설** 남자가 찾는 물건을 묻는 문제이다. 남자는 가방에 둔 CD를 여자가 보았는지 물어본 것으로 보아 남자는 현재 CD를 찾는 것이 분명하므로, 정답은 C이다.

### 29

女：你这么着急是要去哪儿啊？
男：对面那家百货店今天开业，有许多优惠活动。
女：真的吗？那我也要过去看看。
男：行啦，抓紧时间，一会儿人就多啦。

问：关于那家百货店，可以知道什么？

A 今天开业
B 销售进口零食
C 准备关门
D 正在招聘

여：너는 이렇게 황급히 어디 가려는 거야?
남：맞은편 백화점이 오늘 개업해서, 이벤트가 많아.
여：진짜야? 그럼 나도 가서 볼래.
남：좋아, 서둘러. 잠시 뒤면 사람이 많아질 거야.

질문: 그 백화점에 관해 알 수 있는 것은?

A 오늘 개업한다
B 수입 간식을 판다
C 문을 닫을 준비를 한다
D 사람을 모집 중이다.

**지문 어휘**

着急 zháojí 동 조급해하다
百货店 bǎihuòdiàn 명 백화점
开业 kāi yè 동 개업하다
优惠 yōuhuì 형 특혜의 ★
抓紧 zhuājǐn 동 서둘러 하다, 꽉 쥐다 ★
销售 xiāoshòu 동 판매하다 ★
零食 língshí 명 간식 ★
招聘 zhāo pìn 동 모집하다

**정답** A

**해설** 그 백화점에 관해 묻는 문제이다. 여자가 남자에게 어디를 가는지 물으니, 남자가 맞은 편 백화점이 오늘 개업하여 많은 이벤트가 있다고 대답한 것을 보아, A가 정답이다.

### 30

男：我的会员卡快到期了，是在这儿续费吗？
女：不好意思，现在系统有问题。暂时办理不了。
男：那有其他的续费方式吗？
女：您可以在我们官网上注册一个账号，然后直接在线充值。

问：女的建议男的怎么做？

A 通知老板
B 加入会员
C 上网充值
D 改天再来

남：제 회원카드가 곧 만기되는데요, 여기서 충전합니까?
여：죄송합니다. 지금 시스템에 문제가 있습니다. 잠시 처리할 수가 없습니다.
남：그럼 다른 충전방법이 있습니까?
여：우리의 공식 사이트에 계좌번호를 등록하시면, 바로 온라인에서 충전하실 수 있습니다.

질문: 여자는 남자에게 어떻게 하라고 건의하는가?

A 사장님께 통지하다
B 회원가입을 하다
C 온라인에서 충전하다
D 다른 날 다시 오다

**지문 어휘**

会员卡 huìyuánkǎ 명 멤버십 카드, 회원 카드
到期 dào qī 동 만기가 되다
系统 xìtǒng 명 시스템 ★
暂时 zànshí 명 잠깐
办理 bànlǐ 동 처리하다 ★
官网 guānwǎng 명 공식 사이트
注册 zhùcè 동 등록하다 ★
账号 zhànghào 명 계좌번호
在线 zàixiàn 명 온라인
充值 chōngzhí 동 충전시키다

정답 C

해설 여자가 남자에게 무엇을 건의했는지 묻는 문제이다. 남자는 자신의 회원카드에 충전을 원했지만, 여자가 시스템에 문제가 있어서 처리할 수 없다고 하자, 남자는 다른 방식에 대해서 물었고, 여자는 공식 웹사이트에 가서 계좌번호를 등록한 뒤 바로 온라인으로 충전이 가능하다고 말한 것으로 보아, 정답은 C이다.

\* 续费(xùfèi) : '어떤 서비스의 잔액이 없어서 다시금 돈을 지불 혹은 채워 넣다'라는 의미이다.

---

**第31到32题是根据下面一段话:** 31-32번 문제는 다음 내용에 근거한다:

孩子想让父亲带他去放风筝。³¹"今天没有风，不能放。风筝只有在有风的时候，才能飞到天上。"父亲说。"那为什么没有风，鸟却仍然可以飞到天上呢?"孩子问。"因为鸟是靠自己飞上天的，而风筝是靠风在飞。"父亲继续说，"所以啊，³²任何事情都要靠自己，不能只靠别人。不然，就算暂时获得成功，也不会长久。"

아이는 아버지가 자신을 데리고 연을 날리러 가길 원했다. ³¹"오늘 바람이 없어서, 날릴 수가 없단다. 연은 오직 바람이 있을 때에, 비로소 하늘을 날 수 있어"라고 아버지는 말씀하셨다. "그럼 왜 바람이 없어도, 새는 여전히 하늘을 날 수 있죠?"아이는 물었다. "왜냐하면 새는 자신에 의지하여 하늘을 날지만, 연은 바람에 의지하여 날기 때문이란다" 아버지는 계속해서 말씀하시길 "그러므로, ³² 무슨 일이든 모두 자신을 의지해야 하고, 남을 의지해서는 안돼. 그렇지 않으면 잠시 성공을 얻더라도, 오래가지는 못한단다."

**지문 어휘**

风筝 fēngzheng 명 연
却 què 부 도리어, 오히려
仍然 réngrán
부 변함없이, 여전히
靠 kào 동 기대다 ★
任何 rènhé 대 어떠한, 무슨
不然 bùrán
접 그렇지 않으면 ★
就算 jiùsuàn
접 설령 ~하더라도
暂时 zànshí 명 잠깐, 잠시
获得 huòdé 동 얻다
长久 chángjiǔ
형 매우 길고 오래다
怕 pà 동 걱정이 되다
刮风 guā fēng 동 바람이 불다
懂事 dǒngshì 형 철들다
善于 shànyú
동 ~를 잘하다 ★
思考 sīkǎo 동 사고하다 ★

问: 父亲为什么不带孩子放风筝?
A 想让他学习
B 怕花钱
C 没空儿
D 没刮风

질문: 아버지는 왜 아이를 데리고 연을 날리러 가지 않았는가?
A 그로 하여금 공부하게 하고 싶어서
B 돈 쓸 것이 걱정 되어서
C 시간이 없어서
D 바람이 불지 않아서

정답 D

해설 아버지가 아들을 데리고 연을 날리러 가지 않은 이유를 묻는 문제이다. 아이는 아버지와 연을 날리고 싶었으나, 아버지는 연은 오직 바람이 있을 때에만 날 수 있는데, 오늘은 바람이 없어서 날릴 수 없다고 했으므로 정답은 D이다.

**32**

问: 父亲告诉了孩子一个什么道理?

A 要懂事
B 做事要慢
C 要善于思考
D 做事要靠自己

질문: 아버지는 아이에게 어떤 이치를 알려주었는가?

A 철 들어야 한다
B 일을 할 때 천천히 해야 한다
C 생각을 잘 해야 한다
D 일을 할 때 자신을 의지해야 한다

정답 D

해설 아버지가 아들에 알려준 이치를 묻는 문제이다. 아버지는 무슨 일을 하든 자신을 의지하고 남을 의지해서는 안 된다고 이야기 한 것으로 보아 정답은 D이다.

---

**第33到35题是根据下面一段话:**

汉代著名的医学家淳于意是中国最早发明和使用病历的医生。他勤奋好学，花了很多时间钻研医术，³³医术很高明。在长期的从医过程中，淳于意发现医生³⁴有时对病人的情况记忆不准确，会给治疗带来麻烦。于是，每次看病时，他都记录下来病人的姓名、地址、病症、药方与看病日期等内容。实践证明这种做法对诊断和治疗很有帮助，慢慢地，医生们都向他学习。³⁵由于记录的主要内容是病史，所以后来把这种记录称为病历。

33-35번 문제는 다음 내용에 근거한다:

한나라 시대의 유명한 의학가 춘위이[Chúnyúyì]는 중국에서 제일 일찍 진료기록(병력서)을 발명하고 사용한 의사이다. 그는 근면하고 배우기를 좋아했고, 많은 시간을 들여 의술을 깊이 연구하여, ³³ 의술이 매우 출중했다. 오랜 기간 의료업에 종사하는 과정에서, 춘위이는 ³⁴ 의사가 환자의 상황에 대한 기억이 확실하지 않아 치료에 번거로움을 가져올 수 있다는 것을 발견하였다. 그래서, 매번 진료를 할 때, 그는 환자의 이름, 주소, 질병 · 처방과 진료날짜 등의 내용을 기록해 두었다. 이런 종류의 방법이 진단과 치료에 큰 도움이 된다는 것을 실천으로 증명하였고, 서서히, 다른 의사들도 모두 그를 본받았다. ³⁵ 기록의 주요 내용이 병력이기 때문에, 훗날 이런 종류의 기록을 진료기록(병력서)이라 부른다.

**지문 어휘**

病历 bìnglì 명 진료기록, 병력
勤奋 qínfèn 형 부지런하다 ★
钻研 zuānyán 동 깊이 연구하다
高明 gāomíng 형 출중하다
从医 cóngyī 동 의료업에 종사하다
准确 zhǔnquè 형 확실하다
麻烦 máfan 형 번거롭다
记录 jìlù 동 기록하다 ★
病症 bìngzhèng 명 질병
药方 yàofāng 명 처방, 처방전
实践 shíjiàn 동 실천하다
诊断 zhěnduàn 동 진단하다 ★
病史 bìngshǐ 명 병력
当官 dāngguān 동 관리가 되다
儿科 érkē 명 소아과

性格 xìnggé 몡 성격
患者 huànzhě 몡 환자
骂 mà 동 욕하다 ★
住院 zhù yuàn
동 (환자가) 입원하다
经过 jīngguò 몡 과정

### 33

问: 关于淳于意，下列哪项正确?

A 医术非常高
B 不想当官
C 是明朝人
D 是儿科医生

질문: 춘위이에 관해 옳은 것은?

A 의술이 매우 높다
B 벼슬아치가 되고 싶어 하지 않는다
C 명나라 사람이다
D 소아과 의사이다

정답 A

해설 춘위이에 대해 옳은 것을 묻는 문제이다. 춘위이는 근면하며 오랜 시간 의술을 깊게 연구하여 의술이 출중했다는 말로 미루어 보아, 춘위이의 의술은 매우 높음을 유추할 수 있으므로 정답은 A이다.

### 34

问: 医生有时记忆不准确，会有怎样的后果?

A 给治疗带来麻烦
B 影响病人的性格
C 被患者家人骂
D 不能收治疗费

질문: 의사의 기억이 정확하지 않으면, 어떤 결과가 있을 수 있는가?

A 치료에 번거로움을 가져온다
B 환자의 성격에 영향을 준다
C 환자 가족에게 욕을 먹는다
D 치료비를 받을 수 없다

정답 A

해설 의사의 기억이 정확하지 않을 때 발생하는 결과를 묻고 있다. 춘위이가 오랜 시간 의술에 종사하다 보니 의사가 환자의 상황을 잘 기억하지 못함으로 치료에 매우 번거로움을 가져다 주는 것을 발견하였다고 하였으므로, 정답은 A이다.

### 35

问: 根据这段话，病历上记录的主要内容是什么?

A 治疗费用
B 病人的爱好
C 住院的经过
D 病人的病史

질문: 이 글에 근거하여, 진료기록(병력서)에 기록해 놓은 주요 내용은?

A 치료비용
B 환자의 취미
C 입원의 과정
D 환자의 병력

정답 D

해설 진료기록에 쓰인 주요 내용이 무엇인지 묻는 문제이다. 마지막 부분에서 기록해 놓은 주요 내용은 병력이라 하였으므로, 정답은 환자의 병력을 기록하였다는 D이다.

**第36到38题是根据下面一段话：**

有人给欧阳修一幅画儿，<sup>36</sup>上面画了一丛牡丹花，花下面还蹲坐着一只猫。一天，欧阳修的一位好友来家中做客，他一看到那幅画儿马上说：<sup>37</sup>"这画的是中午的牡丹和猫。"欧阳修感到非常疑惑，画中完全看不到太阳，他如何能判断出是中午呢？那位好友指着牡丹说："假如他画的是早上的牡丹，花瓣上应该有露水，但这牡丹看上去已有点儿枯干。显然是因为被中午的阳光晒的。"接着，他又指着猫说：<sup>38</sup>"猫在遇到强光时，眼睛就会变得细长，你瞧，这只猫的眼睛眯成了一条线，不是正好说明阳光强烈吗？"

**지문 어휘**

- 牡丹花 mǔdānhuā 명 모란
- 蹲 dūn 동 쪼그리고 앉다
- 做客 zuò kè 동 손님이 되다
- 疑惑 yíhuò 동 의심하다, 의심을 품다
- 如何 rúhé 대 어떻게 ★
- 判断 pànduàn 동 판단하다
- 假如 jiǎrú 접 만약 ★
- 花瓣 huābàn 명 꽃잎
- 露水 lùshuǐ 명 이슬
- 枯干 kūgān 형 메마르다
- 显然 xiǎnrán 형 분명하다 ★
- 晒 shài 동 햇볕을 쬐다 ★
- 遇到 yùdào 동 만나다
- 瞧 qiáo 동 보다 ★
- 眯 mī 동 눈을 가늘게 뜨다
- 湖水 húshuǐ 명 호수
- 摇动 yáodòng 동 흔들다
- 躲 duǒ 동 숨다, 피하다

**36**

问：画儿上那只猫在哪儿?

A 墙边
B 树上
C 牡丹花下
D 湖水里

질문: 그림에서 고양이는 어디에 있는가?

A 벽 쪽
B 나무 위
C 모란 아래
D 호수 안

**정답** C

**해설** 그림에서 고양이의 위치를 묻는 문제이다. 그림의 윗부분에는 한 무더기의 모란꽃이, 아래 부분에는 한 마리의 고양이가 쭈그리고 앉아있다고 하였으므로 정답은 C이다.

**37**

问: 欧阳修的好友从画儿中看出了什么?
A 买画的地点
B 画儿中的时间
C 画家的心情
D 画的价格

질문: 구양수의 친구는 그림에서 무엇을 알아차렸는가?
A 그림을 산 곳
B 그림 속의 시간
C 화가의 심정
D 그림의 가격

정답 B

해설 구양수의 친구가 그림에서 인식한 것을 묻는 문제이다. 구양수의 친구가 그림을 보자마자 이 그림은 정오의 모란과 고양이라고 이야기하였으므로 그림의 시간을 알아냈다는 B가 정답이다.

**38**

问: 根据这段话，猫遇到强光时会怎么样?
A 眼睛变得细长
B 摇动身体
C 躲在花下
D 爬到山上

질문: 이 글에 근거하여, 고양이는 강한 빛을 만나면 어떻게 되는가?
A 눈이 가늘고 길게 변한다
B 몸을 흔든다
C 꽃 아래 숨는다
D 산을 오른다

정답 A

해설 빛이 강할 때 고양이의 상태를 묻는 문제이다. 구양수는 친구에게 어떻게 정오인지 판단하였는지 묻자, 고양이를 가리키며 "고양이는 빛이 강하면 눈이 가늘고 길게 변해"라고 한 것으로 보아 A가 정답이다.

---

第39到41题是根据下面一段话:

39-41번 문제는 다음 내용에 근거한다:

为了减少员工由于久坐而产生健康问题，一些企业给员工更换了站立式办公桌。但最新研究表明，³⁹站着办公除了有利于提神醒脑外，对改善健康状况并没有什么好处。这是因为人的身体活动水平与健康状况关系密切，因

직원들이 오래 앉아 있어 생기는 건강 문제를 줄이기 위해 몇몇 기업은 직원에게 스탠딩 책상으로 바꾸어 주었다. 그러나 최근 연구에서 ³⁹ 서서 업무를 처리하면 정신이 나고 머리를 맑게 하는데 이로운 것 이외에, 건강상태의 개선에 대해서는 좋은 점이 없다고 밝혔다. 이는 사람의 신체활동 수준과 건강상태의 관계가 밀접하

**지문 어휘**

减少 jiǎnshǎo 동 감소하다
产生 chǎnshēng
동 발생하다 ★
企业 qǐyè 명 기업 ★
站立式办公桌
zhànlìshì bàngōngzhuō
명 스탠딩 책상

此不管是坐着还是站着，⁴⁰任何一种长时间能量消耗很低的固定姿势，都可能对健康不利。⁴¹要是企业购买一些健身器材放在办公室，并鼓励员工多锻炼，这肯定比让他们站着工作一天效果好得多。

기 때문인데, 이러한 이유로 앉아있거나 서있는 것에 관계없이 ⁴⁰ 어떤 종류든 긴 시간 에너지 소모가 낮은 고정 자세는 모두 건강에 이롭지 못할 수 있다고 했다. ⁴¹ 만약 기업에서 약간의 헬스 기구를 사무실에 두어, 직원이 운동을 좀 더 할 수 있도록 독려한다면, 이것이 분명 서서 하루 종일 일하는 효과보다 더 좋을 것이다.

**表明** biǎomíng
통 분명하게 밝히다 ★

**有利于** yǒulìyú
형 ~에 유익하다

**提神醒脑** tíshén xǐngnǎo
정신이 나고 머리를 맑게 하다

**改善** gǎishàn 통 개선하다 ★

**状况** zhuàngkuàng
명 상황, 형편 ★

**密切** mìqiè 형 밀접하다 ★

**能量** néngliàng 명 에너지

**消耗** xiāohào 통 소모하다

**低** dī 형 낮다

**固定** gùdìng 명 고정 ★

**姿势** zīshì 명 자세 ★

**购买** gòumǎi 통 구매하다

**健身器材** jiànshēn qìcái
명 헬스 기구

**鼓励** gǔlì 통 격려하다

**腿伤** tuǐshāng 명 다리 부상

**提起精神** tíqǐjīngshén
마음을 다잡다, 정신을 차리다

**肌肉** jīròu 명 근육 ★

**提前** tíqián 통 (예정된 시간·위치를) 앞당기다

### 39

问: 站着办公对员工有什么好处?
  A 治疗腿伤
  B 对健康有利
  **C 使人提起精神**
  D 训练全身肌肉

질문: 서서 업무를 하는 것은 직원에게 어떤 좋은 점이 있는가?
  A 다리 다친 것을 치료한다
  B 건강에 이롭다
  **C 정신이 들게 한다**
  D 온몸의 근육을 단련한다

**정답** C

**해설** 서서 업무를 하면 좋은 점을 묻는 문제이다. 회사에서 직원의 건강을 위해 스탠딩 책상으로 교체하였고 서서 업무를 처리하게 되면 정신이 들고 머리를 맑게 해주는 효과가 있다고 하였으므로 정답은 C이다.

### 40

问: 根据这段话，什么样的状态不利于健康?
  **A 长期不运动**
  B 过量抽烟
  C 吃太多甜食
  D 睡觉太晚

질문: 이 글에 근거하여, 어떤 상태가 건강에 이롭지 못한가?
  **A 오랜 시간 운동하지 않는다**
  B 과하게 담배를 핀다
  C 단 음식을 너무 많이 먹는다
  D 너무 늦게 잔다

**정답** A

**해설** 어떤 자세가 건강에 좋지 않은지 묻는 문제이다. 앉아 있든 서 있든 오랜 시간 열량소모가 적은 고정자세는 건강에 도움이 되지 않는다고 한 것으로 보아 오랜 시간 운동을 하지 않는다라는 A가 정답에 가깝다.

**41**

问: 为了改善员工健康状况, 企业应该怎么做?

A 鼓励员工多健身
B 增加工资
C 改善午餐
D 让员工提前下班

질문: 직원의 건강상태를 개선하기 위하여, 기업은 어떻게 하여야 하는가?

A 직원에게 더 운동하도록 권장한다
B 월급을 올린다
C 점심 식사를 개선한다
D 직원에게 조기퇴근을 하게한다

**정답** A

**해설** 직원의 건강을 위해 기업이 해야 하는 것을 묻는 문제이다. 마지막 부분에 만약 기업이 약간의 운동기구를 사무실에 배치하여 직원들이 운동하도록 권장한다면 서서 일하는 것보다 효과가 있을 것이라고 하였으므로 정답은 A이다.

---

第42到43题是根据下面一段话:

根据社会心理学: 一个人一旦选定自己的角色位置之后, 就不会因为其他原因而做出太多的改变。这种现象被叫做 "定位效应"。心理学家曾做过这样一个实验, 在召开会议前, 先让人们自由选择座位, 然后让他们在室外休息一会儿后, 再进入室内就坐。这样反复进行了多次, 结果发现, "42 大多数人每次都选择了他们第一次选择的座位。许多求职者也受到了"定位效应"的影响, 他们择业时, 往往只考虑心中的理想职位, 43 这就导致他们很容易错过其他机会。

42-43번 문제는 다음 내용에 근거한다:

사회심리학에 근거하면: 한 사람이 만약 자신의 역할 위치를 결정한 이후에는, 다른 원인으로 인한 너무 많은 변화는 주지 않으려 한다. 이런 현상은 "定位效应(지향효과-orienting effect)"라 불린다. 심리학자들은 일찍이 실험 하나를 하였는데, 회의를 개최하기 전에, 먼저 사람들로 하여금 자유롭게 자리를 선택하게 하였고, 그 후 그들이 밖에서 잠시 휴식을 취한 뒤, 다시 실내로 들어와 앉도록 하였다. 이렇게 여러 번 반복 한 결과, 42 대다수의 사람은 매번 그들이 처음 선택한 자리를 선택한다는 것을 발견하였다. 많은 구직자들도 '지향효과'의 영향을 받는데, 그들은 직업을 선택할 때, 종종 마음 속의 이상적인 직위만을 고려하게 되는데, 43 이것은 그들이 쉽게 다른 기회를 놓치는 문제를 초래하게 될 것이다.

**지문 어휘**

根据 gēnjù 개 ~에 의거하여
社会心理学 shèhuìxīnlǐxué 명 사회심리학
选定 xuǎndìng 동 선정하다
角色 juésè 명 역할 ★
位置 wèizhi 명 지위, 위치 ★
改变 gǎibiàn 동 변하다, 바뀌다
曾 céng 부 일찍이, 이미
召开 zhàokāi 동 (회의를) 열다 ★
求职者 qiúzhízhě 명 구직자
择业 zéyè 동 직업을 선택하다
考虑 kǎolǜ 동 고려하다
理想 lǐxiǎng 형 이상적이다
职位 zhíwèi 명 직위
导致 dǎozhì 동 야기하다 ★
错过 cuòguò 동 (시기나 대상을) 놓치다
靠后 kàohòu 동 뒤로 물러서다
失去 shīqù 동 잃다 ★

**42**

问: 关于实验结果, 下列哪项正确?

A 人们不愿进入室内

질문: 실험 결과에 관해, 정확한 것은?

A 사람들은 실내에 들어가는 것을 원하지 않는다

B 大多数人没换座位
C 中年人更爱坐中间
D 靠后的座位最舒服

B 대다수의 사람은 자리를 바꾸지 않았다
C 중년의 사람들은 중간에 앉는 것을 더 좋아한다
D 뒤쪽 자리는 제일 편안하다

정답 B

해설 실험 결과를 묻는 문제이다. 회의를 진행하다가 잠시 외부에서 휴식을 취하고 다시 착석할 때 대다수의 사람이 처음 앉은 자리에 다시 앉는다라고 하였으므로 정답은 B이다.

**43**

问: "定位效应"可能会对求职者产生什么影响?

A 失去别的机会
B 更快找到目标
C 找到理想的职位
D 找不到好朋友

질문: '지향효과'는 구직자에게 어떤 영향을 주는가?

A 다른 기회를 잃게 한다
B 더 빨리 목표를 찾는다
C 이상적인 직위를 찾는다
D 좋은 친구를 사귈 수 없다

정답 A

해설 지향효과가 구직자에게 미치는 영향을 묻는 문제이다. 구직자들도 이 지향효과의 영향을 받게 되는데, 그들이 직업을 선택할 때 마음 속에 단지 자신이 바라는 직위나 직책만을 고려하다 보니, 다른 기회들을 잃게 된다고 하였으므로, 정답은 A이다.

第44到45题是根据下面一段话:

杭州在中国最早推出公共自行车服务，发展至今，⁴⁴已经有了一套成熟的运营系统。靠着公共自行车极高的使用率、密集的网点分布、人性化的自助借还功能，加上较低廉的价格，杭州被评选为全球最佳公共自行车服务城市之一。在将旅游业、环境保护与交通问题结合起来，把一个

44-45번 문제는 다음 내용에 근거한다:

항저우(杭州)는 중국에서 제일 일찍 공공 자전거 서비스를 내놓았고, 오늘날까지 발전시켜, ⁴⁴이미 완성도 높은 운영 시스템을 갖추었다. 공공 자전거의 매우 높은 사용률과, 밀집해있는 판매망 분포, 인간화 된 셀프 대여 반납 기능에, 비교적 저렴한 가격을 더해, 항저우는 전 세계에서 제일 좋은 공공 자전거 서비스 도시 중 하나로 선정되었다. 관광업, 환경보호와 교통문제를 결합하여 하나의 공공 프로젝트를 세계적 수준으로 만든 이 방면

**지문 어휘**

推出 tuīchū 동 내놓다
至今 zhìjīn 부 지금까지 ⭐
运营 yùnyíng 동 운영하다
密集 mìjí 형 밀집한, 조밀한
网点 wǎngdiǎn
명 판매망, 서비스 망
分布 fēnbù 동 분포하다 ⭐
人性化 rénxìnghuà
동 의인화 하다
功能 gōngnéng
명 기능, 작용 ⭐

公共项目做到世界级的水平这个方面来说，⁴⁵杭州是一个成功的范例。值得其他城市借鉴和学习。

으로 이야기 하자면, ⁴⁵항저우는 하나의 성공적인 모델이다. 다른 도시들이 참고하고 배울만한 가치가 있다.

低廉 dīlián 형 싸다, 저렴하다
评选 píngxuǎn 동 (심사) 선정하다
结合 jiéhé 동 결합하다 ★
项目 xiàngmù 명 과제, 프로젝트 ★
范例 fànlì 명 범례, 모델
值得 zhídé 동 ~할 만한 가치가 있다
借鉴 jièjiàn 동 참고로 하다
押金 yājīn 명 보증금 ★
优惠 yōuhuì 형 특혜의 ★
占用 zhànyòng 동 점거하다, 차지하다

### 44

问: 关于杭州公共自行车系统，下列哪项正确?
  A 现已很成熟
  B 网上交押金
  C 运动员有优惠
  D 费用比较高

질문: 항저우의 공공 자전거 시스템에 관해, 옳은 것은?
  A 현재 이미 완성도가 높다
  B 인터넷에서 보증금을 지불한다
  C 선수들은 특혜가 있다
  D 비용이 비교적 높다

정답 A

해설 항저우의 공공 자전거 시스템에 관하여 묻는 문제이다. 항저우의 공공 자전거 서비스는 이미 하나의 완성도가 높은 운영시스템을 갖추었다고 하였으므로 정답은 A이다.

### 45

问: 说话人对杭州公共自行车系统，持什么态度?
  A 有助于国际化
  B 反对其占用人行道
  C 使用率不高
  D 认为其值得学习

질문: 말하는 이는 항저우의 공공 자전거 시스템에 대해, 어떤 태도를 가지고 있는가?
  A 국제화에 도움이 된다
  B 보도(인도)를 점거하는 것을 반대한다
  C 사용률이 높지 않다
  D 배울 만한 가치가 있다고 여긴다

정답 D

해설 말하는 이의 항저우 공공 자전거 시스템에 대한 태도를 묻는 문제이다. 말하는 이는 항저우 공공 자전거 시스템은 세계 수준이며 다른 도시들이 참고하고 배울 만한 가치가 있다고 하였으므로 정답은 D이다.

# HSK 5급 3회 독해 阅读

## 제1부분
46~60번 문제는 지문 속 빈칸에 알맞은 단어나 문장을 채우는 문제입니다.

**第46到48题是根据下面一段话：** 46-48번 문제는 다음 내용에 근거한다:

在炎热的夏天有时会出现这样的奇特情况：在同一个城市，一边是阳光高照，但另一边是倾盆大雨。原来，这是因为降水量水平分布的不连续性而产生的，这种情况在夏季尤其 ⁴⁶ <u>C 突出</u>。这与夏季的降水方式、当地的地形和地貌等 ⁴⁷ <u>D 因素</u> 有关。在夏季，产生降水的云大部分为雷雨云，这是一种垂直发展非常旺盛，但水平范围发展较小的云。因为体积较小，在它移动和产生降水的时候，只能 ⁴⁸ <u>A 形成</u> 一片很小的雨区，雨区内外雨量分布会有明显的差别，所以会出现"东边日出西边雨"的现象。

무더운 여름 간혹 이런 이상하고도 특이한 현상이 나타난다: 똑같은 하나의 도시에서, 한편에는 햇볕이 비치는데, 또 다른 한편에서는 큰 비가 내린다. 원래, 이것은 강수량 수평 분포의 불연속성으로 인해 생겨난 것이다. 이런 현상은 특히 여름에 ⁴⁶ <u>C 두드러진다</u>. 이것은 여름의 강수방식과 현지의 지형, 형태 등의 ⁴⁷ <u>D 요소</u> 와 관련이 있다. 여름에 비를 만드는 구름은 대부분 적란운인데, 이것은 수직 발전이 매우 왕성하지만, 수평범위의 발전이 비교적 적은 구름이다. 부피가 비교적 작기 때문에, 그것이 이동하고 비를 만들 때, 하나의 작은 강수지역만을 ⁴⁸ <u>A 형성</u> 할 수 있어서, 강수지역 내외의 강우량 분포에 명확한 차이가 있을 수 있다. 그러므로 '동쪽에는 해가 뜨고 서쪽에는 비가 온다'라는 현상이 나타날 수 있다.

### 지문 어휘

炎热 yánrè 휑 (날씨가) 무덥다
奇特 qítè 휑 이상하고도 특별하다
照 zhào 동 비추다, 비치다
倾盆大雨 qīngpéndàyǔ 휑 대야를 엎은 듯 큰비가 내리다
降水量 jiàngshuǐliàng 몡 강수량
尤其 yóuqí 튀 더욱이, 특히
地形 dìxíng 몡 지형
地貌 dìmào 몡 지구 표면의 형태
雷雨云 léiyǔyún 몡 적란운
垂直 chuízhí 휑 수직의
旺盛 wàngshèng 휑 왕성하다, 강하다
范围 fànwéi 몡 범위 ★
体积 tǐjī 몡 체적
移动 yídòng 동 움직이다 ★
分布 fēnbù 동 분포하다 ★
明显 míngxiǎn 휑 분명하다 ★
差别 chābié 몡 차이

### 46
A 深沉
B 强烈
C 突出
D 多余

A 묵직하다
B 강렬하다
C 두드러지다
D 나머지의

### 보기 어휘

深沉 shēnchén 휑 낮고 묵직하다
强烈 qiángliè 휑 강렬하다 ★
突出 tūchū 휑 돋보이다, 두드러지다 ★

**정답** C

**해설** 주어인 情况(상황)과 어울리는 술어를 찾는 문제로, 묵직하다라는 의미의 深沉, 강렬하다는 의미의 强烈, 나머지의라는 의미의 多余는 의미상 호응될 수 없고, 어떠한 상황이 두드러지고 돋보인다라는 C의 突出가 정답이다.

### 47

| A 物体 | B 阶段 |
|---|---|
| C 现象 | D 因素 |

| A 물체 | B 단계 |
|---|---|
| C 현상 | D 요소 |

**정답** D

**해설** 바로 앞에 있는 夏季的降水方式、当地的地形和地貌(여름의 강수방식, 현지의 지형과 형태 등)를 포함하는 하나의 단어여야 이므로, 물체라는 物体, 단계라는 阶段은 정답에서 제외되며, 어떤 사물이 발전이나 변화하며 나타나는 외부의 형태를 나타내는 현상이라는 现象도 여기서 정답과 거리가 멀다. '어떠한 현상이 발생하는데 필요한 성분'이라는 의미의 '요소'가 정답으로 가장 적합하다.

### 48

| A 形成 | B 变化 |
|---|---|
| C 消化 | D 成立 |

| A 형성하다 | B 변화하다 |
|---|---|
| C 소화하다 | D 세우다 |

**정답** A

**해설** 목적어인 雨区(비 오는 지역)이라는 단어를 목적어로 취할 수 있는 술어를 찾는 문제로, B의 变化는 자동사로 목적어를 받을 수 없으므로 정답에서 제외되며, 소화하다라는 의미를 가진 消化는 의미상 호응이 불가하고, 成立는 회사 등을 세우다라는 의미로 雨区와는 거리가 멀다. '어떠한 형상을 이룬다'는 의미의 形成은 '비 오는 지역'을 만들어 낸다는 자연스러운 연결이 가능하므로 A가 정답이다.

---

**多余** duōyú
형 여분의, 나머지의 ★

**物体** wùtǐ 명 물체

**阶段** jiēduàn 명 단계 ★

**因素** yīnsù 명 요소, 성분 ★

**形成** xíngchéng
동 형성되다 ★

**成立** chénglì 동 설립하다 ★

---

**第49到52题是根据下面一段话：**

有一天，一块金子和一块泥巴相遇了，金子看了一眼泥巴，⁴⁹ B 骄傲 地说："你有我这么闪亮吗？"泥巴摇了摇头。"那你有我这么高贵吗？"金子接着说。泥巴又摇了摇头，然后问："金子啊，既然你如此高贵，⁵⁰ D 那你能生出金子吗 ？""当然不能，但你又能生出什么东西呢？"金子不屑地看了看泥巴。"我能生出花儿、生出树木、生出庄稼、生出万物。"

泥巴继续说，"生命的价值，不在于自身价值的高低，而在于

**49-52번 문제는 다음 내용에 근거한다:**

하루는 하나의 금과 하나의 진흙이 서로 만났고, 금은 진흙을 한 번 보고는, ⁴⁹ B 교만하게 이야기하기를: "너는 나만큼 이렇게 빛나니?"라고 했고, 진흙은 고개를 저었다. "그럼 너는 나만큼 이렇게 비싸니?" 금은 연이어 물었다. 진흙은 또 고개를 저은 후 물었다: "금아! 너는 이렇게 비싼데, ⁵⁰ D 너는 금을 낳을 수 있니?" "당연히 못하지, 너는 무엇을 낳을 수 있니?" 금은 진흙을 하찮게 바라 보았다. "나는 꽃을 낳고, 나무를 낳고, 농작물을 낳고, 만물을 낳지." 진흙은 계속해서 이야기 하길 "생명의 가치는 자신의 가치의 높고 낮음에 있는 것이 아니라, 너 자신이 얼마나 ⁵¹ C 가치를 창출해 낼 수 있는가에

---

**지문 어휘**

**泥巴** níbā 명 진흙

**相遇** xiāngyù 동 만나다

**闪亮** shǎnliàng 동 반짝이다

**摇头** yáotóu
동 고개를 가로젓다

**高贵** gāoguì
형 (성품이) 고귀하다

**接着** jiēzhe 부 이어서

**不屑** bú xiè 동 (어떤 일을)할 가치가 없다(고 여기다), 하찮게 여기다

**庄稼** zhuāngjia 명 (농)작물

**万物** wànwù 명 만물

**在于** zàiyú 동 ~에 있다 ★

你自身能 ⁵¹ C 创造 多少价值。"听完泥巴的这些话，金子 ⁵² C 沉默了。

있어." 진흙의 말을 듣고 금은 ⁵² C 침묵하였다.

### 보기 어휘

可怜 kělián 형 불쌍하다
骄傲 jiāo'ào 형 거만하다
惭愧 cánkuì 형 부끄럽다 ★
亲切 qīnqiè 형 친근하다 ★
发光 fāguāng 동 빛내다
建设 jiànshè 동 건설하다 ★
建造 jiànzào 동 건축하다
创造 chuàngzào
동 창조하다 ★
改进 gǎijìn 동 개선하다
愤怒 fènnù 형 분노하다
鼓励 gǔlì 동 격려하다
沉默 chénmò 동 침묵하다 ★
思考 sīkǎo
동 깊이 생각하다 ★

### 49

A 可怜　　B 骄傲
C 惭愧　　D 亲切

A 불쌍하다　B 교만하다
C 부끄럽다　D 친근하다

**정답** B

**해설** 빈칸 뒤에 금이 진흙에게 자신만큼 빛날 수 있는지, 비싼지 물어보는 것을 보아 금은 교만하게 물어보고 있다는 것을 유추할 수 있으므로 정답은 B이다.

### 50

A 你有过梦想吗
B 你愿意跟我交朋友吗
C 你会发光吗
D 那你能生出金子吗

A 너는 꿈이 있었던 적이 있니?
B 너는 나와 친구가 되길 원하니?
C 너는 빛을 낼 수 있니?
D 그럼 너는 금을 낳을 수 있니?

**정답** D

**해설** "당연히 못하지, 넌 무엇을 낳을 수 있니?"라는 대답이 이어지는 것으로 보아 빈칸은 무엇인가를 낳는 것에 대한 질문임을 유추할 수 있다. 이에 정답은 금을 낳을 수 있는지 묻고 있는 D가 적합하다.

### 51

A 建设　　B 建造
C 创造　　D 改进

A 건설하다　B 건축하다
C 창출하다　D 개선하다

**정답** C

**해설** 빈칸 뒤의 价值(가치)라는 단어와 호응되는 술어를 찾는 문제로, A와 B는 '건설하다, 건축하다'라는 뜻이므로 정답에서 제외되고, 改进는 원래 있던 상황을 더 나아지고 호전시킨다는 의미를 가지고 있고, 보통 技术나 工作라는 단어가 호응된다. 보기에서 价值와 호응 할 수 있는 단어는 创造로 정답은 C이다. 创造价值는 '가치를 창출하다'라는 의미로 사용된다.

**52**

| A 愤怒 | B 鼓励 | A 분노하다 | B 격려하다 |
| C 沉默 | D 思考 | C 침묵하다 | D 생각하다 |

정답 **C**

해설 금이 계속해서 교만하게 이야기했고, 진흙은 자신이 가치를 얼마나 창출해낼 수 있는가에 생명의 가치가 있다고 일침을 놓았을 때, 금의 태도를 찾는 문제로, 분노했다라는 愤怒나 격려했다는 鼓励는 의미상 맞지 않으므로 정답과 거리가 멀다. 어떠한 일이나 사건에 대해 생각에 빠진다는 의미를 가진 思考와 침묵한다라는 의미의 沉默가 정답에 가까운데, 지문의 초반부에 금은 계속해서 진흙에게 교만한 태도로 이것 저것을 물어보며 말한 것을 보았을 때, 침묵을 했다는 의미가 더 내용과 일치하므로 정답은 C이다.

**第53到56题是根据下面一段话：** 53-56번 문제는 다음 내용에 근거한다:

有一个苹果园位于高原地区，一年夏天，快要成熟的苹果被一场冰雹打得伤痕累累，这使原本丰收在望的园主心痛不已，他开始苦苦思考，怎样才能把这些样子丑陋的苹果 ⁵³ C 销售 出去。等苹果成熟后， ⁵⁴ C 园主随手摘下一个一尝，他意外地发现这些受过伤的苹果竟然变得格外清脆、酸甜可口。园主心中一下子有了好主意，他在苹果的宣传单上写道："今年的苹果有高原地区特有的 ⁵⁵ B 标志——冰雹打击过的痕迹。这些苹果不仅从外表上，而且在口感上体现了高原苹果的 ⁵⁶ A 独特 风味。数量有限，欲购从速……"。人们听讯后都争相购买，很快，苹果园里的苹果都被卖光了。

사과 과수원 하나가 고원지역에 위치해 있었는데, 어느 한 해의 여름, 곧 익을 사과가 한 번의 우박에 상처투성이가 되었다. 애초에 풍작을 기대하고 있던 과수원 주인은 너무나 마음이 아팠다. 그는 어떻게 해야 이 못생긴 사과를 ⁵³ C 판매 할 수 있을지 깊이 고심하기 시작했다. 사과가 익은 후, ⁵⁴ C 과수원 주인은 손이 가는 대로 하나를 따서 맛을 보았는데, 그는 상처를 입은 사과가 뜻밖에도 유난히 아삭하고, 새콤달콤 맛있다는 것을 발견했다. 과수원 주인의 마음 속에 순간 좋은 아이디어가 떠올랐다. 그는 사과의 홍보 전단지에 썼다：" 올해의 사과는 고원지역의 특유의 ⁵⁵ B 표시 가 있습니다 - 우박을 맞은 흔적이 있습니다. 이 사과들은 겉모양에서 뿐 아니라 식감에서도 고원지역 사과의 ⁵⁶ A 독특한 맛을 구현하였습니다. 수량에 제한이 있으니 필요하시면 속히 구매하시길 바랍니다. …" 사람들은 소식을 듣고 앞다투어 구매하였고, 매우 빠르게, 과수원의 사과는 하나도 남김없이 다 팔렸다.

**지문 어휘**

苹果园 píngguǒyuán
명 사과 과수원

位于 wèiyú
동 ~에 위치하다 ★

成熟 chéngshú
형 익다, 여물다 ★

冰雹 bīngbáo 명 우박

伤痕累累 shānghénlěilěi
상처 자국이 많다

原本 yuánběn 부 애초에

丰收在望 fēngshōuzàiwàng
풍작이 내다보이다

心痛 xīntòng 형 마음이 아프다

不已 bùyǐ 동 ~해 마지않다

苦苦 kǔkǔ 부 열심히, 고생스럽게

丑陋 chǒulòu 형 못생겼다

意外 yìwài 형 의외의

竟然 jìngrán 부 뜻밖에도

格外 géwài 부 유난히 ★

清脆 qīngcuì
형 사각사각하고 상큼하다

### 53

A 分配
B 批改
C 销售
D 展开

A 분배하다
B 수정하다
C 판매하다
D 펼치다

**정답** C

**해설** 과수원 주인은 우박을 맞은 이 못난이 사과를 어떻게 하여 내보낼지 고심 하였다. 批改는 글, 작문 등을 고치는 것이고, 展开는 얇고 넓은 것을 펼치거나 활동을 벌이는 것을 의미하므로 정답에서 제외된다. 글의 내용 상 홍보 문구를 작성하여 삽시간에 판매한 것으로 보아 '분배'보다 '판매'가 정답에 가깝다.

### 54

A 被园主低价处理掉了
B 树上的苹果都落地了
C 园主随手摘下一个一尝
D 全部都冻坏了

A 과수원 주인이 저가에 처리해 버렸다
B 나무의 사과는 모두 땅에 떨어졌다
C 과수원 주인은 손이 가는 대로 하나를 따서 맛을 보았다
D 모두 얼어버렸다

**정답** C

**해설** 사과가 다 익고 나서 빈칸의 행동을 통해, 과수원 주인은 상처를 입은 사과가 유난히 아삭하고, 새콤달콤하다는 것을 알게 되었으므로, 빈칸에는 맛보다라는 尝이 있는 C가 정답이다.

### 55

A 形式
B 标志
C 原因
D 原则

A 형식
B 표시
C 원인
D 원칙

**정답** B

**해설** 빈칸 뒤의 말바꿈표는 빈칸의 단어를 보충설명 한 내용으로, "冰雹打击过的痕迹 (우박을 맞은 흔적)"의 흔적과 일맥상통한 단어여야 하므로 형식이라는 의미의 形式, 원칙이라는 의미의 原则는 정답과 거리가 멀고, 우박을 맞고 난 다음의 흔적은 결과에 해당하므로 원인이라는 의미의 原因은 정답이 될 수 없다. 그러므로 정답은 표시, 표지라는 의미를 가지고 있는 B의 标志가 정답이다.

---

酸甜 suāntián 혱 새콤달콤하다
可口 kěkǒu 혱 맛있다, 입에 맞다
主意 zhǔyi 몡 방법, 아이디어
宣传单 xuānchuándān 몡 광고전단
打击 dǎjī 동 치다, 때리다
痕迹 hénjì 몡 흔적, 자국
口感 kǒugǎn 몡 입맛
体现 tǐxiàn 동 구현하다 ★
有限 yǒuxiàn 혱 수량이 적다
欲购从速 yùgòucóngsù 필요하시면 속히 구매하시기 바랍니다
听讯 tīngxùn 동 소식을 듣다
争相购买 zhēngxiānggòumǎi 앞다투어 구매하다

### 보기 어휘

分配 fēnpèi 동 분배하다 ★
批改 pīgǎi 동 수정하다
销售 xiāoshòu 동 팔다, 판매하다 ★
展开 zhǎnkāi 동 전개하다 ★
摘 zhāi 동 따다 ★
冻 dòng 동 얼다 ★
形式 xíngshì 몡 형식, 형태 ★
标志 biāozhì 몡 상징, 표지 ★
独特 dútè 혱 독특하다 ★
单调 dāndiào 혱 단조롭다 ★
重大 zhòngdà 혱 중대하다 ★
活泼 huópo 혱 활발하다

**56**

A 独特
B 单调
C 重大
D 活泼

A 독특하다
B 단조롭다
C 중대하다
D 활발하다

**정답** A

**해설** 빈칸 뒤의 风味(맛)과 호응이 가능한 단어를 찾는 문제로, 복잡하지 않고 단조롭다는 의미의 单调, 크고 무겁다라는 의미의 重大, 활발하다는 活泼는 의미상 호응자체가 불가능하다. 맛과 호응이 가능한 단어는 독특하다라는 의미의 独特, A가 정답이다.

---

第57到60题是根据下面一段话： 57-60번 문제는 다음 내용에 근거한다:

市面上卖的软饮料瓶子多数都是圆柱形的，可牛奶却多 57 B 装 在方形盒子中出售。原因是什么呢？软饮料瓶做成圆柱形的目的是便于携带，尽管圆柱形瓶子占更多空间，提高了储存成本，不过软饮料巨大的销量所带来的 58 B 利润 能抵消其额外存储成本。 59 D 而人们一般不拿着盒子喝牛奶，因此设计牛奶包装时并不用考虑其方便携带与否的问题。另外，牛奶需要放进冷柜里冷藏，而方形容器能够 60 D 充分 利用冷柜空间，从而降低存储成本。

거리에서 파는 소프트 드링크의 병은 대다수가 모두 원통형인데, 우유는 사각형의 곽에 57 B 담아 판매한다. 이유는 무엇인가? 소프트 드링크 병을 원통형으로 만든 목적은 휴대의 편리함이다. 비록 원통형 병은 더 많은 공간을 차지해서 보관비용이 더 올라가지만, 소프트 드링크의 거대한 소비량이 가져오는 58 B 이윤 은 별도의 면적에 따른 보관 비용을 상쇄하게 한다. 59 D 그리고 사람들은 보통 우유 곽을 들고 우유를 마시지 않는다, 이로 인해 우유 포장을 디자인 할 때, 그 휴대가 편리한지 여부의 문제를 고려할 필요가 없다. 그 외에, 우유는 냉장고에 넣어 냉장 보관을 해야 하는데, 사각용기는 60 D 충분히 냉장고의 공간을 이용할 수 있기에, 면적에 따른 보관 비용을 낮춘다.

**지문 어휘**

市面 shìmiàn 명 거리, 시장
软饮料 ruǎnyǐnliào 명 소프트 드링크
圆柱形 yuánzhùxíng 명 원통형
方形 fāngxíng 명 사각형
出售 chūshòu 동 판매하다
便于 biànyú 동 …에 편하다 (…하기에) 쉽다
携带 xiédài 동 휴대하다
占 zhàn 동 차지하다 ★
储存成本 chǔcúnchéngběn 명 보관비용
巨大 jùdà 형 아주 많다 ★
抵消 dǐxiāo 동 상쇄하다
额外 éwài 형 별도의
与否 yǔfǒu 명 여부
冷柜 lěngguì 명 아이스박스, 냉장고
冷藏 lěngcáng 명 냉장, 동 냉장하다
容器 róngqì 명 용기

**57**

A 开
B 装
C 盖
D 撕

A 열다
B 담다
C 덮다
D 찢다

정답 B

해설 내용상 우유는 사각형의 곽에 어떻게 되어 팔리는가를 찾는 문제로, 찢다라는 의미의 撕는 빈칸 뒤의 전치사보어 在와 호응이 불가능하므로 정답에서 제외된다. 열다라는 의미인 开나, 덮다라는 의미의 盖는 내용상 일치되지 않으므로 정답은 담다라는 의미의 装, B가 정답이다.

### 58

| | | | |
|---|---|---|---|
| A 成本 | B 利润 | A 원가 | B 이윤 |
| C 利息 | D 汇率 | C 이자 | D 환율 |

**보기 어휘**

装 zhuāng 동 담다 ★
盖 gài 동 덮다 ★
撕 sī 동 찢다 ★
成本 chéngběn 명 원가, 자본금
利润 lìrùn 명 이윤 ★
利息 lìxī 명 이자 ★
汇率 huìlǜ 명 환율 ★
塑料瓶 sùliàopíng 명 페트병
酸奶 suānnǎi 명 요구르트
加热 jiārè 동 가열하다
明白 míngbai 형 명확하다
必要 bìyào 형 필요로 하다 ★
熟悉 shúxī 형 익숙하다
充分 chōngfèn 부 충분히 ★

정답 B

해설 빈칸의 앞의 软饮料巨大的销量所带来的(소프트 드링크의 거대한 소비량이 가져오는)의 수식을 받을 수 있는 단어를 찾는 문제로, A의 원가, C의 이자, D의 환율은 내용상 일치 하지 않는다. 거대한 소비와 호응이 가능한 단어는 이윤이라는 의미를 가진 B의 利润이 정답이다.

### 59

| | |
|---|---|
| A 矿泉水瓶能反复使用 | A 생수병은 반복해서 사용할 수 있다 |
| B 塑料瓶会破坏酸奶的味道 | B 페트 병은 요구르트의 맛을 파괴한다 |
| C 纸盒子容易加热 | C 종이 상자는 가열하기 쉽다 |
| D 而人们一般不拿着盒子喝牛奶 | D 그리고 사람들은 보통 우유 곽을 들고 우유를 마시지 않는다 |

정답 D

해설 빈칸의 이유로 인해 우유를 포장할 때에는 휴대의 편리함 여부를 고려하지 않는다고 하였으므로, 내용상 D가 정답이다.

### 60

| | | | |
|---|---|---|---|
| A 明白 | | A 명확하다 | |
| B 必要 | | B 필요로 하다 | |
| C 熟悉 | | C 익숙하다 | |
| D 充分 | | D 충분히 | |

정답 D

해설 빈칸 뒤의 利用(이용하다)은 동사로 사용되었으므로, 빈칸은 利用을 수식하는 단어를 찾는 문제다. 여기서 동사를 수식할 수 있는 부사를 품사로 가지는 단어는 充分(충분히)밖에 없으므로 정답은 D이다.

## 제2부분

61~70번 문제는 지문을 읽고 내용과 일치하는 것을 고르는 문제입니다.

### 61

每当说到危险的动物，人们首先会想到的可能是凶猛的狮子。其实在自然界里，蜻蜓才是最成功的捕食者。蜻蜓捕捉目标猎物的成功率高于95%，是狮子的4倍。

A 狮子主要以蜻蜓为食
B 狮子的寿命都比较短
C 蜻蜓捕食能力很强
D 蜻蜓是狮子的敌人

위험한 동물을 이야기 할 때마다, 사람들은 아마도 용맹한 사자를 가장 먼저 생각할 것이다. 사실 자연계에서는 잠자리야 말로 가장 성공적인 포식자이다. 잠자리의 목표 사냥감을 잡는 성공률은 95%보다 높은데, 이것은 사자의 4배이다.

A 사자는 주로 잠자리를 먹고 산다
B 사자의 수명은 비교적 짧다
C 잠자리의 포식 능력은 매우 강하다
D 잠자리는 사자의 적이다

**지문 어휘**

每当 měidāng 부 …할 때마다, …할 때면 언제나
危险 wēixiǎn 명 위험
凶猛 xiōngměng 형 용맹하다
狮子 shīzi 명 사자
其实 qíshí 부 사실
蜻蜓 qīngtíng 명 잠자리
捕食者 bǔshízhě 명 포식자
捕捉 bǔzhuō 동 잡다
猎物 lièwù 명 사냥감
高于 gāoyú 형 ~보다 높다
寿命 shòumìng 명 수명 ★
敌人 dírén 명 적 ★

**정답** C

**해설** 자연계에서는 잠자리야 말로 가장 성공적인 포식자라고 하였으므로 정답은 C이다.

### 62

一个人的成就往往与他遇到的困难和挑战有很大的关系。这就好像在你面前放了一面墙，墙越高，你跳得也就越高。所以在你遇到一下子解决不了的问题时，不要轻易被吓倒，只要勇敢面对这些问题，就能克服它们，取得的成就会更高。

A 要勇于面对挑战
B 要制定短期目标
C 要珍惜现在的生活
D 人生充满了奇迹

한 사람의 성취는 종종 그가 만난 어려움 그리고 도전과 매우 큰 관계가 있다. 이것은 마치 당신 앞에 하나의 벽이 있고, 그 벽이 높으면 높을수록 당신이 뛰는 것도 더 높아질 수 있는 것과 같다. 그러므로 당신이 단번에 해결할 수 없는 문제를 만났을 때, 쉽게 물러서지 말고, 용감히 이 문제들을 대면한다면, 극복할 수 있을 것이고, 얻어지는 성취는 더 높을 것이다.

A 용감하게 도전을 직면해야 한다
B 단기목표를 세워야 한다
C 현재의 생활을 소중히 여겨야 한다
D 인생은 기적이 가득하다

**지문 어휘**

成就 chéngjiù 명 성취 ★
轻易 qīngyì 형 쉽다 ★
吓倒 xià dǎo 동 놀라 뒤로 물러서다
克服 kèfú 동 극복하다 ★
勇于 yǒngyú 동 용감하다
面对 miànduì 동 직면하다 ★
制定 zhìdìng 동 확정하다 ★
珍惜 zhēnxī 동 진귀하게 여겨 아끼다 ★
充满 chōngmǎn 동 가득 차다 ★
奇迹 qíjì 명 기적 ★

**정답** A

**해설** 단문에서 단번에 해결할 수 없는 문제를 만나게 되면, 물러서지 말고 용감하게 이 문제들을 대면하라고 하였으므로, 용감하게 직면하라는 A와 내용이 일치한다.

## 63

冬季运动时，贴身衣物最好选择干得快的，但外套则需要选择有防风效果的。整体搭配不要太厚，尤其是裤装。因为运动一会儿后，体温就会上升，适当地少穿一点儿，不光有助于散热，还不易感冒。

A 冬季要控制运动量
B 运动服越厚越好
C 冬季运动穿衣有讲究
D 贴身衣物尽量地少穿

겨울에 운동할 때, 몸에 붙는 옷은 빨리 마르는 것을 선택하는 것이 제일 좋다. 그러나 외투는 바람을 막는 효과가 있는 것을 선택해야 한다. 전체적 코디는 너무 두꺼워서는 안되고, 특히 바지는 두꺼우면 안 된다. 잠시라도 운동을 하게 되면 체온이 오르게 되기 때문에, 적당하게 좀 얇게 입어야, 열을 발산하는데 도움이 될 뿐 아니라, 쉽게 감기에 걸리지도 않는다.

A 겨울에는 운동량을 컨트롤하여야 한다
B 운동복은 두꺼울수록 좋다
C 겨울철 운동복장은 주의사항이 있다
D 몸에 붙는 옷은 최대한 적게 입어야 한다

**지문 어휘**

贴身 tiēshēn
[형] (옷이) 몸에 꼭 붙다
选择 xuǎnzé [동] 선택하다
外套 wàitào [명] 외투
防风 fángfēng [동] 바람을 막다
整体 zhěngtǐ [명] 전체 ★
搭配 dāpèi [동] 조합하다
适当 shìdàng [형] 적절하다
散热 sànrè [동] 열을 발산하다
控制 kòngzhì [동] 조절하다 ★
讲究 jiǎngjiu
[명] 유의할 만한 법칙 ★

**정답** C

**해설** 겨울에 운동을 하게 되면, 몸에 붙는 옷은 빨리 말라야 하고, 외투는 바람을 막는 효과가 있어야 하며, 전체적으로 두꺼워서는 안되고 특히 바지는 두꺼우면 안 된다고 겨울철 운동복장에 대한 여러 주의사항을 나열한 단문이므로 정답은 C이다.

## 64

"如鱼得水"原来的意思是说，像鱼儿得到了水一样。人们常用这个成语来比喻到了适合自己的环境。例如你在新公司表现很好，没什么任务能难倒你，并且很快就升了职，这种情况就可以说，你在职场上"如鱼得水"。

A 应该换一家新公司
B 鱼在古代象征权力和地位
C 工作顺利可用"如鱼得水"形容
D 该成语可指人很乐观

'물고기가 물을 만나다'의 원래 의미는 마치 물고기가 물을 얻은 것과 같다는 것이다. 사람은 이 성어로 자신의 환경이 적합함을 비유한다. 예를 들어 당신이 새로운 회사에서의 퍼포먼스가 매우 좋고, 당신을 곤란하게 하는 어떤 임무도 없으며, 게다가 승진까지 빠르다면, 이런 상황을 직장에서 '물 만난 고기 같다'라고 말할 수 있다.

A 반드시 새로운 회사로 바꾸어야 한다
B 물고기는 고대에 권력과 지위를 상징한다
C 일이 순조로우면 '물고기가 물을 만나다'라고 묘사할 수 있다
D 이 성어는 사람이 매우 낙관적임을 뜻한다

**지문 어휘**

如鱼得水 rúyúdéshuǐ
[성] 물고기가 물을 만난 것 같다
比喻 bǐyù [동] 비유하다
适合 shìhé [동] 적합하다
表现 biǎoxiàn [명] 태도, 품행 ★
难倒 nándǎo [동] 곤란하게 하다
升职 shēngzhí [동] 승진하다
职场 zhíchǎng [명] 직장
象征 xiàngzhēng
[동] 상징하다 ★
权力 quánlì [명] 권력 ★
形容 xíngróng [동] 묘사하다 ★
乐观 lèguān [형] 낙관적이다 ★

**정답** C

**해설** 단문에서 당신이 새로운 회사에 들어가서 퍼포먼스가 좋고, 어떤 임무도 어렵지 않으며, 승진도 빠르다면, 이런 상황을 '물고기가 물을 만나다(물 만난 고기)'라 말할 수 있다고 하였으므로, 정답은 C이다.

## 65

四方街地处丽江古城的中心广场，因过去道路四通八达而得名。四方街又被称为"居民博物馆"，街道两边的建筑现在依然保留着清明时代的风格，人们走在四方街，好像置身于清明时期的商业街中一样。

스팡지에는 리장시 고성의 중심광장에 위치하는데, 과거에 길이 사방으로 통한다하여 얻어진 이름이다. 스팡지에는 '주민박물관'으로도 불리는데, 길의 양쪽 건축물은 현재에도 여전히 청나라, 명나라 시대의 스타일을 보존하고 있고, 사람들은 스팡지에를 걸으면, 마치 청나라, 명나라 시기의 상업거리에 있는 것과 같다고 한다.

A 四方街上多为现代建筑
B 四方街以前的交通便利
C 四方街在唐宋时期很热闹
D 四方街目前已无清明风格

A 스팡지에엔 현대 건축물이 많다
B 스팡지는 이전에 교통이 편리했다
C 스팡지에는 당나라, 송나라 시대에 번성했다
D 스팡지에는 오늘날 이미 청나라, 명나라 스타일이 사라졌다

**지문 어휘**

四通八达 sìtōngbādá
셍 (길이) 사방으로 통하다

得名 démíng 통 명칭을 얻다
建筑 jiànzhù 명 건축물 ★
依然 yīrán 뷔 여전히 ★
保留 bǎoliú 통 보존하다 ★
风格 fēnggé 명 스타일 ★
置身 zhìshēn
통 자신을 ~에 두다
热闹 rènao 형 번화하다

**정답** B

**해설** 스팡지에라는 이름은 과거에 도로가 사방으로 통해서 얻어진 것이라는 내용을 보아 스팡지에는 이전에 교통이 편리하였다고 유추할 수 있으므로 정답은 B 이다.

## 66

"慢活族"虽然倡导慢工作，慢动作，慢阅读，不过他们并不只是简单地追求放慢速度，而是追求生活中的平衡，该快则快，能慢则慢。"慢活族"关注心灵成长，他们希望生活在快节奏中，少一些浮躁，多一些平静，充分享受生活带来的乐趣。

'슬로우 라이프족'은 비록 천천히 일하고, 천천히 움직이고, 천천히 읽기를 제창하지만, 그들은 결코 단순히 속도를 늦추는 것을 추구하는 것이 아니라, 생활 속에서의 균형을 추구하는 것으로, 빨라야 할 때는 빠르게, 천천히 할 수 있다면, 천천히 하는 것이다. '슬로우 라이프족'은 마음의 성장에 관심을 가지고, 빠른 리듬 속에 생활하면서도 조급함을 줄이며, 좀 더 차분하게 생활이 가져오는 즐거움을

**지문 어휘**

倡导 chàngdǎo 통 제창하다
追求 zhuīqiú 통 추구하다 ★
放慢 fàngmàn
통 (속도를) 늦추다
平衡 pínghéng 명 균형 ★
关注 guānzhù
통 관심을 가지다
心灵 xīnlíng 명 마음
成长 chéngzhǎng 명 성장 ★

충분히 누리기를 희망한다.

A 慢活族提倡低效率工作
B 慢活族追求生活平衡
C 慢活族反对慢工作
D 慢活族不想面对烦恼

A 슬로우 라이프족은 효율이 낮은 일을 제창한다
B 슬로우 라이프족은 생활의 균형을 추구한다
C 슬로우 라이프족은 느리게 일하는 것을 반대한다
D 슬로우 라이프족은 걱정거리를 만나고 싶어하지 않는다

节奏 jiézòu 명 리듬
浮躁 fúzào 형 조급하다
平静 píngjìng 형 차분하다
提倡 tíchàng 통 제창하다 ★
烦恼 fánnǎo 형 걱정하다

**정답** B

**해설** 슬로우 라이프족은 단지 속도를 늦추는 것에 목적이 있는 것이 아니라 생활 속에서 균형을 추구하기 위해 천천히 할 수 있는 것이라면 천천히 해야 한다고 하였으므로 '생활의 균형을 추구한다'라는 B가 정답이다.

### 67

软木画，又称软木雕、木画，它是一种把"雕"和"画"结合起来的手工艺品，主要产于福建福州。其色调纯朴，刻工精细，形象逼真，很好地再现中国古代亭台楼阁和园林景色。2008年，软木画被选入中国国家级非物质文化遗产名录。

코르크 그림은 코르크 조각, 목화라 부른다. 그것은 '조각'과 '그림'을 결합한 수공예품이며, 주로 푸젠성 푸저우에서 만들어진다. 그 색채는 소박하며, 조각은 섬세하고, 모양은 진짜와 비슷하여, 중국 고대 정자누각과 정원의 풍경을 잘 재현해 냈다. 2008년 코르크 그림은 중국 국가 급 무형 문화유산 목록으로 등재되었다.

A 软木画刻工粗糙
B 软木画善于再现园林景色
C 软木画色彩比较鲜艳
D 福州是软木画的唯一产地

A 코르크 그림은 조각이 서투르다
B 코르크 그림은 정원 풍경의 재현을 잘한다
C 코르크 그림은 색채가 비교적 화려하다
D 푸저우는 코르크 그림의 유일한 생산지이다

**지문 어휘**

软木 ruǎnmù 명 코르크, 코르크나무
雕 diāo 명 조각(작)품
结合 jiéhé 통 결합하다 ★
手工艺品 shǒugōngyìpǐn 명 수공예품
色调 sèdiào 명 색채, 색조
纯朴 chúnpǔ 형 순박하다
刻工 kègōng 명 조각 기술
精细 jīngxì 형 정교하고 섬세하다
逼真 bīzhēn 형 진짜와 같다
亭台楼阁 tíngtáilóugé 명 정자·누대·누각 등
园林 yuánlín 명 원림, 정원
遗产 yíchǎn 명 유산
名录 mínglù 명 명단
善于 shànyú 통 ~를 잘하다 ★
鲜艳 xiānyàn 형 화려하다 ★
产地 chǎndì 명 산지, 생산지

**정답** B

**해설** 단문에서 중국 고대의 정원 풍경을 잘 재현하였다는 부분을 통해 '코르크 그림은 정원 풍경의 재현을 잘한다'라는 B가 정답이다.

### 68

有研究指出，假如光线太明亮，会妨碍人们做出正确的判断。这是因为把灯光调暗后，人的大脑能够更加客观地看待问题，避免因情绪的波动而做出错误的判断。特别是在做重大决定时，黑暗往往能使你的头脑保持清醒，做出正确的决定。

A 人在黑暗中情绪易失控
B **光线强弱能影响人的判断力**
C 在强光下能作出快速判断
D 做重大决定前要与人商量

어떤 연구에서 만약 빛이 너무 밝으면 사람이 정확한 판단을 내리는 것을 방해한다고 밝혔다. 빛을 어둡게 조절한 후에는 사람의 대뇌가 더 객관적으로 문제를 대할 수 있기 때문에, 감정의 기복으로 잘못된 판단을 내리는 것을 피할 수 있다. 특히 중대한 결정을 내릴 때, 어두움은 종종 당신의 대뇌로 하여금 정신을 또렷하게 유지하여, 정확한 결정을 내리게 한다.

A 사람은 어두운 데서 쉽게 감정의 통제력을 잃는다
B 빛의 강약은 사람의 판단력에 영향을 준다
C 강한 빛 아래에서 신속한 판단을 내릴 수 있다
D 중대한 결정 전에 사람과 상의를 해야 한다.

**지문 어휘**

光线 guāngxiàn 명 빛
明亮 míngliàng 형 환하다, 밝다
妨碍 fáng'ài 명,동 방해(하다)
调 tiáo 동 조절하다
暗 àn 형 어둡다 ★
看待 kàndài 동 대하다
避免 bìmiǎn 동 피하다 ★
情绪 qíngxù 명 정서 ★
波动 bōdòng 명 파동
黑暗 hēi'àn 형 어둡다
清醒 qīngxǐng 형 (정신이) 맑다
失控 shīkòng
동 제어하지 못하다

**정답** B

**해설** 빛이 너무 밝으면 정확한 판단을 내릴 때 방해가 되며, 어둡게 되었을 때에는 대뇌가 더 객관적 판단을 할 수 있도록 도와준다는 내용을 보아, 빛의 강약은 사람이 판단을 할 때 영향을 준다는 것을 알 수 있으므로, 정답은 B이다.

### 69

很多人都有睡不着的时候，要是这种状态持续两周甚至更长时间的话，就意味着得了"失眠症"。但更多人事实上并不是睡不着，而是想睡却没有充足的时间，从而引起睡眠不足，这种情况被称为"睡眠剥夺"。这种情况长期下去，他们的生活节奏可能会被打乱，进而导致失眠。

많은 사람들이 잠에 들지 못하는 때가 있다. 만약 이런 상태가 2주 정도, 심지어 더 긴 시간 지속된다면, '불면증'을 얻었다는 것을 의미한다. 그러나 더 많은 사람들은 사실 잠을 못 자는 것이 아니라 자고 싶지만 충분한 시간이 없어서 수면 부족을 유발하게 되는데, 이런 종류의 현상을 '수면박탈'이라 부른다. 이런 현상이 장기적으로 지속되면, 그들의 생활 리듬은 아마도 엉망이 될 것이며, 더 나아가 불면증을 야기하게 될 것이다.

**지문 어휘**

持续 chíxù 동 지속하다 ★
意味着 yìwèizhe 동 의미하다
失眠症 shīmiánzhèng
명 불면증
引起 yǐnqǐ 동 불러 일으키다
剥夺 bōduó 동 박탈하다
节奏 jiézòu 명 리듬
打乱 dǎluàn
동 엉망으로 만들다
导致 dǎozhì

A 长期睡眠不足可能引起失眠
B 失眠会导致体重下降
C 经常失眠的人记忆力差
D 三餐不规律的人会失眠

A 장기적 수면 부족은 불면증을 초래할 수 있다
B 불면증은 체중저하를 초래한다
C 자주 잠을 못 자는 사람은 기억력이 나쁘다
D 식사가 불규칙한 사람은 잠을 못 잘 수 있다

동 야기하다, 초래하다 ★
**下降** xiàjiàng 동 줄어들다
**规律** guīlǜ 형 규칙적이다 ★

**정답** A

**해설** 시간이 없어서 잠을 못 자는 수면박탈 현상이 장기적으로 지속되면 불면증을 야기할 수 있다고 하였으므로 '장기적 수면 부족은 불면증을 초래한다'는 A가 정답이다.

## 70

运动员型消费者与冲动型消费者有别，运动员型消费者仿佛运动员一样喜欢竞争，只不过他们的竞争对象是零售系统。在购物之前，他们会先做好计划，并仔细对比原价和折扣价，目标就是买到价格最低的东西。他们最自豪的事情就是自己购买的物品都是以折扣价到手的。

A 运动员型消费者不善于做计划
B 运动员型消费者喜欢买打折商品
C 冲动型消费者爱买名牌商品
D 打折商品往往不好买

운동선수형 소비자와 충동형 소비자는 차이가 있는데, 운동선수형 소비자는 마치 운동선수와 같이 경쟁을 좋아하며, 오직 그들의 경쟁상대는 판매시스템일 뿐이다. 구매 직전, 그들은 먼저 계획을 잘 세우고, 자세히 원가와 할인가를 비교하는데, 목표는 가격이 제일 낮은 물건을 사는 것이다. 그들이 가장 자부심을 느끼는 일은 바로 자신이 구매한 물품을 모두 할인가로 손에 넣는 것이다.

A 운동선수형 소비자는 계획을 잘 하지 못한다
B 운동선수형 소비자는 할인 상품 사는 것을 좋아한다
C 충동형 소비자는 명품 사는 것을 좋아한다
D 할인 상품은 종종 사기 힘들다

**지문 어휘**
**有别** yǒubié 동 서로 다르다
**仿佛** fǎngfú
부 마치 ~인 것 같다 ★
**竞争** jìngzhēng 동 경쟁하다
**零售** língshòu 동 소매하다
**购物** gòuwù
동 물품을 구입하다
**对比** duìbǐ 동 대비하다 ★
**折扣价** zhékòujià 명 할인가격
**自豪** zìháo 형 스스로 자랑스럽게 생각하다
**到手** dàoshǒu 동 손에 넣다
**名牌** míngpái
명 유명 브랜드 ★

**정답** B

**해설** 운동선수형 소비자들은 물건을 구매할 때, 계획을 세우고, 원가와 할인가를 비교하여 가격이 제일 낮은 물건을 사는데, 그들은 자신이 구매한 물건이 모두 할인된 가격으로 샀을 때, 자부심을 느낀다고 하였으므로, 그들은 할인 상품을 사는 것을 좋아한다는 B가 정답이다.

## 제3부분

71~90번 문제는 지문을 읽고 질문에 알맞은 답을 고르는 문제입니다.

**第71到74题是根据下面一段话：**

71-74번 문제는 다음 내용에 근거한다:

　　每年，都有不少人去拜访一位著名的小提琴家，希望他能指点一下自己。这位小提琴家也从来不推辞，⁷¹对来拜访的学生都必定认真指导。他有个习惯：⁷²当学生演奏时，他一句话也不会多说。等他们拉完曲子之后，他会把那首曲子再仔细地拉上一遍，使学生通过对比，发现自己的问题在哪儿。

　　一天，一个年轻人从很远的地方来拜访小提琴家，⁷³请他收自己为学生。小提琴家对年轻人说："我先听听你演奏的曲子，等我听完再决定好吗？"于是年轻人就开始演奏，他演奏得非常动听，可以看出来，这个年轻人在音乐上很有天赋。年轻人演奏完后，小提琴家还是像以前一样拿着琴走上台去。不过这一次，他不是重复演奏年轻人拉的那首曲子，而是把小提琴缓缓地从肩上拿下来，叹了一口气，随后走下台来。在场的人问道："老师，您为什么不再演奏一遍就下来了呢？您叹气难道是因为刚才那首曲子里有太多错误了？"小提琴家笑着摇摇头，说道："并不是这样！⁷⁴其实是这位年轻人拉得太好了。如果我再拉一遍，反而会误导他。"

매년 적지 않은 사람들이 한 유명한 바이올리니스트를 방문하여, 그가 자신을 지도해 주기를 바란다. 이 바이올리니스트도 지금껏 거절하지 않고, ⁷¹방문 오는 학생들을 모두 성실하게 지도를 해주었다. 그는 하나의 습관이 있는데: ⁷²학생이 연주할 때에는 한마디도 하지 않는다. 그들이 곡을 다 켜고 난 후, 그는 그 곡을 다시 자세히 한 번 켜주고, 학생들이 비교를 통해 자신의 문제가 어디 있는지를 발견하게 한다.

하루는 한 명의 젊은이가 매우 먼 곳에서 바이올리니스트를 방문하였고, ⁷³그에게 자신을 학생으로 받아주기를 청하였다. 바이올리니스트는 젊은이에게 이야기 하길 "나는 먼저 네가 연주하는 곡을 듣고 그 다음 결정해도 되겠니？" 그래서 젊은이는 연주를 시작했고, 그의 연주는 매우 감동적이었으며, 이 젊은이가 음악적으로 천부적 재능이 있음을 알 수 있었다. 젊은이가 연주를 마치고, 바이올리니스트는 여전히 이전과 같이 바이올린을 들고 무대로 갔다. 그러나 이 때, 그는 젊은이가 연주한 그 곡을 반복하는 것이 아니라, 바이올린을 천천히 어깨에서 내려놓으며, 한숨을 쉬고는, 뒤이어 무대를 걸어 내려왔다. 현장의 사람은 물었다: "선생님, 왜 다시 한 번 연주하시지 않고 바로 내려오셨나요？ 당신의 한숨은 설마 방금 그 곡 안에 너무 많은 실수가 있기 때문입니까？" 바이올리니스트는 웃으며 고개를 가로 저으며 말했다: "결코 이렇지 않아요. ⁷⁴사실 이 젊은이는 너무 잘 켰어요. 만약 내가 다시 한 번 켠다면 오히려 그를 잘못 지도할 수 있을 것 같아서요."

### 지문 어휘

| | | | |
|---|---|---|---|
| 拜访 | bàifǎng | 동 | 삼가 방문하다 |
| 著名 | zhùmíng | 형 | 유명하다 |
| 小提琴家 | xiǎotíqínjiā | 명 | 바이올리니스트 |
| 指点 | zhǐdiǎn | 동 | 지도하다 |
| 推辞 | tuīcí | 동 | 거절하다 ★ |
| 指导 | zhǐdǎo | 동 | 지도하다 ★ |
| 演奏 | yǎnzòu | 동 | 연주하다 |
| 拉 | lā | 동 | 켜다, 연주하다 |
| 曲子 | qǔzi | 명 | 곡 |
| 仔细 | zǐxì | 형 | 세심하다 |
| 对比 | duìbǐ | 동 | 대비하다 ★ |
| 动听 | dòngtīng | 형 | 듣기 좋다, 듣기에 감동적이다 |
| 天赋 | tiānfù | 동 | 천부적이다 |
| 重复 | chóngfù | 동 | 반복하다 ★ |
| 缓缓 | huǎnhuǎn | 형 | 느릿느릿하다 |
| 随后 | suíhòu | 부 | 뒤이어 |
| 在场 | zàichǎng | 동 | 현장에 있다 |
| 叹气 | tànqì | 동 | 한숨짓다 |
| 误导 | wùdǎo | 동 | 잘못 이끌다 |
| 称赞 | chēngzàn | 동 | 칭찬하다 ★ |
| 赢得 | yíngdé | 동 | 얻다 |
| 如何 | rúhé | 대 | 어떻게 ★ |
| 对待 | duìdài | 동 | (상)대하다 ★ |
| 冷淡 | lěngdàn | 형 | 냉담하다 |
| 高额 | gāo'é | 형 | 고액의 |
| 拒绝 | jùjué | 동 | 거절하다 |
| 评价 | píngjià | 동 | 평가하다 ★ |
| 询问 | xúnwèn | 동 | 의견을 구하다 ★ |
| 糟糕 | zāogāo | 형 | 엉망이 되다 ★ |
| 乐器 | yuèqì | 명 | 악기 ★ |

小提琴家对年轻人的称赞是发自内心的，他因此赢得了在场所有人的掌声。

바이올리니스트의 젊은이에 대한 칭찬은 진심에서 우러나온 것이었고, 그는 이로 인하여 현장에 있는 모든 사람들의 박수를 받았다.

**自豪** zìháo 형 스스로 자랑스럽게 생각하다 ★

**模仿** mófǎng 동 모방하다 ★

### 71

问: 小提琴家是如何对待拜访者的?

A 态度非常冷淡
B 收取高额学费
C 拒绝指导
D 认真指导

질문: 바이올리니스트는 어떻게 방문자를 대하였는가?

A 태도가 냉담하다
B 수업비를 받는다
C 지도를 거절한다
D 성실하게 지도한다

**정답** D

**해설** 바이올리니스트가 방문자를 어떻게 대하는지 묻는 질문이다. 첫 번째 단락에서 바이올리니스트는 자신의 지도를 받기 위해 온 사람들을 거절하지 않고 모두에게 성실하게 지도를 한다고 하였으므로 정답은 D이다.

### 72

问: 通常，小提琴家在学生演奏完后会:

A 自己再拉一遍
B 详细评价
C 询问学生的意见
D 叹一口气

질문: 일반적으로, 바이올리니스트는 학생이 연주한 후:

A 자신이 다시 한 번 켠다
B 상세히 평가한다
C 학생의 의견을 듣는다
D 한숨을 쉰다

**정답** A

**해설** 학생의 연주가 끝나면 바이올리니스트가 하는 행동을 묻는 질문이다. 첫 번째 단락에서 바이올리니스트는 학생들이 연주할 때에는 한마디도 하지 않다가, 그들이 곡을 다 켜고 난 후, 다시 한 번 자세히 켜주고 학생들에게 비교를 통해 자신의 문제를 발견하게 하였으므로 정답은 A이다.

### 73

问: 那个年轻人:

A 没有演奏曲子
B 想拜小提琴家为师
C 表现很糟糕
D 会各种乐器

질문: 그 젊은이는:

A 곡을 연주하지 않았다
B 바이올리니스트를 스승으로 삼고 싶었다
C 행동이 엉망진창이다
D 각종악기를 다룰 줄 안다

정답 **B**

해설 그 젊은이에 관해 묻는 질문이다. 두 번째 단락에서 한 젊은이가 매우 먼 곳에서 이 바이올리니스트를 찾아와 학생으로 받아 주기를 청하였다는 것을 보아 젊은이는 이 바이올리니스트를 스승으로 삼고 싶어했음을 알 수 있다.

### 74

问: 根据上文, 下列哪项正确?

A 年轻人不适合演奏小提琴
B 年轻人很自豪
C 小提琴家称赞了那位年轻人
D 有人专门模仿小提琴家

질문: 본문에 근거하여, 다음 중 옳은 것은?

A 젊은이는 바이올린 연주에 적합하지 않다
B 젊은이는 자부심이 있다
C 바이올리니스트는 그 젊은이를 칭찬했다
D 어떤 사람은 일부러 바이올리니스트를 따라 한다

정답 **C**

해설 본문에 근거하여 옳은 것을 고르는 질문이다. 젊은이의 연주가 끝나자 바이올리니스트는 평소와 달리 다시 한 번 연주하지 않았는데, 그 이유를 묻자 젊은이가 너무 잘 켜서 바이올리니스트 자신이 다시 켠다면 오히려 그를 잘못 지도할 수 있기 때문이라고 진심에서 우러나온 칭찬을 하였으므로 정답은 C이다.

---

第75到78题是根据下面一段话:

75-78번 문제는 다음 내용에 근거한다:

结束了忙碌的一天, 许多人回到家都会看看电视、玩儿会儿游戏, <sup>75</sup>希望通过这样的方式让自己彻底放松。但这种方式真的能使人放松吗?

有所高校的研究人员对471人进行问卷调查, 结果发现, 在紧

바쁜 하루가 끝나고 많은 사람들은 집에 돌아가 TV를 보거나, 게임을 잠시 하는 <sup>75</sup>방식을 통해 긴장을 풀기 원한다. 그러나 이런 방식이 정말 사람으로 하여금 긴장을 풀 수 있도록 하는가?

어느 대학 연구원들이 471명에 대해 설문조사를 진행했는데, 그 결과 긴장한 상태로 일이나 공부를 하루

**지문 어휘**

**忙碌** mánglù 형 바쁘다

**彻底** chèdǐ 형 철저하다 ★

**放松** fàngsōng
동 정신적 긴장을 풀다

**高校** gāoxiào 명 대학교

**研究人员** yánjiūrényuán
명 연구원

**问卷** wènjuàn 명 설문 조사

张地工作或学习了一天后，倍感疲劳的人会觉得看电视和玩儿电子游戏⁷⁶是一种时间的浪费。认为自己为了娱乐而没有去做重要的事情，这种想法会让他们感到自责。所以这些人最终并没有获得轻松的感觉。

这一研究结果显示，那些希望通过玩电子产品方式来放松的人不但没有感到轻松，反而使精神上的压力增加了。研究人员称：⁷⁷"当今社会，智能手机被广泛应用，随处可见的信息和便捷的娱乐方式已成为一种负担和压力，而并非缓解精神紧张的最佳方式。"

由此可见，在现实生活中，电子娱乐产品与人的身心健康之间的有着非常复杂的关系。⁷⁸也许人们在使用电子产品之前，还需三思而行。

종일 하고 난 후, 더욱 피로감을 느낀 사람들은 TV를 보거나 게임을 하는 것을 ⁷⁶ 시간 낭비로 느낀다고 하였다. 자신이 오락 때문에 중요한 일을 해내지 못했다라고 여기고, 이러한 생각이 그들에게 자책을 느끼게 한다고 하였다. 그러므로 이런 사람들은 결국 편안한 느낌을 얻을 수가 없었다.

이 연구 결과, 전자상품을 가지고 노는 방식을 통하여 긴장을 푸는 사람들은, 편안함을 느끼지 못할 뿐만 아니라 오히려 정신적인 스트레스만 증가하게 된다고 밝혀졌다. 연구원들은 말하길: ⁷⁷ "오늘날 사회는 스마트폰이 광범위하게 응용되어, 어디서든 볼 수 있는 정보와 빠르고 편리한 오락방식이 이미 부담과 스트레스가 되었고, 결코 이러한 것들이 정신적인 긴장을 풀어주는 좋은 방식이 아니다"라고 했다.

이로서 알 수 있듯이, 현실 생활 중에 전자 오락 상품과 사람의 심신건강 사이에는 매우 복잡한 관계가 있다. ⁷⁸ 사람들은 전자 상품을 사용하기 직전에, 심사숙고하고 행동해야 한다.

调查 diàochá 명 조사
倍感 bèigǎn 동 더욱더 느끼다
自责 zìzé 동 자책하다
显示 xiǎnshì 동 보여주다 ★
称 chēng 동 말하다 ★
当今 dāngjīn 명 오늘날
智能手机 zhìnéng shǒujī 명 스마트폰
广泛 guǎngfàn 형 폭넓다 ★
便捷 biànjié 형 빠르고 편리하다
负担 fùdān 명 부담
缓解 huǎnjiě 동 완화시키다 ★
三思而行 sānsī'érxíng 마땅히 심사숙고하고 나서 행동하여야 한다
排解 páijiě 동 해소하다
打扰 dǎrǎo 동 지장을 주다
沟通 gōutōng 동 소통하다 ★
破坏 pòhuài 동 파괴하다
妨碍 fáng'ài 동 방해하다 ★
自控力 zìkònglì 명 통제력, 자제력
激发 jīfā 동 불러일으키다
接触 jiēchù 동 접촉하다 ★
谨慎 jǐnshèn 형 신중하다 ★

**75**

问: 多数人下班回家后玩儿游戏是为了:
  A 成为游戏高手
  B 排解孤独
  C 获得成就感
  D 缓解疲劳

질문: 많은 사람들이 퇴근하고 귀가 후 게임을 하는 것은:
  A 게임의 고수가 되기 위해서
  B 고독함을 해소하기 위해서
  C 성취감을 얻기 위해서
  D 피로를 풀기 위해서

**정답** D

**해설** 귀가 후 게임을 하는 이유를 묻는 질문이다. 첫 번째 단락에서 바쁜 하루가 끝나고 집에서 TV를 보거나 게임을 하며 긴장을 풀기를 희망한다고 하였으므로 정답은 D이다.

**76**

问: 根据第二段，人们为什么会自责?

A 打扰了家人休息
B 娱乐浪费了时间
C 与朋友的关系远了
D 与家人沟通减少了

질문: 두 번째 단락에 근거하여, 사람들은 왜 자책을 하는가?

A 가족의 휴식을 방해해서
B 오락으로 시간을 낭비해서
C 친구와의 관계가 소원해져서
D 가족과의 소통이 감소해서

[정답] B

[해설] 사람들이 자책을 하는 이유를 묻는 질문이다. 두 번째 단락에서 사람들이 TV를 보거나 게임 때문에 중요한 일을 하지 못하게 되어, 시간을 낭비했다는 자책을 한다고 하였으므로 정답은 B이다.

**77**

问: 研究人员如何评价极易获取的信息?

A 破坏了传统的学习方式
B 妨碍了正常交际
C 会带给人压力
D 有效缓解了精神压力

질문: 연구원들은 쉽게 얻어지는 정보를 어떻게 평가하는가?

A 전통의 공부방식을 깼다
B 정상적 교류를 방해한다
C 사람들에게 스트레스를 가져다 줄 수 있다
D 정신적 스트레스를 효과적으로 풀 수 있다

[정답] C

[해설] 본 연구원들이 쉽게 얻어진 정보를 어떻게 평가하는지 묻는 질문이다. 세 번째 단락에서 연구원들은 오늘날 사회의 스마트폰을 통해 어디서든 볼 수 있는 정보와 빠르고 편리한 오락 방식이 이미 한 종류의 부담과 스트레스가 되었다고 하였으므로 정답은 C이다.

**78**

问: 根据上文，下列哪项正确?

A 乐观的人自控力差
B 电子游戏能激发想象力
C 儿童不应该多接触游戏
D 要谨慎使用电子产品

질문: 본문에 근거하여, 옳은 것은?

A 낙관적인 사람은 자기 통제력이 약하다
B 전자게임은 상상력을 불러일으킨다
C 어린이는 게임에 많이 접촉해서는 안 된다
D 전자 상품은 신중하게 사용하여야 한다

| 정답 | D |

해설 본문에 근거하여 옳은 것을 찾는 질문이다. 마지막 단락에서 전자상품을 사용하기 직전에, 심사숙고하고 행동을 해야 한다고 언급하였으므로, '신중하게 사용해야 한다'라는 D가 정답이다

---

**第79到82题是根据下面一段话：** 79-82번 문제는 다음 내용에 근거한다:

皮埃尔是一家公司的创始人，他想为公司挑选一位总经理，经过考查，只有五位候选人入选，他们都很优秀，皮埃尔无法立刻做出决定。

一天，皮埃尔突然想到了一个主意，他给这五个人各发了一封同样的电子邮件，一个小时后，其中一位回复了他："请把您的电话号码告诉我。"皮埃尔照做了。很快，他的电话就响了，电话那边一个温柔的声音响起："喂，请问你需要我帮忙吗？"那一刻，皮埃尔惊喜万分，直接亮出自己的身份，并最终决定任命这位候选人担任公司总经理。

其他四个人不知落选的原因，便来询问，皮埃尔回答："我之前给你们五个人发了一样的邮件，内容是⁷⁹'我是贵公司的一名顾客，我的卫生间漏水，你能给我解决吗？'结果只有她一个人回复了我，因此我选择了她。"四个人这才想起来，确实看到过这封邮件，但当时都直接删掉了，⁸⁰因为他们认为既然自己应聘的职位是公司的管理人员，就不该管这种小事，没想到却因此错失了机会。皮埃尔认为："让更多的人认识我们，⁸¹建立公司的品牌知名

피어(皮埃尔)는 한 회사의 설립자이다. 그는 회사를 위해 총지배인을 뽑고 싶었고, 심사를 거쳐, 5명의 후보자가 뽑혔다. 그들은 모두 우수했고, 피어는 즉각 결정을 내릴 방법이 없었다.

어느 날, 피어는 갑자기 아이디어가 하나 떠올랐고, 그는 이 다섯 명에게 각각 한 통의 똑같은 메일을 보냈다. 한 시간 후 그 중 한 명이 그에게 회신을 하였다: "당신의 전화번호를 저에게 알려주십시오." 피어는 그대로 했다. 빠르게 그의 전화가 울렸고, 전화 건너편에서 따뜻하고 부드러운 목소리가 들렸다 : "여보세요, 저의 도움이 필요하십니까?" 그 순간, 피어는 매우 놀라고 기뻤다. 즉각 자신의 신분을 밝히고는 최종적으로 이 후보자를 회사의 총지배인으로 임명하기로 결정하였다.

다른 4명의 후보자는 떨어진 이유를 몰라서 물었으며, 피어는 대답했다: "저는 이전에 여러분 5명에게 똑같은 메일을 보냈습니다. 내용은 ⁷⁹'저는 귀사의 고객입니다. 저의 화장실에 물이 새는데, 당신이 해결해 줄 수 있습니까?' 입니다. 결과적으로 오직 그녀 한 명만 저에게 회신하였고, 그리하여 저는 그녀를 선택하였습니다." 4명은 이제야 비로소 생각이 났다. 확실히 이 메일을 보았지만, 그때 바로 삭제해 버렸다. 왜냐하면 ⁸⁰그들은 자신이 지원한 직위가 회사의 관리인인 만큼 이런 작은 일은 상관하지 않아도 된다고 여겼기 때문인데, 이로 인해 기회를 놓칠 줄은 생각지도 못했다. 피어는 "더 많은 사람들로 하여금 우리를 알게 하고, ⁸¹회사의 브랜드 인지도를 세우는 것이 현재 제일 시급한 임무이며, 그녀가 이

---

### 지문 어휘

创始人 chuàngshǐrén 명 설립자

挑选 tiāoxuǎn 동 뽑다

考查 kǎochá 동 조사하다

候选人 hòuxuǎnrén 명 입후보자

入选 rùxuǎn 동 뽑히다

温柔 wēnróu 형 부드럽고 상냥하다 ★

惊喜 jīngxǐ 동 놀라고도 기뻐하다

万分 wànfēn 부 대단히, 극히

亮出 liàngchū 동 겉으로 드러내다

任命 rènmìng 동 임명하다

担任 dānrèn 동 맡다, 담당하다 ★

落选 luòxuǎn 동 낙선하다

询问 xúnwèn 동 물어보다 ★

确实 quèshí 부 틀림없이

删掉 shāndiào 동 삭제하다

错失 cuòshī 동 놓치다

知名度 zhīmíngdù 명 지명도

品牌 pǐnpái 명 브랜드

紧迫 jǐnpò 형 급박하다

对待 duìdài 동 (상)대하다 ★

倡导 chàngdǎo 동 선도하다

用户 yònghù 명 고객

急速 jísù 부 빠르게

总裁 zǒngcái 명 총재 ★

管理层 guǎnlǐcéng 명 관리계층

骗人 piànrén 동 (남을) 속이다

扩大 kuòdà 동 확대하다 ★

规模 guīmó 명 규모, 형태 ★

度，是目前最紧迫的任务。她能这么热情、耐心地对待顾客，正是我们需要的人。"

结果证明，皮埃尔的选择非常正确。新总经理上任后，大力倡导平等观念，而且每天都会亲自阅读收到的公司用户的电子邮件，帮助他们解决各种问题。[82]半年后，公司上市，用户数量急速增加至1.5亿。到她离职时，公司已成为世界500强企业之一。

렇게 친절하고 인내심을 가지고 고객을 대할 수 있다면, 바로 우리가 필요로 하는 사람이다."라고 여겼다.

결과에서 피어의 선택이 매우 정확했음이 증명되었다. 새로운 총지배인은 부임한 후 평등 의식을 강력하게 선도하였고, 게다가 매일 직접 회사가 받은 고객의 메일을 읽었으며, 그들을 도와 각종 문제를 해결하였다. [82] 반년 후, 회사는 상장하였고, 고객의 수는 1.5억명까지 급속히 증가했다. 그가 직장을 떠날 때, 회사는 이미 세계 500대 기업 중 하나가 되었다.

投资者 tóuzīzhě 명 투자자
提升 tíshēng
동 진급하다, 발탁하다
苛刻 kēkè 형 모질다
贡献 gòngxiàn 명 공헌 ⭐

### 79

问: 皮埃尔是以什么身份给应聘者发的邮件?

A 秘书　　B 总裁
C 管理层　D 顾客

질문: 피어는 무슨 신분으로 지원자들에게 메일을 보냈는가?

A 비서　　　B 총재
C 관리계층　D 고객

**정답** D

**해설** 피어가 어떤 신분으로 메일을 보냈는지 묻는 질문이다. 세 번째 단락에서 고객의 신분으로 도움을 요청하는 메일을 보냈다고 했으므로 정답은 D이다.

### 80

问: 那四位应聘者为什么没回邮件?

A 认为不是自己的职责
B 觉得是广告邮件
C 认为邮件是骗人的
D 想放弃总经理的职位

질문: 그 4명의 지원자는 왜 회신하지 않았는가?

A 자신의 직무가 아니라고 여겼기 때문에
B 광고 메일이라 느껴서
C 메일이 사기라고 여겼기 때문에
D 총지배인의 직위를 포기하고 싶어서

**정답** A

**해설** 4명의 지원자들이 회신을 하지 않은 이유를 묻는 질문이다. 세 번째 단락에서 4명의 지원자들은 메일을 받고 나서는 바로 삭제하였는데, 그 이유는 그들은 관리자로 지원한 이상, 이런 작은 일은 상관할 바가 아니라 생각하고, 또한 자신의 책임이나 직무가 아니라고 여긴 것으로 정답은 A이다.

### 81

问：根据第三段，皮埃尔认为公司当前的目标是：
- A 扩大规模
- B 吸引投资者
- C 修理卫生间漏水
- D 提升知名度

질문: 세 번째 단락에 근거하여, 피어는 회사의 지금 목표가 무엇이라 여기는가?
- A 규모를 확대하는 것
- B 투자자를 끌어당기는 것
- C 화장실에 물 새는 것을 수리하는 것
- D 인지도를 올리는 것

**정답** D

**해설** 세 번째 단락을 통해 회사의 목표를 묻는 질문이다. 세 번째 단락 마지막 부분에 피어가 더 많은 사람들로 하여금 우리를 알게 하고, 회사의 브랜드 인지도를 세우는 것이 현재 제일 시급한 임무이다라고 하였으므로 정답은 D이다.

### 82

问：关于新上任的总经理，下列哪项正确？
- A 在应聘者中学历最高
- B 对新人很苛刻
- C 为公司做了很大贡献
- D 年收入1.5亿元

질문: 새로 부임한 총지배인에 관해, 옳은 것은?
- A 지원자 중 학력이 제일 높다
- B 새로운 사람에게 모질다
- C 회사를 위해 큰 공헌을 했다
- D 연 수입이 1.5억위안이다

**정답** C

**해설** 새로 부임한 총지배인에 관한 질문이다. 마지막 단락에서 새로운 총지배인이 부임한 후, 직접 고객의 메일을 확인하며, 고객을 도왔고, 반년 뒤에는 고객이 급증했으며, 그녀가 회사를 떠날 때에는 세계 500대 기업이 되었다는 내용으로 보아, 그녀는 회사에 큰 공헌을 하였음을 유추할 수 있으므로 정답은 C이다.

---

**第83到86题是根据下面一段话：**

83-86번 문제는 다음 내용에 근거한다:

⁸³驯鹿主要的生活区域是北半球的环北极地区，像绝大部分北极物种一样，它们已经完全习惯了北极恶劣的气候条件，就算在冬天，也能吃得饱，睡得香。

对驯鹿来说保温并不困难，

⁸³ 순록의 주요 생활구역은 북반구의 북극지역이며, 다수의 북극의 종과 같이, 그들은 이미 완전히 북극의 열악한 기후조건에 적응하였고, 설령 겨울이라 해도 배불리 먹고 잠도 잘 잔다.

순록에 대해 말하자면 따뜻함을 유지하는 것은 결코 어려운 것이 아니

**지문 어휘**

驯鹿 xùnlù 몡 순록
区域 qūyù 몡 구역, 지역
北极 běijí 몡 북극
物种 wùzhǒng 몡 종
恶劣 èliè 혱 열악하다 ★
就算 jiùsuàn
젭 설령 ~하더라도

⁸⁴它们的皮毛隔层保暖效果极佳，能有效地隔绝寒冷。在冬季，要是气温降到零下30度，人类鼻子呼出的气体就会变成水汽。而驯鹿在这么低的温度下，鼻子也不会冒出水汽。因为它们的鼻子里有"热交换器"，能在排出体内的空气前先冷却处理，从而减少了身体的热量流失。

鄂温克族以狩猎为主，他们是中国唯一饲养驯鹿的少数民族。他们通过对驯鹿的长期驯化，使之成为他们日常生活中不可缺少的经济性动物。驯鹿善于穿越森林和沼泽地，⁸⁵是鄂温克猎人的主要运输工具，被誉为"林海之舟"。

鄂温克人不论男女老少都非常喜爱驯鹿，⁸⁶他们将驯鹿定为鄂温克族的吉祥物，赋予其吉祥、幸福和积极进取的寓意。

다. ⁸⁴그들의 털가죽은 각 층별 보온 효과가 매우 좋아서, 효과적으로 매서운 추위를 막을 수 있다. 겨울에, 만약 기온이 영하 30도까지 내려가면, 사람의 코가 내쉬는 기체는 수증기로 변한다. 그러나 순록은 이런 낮은 기온에서도 코에 수증기가 생기지 않는다. 왜냐하면 그들의 코 안에는 '열교환기'가 있어, 체내에서 공기를 배출하기 전 먼저 냉각 처리를 할 수 있고, 그리하여 체내의 열량 유실을 감소시킨다.

오원커족은 사냥을 위주로 사는데, 그들은 중국에서 유일하게 순록을 키우는 소수민족이다. 그들은 순록을 장기적으로 길들여, 그들의 일상생활 중에 없어서는 안 되는 경제적 동물이 되도록 하였다. 순록은 산림과 늪지대를 잘 지나가서, ⁸⁵오원커족 사냥꾼의 주된 운송 수단이며, '숲이라는 바다에서의 배'라 불린다.

오원커족은 남녀노소를 불구하고 모두 순록을 매우 좋아하고, ⁸⁶그들은 순록을 오원커족의 마스코트로 정해서, 행운, 복 그리고 적극적이고 진취적인 의미를 부여한다.

**保暖** bǎonuǎn 동 보온하다
**隔绝** géjué 동 단절시키다
**呼出** hūchū 동 내보내다
**水汽** shuǐqì 명 수증기
**冒出** màochū 동 생겨나다
**热交换器** rèjiāohuànqì 명 열 교환기
**排出** páichū 동 배출하다
**冷却** lěngquè 동 냉각
**流失** liúshī 동 유실되다
**狩猎** shòuliè 동 사냥하다
**饲养** sìyǎng 동 기르다
**驯化** xùnhuà 동 (동물을) 길들이다
**不可缺少** bùkěquēshǎo 없어서는 안될
**善于** shànyú ~를 잘하다 ⭐
**穿越** chuānyuè 동 (산·들 등을) 통과하다
**沼泽地** zhǎozédì 명 늪지대
**运输** yùnshū 운송하다 ⭐
**吉祥物** jíxiángwù 명 마스코트
**赋予** fùyǔ 부여하다
**寓意** yùyì 명 함축된 의미
**体型** tǐxíng 명 체형
**分布** fēnbù 동 분포하다 ⭐
**战胜** zhànshèng 동 극복하다, 이겨내다
**严寒** yánhán 형 추위가 심하다
**山洞** shāndòng 명 산 동굴
**高热量** gāorèliàng 명 고열량
**奔跑** bēnpǎo 동 빨리 달리다
**种树** zhòngshù 동 나무를 심다
**冒险** màoxiǎn 동 모험하다 ⭐

**83**

问: 关于驯鹿，可以知道什么？
　A 体型不大
　B 不适应北极的气候
　C 需要冬眠
　D 多分布在北半球

질문: 순록에 관해 알 수 있는 것은?
　A 체형이 크지 않다
　B 북극의 기후에 적응하지 못한다
　C 겨울잠이 필요하다
　D 북반구에 많이 분포되어 있다

**정답** D

**해설** 순록에 관해 알 수 있는 것을 묻는 질문이다. 첫 번째 단락에서 순록의 주요 생활구역은 북반구의 북극지역이라고 하였으므로, '북반구에 많이 분포되어 있다'라는 D가 정답이다.

## 84

问: 根据第二段, 驯鹿通过什么战胜了严寒?

A 集体生活
B 住在温暖的山洞中
C 选择高热量的食物
D 皮毛的保温作用

질문: 두 번째 단락에 근거하여 순록은 무엇을 통하여 추위를 극복하는가?

A 단체 생활
B 따뜻한 산의 동굴에서 산다
C 고열량의 음식을 선택한다
D 털가죽의 보온작용

정답 D

해설 순록이 추위를 이기는 방법을 묻는 질문이다. 두 번째 단락에서 순록이 따뜻함을 유지하는 것은 어려운 것이 아니며, 그들의 털가죽은 각 층별 보온 효과가 좋아서 매서운 추위를 단절시킬 수 있다고 하였으므로 정답은 D이다.

## 85

问: 鄂温克人为什么将驯鹿称为"林海之舟"?

A 驯鹿奔跑速度慢
B 驯鹿住在大海里
C 驯鹿能种树
D 驯鹿是主要的运输工具

질문: 오원커족 사람은 왜 순록을 '숲이라는 바다에서의 배'라고 부르는가?

A 순록의 달리는 속도가 늦어서
B 순록이 바다에 살아서
C 순록은 나무를 심을 수 있어서
D 순록은 주된 운송 수단이라서

정답 D

해설 오원커족이 순록을 林海之舟(숲이라는 바다에서의 배)라 부르는 이유를 묻는 질문이다. 세 번째 단락에서 순록은 산림과 늪지대를 잘 지나 다니는 등 오원커족 사냥꾼들의 주된 운송 수단으로 사용되어 林海之舟(숲이라는 바다에서의 배)라 불린다는 내용을 통해 정답은 D임을 알 수 있다.

## 86

问: 根据上文, 下列哪项正确?

A 驯鹿是中国一级保护动物
B 鄂温克人视驯鹿为幸福的象征
C 鄂温克人热爱冒险
D 驯鹿是鄂温克人的主食

질문: 본문에 근거하여 옳은 것은?

A 순록은 중국의 1급 보호 동물이다
B 오원커족 사람은 순록을 행복의 상징으로 여긴다
C 오원커족 사람은 모험을 좋아한다
D 순록은 오원커족 사람들의 주식이다

정답 B

해설 본문을 근거하여 정확한 보기를 찾는 질문이다. 마지막 단락에서 '오원커족은 모두 순록을 좋아하고, 순록은 그들의 마스코트이며, 행운과 복이라는 의미를 부여한다'라는 내용으로 미루어 보아, 순록을 '행복의 상징으로 여긴다'고 유추할 수 있으므로 정답은 B이다.

---

**第87到90题是根据下面一段话：** 87–90번 문제는 다음 내용에 근거한다:

可能很多人不相信，我们的房子有一天也可以像搭积木一样拼装而成。

就像制造汽车一样，工人们会在工厂里分别制造好拼装房子时需要的楼板、墙、楼梯等部分，然后运至工地进行组装。和汽车产业一样，装配式住宅属于先进制造业，[87]这种"工厂化"制造模式，可以最大程度地节省能源、工地占地面积以及建筑材料。

住宅产业化的好处很多，它可以最大限度地实现节能以及减少垃圾和碳排放的目标，另外能大幅缩短工期，还可节约开发商和建筑方的时间成本，例如，根据目前对上海的装配式住宅项目测算，施工的效益能提高4至5倍。除此之外，[88]和传统的建筑方式比起来，产业化住宅虽然初期投入资本较多，但建成后的维护成本却减少了。

[90]住宅产业化的普及，需要从"建造"房子转向"制造"房子，虽然只有一字之差，其实却是建筑业的转型和升级，[89]随着技术的改革和产业的升级，一定会出现更多的新兴市场，而建筑行业的大变革也是不可避免的。

아마도 많은 사람들은 언젠가 우리가 집을 블록쌓기와 같이 조립할 수 있을 것이라고 믿지 못할 것이다.

마치 자동차를 제조하듯, 공장에서 일꾼들이 집을 조립할 때 필요한 마루판, 벽, 계단 등의 부분들을 각각 제조한 후 공사장으로 운반하여 조립을 진행한다. 자동차 산업과 같이, 조립식 주택은 선진 제조업에 속하며, [87]이런 종류의 '공장화' 제조양식은 에너지, 공사장 점유 면적 및 건축자재를 최대한 절약할 수 있다.

주택 산업화의 장점은 매우 많다. 에너지를 절약하고 쓰레기와 탄소 배출을 감소시키는 목표를 최대로 실현하고, 그 외에 대폭으로 공사기간을 단축할 수 있으며, 또한 개발업자와 건축 관계자와의 시간 원가를 절약할 수도 있다. 예를 들어, 현재 상하이의 조립식 주택 프로젝트의 추산에 근거하면, 시공의 효과와 수익을 4~5배 올릴 수 있다. 이 외에도, [88]전통의 건축방식과 비교해보면, 산업화 주택은 비록 초기 투입 자금이 비교적 많지만, 건설이 된 후의 유지 자금은 오히려 감소하였다.

[90]주택산업화의 보급은 집을 '건설'하는 것에서 집을 '제조'하는 것으로 방향을 바꾸어야 한다. 비록 단지 한 글자의 차이지만, 사실 건축업의 변신과 업그레이드인 것이다. [89]기술의 개혁과 산업이 격상함에 따라 반드시 더 많은 신흥시장이 나타날 것이며, 건설업의 대격변 역시 피할 수 없을 것이다.

---

**지문 어휘**

搭积木 dājīmù 명 젠가, 블록쌓기
拼装 pīnzhuāng 동 조립하다
制造 zhìzào 동 만들다 ★
分别 fēnbié 부 각각, 따로따로 ★
楼板 lóubǎn 명 마루판
组装 zǔzhuāng 동 조립하다
装配式 zhuāngpèishì 명 조립식
住宅 zhùzhái 명 주택
模式 móshì 명 양식
工地 gōngdì 명 공사장, 공사 현장
碳排放 tànpáifàng 명 탄소 배출
缩短 suōduǎn 동 단축하다 ★
开发商 kāifāshāng 명 개발자
成本 chéngběn 명 원가
测算 cèsuàn 동 추산하다
施工 shīgōng 동 시공하다
投入 tóurù 동 투입 ★
维护 wéihù 유지하다
普及 pǔjí 동 보급되다
转型 zhuǎnxíng 동 상품의 모델 혹은 구조를 바꾸다
升级 shēngjí 동 향상시키다, 업그레이드 하다
避免 bìmiǎn 동 피하다 ★
节约 jiéyuē 동 절약하다
针对 zhēnduì 동 조준하다 ★
运输 yùnshū 동 운송하다 ★
结实 jiēshi 형 튼튼하다 ★

### 87

问: 根据第二段,"工厂化"制造模式有什么好处?

A 零污染
B 保证了工人的安全
C 解决设计问题
D 节约能源

질문: 두 번째 단락에 근거하여, '공장화' 제조양식은 어떤 장점이 있는가?

A 오염이 전혀 없다
B 노동자들의 안전을 보장한다
C 디자인 문제를 해결한다
D 에너지를 절약한다

**정답** D

**해설** 공장화 제조양식의 장점을 묻는 질문이다. 두 번째 단락의 마지막 부분에 '이런 공장화 제조양식은 에너지, 공사장 점유 면적, 건축자재를 절약할 수 있다'라고 하였으므로 정답은 D이다.

### 88

问: 产业化住宅初期有什么特点?

A 投入资金多
B 只针对小户型
C 建造难度大
D 运输费极高

질문: 산업화 주택의 초기에는 어떤 특징이 있는가?

A 투입 자금이 많다
B 단지 소형만 겨냥한다
C 건축 난이도가 크다
D 운송비가 매우 높다

**정답** A

**해설** 산업화 주택의 초기 특징을 묻는 질문이다. 세 번째 단락에서 '전통의 건축방식과 비교해보면, 산업화 주택의 경우 초기 투입 자금이 비교적 많다'고 하였으므로 정답은 A이다.

### 89

问: 根据上文, 下列哪项正确?

A 传统建筑初期投资更高
B 未来会出现移动住房
C 技术改革会带来新兴市场
D 组装的房子比普通房屋结实

질문: 본문에 근거하여, 옳은 것은?

A 전통 건축물의 초기 투자는 더욱 높다
B 미래에 이동형 주택이 나타날 것이다
C 기술 개혁은 신흥시장을 가져올 것이다
D 조립식 집은 보통 집보다 튼튼하다

**정답** C

**해설** 본문에 근거하여 옳은 것을 찾는 질문이다. 네 번째 단락에서 '기술의 개혁과 산업이 격상함에 따라 반드시 더 많은 신흥시장이 나타날 것이다'라고 하였으므로 정답은 C이다.

**90**

问: 最适合做上文标题的是:
A 如何建造房子
B 如何提高房屋空间利用率
C 组装房子: 建筑业的发展方向
D 新能源汽车的技术难题

질문: 본문의 제목으로 제일 적합한 것은?
A 어떻게 집을 건축하는가
B 어떻게 집의 공간 이용률을 높이는가
C 조립식 집: 건축업의 발전 방향
D 신 에너지 자동차 기술의 어려운 문제

**정답** C

**해설** 본문의 제목으로 적절한 것을 찾는 질문이다. 전반적으로 조립식 집에 대한 내용을 언급하였고, 마지막 단락에서 집을 건설하는 것에서 집을 제조하는 방향으로 패러다임이 바꾸어야 한다고 언급한 것으로 보아 '조립식 집 : 건축업의 발전방향' C가 정답이다.

# HSK 5급 3회 쓰기

**제1부분** 91~98번 문제는 제시된 어휘를 어순에 맞게 배열하여 문장을 완성하는 문제입니다.

### 91

我家的   比   你家的厨房   多   宽得

**보기 어휘**
厨房 chúfáng 명 부엌, 주방
宽 kuān 형 넓다 ★

**정답** 你家的厨房比我家的宽得多。
너희 집의 주방은 우리 집의 것보다 훨씬 넓다.

**해설**

| 보기에 比가 있으므로 비교문 구조[주어 + 比 + 비교대상 + 술어]로 배치한다. | → | 술어는 정도보어의 형태로 宽得多로 연결할 수 있다. | → | 주어는 비교대상보다 구체적인 내용이 제시되어야 하므로, 你家的厨房이 주어, 비교대상은 厨房이 생략된 我家的가 위치한다. |

### 92

取消   了   被经理   会议临时

**보기 어휘**
取消 qǔxiāo 동 취소하다 ★
临时 línshí 형 잠시의 ★

**정답** 会议临时被经理取消了。
회의는 임시로 사장님에 의하여 취소되었다.

**해설**

| 술어 자리는 取消 (취소하다)이다. | → | 보기에 被가 있으므로 被자 구문 [주어 + 被 + 행위의 주체(목적어) + 술어 + 기타성분] 으로 배열한다 | → | 주어자리에 올 수 있는 것은 会议 이므로 会议临时가 被 앞에 놓인다. | → | '了'는 기타성분 으로 술어 取消 뒤에 놓인다. |

▶ 被자문
주어(동작의 대상) + 被 + 목적어(동작의 주체) + 술어 + 기타성분

## 93

| 这份报告 | | 不准确 | | 结论 | | 的 |

**정답** 这份报告的结论不准确。
이 보고서의 결론은 정확하지 않다.

**보기 어휘**
份 fèn 양 건, 부
(신문, 문건을 세는 단위)
报告 bàogào 명 보고서 ⭐
准确 zhǔnquè 형 확실하다, 정확하다
结论 jiélùn 명 결론 ⭐

**해설**

| 술어자리에는 不准确 (정확하지 않다)가 온다 | → | 정확하지 않은 주체는 '이 보고서의 결론'이므로 구조조사 的로 연결하여 这份报告的结论을 주어 자리에 배치한다. |

## 94

| 亚军 | 模特儿 | 比赛的 | 她 | 取得了 |

**정답** 她取得了模特儿比赛的亚军。
그녀는 모델 대회에서 2등을 하였다.

**보기 어휘**
亚军 yàjūn 명 제2위, 준우승
模特儿 mótèr 명 모델
取得 qǔdé 동 취득하다

**해설**

| 술어자리에는 取得了 (획득했다)가 온다 | → | 取得와 호응되는 목적어는 亚军(2등)으로 주어 她와 연결하여 她取得了亚军 이라는 문장이 성립된다. | → | 나머지 어휘는 亚军을 수식하는 관형어로 '模特儿比赛的亚军'으로 결합 가능하다. |

## 95

| 情绪 | 你需要 | 学会怎么 | 控制 |

**정답** 你需要学会怎么控制情绪。
너는 어떻게 감정을 제어하는지 배워야 한다.

**보기 어휘**
情绪 qíngxù 명 정서, 감정 ⭐
需要 xūyào 동 필요하다
控制 kòngzhì 동 제어하다 ⭐

**해설**

| 你需要는 [주어 + 술어] 자리에 위치한다. | → | 怎么는 뒤에 동사를 수식하여 방식등을 묻는 부사적 용법으로 '제어하다'의 控制를 수식한다. | → | 控制의 목적어는 情绪로 '감정을 제어하다'라는 의미로 상용된다. | → | 需要는 명사나 문장을 목적어로 받을 수 있으므로 앞서 정리한 문장을 그 뒤에 배열한다. |

## 96

带来了　　营业执照　　你的　　吗

**정답** 你的营业执照带来了吗?
당신의 영업 허가증을 챙겨 왔습니까?

**보기 어휘**
**营业执照** yíngyèzhízhào
명 사업자 등록증, 영업허가증

**해설**

| 술어는 带 (챙겨오다), 来는 방향보어로 쓰였다. | ⇒ | 구조조사 的 뒤에는 명사가 와야 하므로 你的와 营业执照가 결합하여 목적어를 만든다. | ⇒ | 술어가 결과보어나 방향보어등을 수반하고 문장 속에 실제적인 주어가 없다면, 이때 목적어(你的营业执照)는 주어자리로 이동하여, 의미상 피동형태를 취한다. |

## 97

一些　　神话　　色彩　　带有　　这部电视剧

**정답** 这部电视剧带有一些神话色彩。
이 드라마는 약간의 신화적 색채를 지니고 있다.

**보기 어휘**
**神话** shénhuà 명 신화
**色彩** sècǎi 명 색채
**带有** dàiyǒu 동 지니고 있다
**电视剧** diànshìjù 명 드라마

**해설**

| 술어자리에는 带有(지니고 있다)가 온다. | ⇒ | 구체적인 대상을 지칭한 这部电视剧(이 드라마)가 주어자리에 위치한다. | ⇒ | 목적어 자리에 올 수 있는 나머지 어휘에서 중심어를 먼저 찾는다. 중심어는 의미상 色彩(색채)가 가능하며 一些, 神话는 모두 중심어를 꾸미는 관형어로 [수량사 + 명사(재료·성질 등) + 중심어]의 순으로 배열하면 一些神话色彩가 된다. |

## 98

表达了　　自己的想法　　那位作家　　用　　画

**정답** 那位作家用画表达了自己的想法。
그 작가는 그림을 이용하여 자신의 생각을 표현했다.

**보기 어휘**
**表达** biǎodá 동 표현하다, 나타내다 ★
**想法** xiǎngfǎ 명 생각, 의견

**해설**

| 술어 자리에 오는 것은 동사 用(이용하다)과 '表达'이다. 用은 表达의 수단을 나타내므로, 연동문 구조 형태로 用을 술어1 자리에, 表达를 술어 2 자리에 배치한다. | ⇒ | 用과 의미상 어울리는 画를 목적어1 자리에 배치하고, 表达와 의미상 어울리는 自己的想法를 목적어2 자리에 배치한다. | ⇒ | 남은 어휘 那位作家는 주어 자리에 배치한다. |

## 제2부분

99~100번 문제는 제시된 사진과 어휘를 활용하여 80자 내외의 작문을 완성하세요.

### 99

忽视　　抱歉　　承担　　损失　　责任

**보기 어휘**

忽视 hūshì
통 소홀히 하다, 등한시 하다 ⭐

抱歉 bàoqiàn 통 미안해하다

承担 chéngdān
통 맡다, 담당하다 ⭐

损失 sǔnshī
통 손해 보다, 손실 되다 ⭐

责任 zérèn 명 책임

**Step 1 : 주제를 찾기**

| 주제 단어 | 责任 zérèn 책임

**Step 2 : 주제 어휘들을 중심으로 각각 어휘에 살 붙이기**

▶ 忽视 hūshì 소홀히 하다, 등한시 하다
　忽视了员工们对安全方面的建议
　직원들의 안전 방면의 제안을 무시했다

▶ 抱歉 bàoqiàn 미안해하다
　觉得很抱歉 미안하게 여기다

**Step 3 : 각각 어휘에 살을 붙인 문장을 토대로 원고지에 완성하기**

[정답] 工厂的安全隐患一直都是一个问题。这次事故就是因为平常上级忽视了员工们对安全方面的建议。为此，上级领导认为责任在于他们，也觉得很抱歉。幸好没有造成严重的经济损失，上级应承担所有的责任，并且要做好安全防范措施。

|   | 工 | 厂 | 的 | 安 | 全 | 隐 | 患 | 一 | 直 | 都 | 是 | 一 | 个 | 问 |
| 题 | 。 | 这 | 次 | 事 | 故 | 就 | 是 | 因 | 为 | 平 | 常 | 上 | 级 | 忽 | 视 |
| 了 | 员 | 工 | 们 | 对 | 安 | 全 | 方 | 面 | 的 | 建 | 议 | 。 | 为 | 此 | ， |
| 上 | 级 | 领 | 导 | 认 | 为 | 责 | 任 | 在 | 于 | 他 | 们 | ， | 也 | 觉 | 得 |
| 很 | 抱 | 歉 | 。 | 幸 | 好 | 没 | 有 | 造 | 成 | 严 | 重 | 的 | 经 | 济 | 损 |
| 失 | ， | 上 | 级 | 应 | 承 | 担 | 所 | 有 | 的 | 责 | 任 | ， | 并 | 且 | 要 |
| 做 | 好 | 安 | 全 | 防 | 范 | 措 | 施 | 。 |   |   |   |   |   |   |   |

**지문 어휘**

隐患 yǐnhuàn
명 잠복해 있는 병, 재난, 재해

事故 shìgù 명 사고

平常 píngcháng
명 평소, 평상시 ⭐

上级 shàngjí 명 상사, 상급자

领导 lǐngdǎo
명 지도자, 리더 ⭐

幸好 xìnghǎo
부 다행히, 운 좋게

防范 fángfàn
통 방비하다, 예방하다

措施 cuòshī 명 대책, 조치 ⭐

[해석] 공장의 안전재해는 늘 하나의 문제로 대두되고 있다. 이 사고는 평소 상급자들이 직원들의 안전방면에 대한 제안을 무시했기 때문이다. 이 때문에 상급자들은 책임이 자신들에게 있다고 판단하고, 매우 미안하게 생각했다. 다행히 심각한 경제적 손실을 보지 않았지만, 상급자들은 모든 책임을 짊어졌을 뿐만 아니라, 안전 예방 대책을 세우기도 했다.

**Step 1 : 그림을 간단하게 묘사하기**

▶ 图片里有一位记者采访一位女性领导。
그림 속의 한 기자가 여성 CEO를 인터뷰하고 있다.

**Step 2 : 살 붙이기**

▶ 随着社会的发展，参加工作的女人越来越多了。
사회가 발전함에 따라 업무에 종사하는 여성은 갈수록 많아지고 있다.

**Step 3 : 서론 ⋯ 본론 ⋯ 결론으로 마무리**

**정답** 图片里有一位记者采访一位女性领导，随着社会的发展，参加工作的女人越来越多了。那么，女性工作有什么好处呢？第一、有益于女性的身体健康，第二、提高女性的自信，第三、改善与家人的关系。我们也应该鼓励女性们走进工作岗位吧。

|   | 图 | 片 | 里 | 有 | 一 | 位 | 记 | 者 | 采 | 访 | 一 | 位 | 女 | 性 |
| 领 | 导 | ， | 随 | 着 | 社 | 会 | 的 | 发 | 展 | ， | 参 | 加 | 工 | 作 | 的 |
| 女 | 人 | 越 | 来 | 越 | 多 | 了 | 。 | 那 | 么 | ， | 女 | 性 | 工 | 作 | 有 |
| 什 | 么 | 好 | 处 | 呢 | ？ | 第 | 一 | 、 | 有 | 益 | 于 | 女 | 性 | 的 | 身 |
| 体 | 健 | 康 | ， | 第 | 二 | 、 | 提 | 高 | 女 | 性 | 自 | 信 | ， | 第 | 三 | 、 |
| 改 | 善 | 与 | 家 | 人 | 的 | 关 | 系 | 。 | 我 | 们 | 也 | 应 | 该 | 鼓 | 励 |
| 女 | 性 | 们 | 走 | 进 | 工 | 作 | 岗 | 位 | 吧 | 。 |   |   |   |   |   |

**해석** 그림 속의 한 기자가 여성 CEO를 인터뷰하고 있다. 사회가 발전함에 따라 업무에 참여하는 여성들이 갈수록 많아지고 있다. 그렇다면 여성들이 일을 하면 어떤 장점이 있는가? 첫 번째, 여성들의 신체건강에 유익하고, 두 번째, 여성들의 자신감이 고조되며, 세 번째로는, 가족 간의 관계가 개선된다. 우리들도 여성들이 직업전선에 뛰어드는 것에 대해 격려해야 할 것이다.

**지문 어휘**

记者 jìzhě 명 기자
采访 cǎifǎng 동 인터뷰하다, 취재하다 ★
领导 lǐngdǎo 명 CEO, 지도자
有益 yǒuyì 동 유익하다, 도움이 되다
改善 gǎishàn 동 개선하다 ★
鼓励 gǔlì 동 격려하다, 용기를 북돋우다
走进 zǒujìn 동 걸어가다, 뛰어 들다
岗位 gǎngwèi 명 초소, 전선

# HSK 5급 4회 모의고사 듣기 스크립트

## HSK(五级)第四套听力材料

（音乐，30秒，渐弱）

大家好！欢迎参加HSK（五级）考试。

大家好！欢迎参加HSK（五级）考试。

大家好！欢迎参加HSK（五级）考试。

HSK（五级）听力考试分两部分，共45题。

请大家注意，听力考试现在开始。

## 第一部分

第1到20题，请选出正确答案。现在开始第1题：

**1**
女：你觉得新来的张教授怎么样？
男：还没听过他的课呢。但听说他不仅对学生要求严格，而且对学生非常负责。
问：新来的张老师怎么样？

**2**
男：今天买可以享受打九折的优惠。
女：真的吗？但我想再转一转。
问：女的是什么意思？

**3**
女：难道你跳槽了吗？以前的公司不是也还可以的嘛？
男：早就不干了。我跟一个朋友合伙开了一家饭店。
问：关于男的，可以知道什么？

**4**
男：据说您写的新书出版了，恭喜恭喜！
女：谢谢。明天我在现代广场举行新书发表会。希望您也来光顾。
问：新书发表会在哪儿举行？

**5**
女：怎么吃这么少啊！难道不喜欢这种口味吗？
男：不是。我今天肚子不舒服，吃不下去。
问：男的为什么吃得少？

**6**
男：听说你换专业了？
女：是的。因为我的理想是当一名软件开发者，所以把专业换成了计算机专业。
问：女的为什么换成计算机专业？

**7**
女：先生，您看中什么类型的戒指了？
男：今天是我女朋友的生日。你帮我推荐一枚吧。
问：根据对话，可以知道什么？

**8**
男：商场停车场好像没有位子了。我去那边看看。
女：好的，那我在一楼门口等你。
问：他们可能会在哪儿见面？

## 提纲

**9**
女：这裙子是L号吗？怎么穿起来这么小啊？
男：是啊，这里明明写着L号呀！
问：女的觉得这裙子怎么样？

**10**
男：你的干洗店开得怎么样啊？
女：营业执照都批下来了。但还没找好员工。可把我急坏了。
问：女的现在为什么急坏了？

**11**
女：每天下班后，还要陪孩子做作业。连一点业余时间都没有。
男：好好珍惜现在吧。等孩子再长大一点儿，你就会怀念起现在的。
问：男的是什么意思？

**12**
男：我实在爬不动了！这段路还剩多少台阶？
女：没剩多少，我们已经走完了一大半，再坚持一会儿就到了。
问：女的是什么意思？

**13**
女：糟了。我好像把手机弄丢了。
男：你别着急。我现在给你的手机打电话。
问：女的怎么了？

**14**
男：你找到工作了吗？听说现在找工作很难。
女：可不是。我现在在一家报社实习。表现好的话，可以转正呢。
问：关于女的，可以知道什么？

**15**
女：这里的天气怎么这么潮湿啊？连衣服都晾不干。
男：那倒是。但我看你皮肤比以前光滑了不少。
问：他们觉得那里怎么样？

**16**
男：很荣幸能与您合作。再次感谢投资方在资金方面的支持。
女：您客气什么呀！我们也很荣幸与贵公司合作。
问：男的为什么向女的表示感谢？

**17**
女：幸亏你提醒我，要不我真该忘了。
男：我也是昨晚才收到通知。怕你白跑一趟就赶紧给你发短信。
问：女的是什么语气？

**18**
男：你的电话怎么一直打不通啊？我还以为你发生什么事了呢。

女：我的同事小林失恋了，陪他聊着聊着就过了一个点。
问：小林怎么了？

**19**
女：你怎么这么高兴啊！今天都合不上嘴了。
男：今天是个大喜的日子！公司打电话通知我要给我加薪。
问：男的为什么这么开心？

**20**
男：明天是咱爸妈的结婚纪念日。准备点什么好呢？
女：要不送爸妈购物券吧。
问：女的打算给父母送什么？

## 第二部分

第21到45题，请选出正确答案。现在开始第21题：

**21**
女：天上好像出彩虹了，但颜色怎么这么模糊不清啊？
男：就是因为雨滴太小了。彩虹的颜色取决于雨滴。
女：没看出来你的知识面还这么广。
男：这是在电视节目上看到的。
问：他们在谈什么？

**22**
男：这些都是你获得的奖杯吗？
女：是啊。我平时爱运动。喜欢参加这类比赛。
男：我看你都可以当私人教练了。
女：我可不想把业余爱好变成工作。
问：关于女的可以知道什么？

**23**
女：我想把这条裤子退了。我觉得不太适合我。
男：对不起，这是特价商品。只能换不能退。
女：那我可以换成什么样的呢？
男：特价商品都可以选。
问：女的最后决定怎么做？

**24**
男：听说今年的高考很难，你女儿考得怎么样？
女：不好不坏。就那样吧。
男：她想报什么专业啊？据说国际贸易比较好就业。
女：她从小喜欢读书，对文学很感兴趣。随她愿吧。
问：男的觉得哪个专业比较好就业？

**25**
女：看你都有黑眼圈了，下一段路程我来开吧。

男：算了吧，你还是新手呢。我能应付得了。
女：你都开了老半天了。疲劳驾驶太危险了。
男：好的，咱家领导说什么就是什么。
问：女的认为什么很危险？

**26**
男：你看咱们的结婚照，都过二十年了。
女：是啊，真是岁月不饶人啊！
男：可不，咱孩子都这么大了。
女：记得那时候你可是公司里最帅的小伙子。
问：关于对话，可以知道什么？

**27**
女：小王，年末总结报告写得怎么样了？
男：已经做完了，但还没得出最终结论，正在分析数据。
女：那大概什么时候弄完？
男：最晚下周一。
问：年末总结报告进行到哪一步了？

**28**
男：姑娘，你看这手机充完电了吗？
女：手机红灯还亮着，还得等一会儿。
男：我看这充电器只显示红灯，是不是坏了？
女：没呢。红灯表示正在充电，绿灯表示已充满。

问：根据对话，下列哪项正确？

**29**
女：打扰一下，这期的网球班什么时候开始可以报名？
男：你来得正好。今天就可以报名。你先填一下这张表。
女：好的。
男：这是我们学院的课程表。你可以参考一下。
问：女的想学什么？

**30**
男：你怎么把头发弄得这么短啊？
女：这就是今年最流行的发型。怎么样？适合我吗？
男：倒是不难看，你居然舍得把那么长的头发剪短。
女：没有什么舍得不舍得的。
问：关于女的可以知道什么？

**第31到32题是根据下面一段话：**

在非语言的交流行为中，眼睛有着重要的作用，眼睛是心灵的窗户，最能表达人的思想感情、反映人的心理变化。因此，你可以通过眼睛的细微变化，来读懂和掌握对方的心理状态。如果对方用眼睛注视着你，说明对方重视你、关注你；如果连看都不看你一眼，则表示一种轻蔑；如果斜视，则表示一种不友好的感情；如果怒目而视则表示一种仇视心理；如果是说了谎话而心虚的人，往往会避开你的目光。

31  如果对方一直注视着你，说明了什么？

32  这段话主要谈什么？

**第33到35题是根据下面一段话：**

小时候住在北京的胡同儿里，特别羡慕那些能住得起楼房的孩子。对楼房里的生活充满了各种幻想。如今住上了楼房，却开始怀念起住在平房时的生活。比起喧闹的城市，胡同里的房子都是那么低矮的，看上去普普通通，甚至觉得拥挤；但时不时就能听到路人相互招呼，大家都亲得像一家人，那时候家的感觉跟现在完全不同。于是又开始喜欢上了胡同儿里的酒吧，觉得那里显得特别亲切，能让我找回许多小时候的影子，想起小时候和伙伴们快乐的生活。

33  说话人小时候怎么样？

34  说话人现在为什么常去胡同里的酒吧？

35  关于说话人，下列哪项正确？

**第36到38题是根据下面一段话：**

有个人想学游泳，他请了一个教练教他。教练告诉他游泳是件十分简单的事情，很快就能学会。于是这个人跟着教练来到了海边。到了沙滩上，看到广阔的大海教练高兴地冲了进去。可是，这个不会游泳的人仍然呆坐在沙滩上，一动不动。教练冲他喊到："快过来呀！你不是想学游泳吗？"这个人回答说："你还没有教会我怎么游泳呢！这么冲进去太危险了。"结果，这个人始终没学会游泳。不下海，永远也学不会游泳；不上公路，永远也学不会开车。若是一味惧怕、担忧、不敢尝试，注定一事无成，更不能领会到学会一件本领的成就感。

36  来到海边后，教练让那个人做什么？

37  关于那个人，可以知道什么？

38  这段话主要想告诉我们什么？

**第39到41题是根据下面一段话：**

据说，楚国有一个卖珠宝的商人，为了让自己的珠宝以更高的价格卖出去，特意设计了一套精美的包装盒。它不仅外观精致，而且散发出一种香味儿。后来，很多人愿意出高价只买他家的那套精美的包装盒。这就是成语买椟还珠的由来，买下了珍珠的盒子，却退还了盒子里的珍珠。这成语比喻太注重外表，以至于忽视了真正有价值的东西。

39  商人为什么要做那些盒子？

40  关于那些盒子，可以知道什么？

41  这段话主要想告诉我们什么？

**第42到43题是根据下面一段话：**

在面试结束前，大多数的主考官向求职者提问，最常见的就是：你有没有什么问题或疑问？无论求职者是否有问题要问，这时千万不要说没有问题，这会显得你的求职愿望不够强烈，也会让考官觉得你缺乏对职业的思考。因此，如果你不知道该从何问起，你可以问一问你应聘职位的未来发展前景，也可以对刚才面试的某个细节进行提问，这不但有助于加深主考官对你的印象，而且你也能趁此机会进一步了解这家公司的背景、企业文化是否适合你。

42  求职者最后如果不提出问题，会给面试官留下什么印象？

43  说话人建议求职者问什么样的问题？

**第44到45题是根据下面一段话：**

在家用电器卖场里，我们看到的冰箱绝大部分是白色或较浅的颜色，这是为什么呢？因为白色或浅色对光的反射率较高，这样冰箱表面的温度就不会太高，所以就不必为降低冰箱表面温度而耗费很多能源，从而能节省能源。此外，浅色还给人一种清凉新鲜的感觉，所以无论是从物理上还是心里上来说，冰箱都适合使用浅色。

**44** 冰箱表面温度不高有什么好处?

**45** 这段话主要谈的是什么?

# 모의고사 정답

## 一、听力

**第一部分**

1. D   2. A   3. C   4. A   5. C   6. D   7. D   8. D   9. D   10. A
11. C   12. B   13. D   14. C   15. D   16. A   17. D   18. A   19. A   20. D

**第二部分**

21. C   22. D   23. C   24. B   25. A   26. C   27. A   28. C   29. B   30. A
31. D   32. C   33. A   34. A   35. D   36. D   37. C   38. B   39. B   40. C
41. C   42. A   43. A   44. D   45. C

## 二、阅读

**第一部分**

46. A   47. B   48. D   49. C   50. D   51. A   52. B   53. B   54. B   55. B
56. B   57. A   58. D   59. B   60. A

**第二部分**

61. D   62. C   63. B   64. B   65. D   66. D   67. B   68. C   69. B   70. B

**第三部分**

71. D   72. C   73. A   74. D   75. B   76. B   77. C   78. A   79. C   80. C
81. D   82. C   83. D   84. B   85. D   86. C   87. D   88. C   89. B   90. A

## 三、书写

### 第一部分

91. 你还在为女儿的终身大事操心吗?

92. 这门专业竞争相当激烈。

93. 您的身体恢复得很好。

94. 半身浴可以促进血液循环。

95. 这是针对减肥人群的特殊菜单。

96. 入学通知书将在月末发放。

97. 抽屉里落了一层薄薄的灰尘。

98. 爷爷的身体总算恢复过来了。

### 第二部分

99. 5月,温暖的阳光普照大地,小金和小红举行了婚礼。他们本来蜜月想去欧洲好好玩一趟,但是突然被取消了,原因是小金公司工作太忙了,脱不开身。小红可以理解,但还是觉得有点遗憾。小金答应小红等忙完工作,就会带她去原来计划要去的欧洲。

100. 图片里有一位女士在台上演讲。随着社会的发展,不管是在学校还是公司,个人发表越来越常见了。那么这种发表有什么好处呢?第一、可以很清楚地表达自己的想法,第二、通过发表可以交流建议,第三、有效地提高表达能力。我们也开始多举行发表活动吧。

# HSK 5급 4회 듣기

听力

**제1부분** 1~20번 문제는 남녀간의 대화를 듣고 질문에 알맞은 답을 고르는 문제입니다.

🎧 04_4

### 1

女: 你觉得新来的张教授怎么样?

男: 还没听过他的课呢。但听说他不仅对学生要求严格,而且对学生非常负责。

问: 新来的张老师怎么样?

A 学历很高
B 教学方式独特
C 很有经验
D 要求严格

여: 네 생각엔 새로 오신 장 교수님 어떤 것 같아?

남: 아직 그 교수님 수업을 들어보지 않아서. 근데 듣기로는 학생들에게 매우 엄격하시면서도 책임감도 있으시대.

질문: 새로 오신 장 교수님(선생님)은 어떠한가?

A 학력이 높다
B 교육방식이 특별하다
C 경험이 풍부하다
D 요구가 엄격하다

**지문 어휘**

不仅 A 而且 B bùjǐn A érqiě B 접 뿐만 아니라~, 그리고
要求 yāoqiú 명 요구
严格 yángé 형 엄격하다
负责 fùzé 동 책임지다
学历 xuélì 명 학력 ⭐
独特 dútè 형 독특하다, 특별하다 ⭐

**정답** D

**해설** 사람의 특징을 물어보는 문제임을 알 수 있다. 여자가 '怎么样?'으로 물어봤으므로, 남자의 대답에서 답을 찾아 낼 수 있다. 학생들에게 매우 엄격하면서 책임감이 있다고 하며 严格, 负责 등의 어휘로 장 교수님의 특징을 묘사했으므로 정답은 D이다.

### 2

男: 今天买可以享受打九折的优惠。

女: 真的吗? 但我想再转一转。

问: 女的是什么意思?

A 再逛一逛
B 觉得男的骗人
C 觉得太贵了
D 钱带得不够

남: 오늘 사시면 10%할인 혜택을 받아 보실 수 있습니다.

여: 정말요? 그래도 좀 더 돌아보고 올게요.

질문: 여자의 말은 무슨 뜻인가?

A 좀 더 구경하다
B 남자가 속인다고 생각한다
C 너무 비싸다고 생각한다
D 가져온 돈이 부족하다

**지문 어휘**

享受 xiǎngshòu 동 누리다 ⭐
打折 dǎ zhé 동 가격을 깎다
优惠 yōuhuì 형 특혜의 ⭐
转 zhuàn 동 돌다, 돌아다니다
逛 guàng 동 거닐다, 배회하다, 구경하다

**정답** A

**해설** 여자가 말한 의미가 무엇인지 묻고 있다. '想再转一转'을 통해 다시 한바퀴 돌아보고 싶다는 의견을 말했다. 보기의 逛도 구경하다, 거닐다의 뜻이므로 정답은 A이다.

### 3

女: 难道你跳槽了吗？以前的公司不是也还可以的嘛？
男: 早就不干了。我跟一个朋友合伙开了一家饭店。

问: 关于男的，可以知道什么？
  A 想自己经营公司
  B 将要举行婚礼
  C 把以前工作辞了
  D 升职了

여: 너 설마 직업 바꾼 거야? 예전 회사도 그럭저럭 괜찮지 않았어?
남: 진작에 그만뒀지. 나 친구랑 함께 식당 하나 차렸어.

질문: 남자에 관해서, 알 수 있는 것은?
  A 직접 회사를 경영하고 싶다
  B 결혼식을 올릴 것이다
  C 예전 일을 그만두었다
  D 승진했다

**지문 어휘**
难道~ nándào~ 퇸 설마 ~란 말인가?
跳槽 tiào cáo 통 다른 부서로 옮기다, 직업을 바꾸다
合伙 héhuǒ 통 동료가 되다, 동업하다
经营 jīngyíng 통 운영하다, 경영하다 ★
婚礼 hūnlǐ 명 결혼식, 혼례 ★
辞 cí 통 사직하다
升职 shēngzhí 명 승진 통 승진하다

**정답** C

**해설** 보기의 의미가 모두 다른 형태를 띄므로, 주제를 묻거나 화자의 의미를 묻는 문제임을 알 수 있다. 여자가 직업을 바꾼 것인지 남자에게 묻자, 남자는 진작에 그만뒀다고 했으므로 결과적으로 남자는 기존 직장을 그만 뒀음을 알 수 있다.

### 4

男: 据说您写的新书出版了，恭喜恭喜！
女: 谢谢。明天我在现代广场举行新书发表会。希望您也来光顾。

问: 新书发表会在哪儿举行？
  A 现代广场
  B 广播电台
  C 新华书店
  D 市图书馆

남: 듣자 하니, 네가 쓴 책이 출간되었다며, 축하해!
여: 고마워요. 내일 현대광장에서 신간발표회가 열려요. 당신이 와주었으면 좋겠어요.

질문: 신간발표회는 어디서 개최되는가?
  A 현대광장
  B 라디오방송국
  C 신화서점
  D 시립도서관

**지문 어휘**
出版 chūbǎn 통 출판하다, 출간하다 ★
恭喜 gōngxǐ 통 축하하다 ★
广场 guǎngchǎng 명 광장 ★
发表会 fābiǎohuì 명 발표회
光顾 guānggù 통 찾아 주시다
广播电台 guǎngbōdiàntái 명 라디오 방송국

**정답** A

**해설** 신간 발표회는 어디에서 열리는지 묻고 있다. 보기가 모두 구체적인 장소를 언급하므

로 대화에서 정확하게 장소를 언급할 확률이 높다. 여자가 내일 현대 광장에서 신간 발표회가 열린다고 했으므로 정답은 A이다.

### 5

女: 怎么吃这么少啊！难道不喜欢这种口味吗?
男: 不是。我今天肚子不舒服，吃不下去。

问: 男的为什么吃得少?
A 太烫了　　B 不符合口味
C 肚子不舒服　D 有点咸

여: 왜 이렇게 적게 먹어! 설마 이런 맛 별로 안 좋아해?
남: 아니야. 나 오늘 배가 좀 아파서, 못 먹겠네.

질문: 남자는 왜 적게 먹는 것일까?
A 너무 뜨거워서
B 입맛에 맞지 않아서
C 배가 아파서
D 조금 짜서

**지문 어휘**

口味 kǒuwèi 명 맛
烫 tàng 형 몹시 뜨겁다 ★
符合 fúhé 동 부합하다
咸 xián 형 짜다

**정답** C

**해설** 남자가 왜 적게 먹는지 묻고 있다. 남자는 배가 좀 아파서 못 먹겠다고 했으므로 그가 적게 먹는 이유는 배가 아파서이다.

### 6

男: 听说你换专业了?
女: 是的。因为我的理想是当一名软件开发者，所以把专业换成了计算机专业。

问: 女的为什么换成计算机专业?
A 想成为设计师
B 为了好找工作
C 听从教授的建议
D 想当一名软件开发者

남: 듣자하니 너 전공 바꿨다며?
여: 응. 왜냐하면 내 꿈은 원래 소프트웨어 개발자가 되는 거였거든. 그래서 전공을 컴퓨터(공학)로 바꿨어.

질문: 여자는 왜 컴퓨터(공학)로 전공을 바꾸었나?
A 설계사가 되고 싶어서
B 일을 더 쉽게 구하기 위해서
C 교수님의 의견을 듣고
D 소프트웨어 개발자가 되고 싶어서

**지문 어휘**

专业 zhuānyè 명 전공
软件 ruǎnjiàn 명 소프트웨어 ★
开发 kāifā 동 개발하다 ★
设计 shèjì 동 설계하다 ★
建议 jiànyì 동 제기하다, 제안하다

**정답** D

**해설** 남자는 왜 컴퓨터(공학)로 전공을 바꿨는지 묻고 있다. 남자가 전공을 바꿨냐고 여자에게 물어봤고, 여자는 꿈이 원래 소프트웨어 개발자라고 했으므로 정답은 D이다.

## 7

女: 先生，您看中什么类型的戒指了?

男: 今天是我女朋友的生日。你帮我推荐一枚吧。

问: 根据对话，可以知道什么?
- A 他们是恋人
- B 男的是单身
- C 男的在服装店
- D 男的想买戒指

여: 선생님, 어떤 종류의 반지가 맘에 드세요?

남: 오늘이 제 여자친구의 생일이거든요. 하나 추천해주세요.

질문: 대화에 근거하여, 알 수 있는 것은?
- A 그들은 연인 사이이다
- B 남자는 솔로이다
- C 남자는 옷가게에 있다
- D 남자는 반지를 사려고 한다

**지문 어휘**

看中 kànzhòng 동 마음에 들다
类型 lèixíng 명 유형, 종류 ★
戒指 jièzhi 명 반지 ★
推荐 tuījiàn 동 추천하다 ★
枚 méi 양 반지 등과 같은 작은 물건을 세는 단위
服装店 fúzhuāngdiàn 명 옷가게 ★
单身 dānshēn 명 단신, 싱글

**정답** D

**해설** A를 제외하고 나머지는 남자와 관련된 이야기이다. 남자의 말을 주목하되, 여자와의 관계도 고려해야 한다. 여자가 어떤 반지가 맘에 드세요?라고 했으므로 반지를 판매하고 있음을 알 수 있고, 남자도 하나 추천해 주세요라고 말하고 있으므로 정답은 D이다.

## 8

男: 商场停车场好像没有位子了。我去那边看看。

女: 好的，那我在一楼门口等你。

问: 他们可能会在哪儿见面?
- A 停车场
- B 电梯门口
- C 小区门口
- D 商场一楼

남: 상점 주차장은 자리가 없는 것 같아. 저쪽으로 가서 확인해볼게.

여: 알았어, 그럼 나 1층 입구에서 기다리고 있을게.

질문: 그들은 아마도 어디서 만나겠는가?
- A 주차장
- B 엘리베이터 입구
- C 단지 입구
- D 상점 1층

**지문 어휘**

停车场 tíngchēchǎng 명 주차장
小区 xiǎoqū 명 주택 단지

**정답** D

**해설** 그들은 어디서 만날 가능성이 있는지 묻고 있다. 남자가 상점 주차장은 자리가 없다고 했고, 여자가 1층 입구에서 기다리고 있겠다고 했으므로 정답은 D이다.

## 9

女：这裙子是L号吗？怎么穿起来这么小啊？
男：是啊，这里明明写着L号呀！

问：女的觉得这裙子怎么样？
A 原料不怎么好
B 标志有误
C 没写明产地
D 穿起来有点小

여: 이 치마 라지 사이즈예요? 입었는데 왜 이렇게 작은 거죠?
남: 맞아요, 여기 정확하게 L이라고 적혀있잖아요!

질문: 여자 생각엔 이 치마는 어떠한가?
A 원단이 별로이다
B 로고에 오타가 있다
C 생산지가 적혀 있지 않다
D 입었을 때 좀 작다

**지문 어휘**

原料 yuánliào 명 원료, 원단 ★
标志 biāozhì 명 로고, 라벨, 표지 ★
误 wù 명 틀림, 실수 형 틀리다
产地 chǎndì 명 생산지

**정답** D

**해설** 여자가 사이즈를 재차 확인하고, 사이즈가 왜 이렇게 작은지 물었으므로 정답은 D이다.

## 10

男：你的干洗店开得怎么样啊？
女：营业执照都批下来了。但还没找好员工。可把我急坏了。

问：女的现在为什么急坏了？
A 还没找到员工
B 营业执照
C 租房子
D 签合同

남: 세탁소 오픈은 잘 되가니?
여: 영업허가서는 이미 승인 받았지. 근데 직원을 아직 뽑지 못했어. 정말 조급해 죽겠어.

질문: 여자는 왜 지금 조급해하나?
A 아직 직원을 뽑지 못해서
B 영업허가서 때문에
C 집을 세 놓는 일 때문에
D 계약서 사인 때문에

**지문 어휘**

干洗店 gānxǐdiàn 명 드라이클리닝 가게, 세탁소
营业 yíngyè 명 영업, 동 영업하다 ★
执照 zhízhào 명 면허증, 허가증 ★
批 pī 동 (하부의 서면 보고나 남의 글, 리포트 등에 대해) 지시하다, 결재하다, 승인하다
员工 yuángōng 명 직원, 종업원 ★
租 zū 동 세를 주다, 임대하다
签 qiān 동 서명하다, 사인하다 ★
合同 hétong 명 계약서 ★

**정답** A

**해설** 여자가 왜 지금 조급해하는지 묻고 있다. 여자는 아직 직원을 뽑지 못했다고 언급하고 있으므로 정답은 A이다.

## 11

女: 每天下班后，还要陪孩子做作业。连一点业余时间都没有。
男: 好好珍惜现在吧。等孩子再长大一点儿，你就会怀念起现在的。

问: 男的是什么意思？

A 尊重孩子的意见
B 要学习怎么教育孩子
C 好好享受现在
D 要和孩子一起锻炼

여: 매일 퇴근 후에. 애들 숙제도 봐줘야 해. 정말 조금의 여가 시간조차 없네.
남: 그래도 지금을 소중하게 여겨. 아이가 좀 더 크면 지금 이 순간이 추억으로 남을 거야.

질문: 남자의 말은 무슨 뜻인가?

A 아이의 의견을 존중한다
B 아이 교육을 어떻게 시켜야 하는지 배워야 한다
C 현재를 즐겨라
D 아이와 함께 운동해야 한다

**지문 어휘**

业余 yèyú 명 업무 외, 여가 ★
珍惜 zhēnxī 동 귀중히 여기다 ★
怀念 huáiniàn 동 추억하다, 회상하다
尊重 zūnzhòng 동 존중하다
享受 xiǎngshòu 동 누리다, 즐기다

**정답** C

**해설** 남자가 말한 의미는 무엇인지 묻고 있다. 남자가 지금을 소중하게 여기라고 했으므로 결과적으로 현재를 즐기라는 의미임을 알 수 있다.

## 12

男: 我实在爬不动了！这段路还剩多少台阶？
女: 没剩多少，我们已经走完了一大半，再坚持一会儿就到了。

问: 女的是什么意思？

A 先休息一下
B 继续爬
C 爬山对健康有益
D 好像迷路了

남: 나 정말로 못 올라가겠어! 이 길은 대체 계단이 얼마나 더 남은 거야?
여: 얼마 안 남았어, 우리 벌써 반 넘게 왔어. 조금만 더 견디면 도착할 거야.

질문: 여자의 말은 무슨 뜻인가?

A 먼저 좀 쉬자
B 계속해서 올라가자
C 등산은 건강에 유익하다
D 길을 잃은 것 같다

**지문 어휘**

实在 shízài 부 정말, 참으로
剩 shèng 동 남다, 남기다
台阶 táijiē 명 층계, 계단 ★
继续 jìxù 동 계속하다
有益 yǒu yì 동 유익하다, 도움이 되다
迷路 mí lù 동 길을 잃다

**정답** B

**해설** 제시된 보기의 단어끼리 서로 겹치는 내용이 없다. 이런 문제는 보통 주제를 묻거나 화자의 의견을 묻는 문제가 출제되므로 전체 녹음내용을 주의 깊게 들어야 한다. 남자는 나 정말로 못 올라가겠어!라는 말을 통해 현재의 상황을 이야기 했으며, 여자는 마지막 말에서 조금만 더 견디면 곧 도착이야라고 했으므로 정답은 B이다.

## 13

女: 糟了。我好像把手机弄丢了。
男: 你别着急。我现在给你的手机打电话。

问: 女的怎么了?
　A 忘带钥匙了
　B 弄丢车钥匙了
　C 拿错行李了
　D 找不着手机了

여: 맙소사. 나 휴대폰을 잃어 버린 것 같아.
남: 조급해 하지마. 내가 지금 네 휴대폰으로 전화 걸어볼게.

질문: 여자는 무슨 일인가?
　A 열쇠를 안 가져왔다
　B 차 키를 잃어버렸다
　C 짐을 잘못 가져왔다
　D 휴대폰을 찾지 못하고 있다

**지문 어휘**

糟 zāo 형 나쁘다, 좋지 않다
弄丢 nòng diū 동 분실하다, 잃어버리다
钥匙 yàoshi 명 열쇠

**정답** D

**해설** 여자의 현재 상황을 물어보는 문제이다. 여자가 휴대폰을 잃어 버린 것 같다고 했으므로 정답은 D이다.

## 14

男: 你找到工作了吗? 听说现在找工作很难。
女: 可不是。我现在在一家报社实习。表现好的话，可以转正呢。

问: 关于女的，可以知道什么?
　A 愁着找工作
　B 想去国外留学
　C 正在一家公司实习
　D 有点灰心

남: 너 일자리 구했니? 요새 일자리 구하기 힘들다며.
여: 누가 아니래. 나 지금 신문사에서 인턴하고 있거든. 여기서 잘하면, 정사원으로 전환 될 수 있어.

질문: 여자에 관해서 알 수 있는 것은?
　A 일자리 찾는 것이 걱정이다
　B 해외 유학을 가고 싶다
　C 지금 한 회사에서 인턴을 하고 있다
　D 조금 낙담하고 있다

**지문 어휘**

报社 bàoshè 명 신문사 ★
实习 shíxí 동 실습하다 ★
表现 biǎoxiàn 명 표현, 행동 동 나타내다, 표현하다 ★
转正 zhuǎnzhèng 동 정사원(정규직)으로 전환되다
愁 chóu 동 근심하다, 걱정하다
灰心 huīxīn 동 낙담하다, 낙심하다 ★

**정답** C

**해설** 여자에 관해서 묻고 있다. 여자는 지금 신문사에서 인턴을 하고 있다고 했으므로 정답은 C이다.

## 15

女: 这里的天气怎么这么潮湿啊？连衣服都晾不干。
男: 那倒是。但我看你皮肤比以前光滑了不少。

问: 他们觉得那里怎么样？

A 空间太窄
B 风景优美
C 护肤品保湿效果好
D 空气潮湿

여: 여기 날씨가 왜 이렇게 습하지? 옷도 잘 마르지 않아.
남: 그렇긴 해. 그래도 너 피부는 예전보다 훨씬 더 윤기가 난다.

질문: 그들은 그 곳이 어떻다고 생각하는가?

A 공간이 너무 좁다
B 풍경이 아름답다
C 화장품의 보습효과가 뛰어나다
D 공기가 습하다

**지문 어휘**

潮湿 cháoshī 〔형〕 습하다, 축축하다 ★
晾干 liànggān 〔동〕 그늘이나 바람에 말리다
倒 dào 〔형〕 거꾸로 되다, 반대로 되다
皮肤 pífū 〔명〕 피부
光滑 guānghuá 〔형〕 윤기가 나다, 반들반들하다 ★
窄 zhǎi 〔형〕 좁다 ★
优美 yōuměi 〔형〕 우아하고 아름답다 ★
护肤品 hùfūpǐn 〔명〕 피부 보호용 화장품
保湿 bǎoshī 〔명〕 보습

**정답** D

**해설** 그들은 그곳이 어떻다고 생각하는지 묻고 있다. 여자가 여기 날씨가 왜 이렇게 습하냐고 남자에게 물으며 옷도 잘 마르지 않는다고 했으므로 정답은 D이다.

## 16

男: 很荣幸能与您合作。再次感谢投资方在资金方面的支持。
女: 您客气什么呀！我们也很荣幸与贵公司合作。

问: 男的为什么向女的表示感谢？

A 提供了资金支持
B 免费提供了场所
C 所有问题都解决了
D 为影片做宣传

남: 당신과 파트너가 되어서 영광입니다. 투자자들의 자금 지원에 대해서 다시 한번 감사 드립니다.
여: 별말씀을요! 저희도 귀사와 협력하게 되어 매우 영광입니다.

질문: 남자는 왜 여자에게 감사함을 표시하는가?

A 자금지원을 제공해서
B 장소를 무료로 제공해서
C 모든 문제가 해결돼서
D 영화를 선전하기 위해서

**지문 어휘**

荣幸 róngxìng 〔형〕 매우 영광스럽다
合作 hézuò 〔동〕 합작하다, 협력하다 ★
再次 zàicì 〔부〕 재차, 거듭
投资 tóuzī 〔명〕 투자, 〔동〕 투자하다 ★
资金 zījīn 〔명〕 자금 ★
支持 zhīchí 〔동〕 지지하다, 지원하다
表示 biǎoshì 〔동〕 표시하다, 표명하다
提供 tígōng 〔동〕 제공하다, 공급하다
免费 miǎnfèi 〔동〕 돈을 받지 않다
场所 chǎngsuǒ 〔명〕 장소
愿意 yuànyì 〔동〕 바라다, 희망하다
影片 yǐngpiàn 〔명〕 영화, 영화 필름
宣传 xuānchuán 〔동〕 선전하다 ★

**정답** A

**해설** 보기끼리 특별한 공통점이 없다. 남자는 감사하다의 이유로 파트너가 된 것과 자금지원을 언급했으므로 A가 정답이다.

## 17

女: 幸亏你提醒我，要不我真该忘了。
男: 我也是昨晚才收到通知。怕你白跑一趟就赶紧给你发短信。

问: 女的是什么语气?

A 奇怪  B 后悔
C 灰心  D 感谢

여: 네가 나한테 알려줘서 다행이지, 그렇지 않았다면 나는 잊어 버렸을 거야.
남: 나도 어제 밤이 되어서야 겨우 연락을 받았어. 네가 헛걸음 할까 봐 내가 바로 문자 보낸 거야.

질문: 여자는 어떤 말투인가?

A 의아해하다
B 후회하다
C 낙심하다
D 감사하다

**지문 어휘**

**幸亏** xìngkuī 부 다행히, 운 좋게 ★
**提醒** tíxǐng 동 일깨우다
**赶紧** gǎnjǐn 부 서둘러, 재빨리
**奇怪** qíguài 형 기이하다, 이상하다
**后悔** hòuhuǐ 동 후회하다
**灰心** huī xīn 동 낙담하다, 낙심하다 ★

**정답** D

**해설** 여자의 심리상황을 묻고 있다. 이러한 보기의 단어들은 본문에서 언급될 확률이 적기 때문에 들려주는 내용의 전체적인 상황과 어투를 파악해야 하고, 보기의 단어도 정확하게 숙지하고 있어야 한다. 여자는 당신이 알려주어서 다행이다라는 말을 통해 남자에게 감사함을 표현하고 있으므로 정답은 D이다.

## 18

男: 你的电话怎么一直打不通啊？我还以为你发生什么事了呢。
女: 我的同事小林失恋了，陪他聊着聊着就过了一个点儿。

问: 小林怎么了?

A 失恋了  B 分手了
C 生孩子了  D 刚怀孕

남: 네 전화 왜 이렇게 계속 통화가 안되니? 너한테 무슨 일이 생긴 줄 알았잖아.
여: 내 동료 샤오린이 실연을 당했거든. 그와 이런저런 얘기하다가 1시간이 훌쩍 지났네.

질문: 샤오린은 무슨 일인가?

A 실연당했다
B 헤어졌다
C 아이를 낳았다
D 막 임신했다

**지문 어휘**

**失恋** shī liàn 동 실연하다
**聊** liáo 동 이야기하다
**着** zhe 조 ~하고 있다
**分手** fēn shǒu 동 헤어지다 ★
**怀孕** huáiyùn 동 임신하다 ★

**정답** A

**해설** 샤오린의 현재 상황을 묻고 있다. 보기의 단어를 정확하게 언급할 확률이 높다. 남자는 여자에게 왜 계속 연락이 안 되는지 궁금해 했고, 여자는 동료가 실연당해서, 그를 위로해주다가 한 시간이 넘었다라고 말했으므로 동료가 실연당했음을 알 수 있다.

## 19

女：你怎么这么高兴啊！今天都合不上嘴了。
男：今天是个大喜的日子！公司打电话通知我要给我加薪。

问：男的为什么这么开心？

A 涨工资了
B 中大奖了
C 升职了
D 有人请他吃饭

여：너 뭐가 그렇게 기쁘니! 오늘 입이 안 다물어지네.
남：오늘 정말 기쁜 날이야! 회사에서 나 급여 올려준다고 연락 왔거든.

질문：남자는 왜 이렇게 기뻐하는가?

A 급여가 올랐기 때문에
B 대상을 탔기 때문에
C 승진했기 때문에
D 어떤 사람이 그에게 식사를 대접했기 때문에

**지문 어휘**

嘴 zuǐ 명 입
加薪 jiāxīn 동 임금(급여)이 오르다
涨 zhǎng 동 오르다 ★
大奖 dàjiǎng 명 대상, 큰 상
升职 shēngzhí 명 승진

**정답** A

**해설** 남자가 기분이 좋은 이유를 묻고 있다. 보기에 제시된 단어들은 모두 긍정적인 의미의 내용들이고, 이러한 경우 이유나 원인을 물어보는 문제일 확률이 높다. 여자가 남자에게 왜 기뻐하는지 묻자, 남자가 회사에서 급여를 올려준다고 얘기했으므로 정답은 A이다.

## 20

男：明天是咱爸妈的结婚纪念日。准备点什么好呢？
女：要不送爸妈购物券吧。

问：女的打算给父母做什么？

A 报团旅行
B 一起去选购
C 买顶帽子
D 送购物券

남：내일은 부모님 결혼기념일이잖아. 우리 뭐를 준비하면 좋을까?
여：상품권 사드리던지 하자.

질문：여자는 부모님에게 무엇을 해드리려 하는가?

A 단체여행을 보내드린다
B 같이 선물을 고르러 간다
C 모자를 산다
D 상품권을 선물한다

**지문 어휘**

纪念日 jìniànrì 명 기념일 ★
购物券 gòuwùquàn 명 상품권
报团 bàotuán 동 단체여행에 신청하다
选购 xuǎngòu 동 골라서 사다, 선택하여 사다

**정답** D

**해설** 동작과 관련된 단어이다. 보통 동작 관련 단어들은 동사의 목적어에 집중하면 효과적으로 문제를 풀 수 있다. 남자는 부모님의 결혼 기념일인데, 뭐 준비하면 좋을까?로 결혼기념일 선물로 어떤 것이 좋을 지 여자에게 물어보았고, 여자는 상품권을 선물해 드리자라고 제안했다.

## 제2부분
21~45번 문제는 남녀간의 대화 또는 단문을 듣고 질문에 알맞은 답을 고르는 문제입니다.

### 21

女: 天上好像出彩虹了,但颜色怎么这么模糊不清啊?
男: 就是因为雨滴太小了。彩虹的颜色取决于雨滴。
女: 没看出来你的知识面还这么广。
男: 这是在电视节目上看到的。

问: 他们在谈什么?
　A 日照时间
　B 彩虹的形状
　C 彩虹的颜色
　D 电视频道

여: 하늘에 무지개가 뜬 것 같아. 근데 색깔이 왜 이렇게 흐릿하지?
남: 왜냐하면 빗방울이 너무 작아서 그래. 무지개의 색깔은 전적으로 빗방울에 달려 있거든.
여: 너의 지식 폭이 이렇게 넓을 줄은 몰랐다.
남: 이거 TV 프로그램에서 본 거야.

질문: 그들은 무엇을 얘기하고 있나?
　A 일조시간
　B 무지개의 형태
　C 무지개의 색깔
　D TV채널

**지문 어휘**
天上 tiānshàng 명 하늘, 천상
好像 hǎoxiàng 부 마치 ~과 같다
彩虹 cǎihóng 명 무지개 ⭐
颜色 yánsè 명 색, 색깔
模糊不清 móhu bùqīng 형 뚜렷하지 않다
雨滴 yǔdī 명 빗방울
取决于 qǔjuéyú ~에 달려있다
看出来 kàn chūlai 알아보다, 분간하다
知识面 zhīshimiàn 명 지식 폭
广 guǎng 형 넓다
日照 rìzhào 동 일조 시간
形状 xíngzhuàng 형 형상, 형태 ⭐
电视频道 diànshì píndào 명 TV채널

**정답** C

**해설** 그들이 무엇을 이야기하고 있는지 묻는 문제이다. 여자가 무지개의 색깔이 흐릿하다라고 하자 남자는 무지개의 색깔과 빗방울 크기의 상관 관계를 언급하였으므로 정답은 C임을 알 수 있다.

### 22

男: 这些都是你获得的奖杯吗?
女: 是啊。我平时爱运动,喜欢参加这类比赛。
男: 我看你都可以当私人教练了。
女: 我可不想把业余爱好变成工作。

问: 关于女的可以知道什么?

남: 이거 모두 네가 받은 트로피야?
여: 응. 나는 평소에 운동을 좋아해서, 이런 경기 참가하는 거 좋아하거든.
남: 내가 봤을 땐 너 개인 코치 해도 되겠다.
여: 난 절대 여가 취미를 일로 바꾸고 싶지 않아.

질문: 여자에 관해서 알 수 있는 것은?

**지문 어휘**
些 xiē 양 조금, 약간
获得 huòdé 동 얻다, 취득하다
奖杯 jiǎngbēi 명 우승컵
平时 píngshí 명 평소, 평상시
参加 cānjiā 동 참가하다
类 lèi 명 종류, 부류
当 dāng 동 담당하다, 맡다
私人教练 sīrén jiàoliàn 명 개인코치
业余爱好 yèyú'àihào 명 여가취미

A 平时忙于工作　　　　　A 평소에 일이 바쁘다
B 请过私人教练　　　　　B 개인코치를 구한 적이 있다
C 开了健身房　　　　　　C 헬스클럽을 오픈했다
D 获得过很多奖杯　　　　D 많은 트로피를 받았다

变成 biànchéng 통 ~로 변하다
忙于 mángyú 통 ~에 바쁘다
健身房 jiànshēnfáng 명 헬스 클럽

**정답 D**

**해설** 보기에서 동일한 표현을 찾을 수 없는 형태이고 주제나 화자의 의미를 물어보는 문제이다. 내용을 통해 여자에 관해 알 수 있는 내용은 첫 단락에서 남자가 여자에게 많은 트로피를 언급한 것으로 보아 정답은 D임을 알 수 있다

## 23

女：我想把这条裤子退了。我觉得不太适合我。
男：对不起，这是特价商品。只能换不能退。
女：那我可以换成什么样的呢？
男：特价商品都可以选。

问：女的最后决定怎么做？
　　A 还钱
　　B 换成小号
　　C 换成别的款式
　　D 另买一件

여: 저 이 바지를 환불하고 싶어요. 저랑 안 어울리는 거 같거든요.
남: 죄송합니다. 이 제품은 특가 제품이라 교환은 되지만 환불은 안되거든요.
여: 그러면 어떤 제품으로 바꿀 수 있는데요?
남: 특가 제품 중에선 모두 고르실 수 있습니다.

질문: 여자는 마지막으로 어떤 결정을 내렸나?
　　A 돈을 돌려준다
　　B 작은 사이즈로 교환한다
　　C 다른 제품으로 교환한다
　　D 한 벌 더 구입한다

**지문 어휘**

条 tiáo 양 가늘고 긴 것을 세는 단위
裤子 kùzi 명 바지
退 tuì 통 환불하다, 취소하다 ★
觉得 juéde 통 ~라고 생각하다
不太 bútài 별로, 그다지 ~지 않다
适合 shìhé 통 적합하다, 부합하다
特价 tèjià 명 특가
商品 shāngpǐn 명 상품 ★
只能 zhǐnéng 통 단지 ~만 할 수 있다
换 huàn 통 교환하다
换成 huànchéng 통 ~으로 바꾸다
什么样 shénmeyàng 대 어떠한, 어떤
选 xuǎn 통 고르다, 선택하다
还钱 huán qián 통 돈을 갚다, 돈을 돌려주다
小号 xiǎohào 명 작은 사이즈
款式 kuǎnshì 명 스타일
另 lìng 대 다른, 그 밖의

**정답 C**

**해설** 동사들이 핵심 키워드로서 B와 C는 동사가 같기 때문에 목적어를 미리 확인 해야 한다. 여자는 이 바지를 환불하고 싶다라고 했고, 남자는 이 제품은 특가상품이기 때문에, 교환만 가능하고, 환불은 안되며 오직 교환만 가능함을 얘기했다. 여자의 다음 행동은 교환할 제품을 찾을 것임을 알 수 있다.

## 24

男: 听说今年的高考很难, 你女儿考得怎么样?
女: 不好不坏。就那样吧。
男: 她想报什么专业啊? 据说国际贸易比较好就业。
女: 她从小喜欢读书, 对文学很感兴趣。随她愿吧。

问: 男的觉得哪个专业比较好就业?
A 商贸
B 国际贸易
C 数学
D 文学

남: 올해 대입 시험이 어려웠다며, 네 딸은 잘 봤니?
여: 좋지도 않고 나쁘지도 않고. 그럭저럭.
남: 어떤 전공을 선택하려고? 듣기로는 국제무역이 취업하기 좋다고 하던데.
여: 그 애는 어렸을 때부터 독서를 좋아해서, 문학에 관심이 많아. 그 애가 원하는 대로 하려고.

질문: 남자는 어떤 전공이 취업하기 좋다고 생각하는가?
A 비즈니스
B 국제무역
C 수학
D 문학

### 지문 어휘

听说 tīngshuō 동 듣자(하)니
高考 gāokǎo 명 대입 시험
难 nán 형 어렵다
考 kǎo 명 시험 동 시험을 보다
就那样 jiùnàyàng
형 그저 그렇다
报专业 bào zhuānyè
동 전공을 신청하다
据说 jùshuō 동 말하는 바에 의하면 ~라 한다 ★
国际贸易 guójìmàoyì
명 국제무역
比较 bǐjiào 부 비교적, 상대적으로
就业 jiùyè 동 취직하다, 취업하다
从小 cóngxiǎo 부 어린 시절부터
读书 dúshū 동 공부하다
文学 wénxué 명 문학 ★
感兴趣 gǎn xìngqù 관심이 있다, 흥미가 있다
随 suí 동 따르다
愿 yuàn 동 바라다, 희망하다
商贸 shāngmào 명 상업과 무역, 비즈니스
数学 shùxué 명 수학

**정답** B

**해설** 보기는 모두 과목이나 전공을 나타내는 단어들이다. 꼭 주의 깊게 들어보자. 남자의 두 번째 말에서 선택하려는 전공을 물어보았고, 국제무역이 취업하기 좋다라고 하며, 국제무역전공을 추천했다. 여자는 딸이 문학에 관심 있어서, 딸이 원하는 대로 따르려 하겠다고 대답했지만, 질문은 남자가 추천한 전공을 묻는 문제였다.

## 25

女: 看你都有黑眼圈了, 下一段路程我来开吧。
男: 算了吧, 你还是新手呢。我能应付得了。
女: 你都开了老半天了。疲劳驾驶太危险了。
男: 好的, 咱家领导说什么就是什么。

여: 당신 다크서클 좀 봐, 다음 구간은 내가 운전할게.
남: 됐어, 당신은 아직 초보잖아. 나 혼자 할 수 있어.
여: 이미 한참 동안 운전했잖아. 졸음운전은 너무 위험해.
남: 알았어, 우리 집 보스가 하라면 해야지.

### 지문 어휘

黑眼圈 hēiyǎnquān
명 다크서클
段 duàn 양 구간, 구역
路程 lùchéng 명 노정
算了吧 suànleba 됐어
还是 háishi 부 여전히, 아직도
新手 xīnshǒu 명 신참, 초보자
应付 yìngfù 동 대응하다, 처리하다
~得了 ~de liǎo ~할 수 있다

| 问: 女的认为什么很危险? | 질문: 여자는 무엇이 위험하다고 생각하는가? |
|---|---|
| A 疲劳驾驶  B 酒后驾驶<br>C 新手上路  D 超速驾驶 | A 졸음운전  B 음주운전<br>C 초보운전  D 과속운전 |

**정답** A

**해설** 운전과 관련된 단어들로, 남녀가 각각 언급하는 위험 운전에 관한 것들을 잘 체크해야 한다. 여자는 피곤해 보이는 남자에게 교대운전을 청했고, 남자는 여자가 초보운전 이라며 사양 했다. 그래도 여자는 졸음운전은 너무 위험하다라고 말을 했고, 남자는 그녀의 말에 결국 동의했다.

**지문 어휘**

老半天 lǎo bàntiān 명 장시간, 한참 동안
疲劳驾驶 píláo jiàshǐ 명 졸음운전
危险 wēixiǎn 형 위험하다
领导 lǐngdǎo 명 보스, 리더 ★
酒后驾驶 jiǔhòu jiàshǐ 명 음주운전
上路 shàng lù 동 길에 오르다
超速驾驶 chāosù jiàshǐ 명 과속운전

### 26

男: 你看咱们的结婚照，都过二十年了。
女: 是啊，真是岁月不饶人啊！
男: 可不，咱孩子都这么大了。
女: 记得那时候你可是公司里最帅的小伙子。

남: 우리 결혼기념사진 좀 보세요, 벌써 20년이 넘었네요.
여: 그래요, 정말 세월은 속일 수가 없네요!
남: 그러게요, 우리 아이들도 이렇게 크고.
여: 내가 기억하기론 그때 당신은 우리 회사에서 가장 잘 생긴 청년이었는데 말이죠.

| 问: 关于对话，可以知道什么? | 질문: 대화에 관해서, 알 수 있는 것은? |
|---|---|
| A 他们在看日记<br>B 女的是大美女<br>C 他们在看照片<br>D 他们是恋人 | A 그들은 일기를 보고 있다<br>B 여자는 절세미녀이다<br>C 그들은 사진을 보고 있다<br>D 그들은 연인관계이다 |

**정답** C

**해설** 보기의 내용이 모두 다른 형태이므로 주제를 묻는 질문일 것이다. 특히 他们으로 시작하는 보기들의 뒷부분을 주목해야 한다. 남자가 결혼 사진을 보라고 한 것으로 보아 이들이 현재 결혼사진을 보고 있는 것을 알 수 있으며, 이후의 대화에서도 사진을 보며 현재와 과거에 대해서 이야기 하고 있다.

**지문 어휘**

结婚照 jiéhūnzhào 명 결혼사진
真是 zhēnshi 부 정말, 사실상
岁月不饶人 suìyuè bùráo rén 세월은 속일 수가 없다
可不 kěbù 그렇고말고
记 jì 동 기억하다
可是 kěshì 부 굉장히, 정말로 ★
帅 shuài 형 잘생기다
小伙子 xiǎohuǒzi 명 젊은이, 청년
日记 rìjì 명 일기, 일지
照片 zhàopiàn 명 사진
恋人 liànrén 명 연인, 애인

### 27

女: 小王，年末总结报告写得怎么样了?
男: 已经做完了，但还没得出最终结论，正在分析数据。

여: 샤오왕, 연말 결산 보고서는 잘 되어가니?
남: 이미 끝났어, 다만 최종결론만 아직 나오지 않았어, 데이터 분석 중에 있어.

**지문 어휘**

年末 niánmò 명 연말
总结报告 zǒngjié bàogào 명 총결산보고
写 xiě 동 쓰다

女: 那大概什么时候弄完?

男: 最晚下周一。

问: 年末总结报告进行到哪一步了?

A 数据分析
B 已经完成了
C 收集资料
D 等着上司的批准

여: 그럼 대략 언제쯤 다 될 것 같아요?

남: 늦어도 다음 주 월요일.

질문: 연말결산 보고서는 어디까지 진행되었나?

A 데이터 분석
B 완성되었다
C 자료 수집
D 상사의 결재를 기다리고 있다

**数据** shùjù 몡 데이터 ★
**分析** fēnxī 동 분석하다 ★
**大概** dàgài 부 아마(도), 대개
**弄完** nòng wán 완성하다
**最晚** zuìwǎn 늦어도
**收集** shōují 동 수집하다
**资料** zīliào 몡 자료 ★
**上司** shàngsi 몡 상사, 상관
**批准** pīzhǔn 동 허가하다, 승인하다 ★

정답 A

해설 동사가 핵심이 되는 보기들이다. 전체적으로 빠르게 읽어봐야 한다. 여자가 '怎么样?'이라고 물어봤기 때문에 남자의 대답이 중요했다. 결론만 도출하면 되는 상황이고, 데이터를 분석 중에 있다고 했으므로 정답은 A이다.

## 28

男: 姑娘, 你看这手机充完电了吗?

女: 手机红灯还亮着, 还得等一会儿。

男: 我看这充电器只显示红灯, 是不是坏了?

女: 没呢。红灯表示正在充电, 绿灯表示已充满。

问: 根据对话, 下列哪项正确?

A 男的关机了
B 充电器出故障了
C 手机还没充满电
D 手机电池型号不对

남: 아가씨, 이 휴대폰 충전이 다 되었는지 봐주실래요?

여: 휴대폰의 빨간불이 아직 켜져 있네요, 조금 더 기다리세요.

남: 제가 보기엔 이 충전기는 빨간 불만 켜지는 것 같은데, 고장 난 거 아닌가요?

여: 아닙니다. 빨간불은 현재 충전 중임을 나타내고, 녹색불이 충전 완료를 나타내요.

질문: 대화에 근거하여 아래 정확한 것은?

A 남자는 휴대폰을 껐다
B 충전기가 고장이 났다
C 휴대폰이 아직 충전이 되질 않았다
D 휴대폰 배터리의 모델넘버가 다르다

**지문 어휘**

**姑娘** gūniang 몡 아가씨 ★
**手机** shǒujī 몡 휴대폰
**充电** chōngdiàn 동 충전하다
**红灯** hóngdēng 몡 빨간 불
**亮** liàng 형 빛나다 ★
**得** děi 조 ~해야만 하다
**一会儿** yíhuìr 몡 잠깐 동안, 잠시
**充电器** chōngdiànqì 몡 충전기
**只** zhǐ 부 단지, 오직
**显示** xiǎnshì 동 나타내다 ★
**坏** huài 형 고장나다, 나쁘다
**表示** biǎoshì 동 의미하다
**正在** zhèngzài 부 지금 ~하고 있다
**绿灯** lǜdēng 몡 초록 불
**充满** chōngmǎn 동 가득 채우다 ★
**关机** guānjī 동 휴대폰을 끄다
**出故障** chū gùzhàng 고장이 나다
**电池** diànchí 몡 건전지

정답 C

해설 휴대폰과 관련된 내용이므로, 핵심 키워드인 '关机, 故障, 没充满电, 电池型号'를 재빠르게 체크해야 한다. 남자가 휴대폰 충전이 다 되었는지를 물어보았고, 여자는 휴대폰의 빨간불이 켜져 있어서, 아직 충전이 되지 않았다고 얘기했으므로 정답은 C 이다.

**型号** xínghào 명 모델

## 29

女: 打扰一下，这期的网球班什么时候开始可以报名？
男: 你来得正好。今天就可以报名。你先填一下这张表。
女: 好的。
男: 这是我们学院的课程表。你可以参考一下。

问: 女的想学什么？
A 乒乓球
B 网球
C 健美操
D 乐器

여: 실례합니다. 이번 학기 테니스 수업은 언제 등록이 가능할까요?
남: 딱 맞춰 오셨습니다. 오늘 등록이 가능합니다. 일단 이 표를 기입해주세요.
여: 네.
남: 이것이 우리 학원의 수업 일정표입니다. 참고해보세요.

질문: 여자는 무엇을 배우려고 하는가?
A 탁구
B 테니스
C 에어로빅 댄스
D 악기

**지문 어휘**

**打扰一下** dǎrǎo yíxià 실례합니다
**网球** wǎngqiú 명 테니스
**开始** kāishǐ 동 시작하다
**报名** bàomíng 동 신청하다, 등록하다
**正好** zhènghǎo 형 딱 맞다, 꼭 맞다
**填** tián 동 기입하다
**表** biǎo 명 표, 도표
**学院** xuéyuàn 명 학원, 학부, 단과대학
**课程表** kèchéngbiǎo 명 교과 과정표
**参考** cānkǎo 동 참고하다, 참조하다 ★
**乒乓球** pīngpāngqiú 명 탁구
**健美操** jiànměicāo 명 에어로빅 댄스
**乐器** yuèqì 명 악기 ★

**정답** B

**해설** 여자가 무엇을 배우려고 하는지 묻고 있다. 여자의 이번 학기 테니스 수업은 언제 등록이 가능 한지 묻는것으로 보아 현재 테니스 수업을 등록하려고 함을 알 수 있고, 남자는 그에 해당하는 설명을 해주고 있다.

## 30

男: 你怎么把头发弄得这么短啊？
女: 这就是今年最流行的发型。怎么样？适合我吗？
男: 倒是不难看，你居然舍得把那么长的头发剪短。

남: 너 왜 이렇게 머리를 짧게 잘랐니?
여: 이게 바로 올해 가장 유행하는 헤어스타일이라고. 어때? 어울리지?
남: 의외로 괜찮긴 한데, 뜻밖에도 그렇게 긴 머리를 아무렇지도 않게 짧게 자를 줄이야.

**지문 어휘**

**头发** tóufa 명 머리카락
**弄** nòng 동 하다, 행하다
**短** duǎn 형 짧다
**流行** liúxíng 형 유행하는
**发型** fàxíng 명 헤어스타일
**适合** shìhé 동 어울리다
**倒是** dàoshì 부 오히려, 뜻밖 임을 나타냄

女: 没有什么舍得不舍得的。

问: 关于女的可以知道什么?
   A 剪短发了
   B 拉直了
   C 烫卷发了
   D 刚吹头发

여: 아쉬울 것도, 아닐 것도 없지 뭐.

질문: 여자에 관해서 알 수 있는 것은?
   A 머리를 짧게 잘랐다
   B 스트레이트 펌을 했다
   C 펌을 했다
   D 방금 드라이했다

难看 nánkàn 형 못생기다, 보기 싫다
居然 jūrán 부 뜻밖에, 놀랍게도 ★
舍得 shěde 동 아까워하지 않다
剪 jiǎn 동 자르다
拉直 lāzhí 동 스트레이트 펌을 하다
烫卷发 tàng juǎnfà 동 파마를 하다
吹头发 chuī tóufa 동 드라이를 하다

**정답** A

**해설** 머리스타일에 대한 변화를 물어보는 표현들이다. 모르는 단어가 있더라도 한 음절이라도 체크가 되어야 한다. 남자는 여자에게 왜 그렇게 머리를 짧게 잘랐는지 그 이유를 물어보았다. 이 대화를 통해서 여자는 머리를 짧게 자른 것을 알 수 있다.

---

第31到32题是根据下面一段话: | 31-32번 문제는 다음 내용에 근거한다:

³²在非语言的交流行为中,眼睛有着重要的作用,眼睛是心灵的窗户,最能表达人的思想感情、反映人的心理变化。因此,你可以通过眼睛的细微变化,来读懂和掌握对方的心理状态。³¹如果对方用眼睛注视着你,说明对方重视你、关注你; 如果连看都不看你一眼,则表示一种轻蔑; 如果斜视,则表示一种不友好的感情; 如果怒目而视则表示一种仇视心理; 如果是说了谎话而心虚的人,往往会避开你的目光。

³² 비언어적인 교류 중에서, 눈은 중요한 역할을 하는데, 눈은 마음의 창이고, 사람의 생각이나 감정을 가장 잘 표현할 수 있으며, 사람의 심리 변화를 반영한다. 그러므로 당신은 눈빛의 미세한 변화를 통해서 상대방의 심리상태를 파악하거나 읽을 수 있다. 만약 ³¹ 상대방의 눈이 당신을 계속해서 바라보고 있다면, 당신을 중시하고 관심을 갖고 있다는 뜻이다. 만약 당신을 보고서도 못 본 체한다면, 그 눈빛은 무시함을 나타낸다. 만약 곁눈질을 한다면, 우호적이지 않은 감정을 나타내는 것이다. 만약 눈을 부릅뜨고 쏘아본다면 적대시하는 심리상태를 나타내고, 거짓말을 하거나 켕기는 것이 있는 사람이라면, 당신의 눈빛을 계속 피할 것이다.

**지문 어휘**

非语言 fēiyǔyán 명 비언어
交流 jiāoliú 명 교류 동 교류하다, 소통하다
行为 xíngwéi 명 행위, 행동 ★
眼睛 yǎnjing 명 눈
心灵 xīnlíng 명 영혼, 마음
表达 biǎodá 동 나타내다 ★
细微 xìwēi 형 미세하다
读懂 dúdǒng 동 읽고 이해하다
掌握 zhǎngwò 동 파악하다 ★
状态 zhuàngtài 명 상태 ★
注视 zhùshì 동 (면밀하게) 주시하다
重视 zhòngshì 동 중시하다
关注 guānzhù 동 주시하다, 관심을 갖다, 배려하다
表示 biǎoshì 동 의미하다
轻蔑 qīngmiè 형 무시하다
斜视 xiéshì 동 곁눈질하다, 흘겨보다
怒目而视 nùmù'érshì 성 성난 눈으로 쏘아 보다

**31**
问: 如果对方一直注视着你,说明了什么?

질문: 만약에 상대방이 계속해서 당신을 쳐다본다면, 이는 무엇을 의미하는 것인가?

A 看上你
B 羡慕你
C 有事瞒你
D 关注你

A 당신에게 반하다
B 당신을 부러워한다
C 당신에게 숨기는 것이 있다
D 당신에게 관심을 나타낸다

仇视 chóushì 동 적대시하다
谎话 huǎnghuà 명 거짓말
心虚 xīnxū 형 켕기다, 제발 저리다
避开 bìkāi 동 피하다
目光 mùguāng 명 눈빛, 눈초리
瞒 mán 동 감추다
赢得 yíngdé 동 얻다, 획득하다
主动权 zhǔdòngquán 명 주도권
交谈 jiāotán 동 이야기를 나누다

**정답** D

**해설** 글의 중간에 만약에 상대방의 눈이 당신을 바라보고 있다면, 당신을 중시하고 당신에게 관심이 있음을 나타낸다고 언급했다.

**32**

问: 这段话主要谈什么?
A 如何获得他人的肯定
B 怎样赢得主动权
C 眼睛在交流中的作用
D 交谈的技术

질문: 이 글은 주로 무엇을 이야기하고 있는가?
A 어떻게 타인의 확신을 얻을 수 있는지
B 어떻게 주도권을 얻을 수 있는지
C 교류 중에서의 눈의 역할
D 이야기의 기술

**정답** C

**해설** 보기의 형태가 모두 다르므로, 전체적인 지문의 주제를 묻는 질문이란 것을 알 수 있다. 비언어의 교류 중에서 눈이 매우 큰 역할을 한다는 것을 말하고 있는데, 몇 가지 예를 들며 그 주장에 대해서 보충설명 하고 있다.

---

**第33到35题是根据下面一段话：**

33-35번 문제는 다음 내용에 근거한다:

³⁵小时候住在北京的胡同儿里，³³特别羡慕那些能住得起楼房的孩子。对楼房里的生活充满了各种幻想。如今住上了楼房，却开始怀念起住在平房时的生活。比起喧闹的城市，胡同里的房子都是那么低矮的，看上去普普通通，甚至觉得拥挤；但时不时就能听到路人相互打招呼，大家都亲得像一家人，那时候家的感觉跟现在完全不同。于是又开始喜

³⁵ 어렸을 때 난 베이징의 골목에서 살았는데, ³³ 아파트에 살 수 있는 친구들을 너무 부러워했다. 또한 아파트 생활에 대해 각종 환상으로 가득 차 있었다. 최근 아파트에서 살게 되니, 단층집에서 생활했던 시간이 오히려 그리워지기 시작했다. 번잡한 도시와 비교하면 골목의 주택들은 모두 낮아서 평범하기 그지없고, 심지어는 빽빽한 느낌까지 들었다. 그렇지만 늘 행인들끼리 서로 인사를 나누는 소리를 들을 수 있었으며, 한 가족처럼 친하게 지냈다. 그 당시 집의 느낌은 지금과는 완전히 달랐다. 그래서 나는 골목길의 술집을 좋아하기 시작했

**지문 어휘**

胡同 hútòng 명 골목 ★
特别 tèbié 부 유달리, 각별히
羡慕 xiànmù 동 부러워하다
楼房 lóufáng 명 (이층 이상의) 다층 건물
充满 chōngmǎn 동 가득 차다 ★
幻想 huànxiǎng 동 상상하다 ★
怀念 huáiniàn 동 회상하다 ★
平房 píngfáng 명 단층집
甚至 shènzhì 부 심지어, ~까지도
拥挤 yōngjǐ 형 빽빽하게 차다
显得 xiǎnde 동 ~하게 보이다 ★

欢上了胡同儿里的酒吧，觉得那里显得特别亲切，能让我找回许多小时候的影子，³⁴想起小时候和伙伴们快乐的生活。

데, 그곳은 너무나 친절해 보였고, 또 어린 시절의 모습들을 되돌릴 수 있게 해주었으며, ³⁴ 어린 시절 친구들과의 즐거웠던 날들을 기억나게 해주었다.

**亲切** qīnqiè 형 친근하다, 친밀하다 ⭐
**调皮** tiáopí 형 장난스럽다, 짓궂다 ⭐
**富人** fùrén 명 부자
**舒适** shūshì 형 편안하다, 쾌적하다 ⭐
**记忆力** jìyìlì 명 기억력
**经营** jīngyíng 동 경영하다 ⭐

### 33

问: 说话人小时候怎么样?

A 想住楼房
B 特别调皮
C 想成为富人
D 想买一套楼

질문: 화자는 어렸을 때 어땠나?

A 아파트에 살고 싶어했다
B 아주 짓궂었다
C 부자가 되고 싶었다
D 빌딩 하나를 사고 싶었다

**정답** A

**해설** 주인공은 어렸을 때 단층집에 살면서 아파트(빌라)에 사는 친구들을 부러워하며, 아파트에서의 삶을 동경했다고 서술했다.

### 34

问: 说话人现在为什么常去胡同里的酒吧?

A 怀念过去
B 看望朋友
C 想去城里工作
D 那里非常舒适

질문: 화자는 최근에 골목에 있는 술집을 왜 이렇게 자주 가는가?

A 예전이 그리워서
B 친구를 만나기 위해
C 도시로 일하러 가고 싶어서
D 그 곳은 너무나 쾌적해서

**정답** A

**해설** 동작이나 심리 상태를 표현하는 단어들이다. 보기의 단어들을 미리 읽고 지문에서 나올 때 바로 체크가 되어야 한다. 그 술집은 매우 친절하며, 예전 어렸을 때의 모습을 찾을 수 있고, 친구들과의 행복했던 삶을 회상 할 수 있기 때문에 그 술집에 간다고 이야기했다.

### 35

问: 关于说话人，下列哪项正确?

질문: 화자에 관해서 다음 중 옳은 것은?

- A 记忆力很好
- B 现在住在胡同里
- C 打算经营酒吧
- D 小时候住平房

- A 기억력이 좋다
- B 지금 골목에서 살고 있다
- C 술집을 경영할 계획이다
- D 어렸을 때 단층집에서 살았다

**정답** D

**해설** 주인공을 묘사하는 단어들로 구성되어 있다. 전체문장을 듣고 일일이 대조해서 풀어야 한다. 주인공은 어렸을 때, 골목길에 살며 아파트의 삶을 동경하며 살았지만, 현재는 아파트에서 생활하며 오히려 예전 모습이 그리워 골목길에 있는 술집을 자주 다닌다는 이야기를 했다.

第36到38题是根据下面一段话： 36-38번 문제는 다음 내용에 근거한다:

有个人想学游泳，他请了一个教练教他。教练告诉他游泳是件十分简单的事情，很快就能学会。于是这个人跟着教练来到了海边。到了沙滩上，看到广阔的大海教练高兴地冲了进去。可是，这个不会游泳的人仍然呆坐在沙滩上，一动不动。³⁶教练冲他喊：＂快过来呀！你不是想学游泳吗？＂这个人回答说：＂你还没有教会我怎么游泳呢！这么冲进去太危险了。＂³⁷结果，这个人始终没学会游泳。不下海，永远也学不会游泳；不上公路，永远也学不会开车。³⁸若是一味惧怕、担忧、不敢尝试，注定一事无成，更不能领会到学会一件本领的成就感。

어떤 사람이 수영을 배우고 싶어서, 그는 코치를 통해 레슨을 받기로 했다. 코치는 그에게 수영은 너무나 쉬운 것이라고 이야기를 하며, 금방 배울 수 있다고 했다. 그래서 그는 코치를 따라 해변으로 갔다. 모래 사장에 도착한 코치는 광활한 바다를 보자마자 신나서 뛰어들었다. 그러나 수영을 못했던 이 사람은 모래사장에서 여전히 멍하니 앉아서 꿈쩍도 하지 않았다. ³⁶ 코치는 그에게 ＂빨리 들어오세요! 당신 수영 배우고 싶은 거 아니에요?＂라며 소리질렀으나 그 사람은 ＂아직 나에게 어떻게 수영하는지 가르쳐 주지도 않았잖아요! 이렇게 뛰어들면 너무 위험해요.＂라고 대답했다. ³⁷ 결국, 그 사람은 수영을 배우지 못했다. 바다에 들어가지 않는다면, 영원히 수영을 배우지 못할 것이고, 도로로 나가지 않는다면, 영원히 운전을 배우지 못할 것이다. ³⁸ 만약 두렵고, 걱정스런 마음을 무조건 경험해보려 하지 않는다면, 결국 어떠한 일도 해내지 못할 것이며, 어떤 기량을 배우고 익혔을 때의 성취감도 더더욱 느끼지 못할 것이다.

**지문 어휘**

十分 shífēn 부 매우, 아주
学会 xuéhuì 동 습득하다, 배워서 알다
沙滩 shātān 명 모래사장, 백사장
广阔 guǎngkuò 형 넓다, 광활하다
冲进 chōngjìn 동 뛰어들다
呆 dāi 형 무표정하다, 멍하다
喊 hǎn 동 외치다, 소리치다 ★
始终 shǐzhōng 부 시종일관
永远 yǒngyuǎn 부 영원히
若 ruò 접 만일, 만약
惧怕 jùpà 동 겁내다, 두려워하다
担忧 dānyōu 동 걱정하다
尝试 chángshì 동 시도해 보다
注定 zhùdìng 동 운명으로 정해져 있다
本领 běnlǐng 명 기량, 능력
成就感 chéngjiùgǎn 명 성취감
救生圈 jiùshēngquān 명 구명튜브
凉 liáng 형 차갑다
可靠 kěkào 형 믿을 만하다 ★
轻易 qīngyì 형 쉽다 ★
实践 shíjiàn 동 실천하다 ★
耐心 nàixīn 명 인내심

**36**

问：来到海边后，教练让那个人做什么？

질문：해변에 도착해서, 코치는 그에게 무엇을 하라고 했는가?

|   |   |
|---|---|
| A 做热身运动 | A 준비운동을 하라고 |
| B 买救生圈 | B 구명튜브를 구매하라고 |
| C 让他量水温 | C 물 온도를 체크하라고 |
| D 到海里去 | D 바다 속으로 들어가라고 |

정답 **D**

해설 동작 관련 문제이다. 관련 동사를 미리 보고 문제를 풀어야 한다. 바닷가에 도착한 코치는 즐거운 마음으로 바닷속에 뛰어들었고, 그 사람에게 물 속으로 들어오라고 소리쳤다.

### 37

|   |   |
|---|---|
| 问: 关于那个人，可以知道什么? | 질문: 그에 관해서, 알 수 있는 것은? |
| A 担心海水太凉 | A 바닷물이 차가울 까 걱정했다 |
| B 觉得教练不可靠 | B 코치는 믿을 만 하지 못하다고 생각한다 |
| C 最终没学会游泳 | C 결국 수영을 배우지 못했다 |
| D 想换个教练 | D 코치를 바꾸고 싶어한다 |

정답 **C**

해설 주인공은 코치가 바닷가로 들어오라고 했는데도 불구하고, 수영을 못한다는 이유로 들어가지 않았고, 또 배우려 하지 않았다. 결국 수영을 배우지 못했다는 것을 알 수 있다.

### 38

|   |   |
|---|---|
| 问: 这段话主要想告诉我们什么? | 질문: 이 글이 우리에게 말하고자 하는 것은? |
| A 不能轻易相信别人 | A 너무 쉽게 다른 사람을 믿지 말아라 |
| B 要勇于实践 | B 용감하게 실천해라 |
| C 不要过分在意结果 | C 결과에 너무 집착하지 말아라 |
| D 学游泳需要耐心 | D 수영을 배우려면 인내심이 필요하다 |

정답 **B**

해설 이 글에서 화자가 말하고 싶은 것을 묻는 문제가 될 가능성이 높은데. 화자는 이야기를 통해서 두렵고, 걱정스런 마음 때문에 도전하지 않는다면, 어떤 일도 해내지 못할 것이라고 이야기 하고 있다.

**第39到41题是根据下面一段话：** 39-41번 문제는 다음 내용에 근거한다:

| | |
|---|---|
| 据说，楚国有一个卖珠宝的商人，³⁹为了让自己的珠宝以更高的价格卖出去，⁴⁰特意设计了一套精美的包装盒。它不仅外观精致，而且散发出一种香味儿。后来，很多人愿意出高价只买他家的那套精美的包装盒。这就是成语买椟还珠的由来，买下了珍珠的盒子，却退还了盒子里的珍珠。⁴¹这成语比喻太注重外表，以至于忽视了真正有价值的东西。 | 초나라 때 보석을 파는 상인이 있었는데, ³⁹자신의 보석을 더 높은 가격으로 팔기 위해서, ⁴⁰특별히 정교하고 아름다운 포장박스(상자)를 만들었다. 그 상자는 외관이 정교할 뿐만 아니라, 게다가 향기로운 냄새도 풍겼다. 후에, 사람들은 높은 가격을 주고 오직 그의 가게의 그 정교하고 아름다운 상자만을 구입하였다. 이 이야기는 바로 사자성어 '매독환주'의 유래이기도 하다. 진주 상자를 구입하고 나서, 오히려 상자 안의 진주는 다시 돌려주었다는 고사로, ⁴¹이 사자성어는 외모만 중시하다 보니, 진짜 가치 있는 것을 소홀히 하게 된다는 것을 비유하고 있다. |

### 39

问: 商人为什么要做那些盒子？
A 有人预订
**B 为了以更高的价格卖出去**
C 喜欢风格独特的包装盒
D 开展木制造盒行业

질문: 상인은 왜 그 상자를 만들었나?
A 누군가가 예약을 해서
B 더 비싼 가격에 보석을 팔기 위해
C 독특한 스타일의 상자를 좋아해서
D 목재 상자 사업을 시작하기 위해

**정답 B**

해설 为了라는 단어를 통해서 어떤 행동에 대한 이유를 묻는 질문이 될 확률이 높다. 본문에서 자신의 보석을 더 비싼 가격에 팔기 위해서 포장 상자를 만들었다고 했다.

### 40

问: 关于那些盒子，可以知道什么？
A 质量差　　B 很结实
**C 十分精美**　　D 很耐用

질문: 그 상자에 관해서, 알 수 있는 것은?
A 품질이 좋지 않다
B 견고하다
C 너무 정교하고 아름답다
D 내구성이 좋다

**정답 C**

해설 어떤 물건에 대한 묘사를 하고 있다. 키워드를 꼭 한번씩 읽어보자. 자신의 보석을 더 높은 가격에 판매하기 위해서 정교하고 아름다운 상자를 만들었다고 이야기 했고, 외관이 정교하고 향기까지 난다고 묘사했다.

---

**지문 어휘**

据说 jùshuō 동 말하는 바에 의하면 ~라 한다 ★
楚国 Chǔguó 명 초나라
珠宝 zhūbǎo 명 진주와 보석
价格 jiàgé 명 가격
特意 tèyì 부 특별히, 일부러
设计 shèjì 동 설계하다
精美 jīngměi 형 정교하다, 아름답다
包装 bāozhuāng 명 포장
盒 hé 명 작은 상자
精致 jīngzhì 형 정교하고 치밀하다
散发 sànfā 동 발산하다, 퍼지다
香味儿 xiāngwèir 명 향기
买椟还珠 mǎidúhuánzhū 성 진주 상자를 사고 진주는 되돌려 주다
珍珠 zhēnzhū 명 진주
退还 tuìhuán 동 돌려주다 ★
比喻 bǐyù 동 비유하다
忽视 hūshì 동 소홀히 하다
真正 zhēnzhèng 형 진정한, 참된
价值 jiàzhí 명 가치 ★
预订 yùdìng 동 예약하다 ★
风格 fēnggé 명 성격, 기질, 스타일 ★
独特 dútè 형 독특하다 ★
开展 kāizhǎn 동 펼치다
制造 zhìzào 동 제조하다 ★
质量 zhìliàng 명 질, 품질
结实 jiēshi 형 견고하다 ★
耐用 nàiyòng 형 오래 쓸 수 있다
以貌取人 yǐmàoqǔrén 성 겉만보고 사람을 평가하다
言行一致 yánxíngyízhì 언행일치

**41**

问: 这段话主要想告诉我们什么?

A 要表里一致
B 不要以貌取人
C 不能只看表面
D 要言行一致

질문: 이 글은 우리에게 무엇을 말하려고 하는가?

A 겉모습과 속마음은 같아야 한다
B 외모만을 보고 사람을 판단하지 말아라
C 외관만을 보아서는 안 된다
D 언행이 일치해야 한다

**정답** C

**해설** 이 이야기를 통해서 외관만 중시하다가 진짜 가치 있는 것을 소홀히 하게 된다는 교훈을 알려주고 있다.

---

**第42到43题是根据下面一段话:**     42-43번 문제는 다음 내용에 근거한다:

在面试结束前，大多数的主考官向求职者提问，最常见的就是：你有没有什么问题或疑问？无论求职者是否有问题要问，这时千万不要说没有问题，⁴²这会显得你的求职愿望不够强烈，也会让考官觉得你缺乏对职业的思考。因此，⁴³如果你不知道该从何问起，你可以问一问你应聘职位的未来发展前景，也可以对刚才面试的某个细节进行提问，这不但有助于加深主考官对你的印象，而且你也能趁此机会进一步了解这家公司的背景、企业文化是否适合你。

면접이 끝나기 전에, 면접관들 대부분은 구직자에게 질문을 던지는데, 흔히 물어 보는 것은: 당신은 어떤 질문이나, 의문을 제기하고 싶은 것이 있는지?에 관한 것이다. 구직자들은 질문하고 싶은 것이 있든 없든, 이때 질문이 없습니다라고 대답해서는 안 된다. ⁴² 이것은 당신이 구직에 대한 포부가 강하지 않음을 드러내는 것이고, 면접관에게는 당신이 직업에 대한 생각이 부족하다고 느끼게 만든다. 따라서, ⁴³ 만약 어떻게 질문을 해야 할지 모르겠다면, 채용이 될 자리에 대한 앞으로의 발전 전망을 묻거나 방금 면접에서 진행했던 세부 사항을 물어봐도 좋을 것이다. 이는 면접관이 당신에 대한 인상을 더욱 깊게 남길 수 있는데 도움이 될 뿐만 아니라, 게다가 당신도 이 기회를 틈타서 회사의 배경을 더욱 이해하고, 기업 문화가 당신과 잘 맞는지 아닌지도 알 수 있게 될 것이다.

**지문 어휘**

面试 miànshì 명 면접시험
大多数 dàduōshù 형 대다수의, 대부분의
主考官 zhǔkǎoguān 명 주임 감독관, 면접관
求职者 qiúzhízhě 명 구직자
常见 chángjiàn 형 늘 보이는, 흔히 보는
疑问 yíwèn 명 의문, 의혹 ★
无论 wúlùn 접 ~을 막론하고
是否 shìfǒu 부 ~인지 아닌지
强烈 qiángliè 형 강렬하다 ★
缺乏 quēfá 동 결핍되다, 부족하다 ★
思考 sīkǎo 명 사고, 생각
前景 qiánjǐng 명 장래, 앞날, 전망
细节 jiéxì 명 세부 내용, 세부사항 ★
有助于 yǒuzhùyú 동 ~에 도움이 되다
趁 chèn 전 ~을 틈타
进一步 jìnyíbù 부 나아가, 진일보하여
背景 bèijǐng 명 배경 ★
社交 shèjiāo 명 사교
协调 xiétiáo 형 어울리다

**42**

问: 求职者最后如果不提出问题, 会给面试官留下什么印象?

A 缺乏职业思考
B 容易满足
C 缺乏社交能力
D 不懂团队协调

질문: 구직자가 마지막에 질문을 하지 않으면, 면접관에게 어떠한 인상을 남기게 되는가?

A 이 직업에 대한 생각이 부족하다고
B 쉽게 만족한다고
C 사교능력이 부족하다고
D 협동성이 부족하다고

정답 A

해설 구직자는 마지막에 질문을 하지 않으면, 면접관에게 어떠한 인상을 남기게 되는지 묻고 있다. 단문 중간 부분에 당신이 구직에 대한 포부가 강하지 않음을 드러내는 것이고, 감독관에게는 당신이 직업에 대한 생각이 부족하다고 느끼게 만든다고 했으므로 정답은 A이다.

工薪 gōngxīn 명 월급, 임금
待遇 dàiyù 명 대우, 대접 ★
政策 zhèngcè 명 정책

### 43

问: 说话人建议求职者问什么样的问题?

A 职业发展前景
B 企业文化
C 工薪待遇
D 公司政策

질문: 말하는 이는 구직자들이 어떻게 질문하길 제안했는가?

A 직업의 발전 전망에 대해서
B 기업문화에 대해서
C 임금 대우에 대해서
D 회사 정책에 대해서

정답 A

해설 말하는 이는 구직자들이 어떻게 질문하길 제안했는지 묻고 있다. 단문 후반부에 채용이 되는 자리에 대한 앞으로의 발전 전망을 묻거나 방금 면접에서 진행했던 세부 내용을 물어봐도 좋을 것이다라고 했으므로 정답은 A이다.

### 第44到45题是根据下面一段话:

44-45번 문제는 다음 내용에 근거한다:

⁴⁵在家用电器卖场里，我们看到的冰箱绝大部分是白色或较浅的颜色，这是为什么呢? 因为白色或浅色对光的反射率较高，这样冰箱表面的温度就不会太高，⁴⁴所以就不必为降低冰箱表面温度而耗费很多能源，从而能节省能源。此外，浅色还给人一种清凉新鲜的感觉，所以无论是从物理上还是心里上来说，冰箱都适合使用浅色。

⁴⁵가전제품 매장에서 대부분의 냉장고는 대부분 흰색이나 비교적 옅은 색을 띠고 있는 것을 볼 수 있다. 이것은 왜 그럴까? 왜냐하면 흰색 혹은 옅은 색은 빛의 반사율이 비교적 높은 편이기 때문이다. 이렇게 되면 냉장고의 표면 온도가 높아지지 않기 때문에, ⁴⁴그래서 냉장고 표면 온도를 낮추기 위해서 불필요한 에너지를 소비할 필요가 없고, 이로써 에너지를 절약할 수 있다. 게다가, 옅은 색은 사람들에게 일종의 청량하고 신선한 기분을 느끼게 해준다. 그러므로 물리적으로나 심리적으로 봤을 때, 냉장고는 옅은 색을 사용하는 것이 적합하다.

**지문 어휘**

浅 qiǎn 형 옅다
反射率 fǎnshèlǜ 명 반사율
不必 búbì 부 ~할 필요 없다
降低 jiàngdī 동 내리다, 낮추다
耗费 hàofèi 동 낭비하다, 소비하다
能源 néngyuán 명 에너지원, 에너지 ★
节省 jiéshěng 동 아끼다, 절약하다 ★
清凉 qīngliáng 형 시원하고 선선하다
新鲜 xīnxiān 형 신선하다
物理 wùlǐ 명 물리 ★
适合 shìhé 동 적합하다
修理 xiūlǐ 동 수리하다
保存 bǎocún 동 보존하다 ★
食物 shíwù 명 음식물 ★
改善 gǎishàn 동 개선하다 ★

### 44

问: 冰箱表面温度不高有什么好处?

질문: 냉장고 표면 온도가 낮으면 어떤 점이 좋은가?

| | |
|---|---|
| A 便于修理 | A 수리하기 편리하다 |
| B 利于保存食物 | B 식품 보관에 이점이 있다 |
| C 改善制冷功能 | C 냉각 기능을 개선시킨다 |
| D 节省能源 | D 에너지를 절약할 수 있다 |

**制冷** zhìlěng 통 냉각하다
**功能** gōngnéng 명 기능, 작용 ★

**정답** D

**해설** 보기의 표현들이 장점들을 나열하고 있다. 그럼 어떤 상황에서의 장점을 이야기 하는지를 잘 들어야 한다. 냉장고의 색상을 옅게 하여 반사율을 높이고, 냉장고의 표면온도가 그렇게 높아지지 않아지기 때문에 결국 에너지를 절약할 수 있게 한다고 언급했다.

### 45

| | |
|---|---|
| 问: 这段话主要谈的是什么? | 질문: 이 글에서 주로 이야기하고자 하는 것은? |
| A 冰箱的作用 | A 냉장고의 역할 |
| B 冰箱使用常识 | B 냉장고 사용 상식 |
| C 冰箱为何多为浅色 | C 냉장고는 왜 옅은 색이 많은가 |
| D 怎样选购冰箱 | D 냉장고 구매 요령 |

**정답** C

**해설** 주제를 묻는 질문이다. 듣기의 경우 주제는 대부분 후반부에 다시 한번 언급됨을 꼭 기억하자. 중간 부분은 후반부의 주제를 강조하기 위한 과정이니 반드시 마지막까지 집중해서 듣는 훈련이 필요하다. 냉장고의 옅은 색상에 대한 이야기가 계속 언급되고 있고 냉장고는 옅은 색상을 띄는 것이 적합하다라고 마지막 단락에 강조되고 있으므로 정답은 C이다.

# HSK 5급 4회 독해 阅读

**제1부분** 46~60번 문제는 지문 속 빈칸에 알맞은 단어나 문장을 채우는 문제입니다.

第46到48题是根据下面一段话： 46-48번 문제는 다음 내용에 근거한다:

当你被人们误解时，⁴⁶ A 不必 对任何人解释和倾诉。因为，懂你的人，必然会理解你。不懂你的人，讲给他们也无济于事。⁴⁷ B 毕竟 不是所有的是非都能说清楚，换句话说可能 ⁴⁸ D 根本 就没有真正的对与错。有时候，失忆，是最好的解脱；沉默，是最好的诉说。

당신이 사람들에게 오해를 받았을 때, 어떤 사람들에게 해명하거나 구구절절 이야기 ⁴⁶ A 할 필요가 없다. 왜냐하면, 당신을 잘 아는 사람이라면, 분명히 당신을 이해할 것이다. 당신을 잘 모르는 사람이라면, 그들에게 설명해도 아무런 쓸모가 없다. ⁴⁷ B 결국 모든 일들의 시시비비를 정확하게 가릴 수 있는 것이 아니고, 바꿔 말하면 진정한 옳고 그름은 ⁴⁸ C 아예 없다는 것이다. 때로는 잊어버리는 것이 가장 좋은 해결책이고, 침묵이 가장 좋은 호소이다.

**지문 어휘**

当~时 dāng~shí ~을 때
误解 wùjiě 명 오해
任何 rènhé 대 어떠한, 무슨
解释 jiěshì 동 설명하다, 해명하다
倾诉 qīngsù 동 이것저것 다 말하다
因为 yīnwèi 접 왜냐하면
必然 bìrán 부 분명히, 반드시 ★
理解 lǐjiě 동 알다, 이해하다
无济于事 wújìyúshì 성 아무 쓸모 없다
是非 shìfēi 명 시비, 옳고 그름 ★
清楚 qīngchu 형 분명하다
换句话说 huànjùhuàshuō 다시 말하자면, 바꿔말하자면
真正 zhēnzhèng 부 정말로, 진짜로
失忆 shīyì 동 기억을 잃어버리다
解脱 jiětuō 동 벗어나다, 헤어나다
沉默 chénmò 동 침묵하다
诉说 sùshuō 동 간곡하게 말하다
简直 jiǎnzhí 부 정말로, 참으로

**46**
A 不必
B 难免
C 不能
D 不然

A ~할 필요 없다
B 면하기 어렵다
C ~할 수가 없다
D 그렇지 않으면

**정답** A

**해설** 문맥상 어떤 사람들에게 해명하거나 구구절절 이야기 할 필요가 없다이므로 '不必'가 적합하다.

**47**
A 反正
B 毕竟
C 居然
D 总算

A 아무튼
B 결국
C 뜻밖에
D 대체로

**정답** B

[해설] 앞 문장의 당신을 잘 모르는 사람이라면, 그들에게 설명해도 아무런 쓸모가 없다와 의미상으로 이어지는 문장이므로, 결국 모든 일들의 시시비비는 정확하게 가릴 수 없다에서 毕竟이 가장 적합하다.

### 48

A 毫无
B 简直
C 从来
D **根本**

A 조금도 ~이 없다
B 정말로
C 지금까지
D 아예

[정답] D

[해설] 괄호 뒤의 没有와 어울리는 단어는 从来와 根本이며, 从来는 동사 뒤에 过와 함께 쓰여 경험을 나타낸다. 여기서는 根本이 가장 적합하다.

---

**第49到52题是根据下面一段话：**

"孩子需要鼓励，就像植物需要养分"这是一位著名心理学家的一句名言。
　　周宠是一名普通的公司职员，他非常善于鼓励别人。他女儿小时候特别不喜欢数学，⁴⁹ C 所以数学成绩很差。有一天，周宠给女儿出了10道题，结果女儿居然只做对了一道题。周宠并没有生气，而是对女儿大加 ⁵⁰ D 称赞："这么难的题，你竟然也能做对？我小时候可是连一道题都没做对！"第二天晚上，周宠 ⁵¹ A 特意 为女儿准备了10道难度降低了的题，让女儿做，结果女儿一下做对了5道。他又鼓励女儿说："天啊，你简直太 ⁵² B 了 不起了！一天之内，你进步这么大！"第三天，女儿自己主动提

**49-52번 문제는 다음 내용에 근거한다:**

"아이들은 격려가 필요합니다. 마치 식물에 영양분이 필요하듯이" 이 말은 유명한 심리학자가 남긴 명언이다.
　　져우롱은 평범한 회사직원인데 그는 다른 사람을 격려하는데 아주 뛰어났다. 그의 딸은 어렸을 때 수학을 너무 싫어해서 ⁴⁹ C 수학성적이 좋지 않았다. 하루는 져우롱이 딸에게 열 문제를 냈는데, 뜻밖에 겨우 한 문제만을 맞췄다. 하지만 져우롱은 결코 화를 내지 않았고, 딸에게 더욱더 ⁵⁰ D 칭찬을 했다. "이렇게 어려운 문제를 넌 뜻밖에도 맞췄구나? 아빠는 어렸을 때 한 문제도 맞추지 못했는데 말이야!" 이튿날 저녁, 져우롱은 딸을 위해서 난이도를 더 낮춘 열 문제를 ⁵¹ A 특별히 준비하여 딸에게 풀게 했고, 딸은 단숨에 다섯 문제를 맞추었다. 그는 또 딸을 격려하며, "맙소사. 정말로 ⁵² B 대단하구나! 하루 만에 이렇게 발전하다니!"

**지문 어휘**

需要 xūyào 통 필요하다
鼓励 gǔlì 통 격려하다
植物 zhíwù 명 식물
养分 yǎngfèn 명 (영)양분, 자양분
著名 zhùmíng 형 저명하다
心理学家 xīnlǐ xuéjiā 명 심리학자
句 jù 명 문장, 구절
名言 míngyán 명 명언
普通 pǔtōng 형 보통이다, 평범하다
职员 zhíyuán 명 직원, 사무원
善于 shànyú 통 ~를 잘하다 ★
特别 tèbié 부 특히
差 chà 형 부족하다, 모자라다
有一天 yǒuyìtiān 명 어느 날
居然 jūrán 부 뜻밖에, 놀랍게도 ★
生气 shēng qì 통 화내다, 성나다
称赞 chēngzàn 통 칭찬하다 ★
竟然 jìngrán 부 뜻밖에도, 의외로

出要求: "爸爸，今晚我还想做数学题。"
　　不久后，周宠女儿的数学成绩在班里名列前茅。

셋 째날. 딸은 자발적으로 요구했다. "아빠, 오늘 저녁에 또 수학문제를 풀고 싶어요."
　얼마 되지 않아 져우롱 딸의 수학 성적이 반에서 가장 높게 되었다.

连~都 lián~dōu
~마저도~한다
第二天 dì'èrtiān 명 이튿날
难度 nándù 명 난이도
降低 jiàngdī 통 내리다, 낮추다
结果 jiéguǒ 명 결과
简直 jiǎnzhí 부 그야말로, 너무나, 전혀, 정말로 ★
一天之内 yìtiānzhīnèi
하루 이내
进步 jìnbù 통 진보하다, 발전하다 ★
主动 zhǔdòng 형 주동적인 ★
提出 tíchū 통 제의하다, 제기하다
要求 yāoqiú 명 요구
不久 bùjiǔ 부 머지않아
名列前茅 míngliè qiánmáo
형 성적이 선두에 있다, 석차가 수석이다
录取 lùqǔ 통 합격시키다 ★
好奇 hàoqí 형 호기심을 갖다 ★

### 49

A 被一所大学录取了
B 她开始喜欢数学了
C 所以数学成绩很差
D 对数学很好奇

A 대학에 붙었다
B 그녀는 수학을 좋아하기 시작했다
C 수학 성적이 좋이 않았다
D 수학에 호기심이 있다

정답 C

해설 앞 문장의 그의 딸은 어렸을 때 수학을 너무 싫어했다와 문맥상 이어지는 문장은 수학을 싫어해서 얻게 된 결과가 뒤따라야 하기 때문에 결과를 수반하는 접속사 所以가 필요하고, 수학을 싫어한 결과는 성적이 좋지 않다와 호응하므로 정답은 C이다.

### 50

A 重视
B 看不起
C 确认
D 称赞

A 중시하다
B 경시하다
C 명확히 인정하다
D 칭찬하다

정답 D

해설 앞 문장에서 그는 화를 내지 않았다고 하였고 오히려 딸에게 더욱더 ~라는 표현으로 보아 칭찬을 했을 것임을 유추할 수 있다. 그러므로 정답은 D이다.

### 51

A 特意
B 渐渐
C 难怪
D 始终

A 특별히
B 점점
C 어쩐지
D 시종일관

정답 A

해설 전치사 为 앞 부사가 들어갈 자리이다. 보기의 단어는 모두 부사이므로 뜻을 파악해야 하는데, 져우롱은 딸을 위해서 난이도를 더 낮춘 열 문제를 특별히 준비하여 딸에게 풀게 했다가 적합하므로 特意가 정답이다.

**52**

| A 不要紧 | A 괜찮다 |
| B 了不起 | B 대단하다 |
| C 不得了 | C (정도가) 심하다 |
| D 不耐烦 | D 귀찮다 |

정답 **B**

해설 앞 문장에서의 그는 또 딸을 격려하며 말했다고 하였고 이어지는 문장에서 하루 사이에 많은 발전이 있었다고 했으므로 '대단하다', '굉장하다'의 칭찬의 어휘가 필요하다.

---

**第53到56题是根据下面一段话：** 　　53-56번 문제는 다음 내용에 근거한다:

住在一个 <sup>53</sup> B 陌生 人的家里，或者让一个陌生人住在你的家里，听起来有些不可思议。但如今，越来越多的年轻人开始关注"跨国沙发客"这种旅游 <sup>54</sup> A 方式。两个不同国家的人，通过"沙发客俱乐部"这一网络平台相识，免费 <sup>55</sup> B 享受 最贴心的导游服务，吃到最地道的当地美食，而对方到你所在的城市旅行时，<sup>56</sup> B 你也要同样认真地招待他。最棒的是，对方不仅是旅游活地图和当地文化的介绍者，更有可能成为你的一个知音。

낯선 사람 집에 묵거나, 혹은 <sup>53</sup> B 낯선 사람이 당신 집에 묵는다는 것이, 좀처럼 상상하기 힘든 일처럼 들린다. 그러나 최근, 점점 더 많은 젊은이들이 '국제 카우치 서핑(couch surfing 인터넷 여행자 커뮤니티)'이라는 여행 <sup>54</sup> A 방식에 주목하고 있다. 서로 다른 국가의 사람이 '카우치 서핑 클럽'이라는 인터넷 플랫폼을 통해 서로 알게 되어, 가장 맘에 드는 가이드의 서비스를 무료로 <sup>55</sup> B 즐기며, 오리지널 현지 음식을 먹을 수 있게 된다. 또한 상대방이 당신이 있는 도시에서 여행할 때, 당신은 <sup>56</sup> B 당신도 역시 똑같이 세심하게 그를 접대해야 한다. 가장 좋은 점은 상대방이 여행의 살아 있는(걸어 다니는) 지도와 현지 문화의 소개자일 뿐만 아니라, 당신의 마음이 통하는 벗이 될 가능성이 있다는 것이다.

**지문 어휘**

或者 huòzhě 접 ~이던가 아니면 ~이다
听起来 tīng qǐlai 동 듣자니 ~인 것 같다
不可思议 bùkěsīyì 성 상상할 수 없다
如今 rújīn 명 지금, 이제 ★
越来越 yuèláiyuè 더욱더
年轻 niánqīng 형 젊다, 어리다
关注 guānzhù 동 주시하다
跨国 kuàguó 동 국경을 뛰어넘다
通过 tōngguò 동 통하다
俱乐部 jùlèbù 명 클럽(club), 동호회 ★
网络 wǎngluò 명 인터넷
平台 píngtái 명 플랫폼
相识 xiāngshí 동 서로 알다, 안면이 있다
免费 miǎnfèi 동 돈을 받지 않다
贴心 tiēxīn 형 마음이 딱 맞다
导游 dǎoyóu 명 가이드
服务 fúwù 동 근무하다, 서비스하다
地道 dìdao 형 진짜의, 오리지널의 ★
当地 dāngdì 명 현지 ★

**53**

| A 熟 | B 陌生 | A 익숙하다 | B 생소하다 |
| C 好 | D 好心 | C 좋다 | D 선량하다 |

정답 **B**

해설 문맥상 "(낯선) 사람의 집에서 묵게 되거나, 혹은 낯선 사람이 당신의 집에서 묵게 된다는 것은 좀처럼 상상하기 힘든 말이다." 가 적합하므로 '陌生'이 정답이다.

### 54

| | |
|---|---|
| A 方法 | B **方式** |
| C 办法 | D 优势 |

| | |
|---|---|
| A 방법 | B **방식** |
| C 수단 | D 우세 |

**정답** B

**해설** 보기 단어들의 정확한 쓰임새를 묻는 질문이다.
의미상의 차이 办法: (해결) 방법/方法: (객관적인) 방법/方式: (일의) 방식/忧势: 우세
쓰임새의 차이 办法: 没办法 (방법이 없다)/方法: 学习方法 (학습방법)/方式: 生活方式 (생활방식)/忧势: 占忧势 (우세를 차지하다)
점점 더 많은 젊은이들이 '카우치 서핑'이라는 여행방식에 점점 주목하고 있다를 통해 方式가 가장 적합함을 알 수 있다.

### 55

A 分享
B **享受**
C 珍惜
D 体会

A 함께 나누다
B 즐기다
C 귀중히 여기다
D 체득하다

**정답** B

**해설** 문맥상 인터넷 플랫폼을 통해 서로 알게 되어, 가장 맘에 드는 가이드의 서비스를 무료로 즐긴다가 적합하며 '즐기다'라는 뜻을 가진 단어가 分享 享受 두 단어이나 分享은 서로 함께 나누는 것을 의미하므로 여기서는 享受가 적합하다. 体会는 경험을 통해 얻는다의 뜻으로 여기서는 어울리지 않는다.

### 56

A 你也许会感到无奈
B **你也要同样认真地招待他**
C 这也许让你感到不耐烦
D 未必会事先通知你

A 당신은 아마도 어쩔 수 없다고 느낄 것이다
B 당신도 마찬가지로 세심하게 그를 접대해 주어야 한다
C 이는 아마도 당신이 귀찮게 느낄 것이다
D 반드시 사전에 당신에게 알려야 하는 것은 아니다

**정답** B

**해설** 이 커뮤니티를 통해 당신이 누리게 될 장점들을 앞 문장에서 언급했고, 괄호 앞에서는 또한 상대방이 당신이 있는 도시에서 여행할 때라고 했으므로, 괄호에는 상대방이 여행할 시의 나의 적합한 행동이 언급되어야 한다. 당신도 마찬가지로 세심하게 그를 접대해 주어야 한다가 문맥상 가장 적절하다.

---

美食 měishí 명 맛있는 음식
对方 duìfāng 명 상대방
认真 rènzhēn 형 착실하다
招待 zhāodài 동 접대하다 ★
棒 bàng 형 좋다
不仅 bùjǐn 접 ~뿐만 아니라
活地图 huódìtú 명 살아 있는 지도
知音 zhīyīn 명 서로 마음이 통하는 친한 벗
也许 yěxǔ 부 어쩌면, 아마도
感到 gǎndào 동 느끼다
无奈 wúnài 동 어찌 해 볼 도리가 없다 ★
不耐烦 búnàifán 형 귀찮다 ★
未必 wèibì 부 반드시 ~한 것은 아니다 ★
通知 tōngzhī 동 통지하다, 알리다

**第57到60题是根据下面一段话：**　　57-60번 문제는 다음 내용에 근거한다:

古代有两个书法家。第一个认真模仿古人，讲究每一画都要与某某相似，⁵⁷ A 一旦 练到了这一步，他就颇为得意；另一个则 ⁵⁸ D 正好 相反，要求每一笔都要不同于古人，讲究自然，只有这样，才觉得满意。

有一天，第一个书法家嘲讽第二个书法家，说："⁵⁹ B 您的字哪一笔是古人的呢？"

第二个书法家笑着反问了一句："您写的字到底哪一笔是您自己的呢？"

第一个书法家听了顿时哑口无言。

任何情况下，人都不能失去自己的 ⁶⁰ A 个性，一味地模仿别人，那样只会迷失自我。

고대에 두 명의 서예가가 있었다. 한 명은 열심히 옛사람의 것을 모방하여, 매 그림마다 누구누구와 동일하게 그리는 데에 중점을 두었고, ⁵⁷ A 일단 어느 정도 연습이 되면 아주 만족해 했다. 다른 한 명은 오히려 ⁵⁵ D 마침 반대였는데, 한 획마다 옛사람과 다르게 하려고 하였고, 자연스러움에 중점을 두었는데 이렇게 해야만 그제서야 만족을 했다.

하루는 첫 번째 서예가가 두 번째 서예가에게 비꼬면서 말하기를 "⁵⁹ B 너의 글자는 어떤 획이 옛사람 것이니?"

두 번째 서예가가 웃으면서 다시 되물었다. "너의 글자는 어떤 획이 네 것이니?"

첫 번째 서예가는 갑자기 말문이 막혔다.

어떠한 상황에서도 사람은 자신의 ⁶⁰ A 개성 을 잃어버려서는 안 된다. 무턱대고 다른 사람을 모방한다면, 자신만 잃어버리게 될 것이다.

### 57

A 一旦
B 尽管
C 陆续
D 迟早

A 일단 ~한다면
B 비록 ~라 하더라도
C 끊임없이
D 조만간

**정답** A

**해설** 적합한 부사를 찾는 문제이다. 괄호 뒤의 就와 어울리는 부사를 찾았을 때, 일단 ~한다면의 뜻을 가진 一旦이 가장 적합하다. 尽管은 也와 어울리기 때문에 적합하지 않다.

### 지문 어휘

古代 gǔdài 명 고대 ★
书法家 shūfǎjiā 명 서예가
认真 rènzhēn 형 착실하다
模仿 mófǎng 동 모방하다 ★
古人 gǔrén 명 옛 사람
讲究 jiǎngjiu 동 중요시하다 ★
某某 mǒumǒu 대 어느, 어떤
相似 xiāngsì 형 닮다, 비슷하다 ★
练 liàn 동 연습하다
一步 yíbù 명 한 단계, 한 과정
颇为 pōwéi 부 매우, 상당히
得意 déyì 형 득의하다, 대단히 만족하다
另 lìng 대 다른, 그 밖의
则 zé 접 오히려, 도리어 ★
相反 xiāngfǎn 동 상반되다
不同于 bùtóngyú ~과 다르다
自然 zìran 형 자연스럽다
觉得 juéde 동 ~라고 생각하다
满意 mǎnyì 형 만족하다, 만족스럽다
嘲讽 cháofěng 동 비꼬다, 풍자하다
笑 xiào 동 웃다
反问 fǎnwèn 동 반문하다
到底 dàodǐ 부 도대체
顿时 dùnshí 부 갑자기
哑口无言 yǎkǒu wúyán 성 말문이 막히다
任何 rènhé 대 어떠한, 무슨
情况 qíngkuàng 명 상황, 정황
失去 shīqù 동 잃다,

## 58

A 必然
B 果然
C 确实
D 正好

A 분명히
B 과연
C 절대로
D 마침

**정답** D

**해설** 괄호 앞의 문장에서는 첫 번째 서예가의 옛사람을 모방하는 것을 묘사했다면, 밑줄 쳐진 문장에서는 두 번째 서예가가 첫 번째와 상반됨을 묘사하고 있다. 서로 반대됨을 나타낼 때 正好相反이란 말을 자주 쓴다. 정답은 正好이다.

## 59

A 您喜欢别人的话吗
B 您的字哪一笔是古人的呢
C 你何必委屈自己呢
D 您难道只会模仿别人

A 너는 남의 말을 좋아하니
B 너의 글자는 어떤 획이 옛사람 것이니
C 너는 자신을 괴롭힐 필요가 있니
D 너는 설마 남을 모방만 할 줄 아는 건 아니겠지

**정답** B

**해설** 첫 번째 서예가는 옛사람을 모방하는 것을 좋아하는 특징이 있다. 이 문제에서는 상대방에게 비꼬면서 말한 내용이 들어가야 하고, 두 번째 서예가의 대답은 너의 글자는 어떤 획이 네 것이니?라고 반문을 하는 것을 미루어 두 번째 서예가가 했던 대답의 반대말이 답이므로, 너의 글자는 어떤 획이 옛사람 것이니?가 가장 적합하다.

## 60

A 个性
B 魅力
C 才能
D 地位

A 개성
B 매력
C 재능
D 지위

**정답** A

**해설** 마지막 문장은 이 글의 주제를 나타내고 있다. 화자는 괄호 뒤 문장에서 모방하는 것은 자아를 잃어버릴 수 있다고 언급했으므로, 그 앞에서는 사람은 자신의 개성을 잃어버려서는 안 된다가 가장 적합하다.

---

잃어버리다 ★
一味 yíwèi 단순히, 무턱대고
迷失 míshī 동 (방향·길 등을) 잃다, 잃어버리다
一旦 yídàn 일단 ~한다면 ★
尽管 jǐnguǎn 접 비록 ~라 하더라도
陆续 lùxù 끊임없이, 연이어 ★
迟早 chízǎo 조만간, 머지않아 ★
何必 hébì 구태여 ~할 필요가 있는가 ★
委屈 wěiqu 형 억울하다, 답답하다 ★
难道 nándào 설마 ~란 말인가?
个性 gèxìng 명 개성
魅力 mèilì 명 매력 ★
才能 cáinéng 명 재능
地位 dìwèi 명 지위, 위치 ★

## 제2부분

61~70번 문제는 지문을 읽고 내용과 일치하는 것을 고르는 문제입니다.

### 61

对动物来说，睡眠是一生中不可或缺的活动。那么，看似平静的植物也会睡觉吗？所谓植物"犯困"，比如生长在水面的睡莲，每当旭日东升时，它那美丽的花瓣就会慢慢舒展开，似乎正从甜蜜的睡梦中苏醒；而当夕阳西下时，它便闭拢花瓣，重新进入睡眠状态。由于它"昼醒晚睡"的规律性特别明显，故而获得了"睡莲"的美名。

A 睡莲一般在晚上开花
B 睡莲一直闭拢花瓣
C 植物的睡眠时间一般极短
D 植物也有睡眠

동물에게 있어서 수면은 일생에서 없어서는 안될 활동이다. 그렇다면, 평온하게 보이는 식물들도 잠을 잘까? 식물의 '졸음'으로 말하자면, 예를 들어 물위에서 자라는 수련은 매일 해가 뜰 때 마다, 그 아름다운 꽃잎이 천천히 펴지는데, 마치 달콤한 꿈속에서 깨어나는 듯 하다. 그런데 매일 해가 질 때는, 꽃잎을 다물고 다시 수면 상태로 접어든다. 수련의 이런 '낮에는 깨어 있고, 밤에는 수면을 취하는' 규칙이 너무나 명확한 까닭에 수련이라는 아름다운 이름을 갖게 되었다.

A 수련은 보통 저녁에 꽃이 핀다
B 수련은 늘 꽃잎을 닫고 있다
C 식물의 수면시간은 보통 상당히 짧은 편이다
D 식물도 수면을 취한다

**정답** D

**해설** 설명문이다. 동물에게는 수면이 꼭 필요한 활동임을 얘기하며, 식물도 수면을 취할까 라는 의문을 제기했고, 수련을 통해서 식물도 수면을 취함을 나타냈다. 전체 글을 읽고 추론하는 문제형태이다.

**지문 어휘**

动物 dòngwù 명 동물
睡眠 shuìmián 명 수면, 잠
不可或缺 bùkěhuòquē 성 없어서는 안된다
看似 kànsì 동 마치 ~처럼 보인다
平静 píngjìng 형 조용하다 ★
所谓 suǒwèi 형 소위, 이른바
犯困 fànkùn 동 졸리다, 잠이 오다
比如 bǐrú 접 예를 들어
生长 shēngzhǎng 동 생장하다 ★
睡莲 shuìlián 명 수련
旭日东升 xùrìdōngshēng 성 아침해가 동쪽에서 떠오르다, 생기가 넘치다
花瓣 huābàn 명 꽃잎
舒展开 shūzhǎnkāi 동 펴다, 펼치다 ★
似乎 sìhū 부 마치 ~인 것 같다 ★
甜蜜 tiánmì 형 달콤하다
苏醒 sūxǐng 동 되살아나다
夕阳 xīyáng 명 석양
闭拢 bìlǒng 동 눈을 감다, 입을 다물다
状态 zhuàngtài 명 상태 ★
规律 guīlǜ 명 규율, 법칙 ★
明显 míngxiǎn 형 뚜렷하다 ★
故而 gù'ér 접 그러므로, 그런 까닭에

### 62

鲁菜、淮扬菜、粤菜、川菜是中国四大菜系的代表，成为当时最有影响的地方菜，被称作"四大菜系"。当然，其中最有名的，

산둥요리, 화이양요리, 광둥요리, 쓰촨요리는 중국을 대표하는 4대 요리이며, 당시에 가장 영향력이 있는 지역요리로서, '4대요리'라고 불린다. 당연히 그 중에서도 가장 유명한 요리

**지문 어휘**

鲁菜 lǔcài 명 산둥(山东) 요리
淮扬菜 huáiyángcài 명 화이양 요리
粤菜 yuècài 명 광둥(广东) 요리

还是大家熟悉的川菜。川菜主要以麻辣为主，最地道的川菜是成都和重庆两地的菜肴。如今，川菜馆早已遍布世界各地，受到了人们的广泛欢迎。

A 只有成都和重庆两地有川菜
B 川菜口味清淡
C 重庆菜属于川菜
D 中国菜的特点是麻和辣

는 아무래도 많은 사람들에게 익숙한 쓰촨요리이다. 쓰촨요리는 주로 맵고 얼얼한 맛으로, 가장 정통한 쓰촨요리는 청두와 충칭, 이 두곳의 요리이다. 지금까지 쓰촨요리는 일찍이 세계각지에 널리 퍼져 사람들의 폭넓은 사랑을 받았다.

A 청두와 충칭에만 쓰촨요리가 있다
B 쓰촨요리는 싱겁다
C 충칭요리는 쓰촨요리에 속한다
D 중국요리는 얼얼하고 매운 게 특징이다

川菜 chuāncài 명 쓰촨(四川) 요리
菜系 càixì 명 (각 지방의 특색을 띤 요리의) 계통
代表 dàibiǎo 동 대표하다 ★
成为 chéngwéi 동 ~이 되다
被称作 bèichēngzuò 동 ~라고 불리다
其中 qízhōng 대 그 중에
熟悉 shúxī 형 잘 알다, 익숙하다
麻辣 málà 형 맵고 얼얼하다
以~为主 yǐ~wéizhǔ 동 ~을 위주로 하다
地道 dìdao 형 진짜의, 오리지널의, 정통의 ★
成都 Chéngdū 고유 청두
重庆 Chóngqìng 고유 충칭
遍布 biànbù 동 널리 퍼지다
受到 shòudào 동 얻다, 받다
广泛 guǎngfàn 형 광범(위)하다 ★
清淡 qīngdàn 형 담백하다 ★
属于 shǔyú 동 ~에 속하다

정답 C

해설 설명문이다. 중국의 4대 요리를 설명하고 있으며, 그 중에서도 쓰촨요리에 대해 구체적으로 설명하고 있다. 청두와 충칭이 정통 쓰촨요리의 대표적인 지방임을 언급했다. 보기와 대조해서 풀어내야 하는 문제이다.

**63**

黄山有"天下第一奇山"之美称。夏季平均温度在25℃，冬季平均温度在0℃以上。冬季是云海出现最多的季节，下山还可以泡温泉、欣赏怪石等。因此冬季是去黄山的最佳时期。

A 黄山四季如春
B 冬季是黄山旅游的最好时节
C 黄山的彩虹非常漂亮
D 夏季是云海出现最多的季节

황산은 '천하제일기산'이라고 미화되며 불린다. 여름의 평균온도는 25℃이며, 겨울의 평균온도는 0℃이상이다. 겨울은 운해가 가장 많이 나타나는 계절이며, 산을 내려가면 온천에 몸을 담글 수 있고, 괴석 등을 감상할 수도 있다. 그리하여 겨울은 황산을 가기에 가장 좋은 시기이다.

A 황산은 4계절이 봄 같다
B 겨울은 황산을 여행하기에 가장 좋은 계절이다
C 황산의 무지개는 매우 아름답다
D 여름은 운해가 가장 많이 나타나는 계절이다

지문 어휘
黄山 Huángshān 고유 황산
平均 píngjūn 형 평균의 ★
云海 yúnhǎi 명 운해, 구름바다
欣赏 xīnshǎng 동 감상하다 ★
佳 jiā 형 좋다, 아름답다
彩虹 cǎihóng 명 무지개 ★

정답 B

해설 설명문이다. 중국의 명산인 황산을 소개하고 있다. 겨울의 황산도 운해가 많이 나타나며, 온천을 즐기거나 신기한 돌 등을 감상할 수 있기 때문에, 겨울이 황산을 가기에 가장 좋은 계절이라 말하고 있다. 보기와 대조해서 풀어내야 하는 문제이다.

## 64

生命是宝贵的。生命在于运动，运动在于锻炼，锻炼贵在坚持，坚持就是胜利。运动时流的汗可以加速血液循环，提高人的免疫力。在众多的运动方式中，走路是最简单的一种，不受地点和运动器材的限制。每天坚持走路半个小时，可以让人精力充沛。

A 运动后要及时补充水分
B 运动使人促进血液循环
C 走路是最好的运动
D 上班族可以在周末多做运动

생명은 소중한 것이다. 생명은 운동하기에 달렸고, 운동은 단련되어야 하며, 단련하는 것은 꾸준하게 지속하는 것이 중요하고, 지속하게 되면 곧 승리할 것이다. 운동 중 흘리는 땀은 혈액을 빠르게 순환시키며, 면역력도 강화시킨다. 수많은 운동 방식 중에서 걷는 것은 가장 간단한 방법 중 하나인데, 장소나 운동기구의 구애를 받지 않는다. 매일 30분씩만 꾸준히 걸어도 원기 왕성해 질 수 있다.

A 운동 후에는 제때에 수분을 보충해야 한다
B 운동은 혈액순환을 촉진시킨다
C 걷는 것은 가장 좋은 운동이다
D 직장인은 주말이 되어서야 운동을 많이 할 수 있다

**지문 어휘**

宝贵 bǎoguì 형 진귀한, 귀중한 ★
在于 zàiyú 동 ~에 달려있다 ★
胜利 shènglì 동 승리하다
加速 jiāsù 동 가속화시키다, 빠르게하다
血液循环 xuèyèxúnhuán 명 혈액순환
免疫力 miǎnyìlì 명 면역력
方式 fāngshì 명 방식, 방법 ★
器材 qìcái 명 기자재
限制 xiànzhì 명 제한, 동 제한하다 ★
精力 jīnglì 명 정력, 정신과 체력 ★
充沛 chōngpèi 형 왕성하다
补充 bǔchōng 동 보충하다 ★

**정답** B

**해설** 설명문이다. 생명의 소중함을 언급하며, 운동이 중요한 역할임을 말하고 있다. 운동을 하면 땀을 흘리게 되고, 그 땀이 혈액순환을 빠르게 한다는 장점을 설명하고 있다. 단, 걷기가 운동 중 가장 간단한 방법 중 하나이지 가장 좋다는 것이 아님에 주의해야 한다.

## 65

二胡始于唐朝，至今已有一千多年的历史。根据琴筒情况可分为四类。它最早发源于我国北部的少数民族。二胡发出的乐声有着丰富的表现力，因此非常动听。二胡不但制作简单，而且价格也很便宜，深受中国人的喜爱。

A 普通人买不起二胡
B 二胡的历史快到一千年了
C 二胡始于明朝
D 二胡在中国很受欢迎

얼후(악기의 일종)는 당 왕조 때 시작되었는데, 지금까지 천 년이 넘는 역사를 가지고 있다. 통금악기의 상황은 크게 4종류로 구분할 수 있다. 최초의 기원은 북쪽지방의 소수민족이다. 얼후가 내는 소리는 풍부한 표현력을 가지고 있어서 상당히 듣기 좋다. 얼후는 제작이 간단할 뿐만 아니라, 가격도 저렴하기 때문에, 중국인들의 사랑을 한 몸에 받고 있다.

A 일반 사람은 얼후를 비싸서 살 수 없다
B 얼후의 역사는 거의 천 년에 가깝다
C 얼후는 명 왕조 때 시작되었다
D 얼후는 중국인들의 사랑을 받는다

**지문 어휘**

二胡 èrhú 명 이호, 얼후
始于 shǐyú ~에서 시작하다
唐朝 Tángcháo 명 당조, 당 왕조
至今 zhìjīn 부 지금까지 ★
琴筒 qíntǒng 명 통금악기
分为 fēnwéi 동 ~으로 나누다
发源于 fāyuányú ~에서 기원하다
民族 mínzú 명 민족
丰富 fēngfù 형 많다, 풍부하다
表现 biǎoxiàn 동 나타내다, 표현하다 ★
动听 dòngtīng 형 들을 만하다, 듣기 좋다
制作 zhìzuò 동 제작하다 ★

정답 **D**

해설 설명문이다. 얼후라는 악기의 시초 및 역사 그리고 악기의 특징을 서술하고 있다. 마지막 문장에서 중국인들의 사랑을 한 몸에 받고 있다가 정답과 일치한다.

价格 jiàgé 명 가격
深受 shēnshòu 동 (매우) 깊이 받다

## 66

"一方水土养一方人"是一句俗语，环境影响着人们的饮食习惯和生活方式，进而又造就了这一方人的性格和气质。每个地区的水土环境、人文环境都不相同，人们的生活方式、风俗习惯和思想观念也就随之不同。生活在同一个环境中的人，性格也会相似，从而带有一个地区的独特性。

'한 지역의 풍토는 그 지역의 사람을 키운다'라는 속담이 있는데, 환경은 사람들의 식습관이나 생활 방식에 영향을 끼치고, 더 나아가 그 지역 사람의 성격과 기질을 만들어낸다고 한다. 각 지역마다의 자연환경, 인문환경은 모두 다르고, 사람들의 생활방식, 풍속습관 그리고 사상관념 또한 각기 다르다. 같은 생활환경에 살고 있는 사람은 성격도 비슷하므로, 그 지역만의 개성도 가지고 있다.

A 人才是地区进步的关键
B 要保护环境
C 不同地区人口数量差别大
D 同一环境下的人有共同点

A 인재는 지역발전의 관건이다
B 환경을 보호해야 한다
C 지역마다 인구 수의 차이가 크다
D 같은 환경의 사람들은 공통점이 있다

### 지문 어휘

俗语 súyǔ 명 속어, 속담
饮食习惯 yǐnshíxíguàn 명 식습관
造就 zàojiù 동 만들어내다
气质 qìzhì 명 기질, 성미
相同 xiāngtóng 형 서로 같다
风俗习惯 fēngsú xíguàn 명 풍습
思想观念 sīxiǎng guānniàn 명 사상관념
随之 suízhī 따라서
相似 xiāngsì 형 닮다, 비슷하다 ★
从而 cóng'ér 접 따라서
独特性 dútèxìng 명 개성
人才 réncái 명 인재 ★
进步 jìnbù 동 진보하다 ★
人口数量 rénkǒu shùliàng 명 인구 수
差别 chābié 명 차별, 차이

정답 **D**

해설 설명문이다. 환경이 사람들의 식습관이나 생활방식에 영향을 끼친다는 내용이다. 각 지역마다 환경은 모두 다르지만, 같은 환경의 사람들은 성격이 비슷할 수 있고, 그 지역의 개성도 지니고 있음을 언급했다. 전체 글을 읽고 추론하는 문제유형이다.

## 67

唐代是诗歌的黄金时代。这一时期社会繁荣稳定、思想开放，为唐诗的繁荣准备了充足的条件。因此这一时期出现了很多伟大的诗人。作为盛唐时期的代表诗人李白，他的诗神采飞扬、充满理想色彩。

당 왕조시대는 시가의 황금기였다. 이 시기에는 사회가 번영하고 안정적이었으며, 사상도 개방되어 당시가 번영하는데 충분한 조건을 갖추고 있었다. 그리하여 이 시기에 위대한 시인들이 대거 출현했다. 당대 번성기 때의 대표적인 시인은 이백인데, 그의 시는 의기양양하며, 이상적인 색채로 가득 차 있었다.

### 지문 어휘

唐代 Tángdài 명 당 왕조, 당대
诗歌 shīgē 명 시, 시가
黄金时代 huángjīn shídài 명 황금기
繁荣 fánróng 형 번영하다 ★
稳定 wěndìng 형 안정되다 ★
思想 sīxiǎng 명 사상, 의식 ★
开放 kāifàng 동 개방하다 ★

A 唐代的商务贸易非常发达
B 唐代是古典诗歌的繁荣时期
C 社会稳定对唐诗的发展没有关系
D 晚唐时期仍是诗歌的黄金时代

A 당 왕조시대의 교역은 매우 발달했다
B 당 왕조시대는 고전시가가 번영하는 시기였다
C 사회의 안정은 당시의 발전과 관계가 없다
D 당 왕조 말기에도 여전히 시가의 황금기였다.

充足 chōngzú 형 충분하다
出现 chūxiàn 동 출현하다
伟大 wěidà 형 위대하다 ★
盛 shèng 형 흥성하다, 흥성하다
神采飞扬 shéncǎifēiyáng 의기양양해하다
充满 chōngmǎn 동 가득 채우다 ★
发达 fādá 동 발전시키다 ★
发展 fāzhǎn 동 발전하다

**정답** B

**해설** 설명문이다. 당나라 시대에 황금기였던 시와 가요에 대해 설명하고 있으며, 대표적인 시인인 이백에 대해서도 언급하고 있다. 윗글에서 첫 번째 문장인 당 왕조시대는 시가의 황금기였다가 보기와 일치했다.

## 68

一位著名的作家到外地旅游时，经过一座城市，他打算去参观这个城市有名的书店。听到这个消息，书店的老板想做点儿事让这位作家高兴。于是，他在所有的书架上摆满了这位作家的作品。作家走进书店时，看到书架上全都是自己的书，感到惊讶。"其他人的作品呢?"老板一下子有点反应不过来。"其他人的书?"书店老板一时不知所措，信口说道"上……上午卖光了。"

유명한 작가가 지방으로 여행을 갔을 때, 도시 한 곳을 지나갔는데, 그는 이 도시의 유명한 서점을 돌아보기로 마음먹었다. 이 소식을 듣고, 서점의 사장은 이 작가를 기쁘게 하기 위해서 무언가를 하고 싶었다. 그래서 사장은 책장마다 그 작가의 작품을 진열해 놓았다. 작가가 그 서점에 들어갔을 때 책장마다 전부 자신의 책이 있는 것을 보았고, 의아함을 느꼈다. "다른 사람의 작품요?" 사장은 순간 대답하지 못했다. "다른 사람의 책이요?" 서점 사장은 순간 어찌할 바를 몰라 입에서 나오는 대로 "오…오전에 다 팔렸어요." 라고 대답했다.

**지문 어휘**

参观 cānguān 동 참관하다
书架 shūjià 명 책장 ★
摆 bǎi 동 놓다, 배열하다 ★
惊讶 jīngyà 의아스럽다
其他 qítā 대 기타, 다른 사람
反应 fǎnyìng 명 반응 ★
不知所措 bùzhī suǒcuò 성 어찌할 바를 모르다
信口 xìnkǒu 입에서 나오는 대로, 생각 없이
幽默 yōumò 형 유머러스 한
闹笑话 nào xiàohuà 동 웃음거리가 되다, 웃음 거리를 자아내다

A 著名的作家很幽默
B 书店的老板喜欢开玩笑
C 书店老板闹了个笑话
D 作家的书被卖光了

A 유명한 작가는 유머러스하다
B 서점의 사장은 농담하기 좋아한다
C 서점의 사장이 웃음거리를 자아냈다
D 작가의 책은 다 팔렸다

**정답** C

**해설** 결론을 파악하는 문제이다. 한 작가가 여행 중 서점을 방문하기로 하였는데, 서점 사장이 그 작가의 책으로 모두 진열한 모습을 보고 벌어지는 해프닝을 이야기 하고 있다. 사장의 마지막 말인 '오…오전에 다 팔렸어요'라는 대답을 통해서 자신이 의도한 바와 다르게 흘러가며 상황이 우스꽝스러워짐을 묘사했다.

## 69

成长过程中，每个人都会经历一段"叛逆期"，这是因为他们觉得外界忽视了自己的独立存在，从而用各种手段和方法来确立"自我"与外界的平等地位。其实，这并不是坏事儿，从变化的角度来看，这是获得"独立思考"能力的必经的阶段。

A "叛逆期"的孩子很听话
B "叛逆期"是每个人必经的阶段
C 孩子应该养成好习惯
D 父母不应批评孩子

성장하는 과정 중에서 모든 사람들은 '반항기'를 겪게 되는데, 이것은 외부 세계가 자신의 존재를 등한시한다고 생각하기 때문이고, 따라서 각종 수단과 방법을 동원하여 '자아'와 외부세계와의 평등 관계를 확립하려고 한다. 사실, 이것은 결코 나쁜 일만은 아닌데, 변화의 관점에서 바라본다면, '독립적 사고' 능력을 갖추기 위해 꼭 거쳐야 할 단계이다.

A '반항기'의 아이들은 말을 잘 듣는다
B '반항기'는 모든 사람들이 겪는 과정이다
C 아이는 좋은 습관을 길러야 한다
D 부모는 아이를 혼내서는 안 된다

**지문 어휘**

成长 chéngzhǎng 동 성장하다 ★
叛逆期 pànnìqī 명 반항기
忽视 hūshì 동 등한시 하다 ★
独立 dúlì 동 독립하다 ★
存在 cúnzài 명 존재 ★
手段 shǒuduàn 명 수단, 방법
平等 píngděng 형 평등하다 ★
地位 dìwèi 명 지위 ★
其实 qíshí 부 기실, 사실
角度 jiǎodù 명 각도 ★
思考 sīkǎo 명 사고, 동 사고하다 ★
必经 bìjīng 반드시 거쳐야 하는
阶段 jiēduàn 명 단계, 계단 ★
养成 yǎngchéng 동 습관이 되다, 길러지다

**정답** B

**해설** 전체 글의 주제를 추론하는 문제이다. 모든 사람들이 겪게 되는 '반항기'에 대해서 설명하며, 이 시기의 특징과 장점도 분명 존재함을 이야기 하고 있다. 주제를 나타내는 첫 번째 문장이 정답과 일치했다.

## 70

滑冰运动在世界上有悠久的历史。古代生活在严寒地区的人们，在冬季冰封的江河湖泊上把滑冰当做交通手段。以后，随着社会的发展，逐步发展成滑冰游戏，直到现代的速滑运动。

A 速滑运动是儿童的运动首选
B 滑冰起初是一种交通运输工具
C 滑冰游戏在春季更常见
D 速滑运动在少数国家流行

스케이팅은 세계에서 유구한 역사를 가지고 있다. 혹한지방에서 생활했던 고대 사람들은 겨울에 얼음으로 뒤덮인 강가나 호수에서 스케이팅을 교통수단으로 삼았다. 그 후에, 사회가 발전함에 따라, 점점 스케이팅 게임으로 발전하게 되었고, 지금의 스피드 스케이팅이 되었다.

A 스피드 스케이팅은 아이들이 가장 좋아하는 스포츠다
B 스케이팅은 초기에는 교통운송 수단이었다
C 스케이팅 게임은 봄에 자주 볼 수 있다
D 스피드 스케이팅은 소수의 국가에서만 유행한다

**지문 어휘**

滑冰 huábīng 명 스케이팅 동 스케이트를 타다
悠久 yōujiǔ 형 유구하다 ★
严寒 yánhán 형 추위가 심하다
冰封 bīngfēng 동 얼음으로 뒤덮이다
江河 jiānghé 명 강, 하천
湖泊 húpō 명 호수의 통칭
手段 shǒuduàn 명 수단, 방법
随着 suízhe 동 ~에 따르다, ~에 따라서
发展 fāzhǎn 동 발전하다
逐步 zhúbù 부 한 걸음 한 걸음, 점차 ★
首选 shǒuxuǎn 형 가장 선호하는 동 우선 선택하다

**정답** B

| 해설 | 설명문이다. 스케이팅의 역사와 유래에 대해 설명하고 있다. 혹한지방에서 생활했던 고대 사람들은 겨울에 얼음으로 뒤덮인 강가나 호수에서 스케이팅을 교통수단으로 삼았다라는 문장에서 스케이팅이 처음에는 교통수단으로 사용되었음을 알 수 있다. 보기 대조 문제이다.

**起初** qǐchū 몡 처음, 최초
**运输** yùnshū 통 운송하다 ★
**工具** gōngjù 몡 수단, 도구 ★
**常见** chángjiàn 혱 흔히 보는 통 자주 볼 수 있다

## 제3부분   71~90번 문제는 지문을 읽고 질문에 알맞은 답을 고르는 문제입니다.

### 第71到74题是根据下面一段话：    71-74번 문제는 다음 내용에 근거한다:

⁷⁴关于地球上最热的地方其实有不少争议。很多人都认为地球上最热的地方是赤道，因为赤道地区的太阳一年到头高高地挂在天空，直射到地面，因此气温肯定会高。

我国的戈壁沙漠，白天最高温度达45℃。赤道地区受太阳的光热最多，却不是最热的地方，而一些沙漠远离赤道，为什么夏季反而比赤道更热呢？原来，赤道地区大部分海洋。广阔的赤道洋面，能把太阳的热量传向海洋深处，海水的热容量大，水温升高速度比陆地慢，海水蒸发要耗去大量的热量，因此，⁷¹赤道地区的温度不会急剧上升。

而在大沙漠里，情况就不同了。那里植物很少，水源也不充足，光秃秃的一片沙地，⁷²热容量小，升温快速，沙地传热慢，热量很难向地下传递。所以，在太阳的照射下，沙漠的温度就上升得非常快，成为了地球上最热的地方。

⁷⁴지구상에 가장 더운 곳에 대해서 사실 많은 이견이 있다. 많은 사람들은 지구상에서 가장 더운 곳은 적도라고 생각하는데, 적도지역의 태양은 1년 내내 하늘에 떠있어, 지면을 바로 비추기 때문에, 기온이 분명 높을 것이라 여긴다.

우리나라 고비사막은, 낮 최고기온이 45℃에 이른다. 적도지역은 가장 많은 태양열을 받지만, 가장 더운 곳은 아니다. 또한 일부 사막은 적도에서 멀리 떨어져 있는데, 왜 여름에 적도보다도 오히려 더운 것일까? 원래, 적도 지역은 대부분 해양이다. 광활한 적도 해수면은, 태양의 열을 해양의 심해로 전달할 수 있게 해주며, 바닷물의 열수용량이 크다 보니, 수온 상승 속도가 육지보다 느리고, 바닷물의 증발에 많은 열량을 소비하기도 한다. 그리하여, ⁷¹적도지역의 온도는 급격하게 상승하지 않는다.

그러나 대사막에서는, 상황이 다르다. 그곳은 식물이 적고, 수원도 부족하여, 민둥민둥한 모래지역에서는, ⁷²열수용량이 적어, 온도가 빠르게 올라가고, 모래땅은 열 전도가 느려, 열을 땅속으로 보내기에 쉽지 않다. 그래서, 태양이 비추게 되면, 사막의 온도는 매우 빠르게 상승하여, 지구상에서 가장 뜨거운 곳이 된다.

### 지문 어휘

**争议** zhēngyì 몡 이견
**赤道** chìdào 몡 적도
**直射** zhíshè 통 바로 비추다, 직시하다
**肯定** kěndìng 튀 확실히, 틀림없이
**戈壁** Gēbì 고유 고비
**沙漠** shāmò 몡 사막 ★
**反而** fǎn'ér 접 반대로, 도리어 ★
**海洋** hǎiyáng 몡 해양, 바다
**广阔** guǎngkuò 혱 넓다, 광활하다
**洋面** yángmiàn 몡 해수면
**容量** róngliàng 몡 용량
**升高** shēnggāo 통 높이 오르다
**陆地** lùdì 몡 육지 ★
**蒸发** zhēngfā 통 증발하다
**耗** hào 통 소모하다
**急剧上升** jíjù shàngshēng 통 급격하게 상승하다
**情况** qíngkuàng 몡 상황, 정황
**植物** zhíwù 몡 식물
**水源** shuǐyuán 몡 수원
**充足** chōngzú 혱 충분하다
**光秃** guāngtū 혱 (산이) 헐벗다
**传递** chuándì 통 (차례차례) 전달하다
**照射** zhàoshè 통 비치다, 비추다

此外，⁷³赤道上的降雨量比沙漠地区多得多，几乎隔两天就会碰上雨天，这样一来，赤道的温度也不会升得非常高。

게다가, ⁷³적도지역은 사막지역보다 강수량이 훨씬 많아서, 거의 이틀에 한번씩 비가오기 때문에, 이러한 상황 속에서, 적도의 온도는 빠르게 올라갈 수가 없다.

**降雨量** jiàngyǔliàng 명 강수량
**几乎** jīhū 부 거의, 거의 모두
**隔** gé 동 떨어져 있다, 사이를 두다
**碰上** pèngshang 동 부딪치다
**这样一来** zhèyàng yìlái 이렇게 되면, 이와 같다면
**占据** zhànjù 동 점유하다
**状况** zhuàngkuàng 명 상황, 형편 ★

### 71

问: 关于赤道地区，可以知道什么?
  A 地球上降雨量最多
  B 早晚温差比较大
  C 四季不太分明
  D 气温升高比较慢

질문: 적도지역에 관해서, 알 수 있는 것은?
  A 지구상에서 강수량이 가장 많다
  B 아침 저녁의 온도 차가 비교적 크다
  C 사계절이 불분명하다
  D 기온상승이 비교적 느리다

**정답** D

**해설** 보기와 일일이 대조를 해야 하는 형태이다. 두 번째 단락의 마지막 문장을 통해서 적도지역의 온도 상승이 급작스럽지 않다는 것을 알 수 있기에 정답은 D이다.

### 72

问: 沙漠地区和赤道相比，有什么特点?
  A 太阳一年到头高高地挂在天空
  B 大多数被海洋所占据
  C 升温较快
  D 热容量大

질문: 사막지역은 적도지역과 비교하여, 어떤 특징이 있나?
  A 태양이 1년 내내 하늘 높이 떠 있다
  B 대부분 바닷가로 되어 있다
  C 온도상승이 비교적 빠르다
  D 열수용량이 크다

**정답** C

**해설** 세 번째 단락에서 사막지역의 특징을 서술하고 있다. 사막지역은 열수용량이 적어서 온도가 빠르게 올라간다고 서술하고 있다. 보기 C의 온도 상승이 빠르다와 일치한다.

### 73

问: 根据上文，下列哪项正确?

질문: 윗글에 근거하여, 가장 옳은 것은?

A 赤道地区降雨较多
B 赤道温度上升得非常快
C 沙漠附近有很多大洋
D 赤道的热容量小

A 적도지역 강우량은 비교적 많다
B 적도의 온도 상승은 매우 빠르다
C 사막부근에는 바닷가가 많이 있다
D 적도의 열수용량은 작다

**정답** A

**해설** 보기와 일일이 대조하며 풀어야 하는 난이도 높은 문제이다. 보기 A에서 적도지역 강우량은 비교적 많다라고 표현했는데 이 문장은 본문 마지막 단락에서 적도지역은 사막지역보다 강수량이 훨씬 많아서라고 서술하고 있으므로 A가 정답이 된다.

**74**

问: 上文主要谈什么?
A 沙漠比赤道更热的原因
B 介绍赤道的气候状况
C 海洋与沙漠的关系
D 沙漠缺水的原因

질문: 윗글이 이야기 하고자 하는 것은?
A 사막이 적도보다 뜨거운 이유
B 적도의 기후현상 소개
C 해양과 사막의 관계
D 사막의 물 부족 원인

**정답** D

**해설** 이 글의 전반적인 내용을 파악해야만 문제를 풀 수 있는 난이도 높은 문제이다. 이 글에서는 적도지역과 사막의 온도차이를 설명하고 있으며, 그 원인도 같이 설명하고 있다. 주제를 나타내는 보기는 A이다.

第75到78题是根据下面一段话:

胡适担任上海中国公学校长时, 经徐志摩介绍, 聘用了沈从文做讲师, 主讲大学一年级的现代文学选修课。当时, 沈从文在文坛上已初露头角, 在社会上也已小有名气。因此, 来听课的学生极多。⁷⁸第一次登台授课的日子终于来临了。沈从文既兴奋, 又紧张。⁷⁶在这之前, 他成竹在胸, 所以没带教案和教材。

他走进教室, ⁷⁵看见下面黑压压的一片, 顿时紧张起来。他

75-78번 문제는 다음 내용에 근거한다:

후쓰가 상하이중국공학의 교장을 맡을 때, 쉬쯔머의 소개로, 선총원은 강사로 임용이 되었고, 주로 대학교 1학년의 현대문학 선택수업을 가르쳤다. 당시에, 선총원은 문단에서 이미 두각을 나타내던 시기였는데, 사회적으로도 이미 조금은 이름이 알려져 있었다. 그래서, 그의 수업을 듣는 학생들이 정말 많았다. ⁷⁸ 드디어 첫 수업 날이 되었다. 선총원은 흥분되고, 긴장되었다. ⁷⁶ 수업 전, 그는 모든 준비가 완벽하게 되었다. 그래서 교안과 교재를 모두 가져가지 않았다.

그는 교실에 들어서자, ⁷⁵ 교실에 가득 찬 사람들을 보고, 갑자기 긴장하기 시작했고 곤경에 빠져버렸다.

**지문 어휘**

**胡适** Húshì 인명 호적, 후쓰, 중국의 문학자·사상가

**担任** dānrèn 동 맡다, 담당하다 ★

**公学** gōngxué 명 공학

**徐志摩** Xúzhìmó 인명 서지마, 쉬쯔머, 중국의 시인

**沈从文** Shěncóngwén 인명 선총원

**讲师** jiǎngshī 명 전임 강사

**主讲** zhǔjiǎng 동 강의를 맡다

**选修课** xuǎnxiūkè 명 선택 과목

**文坛** wéntán 명 문단, 문학계

陷入窘迫。

最终，他只得拿起粉笔，在黑板上写道：我第一次上课，见你们人多，怕了。顿时，77教室里爆发出一片笑声，一阵鼓励的掌声响起来了。

课后，学生们议论纷纷。消息传到教师中间，有人说："沈从文这样的人也来中公上课，半个小时讲不出一句话来！"这议论又传到胡适的耳里，胡适却不觉窘迫，竟笑笑说："上课讲不出话来，学生不轰他，这就是成功。"

결국, 그는 분필을 들어, 칠판에 쓰기 시작할 수 밖에 없었다: 저는 첫 수업인데, 사람이 너무 많아서, 겁이 나네요. 갑자기, 77 교실에는 웃음으로 떠들썩 해졌고, 격려의 박수소리가 울려 퍼지기 시작했다.

수업이 끝난 후, 학생들은 의견이 분분했다. 교사들 사이에도 소식은 전해졌는데, 누군가가 말하기를: "선총원이란 사람이 우리 학교에서 수업하면서, 30분 동안이나 말을 하지 않았대!" 이 이야기는 후쓰의 귀에도 들어갔는데, 후쓰는 오히려 개의치 않고, 웃으면서 말하기를: "수업 중에 말도 못하는데도, 학생들은 그를 쫓아내지 않았다면, 그게 바로 성공 아닌가."

初露头角 chūlù tóujiǎo
성 막 두각을 드러내다
社会 shèhuì 명 사회
小有名气 xiǎoyǒumíngqì
조금 유명하다
极 jí 명 정점, 최고점
登台 dēngtái 동 연단에 오르다
授课 shòu kè 동 수업하다, 강의하다
日子 rìzi 명 날, 날짜 ★
终于 zhōngyú 부 마침내, 결국
来临 láilín 동 이르다, 도래하다
既~又~ jì~yòu~
~하고 (또)~하다
紧张 jǐnzhāng 형 긴장해 있다
成竹在胸 chéngzhú zàixiōng
일을 하기 전에 이미 모든 준비가 되어 있다
教案 jiào'àn 명 교안, 교수안
教材 jiàocái 명 교재 ★
黑压压 hēiyāyā 새까맣다
顿时 dùnshí 부 갑자기, 곧바로
陷入 xiànrù 동 (불리한 지경에) 빠지다
窘迫 jiǒngpò 형 매우 난처하다
粉笔 fěnbǐ 명 분필
爆发 bàofā 동 갑자기 터져 나오다
鼓励 gǔlì 동 격려하다, 북돋우다
掌声 zhǎngshēng 명 박수 소리
响 xiǎng 동 소리가 나다, 울리다
议论纷纷 yìlùn fēnfēn
성 의견이 분분하다
消息 xiāoxi 명 소식, 기별
竟 jìng 부 뜻밖에, 의외로
轰 hōng 동 몰다, 내쫓다
相当 xiāngdāng 부 상당히, 무척 ★
积极 jījí 형 적극적이다
举手 jǔshǒu 동 손을 들다
材料 cáiliào 명 자료, 데이터
充分 chōngfèn 형 충분하다 ★

### 75

问：第二段中，"黑压压一片"是什么意思：

A 学生们的头发非常黑
B 听课的人相当多
C 学生积极举手
D 教室里都是黑人

질문: 두 번째 단락에서 '黑压压一片'는 무슨 뜻인가:

A 학생들의 머리카락이 매우 검다
B 수업 듣는 학생이 상당히 많다
C 학생들이 적극적으로 손을 들었다
D 교실 안에는 모두 흑인들이 있다

정답 B

해설 두 번째 단락의 '黑压压一片'이 무슨 뜻인지 묻는 문제이다. 黑压压는 사람이나 물건이 많이 밀집된 모습을 형용한 '시커멓다'의 뜻이며, 一片은 온통, 전부라는 뜻이다. 온통 새까맣다는 것은 수업 듣는 사람들이 많이 모인 모습을 묘사한 말이다.

### 76

问：沈从文没拿材料，是因为他觉得：

A 讲课内容不难
B 自己准备得很充分
C 教材会限制他自己的发挥
D 带教材会紧张

질문: 선총원이 자료를 가져가지 않은 것은 그의 생각에:

A 강의 내용이 쉽기 때문에
B 자신이 충분히 준비가 되었기 때문에
C 교재가 자신의 실력을 발휘하는 것을 제한 할까봐
D 교재를 가져가면 긴장되기 때문에

정답 B

해설 두 번째 단락의 "他成竹在胸"을 통해 션총원이 강의를 위한 만반의 준비를 끝냈다고 생각하여 교안 및 교재를 챙기지 않았음을 알 수 있다.

限制 xiànzhì 동 제한하다 ★
发挥 fāhuī 동 발휘하다 ★
不可思议 bùkěsīyì
형 불가사의하다
理解 lǐjiě 동 알다, 이해하다
并 bìng 부 결코, 전혀
纷纷 fēnfēn 형 분분하다 ★
情景 qíngjǐng 명 광경, 장면 ★
方法 fāngfǎ 명 방법, 수단
教育 jiàoyù 명 교육
方式 fāngshì 명 방식, 방법 ★
经历 jīnglì 명 경험, 경력

**77**

问: 看见沈从文写的那句话，学生们:
A 觉得沈从文是一个不可思议的人
B 心里看不起他
C 十分理解并鼓励他
D 纷纷离开了教室

질문: 션총원이 쓴 말을 보고 학생들은:
A 션총원은 이상한 사람이라고 여겼다
B 속으로 그를 무시했다
C 충분히 이해를 했고 그를 격려했다
D 조금씩 조금씩 교실을 떠났다

정답 C

해설 세 번째 단락에서 션총원은 너무 긴장한 나머지 칠판에 너무 떨린다는 문장을 썼고, 교실 안은 학생들의 큰 웃음과 격려의 박수소리가 울려 퍼졌다라고 묘사했다.

**78**

问: 上文主要谈的是:
A 沈从文第一次讲课的情景
B 沈从文的教学方法
C 中国教育方式
D 沈从文的人生经历

질문: 윗글에서 주로 이야기하는 것은:
A 션총원의 첫 수업의 광경
B 션총원의 수업 방법
C 중국교육방식
D 션총원의 인생경험

정답 A

해설 이 글은 션총원이란 사람이 학교에서 첫 수업을 하며, 긴장한 모습을 구체적인 상황을 통해서 묘사하고 있다. 주제는 션총원의 첫 수업 광경이다.

第79到82题是根据下面一段话:

79-82번 문제는 다음 내용에 근거한다:

你的同事是否总是不停地抱怨自己的郁闷？如果是的话，你在倾听的过程中，也会不知不觉地被"传染"。心里学家发现，

당신의 동료가 계속해서 자신의 답답함을 불평한 적이 있는가? 만약에 그렇다면, 당신도 그의 얘기를 경청하는 과정 중에서, 자신도 모르게 "전염" 될 수도 있다. 심리학자들은,

**지문 어휘**

是否 shìfǒu 부 ~인지 아닌지
不停地 bùtíngde 부 계속, 줄곧
抱怨 bàoyuàn 동 원망하다
郁闷 yùmèn 형 답답하고 괴롭다

⁸²压力好比感冒，会被传染。这种"二手"焦急情绪蔓延得非常快。人们似乎能以惊人的速度模仿他人的面部表情、声音和姿势，从而对他人的情绪感同身受。

我们事实上都是"海绵"，⁷⁹能吸收周围人散发出的有感染性的情绪。而在吸收他人压力的同时，我们自己也会开始感受到压力，并无声无息地去关注那些可能会干扰我们的问题。

为什么别人的压力会被传染呢？这是因为，一方面，⁸⁰我们吸收周围人的压力就是为了和他们打成一片；另一方面，往往听着别人的抱怨和委屈，也会让我们变得消沉起来。

研究者发现，我们不仅会接受他人消极的思维模式，还会不自觉地模仿他们的身体语言。另外，⁸¹女性遭遇'二手压力'的风险更大，因为她们更能对他人的感受产生共鸣。

⁸²스트레스가 감기처럼 전염될 수 있음을 발견했다. 이렇게 '간접적인' 조바심은 매우 빠르게 퍼진다. 사람들은 마치 놀라운 속도로 타인의 얼굴 표정이나 목소리, 자세 등을 닮아가며, 타인의 감정에 대해서도 자신의 일처럼 생각한다.

우리는 사실 모두 '스펀지'와 같아, ⁷⁹주위 사람들이 표현하는 감염성 강한 그런 감정들을 쉽게 받아들인다. 또한 타인의 스트레스를 받아들이는 동시에, 자신도 스트레스를 받기 시작하며, 그리고 아무 기척 없이 우리를 방해할 수도 있는 그런 문제들을 신경쓰게 된다.

왜 다른 사람들의 스트레스는 전염이 될까? 왜냐하면, 한편으로는, ⁸⁰주위 사람들의 스트레스를 받아들이는 것은 그들과 한마음이 되기 위함이며; 또 한편으로는, 다른 사람들의 원망과 억울함을 들어주면서, 우리도 의기소침해질 수 있기 때문이다.

연구원들은, 우리가 다른 사람들의 부정적인 사고방식을 받아들일 수 있을 뿐만 아니라, 자신도 모르게 그들의 신체적 언어를 모방하게 될 수 있음을 발견했다. 게다가, ⁸¹여성들은 '간접적 스트레스'의 위험에 더 크게 노출되어 있는데, 그것은 여자들은 더욱더 타인의 감정을 공감할 수 있기 때문이다.

**79**

问: 为什么说"我们其实都是'海绵'"?

A 有很强的适应性
B 学习能力强
C 会吸收别人的情绪
D 人体能吸收很多水分

질문: 왜 "우리는 사실 모두 '스펀지'이다"라고 말하는 것일까?

A 아주 강한 적응력이 있기 때문에
B 학습능력이 강하기 때문에
C 타인의 감정을 흡수할 수 있기 때문에
D 인체는 많은 양의 수분을 흡수할 수 있기 때문에

**정답** C

**해설** 두 번째 단락에서 우리는 사실 모두 '스펀지'와 같이, 주의 사람들이 표현하는 감염성 강한 그런 감정들을 쉽게 받아들인다라는 말로서 스펀지라고 표현한 이유를 묘사하고 있다.

---

倾听 qīngtīng 통 귀를 기울여 듣다
过程 guòchéng 명 과정
不知不觉 bùzhī bùjué 성 자기도 모르는 사이에
传染 chuánrǎn 통 전염하다 ★
好比 hǎobǐ 통 마치 ~과 같다
焦急 jiāojí 형 초조하다
情绪 qíngxù 명 정서, 감정 ★
蔓延 mànyán 통 만연하다, 널리 번지다
似乎 sìhū 부 마치 ~인 것 같다
惊人 jīngrén 형 사람을 놀라게 하다
模仿 mófǎng 통 모방하다 ★
表情 biǎoqíng 명 표정 ★
姿势 zīshì 명 자세 ★
从而 cóng'ér 접 따라서, 이리하여 ★
感同身受 gǎntóng shēnshòu 성 직접 은혜를 입은 것처럼 감사하게 생각하다, 자신의 일처럼 생각하다
事实上 shìshíshang 명 사실상
海绵 hǎimián 명 스펀지
散发出 sànfāchū 통 발출하다
感染性 gǎnrǎnxìng 명 감염성
感受 gǎnshòu 통 (영향을) 받다 ★
无声无息 wúshēn gwúxī 성 아무런 기척도 없다, 영향력이 없다
关注 guānzhù 통 주시하다, 관심을 가지다
干扰 gānrǎo 통 방해하다
打成一片 dǎchéng yípiàn 성 (주로 생각·감정이) 하나가 되다
委屈 wěiqu 명 억울함, 불평 ★
消沉 xiāochén 형 기분이 가라앉다
不仅~还~ bùjǐn~ hái~ 접 ~뿐만 아니라 또

## 80

问: 第三段中的"打成一片"是什么意思?
A 打架
B 争论
C 搞好关系
D 进行谈判

질문: 3번째 단락에서의 "打成一片"의 의미는?
A 싸우다
B 논쟁하다
C 관계를 잘 맺다
D 협상을 진행하다

**정답** C

**해설** 打成一片의 사전적인 뜻은 주로 생각이나 감정이 하나가 되거나 한편이 되다, 한데 뭉치다라는 의미이다. 이 문장에서 주위 사람들의 스트레스를 받아들이는 것은 그들과 한마음이 되기 위해서라고 했으므로 관계를 잘 맺고 좋은 관계를 위한 것이라 생각할 수 있다.

## 81

问: 根据最后一段, 下列哪项正确?
A 人的思维模式很难改变
B 女性思维不太灵活
C 女性喜欢模仿
D 女性更容易受他人影响

질문: 마지막 단락에 근거하여, 다음 중 옳은 것은?
A 사람의 사고방식은 고치기 어렵다
B 여성들의 사고는 융통성이 부족하다
C 여성들은 모방을 좋아한다
D 여성들은 타인의 영향을 더 쉽게 받는다

**정답** D

**해설** 일일이 대조를 해야 하는 문제로서, 마지막 단락에서는 연구원들이 여성의 공감능력이 더 좋다고 언급했고, 이는 여성들이 타인의 영향을 더 쉽게 받는다는 의미와 같으므로 정답은 D이다.

## 82

问: 最适合做上文标题的是:
A 海绵效应
B 怎么去倾诉
C 会传染的压力
D 你能读懂表情吗

질문: 윗글의 제목으로 가장 적합한 것은?
A 스펀지효과
B 경청은 어떻게 해야 하나
C 전염될 수 있는 스트레스
D 당신은 감정을 이해할 수 있습니까

**정답** C

**해설** 이 글을 전반적으로 이해하고 있어야 해결할 수 있는 문제로서, 사람의 스트레스가 쉽게 다른 사람들에게 전염될 수 있음을 여러 가지 상황을 통해서 설명하고 있다. 가장 가까운 정답은 C의 전염 될 수 있는 스트레스가 정답이다.

---

接受 jiēshòu 동 받아들이다, 받다

消极 xiāojí 형 부정적이다 ★

思维模式 sīwéi móshì 명 사고 방식

遭遇 zāoyù 동 만나다, 맞닥뜨리다

二手压力 èrshǒu yālì 명 주변에 의하여 간접적으로 영향을 받은 스트레스

风险 fēngxiǎn 명 위험(성) ★

共鸣 gòngmíng 명 공감, 동감

适应性 shìyìngxìng 명 적응성

打架 dǎjià 동 (때리며) 싸우다, 다투다

争论 zhēnglùn 동 논쟁하다 ★

搞好关系 gǎohǎo guānxi 관계를 잘 맺다

谈判 tánpàn 동 협상하다 ★

改变 gǎibiàn 동 변하다, 바뀌다

灵活 línghuó 형 융통성 있다 ★

海绵效应 hǎimián xiàoyìng 명 스펀지효과

倾诉 qīngsù 동 이것저것 다 말하다

**第83到86题是根据下面一段话：**

　　甲、乙二人约好时间在某展示馆入口处相见，一起去参观。⁸³甲按时到达约定地点，而乙在路上遇到一个老同学，寒暄了几句，结果晚到了半个小时。乙说："不好意思！来迟了一会儿。"甲说："我等得双腿都酸了。怎么会是一会儿呢？你所说的一会儿是多久啊？"乙说："顶多不超过10分钟。"甲说："至少一小时呢。"

　　客观时间就是半个小时，乙推断"最多不超过10分钟"，甲推断"至少一小时"，难道是甲有意夸大，乙有意缩小吗？不，他们说的都是自己内心体验的实话。这就是"时间的相对主观性"所产生的结果。

　　在同样一段时间里，人们为什么会有长短不同的感觉呢？首先是因为人们所做的事情影响着人们对时间的估计。⁸⁴甲就一直干等着，乙和老同学寒暄说话。一个人正做着枯燥乏味的事，另一个饶有趣味地聊天，难免会产生时间知觉上的差异。其次，⁸⁵情绪和态度也会影响人对时间的估计。仔细观察就会发现，时间与心理因素有着密切关系。所以有"欢乐恨时短，寂寞嫌时长"的说法。

　　总而言之，从心理学的研究中，发现有许多因素影响人们对时间的知觉。但实际上，⁸⁶客观时间并不会因人们的主观感觉而变快或变慢。然而人们却可以运用心理学知识，利用时间错觉，让人们产生特殊的心理效应。

심리학 지식을 활용하거나, 시간 착각을 이용하여, 사람들로 하여금 특수한 심리효과를 만들어 내게 한다.

错觉 cuòjué 명 착각
特殊 tèshū 형 특수하다, 특별하다 ★
效应 xiàoyìng 명 효과와 반응
展览 zhǎnlǎn 동 전람하다 ★
遵守 zūnshǒu 동 준수하다, 지키다 ★
珍惜 zhēnxī 동 귀중히 여기다 ★
具有 jùyǒu 동 있다, 구비하다
因人而异 yīnrén'éryì 성 사람에 따라 다르다

**83**

问: 根据第一段，可以知道什么?
A 乙迟到了1个小时
B 乙不想参观展览
C 甲等了10分钟
D 甲准时到了

질문: 첫 번째 단락에 근거하여 통해, 알 수 있는 것은?
A 을은 1시간 늦었다
B 을은 전시회를 가고 싶어하지 않는다
C 갑은 10분 기다렸다
D 갑은 제 시간에 도착했다

정답 D

해설 첫 번째 단락에서는 갑과 을이 서로 만나기로 약속했는데 갑은 제시간에 도착한 반면, 을은 길에서 다른 옛 친구를 만나느라 30분을 늦으면서 발생되는 이야기를 묘사하고 있다.

**84**

问: 为什么甲觉得时间特别长?
A 腿很痛
B 等待让人觉得无聊
C 身体不好
D 没戴手表

질문: 갑의 생각에는 시간이 왜 길다고 느꼈는가?
A 다리가 아파서
B 기다리는 것은 지루하기 때문에
C 건강이 좋지 않아서
D 시계를 차지 않아서

정답 B

해설 세 번째 단락에서 갑에게는 계속 기다리는 일이 무미건조한 일이기 때문에 상대적으로 시간적인 차이가 크게 느껴졌다고 언급했다.

**85**

问: "欢乐恨时短，寂寞嫌时长" 说明:
A 时间是很长的
B 时间由心情决定
C 要有效地利用时间
D 情绪影响人们的时间感受

질문: '즐거움은 짧고, 지루함은 길다'의 의미는:
A 시간은 매우 긴 것이다
B 시간은 기분이 결정한다
C 시간을 효과적으로 이용해라
D 감정은 사람의 시간 감각에 영향을 끼친다

정답 D

해설 갑은 아무것도 하지 않으면서 기다리는 일이 무미건조했기 때문에 시간이 길다고 느껴졌지만, 을은 친구와 즐거운 이야기를 나누다 보니 상대적으로 30분이란 시간이 짧게 느껴진 것이었다.

**86**

问: 上文主要想告诉我们:

A 要遵守时间
B 要珍惜时间
C 时间具有相对主观性
D 时间是会因人而异的

질문: 윗글에서 주로 우리에게 말해 주고자 하는 것은?

A 시간을 준수해라
B 시간을 소중히 여겨라
C 시간은 상대적인 주관성이 있다
D 시간은 사람에 따라 차이가 있는 것이다

**정답** C

**해설** 이 글은 갑과 을의 이야기를 통해서 같은 시간도 사람의 감정에 따라서 상대적으로 다르게 느껴질 수 있음을 얘기하고 있다. 즉 시간의 상대적인 주관성에 대해서 언급하고 있다.

---

**第87到90题是根据下面一段话:**

一群大雁聚在公园的湖边，它们打算先在这里生活，等到了秋天就飞往南方过冬。

公园里的游客见到大雁都很惊喜，纷纷掏出饼干、鱼片等食物丢给它们。 ⁸⁷开始大雁不知道游人丢的什么东西，"哗"的一声把它们吓跑了。等时间久了，它们才慢慢地靠近那些食物，试着吃起来。

后来，大雁们知道游人对它们没有威胁，每当游人丢下食物时，便争先恐后地一哄而上。日子久了，大雁就以游客的食物为生，一只只长得圆滚滚的。

秋天来了， ⁸⁸大雁还是过着安逸的生活。它们也不打算回南方了，觉得没有必要飞那么远。

到了冬天，开始下大雪了，游客们日益稀少了。 ⁸⁹大雁们躲

**87–90번 문제는 다음 내용에 근거한다:**

한 무리의 기러기 떼들이 공원 호숫가에 모여 있었는데, 기러기 떼들은 우선 여기서 생활하다가 가을이 되면 남쪽으로 겨울을 보내러 갈 계획이었다.

공원 관광객들은 기러기를 보고 놀라면서도 좋아하면서, 끊임없이 과자나 생선조각 등의 음식을 꺼내 그들에게 던져주었다. ⁸⁷처음에 기러기들은 사람들이 던져준 음식이 무엇인지 모를 때, "화드득~" 소리를 내며 놀라 도망갔다. 한참 후에야, 기러기들은 그제서야 천천히 그 음식에 가까이 가서, 먹어 보기 시작했다.

그 후, 기러기 떼들은 사람들이 그들에게 위협적이지 않음을 알게 되고, 사람들이 음식을 던져줄 때마다, 서로 뒤질세라 소리를 내며 앞다퉈 달려들었다. 세월이 지나고, 기러기들은 사람들의 먹이로 살아가며, 한 마리 한 마리 모두 통통하게 살이 올랐다.

가을이 되었고, ⁸⁸기러기들은 여전히 안락한 생활을 보내고 있었다. 남쪽으로 갈 생각도 하지 않았고, 그렇게 멀리 날아갈 필요가 없다고 생각했다. 겨울이 되자, 많은 눈이 내리기

---

**지문 어휘**

大雁 dàyàn 명 기러기
聚 jù 동 모이다
湖边 húbiān 명 호숫가
惊喜 jīngxǐ 동 놀라고도 기뻐하다
纷纷 fēnfēn 형 분분하다 ★
掏出 tāochū 동 꺼내다, 끄집어 내다
哗 huā 의성 화드득
吓跑 xiàpǎo 동 놀라 달아나다
靠近 kàojìn 동 가까이 가다
威胁 wēixié 동 위협하다
争先恐后 zhēng xiān kǒng hòu 성 뒤질세라 앞을 다투다
一哄而上 yíhòng'érshàng 성 와아 소리를 지르며 움직이다
圆滚滚 yuángǔngǔn 형 매우 둥근 모양, 포동포동한 모양
安逸 ānyì 형 편안하고 한가하다
必要 bìyào 형 필요로 하다 ★
日益 rìyì 부 날로, 나날이 더욱
稀少 xīshǎo 형 적다, 드물다
躲 duǒ 동 피하다

在洞穴里瑟瑟地发抖，感到又冷又饿。有几只大雁试图往南飞，但沉重的身体和寒冷的天气让它们没飞多远就又折了回来。大雁们找不到食物，冷风不断地从它们的羽毛里透进去，它们紧紧地依偎在一起，怀念去年的这个时候。⁹⁰幸福是通过自己不懈努力和奋斗争取的，而不是依靠别人的施舍得来的。

시작했고, 관광객들은 날로 줄어들었다. ⁸⁹기러기들은 동굴 안으로 숨어 부들부들 떨며, 춥고 배고픔을 느꼈다. 어떤 기러기는 남쪽으로 날아가기 위해 시도했지만, 무거운 몸과 추운 날씨가 그들이 얼마 멀리 못 가서 좌절하여 다시 돌아오도록 했다. 기러기들은 음식을 찾을 수 없었고, 차가운 바람은 그들의 깃털 속으로 끊임없이 파고들었다. 그들은 서로서로 꼭 붙어서 지내며, 작년의 이맘때를 너무 그리워했다. ⁹⁰행복은 자신이 끊임없는 노력과 분투를 통해서 쟁취하는 것이지, 다른 사람의 도움(베품)에 의해서 얻어지는 것은 아니다.

洞穴 dòngxué 명 땅굴, 동굴
瑟瑟 sèsè 형 부르르, 부들부들
发抖 fādǒu 동 떨다, 떨리다 ★
试图 shìtú 동 시도하다
沉重 chénzhòng 형 무겁다 ★
寒冷 hánlěng 형 춥고 차다
羽毛 yǔmáo 명 깃털, 새의 깃과 짐승의 털
透 tòu 동 스며들다
依偎 yīwēi 동 기대다
怀念 huáiniàn 동 그리워하다 ★
不懈 búxiè 형 꾸준하다, 끊임없다
奋斗 fèndòu 동 분투하다 ★
争取 zhēngqǔ 동 쟁취하다 ★
依靠 yīkào 동 의존하다
施舍 shīshě 명 도움, 동 베풀다
污染 wūrǎn 동 오염되다
舒适 shūshì 형 편(안)하다 ★
艰苦 jiānkǔ 형 어렵고 고달프다
团体 tuántǐ 명 단체
行动 xíngdòng 명 행위, 행동 ★
善于 shànyú 동 ~를 잘하다 ★
良机 liángjī 명 좋은 시기
遇事 yùshì 동 일이 생기다, 뜻밖(의외)의 사고를 당하다
挫折 cuòzhé 명 좌절, 실패

**87**

问: 一开始面对游客给的食物，大雁:

A 很感谢
B 很高兴
C 觉得好吃
D 不敢吃

질문: 처음 사람들이 먹을 것을 주었을 때, 기러기는:

A 매우 감사했다
B 매우 기뻐했다
C 맛있다고 생각했다
D 감히 먹지 못했다

**정답** D

**해설** 기러기들이 처음에 관광객들이 던져준 음식에 대해서 어떻게 반응했는지에 대해 물어보는 질문이다. 처음에는 사람들이 던진 물건이 무엇인지 모르고 '화드득~' 하고 놀래면서 도망갔다고 했으므로 정답은 D이다.

**88**

问: 大雁为什么不想回南方了?

A 南方越来越温冷
B 南方污染严重
C 习惯了舒适的生活
D 不会飞

질문: 기러기는 왜 남쪽으로 가려고 하지 않았는가?

A 남쪽이 점점 추워져서
B 남쪽은 오염이 심각해서
C 편안한 삶에 익숙해져서
D 날지 못해서

**정답** C

**해설** 기러기들은 겨울을 나기 위해 남쪽으로 가야하는 데도 불구하고 남쪽에 가려고 하지 않는 이유를 묻는 질문이다. 사람들이 주는 먹이에 이미 적응이 되었기 때문에, 굳이 먼 남쪽으로 가서 먹이를 찾으러 가지 않아도 된다고 생각했기 때문이다.

## 89

问: 根据第五段, 下列哪项正确?

A 有些大雁飞到了南方
B 大雁过得很艰苦
C 大雁的羽毛很厚
D 大雁喜欢单独行动

질문: 다섯 번째 단락에 근거하여, 정확한 것은?

A 어떤 기러기들은 남쪽으로 날아갔다
B 기러기들은 매우 고달프게 지내고 있다
C 기러기의 깃털은 매우 두텁다
D 기러기는 단독으로 행동하는 것을 좋아한다

정답 B

해설 다섯 번째 단락을 통해 보기와 맞는 것을 고르는 문제이다. 5번째 단락에서는 안락한 생활에 빠져 남쪽으로 가지 않았던 기러기들의 힘든 겨울 생활을 묘사하고 있다.

## 90

问: 上文主要想告诉我们什么?

A 幸福要靠自己争取
B 要善于发现良机
C 适应力要强
D 遇事不要挫折

질문: 윗글은 우리에게 무엇을 말해주고자 하는가?

A 행복은 자신이 직접 쟁취해야 한다
B 좋은 시기를 발견하는 것에 능숙해야 한다
C 적응력이 강해야 한다
D 문제에 부딪혔을 때 좌절하지 마라

정답 A

해설 이 글을 통해 화자가 말하고 싶어하는 것을 묻는 질문이다. 겨울이 되기 전에 따뜻한 남쪽으로 날아가야만 했던 기러기들이 사람들이 주는 먹이를 통해서 안락한 삶에 빠져 결국 혹독하게 겨울을 나고 말았다는 이야기를 통해, 행복은 스스로의 노력을 통해서 얻어야 함을 이야기 하고 있다.

# HSK 5급 4회 쓰기

**제1부분** 91~98번 문제는 제시된 어휘를 어순에 맞게 배열하여 문장을 완성하는 문제입니다.

## 91

还在为　　女儿的终身大事　　操心　　吗　　你

**보기 어휘**
还在 háizài 아직도 ~하고 있다
为 wèi 젠 ~때문에
操心 cāoxīn 동 마음을 쓰다 ★
终身大事 zhōngshēndàshì
명 혼인 대사, 인생의 대사

**정답** 你还在为女儿的终身大事操心吗?
당신은 아직도 딸의 결혼 때문에 걱정하고 있습니까?

**해설**

| 술어자리는 操心(걱정하다)이다. | → | 심리동사이기 때문에 주어는 사람(你)이어야 한다. 전치사(为)뒤에 오는 적합한 명사는 (女儿的终身大事)이므로 为 뒤에 배치한다. | → | 吗는 문장 맨 끝에 위치하고, 물음표를 써준다. |

## 92

竞争　　这门专业　　相当　　激烈

**보기 어휘**
相当 xiāngdāng 부 상당히, 무척 ★
激烈 jīliè 형 격렬하다, 치열하다 ★

**정답** 这门专业竞争相当激烈。
이 전공의 경쟁은 상당히 치열하다.

**해설**

| 술어 자리는 激烈(치열하다)이다. | → | 형용사 술어를 꾸밀 수 있는 정도부사(相当)를 찾는다. 술어와 어울리는 진짜 주어(竞争)를 찾는다. | → | 진짜 주어를 꾸미는 관형어(这门专业)를 주어 앞에 놓는다. |

### 93

恢复得　　　您的　　　身体　　　好　　　很

**정답** 您的身体恢复得很好。
당신의 건강이 잘 회복되었습니다.

**보기 어휘**
恢复 huīfù 동 회복하다, 회복되다 ★

**해설**

| 술어부터 정리한다. 정도보어 자리에 들어갈 형용사(好)와 정도부사(很)를 得뒤에 놓는다. | → | 명사(身体) 앞에 관형어(您的)를 붙여서 주어로 만든다. |

---

### 94

血液循环　　　可以　　　半身浴　　　促进

**정답** 半身浴可以促进血液循环。
반신욕은 혈액순환을 촉진시킬 수 있다.

**보기 어휘**
血液循环 xuèyèxúnhuán 명 혈액순환
半身浴 bànshēnyù 명 반신욕
促进 cùjìn 동 촉진시키다, 촉진하다 ★

**해설**

| 술어(促进)를 찾는다. | → | 목적어(血液循环)를 술어 뒤에 놓아준다. 조동사(可以)는 술어(促进) 앞에 놓아준다. | → | 마지막 단어(半身浴)는 자동으로 주어가 된다. |

---

### 95

这是　　　减肥人群的　　　特殊菜单　　　针对

**정답** 这是针对减肥人群的特殊菜单。
이것은 다이어트를 하려는 사람들을 대상으로 한 특별식이다.

**보기 어휘**
特殊 tèshū 형 특수하다, 특별하다 ★
针对 zhēnduì 동 겨냥하다, 초점을 맞추다 ★

**해설**

| 이 문장의 술어는 是이므로 뒤에 나올 수 있는 목적어를 찾는다. | → | 针对는 동사이지만 주로 뒤에 대상이 나와 '그 대상을 겨냥해서 ~'라는 의미를 나타내므로 대상(减肥人群)이 뒤따른다. | → | 的 뒤에는 명사(特殊菜单)가 나와야 한다. |

## 96

| 通知书将在 | 发放 | 月末 | 入学 |

**보기 어휘**
将 jiāng 부 장차, 막, 곧
发放 fāfàng 동 보내다

**정답** 入学通知书将在月末发放。
입학통지서가 월말에 발송될 예정이다.

**해설**

| 将은 '장차, 곧'이라는 부사로 将 앞에 있는 명사는 자동으로 주어가 된다. 在 뒤에는 주로 시간이 나오므로 시간명사 月末가 뒤따른다. | ⇨ | 주어는 通知书이므로 그와 어울리는 술어는 发放이 된다. | ⇨ | 나머지 동사인 入学은 通知书를 꾸며주는 관형어 역할을 한다. |

## 97

| 落了一层 | 薄薄的 | 灰尘 | 抽屉里 |

**보기 어휘**
抽屉 chōuti 명 서랍 ★
薄 báo 형 얇다, 얗다 ★
灰尘 huīchén 명 먼지 ★

**정답** 抽屉里落了一层薄薄的灰尘。
서랍 안에 한 층의 얇디 얇은 먼지가 쌓여 있다.

**해설**

| 방위사(里)와 동태조사(了)를 통해서 이 문제가 존현문 문제임을 알 수 있다. 장소(抽屉) + 방위사(里)를 주어로 잡는다. | ⇨ | 了가 붙어 있는 단어(落)가 문장의 술어 역할을 한다. | ⇨ | 나머지 명사(灰尘)는 목적어가 되고, 薄薄的는 그 목적어를 꾸미는 관형어이다. |

## 98

| 恢复 | 过来 | 了 | 身体总算 | 爷爷的 |

**보기 어휘**
恢复 huīfù 동 회복하다, 회복되다
总算 zǒngsuàn 부 마침내, 드디어 ★

**정답** 爷爷的身体总算恢复过来了。
할아버지의 건강이 마침내 회복되었다.

**해설**

| 술어가 될 수 있는 단어는 恢复뿐이다. | ⇨ | 부사(总算) 앞에 있는 명사(身体)는 주어가 된다. 爷爷的는 주어(身体) 앞에서 꾸며주는 관형어이다. | ⇨ | 방향보어 过来는 술어(恢复) 뒤에 놓여 술어가 '원래의 상태로 회복되다'의 의미를 나타내고 조사 了도 자연스럽게 그 뒤에 위치한다. |

## 제2부분
99~100번 문제는 제시된 사진과 어휘를 활용하여 80자 내외의 작문을 완성하세요.

### 99

理解　　温暖　　本来　　取消　　遗憾

**보기 어휘**
理解 lǐjiě 몡 이해 동 이해하다
温暖 wēnnuǎn 혱 따뜻하다
本来 běnlái 뷔 원래, 본래
取消 qǔxiāo 동 취소하다
遗憾 yíhàn 동 유감이다

**Step 1 : 주제를 찾기**
| 주제 단어 | 理解 lǐjiě 이해

**Step 2 : 주제 어휘들을 중심으로 각각 어휘에 살 붙이기**

▶ 取消 qǔxiāo 취소하다
温暖的蜜月旅行被取消了 아늑한 신혼 여행이 취소되었다

▶ 遗憾 yíhàn 유감이다
觉得有点遗憾 조금 유감스럽게 생각한다

**Step 3 : 각각 어휘에 살을 붙인 문장을 토대로 원고지에 완성하기**

[정답] 5月，温暖的阳光普照大地，小金和小红举行了婚礼。他们本来蜜月想去欧洲好好玩一趟，但是突然被取消了，原因是小金公司工作太忙了，脱不开身。小红可以理解，但还是觉得有点遗憾。小金答应小红等忙完工作，就会带她去原来计划要去的欧洲。

**지문 어휘**
阳光 yángguāng 몡 햇빛
普照大地 pǔzhào dàdì 대지를 비추다
蜜月 mìyuè 몡 신혼여행, 허니문
欧洲 Ōuzhōu 몡 유럽
脱不开身 tuōbukāishēn 성 시간을 낼 수 없다, 몸을 뺄 수 없다
答应 dāying 동 승낙하다, 대답하다

|   | 5 | 月 | ， | 温 | 暖 | 的 | 阳 | 光 | 普 | 照 | 大 | 地 | ， | 小 |
| 金 | 和 | 小 | 红 | 举 | 行 | 了 | 婚 | 礼 | 。 | 他 | 们 | 本 | 来 | 蜜 | 月 |
| 想 | 去 | 欧 | 洲 | 好 | 好 | 玩 | 一 | 趟 | ， | 但 | 是 | 突 | 然 | 被 | 取 |
| 消 | 了 | ， | 原 | 因 | 是 | 小 | 金 | 公 | 司 | 工 | 作 | 太 | 忙 | 了 | ， |
| 脱 | 不 | 开 | 身 | 。 | 小 | 红 | 可 | 以 | 理 | 解 | ， | 但 | 还 | 是 | 觉 |
| 得 | 有 | 点 | 遗 | 憾 | 。 | 小 | 金 | 答 | 应 | 小 | 红 | 等 | 忙 | 完 | 工 |
| 作 | ， | 就 | 会 | 带 | 她 | 去 | 原 | 来 | 计 | 划 | 要 | 去 | 的 | 欧 | 洲 |

[해석] 5월, 햇빛이 따스하게 비추는 날에 샤오진과 샤오홍은 결혼식을 올렸다. 그들은 원래 신혼여행으로 유럽에 갔다 오려고 했지만 갑자기 취소가 되고 말았다. 이유는 샤오진 회사가 너무 바빠서, 시간을 낼 수가 없었기 때문이다. 샤오홍은 이해했지만 여전히 조금은 섭섭함이 남았다. 샤오진은 샤오홍에게 일이 마무리가 되는대로 그녀를 데리고 원래 계획해서 가려고 했던 유럽에 갈 것이다.

# 모의고사 듣기 스크립트

HSK(五级)第五套听力材料

（音乐，30秒，渐弱）

大家好！欢迎参加HSK（五级）考试。

大家好！欢迎参加HSK（五级）考试。

大家好！欢迎参加HSK（五级）考试。

HSK（五级）听力考试分两部分，共45题。

请大家注意，听力考试现在开始。

## 第一部分

第1到20题，请选出正确答案。现在开始第1题：

**1**

女：这部电视剧的内容没什么创新，但是女主演太有魅力了！

男：的确如此，她初次演戏就能演得这么出色，真是太厉害了。

问：关于那部剧的主演，可以知道什么？

**2**

女：张亮，你爸爸的拍照水平真高，他是专业的摄影师吗？

男：才不是呢，摄影只是我爸的爱好而已。

问：关于张亮的爸爸，可以知道什么？

**3**

女：这篇文章写得很好，反映了很多经济问题。

男：是的，我正准备把它推荐给李主编呢。

问：男的打算怎么处理那篇文章？

**4**

男：这个文件包里有很多重要项目的文件资料，你要好好保管。

女：别担心，我一定会注意的。

问：男的希望女的怎么样？

**5**

女：明天晚上的同学聚会你去不去？

男：我本来是要去的，但是公司临时安排我去欧洲出差。

问：男的为什么不去参加聚餐？

**6**

男：昨天的口语课气氛真热烈，大家都积极发表自己的看法。

女：就是，主要是因为话题是大家感兴趣的。

问：男的觉得这次的口语课怎么样？

**7**

女：你不是说过七月中旬就能回国吗？怎么月底才回来？

男：生意谈得不顺利，对方又提了很多新意见。

问：根据对话，你可以知道什么？

**8**

男：天气这么热，现场还是坐满了球迷，真没想到啊。

女：那还用说，今天可是全国总决赛。

问：男的是什么意思？

**9**

女：银行来电话了，通知我下个月开始上班。

男：真是祝贺你啊，一毕业就找到了这么合适的工作。

问：男的是什么意思？

**10**

男：你在做什么？

女：还有两天就是我男朋友的生日了，我正亲手给他做礼物呢。

问：女的在干什么？

**11**

女：我觉得青少年应该离网络远一点儿，不然对他们的健康成长没有好处。

男：没必要远离，只要他们能够学会正确利用网络就可以了。

问：他们在谈什么问题？

**12**

男：我刚才在小区门口看到通知，说是今天管道维修，晚上我们楼会停水。

女：不会吧？我正想把窗帘洗一洗呢，计划总不如变化快。

问：女的本来想做什么？

**13**

女：这本杂志上有很多室内装修的样式介绍，很实用。

男：真的吗？我一定要看看，我正发愁要把房间装修成什么样子的呢。

问：这本杂志是介绍什么的？

**14**

男：听说那边天气很恶劣，你受得了吗？

女：放心吧，为了这次当地考察，我已经做好心理准备了。

问：男的觉得那里怎么样？

**15**

女：听说你要结婚了，婚礼准备好了吗？

男：我们俩计划旅行结婚，但是到底去哪儿，还没有想好。

问：关于男的，下列哪一项是正确的？

**16**

男：青菜不能炒得太过，否则营养成分会降低的。

女：我知道，可以装盘了，你帮我关一下火。

问：他们现在可能在哪儿？

**17**

女：王教授的每一场讲座你都来，你很喜欢听吗？

男：嗯，我对王教授的研究方向很感兴趣，要是我明年能做他的硕士生就好了。

问：男的明年有什么打算？

**18**

男：听说你最近在学车，什么时候能拿到驾照？

女：还早着呢，最近忙着准备期末考试，好几次没去驾校了。

问：根据对话，下列哪项正确？

**19**

女：我最怕天黑走这条路了，根本看不清楚路。

男：是啊，应该是路灯坏了，我们跟管理人员说一声吧。

问：根据对话，我们可以知道什么？

**20**

男：我不记得这里有广场，这儿原来是个批发市场吧？

女：对啊，这个广场是前年年末刚建的。

问：那个广场是什么时候建好的？

**第二部分**

第21到45题，请选出正确答案。现在开始第21题：

**21**

女：你好，我想办一张会员卡。

男：小姐，我们的会员卡分银卡和金卡，您想办哪一种呢？

女：我住这儿的机会很多，就办一张金卡吧。

男：行，麻烦您在本子上登记一下个人信息。

问：对话最可能发生在哪里？

**22**

男：小李，真是对不起，我家小明昨天踢足球的时候，不小心踢碎了你家的玻璃。

女：小孩子顽皮嘛，可以理解。

男：你看换个新玻璃要多少钱，我赔给你。

女：行，等我换好了再跟你说。

问：根据对话，下列哪项正确？

**23**

女：听说今天你和朋友去农村玩儿了，怎么样？

男：挺好玩儿的，我们去果园摘水果了。

女：是吗？那里都有什么水果？

男：可多了，有苹果还有桃子。

问：男的今天去哪儿了？

**24**

男：你怎么看起来没有精神？

女：我感冒了，刚吃了药，现在有点儿困。

男：这么难受，你还是请假回家休息吧。

女：没事，一会儿就下班了。

问：女的怎么了？

**25**

女：我们工厂这个月的产量怎么样？

男：比原来多了五万件。

女：真的吗？看来我们的新引进的机器效率很高。

男：是啊，产量一下子就提上去了。

问：他们最可能在哪个部门？

**26**

男：赵文，你的银行卡账户信息还没给我呢。

女：实在抱歉，刘会计，我还没抽出时间办北京的银行卡。

男：那你赶紧去办一张吧，就要发工资了。

女：好的。

问：男的向女的要什么？

**27**

女：现在，很多家航空公司都有中秋节往返机票打折活动，我刚才预订了。

男：预订以后能退吗？

女：不能退，也不能改签。

男：那我等等再订吧，我还没确定哪天回来。

问：男的为什么不订打折机票？

**28**

男：你在做什么呢？

女：我从网上学的一组简单的动作，能缓解腰背痛。

男：你教教我吧。我每天工作站的时间比较长，经常腰疼。

女：当然可以啊。

问：根据对话可以知道什么？

**29**

女：先生，您好，我是电影频道的记者，能采访您一下吗？

男：没问题。我经常收看你们的节目。

女：谢谢您，我们正在做一个市民最喜爱的电影类型调查，你能抽空儿回答我几个问题吗？

男：当然可以，你问吧。

问：那个调查是关于什么的？

**30**

男：你的鞋店最近生意怎么样？

女：不怎么样。女鞋卖得倒是还行，男鞋就不尽人意了。

男：女鞋的市场销量肯定比男鞋好，你可以考虑专卖女鞋。

女：是啊，我也正有这个想法。

问：男的建议女的怎么做？

**第31到32题是根据下面一段话：**

南丁格尔为世界护理事业做出了突出的贡献，为了纪念她，国际护士理事会于1912年将她的生日5月12号，定为国际护士节。国际护士节的目的是激励护理工作者，做好护理工作，继承和发扬护理事业的优良传统，用耐心、细心、爱心和责任心看护每一位病人。从1988年起，每年国际护士节都会设定一个主题。今年的主题是：护士，变革的力量——高效护理与医疗成本。

**31** 关于南丁格尔，可以知道什么？

**32** 关于1988年后的国际护士节，可以知道什么？

**第33到35题是根据下面一段话：**

有一次，宋濂要去远方向一位著名的老师请教问题，并约好见面日期，谁知出发当天开始下起了鹅毛大雪。宋濂不顾天气恶劣，挑起行李准备上路时，母亲惊讶地说："这样的天气可不能出远门。再说，老师那儿早已大雪封山了。你改日再去吧！"宋濂却说："要是今天不出发就不能赶在约好的时间拜师。失约，就是对老师不尊重啊。风雪再大，我也得上路"于是宋濂背起行李，踏着冰雪上路了。当他到达老师家的时候，手脚全都冻僵了，过好长时间后才恢复知觉。老师称赞说："年轻人，你如此守信好学，将来必有出息的。"宋濂由于守信好学，最终成为了出色的文学家。

**33** 母亲希望宋濂怎么样？

**34** 宋濂觉得失约会怎么样？

**35** 关于宋濂，可以知道什么？

**第36到38题是根据下面一段话：**

即使海面狂风暴雨，海底看起来却依然寂静无声。那么，海底是否真的没有一点儿声音呢？其实并非如此，海底的动物常常说"悄悄话"，只是我们很难听到而已。但要是你戴上特制的水中听音器，就能听到各种意想不到的声音。有的像青蛙一样呱呱；有的像蛇一样嘶嘶；还有的像人饿了以后的肚子咕噜咕噜。除此之外，由于阳光无法照射到海底，海面500米以下几乎是全黑的，在这一片伸手不见五指的深海里，却有许多光点像星星一样，十分闪耀。那当然不是星星的光，那是带有发光器官的深水鱼在游动。

**36** 关于海底的动物，可以知道什么？

**37** 说话人觉得，发光的深水鱼像什么？

**38** 根据这段话，下列哪项正确？

**第39到41题是根据下面一段话：**

有一家轮船公司的老板非常贪财。有一天，他专门去见一位闻名于世的科幻小说家。老板说："作家先生，我向你请求一件事，您能否让您小说的主人公坐上我的船环游世界呢"小说家边问边暗自猜测老板的目的："这是为什么呢"老板回答说："许多人都喜欢读您的小说，他们读完您的作品后，我的船也跟着著名了。同时会有更多的人愿意坐上我的船。托您的福，我的生意就会兴旺起来了。""坐不起呀！"小说家说："我小说里的主人公个个都是穷小子，他们怎么会坐得起您的船呀？"

**39** 轮船老板想让小说家做什么？

**40** 关于那位作家，可以知道什么？

**41** 根据这段话，下列哪项正确？

**第42到43题是根据下面一段话：**

一位非常有名气的长跑选手，在接受采访时，记者向他提了这样的一个问题。"现有两家公司想同时聘用你，一家是你喜欢的公司，但收入很低；另一家你不感兴趣的公司，但收入可观。你会选择哪一家？"面对这个问题大部分会回答两项工作都不想放弃。此时，这位长跑选手淡淡一笑说："我快毕业的时候，我学习成绩很不错，因此有位教授建议我留校当一名老师，当时我非常苦恼。我父亲递给我两支笔让我同时用左手和右手写上我的名字。结果左右两边都写得不像样。父亲说：选择放弃，表面上好像感觉失去了什么，但却是成功的前提。"

**42** 那位长跑选手当时为什么非常痛苦？

**43** 父亲的话是什么意思？

**第44到45题是根据下面一段话：**

人们在生活中，都离不开灯，在自然界里却有一些不用人工发电的各种奇特的灯。在冈比亚南斯朋考草原上，有一种很奇怪的"草灯"。每到夜间，这种草灯外部的晶素会闪闪发光，就好像一盏灯一样，当地的人们把它移植到家门口，当作"路灯"来用。在北美的原始森林里，有一种叫魔树的树，能发光。到了夜晚，它能发出闪闪的绿光。这时，人们就到树下看书、下棋。这些很有意思的"自然界之灯"给人们的生活带来许多便利。但其原因，目前仍无法解释。

**44** 草灯到晚间会怎么样？

**45** 关于魔树，可以知道什么？

 **모의고사 정답**

### 一、听力

**第一部分**

1. C  2. C  3. D  4. D  5. C  6. B  7. D  8. B  9. A  10. C
11. C  12. D  13. A  14. C  15. C  16. B  17. D  18. A  19. A  20. B

**第二部分**

21. C  22. A  23. B  24. A  25. A  26. C  27. C  28. C  29. C  30. A
31. B  32. A  33. C  34. D  35. D  36. B  37. B  38. A  39. D  40. C
41. A  42. C  43. B  44. D  45. A

### 二、阅读

**第一部分**

46. B  47. A  48. A  49. A  50. D  51. A  52. B  53. D  54. B  55. C
56. A  57. C  58. A  59. D  60. A

**第二部分**

61. A  62. D  63. D  64. C  65. A  66. C  67. C  68. D  69. B  70. B

**第三部分**

71. C  72. C  73. B  74. C  75. C  76. D  77. B  78. D  79. B  80. D
81. C  82. C  83. A  84. C  85. B  86. C  87. B  88. C  89. C  90. D

## 三、书写

**第一部分**

91. 那种植物靠风来传播种子。
92. 嘉宾已经陆续进入会场就座。
93. 她表现得很犹豫。
94. 这种家庭不利于孩子成长。
95. 他把所有的注意力都放在工作上。
96. 他的话里充满了信心和力量。
97. 他目前的身体状态非常良好。
98. 我们呼吸着森林的新鲜空气。

**第二部分**

99. 很多人会上网消遣时间，网络是一个虚拟世界，人们从那里获得现实生活中无法得到的某些东西，像自我肯定，安慰等等。不过，一旦陷入这个网络世界，人就会变得缺乏理性，在现实生活中越来越消极。因此，我们要合理地安排上网的时间。

100. 图片里有一个女人在休息。随着生活水平的提高，几乎每家每户都有电脑，长时间面对电脑工作的人应该多动一动。运动有很多好处。第一，眼睛可以得到放松，第二，可以缓解紧张的情绪，第三，短暂的休息会带来更高的工作效率。

# HSK 5급 5회 듣기 听力

**제1부분** 1~20번 문제는 남녀간의 대화를 듣고 질문에 알맞은 답을 고르는 문제입니다.

🎧 05_5

### 1

女：这部电视剧的内容没什么创新，但是女主演太有魅力了！
男：的确如此，她初次演戏就能演得这么出色，真是太厉害了。

问：关于那部剧的主演，可以知道什么？
A 没有创新
B 演过很多戏
C 第一次演戏
D 当过导演

여: 이 드라마의 내용은 별달리 참신한 건 없지만, 여자 주인공이 너무 매력 있어.
남: 정말 그래, 그녀는 처음 연기 하는 건데도 연기실력이 뛰어나, 정말 대단해.

질문: 드라마 주인공에 관해서 알 수 있는 것은?
A 참신하지 않다
B 여러 가지 연기를 해봤다
C 첫 연기였다
D 감독이었다

**지문 어휘**

创新 chuàngxīn
명 창의성, 창조성, 창의

女主演 nǚzhǔyǎn 명 여배우

魅力 mèilì 명 매력 ★

的确如此 díquè rúcǐ
정말 그렇구나

初次 chūcì 명 처음, 첫 번째

演戏 yǎnxì 동 상연하다, 연기하다

出色 chūsè 형 뛰어나다 ★

厉害 lìhai 형 대단하다

导演 dǎoyǎn 명 연출자, 감독 ★

**정답** C

**해설** 드라마 주인공에 관해서 묻고 있다. 남자가 여자 주인공이 처음 연기하는 것임에도 연기 실력이 매우 뛰어나다고 했으므로 드라마 주인공은 처음임을 알 수 있다.

\* 初次(처음)와 第一次(첫 번째)는 동의어에 속한다.

### 2

女：张亮，你爸爸的拍照水平真高，他是专业的摄影师吗？
男：才不是呢，摄影只是我爸的爱好而已。

问：关于张亮的爸爸，可以知道什么？

여: 장량아, 너희 아버지 사진 찍는 실력이 정말 좋으시다, 아버지는 전문 사진기사 이시니?
남: 그런 건 아니고, 사진 촬영 하는 게 우리 아버지의 취미일 뿐이셔.

질문: 장량의 아버지에 관해 알 수 있는 것은?

**지문 어휘**

拍照 pāizhào 동 사진을 찍다

专业 zhuānyè 명 전공, 전문

摄影师 shèyǐngshī 명 촬영사

只是~而已 zhǐshì~éryǐ
접 ~에 불과하다, 다만

爱好 àihào 명 취미, 애호

摄影 shèyǐng
동 사진을 찍다 ★

A 退休了　　　　　　　A 퇴직하셨다
B 拍照水平不好　　　　B 사진 찍는 실력이 좋지 않다
C 摄影技术很好　　　　C 촬영기술이 매우 좋다
D 爱拍风景　　　　　　D 풍경촬영을 좋아한다

**退休** tuìxiū 동 퇴직하다, 은퇴하다 ★
**水平** shuǐpíng 명 수준
**技术** jìshù 명 기술
**风景** fēngjǐng 명 풍경, 경치 ★

**정답** C

**해설** 장량의 아버지에 관해서 묻고 있다. 여자가 장량에게 아버지의 사진 찍는 실력이 좋다고 말했고, 남자는 자신의 아버지가 사진 촬영이 취미라고 했으므로 결과적으로 장량의 아버지는 촬영기술이 매우 좋음을 알 수 있다.
* 拍照(사진을 찍다)와 摄影(사진을 찍다)은 동의어에 속한다.

## 3

女: 这篇文章写得很好，反映了很多经济问题。
男: 是的，我正准备把它推荐给李主编呢。

여: 이 글 정말 잘 썼네, 많은 경제 문제를 다뤘어.
남: 맞아, 마침 이 편집장님한테 이 글을 추천하려고 해.

问: 男的打算怎么处理那篇文章？
　A 调整文章结构
　B 退还给作者
　C 马上发表
　D 推荐给李主编

질문: 남자는 그 글을 어떻게 할 계획인가?
　A 글의 구성을 조정한다
　B 저자에게 되돌려준다
　C 곧 발표한다
　D 이 편집장에게 추천한다

**지문 어휘**
**文章** wénzhāng 명 문장, 글
**反映** fǎnyìng 동 반영하다 ★
**经济** jīngjì 명 경제
**推荐** tuījiàn 동 추천하다 ★
**主编** zhǔbiān 명 편집장
**调整** tiáozhěng 동 조정하다, 조절하다 ★
**结构** jiégòu 명 구성, 구조 ★
**退还** tuìhuán 동 돌려주다, 반환하다
**发表** fābiǎo 동 발표하다 ★

**정답** D

**해설** 남자가 그 글을 어떻게 할 것인지 계획을 묻고 있다. 남자는 이 편집장에게 그 글을 추천하려고 계획 중이라고 언급했으므로 정답은 D이다.

## 4

男: 这个文件包里有很多重要项目的文件资料，你要好好保管。
女: 别担心，我一定会注意的。

남: 이 서류가방 안에 중요한 프로젝트 문서자료들이 있으니까, 너 잘 보관해야 돼.
여: 걱정 마, 조심할게.

问: 男的希望女的怎么样？

질문: 남자는 여자가 어떻게 해 주길 바라는가?

**지문 어휘**
**文件包** wénjiànbāo 명 서류 가방
**项目** xiàngmù 명 항목, 과제, 프로젝트 ★
**文件** wénjiàn 명 문서, 파일 ★
**资料** zīliào 명 자료 ★

| | |
|---|---|
| A 购买新文件包<br>B 查找项目资料<br>C 整理文件资料<br>D 保管文件资料 | A 새로운 서류가방을 산다<br>B 프로젝트 자료를 조사한다<br>C 문서자료를 정리한다<br>D 문서자료를 보관한다 |

**정답** D

**해설** 남자는 여자가 어떻게 해주길 바라는지 묻고 있다. 남자는 여자에게 중요한 프로젝트 문서자료들이 있으니 잘 보관하라고 얘기했으므로 결과적으로 남자는 여자에게 문서자료를 보관하려고 함을 알 수 있다.

保管 bǎoguǎn 통 보관하다
购买 gòumǎi 통 사다, 구매하다
查找 cházhǎo
통 찾다, 조사하다, 알아보다
整理 zhěnglǐ 통 정리하다

### 5

女: 明天晚上的同学聚会你去不去?
男: 我本来是要去的，但是公司临时安排我去欧洲出差。

问: 男的为什么不去参加聚餐?
　A 身体不舒服
　B 没收到邀请
　C 要出国工作
　D 不想去欧洲

여: 내일 저녁에 동창회 모임에 너 갈 거니?
남: 나 원래는 가려고 했는데, 회사에서 나한테 잠시 유럽 출장 가는 스케줄을 배정해 줬어.

질문: 남자는 왜 모임에 참가하지 못하는가?
　A 건강이 안 좋아서
　B 초대를 받지 못해서
　C 해외로 가서 일해야 해서
　D 유럽에 가고 싶지 않아서

**지문 어휘**
聚会 jùhuì 명 모임
本来 běnlái 부 본래, 원래
临时 línshí 형 잠시의, 일시적인 ★
安排 ānpái 안배하다, 일을 처리하다
欧洲 Ōuzhōu 명 유럽 ★
出差 chūchāi 통 출장 가다
邀请 yāoqǐng
통 초청하다, 초대하다

**정답** C

**해설**  남자는 모임에 왜 참가하지 못하는지 이유를 묻고 있다. 남자는 회사에서 유럽 출장가는 스케줄을 배정해줬다고 했으므로 그가 모임에 참가하지 못한 이유는 해외로 일하러 가야하기 때문이다.

### 6

男: 昨天的口语课气氛真热烈，大家都积极发表自己的看法。

女: 就是，主要是因为话题是大家感兴趣的。

问: 男的觉得这次的口语课怎么样?

남: 어제 스피킹 수업 분위기 정말 뜨거웠어, 사람들 모두 적극적으로 자신의 의견을 발표했어.
여: 그러게 말이야, 모든 사람들이 관심을 갖는 주제여서 그런 가봐.

질문: 남자는 이번 스피킹 수업이 어떻다고 느꼈는가?

**지문 어휘**
口语 kǒuyǔ 명 구어, 스피킹
气氛 qìfēn 명 분위기 ★
热烈 rèliè 형 열렬하다, 뜨겁다 ★
积极 jījí 형 적극적이다, 열성적이다
发表 fābiǎo 통 발표하다 ★
看法 kànfǎ 명 견해
主要 zhǔyào 형 주요한, 주된

| A 比想象得差 | A 생각했던 것보다 좋지 않았다 |
|---|---|
| B 气氛很好 | B 분위기가 좋았다 |
| C 发言的人不多 | C 발언 하는 사람이 많지 않았다 |
| D 教室里很热 | D 교실이 더웠다 |

**지문 어휘**

话题 huàtí 명 화제, 이야기의 주제 ★
想象 xiǎngxiàng 명 상상 ★
差 chà 형 나쁘다, 좋지 않다
发言 fāyán 명 발언
동 의견을 발표하다 ★

**정답** B

**해설** 스피킹 수업에 대해서 남자의 반응을 묻는 문제이다. 남자는 어제 스피킹 수업 분위기가 뜨거웠다고 언급했으므로 분위기가 매우 좋았음을 알 수 있다.

## 7

女: 你不是说过七月中旬就能回国吗？怎么月底才回来？
男: 生意谈得不顺利，对方又提了很多新意见。

问: 根据对话，你可以知道什么？

A 男的还没回国
B 男的提前回国了
C 生意失败了
D 谈判不太顺利

여: 너 7월 중순에 귀국한다고 하지 않았어? 어떻게 월말이 되어서야 돌아왔어?
남: 비즈니스 협상이 순조롭지 못했어. 상대방이 새로운 의견을 많이 제시했거든.

질문: 대화를 통해 알 수 있는 것은?

A 남자는 아직 귀국하지 않았다
B 남자는 예정보다 미리 귀국했다
C 장사를 실패했다
D 협상이 그다지 순조롭지가 않았다

**지문 어휘**

中旬 zhōngxún 명 중순 ★
月底 yuèdǐ 명 월말
生意 shēngyi 명 장사, 사업, 비즈니스
顺利 shùnlì 형 순조롭다
对方 duìfāng 명 상대방, 상대편 ★
提 tí 동 제시하다
意见 yìjiàn 명 견해, 의견
回国 huíguó 동 귀국하다 ★
提前 tíqián 동 앞당기다
失败 shībài 동 실패하다, 패배하다
谈判 tánpàn 동 협상하다 ★

**정답** D

**해설** 대화를 통해 알 수 있는 것이 무엇인지 묻고 있다. 남자가 이번 비즈니스 협상이 순조롭지 못했다고 했으므로 정답은 D이다.

## 8

男: 天气这么热，现场还是坐满了球迷，真没想到啊。
女: 那还用说，今天可是全国总决赛。

问: 男的是什么意思?

남: 날씨가 이렇게 더운데, 현장엔 여전히 축구팬들로 가득 찼네. 정말 생각지도 못했어.
여: 말할 필요가 있니, 오늘이 전국 총결승전이니까.

질문: 남자의 말은 무슨 뜻인가?

**지문 어휘**

现场 xiànchǎng 명 현장
坐满 zuòmǎn 동 자리가 다 차다
球迷 qiúmí 명 축구 팬(fan) ★
那还用说 nàháiyòngshuō 말할 것도 없지! 말할 필요가 있나?
全国 quánguó 명 전국

A 今天不热
B 现场有很多球迷
C 今天是半决赛
D 他不想来

A 오늘 덥지 않다
B 현장에 축구팬들이 많았다
C 오늘은 준결승전이다
D 그는 오고 싶지 않았다

决赛 juésài 명 결승 ★
半决赛 bànjuésài 명 준결승전

**정답** B

**해설** 남자가 말한 의미를 묻고 있다. 남자가 경기장에 축구팬들로 가득 찼다고 했으므로 현장에는 축구팬들이 많이 있음을 알 수 있다.

## 9

女: 银行来电话了，通知我下个月开始上班。
男: 真是祝贺你啊，一毕业就找到了这么合适的工作。

问: 男的是什么意思？

A 恭喜女的
B 通知女的
C 银行的工资很高
D 女的还没毕业

여: 은행에서 전화가 왔는데, 다음달부터 출근하라고 하네.
남: 졸업하자마자 이렇게 적당한 일을 찾고, 정말 축하해.

질문: 남자의 말은 무슨 뜻인가?

A 여자를 축하해 준다
B 여자에게 알려주다
C 은행의 월급이 높다
D 여자는 아직 졸업을 하지 않았다

**지문 어휘**

通知 tōngzhī
동 통지하다, 알리다
祝贺 zhùhè 동 축하하다
一~就 yí~jiù
~하자마자 ~하다,
~하기만 하면 ~하다
合适 héshì 형 적당하다, 알맞다
恭喜 gōngxǐ 동 축하하다 ★
工资 gōngzī 명 월급, 임금

**정답** A

**해설** 남자가 말한 의미를 묻고 있다. 다음주부터 출근한다는 여자의 말에 남자가 축하한다고 했으므로 남자는 그녀를 축하해 주고 있음을 알 수 있다.
* 祝贺(축하하다) 와 恭喜(축하하다)는 동의어에 속한다.

## 10

男: 你在做什么？
女: 还有两天就是我男朋友的生日了，我正亲手给他做礼物呢。

问: 女的在干什么？

A 挑礼物
B 做贺卡
C 做礼物
D 包装礼物

남: 너 지금 뭐하고 있어？
여: 이틀 후면 바로 남자친구 생일이야, 선물을 직접 만들어 줄려고.

질문: 여자는 무엇을 하고 있는가？

A 선물을 고르고 있다
B 축하카드를 만들고 있다
C 선물을 만들고 있다
D 선물을 포장하고 있다

**지문 어휘**

亲手 qīnshǒu 부 직접, 손수
礼物 lǐwù 명 선물, 예물
挑 tiāo 동 고르다, 선택하다
贺卡 hèkǎ 명 축하 카드
包装 bāozhuāng 동 포장하다

정답 **C**

해설 여자가 무엇을 하고 있는지 묻고 있다. 남자 친구가 생일이어서 선물을 직접 만들어 주려고 한다는 여자의 말로 비추어 보아 여자는 선물을 만들고 있음을 알 수 있다.

## 11

女: 我觉得青少年应该离网络远一点儿，不然对他们的健康成长没有好处。

男: 没必要远离，只要他们能够学会正确利用网络就可以了。

问: 他们在谈什么问题？
A 青少年的问题
B 网络的好处
C 青少年是否要远离网络
D 怎样正确使用网络

여: 나는 청소년들은 인터넷을 멀리해야 한다고 생각해, 그렇지 않고서는 그들이 건강하게 성장하는데 있어서 좋은 점이 없어.

남: 멀리할 필요는 없어, 다만 그들이 인터넷을 정확하게 이용할 수만 있으면 돼.

질문: 그들은 어떤 문제에 대해 이야기 하고 있는가?
A 청소년의 문제
B 인터넷의 좋은 점
C 청소년들이 인터넷을 멀리해야 하는지 그렇지 않은지에 대해
D 어떻게 하면 정확하게 인터넷을 사용하는지

### 지문 어휘

**青少年** qīngshàonián
명 청소년 ★

**网络** wǎngluò
명 네트워크, 인터넷 ★

**不然** bùrán
접 그렇지 않으면, 아니면 ★

**成长** chéngzhǎng
동 성장하다, 자라다 ★

**没必要** méibìyào
그럴 필요 없다

**远离** yuǎnlí 동 멀리 떠나다, 멀리 벗어나다

**只要 A 就 B** zhǐyào A jiù B
A하기만 하면 B하다

**正确** zhèngquè 형 정확하다, 올바르다

**是否** shìfǒu 부 ~인지 아닌지

정답 **C**

해설 그들이 어떤 문제에 대해 이야기를 하고 있는지 묻고 있다. 여자가 청소년들은 인터넷을 멀리해야 한다고 언급하자, 남자는 인터넷을 잘 이용하기만 하면 된다는 어투로 대답한 것으로 보아, 이들은 청소년들의 인터넷 사용여부에 대해 이야기하고 있음을 알 수 있다.

## 12

선생님 강추!

男: 我刚才在小区门口看到通知，说是今天管道维修，晚上我们楼会停水。

女: 不会吧？我正想把窗帘洗一洗呢，计划总不如变化快。

问: 女的本来想做什么？

남: 나 방금 아파트 입구에서 통지문을 봤는데, 오늘 수도관 수리한다고, 저녁에 단수된다고 적혀 있었어.

여: 그럴 리가? 나 마침 커튼을 빨려고 했었는데, 역시 계획대로 잘 되지 않는구나.

질문: 여자는 원래 무엇을 하려고 했는가?

### 지문 어휘

**小区** xiǎoqū 명 아파트 단지

**门口** ménkǒu 명 입구, 현관

**通知** tōngzhī 명 통지, 통지서

**管道** guǎndào 명 파이프라인, 수도관

**维修** wéixiū 동 수리하다, 보수하다 ★

**停水** tíng shuǐ 동 단수하다

**窗帘** chuānglián 명 커튼 ★

**计划** jìhuà 명 계획 동 계획하다

A 维修管道
B 洗衣服
C 晒被子
D 洗窗帘

A 수도관을 수리한다
B 옷을 세탁한다
C 이불을 햇볕에 말리다
D 커튼을 빨다

**不如** bùrú 동 ~만 못하다 ★
**晒** shài 동 햇볕을 쬐다, 햇볕에 말리다 ★
**被子** bèizi 명 이불 ★

정답 **D**

해설 여자가 원래 무엇을 하려고 했는지 묻고 있다. 커튼을 빨려고 했었다라는 여자의 말로 비추어 보아 정답은 D이다.

### 13

女: 这本杂志上有很多室内装修的样式介绍，很实用。
男: 真的吗？我一定要看看，我正发愁要把房间装修成什么样子的呢。

问: 这本杂志是介绍什么的?

A 室内装修
B 家具样式
C 建筑设计
D 时尚饰品

여: 이 잡지에는 인테리어 디자인들이 많이 소개되어 있어서, 매우 실용적이야.
남: 정말? 나도 꼭 봐야겠어. 마침 방 인테리어를 어떻게 해야 할지 고민 중이었거든.

질문: 이 잡지에서 소개하는 것은?

A 인테리어
B 가구디자인
C 건축설계
D 패션 액세서리

**지문 어휘**

**杂志** zázhì 명 잡지
**室内装修** shìnèi zhuāngxiū 명 실내장식, 인테리어
**样式** yàngshì 명 형식, 스타일, 디자인 ★
**实用** shíyòng 형 실용적이다 ★
**发愁** fāchóu 동 걱정하다, 근심하다, 우려하다 ★
**家具** jiājù 명 가구
**建筑** jiànzhù 명 건축물, 건축 ★
**设计** shèjì 명 설계, 디자인 ★
**时尚** shíshàng 명 유행, 트렌드, 패션 ★
**饰品** shìpǐn 명 장신구, 액세서리

정답 **A**

해설 이 잡지에서 소개하는 것이 무엇인지 묻고 있다. 여자가 잡지 안에 인테리어 디자인들이 많이 소개되어 있다고 언급했으므로 이 잡지에서 소개하고 있는 것은 인테리어임을 알 수 있다.

### 14

男: 听说那边天气很恶劣，你受得了吗？
女: 放心吧，为了这次当地考察，我已经做好心理准备了。

问: 男的觉得那里怎么样?

A 风景很美
B 当地人不热情
C 气候不好
D 食物很少

남: 그 곳 날씨가 매우 열악하다고 들었는데, 너 견딜 수 있겠니?
여: 걱정 마. 이번에 현지 시찰을 위해서 난 이미 마음의 준비를 다 했어.

질문: 남자는 그곳이 어떠하다고 여기는가?

A 풍경이 아름답다
B 현지사람들은 친절하지 않다
C 기후가 좋지 않다
D 음식이 적다

**지문 어휘**

**恶劣** èliè 형 아주 나쁘다, 열악하다 ★
**受得了** shòu de liǎo 동 견딜 수 있다, 참을 수 있다
**考察** kǎochá 동 현지 조사하다, 시찰하다
**心理** xīnlǐ 명 심리 ★
**准备** zhǔnbèi 동 준비하다
**风景** fēngjǐng 명 풍경, 경치 ★
**当地人** dāngdìrén 명 현지인

정답 C

해설 여자가 가려고 하는 곳의 날씨를 묻고 있다. 남자가 그곳 날씨가 매우 열악하다고 언급했으므로 여자가 가려고 하는 곳의 날씨는 좋지 않음을 알 수 있다.

热情 rèqíng 형 열정적이다, 친절하다
食物 shíwù 명 음식물, 음식 ★

## 15 선생님 강추!

女: 听说你要结婚了，婚礼准备好了吗?
男: 我们俩计划旅行结婚，但是到底去哪儿，还没有想好。

问: 关于男的，下列哪一项是正确的?
　A 已经结婚了
　B 已经选好了旅行地点
　C 打算旅行结婚
　D 要拍婚纱照

여: 너 곧 결혼한다면서. 결혼식 준비는 잘 돼 가?
남: 우리 지금 여행결혼을 계획 중인데, 도대체 어디로 가야할지 아직 정하지 못했어.

질문: 남자에 관해서, 다음 중 옳은 것은?
　A 이미 결혼했다
　B 이미 여행지를 선택했다
　C 여행결혼을 계획 중이다
　D 웨딩사진을 찍으려고 한다

**지문 어휘**

婚礼 hūnlǐ 명 결혼식, 혼례 ★
计划 jìhuà 명 계획 동 계획하다
旅行结婚 lǚxíng jiéhūn 결혼식과 신혼 여행을 여행으로 대신하는 것, 여행결혼
到底 dàodǐ 부 도대체
选 xuǎn 동 고르다, 선택하다
地点 dìdiǎn 명 장소, 위치
婚纱照 hūnshāzhào 명 웨딩사진

정답 C

해설 남자에 관해 올바른 내용을 고르는 문제이다. 남자가 지금 여행결혼을 계획 중이라고 말했으므로 정답은 C이다.

## 16

男: 青菜不能炒得太过，否则营养成分会降低的。
女: 我知道，可以装盘了，你帮我关一下火。

问: 他们现在可能在哪儿?
　A 饭馆　　　B 厨房
　C 卧室　　　D 客厅

남: 청경채는 너무 오래 볶으면 안 돼. 그렇지 않으면 영양 성분이 날아가 버려.
여: 알겠어. 접시에 담으면 되겠다. 네가 불 좀 꺼 줘.

질문: 그들은 지금 어디에 있는가?
　A 음식점　　B 주방
　C 침실　　　D 거실

**지문 어휘**

青菜 qīngcài 명 청경채
否则 fǒuzé 접 그렇지 않으면
营养 yíngyǎng 명 영양 ★
成分 chéngfèn 명 성분, 요소 ★
降低 jiàngdī 동 내리다, 낮추다
装盘 zhuāngpán 동 접시에 담다
关 guān 동 끄다
厨房 chúfáng 명 주방, 부엌
卧室 wòshì 명 침실 ★
客厅 kètīng 명 거실

정답 B

해설 그들이 지금 어디 있는지 묻고 있다. 여자가 접시에 담을 테니 불을 좀 꺼 달라고 남자에게 부탁하고 있으므로 그들은 지금 부엌에서 요리를 하고 있는 상황임을 알 수 있다.

**17**

女: 王教授的每一场讲座你都来，你很喜欢听吗？

男: 嗯，我对王教授的研究方向很感兴趣，要是我明年能做他的硕士生就好了。

问: 男的明年有什么打算？

A 听讲座　　B 找工作
C 当老师　　D 读硕士

여: 너 왕 교수님이 하시는 특강마다 다 오던데, 특강 듣는거 좋아하니?

남: 응. 나 왕 교수님의 연구방향에 대해 관심이 있거든. 내년에 나 왕 교수님의 대학원생이 되면 좋겠어.

질문: 남자는 내년에 무슨 계획이 있는가?

A 특강을 듣는다
B 일자리를 찾는다
C 선생님이 된다
D 석사과정을 공부한다

**지문 어휘**

教授 jiàoshòu 명 교수
讲座 jiǎngzuò
명 강좌, 특강 ★
研究 yánjiū
동 연구하다, 탐구하다
方向 fāngxiàng 명 방향
要是 A 就 B yàoshi A jiù B
접 만약 A라면 B하다
硕士 shuòshì 명 석사
读硕士 dú shuòshì
동 석사과정을 공부하다

**정답** D

**해설** 남자가 내년에 무슨 계획이 있는지 묻고 있다. 내년에 왕 교수님의 대학원생이 되면 좋겠다고 말했으므로 그는 석사과정을 공부할 계획임을 알 수 있다.

**18**

男: 听说你最近在学车，什么时候能拿到驾照？

女: 还早着呢，最近忙着准备期末考试，好几次没去驾校了。

问: 根据对话，下列哪项正确？

A 女的还没有驾照
B 女的早就拿到驾照了
C 女的没去过驾校
D 女的没有期末考试

남: 너 요즘 운전 배우고 있다며, 면허증은 언제 딸 수 있는 거야?

여: 아직 멀었어, 요즘 기말고사 준비하느라 바빠서, 운전 면허학원을 여러 번 빠졌거든.

질문: 대화에 근거하여, 다음 중 옳은 것은?

A 여자는 아직 면허증이 없다
B 여자는 일찌감치 면허증을 땄다
C 여자는 운전 면허학원을 가 본적이 없다
D 여자는 기말고사를 치지 않는다

**지문 어휘**

驾照 jiàzhào 명 운전 면허증
还早着呢 háizǎozhe ne
아직 멀었다, 아직 이르다
期末考试 qīmò kǎoshì
명 기말 시험
好几次 hǎo jǐ cì 몇 번, 여러 번
驾校 jiàxiào 명 자동차 운전학원

**정답** A

**해설** 대화에 근거하여 옳은 내용을 고르는 문제이다. 남자가 여자에게 운전 면허증 땄는지 물어봤고, 여자는 아직 멀었다고 얘기했으므로 그녀는 아직 운전 면허증이 없음을 알 수 있다.

## 19

女: 我最怕天黑走这条路了，根本看不清楚路。
男: 是啊，应该是路灯坏了，我们跟管理人员说一声吧。

问: 根据对话，我们可以知道什么？

　A 路上很黑
　B 他们在坐电梯
　C 路灯不能修
　D 女的眼睛不舒服

여: 나는 날이 어두워 졌을 때 이 길로 가는 것이 제일 무서워. 길이 전혀 보이지 않아.
남: 그렇구나. 가로등이 망가졌나 보네, 관리자한테 한마디 하자.

질문: 대화에 근거하여, 우리가 알 수 있는 것은?

　A 길이 깜깜하다
　B 그들은 엘리베이터를 타고 있다
　C 가로등은 수리할 수 없다
　D 여자의 눈은 아프다

**지문 어휘**

怕 pà 동 무서워하다, 두려워하다
天黑 tiān hēi 동 날이 어두워지다, 해가 지다
根本 gēnběn 부 전혀, 도무지 ★
路灯 lùdēng 명 가로등
管理人员 guǎnlǐ rényuán 명 관리자
说一声 shuō yì shēng 한 소리 하다, 한 마디 하다
电梯 diàntī 명 엘리베이터
修 xiū 동 수리하다, 보수하다

**정답** A

**해설** 이 글에 관해 알 수 있는 것은 무엇인지 묻고 있다. 여자가 날이 어두워 졌을 때 길이 보이지 않아 무섭다고 한 것으로 보아 길이 어둡다는 것을 알 수 있다.

## 20

男: 我不记得这里有广场，这儿原来是个批发市场吧？
女: 对啊，这个广场是前年年末刚建的。

问: 那个广场是什么时候建好的？

　A 去年年末
　B 前年年底
　C 前年夏天
　D 前年秋天

남: 여기에 광장이 있는지 생각 못했어, 이곳은 원래 도매 시장이었잖아?
여: 맞아, 이 광장은 재작년 말에 만들어진 거야.

질문: 그 광장은 언제 만들어진 것인가?

　A 작년 말
　B 재작년 말
　C 재작년 여름
　D 재작년 가을

**지문 어휘**

广场 guǎngchǎng 명 광장 ★
原来 yuánlái 부 원래, 본래
批发市场 pīfā shìchǎng 명 도매 시장
建 jiàn 동 만들다, 짓다, 건설하다
年末 niánmò 명 연말
年底 niándǐ 명 연말

**정답** B

**해설** 광장이 언제 만들어진 것인지 묻고 있다. 여자가 이 광장은 재작년 말에 만들어졌다고 했으므로 광장이 만들어진 시기는 재작년 말임을 알 수 있다.

　* 年末와 年底는 '연말'이라는 의미로 동의어에 속한다.

## 제2부분    21~45번 문제는 남녀간의 대화 또는 단문을 듣고 질문에 알맞은 답을 고르는 문제입니다.

### 21

女：你好，我想办一张会员卡。

男：小姐，我们的会员卡分银卡和金卡，您想办哪一种呢？

女：我住这儿的机会很多，就办一张金卡吧。

男：行，麻烦您在本子上登记一下个人信息。

问：对话最可能发生在哪里？

　A 操场
　B 街上
　C 宾馆
　D 商场

여: 안녕하세요, 저 멤버십 카드 하나 만들고 싶어요.

남: 아가씨, 회원카드는 실버카드와 골드카드로 나눠져 있어요. 어떤 카드로 만들고 싶으세요?

여: 저는 여기에 숙박할 기회가 많아요. 골드카드로 만들어주세요.

남: 네, 실례지만 노트에 개인 정보 좀 기재해주세요.

질문: 대화는 어디에서 일어날 가능성이 가장 큰가?

　A 운동장
　B 길 위
　C 호텔
　D 상점

**지문 어휘**

办 bàn 동 처리하다, 다루다
会员卡 huìyuánkǎ 명 멤버십 카드
银卡 yínkǎ 명 실버 카드
金卡 jīnkǎ 명 골드 카드
麻烦 máfan 동 귀찮게 하다, 부담을 주다, 폐를 끼치다
本子 běnzi 명 책, 노트
登记 dēngjì 동 등기하다, 기재하다 ★
个人信息 gèrénxìnxī 명 개인 정보

**정답** C

**해설** 대화가 이루어진 장소를 묻고 있다. 듣기 내용에서 구체적인 장소가 언급되지 않았지만 여자는 여기서 묵을 기회가 많다고 했으므로 숙박할 수 있는 장소 '호텔'이 정답일 가능성이 높다.

### 22

男：小李，真是对不起，我家小明昨天踢足球的时候，不小心踢碎了你家的玻璃。

女：小孩子顽皮嘛，可以理解。

男：你看换个新玻璃要多少钱，我赔给你。

女：行，等我换好了再跟你说。

问：根据对话，下列哪项正确？

남: 샤오리, 정말 미안해. 우리 집 샤오밍이 어제 축구 할 때, 조심하지 못하고 너희 집 유리를 깨뜨렸어.

여: 어린 아이들은 장난이 심하잖아. 이해해.

남: 새 유리로 교체하는데 얼마나 들어? 내가 배상해 줄게.

여: 알았어, 내가 교체하고 나서 다시 말해줄게.

질문: 대화에 근거하여, 다음 중 옳은 것은?

**지문 어휘**

碎 suì 동 부서지다, 깨지다 ★
玻璃 bōli 명 유리 ★
顽皮 wánpí 형 장난이 심하다, 말썽꾸러기이다
赔 péi 동 배상하다, 변상하다, 보상하다

A 男的要赔女的玻璃钱
B 女的很生气
C 女的的车玻璃碎了
D 女的已经换好玻璃了

A 남자는 여자에게 유리 값을 배상하려고 한다
B 여자는 화가 났다
C 여자의 차 유리가 깨졌다
D 여자는 이미 유리를 교체했다

**정답** A

**해설** 대화에 근거하여 가장 올바른 내용을 고르는 문제이다. 남자가 여자에게 유리 가격이 얼마인지 묻고 배상하겠다고 했으므로 정답은 A이다.

## 23

女: 听说今天你和朋友去农村玩儿了，怎么样？
男: 挺好玩儿的，我们去果园摘水果了。
女: 是吗? 那里都有什么水果？
男: 可多了，有苹果还有桃子。

问: 男的今天去哪儿了？
A 公园　　B 果园
C 水果店　D 超市

여: 오늘 너 친구랑 농촌으로 놀러 갔었다며, 어땠어?
남: 아주 재미있었어, 과수원에 가서 과일을 땄거든.
여: 그래? 거기에 무슨 과일 있었는데?
남: 종류가 엄청 많았어, 사과랑 복숭아도 있었어.

질문: 남자는 오늘 어디에 갔었는가?
A 공원　　B 과수원
C 과일가게　D 슈퍼마켓

**지문 어휘**

农村 nóngcūn 명 농촌 ★
果园 guǒyuán 명 과수원
摘 zhāi 동 따다, 꺾다, 뜯다 ★
苹果 píngguǒ 명 사과
桃子 táozi 명 복숭아

**정답** B

**해설** 남자가 오늘 어디에 갔었는지 묻고 있다. 과수원에 가서 과일을 땄다는 남자의 말을 통해서 남자는 오늘 친구와 과수원에 갔음을 알 수 있다.

## 24

男: 你怎么看起来没有精神？
女: 我感冒了，刚吃了药，现在有点儿困。
男: 这么难受，你还是请假回家休息吧。
女: 没事，一会儿就下班了。

남: 너 힘이 왜 이렇게 없어 보여?
여: 감기에 걸렸어, 방금 약 먹었는데 지금 좀 졸려.
남: 그렇게 힘들면, 조퇴하고 집에 가서 쉬는 게 좋을 것 같아.
여: 괜찮아, 잠시 후면 퇴근인데 뭐.

**지문 어휘**

看起来 kànqǐlái 동 보기에 ~하다, 보아하니 ~하다
精神 jīngshén 명 의식, 활력, 정신
感冒 gǎnmào 동 감기에 걸리다
药 yào 명 약
困 kùn 동 졸리다

问: 女的怎么了?

A 感冒了
B 头受伤了
C 失眠了
D 过敏了

질문: 여자는 어떠한가?

A 감기 걸렸다
B 머리를 다쳤다
C 불면증에 걸렸다
D 알레르기 반응이 있다

**难受** nánshòu
형 불편하다, 견딜 수 없다
**请假** qǐngjià
동 휴가, 조퇴를 신청하다
**受伤** shòushāng
동 부상당하다, 부상을 입다 ★
**失眠** shīmián 동 잠을 이루지 못하다, 불면증에 걸리다 ★
**过敏** guòmǐn
동 알레르기 반응을 보이다
형 예민하다 ★

**정답** A

**해설** 여자가 어떤지 상태를 묻고 있다. 힘이 없어 보인다는 남자의 말에 여자가 감기에 걸렸다고 했으므로 정답은 감기에 걸린 것이다.

### 25

女: 我们工厂这个月的产量怎么样?
男: 比原来多了五万件。
女: 真的吗? 看来我们的新引进的机器效率很高。
男: 是啊, 产量一下子就提上去了。

问: 他们最可能在哪个部门?

A 生产部
B 销售部
C 开发部
D 财务部

여: 우리공장에 이번 달 생산량이 어떻게 됩니까?
남: 원래 생산량보다 5만건 늘었습니다.
여: 정말이에요? 아마도 새로 들여온 기계의 효율이 높았던 것 같아요.
남: 맞아요. 생산량이 단번에 올라갔어요.

질문: 그들은 어느 부서에서 있을 가능성이 가장 큰가?

A 생산부
B 판매부
C 개발부
D 재무부

**지문 어휘**

**工厂** gōngchǎng 명 공장 ★
**产量** chǎnliàng 명 생산량
**引进** yǐnjìn
동 도입하다, 끌어들이다
**机器** jīqì 명 기계, 기기 ★
**效率** xiàolǜ 명 효율 ★
**一下子** yíxiàzi
부 단시간에, 갑자기
**提上去** tí shàngqu
향상되다, 올라가다
**生产** shēngchǎn
동 생산하다 ★
**销售** xiāoshòu
동 팔다, 판매하다, 매출하다 ★
**开发** kāifā 동 개발하다 ★
**财务** cáiwù 명 재무, 재정

**정답** A

**해설** 그들이 어느 부서에 있을 가능성이 큰지 묻고 있다. 우리 공장의 이번 달 생산량이 어떻게 되는지 여자가 질문하자, 남자가 생산량이 단번에 올라갔다고 대답했으므로 그들은 생산부에서 일할 가능성이 높음을 알 수 있다.

### 26

男: 赵文, 你的银行卡账户信息还没给我呢。
女: 实在抱歉, 刘会计, 我还没抽出时间办北京的银行卡。

남: 짜오원, 당신의 은행카드 계좌정보를 아직 주지 않았어요.
여: 정말 죄송해요, 리우 회계사님, 제가 시간이 없어서 아직 베이징의 은행카드를 만들지 못했어요.

**지문 어휘**

**银行卡** yínhángkǎ
명 은행 카드
**账户** zhànghù 명 계좌 ★
**信息** xìnxī 명 정보
**实在** shízài
부 확실히, 정말, 사실은

男: 那你赶紧去办一张吧,就要发工资了。
女: 好的。

问: 男的向女的要什么?
　A 家庭住址
　B 身份证号码
　C 银行卡信息
　D 电话号码

남: 그럼 서둘러 한 장 만들어요. 곧 급여 지급일이에요.
여: 알겠어요.

질문: 남자가 여자에게 요구하는 것은?
　A 집 주소
　B 신분증 번호
　C 은행카드정보
　D 전화번호

抱歉 bàoqiàn 동 미안해하다, 미안하게 생각하다
会计 kuàijì 명 회계, 경리 ★
抽出 chōuchū 동 빼다
赶紧 gǎnjǐn 부 서둘러, 재빨리, 황급히 ★
工资 gōngzī 명 월급, 임금
家庭 jiātíng 명 가정 ★
住址 zhùzhǐ 명 주소
身份证号码 shēnfènzhèng hàomǎ 명 신분증번호, 주민등록증번호

**정답** C

**해설** 남자가 여자에게 요구한 것이 무엇인지 묻고 있다. 대화 첫머리에서 남자가 은행카드 계좌정보를 주지 않았다고 여자에게 말했으므로 결과적으로 남자가 여자에게 원하는 것은 은행카드 정보이다.

### 27

女: 现在,很多家航空公司都有中秋节往返机票打折活动,我刚才预订了。
男: 预订以后能退吗?
女: 不能退,也不能改签。
男: 那我等等再订吧,我还没确定哪天回来。

问: 男的为什么不订打折机票?
　A 他不回家
　B 机票太贵了
　C 回程日期没定
　D 决定乘坐火车

여: 현재 많은 항공사들이 추석을 맞이하여 왕복티켓 할인행사를 진행하고 있길래 방금 예약했어.
남: 예약한 후에 환불도 가능해?
여: 환불도 안 되고, 날짜 변경도 안 되는 거야.
남: 그럼 난 좀 더 기다렸다가 예약할래. 난 언제 돌아올지 아직 확실히 정하지 못했거든.

질문: 남자는 왜 할인티켓을 예약하지 않는가?
　A 그는 집에 가지 않아서
　B 비행기표가 너무 비싸서
　C 돌아오는 날짜를 정하지 못해서
　D 기차 타고 가기로 결정해서

**지문 어휘**

航空公司 hángkōnggōngsī 명 항공사
中秋节 Zhōngqiūjié 명 한가위, 추석
往返机票 wǎngfǎn jīpiào 명 왕복항공권
打折 dǎzhé 동 가격을 깎다, 디스카운트하다
活动 huódòng 명 행사, 활동
预订 yùdìng 동 예약하다, 미리 약속하다
退 tuì 동 물러나다, 물러서다 ★
改签 gǎiqiān 비행기표 (날짜, 시간 등) 변경
订 dìng 동 예약하다, 주문하다
确定 quèdìng 동 확정하다, 결정을 내리다 ★
回程 huíchéng 명 되돌아가는 길
日期 rìqī 명 날짜, 기간 ★
决定 juédìng 동 결정하다

**정답** C

**해설** 남자가 왜 할인티켓을 예약하지 않는지에 대해 묻고 있다. 마지막 부분에서 언제 돌아올지 아직 확실히 정하지 못했다는 남자의 말을 통해서 그가 예약을 하지 않는 이유가 돌아오는 날짜를 정하지 못해서임을 알 수 있다.

실전 모의고사 **305**

## 28

男：你在做什么呢?
女：我从网上学的一组简单的动作，能缓解腰背痛。
男：你教教我吧。我每天工作站的时间比较长，经常腰疼。
女：当然可以啊。

问：根据对话可以知道什么?

A 男的每天做八个小时操
B 女的从电视上学了做操
C 那组动作能缓解腰痛
D 那组动作很难学

---

남: 너 뭐하고 있어?
여: 나 지금 인터넷에서 배운 간단한 동작을 해보고 있어. 허리, 등 부위의 통증을 완화시켜줄 수 있거든.
남: 나한테도 가르쳐 줘. 나 매일 서서 일하는 시간이 길어서 맨날 허리가 아파.
여: 당연히 가르쳐주지.

질문: 대화를 통해서 알 수 있는 것은 무엇인가?

A 남자는 매일 8시간 체조를 한다
B 여자는 TV에서 체조를 배웠다
C 그 동작은 허리통증을 완화시켜준다
D 그 동작은 배우기 어렵다

---

**지문 어휘**

**简单** jiǎndān
형 간단하다, 단순하다

**动作** dòngzuò
동 움직이다, 행동하다

**缓解** huǎnjiě
동 완화되다, 호전되다 ★

**腰** yāo 명 허리 ★

**背** bèi 명 등 ★

**教** jiāo 동 전수하다, 가르치다

**腰疼** yāoténg
명 요통 형 허리가 아프다

**操** cāo 명 체조

---

**정답** C

**해설** 대화를 통해 알 수 있는 것이 무엇인지 묻고 있다. 여자는 인터넷에서 배운 동작이 허리, 등 부위의 통증을 완화시켜준다고 하였고, 남자는 허리가 아프니까 가르쳐 달라고 했기 때문에 결과적으로 그 동작은 허리통증을 완화시켜준다는 의미와 일맥상통한다.

## 29

女：先生，您好，我是电影频道的记者，能采访您一下吗?
男：没问题。我经常收看你们的节目。
女：谢谢您，我们正在做一个市民最喜爱的电影类型调查，你能抽空儿回答我几个问题吗?
男：当然可以，你问吧。

---

여: 선생님, 안녕하세요, 저는 영화채널의 기자인데, 인터뷰 좀 할 수 있을까요?
남: 물론이죠. 당신들의 프로그램을 자주 봐요.
여: 감사합니다, 저희는 지금 시민들이 가장 좋아하는 영화 종류에 대해 조사하고 있어요. 시간 좀 내서 질문 몇 개만 대답해 주실 수 있으신가요?
남: 당연히 가능하죠, 물어보세요.

---

**지문 어휘**

**频道** píndào 명 채널 ★

**记者** jìzhě 명 기자

**采访** cǎifǎng
동 인터뷰하다, 취재하다 ★

**节目** jiémù 명 프로그램

**类型** lèixíng 명 유형, 종류 ★

**调查** diàochá 동 조사하다

**抽空儿** chōu kòngr 틈을 내다

**回答** huídá
동 대답하다, 회답하다

**消费** xiāofèi 동 소비하다 ★

问: 那个调查是关于什么的?
A 市民消费习惯
B 市民住房要求
C 市民喜欢的电影种类
D 市民喜爱的演员类型

질문: 그 조사는 무엇에 관한 것인가?
A 시민들의 소비습관
B 시민들의 주거요건
C 시민들이 좋아하는 영화 종류
D 시민들이 사랑하는 배우 유형

**住房** zhùfáng 명 주택
**种类** zhǒnglèi 명 종류 ★
**喜爱** xǐ'ài 동 좋아하다, 애호하다
**演员** yǎnyuán 명 배우, 연기자

**정답** C

**해설** 그 조사가 무엇에 관한 것인지 묻고 있다. 여자가 시민들이 가장 좋아하는 영화 종류에 대해 조사하고 있다고 했으므로 영화종류를 언급한 C가 정답이다.

### 30

男: 你的鞋店最近生意怎么样?
女: 不怎么样。女鞋卖得倒是还行, 男鞋就不尽人意了。
男: 女鞋的市场销量肯定比男鞋好, 你可以考虑专卖女鞋。
女: 是啊, 我也正有这个想法。

问: 男的建议女的怎么做?
A 只卖女鞋
B 发宣传广告
C 打折促销
D 增加女装种类

남: 너 요즘 신발가게 장사는 잘 되니?
여: 그냥 그래. 여성 신발은 잘 팔리는데, 남성 신발은 생각보다 잘 안 팔리네.
남: 여성 신발의 시장 소비량은 틀림없이 남성들보다는 좋을 거야, 여성 신발만 전문적으로 팔아보는 거 생각해봐.
여: 맞아, 나도 마침 그런 생각을 하고 있었어.

질문: 남자는 여자에게 어떻게 하라고 제안했는가?
A 여성 신발만 팔라고
B 선전광고를 내라고
C 할인을 하여 판매를 촉진하라고
D 여성복 종류를 늘려보라고

**鞋店** xiédiàn 명 신발 가게
**生意** shēngyi 명 장사, 사업, 비즈니스
**不怎么样** bù zěnmeyàng 형 그리 좋지 않다, 보통이다
**不尽人意** bújìn rényì 마음을 다하지 못하다, 생각대로 되지 않다
**销量** xiāoliàng 명 판매량
**肯定** kěndìng 부 확실히, 틀림없이
**专** zhuān 부 전문적으로, 오로지
**想法** xiǎngfǎ 명 생각, 의견
**宣传** xuānchuán 동 선전하다, 홍보하다 ★
**广告** guǎnggào 명 광고, 선전
**打折** dǎzhé 동 가격을 깎다, 디스카운트하다
**促销** cùxiāo 동 판매를 촉진시키다, 판촉 하다
**女装** nǚzhuāng 명 여성복, 여성의류

**정답** A

**해설** 남자가 여자에게 어떻게 하라고 제안했는지 묻고 있다. 남자가 여자에게 여성 신발만 전문적으로 팔아보라는 제안을 했으므로 정답은 A이다.

**第31到32题是根据下面一段话：**

<sup>31</sup>南丁格尔为世界护理事业做出了突出的贡献，为了纪念她，国际护士理事会于1912年将她的生日5月12号，定为国际护士节。国际护士节的目的是激励护理工作者，做好护理工作，继承和发扬护理事业的优良传统，用耐心、细心、爱心和责任心看护每一位病人。从1988年起，<sup>32</sup>每年国际护士节都会设定一个主题。今年的主题是：护士，变革的力量--高效护理与医疗成本。

### 31

问：关于南丁格尔，可以知道什么？

A 1912年出生
B 是一位护理工作者
C 提倡设立国际护士节
D 提出了今年护士节的主题

**정답** B

### 32

问：关于1988年后的国际护士节，可以知道什么？

A 每年主题不同
B 是南丁格尔主持的
C 纪念活动持续一周
D 给全体护士送礼物

---

**지문 어휘**

南丁格尔 Nándīnggé'ěr
몡 나이팅게일

护理 hùlǐ
통 돌보다, 간호하다, 간병하다

事业 shìyè 몡 사업

做出 zuòchū ~을/를 하다

贡献 gòngxiàn
통 공헌하다, 기여하다 ★

突出 tūchū
형 돋보이다, 두드러지다 ★

纪念 jìniàn 통 기념하다 ★

国际护理理事会
guójì hùlǐ lǐshìhuì
몡 국제간호이사회

定为 dìngwéi ~로 정하다

国际护士节 guójì hùshìjié
몡 국제 간호사의 날

目的 mùdì 몡 목적

激励 jīlì
통 격려하다, 북돋워 주다

继承 jìchéng
통 이어받다, 계승하다

发扬 fāyáng 통 드높이다,
더욱더 발전시키다

优良 yōuliáng
형 아주 좋다, 우량하다

传统 chuántǒng 몡 전통 ★

耐心 nàixīn 몡 인내심

细心 xìxīn
형 세심하다, 면밀하다

爱心 àixīn 몡 관심과 사랑,
사랑하는 마음 ★

责任心 zérènxīn 몡 책임감

看护 kānhù
통 간호하다, 보살피다

病人 bìngrén 몡 환자, 병자

从~起 cóng~qǐ ~에서 시작하다

设定 shèdìng
통 설정하다, 규정을 세우다

主题 zhǔtí 몡 주제 ★

变革 biàngé 몡 변혁

**정답** A

**해설** 1998년 이후의 국제 간호사의 날에 관해서 묻고 있다. 단문의 마지막 부분에서 1998년부터 국제 간호사의 날이 되면 하나의 주제를 정하기 시작했다고 했으므로 매년 주제가 다름을 알 수 있다.

高效 gāoxiào 형 높은 능률(의)
医疗 yīliáo 명 의료
成本 chéngběn 명 원가, 자본금
提倡 tíchàng 통 제창하다 ★
设立 shèlì 통 설립하다, 건립하다
提出 tíchū 통 제출하다, 제의하다, 제기하다
主持 zhǔchí 통 주관하다 ★
持续 chíxù 통 지속하다 ★

---

**第33到35题是根据下面一段话：** 33-35번 문제는 다음 내용에 근거한다:

有一次，宋濂要去远方向一位著名的老师请教问题，并约好见面日期，谁知出发当天开始下起了鹅毛大雪。宋濂不顾天气恶劣，挑起行李准备上路时，母亲惊讶地说："这样的天气可不能出远门。再说，老师那儿早已大雪封山了。³⁶ 你改日再去吧！"宋濂却说："要是今天不出发就不能赶在约好的时间拜师，³⁷ 失约，就是对老师不尊重啊。风雪再大，我也得上路。"于是宋濂背起行李，踏着冰雪上路了。当他到达老师家的时候，手脚全都冻僵了，过好长时间后才恢复知觉。老师称赞说："年轻人，你如此守信好学，将来必有出息的。"宋濂由于守信好学，³⁸ 最终成为了出色的文学家。

한 번은, 송렴(宋濂 sònglián)은 먼 곳에 가서 한 명의 유명한 스승님께 문제에 대해 가르침을 청하고 싶어서, 만날 날짜를 약속하였다. (그러나) 출발하는 당일 함박눈이 내릴 줄 누가 알았겠는가. 송렴은 날씨가 나쁜 것을 생각지 않고, 짐을 지고 여정에 오르려 할 때, 어머니께서 놀라며 말씀하셨다: "이런 날씨엔 결코 먼 길을 갈 수 없단다. 게다가 스승님 계신 곳도 이미 진작에 대설로 산이 봉쇄 되었을 거야. ³⁶ 너는 다른 날에 가도록 하여라." 송렴은 오히려 말하길 "만약 오늘 출발하지 않으면 스승님 뵙기로 한 시간에 맞출 수 없을 겁니다. ³⁷ 약속을 어긴다는 것은 바로 스승님을 존중하지 않는다는 것입니다. 눈보라가 아무리 세찰지라도 저는 길에 올라야 합니다" 그래서 송렴은 짐을 매고는, 얼은 눈 위를 내딛고 여정에 올랐다. 그가 스승의 집에 도착했을 때, 손발은 이미 꽁꽁 얼어붙었고, 꽤 오랜 시간이 지나서야 감각을 회복하였다. 스승님은 그를 칭찬하며 말씀하시길: 젊은이여. 너는 이렇게 신의를 지키고 배우기를 좋아하니, 훗날 반드시 출세할 것일세" 송렴은 믿음을 지키고 배우기를 좋아하였기 때문에, ³⁸ 끝내 뛰어난 문학가가 되었다.

**지문 어휘**

宋濂 sònglián
절강(浙江) 사람으로, 중국 명대의 문인 겸 정치가
远方 yuǎnfāng 명 먼 곳
请教 qǐngjiào 통 가르침을 청하다
鹅毛大雪 émáodàxuě 성 거위 털처럼 가볍게 흩날리는 함박눈
不顾 búgù 통 고려하지 않다, 돌보지 않다
恶劣 èliè 형 열악하다, 매우 나쁘다 ★
挑起 tiǎoqǐ 통 들어올리다, 내걸다
上路 shànglù 통 길에 오르다, 출발하다
惊讶 jīngyà 형 의아스럽다, 놀랍다
封山 fēngshān 통 입산을 금지하다
拜师 bàishī 통 스승을 모시다, 제자가 되다
失约 shīyuē 통 약속을 어기다
尊重 zūnzhòng 통 존중하다
风雪 fēngxuě 명 눈보라
背 bēi 통 짊어지다, 업다 ★

## 33

问: 母亲希望宋濂怎么样?

A 骑着马赶路
B 找人同行
C 推迟出发日期
D 多穿衣服去

질문: 어머니는 송렴이 어떻게 하길 바라셨는가?

A 말을 타고 길을 재촉하길
B 함께 갈 사람을 찾길
C 출발 날짜를 미루길
D 옷을 더 입고 가길

**정답** C

**해설** 어머니께서 송렴이 어떻게 하길 바라는지 묻고 있다. 단문 중간 부분에서 어머니가 날씨로 인해 다른 날에 가도록 송렴에게 권하였으므로, 결과적으로 출발 날짜를 바꾸길 원하고 있음을 알 수 있다.

## 34

问: 宋濂觉得失约会怎么样?

A 老师会不搭理他的
B 让人看不起
C 受批评
D 不尊重老师

질문: 송렴은 약속을 어기면 어떻다고 여겼는가?

A 스승님이 그를 상대하지 않으실 것이다
B 사람들로 하여금 얕보게 한다
C 혼나다
D 스승을 존중하지 않는다

**정답** D

**해설** 약속을 어겼을 경우 송렴이 느끼는 생각에 대해 묻고 있다. 송렴과 어머니의 대화 가운데서 약속을 어긴다는 것은 바로 스승님을 존중하지 않는 것이라고 언급했다.

## 35

问: 关于宋濂, 可以知道什么?

A 在路上丢了行李
B 很在意母亲的看法
C 喜欢采取单独行动
D 后来成为了文学家

질문: 송렴에 관해, 알 수 있는 것은?

A 길에서 짐을 잃어버렸다
B 어머니의 말씀을 신경 쓴다
C 독단적 행동을 취하는 것을 좋아한다
D 훗날 문학가가 되었다

**정답** D

**해설** 이 글의 주제를 묻고 있다. 글의 주제를 묻는 질문은 단문의 첫머리와 마지막 부분에 주목하자! 단문의 마지막 부분에서 믿음을 지키고 배우기를 좋아하여 끝내 뛰어난 문학가가 되었다라는 말이 이 글의 주제에 해당된다.

---

踏 tà 동 밟다, 디디다
冰雪 bīngxuě 명 빙설
冻僵 dòngjiāng 동 손발이 얼어붙다
恢复 huīfù 동 회복하다 ★
知觉 zhījué 명 지각, 감각
称赞 chēngzàn 동 칭찬하다 ★
守信 shǒuxìn 동 신용을 지키다, 믿음을 지키다
最终 zuìzhōng 명 최후, 맨 마지막
出色 chūsè 형 대단히 뛰어나다, 출중하다 ★
同行 tóngxíng 동 동행하다, 같이 가다
搭理 dāli 동 상대하다
采取 cǎiqǔ 동 취하다, 채택하다
单独 dāndú 부 단독으로, 혼자서 ★
行动 xíngdòng 명 행동 동 행동하다 ★

第36到38题是根据下面一段话： 36–38번 문제는 다음 내용에 근거한다:

即使海面狂风暴雨，海底看起来却依然寂静无声。那么，海底是否真的没有一点儿声音呢？其实并非如此，海底的动物常常说"悄悄话"，只是我们很难听到而已。³⁶ 但要是你戴上特制的水中听音器，就能听到各种意想不到的声音。有的像青蛙一样呱呱；有的像蛇一样嘶嘶；还有的像人饿了以后的肚子咕噜咕噜。除此之外，³⁸ 由于阳光无法照射到海底，海面500米以下几乎是全黑的，在这一片伸手不见五指的深海里，却有许多光点 ³⁷ 像星星一样，十分闪耀。那当然不是星星的光，那是带有发光器官的深水鱼在游动。

설사 바다에 비바람이 세차게 몰아쳐도, 바다 밑은 여전히 소리 없이 고요한 것처럼 보인다. 그럼, 바다 밑은 정말 조금의 소리 또한 없는 것인가? 사실은 결코 그렇지 않다, 해저동물은 "귓속말"을 자주한다. 단지 우리가 듣기 어려울 뿐이다. 그러나 ³⁶ 만약에 당신이 특수 제작한 수중 보청기를 낀다면, 각종의 예상 외의 소리를 들을 수 있다. 어떤 것은 개구리처럼 개굴개굴 거리고; 어떤 것은 뱀처럼 쓰 거리고; 어떤 것은 사람이 배고플 때 배에 나는 소리처럼 꼬르꼬륵 거린다. 이것 외에도, ³⁸ 햇빛이 바다 밑까지는 비출 수 없기 때문에, 해수면 500미터 이하는 거의 새까맣고, 손을 뻗으면 다섯 손가락이 보이지 않을 정도의 깊은 바닷속에는, ³⁷ 별처럼 아주 반짝이는 많은 빛들이 있다. 당연히 그것들은 별빛이 아니고, 발광기관을 가지고 있는 심수어가 헤엄치고 있는 것이다.

### 지문 어휘

**海面** hǎimiàn 몡 해면, 해수면
**狂风** kuángfēng 몡 광풍
**暴雨** bàoyǔ 몡 폭우
**海底** hǎidǐ 몡 해저, 바다 밑
**依然** yīrán 閉 여전히 ★
**寂静无声** jìjìngwúshēng
셍 쥐 죽은 듯 소리가 없다
**声音** shēngyīn 몡 소리
**并非如此** bìngfēi rúcǐ
결코 그렇지 않다
**悄悄话** qiāoqiāohuà
몡 귓속말, 비밀 이야기
**特制** tèzhì 동 특별 제작하다
**意想不到** yìxiǎng búdào
동 상상할 수 없다
**青蛙** qīngwā 몡 청개구리
**呱呱** guāguā 갑 꽥꽥, 개굴개굴
**蛇** shé 몡 뱀 ★
**嘶嘶** sīsī 갑 쉬잇, 쓱
**咕噜** gūlū 갑 꼬르륵
**除此以外** chúcǐ yǐwài
그밖에, 이 외에
**阳光** yángguāng 몡 햇빛
**照射** zhàoshè
동 비추다, 비치다
**伸手** shēnshǒu
동 손을 내밀다, 손을 뻗다
**五指** wǔzhǐ 몡 다섯 손가락
**星星** xīngxing 몡 별
**闪耀** shǎnyào
동 빛을 발하다, 번쩍거리다
**发光器官** fāguāng qìguān
몡 발광기관
**深水鱼** shēnshuǐyú 몡 심수어
**游动** yóudòng 동 이리저리 옮겨다니다, 유동하다
**发出** fāchū 동 소리를 내다
**灯光** dēngguāng 몡 불빛, 조명
**太阳** tàiyáng 몡 태양
**月亮** yuèliang 몡 달

**36**

问：关于海底的动物，可以知道什么？

A 听不到声音
B 会发出各种声音
C 长得像小鸟一样
D 常常跟人说悄悄话

질문: 해저동물에 관해서, 알 수 있는 것은?

A 소리를 들을 수 없다
B 각종의 소리를 낸다
C 생김새가 작은 새와 비슷하다
D 사람들과 자주 귓속말을 한다

**정답** B

**해설** 해저 동물에 관해 묻고 있다. 단문 중간 부분에서 해저 동물은 소리를 내지 않는 것처럼 보이나, 특수 제작한 수중 보청기를 낀다면, 각종 예상 외의 소리를 모두 들을 수 있다고 했으므로 해저 동물은 다양한 소리를 냄을 알 수 있다.

**37**

问: 说话人觉得，发光的深水鱼像什么?
A 灯光
B 星星
C 太阳
D 月亮

질문: 말하는 이는 빛을 내는 심수어가 무엇과 비슷하다고 생각하는가?
A 불빛
B 별
C 태양
D 달

视力 shìlì 몡 시력
渔业 yúyè 몡 어업
资源 zīyuán 몡 자원 ★

정답 B

해설 말하는 이가 빛을 내는 심수어는 무엇과 비슷하다고 생각하는지 묻고 있다. 단문 마지막 부분에서 마치 별과 같다고 했고, 발광기관을 가지고 있는 심수어가 헤엄치고 있는 것이라고 언급했으므로 정답은 B이다.

**38**

问: 根据这段话，下列哪项正确?
A 阳光不能照射到海底
B 深海鱼视力很差
C 海底渔业资源丰富
D 星星能照射到海底

질문: 이 글에 근거하여, 다음 중 옳은 것은?
A 햇빛은 바다 밑까지 비출 수 없다
B 심해어는 시력이 좋지 않다
C 해저 어업자원이 풍부하다
D 별은 바다 밑까지 비출 수 있다

정답 A

해설 이 글에 근거하여 옳은 내용을 고르는 문제이다. 단문 중간 부분에서 햇빛이 바다 밑까지는 비출 수 없다라는 내용이 언급되므로 정답은 A이다.

---

第39到41题是根据下面一段话：

有一家轮船公司的老板非常贪财。有一天，他专门去见一位闻名于世的科幻小说家。老板说："作家先生，我向你请求一件事，³⁹您能否让您小说的主人公坐上我的船环游世界呢？"小说家边问边暗自猜测老板的目的："这是为什么呢？"老板回答说："⁴⁰许多人都喜欢读您的小说，他

39-41번 문제는 다음 내용에 근거한다:

한 선박 회사의 사장은 매우 재물을 탐하였다. 어느 날, 그는 한 명의 유명한 공상 과학 소설가를 만나러 갔다. 사장은 말하길: "작가 선생, 나는 당신에게 한가지 일을 부탁하고 싶소. ³⁹당신은 당신 소설의 주인공이 나의 배를 타고 세계 일주를 하게 할 수 있겠소?" 소설가는 한편으로는 질문을 하며 한편으로는 사장의 속셈을 짐작하였다. "왜 그런가요?" 사장은 대답하며 말했다: "⁴⁰매우 많은 사람들은 당신의 소설을 읽기 좋아하니,

**지문 어휘**

轮船 lúnchuán 몡 선박
贪财 tāncái 동 재물을 탐내다
专门 zhuānmén
부 오로지, 일부러, 특별히
闻名于世 wénmíng yúshì
셩 세상에 이름을 날리다, 유명해 지다
科幻 kēhuàn 몡 공상과학, SF
请求 qǐngqiú 몡 부탁, 요청
동 부탁하다, 요청하다

们读完您的作品后，我的船也跟着著名了。同时会有更多的人愿意坐上我的船的。托您的福，我的生意就会兴旺起来了。""坐不起呀！"小说家说："⁴¹我小说里的主人公个个都是穷小子，他们怎么会坐得起您的船呀？"

그들이 당신의 작품을 다 읽게 되면, 내 배도 따라서 유명해지겠죠. 동시에 더 많은 사람들이 나의 배를 타기를 원할 것입니다. 당신 덕분에 나의 사업도 흥해질 것입니다.". "탈 수 없습니다" 소설가는 말했습니다: "⁴¹ 나의 소설 속의 주인공들은 모두 가난한 사람들입니다. 그들이 어찌 당신의 배를 탈 수 있겠습니까?"

主人公 zhǔréngōng 명 주인공
环游世界 huányóu shìjiè 세계 일주 여행을 하다
边 A 边 B biān A biān B 접 A하면서 동시에 B 하다
暗自 ànzì 부 남몰래, 속으로
猜测 cāicè 동 추측하다, 짐작하다
跟着 gēnzhe 부 곧바로, 이어서 뒤따라 동 뒤따르다
托福 tuōfú 동 덕분에 ~하다
兴旺 xīngwàng 동 번창하다, 왕성하다
穷小子 qióngxiǎozi 명 가난한 녀석, 가난뱅이
编成 biānchéng 동 ~로 편집하다, ~로 편성하다
拒绝 jùjué 동 거절하다
即将 jíjiāng 부 곧, 머지않아
面临 miànlín 동 직면하다, 당면하다 ★
破产 pòchǎn 동 파산하다, 부도나다 ★
投资 tóuzī 동 투자하다 ★

### 39

问: 轮船老板想让小说家做什么？
　A 帮他赚钱
　B 把他的故事编成小说
　C 卖书给他
　D 把他的船写进小说

질문: 선박회사 사장은 소설가에게 무엇을 하도록 바라는가?
　A 그를 도와 돈을 벌도록
　B 그의 이야기를 소설로 편집해주길
　C 책을 사주길
　D 그의 배를 소설에 써 넣어주길

**정답** D

**해설** 선박사장이 소설가에게 원하는 것이 무엇인지 묻는 질문이다. 단문 중간 부분에 선박사장이 소설의 주인공이 자신의 배를 타고 세계 일주를 하게 할 수 있겠냐고 소설가에게 물었으므로 결과적으로 그의 배를 소설에 써주기를 바라고 있다.

### 40

问: 关于那位作家，可以知道什么？
　A 小说卖不出去
　B 多次环游世界
　C 作品很受欢迎
　D 打算写关于船的故事

질문: 그 작가에 관해 알 수 있는 것은?
　A 소설은 팔리지 않는다
　B 여러 번 세계여행을 했다
　C 작품은 매우 인기가 있다
　D 배에 관한 이야기를 쓸 계획이다

**정답** C

**해설** 그 작가에 관해 알 수 있는 것을 고르는 질문이다. 사장의 말 속에 매우 많은 사람들이 작가의 소설을 읽기 좋아한다고 했으므로 그 작가의 작품은 인기가 많음을 알 수 있다.

**41**

问: 根据这段话,下列哪项正确?

A 小说家拒绝了老板的请求
B 轮船公司即将面临破产
C 老板爱写小说
D 老板让作者投资

질문: 이 글에 근거하여 다음 중 옳은 것은?

A 소설가는 사장의 부탁을 거절하였다
B 선박 회사는 곧 파산에 직면한다
C 사장은 소설 쓰기를 좋아한다
D 사장은 작가로 하여금 투자하게 한다

정답 A

해설 내용과 일치하는 보기를 고르는 질문이다. 단문 마지막 부분에 소설 속의 주인공들은 모두 가난한 사람들인데, 그들이 어찌 당신의 배를 탈 수 있겠냐고 사장에게 이야기했으므로 사장의 부탁을 거절하였음을 알 수 있다.

### 第42到43题是根据下面一段话:

42-43번 문제는 다음 내용에 근거한다:

一位非常有名气的长跑选手,在接受采访时,记者向他提了这样的一个问题。"现有两家公司想同时聘用你,一家是你喜欢的公司,但收入很低;另一家你不感兴趣的公司,但收入可观。你会选择哪一家?" ⁴² 面对这个问题大部分都会回答两项工作都不想放弃。此时,这位长跑选手淡淡一笑说:"我快毕业的时候,我学习成绩很不错,因此有位教授建议我留校当一名老师,当时我非常苦恼。我父亲递给我两支笔让我同时用左手和右手写上我的名字。结果左右两边都写得不像样。父亲说: ⁴³ 选择放弃,表面上好像感觉失去了什么,但却是成功的前提。"

유명한 어느 장거리 달리기 선수가 있었는데, 한 인터뷰에서 기자가 "현재 두 회사에서 동시에 당신을 채용하고 싶어하는데 한 회사는 당신이 좋아하는 일이지만, 수입이 낮고, 다른 한 회사는 당신이 좋아하는 일은 아니지만, 수입이 상당하다면 당신은 어느 회사를 선택하겠어요?"라고 그에게 질문을 하나 던졌다. ⁴² 이런 문제를 마주하게 되면 대부분은 두 가지 일을 모두 포기하고 싶지 않다고 대답할 것이다. 그 때 장거리 달리기 선수는 미소를 지으며 이야기했다. "제가 졸업할 때, 성적이 좋았었어요. 그래서 교수님 한 분이 학교에 남아 교수가 되어 보라고 제안한 적이 있었는데, 그땐 고민을 많이 했었죠. 그 때 저희 아버지께서는 저에게 두 자루의 붓을 주시면서, 저에게 왼손과 오른손을 동시에 사용해서 내 이름을 써 보라고 했었어요. 결과적으로 좌우 양손으로 쓴 것이 모두 형편없었죠. 아버지께서는 ⁴³ 포기를 선택하거라, 겉으로 보기엔 뭔가를 잃은 느낌이겠지만, 그러나 그것 또한 성공을 위한 전제 조건이다 라고 말씀하셨어요"라고 말했다.

**지문 어휘**

**长跑选手** chángpǎo xuǎnshǒu
명 장거리 달리기 선수

**记者** jìzhě 명 기자

**聘用** pìnyòng
통 초빙하여 임용하다

**收入** shōurù 명 수입, 소득

**可观** kěguān
형 훌륭하다, 상당하다

**面对** miànduì
통 마주 보다, 마주 대하다 ★

**放弃** fàngqì
통 버리다, 포기하다

**淡淡一笑** dàndàn yíxiào
희미하게 미소짓다

**教授** jiàoshòu 명 교수

**留校** liúxiào 통 학교에 남다

**递给** dìgěi 건네주다

**笔** bǐ 명 펜, 붓

**不像样** bú xiàngyàng
형 형편없다, 말이 안되다

### 42

问: 那位长跑选手当时为什么非常苦恼?
A 因成绩差无法毕业
B 没人同意他唱歌
C 难以选择
D 不想当教授

질문: 당시에 장거리 달리기 선수는 무엇 때문에 고민하였는가?
A 성적이 좋지 않아 졸업을 할 수가 없었다
B 그가 노래 부르는 것을 동의하는 사람이 없었다
C 선택하기 어려웠다
D 교수가 되고 싶지 않았다

**정답** C

**해설** 당시에 장거리 달리기 선수는 왜 고민했는지 이유에 대해 묻고 있다. 기자가 선수에게 두 회사를 예를 들며 어느 회사를 선택하겠냐고 질문을 했고, 그는 대학시절 얘기를 언급하면서 성적이 좋아서 교수가 되어보라는 교수님의 제안에 고민을 많이 했었다고 했으므로 선택하기 어려웠음을 유추할 수 있다.

表面上 biǎomiànshang 외관상
失去 shīqù
동 잃다, 잃어버리다 ★
前提 qiántí 명 전제, 전제 조건
成绩差 chéngjì chà
성적이 낮다
无法 wúfǎ
동 방법이 없다, 할 수 없다
同意 tóngyì 동 동의하다
难以 nányǐ 부 ~하기 어렵다
选择 xuǎnzé
동 고르다, 선택하다
职业 zhíyè 명 직업
兴趣 xìngqù 명 흥미, 취미
分清 fēnqīng
동 분명하게 가리다, 분명히 하다
主次关系 zhǔcì guānxi
명 중요한 일과 부차적인 일의 관계

### 43

问: 父亲的话是什么意思?
A 只有用笔才能写字
B 要学会放弃
C 选择职业时兴趣不太重要
D 要分清主次关系

질문: 아버지가 한 말의 의미는?
A 붓을 사용 해야지만 글자를 쓸 수 있다
B 포기할 줄도 알아야 한다
C 직업을 선택할 때 흥미는 중요하지 않다
D 중요한 일과 부차적인 일을 명확히 나눠야 한다

**정답** B

**해설** 아버지가 말한 의미는 무엇인지 묻고 있다. 단문 마지막 부분에 아버지가 포기를 선택하라고 권유하며, 포기하는 것도 성공의 전제 조건임을 언급하였으므로 정답은 B이다.

---

**第44到45题是根据下面一段话:**

44-45번 문제는 다음 내용에 근거한다:

人们在生活中, 都离不开灯, 在自然界里却有一些不用人工发电的各种奇特的灯。在冈比亚的南斯朋考草原上, 有一种很奇怪的 "草灯"。 ⁴⁴ 每到夜间, 这种草灯外部的水晶会闪闪发光, 就好像一盏灯一样, 当地的

사람은 생활하면서 등불이 없어서는 안 된다. 그러나 자연계에는 인공적으로 전기를 일으키지 않아도 되는 각종의 특이한 등불이 있다. 감비아의 남스펑카오 초원에 특이한 '풀등'이 있다. ⁴⁴ 밤이 되면, 바깥부분에 수정이 반짝반짝 빛을 낸다. 마치 하나의 등불과 같다. 현지 사람들은 그것을 자기집 앞에 옮겨 심어, '가로등'으로

**지문 어휘**

离不开 lí bu kāi
동 떨어질 수 없다. 떠날 수가 없다
灯 dēng 명 등, 램프 ★
自然界 zìránjiè 명 자연계
人工 réngōng
형 인위적인. 인공의 ★
发电 fādiàn 동 발전(發電)하다

人们把它移植到家门口，当作"路灯"来用。在北美的原始森林里，⁴⁵有一种叫魔树的树，能发光。到了夜晚，它能发出闪闪的绿光。这时，人们就到树下看书、下棋。 这些很有意思的"自然界之灯"给人们的生活带来许多便利。但其原因，目前仍无法解释。

사용한다. 북미의 원시 숲에는 ⁴⁵마수(마술나무)라고 불리는 나무가 있는데, 그 나무도 빛을 낸다. 밤이 되면, 그것은 반짝반짝 초록빛을 낸다. 이때, 사람들은 나무 밑에서 책을 보고, 장기를 둔다. 이런 재미있는 '자연계의 등불'은 사람들의 생활에 많은 편리함을 가져다 준다. 그러나 그 원인은, 현재까지도 여전히 설명할 수 없다.

奇特 qítè
형 이상하고도 특별하다, 독특하다
冈比亚南斯朋考 Gāngbǐyà nánsīpéngkǎo
명 감비아 남스펑카오
草原 cǎoyuán 명 초원, 풀밭
奇怪 qíguài
형 기이하다, 이상하다
草灯 cǎodēng 명 풀등
夜间 yèjiān 명 야간
闪闪发光 shǎnshǎn fāguāng
반짝반짝 빛나다
盏 zhǎn 양 개('등'을 세는 양사)
移植 yízhí
동 (새싹이나 나무를) 옮겨 심다
路灯 lùdēng 명 가로등
原始森林 yuánshǐ sēnlín
명 원시림
魔树 móshù 명 마수, 마술나무
下棋 xià qí
동 장기를 두다, 바둑을 두다
目前 mùqián 명 지금, 현재 ★
皮肤 pífū 명 피부
不停 bùtíng 부 계속해서
流泪 liú lèi 동 눈물을 흘리다 ★
放电 fàng diàn 동 방전되다
制药 zhìyào 동 제약하다
毒性 dúxìng 명 독성

### 44
问: 草灯到晚间会怎么样?
A 伤眼睛
B 皮肤过敏
C 不停地流泪
D 闪闪发光

질문: 풀등은 저녁이 되면 어떻게 되는가?
A 눈을 상하게 한다
B 피부 알레르기를 일으킨다
C 끊임없이 눈물을 흘린다
D 반짝반짝 빛이 난다

정답 D

해설 풀등은 저녁이 되면 어떻게 되는지를 묻고 있다. 단문 중간 부분에 풀등은 저녁이 되면 바깥부분에 수정이 반짝반짝 빛을 낸다고 했으므로 그 풀등은 빛이 남을 알 수 있다.

### 45
问: 关于魔树, 可以知道什么?
A 能发光
B 会放电
C 能制药
D 有毒性

질문: 마수에 관해서 알 수 있는 것은?
A 빛을 낸다
B 방전될 수 있다
C 약으로 제조 할 수 있다
D 독성이 있다

정답 A

해설 마수(마술나무)에 관해서 묻고 있다. 단문 후반부에 마수(마술나무)는 빛을 낸다고 했으므로 정답은 A이다.

# HSK 5급 5회 독해 阅读

## 제1부분

46~60번 문제는 지문 속 빈칸에 알맞은 단어나 문장을 채우는 문제입니다.

### 第46到48题是根据下面一段话：
46-48번 문제는 다음 내용에 근거한다:

你有没有这样的习惯，无论多饿，在饭馆吃饭之前总要摆好餐盘，拍下照片发到朋友圈？在这之后，你对面前的食物还会有初见时的 ⁴⁶ B 兴奋 吗？心理学家指出，如果你进行某项活动的 ⁴⁷ A 目的 在于给他人留下某种印象，那么你就很难从活动本身获得快乐。对此，心理学家表示："如果只是为了令他人印象深刻而消费某种生活体验，那么这种体验的乐趣就会一扫而光，因为这种外在的动机会削弱体验本身 ⁴⁸ A 满足 人们某种心理需求的能力。"

당신은 식당에서 배고픔에도 불구하고 접시를 잘 정돈하고, 사진을 찍어 SNS에 올리는 습관을 가지고 있는가? 그렇게 행동한 이후에, 당신 앞에 놓여져 있는 요리를 보면 처음 봤을 때처럼 여전히 ⁴⁶ B 흥분이 되는가? 심리학자들이 만약 당신이 어떤 행동을 하는 ⁴⁷ A 목적이 다른 사람들에게 어떠한 인상을 심어주는데 있다면, 당신이 그 활동 자체로 즐거움을 얻는다는 것은 매우 힘든 일이라고 지적했다. 이처럼, 심리학자들은 "단지 타인에게 깊은 인상을 심어주기 위해서 어떠한 생활 경험을 소비한다면, 그 경험을 통해 얻을 수 있는 즐거움은 한 순간에 사라지게 되는데, 이런 외적인 동기가 체험 그 자체로서 사람들의 심리적 욕구를 ⁴⁸ A 만족시켜줄 수 있는 능력을 약화시키기 때문"이라고 밝혔다.

### 지문 어휘

**习惯** xíguàn 명 버릇, 습관
**无论** wúlùn 접 ~에 관계 없이
**饿** è 형 배고프다
**摆** bǎi 동 뽐내다, 자랑하다
**餐盘** cānpán 명 식판, (음식을 차려 내는 데 쓰는 큰 서빙용) 접시
**拍照片** pāi zhàopiàn 사진을 찍다
**朋友圈** péngyouquān 위챗에 글과 사진을 올리는 곳
**食物** shíwù 명 음식물 ★
**初见** chūjiàn 동 처음 만나다
**指出** zhǐchū 동 밝히다, 지적하다
**留下** liúxià 동 남기다
**某种** mǒuzhǒng 대 어떤 종류
**印象** yìnxiàng 명 인상
**本身** běnshēn 명 그 자신, 그 자체
**获得** huòdé 동 얻다, 취득하다
**快乐** kuàilè 형 즐겁다, 행복하다
**对此** duìcǐ 접 이에 대해
**表示** biǎoshì 동 의미하다, 가리키다
**令** lìng 동 ~하게 하다, ~을 시키다
**深刻** shēnkè 형 (인상이) 깊다 ★
**消费** xiāofèi 동 소비하다 ★
**体验** tǐyàn 명 체험 동 체험하다 ★

### 46

A 想象　　B 兴奋
C 幻想　　D 新颖

A 상상하다　B 흥분하다
C 환상하다　D 참신하다

**정답** B

**해설** 빈칸 앞의 관형어 的가 있으므로 명사 성분이 올 수 있고, 앞의 언급된 눈 앞에 있는 음식에 대한 느낌이나 감정 등을 표현할 수 있는 어휘가 필요하므로 정답은 B이다. 보기 D의 新颖은 '아이디어, 의견 등이 참신하다'라는 뜻이므로 감정을 표현할 때는 사용할 수 없다.

**47**

| A 目的 | B 用途 | A 목적 | B 용도 |
|---|---|---|---|
| C 标志 | D 目标 | C 상징 | D 목표 |

**정답** A

**해설** 빈칸 앞의 관형어 的가 있으므로 명사 성분이 올 수 있고, 活动는 활동이라는 뜻이므로 활동과 연결될 수 있는 어휘를 골라야 한다. 뒤에 很难从活动本身获得快乐(활동 그 자체로 즐거움을 얻기에는 어렵다)라는 문맥을 보아, 행동의 '목적'이라는 어휘가 적합하다. 보기 D의 目标 역시 '목표'라는 의미이지만, 대개 긍정적인 문맥에 사용함을 기억하자!

**48**

| A 满足 | B 加强 | A 만족시키다 | B 강화시키다 |
|---|---|---|---|
| C 得到 | D 促进 | C 얻다 | D 촉진시키다 |

**정답** A

**해설** 빈칸 뒤에 人们某种心理需求 문맥에 주목하자! 빈칸 뒤에 心理需求(심리적 욕구)와 호응하는 어휘를 선택해야 하므로 정답은 보기 A의 满足(만족시키다)가 정답이다.
* 满足 + 心理需求는 '심리적 욕구를 만족시키다'라는 의미로 출제 빈도수가 높은 짝꿍 어휘임을 기억하자!

---

乐趣 lèqù 명 즐거움, 기쁨, 재미
一扫而光 yìsǎo'érguāng
성 깨끗이 쓸어 버리다
外在 wàizài 형 외재적인, 외적인
动机 dòngjī 명 동기
消弱 xiāoruò
동 약해지다, 완화시키다
需求 xūqiú 명 수요, 필요

**보기 어휘**

想象 xiǎngxiàng 동 상상하다 ★
兴奋 xīngfèn 형 격분하다, 흥분하다
幻想 huànxiǎng 동 공상하다, 상상하다 ★
新颖 xīnyǐng 형 새롭다, 신선하다, 참신하다
目的 mùdì 명 목적
用途 yòngtú 명 용도 ★
标志 biāozhì 명 상징, 표지 ★
目标 mùbiāo 명 목표 ★
满足 mǎnzú 동 만족시키다, 만족하다 ★
加强 jiāqiáng 동 강화하다, 증강하다
得到 dédào 동 얻다, 획득하다
促进 cùjìn 동 촉진시키다, 촉진하다 ★

---

**第49到52题是根据下面一段话：** 49-52번 문제는 다음 내용에 근거한다:

大学刚毕业的小陈往各家公司投了不少简历。终于有一家肯让他来面试。小陈带着自己大学时写过的几篇文章去新闻社参加面试。面试官看到小陈写的文章后，决定聘用他，让他当自己的助手。原来那位面试官就是该公司的主编。小陈对主编 <u>⁴⁹ A 感激</u> 万分。但没过多久，他俩渐渐产

대학교를 갓 졸업한 샤오천은 여러 회사에 많은 이력서를 냈다. 마침내 한 회사에서 그에게 면접을 보러 오라고 했다. 샤오천은 대학시절 적었던 몇 편의 문장을 가지고 신문사에 면접을 보러 갔다. 면접관은 샤오천이 쓴 문장을 본 후, 그를 채용하기로 결정했고, 샤오천을 그의 조수로 임명했다. 알고 보니 그 면접관은 바로 이 회사의 편집장이었다. 샤오천은 편집장에게 매우 <u>⁴⁹ A 감사했다.</u>

**지문 어휘**

投简历 tóu jiǎnlì
동 이력서를 넣다
文章 wénzhāng 명 문장, 글
新闻社 xīnwénshè 명 신문사
参加面试 cānjiā miànshì
면접시험에 참가하다
面试官 miànshìguān
명 면접관
决定 juédìng 동 결정하다

生了意见冲突。有一次，主编不在时，小陈没有征求主编的意见擅自把已经 ⁵⁰ D 确定 的文章删除了，还写了篇文章反驳一位主编赞扬过的作家。别的员工们觉得小陈胆子太大了，早晚会被开除的。小陈也感到自己做的有点过分了。因此，⁵¹ A 主动 向主编道歉。想不到主编居然说："我看了你编的文章，⁵² B 刚开始的确很生气，可后来我发现很多人都说你编得很不错。看来你的水平胜过我了呀！"从那以后，他们互相征求对方的意见，公司也办得越来越好。

그러나 얼마 지나지 않아, 그 둘 사이에 점점 의견 충돌이 일어났다. 한번은 편집장이 부재중일 때, 샤오천은 편집장의 의견도 묻지 않고 독단적으로 이미 ⁵⁰ D 확정된 문장을 삭제하고, 한 편의 문장을 써서 편집장이 칭찬했던 작가를 반박했다. 다른 직원들은 샤오천은 배짱이 크고 머지않아 해고될 것이라 생각했다. 샤오천도 스스로 한 행동이 너무 지나쳤다고 느꼈다. 그래서 ⁵¹ A 자발적으로 편집장에게 사과를 했다. 편집장은 예상 밖의 말을 했다: "자네의 문장을 봤을 때 ⁵² B 처음에는 정말로 화가 났지만, 좀 지나고 나니 많은 사람들이 자네가 편집한 내용이 좋다고 말하는걸 알게 되었어. 보아하니 자네 실력이 나보다 좋았군!" 그 날 이후로, 그들은 서로 상대방의 의견을 물어보았고, 회사도 점점 번창해 갔다.

**聘用** pìnyòng
동 초빙하여 임용하다, 모셔 오다

**助手** zhùshǒu 명 조수

**主编** zhǔbiān 명 편집장

**渐渐** jiànjiàn 부 점점, 점차

**产生** chǎnshēng 동 생기다, 발생하다, 나타나다 ★

**意见** yìjiàn 명 의견, 견해

**冲突** chōngtū
동 충돌하다, 부딪치다

**征求** zhēngqiú
동 의견을 구하다 ★

**擅自** shànzì
동 자기멋대로 하다, 독단적이다

**删除** shānchú
동 삭제하다, 빼다, 지우다 ★

**反驳** fǎnbó 동 반박하다

**赞扬** zànyáng 동 칭찬하다

**员工** yuángōng 명 직원 ★

**胆子** dǎnzi 명 담, 용기, 배짱

**开除** kāichú
동 자르다, 해고하다

**过分** guòfèn 동 지나치다, 분에 넘치다, 과분하다 ★

**道歉** dàoqiàn 동 사과하다

**居然** jūrán
부 뜻밖에, 놀랍게도, 의외로 ★

**编文章** biān wénzhāng
동 글을 편집하다, 편성하다

**胜过** shèngguò 동 ~보다 앞서다, ~보다 능가하다

**杂志** zázhì 명 잡지

### 49

| A 感激 | B 感受 | A 감사하다 | B 느끼다. 받다 |
| C 惊讶 | D 疼爱 | C 놀라다 | D 몹시 사랑하다 |

**정답** A

**해설** 앞의 내용을 볼 때 자신을 뽑아준 편집장에 대해 매우 감사하는 마음을 가졌을 것이므로 정답은 A이다.

### 50

| A 修改 | B 完美 | A 수정하다 | B 완벽하다 |
| C 改善 | D 确定 | C 개선하다 | D 확정하다 |

**정답** D

**해설** 빈칸 앞의 내용을 통해 편집장과 의견충돌이 있었던 와중에 샤오천은 편집장에게 의견을 묻지 않고 맘대로 이미 완성되고 확정된 글을 삭제했다는 내용이므로 정답은 D이다.

### 보기 어휘

**感激** gǎnjī 동 감격하다, 감사하다 ★

**感受** gǎnshòu
동 영향을 받다, 느끼다 ★

**惊讶** jīngyà
형 의아스럽다, 놀랍다

**疼爱** téng'ài
동 매우 사랑하다 ★

**51**

A 主动
B 亲自
C 谦虚
D 谨慎

A 자발적으로, 주동적으로
B 직접
C 겸손하다
D 신중하다

정답 **A**

해설 빈칸 앞에 샤오천이 스스로 먼저 미안한 감정을 느꼈다고 했으므로 앞 문장과 연결될 수 있는 말이 나와야 하므로 빈칸에는 스스로 자발적으로 편집장에게 사과했다라는 내용이 들어가야 함을 알 수 있다.

**52**

A 刚开始很满意
B 刚开始的确很生气
C 整个文章写得非常协调
D 内容没有意思

A 처음에는 만족했다
B 처음에는 정말 화가 났다
C 문장이 전체적으로 조화롭게 적혀 있다
D 내용이 재미가 없다

정답 **B**

해설 빈칸이 있는 문장은 "자네의 문장을 봤을 땐"이라는 문맥이다. 빈칸 뒤에 可(그러나)는 문맥의 상황 전환을 나타내므로 可 뒤에는 괜찮다라는 긍정적인 문맥이 나왔으므로 빈칸에 들어가야 하는 내용은 뒤의 내용과는 상반되는 내용이 나올 가능성이 높다. 따라서 편집장의 입장에서 서술할 수 있는 부정적인 내용으로 적합한 것은 B이다.

修改 xiūgǎi
동 고치다, 수정하다 ★

完美 wánměi 형 매우 훌륭하다, 완벽하다 ★

改善 gǎishàn
동 개선하다, 개량하다 ★

确定 quèdìng 동 확정하다

主动 zhǔdòng
형 주동적인, 자발적인 ★

亲自 qīnzì 부 직접, 손수 ★

谦虚 qiānxū
형 겸손하다, 겸허하다 ★

谨慎 jǐnshèn
형 신중하다, 조심스럽다 ★

满意 mǎnyì
형 만족하다, 만족스럽다

的确 díquè
부 확실히, 분명히, 참으로 ★

协调 xiétiáo
형 어울리다, 조화롭다

---

第53到56题是根据下面一段话：

53-56번 문제는 다음 내용에 근거한다:

我们通常能听到中老年人常说的这么一句话："年纪大了，记忆力衰退了！"那么是否人的年龄越大，记忆力就越差呢？国际语言学会 53 <u>D 曾经</u> 对9至18岁的青少年与35岁以上的成年人学习语言的情况做过一次比较，发现前者记忆能力明显 54 <u>B 不如</u> 后者的好。很多成年人知识和经验比青少年丰富。容易在已有知识的基础上，建立 55 <u>C 广泛</u> 的联系。心

우리는 통상적으로 중년노인들이 이런 얘기를 하는 것을 자주 들을 수 있다: "나이 들어서 기억력이 감퇴되었다!" 그러면 사람은 나이가 들면 들수록 기억력이 떨어지는 것인가? 국제언어학회는 53 <u>D 이전에</u> 9~18세의 청소년과 35세 이상의 성인들의 학습 상황을 한 차례 비교를 해보니, 전자가 후자 54 <u>B 보다</u> 기억력이 확연히 좋지 않았다. 많은 성인들의 지식과 경험이 청소년 보다 풍부하다. 이미 가지고 있는 지식을 기반으로 55 <u>C 폭넓게</u> 연관시킬 수 있다. 심리학자들은 이런 연관관계를 '연상'이라고 말한다.

**지문 어휘**

通常 tōngcháng
명 평상시, 보통 ★

中老年人 zhōnglǎo niánrén
명 중년노인

年纪 niánjì 명 나이, 연령 ★

记忆力 jìyìlì 명 기억력

衰退 shuāituì 동 감퇴하다 ★

年龄 niánlíng 명 연령, 나이 ★

差 chà
형 표준에 못 미치다, 좋지 않다

青少年 qīngshàonián
명 청소년 ★

理学上把这种联系称为"联想"。

因此，我们的知识与经验越丰富，⁵⁶A 就越容易建立联想，记忆力就会得到相应的提高。

이로 인하여, 우리의 지식과 경험이 풍부하면 할수록, ⁵⁶A 더욱 쉽게 연상할 수 있고, 기억력도 그만큼 향상될 수 있다.

### 53

A 至今
B 忽然
C 尽快
D 曾经

A 지금까지
B 갑자기
C 최대한 빨리
D 이전에

**정답** D

**해설** 빈칸 어휘가 수식하는 술어가 做过이다. '한차례 비교를 해 본적이 있다'라는 내용이므로 경험을 나타내는 부사 曾经이 적합하다.

### 54

A 接近
B 不如
C 具备
D 等于

A 접근하다, 가까이하다
B ~보다 못하다
C 갖추다, 가지다
D ~와 같다

**정답** B

**해설** 전자와 후자를 대조적으로 비교하고 있는 문맥임을 유추할 수 있다. 따라서 비교 문맥을 이끄는 어휘 不如가 정답이다.

### 55

A 平等
B 平均
C 广泛
D 过分

A 평등하다
B 평균의
C 광범위하다
D 지나치다

**정답** C

**해설** 빈칸 앞에서 많은 성인들이 어린 청소년보다 훨씬 풍부한 지식과 경험을 가지고 있다고 언급했다. 이미 보유하고 있는 이러한 지식들이 서로 폭넓게 연결되고 연관되어지면 '연상'을 통해 기억력도 향상된다는 결론을 고려해 볼 때 정답은 C이다.

---

成年人 chéngniánrén 명 성인
发现 fāxiàn 동 발견하다
前者 qiánzhě 명 전자, 앞의 것
明显 míngxiǎn
형 분명하다, 확연히 드러나다 ⭐
后者 hòuzhě 명 후자, 뒤의 것
知识 zhīshi 명 지식
经验 jīngyàn 명 경험, 체험
丰富 fēngfù 형 많다, 풍부하다
基础 jīchǔ 명 기초, 바탕
建立 jiànlì
동 구성하다, 형성하다 ⭐
联系 liánxì
동 연계하다, 연결하다
称为 chēngwéi
동 ~라고 부르다
相应 xiāngyìng
형 적절하다, 알맞다
提高 tígāo
동 향상시키다, 높이다

**보기 어휘**

至今 zhìjīn 부 지금까지
接近 jiējìn
동 접근하다, 가까이하다 ⭐
不如 bùrú 동 ~만 못하다 ⭐
具备 jùbèi
동 갖추다, 구비하다 ⭐
平等 píngděng 형 평등하다 ⭐
平均 píngjūn
형 평균의, 균등한 ⭐
广泛 guǎngfàn
형 광범위하다, 폭넓다 ⭐
过分 guòfèn 동 지나치다 ⭐
联想 liánxiǎng 동 연상하다
对待 duìdài
동 대응하다, 대처하다 ⭐
乐观 lèguān 형 낙관적이다 ⭐
充分 chōngfèn 형 충분하다 ⭐
发挥 fāhuī 동 발휘하다 ⭐
想象力 xiǎngxiànglì
명 상상력

**56**

A 就越容易建立联想
B 越需要努力积累
C 对待人生会很乐观
D 充分发挥想象力

A 더 쉽게 연상을 할 수 있다
B 쌓아가는 노력이 필요하다
C 낙관적인 태도로 인생을 대한다
D 상상력을 충분히 발휘한다

**정답** A

**해설** 빈칸 앞 뒤 문맥은 기억력과 연상의 관계를 설명하고 있으므로 연상에 관한 내용이 들어가야 한다. 따라서 정답은 A이다.

---

第57到60题是根据下面一段话：

57-60번 문제는 다음 내용에 근거한다:

红叶谷是长白山余脉老爷岭的一条山谷，位于吉林蛟河庆岭山区。它以优美的自然环境和 ⁵⁷ C 独特 的民俗风情、以游客为上帝的经营理念，吸引了众多游客不远千里前来 ⁵⁸ A 欣赏。长白山红叶谷不同于世界其他天然红叶的可贵之处在于它的"四绝"。一是原生态环境保护极好，它充满原始与古朴的野性韵味。二是它 ⁵⁹ D 面积 大，范围广。整个红叶区以蛟河市庆岭为中心，沿长白山脉绵延百余公里。三是它叶密片薄，玲珑剔透，色彩丰富。放眼整个红叶谷，绚丽得令人陶醉。第四是 ⁶⁰ A 这儿的红叶生长周期短，因而显得十分珍贵。红叶谷地处北纬度较高的深山，每逢秋季，这里昼夜温差加大，降温幅度也大。秋分过后，树叶陆续转红，持续数日便随风飘落，红叶便美妙如梦幻一般。

홍엽곡은 장백산맥에서 뻗어 나온 한 줄기의 산골이다. 길림성 교하경산맥에 위치하고 있다. 그곳은 아름다운 자연환경과 ⁵⁷ C 독특한 민속풍경, 여행객을 신으로 여긴다는 경영이념으로써, 많은 여행객들을 먼 곳으로부터 ⁵⁸ A 감상하러 오도록 하였다. 장백산의 홍엽곡의 단풍이 세계에 다른 천연단풍과 달리 고귀하다고 할 수 있는 부분이 바로 그것의 "사대절경"에 있다. 하나는 원 생태계 상태가 잘 보호되어 있고, 원시적이고 소박한 야성의 느낌이 가득하다. 두 번째는 그곳의 ⁵⁹ D 면적이 크고, 범위가 넓다. 단풍이 전체 교하시를 다 둘러싸고 있고, 장백산맥을 따라 100여km 정도 길게 뻗어있다. 세 번째는 잎이 얇고 무성하며, 아주 투명하고 영롱한 빛을 내며, 색채가 풍부하다. 홍엽곡 전체를 크게 보면, 그 아름다움에 도취된다. 네 번째는 ⁶⁰ A 이곳의 단풍은 생장주기가 짧다. 그래서 더욱 귀중하다. 북위도에서도 비교적 높고 깊은 산에 위치해 있는 홍엽곡은, 가을이 되면, 밤과 낮의 온도차이가 커지고, 온도가 떨어지는 폭도 크다. 추분이 지난 후엔, 나뭇잎은 잇따라 빨갛게 변하고, 이 상태가 수일간 지속되다가 바람이 불면서 차츰 떨어진다. 단풍은 마치 아름다운 환상 같다.

**지문 어휘**

红叶谷 Hóngyègǔ
고유 홍엽곡, 산둥성 지난시에 있는 중국 국가공인 관광지

长白山 Chángbáishān
고유 백두산, 장백산

余脉 yúmài 명 나머지 산줄기

老爷岭 lǎoyelǐng
명 백두산, 장백산의 지맥

位于 wèiyú 동 ~에 위치하다 ★

吉林蛟河庆岭山区
Jílín jiāohéqìnglǐng shānqū
고유 길림성 교하경산맥

优美 yōuměi
형 우아하고 아름답다 ★

民俗 mínsú 명 민속, 민풍

风情 fēngqíng
명 풍향, 풍속 등의 상황

游客 yóukè 명 여행객, 관광객

上帝 shàngdì 명 하느님, 신

经营 jīngyíng 동 운영하다, 경영하다 ★

理念 lǐniàn 명 이념

众多 zhòngduō 형 아주 많다

不远千里 bùyuǎnqiānlǐ
성 먼 길을 마다하지 않고 달려오다

不同于 bùtóngyú ~와 다르다

天然红叶 tiānrán hóngyè
명 천연단풍

可贵之处 kěguì zhīchù
귀중한 면이 있다

### 57

| | |
|---|---|
| A 高档 | A 고급의 |
| B 激烈 | B 격렬하다 |
| C 独特 | C 독특하다 |
| D 夸张 | D 과장하다 |

정답 **C**

해설 빈칸이 있는 문장은 '어떠한 민속풍경'이라는 문맥이므로, 목적어 성분인 민속풍경을 수식하는 형용사를 찾으면 된다. 그러므로 정답은 C이다.

### 58

| | |
|---|---|
| A 欣赏 | A 감상하다 |
| B 浏览 | B 유람하다 |
| C 讨论 | C 토론하다 |
| D 体会 | D 직접 체험하여 터득하다 |

정답 **A**

해설 빈칸이 있는 문장은 '많은 여행객들을 와서 ~을 하도록 끌어들였다'라는 의미로 빈칸에는 여행객이 이곳의 풍경을 감상하도록 이끈다라는 내용이 들어가야 한다. 그러므로 정답은 A이다.

\* 欣赏风景(풍경을 감상하다)라는 단어를 익혀두자!

### 59

| | |
|---|---|
| A 类型 | A 유형 |
| B 气氛 | B 분위기 |
| C 周围 | C 주위, 주변 |
| D 面积 | D 면적 |

정답 **D**

해설 빈칸이 있는 문장 '그곳의 ~가 크고, 범위가 넓다'라는 문맥이므로 빈칸 뒤의 大와 호응할 수 있는 어휘를 찾아야 한다. 술어 大를 받을 수 있는 명사는 보기 D가 정답이다.

---

在于 zàiyú 동 ~에 있다 ★
四绝 sìjué 명 사대 절경
原生态环境 yuánshēngtài huánjìng
명 원생태환경
极好 jíhǎo 더할 나위 없다
古朴 gǔpǔ 형 소박하고 예스럽다
野性 yěxìng 명 야성
韵味 yùnwèi 명 정취, 운치, 분위기
范围 fànwéi 명 범위 ★
广 guǎng 형 넓다
沿 yán 전 ~을 따라, ~을 끼고
山脉 shānmài 명 산맥
绵延 miányán
동 길게 이어져 있다, 끊임없다
叶密片薄 yèmì piànbáo
잎이 얇다
玲珑剔透 línglóngtītòu
성 정교하고 아름답다
色彩 sècǎi 명 색채, 빛깔
放眼 fàngyǎn 시야를 넓히다
整个 zhěnggè 명 온, 모든 것 ★
绚丽 xuànlì 형 눈부시게 아름답다
陶醉 táozuì 동 도취하다
显得 xiǎnde 동 ~하게 보이다, ~인 것처럼 보이다 ★
珍贵 zhēnguì 형 진귀하다, 귀중하다
地处 dìchǔ 동 ~에 위치하다
北纬度 běiwěidù 명 북위도
逢 féng 동 만나다, 마주치다
昼夜 zhòuyè 명 낮과 밤
温差 wēnchā 명 온도 차, 일교차
加大 jiādà 동 확대하다, 증가하다
降温 jiàngwēn
동 기온이 떨어지다
幅度 fúdù 명 정도, 폭
秋分 qiūfēn 명 추분
树叶 shùyè 명 나뭇잎
陆续 lùxù 부 끊임없이, 연이어 ★
转红 zhuǎn hóng
빨갛게 변하다
持续 chíxù 동 지속하다 ★

### 60

A 这儿的红叶生长周期短
B 这儿的冬天非常冷
C 长白山早晚温差大
D 长白山的四季一年如春天

A 이곳 단풍의 생장 주기가 짧다
B 이곳의 겨울은 매우 춥다
C 장백산은 아침과 밤사이의 온도차이가 크다
D 장백산은 사시사철이 봄 같다

**정답** A

**해설** 빈칸 뒤의 내용이 빈칸 때문에 그래서 더 진귀하게 여겨진다라고 설명하고 있다. 생장 주기가 짧아서 자주 접할 수 없는 특성이 있다는 점을 고려한다면 정답은 A이다.

数日 shùrì 여러 날
随风 suífēng 통 바람을 따르다
飘落 piāoluò 통 날리며 떨어지다
美妙 měimiào 형 아름답다, 훌륭하다
梦幻 mènghuàn 명 꿈과 환상, 몽상

**보기 어휘**

高档 gāodàng 형 고급의 ★
激烈 jīliè 형 격렬하다, 치열하다 ★
独特 dútè 형 독특하나, 특별하다 ★
夸张 kuāzhāng 통 과장하다 ★
欣赏 xīnshǎng 통 감상하다 ★
浏览 liúlǎn 통 대충 훑어보다, 유람하다 ★
体会 tǐhuì 통 체험하여 터득하다, 경험하여 알다 ★
类型 lèixíng 명 유형 ★
气氛 qìfēn 명 분위기 ★
面积 miànjī 명 면적
周期 zhōuqī 명 주기

---

## 제2부분
61~70번 문제는 지문을 읽고 내용과 일치하는 것을 고르는 문제입니다.

### 61

企业家创办企业的目的是盈利，而所谓"社会企业家"是以社会问题的解决为出发点而创办企业的，他们为理想所驱动，是有创造力的个体，具有持续的开拓与创新精神，肩负着企业责任、行业责任与社会责任，为了建设一个更好的社会而努力。他们才是我们真正值得去敬佩的企业家。

기업가가 기업을 창립하는 목적은 이윤을 내는 것이다. 그러나 소위 '사회 기업가'라고 불리는 자들은 사회문제의 해결을 출발점으로 정한 기업이다. 그들은 이루고자 하는 이상에 의해 움직이게 되는데, 창의력이 있는 개인 기업가로, 지속적인 개척정신과 창조정신을 가지고 있으며, 기업의 책임, 직업의 책임감과 사회적 책임을 가지고 있다. 이것은 하나의 더 좋은 사회를 건설하기 위한 노력이다. 그들은 우리가 진정으로 우러러 볼만한 기업가이다.

**지문 어휘**

企业家 qǐyèjiā 명 기업가
创办 chuàngbàn 통 창설하다, 창립하다
盈利 yínglì 통 이윤, 이익
所谓 suǒwèi 형 소위, 이른바
解决 jiějué 통 해결하다, 풀다
理想 lǐxiǎng 명 이상
驱动 qūdòng 통 시동을 걸다, 움직이게 하다
创造力 chuàngzàolì 명 창조력
具有 jùyǒu 통 있다, 지니다

A 社会企业家以建设美好的社会为目的
B 社会企业家是为了利润才创办企业的
C 很多企业家的创新能力需要提高
D 小型企业成长空间有限

A 사회기업가들은 아름다운 사회를 건설하는 것이 목적이다
B 사회기업가들은 이윤을 내기 위해서 기업을 창립한다
C 많은 기업가들의 창조능력은 향상될 필요가 있다
D 소형기업이 발전하는 데에는 한계가 있다

**정답** A

**해설** 본문은 社会企业家(사회기업가)에 대한 설명문이고, 마지막 줄에서 하나의 더 좋은 사회를 건설하기 위한 노력이라고 했으므로 결과적으로 사회기업가들은 아름다운 사회를 건설하는 것이 목적이다라는 내용이 정답이다.

开拓 kāituò 통 개척하다
创新 chuàngxīn 명 창의성, 창조성
精神 jīngshén 명 정신 ★
肩负 jiānfù 통 맡다, 짊어지다
责任 zérèn 명 책임
建设 jiànshè
통 창립하다, 건설하다 ★
值得 zhídé
통 ~할 만한 가치가 있다
敬佩 jìngpèi
통 탄복하다, 경탄하다
利润 lìrùn 명 이윤 ★
小型 xiǎoxíng
형 소형의, 소규모의
成长空间 chéngzhǎng kōngjiān
명 발전 공간
有限 yǒuxiàn 형 한계가 있다

## 62

"在家靠父母，出门靠朋友"，这是一句中国古老的俗语。可见，在社会里生存缺不了朋友。但朋友也有很多类型，有偶尔遇见打打招呼的"一面之交"，有仅仅在表面上礼尚往来、但平时交情不深的"泛泛之交"，有酒席上缺不了的"酒肉朋友"，还有亲密无间的"胶漆之交"。你的身边什么样的朋友最多呢？

"집에서는 부모에게 의지하고 집을 떠나서는 친구에 의지한다." 이것이 중국의 오래된 속담 중 하나이다. 이것으로 보아, 사회생활에 있어서 친구는 없어서는 안 된다라는 것을 알 수 있다. 그러나 친구도 여러 종류가 있는데 가끔 인사하는 '일면식 있는 친구', 단지 표면상 예의 차려 인사하는 관계, 단지 평소에 우정이 깊지 않은 '평범한(얕은) 친구', 그리고 술자리에서 없어서는 안 되는 '술친구' 사이가 아주 좋은 '우정이 두터운 친구'로 분류된다. 당신의 주변에는 어떠한 유형의 친구가 제일 많은가?

A 我们应该多认识"酒肉朋友"
B "胶漆之交"形容困难中产生的友谊
C "一面之交"的朋友没必要再见
D "泛泛之交"表示关系很一般

A 우리는 '술 친구'를 많이 알아야 한다
B '우정이 두터운 친구'는 어려움 속에서 생겨나는 우정을 말한다
C '일면식 있는 친구'는 다시 만날 필요가 없다
D '평범한(얕은)친구'는 관계가 그냥 보통인 것을 의미한다

### 지문 어휘

靠 kào 통 기대다, 의지하다 ★
古老 gǔlǎo 형 오래 되다
俗语 súyǔ 명 속어, 속담
可见 kějiàn
접 라는 것을 알 수 있다 ★
生存 shēngcún
명 생존 통 생존하다
缺不了 quē bùliǎo
부족하지 않다
类型 lèixíng 명 유형
偶尔 ǒu'ěr 부 때때로, 간혹
遇见 yùjiàn 통 우연히 만나다
打招呼 dǎ zhāohu 통 인사하다
一面之交 yímiànzhījiāo
성 한 번 만난 적이 있는 사이
仅仅 jǐnjǐn 부 단지, 다만
礼尚往来 lǐshàngwǎnglái
성 예는 서로 왕래하면서 교제하는 것을 귀히 여긴다 ★
交情 jiāoqing 명 우정, 친분
泛泛之交 fànfànzhījiāo
명 깊지 못한 우정

**정답** D

**해설** 지문에서 친구의 종류를 사자성어로 표현하고 있다. 이 사자성어를 알맞게 풀이한 보기를 찾아야 하므로 보기의 D는 관계가 평범하다는 의미이다.

酒席 jiǔxí 명 술자리

酒肉朋友 jiǔròu péngyou
명 술친구

亲密无间 qīnmìwújiàn
성 사이가 아주 좋아 전혀 격의가 없다

胶漆之交 jiāoqīzhījiāo
우정이 두터운 친구

友谊 yǒuyì 명 우의, 우정

## 63

"兰新高速铁路"是甘肃兰州经青海西宁市至新疆乌鲁木齐的双线电气化铁路，是甘肃铁路、青海铁路和新疆铁路的重要部分。它不仅是连接新疆与内地的大动脉，而且是中国首条在高原地区修建的高速铁路。它构筑中国向西对外开放新格局都将产生深远影响。

A 兰新高速铁路主要用于货运
B 中国西南地区铁路交通发达
C 兰新高速铁路还未通路
D 兰新高速铁路经过高原地区

'란씬 고속철도'는 간쑤성시 란저우에서 칭하이성 시닝시를 지나 신장 우루무치에 도착하는 전기 복선철도이며 간쑤성 철도, 칭하이 철도와 신장 철도의 중요한 부분이다. 그것은 신장과 내륙을 연결하는 편리한 대동맥일 뿐만 아니라, 중국에서 처음으로 고원지대에서 건립된 고속철도이다. 그것은 중국이 서쪽을 대외 개방하는 새로운 구조를 구축 하는 데에 있어서 큰 영향을 일으킬 것 이다.

A 란씬 고속철도는 화물을 운송하는 데에 주로 쓰인다
B 중국 서남지역의 철도교통이 발달하였다
C 란씬 고속철도는 아직 개통 되지 않았다
D 란씬 고속철도는 고원지대를 통과한다

**정답** D

**해설** 본문에서 란씬 고속철도는 중국에서 처음으로 고원지대에서 건립된 고속철도라고 했으므로 보기 D의 고원지대를 통과한다는 내용과 서로 일치한다.

**지문 어휘**

兰新高速铁路
Lánxīn gāosù tiělù
고유 란씬 고속철도

甘肃 Gānsù 고유 간쑤성,

兰州 Lánzhōu 고유 란저우

青海 Qīnghǎi 고유 칭하이성

西宁市 Xīníngshì
고유 시닝시, 서녕시

新疆 Xīnjiāng
고유 신장웨이우얼자치구

乌鲁木齐 Wūlǔmùqí
고유 우루무치

双线 shuāngxiàn 명 두 선

电气化铁路 diànqìhuà tiělù
명 전기철도

部分 bùfen 명 부분, 일부

连接 liánjiē 동 연결하다, 잇다

内地 nèidì 명 내지, 내륙

大动脉 dàdòngmài 명 대동맥

首条 shǒutiáo 최초의

高原地区 gāoyuán dìqū
명 고원지구, 고원지대

修建 xiūjiàn 동 건설하다, 건축하다

构筑 gòuzhù 동 짓다, 세우다

对外 duìwài 형 대외의, 대외적인

开放 kāifàng 동 개방하다 ★

新格局 xīngéjú
명 새로운 구조, 새로운 구성

深远 shēnyuǎn 형 깊고 크다

## 64

许多开车带孩子出门的父母都有把孩子独自锁在车里的习惯，这些父母认为他们离开车的时间很短，不会对孩子造成伤害。实际上，父母开车带孩子出门，无论要去做什么都不要把孩子留在车里。密闭的环境会让孩子的心理产生焦虑，甚至会出现车内供氧不足等情况，危及孩子的生命。

A 父母不应该开车带孩子出门
B 孩子不应该被父母伤害
C 父母不要把孩子单独留在车里
D 父母应该批评孩子

많은 부모들이 아이들을 데리고 외출할 때, 차 안에 아이를 둔 채 문을 잠그는 습관이 있다. 아이를 차 안에 혼자 두는 시간이 짧으니까 아이에게 아무런 문제가 없을 것이라고 생각한다. 하지만 사실상, 부모가 아이를 데리고 외출할 때, 무얼 하던지 간에 아이를 차 안에 혼자 내버려두어서는 안 된다. 밀폐된 공간 속에 혼자 남겨진 아이는 심리적으로 초조하고 심지어 차 내의 공기부족 등의 상황이 발생하여 아이의 생명을 위협할 수 있다.

A 부모들은 아이들을 운전해서 데리고 외출해서는 안 된다
B 아이들은 부모들에게 상처를 받아서는 안 된다
C 부모들은 아이를 차 안에 혼자 두어서는 안 된다
D 부모들은 아이들을 혼내야 한다

**지문 어휘**

出门 chūmén 동 외출하다
独自 dúzì 부 혼자서, 홀로
锁 suǒ 동 잠그다, 채우다 ★
离开 líkāi 동 떠나다, 벗어나다
造成 zàochéng 동 조성하다, 만들다
伤害 shānghài 동 다치게 하다 ★
实际上 shíjìshang 부 사실상, 실제로
无论~都 wúlùn~dōu ~에도 불구하고
留 liú 동 머무르게 하다
密闭 mìbì 형 밀폐한, 밀봉한
心理 xīnlǐ 명 심적 상태, 심리 ★
产生 chǎnshēng 동 발생하다, 나타나다 ★
焦虑 jiāolǜ 형 초조하다, 걱정스럽다
甚至 shènzhì 부 심지어, ~까지도
供氧 gōngyǎng 명 산소공급
不足 bùzú 형 부족하다, 충분하지 않다 ★
情况 qíngkuàng 명 상황, 정황
危及 wēijí 동 위험이 미치다
生命 shēngmìng 명 생명, 목숨

 **정답** C

**해설** 본문에서 무얼 하던지 간에, 아이를 차 안에 혼자 내버려두어서는 안 된다고 했으므로 보기 C의 부모들은 아이들을 차 안에 혼자 두어서는 안 된다는 내용과 일치한다.

## 65

深海鱼生活在百米以下深海区域，与淡水鱼和近海鱼相比，深海鱼被当代工业污染的可能性很低，而且营养高，肉质也鲜美。由于它们生长速度缓慢、难以繁殖，一旦过度捕捞，很容易导致数量急剧下降，甚至灭绝。

심해어는 100미터 이하의 깊은 바다에서 생활하고, 담수어나 근해어와 비교자면, 심해어는 현대의 공업에 의해 오염되었을 가능성이 낮고, 게다가 영양도 높고, 육질도 신선하고 맛있다. 그들은 성장속도가 늦고, 번식이 어렵기 때문에, 만약 과도하게 어획한다면, 수량이 매우 급격하게 줄어들게 되며, 심지어는 멸종될 것이다.

**지문 어휘**

深海鱼 shēnhǎiyú 명 심해어
区域 qūyù 명 구역, 지역
淡水鱼 dànshuǐyú 명 담수어, 민물고기
近海鱼 jìnhǎiyú 명 근해어
相比 xiāngbǐ 동 비교하다, 견주다
当代 dāngdài 명 당대, 그 시대
工业 gōngyè 명 공업 ★
污染 wūrǎn 동 오염시키다 명 오염

A 深海鱼营养丰富
B 过度捕捞情况很少见
C 海洋污染日益严重
D 深海鱼繁殖速度快

A 심해어의 영양은 풍부하다
B 어획을 과도하게 하는 상황은 거의 볼 수 없다
C 해양 오염은 나날이 심각해 진다
D 심해어의 번식 속도는 빠르다

**정답** A

**해설** 본문에서 심해어는 게다가 영양도 높고, 육질도 신선하다라고 언급했으므로 보기 A의 심해어는 영양이 풍부하다라는 내용과 일치한다.

可能性 kěnéngxìng 몡 가능성
营养 yíngyǎng 몡 영양 ★
肉质 ròuzhì 몡 육질
鲜美 xiānměi 혱 맛이 좋다
速度 sùdù 몡 속도
缓慢 huǎnmàn 혱 느리다, 완만하다
繁殖 fánzhí 동 번식하다, 증가하다
一旦 yídàn 뷔 일단 ~한다면 ★
过度 guòdù 혱 과도하다, 지나치다
捕捞 bǔlāo
동 어획하다, 물고기를 잡다
急剧 jíjù 뷔 급격하게, 급속히
灭绝 mièjué 동 멸종되다
日益 rìyì 뷔 날로, 나날이, 더욱

## 66

其实，孩子们经历挫折之后最需要的是父母的鼓励与信任，这也是家长可以给予孩子最重要的财富。每次活动结束后，家长都应及时作出表态，给与肯定和鼓励。这样才能让孩子走出挫折的阴影，变得更加自信。

사실, 아이들이 좌절을 겪은 후 제일 필요한 것은 부모님의 격려와 믿음이다. 이것 또한 학부모들이 아이에게 줄 수 있는 제일 중요한 재산이다. 매번 활동이 끝난 후, 학부모는 바로 긍정과 격려를 해주는 태도를 취해야 한다. 이렇게 하는 것이 비로소 아이들로 하여금 좌절과 곤경 속에서 빠져 나올 수 있게 하고, 더욱 자신감 있게 만든다.

A 家庭教育与学校教育应同时进行
B 应让孩子独自面对挫折
C 父母的鼓励能让孩子变得自信
D 孩子对胜利的渴望比父母更强烈

A 가정교육은 학교교육과 동시에 진행되어야 한다
B 아이가 독립적으로 좌절에 대처할 수 있도록 시켜야 한다
C 부모님의 격려는 아이로 하여금 더욱 자신감을 가질 수 있도록 해준다
D 승리에 대한 갈망은 아이가 부모보다 더 강하다

### 지문 어휘

其实 qíshí 뷔 기실, 사실
挫折 cuòzhé 몡 좌절, 실패
鼓励 gǔlì 동 격려하다
信任 xìnrèn
동 신임하다, 신뢰하다 ★
给予 jǐyǔ 동 주다, 부여하다
财富 cáifù 몡 부, 재산
表态 biǎotài
동 태도를 표명하다
肯定 kěndìng 몡 긍정
更加 gèngjiā 뷔 더욱, 훨씬
自信 zìxìn
혱 자신만만하다, 자신감 있다
家庭 jiātíng 몡 가정 ★
独自 dúzì 뷔 혼자서, 단독으로
变得 biànde ~로 되다
胜利 shènglì 몡 승리 ★
渴望 kěwàng
동 갈망하다, 간절히 바라다

**정답** C

**해설** 교훈적인 주제를 고르는 문제이다. 단문에서 아이들이 좌절을 겪은 후 제일 필요한 것은 부모님의 격려와 믿음이라고 했고, 마지막 부분에 더욱 자신감 있게 만든다고 했으므로 보기 C의 부모님의 격려는 아이로 하여금 더욱 자신감을 가질 수 있도록 해준다 와 서로 일치한다.

\* 교훈적인 주제를 물어보는 유형은 일반적으로 첫 번째 줄과 마지막 줄 문장을 읽어 보면 정답이 나온다.

## 67

所谓"学而不思则罔，思而不学则殆"，就是孔子所提倡的一种读书及学习方法。指的是一味读书而不思考，就会因为不能深刻理解书本的意义而不能合理有效利用书本的知识，甚至会陷入迷茫。而如果一味空想而不去进行实实在在地学习和钻研，则终究是沙上建塔，一无所得。告诉我们只有把学习和思考结合起来，才能学到切实有用的知识，否则就会收效甚微。

소위 말하는 "학이불사즉망, 사이불학즉태"라는 것은 공자가 제창한 일종의 독서 및 공부 방법이다. 뜻은 단순히 책을 읽고 생각을 하지 않으면, 책의 의미를 깊게 이해할 수 없고, 합리적이고 효과적으로 책의 지식을 이용할 수 없으며, 심지어는 막막함에 빠지게 된다는 것이다. 그리고 단순히 공상만 하고, 착실히 공부와 연구를 하지 않는다면, 결국 모래 위에 탑을 세우는 것이며, 아무것도 얻는 것이 없다. 우리는 오직 공부와 생각을 결합시켜야만, 비로소 실용적이고 쓸모 있는 지식을 배울 수 있으며, 그렇지 않으면 수확이 너무 미미할 것이다.

A 要养成良好的读书习惯
B 只要好好读书，就能成功
C 学习和思考不能分开
D 学习比思考更重要

A 좋은 독서 습관을 길러야 한다
B 책을 잘 읽기만 하면 성공할 수 있다
C 공부와 사고는 갈라놓을 수 없다
D 공부보다 생각이 더 중요하다

**지문 어휘**

所谓 suǒwèi 형 소위, 이른바
学而不思则罔, 思而不学则殆 xuéérbùsī zéwǎng, sī'érbùxué zédài 배우기만 하고 생각하지 않으면 얻는 것이 없고, 생각만 하고 배우지 않으면 위태롭다
孔子 Kǒngzǐ 인명 공자
提倡 tíchàng 동 제창하다 ★
指 zhǐ 동 가리키다, 지시하다
深刻 shēnkè 형 (인상이) 깊다, 매우 강렬하다 ★
合理 hélǐ 형 도리에 맞다, 합리적이다 ★
有效 yǒuxiào 형 유효하다, 효과가 있다
陷入 xiànrù 동 빠지다, 떨어지다
迷茫 mímáng 형 흐릿하게 뒤덮여 있다
空想 kōngxiǎng 동 공상하다
钻研 zuānyán 동 깊이 연구하다, 몰두하다
终究 zhōngjiū 부 결국
沙 shā 명 모래
建 jiàn 동 짓다, 건설하다
塔 tǎ 명 탑
一无所得 yìwúsuǒdé 성 하나도 얻을 만한 게 없다
思考 sīkǎo 동 사고하다 ★
合起来 héqǐlai 합하다
切实 qièshí 형 실용적이다
有用 yǒuyòng 동 쓸모가 있다, 유용하다
否则 fǒuzé 접 만약 그렇지 않으면
收效甚微 shōuxiàoshènwēi 효과가 별로 없다

정답 **C**

해설 본문에서 우리가 오직 공부와 사고를 결합시켜야 실용적이고 쓸모 있는 지식을 배울 수 있다고 했으므로 결과적으로 보기 C의 공부와 사고는 따로 분리해서는 안 된다는 것이 정답이다.

## 68

四合木是中国特有子遗单种属植物，草原化荒漠的群种之一。它

사합목은 중국에 겨우 소수로 남아있는 특별한 단종속식물(한 종류의 식물이 다른 형태의 식물이 없는 오직 자

**지문 어휘**

四合木 sìhémù 명 사합목
特有 tèyǒu 동 특유하다, 고유하다

是最具代表性的古老残遗濒危珍稀植物，被誉为植物的"活化石"和植物中的"大熊猫"。其分布范围非常狭窄，在世界范围内零星散见于俄罗斯、乌克兰部分地区。四合木既是国家一级保护植物、也是内蒙古一级保护植物。

A 四合木是欧洲特有的植物
B 四合木不是草原化荒漠的群种
C 四合木的分布范围非常宽
D 四合木相当珍贵

신 한 종류만 있는 식물)이며, 사막에서 무리를 이루고 있는 종류 중 하나이다. 그것은 가장 대표적인 오래된 멸종위기에 처한 희귀식물이며, 식물의 '살아있는 화석'이고 식물 중의 '판다'라 부른다. 그 분포 범위는 매우 좁으며, 세계에서는 러시아, 우크라이나의 부분 지역에 산발적으로 분산되어 있다. 사합목은 국가 1급 보호 식물이자, 네이멍구 1급 보호식물이기도 하다.

A 사합목은 유럽에 있는 특유의 식물이다
B 사합목은 사막에서 무리를 이루는 종이 아니다
C 사합목의 분포범위는 매우 넓다
D 사합목은 상당히 진귀하다

정답 D

해설 본문에서 사합목은 국가 1급 보호 식물이자, 네이멍구 1급 보호식물이라고 언급했으므로 보기 D의 사합목은 상당히 진귀하다라는 내용과 일치한다.

子遗单种属 jiéyí dānzhǒngshǔ 명 단종속식물(한 종류의 식물이 다른 형태의 식물이 없는 오직 자신 한 종류만 있는 식물)
植物 zhíwù 명 식물 ★
荒漠 huāngmò 명 황량한 사막, 황량한 광야
群 qún 명 무리, 떼 ★
具 jù 동 갖추다, 가지다
代表性 dàibiǎoxìng 명 대표성
残遗濒危 cányíbīnwēi 동 멸종위기에 있다
珍稀 zhēnxī 형 진귀하고 드물다
被誉为 bèi yùwéi 동 ~라고 칭송되다, ~라고 불리다
活化石 huóhuàshí 명 살아 있는 화석
大熊猫 dàxióngmāo 명 판다
分布 fēnbù 동 분포하다, 널려 있다 ★
狭窄 xiázhǎi 형 비좁다, 협소하다
零星 língxīng 형 산발적이다 ★
散见 sǎnjiàn 동 분산되어 나타나다
俄罗斯 Éluósī 고유 러시아
乌克兰 Wūkèlán 고유 우크라이나
地区 dìqū 명 지역, 지구 ★
一级 yìjí 명 일급
内蒙古 Nèiměnggǔ 고유 네이멍구자치구
宽 kuān 형 넓다, 드넓다 ★

---

## 69

周有光是中国语言学家、文字学家。周有光早年主要从事经济、金融方面的工作，还当过经济学教授。1955年，他的学术方向改变，开始专职从事语言文字研究，曾参加并主持拟定《汉语拼音方案》。在他的主导下，建立了汉语拼音系统。几十年来一直致力于中国大陆的语文改革。他

주유광은 중국의 언어학자이며 문자학자이다. 초년엔 주로 경제와 금융 방면 업종에 종사하였으며 경제학 교수로도 재직하였다. 1955년 그의 학술 연구 방향이 바뀌어서 언어문자 연구를 전임하기 시작했으며 〈한어병음 방안〉입안에 참여하여 주관하였다. 그의 지도하에 한어병음 체계가 만들어졌다. 수십 년간 중국 대륙의 어문 개혁을 위해 최선을 다했기 때문에, 그는 '한어병음의 아버지'로 알려져 있다.

지문 어휘

周有光 Zhōuyǒuguāng 인명 주유광
语言学家 yǔyán xuéjiā 명 언어학자
文字学家 wénzì xuéjiā 명 문자학자
早年 zǎonián 명 젊은 시절, 젊었을 때
从事 cóngshì 동 종사하다 ★
金融 jīnróng 명 금융

被誉为"汉语拼音之父"之称。

A 周有光1955年开始研究了金融
B 周有光是汉语拼音方案设计者之一
C 周有光写过很多文学作品
D 周有光当过汉语教授

A 주유광은 1955년에 금융을 연구하기 시작했다
B 주유광은 한어병음 방안을 설계한 사람 중에 한 명이다
C 주유광은 많은 문학작품을 썼다
D 주유광은 한어교수를 했었다

**정답** B

**해설** 본문에서 주유광은 〈한어병음 방안〉 안에 참여하여 주관했다고 했으므로 결과적으로 보기 B의 주유광은 한어병음 방안을 설계한 사람 중에 한 명이다라는 말과 일치한다.

学术 xuéshù 명 학술 ★
改变 gǎibiàn 동 고치다, 바꾸다
专职 zhuānzhí 명 전임
曾 céng 부 일찍이, 이미
主持 zhǔchí 동 주관하다, 주재하다 ★
拟定 nǐdìng 동 초안을 세우다
主导 zhǔdǎo 명 주도
建立 jiànlì 동 만들다 ★
拼音 pīnyīn 명 병음
系统 xìtǒng 명 체계, 시스템 ★
致力于 zhìlìyú 애쓰다, 힘쓰다
大陆 dàlù 명 대륙
改革 gǎigé 명 개혁 ★
被誉为~之称 bèi yùwéi~zhīchēng ~라고 불리다
设计 shèjì 동 설계하다

## 70

平湖秋月景区位于西湖白堤的西面，也是杭州著名的西湖十景之一。由于它伸出水面的平台非常宽广，视野极为开阔，故而成为一流的赏月胜地。景点附近有几株樱花树，每年三月时分，满树樱花一片绚烂，能将西湖的美景尽收眼底。

A 平湖秋月是杭州唯一的西湖
B 平湖秋月适合赏月
C 每年冬天是西湖美景之一
D 平湖秋月附近的樱花树隔一年开一次

평호추월 관광지는 서호 바이디(白堤) 서쪽 부근에 위치한 곳으로 항저우에서 유명한 서호 10경 (西湖十景) 중의 하나이다. 수면에 내뻗은 모습이 매우 넓고 시야가 탁 트여 있어서 달맞이 명소가 되었다. 관광지 근처에는 몇 그루의 벚나무가 있어, 해마다 3월 무렵, 나무가 온통 벚꽃으로 화려해서, 서호의 아름다운 경치를 한 눈에 볼 수 있다.

A 평호추월은 항저우의 유일한 서호이다
B 평호추월은 달을 감상하기에 적합하다
C 매년 겨울은 서호의 아름다운 풍경의 하나이다
D 평호추월 부근의 벚꽃은 격년에 한 번 핀다

**정답** B

**해설** 본문에서 달맞이 명소가 되었다고 언급하였고, 보기의 B에서도 평호추월은 달을 감상하기에 적합하다고 했으므로 내용이 일치한다.

**지문 어휘**

平湖秋月 Pínghúqiūyuè
고유 중국 항저우(杭州)의 서호(西湖)에서 볼 수 있는 경관이자 조망대
位于 wèiyú 동 ~에 위치하다 ★
伸出 shēnchū 동 내뻗다, 내밀다
平台 píngtái 명 평대
宽广 kuānguǎng 형 넓다, 드넓다
视野 shìyě 명 시야
开阔 kāikuò 형 넓다, 광활하다, 탁 트이다
故而 gù'ér 접 그러므로, 그런 까닭에
赏月 shǎngyuè
동 달구경하다, 달맞이하다
胜地 shèngdì 명 명승지
景点 jǐngdiǎn 명 명소
樱花树 yīnghuāshù 명 벚나무
绚烂 xuànlàn 형 화려하다, 눈부시다
尽收眼底 jìnshōuyǎndǐ
성 한눈에 다 보이다, 한눈에 들어오다, 눈앞에 펼쳐져있다
唯一 wéiyī 형 유일한 ★

### 제3부분

71~90번 문제는 지문을 읽고 질문에 알맞은 답을 고르는 문제입니다.

**第71到74题是根据下面一段话：** 71-74번 문제는 다음 내용에 근거한다:

春秋时期，楚国有身份的人都喜欢坐 ⁷¹ 矮马车。楚王认为矮马车不仅容易碰伤马腿，而且车速很慢，不利于运送物资，想制定法律，让全国的马车都改高，于是就找楚国高官孙叔敖来商量这件事。

楚国高官孙叔敖认为这种做法不好，他对楚王说："如果因为这样的事情，⁷² 制定一条法令，强行命令他们改造马车，很难让百姓听从。"

楚王听了，觉得有道理，就问孙叔敖有什么办法，孙叔敖说："如果大王一定要把马车加高，我请求想让百姓加高家中的门槛。"楚王很是不解，问道："我是想加高车座，这和门槛有什么关系呢？"

孙叔敖微微一笑，说："在我们国家，能坐得起马车的都是有身份的人。⁷³ 他们不会为了过门槛一次次下车，有失身份。所以我建议加高门槛，这样一来，他们自然就会把马车改高了。"听了孙叔敖的建议，楚王就下令，让人们把自家的门槛都加高。这样过了半年，⁷⁴ 那些乘车的人因为极不方便，都自动把坐的车子造高了。

춘추시대에, 초나라에서는 신분이 높은 사람들이 ⁷¹ 조랑마차를 타는 것을 좋아했다. 초나라 왕은 이러한 마차가 말의 다리를 쉽게 다치게 할 뿐 아니라, 속도도 느려서 물자를 운송하는데 좋지 못하다라고 생각하였다. 전국의 마차 높이를 높게 조정하는 법률을 제정하고 싶어서 초나라 고위대신인 손숙오를 불러 이 문제에 대해 논의했다.

초나라 고위대신인 손숙오는 이 방법이 좋지 않다고 판단해 초나라 왕을 향해 이렇게 말했다. "만일 이러한 일로 ⁷² 법을 제정해 마차를 개조하도록 명령한다면, 백성들은 전하의 말을 따르지 않을 것입니다."

초나라 왕이 말을 듣고 나서, 이치에 맞는다고 생각하여, 손숙오에게 어떤 방법이 있겠냐고 묻자 손숙오는 이렇게 답했다. "굳이 왕께서 마차의 높이를 높여야겠다면, 백성들에게 집의 문지방 높이를 높이라고 하겠습니다." 초나라 왕이 이해할 수 없어 다시 물었다. "나는 마차의 높이를 높이고 싶은 것인데, 문지방과 무슨 관계가 있느냐?"

그러자 손숙오가 미소를 띄며 답하길 "우리나라에서 마차를 탈 수 있는 사람은 신분이 높은 사람들입니다. ⁷³ 문지방을 넘기 위해 매번 마차에서 내리다가 품위를 잃고 싶지 않을 것입니다. 그래서 제가 제안한 대로 문지방을 높이면, 사람들은 자연스럽게 마차의 높이를 높일 것입니다."

손숙오의 제안을 듣고 초나라 왕은 명령을 내려 사람들이 집안의 문지방을 높이도록 했다. 반년 후, ⁷⁴ 마차를 타는 사람들은 불편함을 느끼고 스스로 알아서 마차의 높이를 높였다.

---

**지문 어휘**

**春秋时期** Chūnqiū shíqī 명 춘추 시대

**楚国** Chǔguó 고유 초나라

**身份** shēnfen 명 신분, 지위 ⭐

**矮马车** ǎimǎchē 명 조랑마차

**运送** yùnsòng 동 운송하다

**物资** wùzī 명 물자

**不利于** búlìyú ~에 불리하다

**驾驶** jiàshǐ 동 운전하다 ⭐

**制定** zhìdìng 동 제정하다, 지정하다

**法律** fǎlǜ 명 법률 ⭐

**高官** gāoguān 명 지위가 높은 관리, 고위 대신

**商量** shāngliang 동 상의하다, 의논하다

**孙叔敖** Sūnshū'áo 인명 손숙오

**法令** fǎlìng 명 법령

**命令** mìnglìng 동 명령하다 ⭐

**改造** gǎizào 동 개조하다

**百姓** bǎixìng 명 백성, 평민

**听从** tīngcóng 동 듣다, 따르다

**道理** dàolǐ 명 도리, 이치 ⭐

**请求** qǐngqiú 동 요청하다, 바라다 ⭐

**门槛** ménkǎn 명 문지방, 문턱

**不解** bùjiě 동 이해하지 못하다

**微微一笑** wēiwēi yíxiào 살짝 웃다, 미소 짓다

**坐得起** zuò de qǐ 탈 수 있는, 앉을 수 있는

**有失** yǒushī 동 잃다

**建议** jiànyì

**71**

问: 根据第一段，楚国的马车有什么特点?

A 门槛矮
B 下车很难
C 底座不高
D 方便驾

질문: 첫 번째 단락에 근거하여, 초나라의 마차에는 어떤 특징이 있는가?

A 문지방이 낮다
B 내리기가 어렵다
C 밑바닥이 높지 않다
D 운전하기 편리하다

동 제기하다, 제안하다
自然 zìrán 형 자연스럽다
下令 xiàlìng 동 명령을 내리다
乘车 chéngchē 동 차를 타다
不方便 bù fāngbiàn
형 불편하다
自动 zìdòng
형 자발적인, 자진하여 ★
矮 ǎi 형 낮다
底座 dǐzuò 명 받침, 바닥
愿意 yuànyì 동 바라다 ★
避免 bìmiǎn
동 피하다, 면하다 ★
重视 zhòngshì
동 중시하다, 중요시하다
智慧 zhìhuì 명 지혜 ★

**정답** C

**해설** 첫 번째에 근거하여 초나라의 마차에는 어떤 특징이 있는지 묻고 있다. 단문 첫 번째 단락에서 '조랑 마차' 즉 바닥이 낮은 마차라고 했고, 또한 마차의 높이를 높게 조정하는 법률을 제정했다고 했으므로 초나라의 마차는 바닥이 높지 않음을 알 수 있다.

**72**

问: 孙叔敖为什么反对楚王直接命令百姓改造马车?

A 高官不会同意
B 改造后的马车不利于驾驶
C 百姓不愿意
D 百姓家中的门槛太矮了

질문: 손숙오는 초나라 왕이 마차를 개조하라고 직접 명령하는 것에 대하여 왜 반대를 하였는가?

A 고위대신들이 동의하지 않을 것이다
B 마차를 개조한 후 운전하기가 불편하다
C 백성들이 원하지 않는다
D 백성들 집의 문지방은 너무 낮다

**정답** C

**해설** 손숙오는 초나라 왕이 마차를 개조하라고 직접 명령하는 것에 대하여 왜 반대를 했는지 이유에 대해 묻고 있다. 단문 두 번째 단락에서 법을 제정해 마차를 개조하도록 명령한다면, 백성들은 따르지 않을 것이다라고 했으므로 손숙오가 반대하는 이유는 바로 백성이 원하지 않아서 임을 알 수 있다.

**73**

问: 根据最后一段，老百姓加高家中的门槛是为了：

A 使房子看着更美观
B 为了乘车进家门方便
C 避免家里进水
D 阻止小偷进入

질문: 마지막 단락에 근거하여, 백성들은 무엇을 위하여 집의 문지방을 높게 만들었는가?

A 집을 더욱 아름답게 보이도록 하기 위하여
B 마차를 타고 집에 들어가기 편리하기 위하여
C 집에 물이 들어오는 것을 막기 위하여
D 도둑이 들어오는 것을 막기 위하여

정답 **B**

해설 마지막 단락에 근거하여 백성들이 집의 문지방을 높게 만든 이유에 대해 묻고 있다. 단문 마지막 단락에서 문지방이 높아지면 사람들은 마차에서 내리다 품위를 잃을 수 있기 때문에 문지방을 높이면, 사람들은 자연스럽게 마차의 높이를 높일 것이다고 언급했으므로 백성들이 문지방을 높게 만드는 이유는 바로 마차를 타고 집에 들어가기 편리하기 위해서임을 알 수 있다.

### 74

问: 关于孙叔敖, 可以知道:
A 不想改造高马车
B 不受楚王重视
C 是一个很有智慧的人
D 是一个没有身份的人

질문: 손숙오에 관해서, 알 수 있는 것은?
A 마차를 높게 개조하기 싫어한다
B 초나라 왕의 중시를 받지 못한다
C 아주 지혜로운 사람이다
D 신분이 높지 않은 사람이다

정답 **C**

해설 손숙오에 관해 알 수 있는 것은 무엇인지 묻고 있다. 단문 마지막 단락에서 마차를 타고 사람들은 불편함을 느끼고 스스로 알아서 마차의 높이를 높였다라는 내용을 통해 손숙오는 아주 지혜로운 사람임을 알 수 있다.

---

**第75到78题是根据下面一段话:**

在第十一届中国国际文化产业博览交易会上, 一位福建年轻小伙子制作的古香古色的油纸伞吸引了大众的眼球。

这小伙子名叫严磊, 学的是电子工程专业, 一次偶然的机会让他接触到了福州油纸伞。"75 有一天, 朋友拜托我帮他买油纸伞, 并提出了很多要求。但市场上很难找到相应的油纸伞。最后, 打听到了制伞的师傅, 但师傅却说我要求太苛刻, 让我自己学着做。"随后, 严磊真的开始学习制伞。经过三年的时间, 严磊终于学出样来了。但没过多久, 他发

**75-78번 문제는 다음 내용에 근거한다:**

제 11 회 중국 국제문화 산업 박람회에서 어느 푸젠성의 젊은이가 만든 옛 느낌이 가득한 종이 우산(유지 우산)이 대중들의 이목을 끌었다.

이 젊은이의 이름은 옌 레이며 전자공학을 전공했는데, 한번은 우연한 기회에 푸젠성의 유지 우산을 접하게 하였다. "75 하루는 친구가 자신에게 유지 우산을 사는 것을 도와달라고 부탁하고는, 거기에 아주 많은 요구사항을 얘기했습니다. 그러나 시장에서는 그에 상응하는 유지 우산을 찾을 수 없었습니다. 결국, 우산을 만드는 선생님을 탐문하였고, 스승님은 오히려 내 요구가 너무 지나치다며 스스로 배워서 만들게 하였습니다." 그 후에 옌 레이는 정말 우산을 만드는 것을 배우기 시작했다. 3년의 시간이 지나 옌 레이는 마침내 우산 만드는 것을 따라 할 수 있게 되었다. 그

**지문 어휘**

国际 guójì 명 국제
产业 chǎnyè 명 산업
博览交易会 bólǎn jiāoyìhuì 명 박람회
福建 Fújiàn 고유 푸젠성
制作 zhìzuò 동 제조하다, 만들다 ★
古香古色 gǔxiāng gǔsè 성 고색이 창연하다
油纸 yóuzhǐ 명 유지, 기름종이
吸引 xīyǐn 동 끌어당기다, 매료시키다
大众 dàzhòng 명 대중, 군중
眼球 yǎnqiú 명 이목, 주의
电子工程 diànzǐ gōngchéng 명 전자 공학
专业 zhuānyè 명 전공
偶然 ǒurán 부 우연히, 뜻밖에 ★

现相比制伞，更加头疼的就是销售。

他在2010年成立了一家名为"坊巷书生"的油纸伞工作室，终于在南京街有了一个摊点。<sup>76</sup>制作的方法是遵循延续100多年的制伞老工艺，因此平均一天只能做出10把伞。他说："我想让已被人遗忘的油纸伞重新回归到日常生活中，它需要过程，这活急不得。"

其实，父母一开始就不同意严磊做油纸伞的生意。因此，家人不断向他施压。严磊说，"<sup>77</sup>我的合伙人如今都退出了，每年都在亏本，他们顶不住来自家庭的压力，只有我坚持下来，接下来的日子开始慢慢赚钱了，比起我的那些在电子厂流水线上上班的同学，<sup>78</sup>我觉得我做的事有趣和有意义多了。"

러나 얼마지 지나지 않아, 그는 우산을 만드는 것과 비교했을 때, 판매하는 것이 더 골치 아프다는 것을 발견하였다.

그는 2010년 '방항서생'이라는 유지 우산 작업실을 만들었고, 마침내 난징로에 노점 하나를 열었다. <sup>76</sup>우산을 제작하는 방법은 100여년된 오래된 가공 방법을 계속 따랐고, 이로 인하여 하루 평균 10개 정도의 우산밖에 만들지 못했다. 그가 말하길 "저는 이미 사람들에게 잊혀 가는 유지 우산으로 하여금 다시금 일상 생활 중으로 돌아가게 만들고 싶고, 그것은 과정이 필요하며, 이 일은 느긋하게 해야 합니다."

사실 부모님은 처음에는 옌 레이가 유지 우산을 만들어 사업하는 것을 동의하지 않으셨다. 이로 인해 가족은 계속해서 그에게 압박을 하였다. 옌 레이는 "<sup>77</sup>저의 동업자들은 현재 모두 떠났습니다. 매년 손해를 보니 그들은 집에서 오는 압박을 견디지 못하였죠. 오직 저 하나만 버텨냈고, 이어지는 나날 동안 천천히 돈을 벌기 시작했습니다. 전자공장 생산라인에서 출근하는 제 동창들과 비교했을 때, <sup>78</sup>저는 저의 일이 더 재미있고, 더 의미가 있다고 느낍니다."라고 말하였다.

**75**

问: 什么原因使严磊开始接触油纸伞?

A 与家人的谈话
B 通过问卷调查
C 朋友托他买伞
D 朋友的建议

질문: 어떤 원인이 옌 레이로 하여금 유지 우산을 접하게 만들었는가?

A 가족과 이야기 하다가
B 설문조사를 통해서
C 친구를 대신해 우산을 사다가
D 친구의 견의로

**정답** C

**해설** 옌 레이가 유지 우산을 접하게 된 이유에 대해 묻고 있다. 단문 두 번째 단락에서 하루는 친구가 자신에게 유지 우산을 사는 것을 도와달라고 부탁했다고 했으므로 친구의 부탁으로 대신 우산을 사려다가 유지 우산을 접하게 되었음을 알 수 있다.

---

接触 jiēchù 동 접촉하다 ★
拜托 bàituō 동 부탁하다
市场 shìchǎng 명 시장 ★
相应 xiāngyìng 동 상응하다
打听 dǎting 동 물어보다, 알아보다 ★
苛刻 kēkè 형 너무 지나치다, 가혹하다
经过 jīngguò 동 경유하다, 지나다, 거치다
相比 xiāngbǐ 동 비교하다, 견주다
更加 gèngjiā 부 더욱 더, 훨씬
销售 xiāoshòu 명 판매, 매출 동 판매하다, 매출하다 ★
成立 chénglì 동 창립하다, 설립하다 ★
摊点 tāndiǎn 명 노점, 가게
遵循 zūnxún 동 따르다
延续 yánxù 동 계속하다, 지속하다, 연장하다
工艺 gōngyì 명 공예
平均 píngjūn 형 평균의, 평균적인 ★
遗忘 yíwàng 동 잊어버리다, 소홀히 하다
回归 huíguī 동 회귀하다, 되돌아가다
合伙人 héhuǒrén 명 동업자
退出 tuìchū 동 물러나다, 퇴장하다
亏本 kuīběn 동 손해보다, 밑지다
顶不住 dǐng bu zhù 동 지탱하지 못하다, 버티지 못하다
赚钱 zhuànqián 동 돈을 벌다
有意义 yǒu yìyì 동 의의가 있다
问卷调查 wènjuàn diàochá 명 설문조사, 앙케이트
大批量 dàpīliàng 명 대규모 생산량
生产 shēngchǎn 동 생산하다 ★

## 76

问: 关于严磊做的油纸伞，下列哪项正确？
A 能大批量生产
B 不太实用
C 样式特别新颖
D 制作工艺古老

질문: 옌 레이가 만든 유지 우산에 관해 다음 중 옳은 것은?
A 대량 생산 할 수 있다
B 그다지 실용적이지 못하다
C 모양이 특별하고 새롭다
D 제작 기술이 오래 되었디

정답 **D**

해설 옌레이가 만든 유지 우산에 관해 올바른 내용을 찾는 문제이다. 단문 네 번째 단락에서 우산을 제작하는 방법은 100여년된 오래된 가공 방법을 계속 따랐다고 했으므로 옌 레이가 만든 우산의 제작 기술은 오래되었음을 알 수 있다.

실용 shíyòng
형 실용적이다 ★

样式 yàngshì 명 양식, 모양, 스타일, 디자인 ★

新颖 xīnyǐng
형 새롭다, 참신하다

古老 gǔlǎo 형 오래 되다

收藏 shōucáng
동 소장하다, 수집하여 보관하다

文物 wénwù 명 문물

倒闭 dǎobì
동 부도나다, 도산하다

## 77

问: 根据最后一段，合伙人为什么退出了？
A 利益分配不均
B 家庭压力大
C 合同到期了
D 和严磊不和

질문: 마지막 단락에 근거하여, 동업자들은 왜 떠났는가?
A 이익 분배가 균등하지 않아서
B 가족의 압박이 커서
C 계약기간이 만료되어서
D 옌레이와 사이가 나빠서

정답 **B**

해설 마지막 단락에 근거하여 동업자들이 왜 떠났는지 이유에 대해 묻고 있다. 단문 마지막 단락에서 동업자가 현재는 떠났으며, 매년 손해로 인해 그들 집에서 오는 압박을 견디지 못했다고 언급했으므로 가족의 압박으로 인해 동업자들이 모두 떠났음을 알 수 있다.

## 78

问: 根据上文，可以知道严磊：
A 善于学电子工程
B 喜爱收藏文物
C 油纸伞店倒闭了
D 认为做油纸伞很有意义

질문: 본문에 근거하여, 옌 레이에 관해 알 수 있는 것은?
A 전자기술을 잘 배운다
B 문물 수집을 좋아한다
C 유지 우산 노점이 파산하였다
D 유지 우산을 만드는 것은 매우 의미가 있다고 여긴다

정답 **D**

해설 옌 레이에 관해 알 수 있는 것은 무엇인지 묻고 있다. 단문 마지막 단락에서 다른 사람과 비교해 볼 때 본인의 일이 더 재미있고, 더 의미가 있다고 느낀다고 했으므로 결과적으로 옌 레이는 자신이 만드는 유지 우산에 많은 의미가 있다고 생각함을 알 수 있다.

第79到82题是根据下面一段话：

宋应星是中国明末清初著名的科学家。宋应星的著作和研究领域涉及自然科学及人文科学，而其中最杰出的作品《天工开物》被誉为"中国17世纪的工艺百科全书"。

宋应星在他十五岁那年，听说宋代沈括的 79《梦溪笔谈》是一部价值很高的科学著作，80 于是他渴望拜读这本书，以作为借鉴。有一天，他听说镇上的文宝斋书铺刚购进一批新书，就急匆匆赶去买书。店老板告诉他，现在人们都读四书五经，为的是考取功名，科学方面的书即使进了货也没人买。宋应星只好沮丧地离开了文宝斋。

宋应星在往回走的路上，脑子中一直在想那本书。他一边走，一边想，只听"唉哟"一声，撞上了前面的一个汉子，那人手中的小吃掉在了地上。宋应星突然发现，包小吃的纸上写有《梦溪笔谈》一个字。他忙问那个人小吃是在哪儿买的。问清楚后，宋应星一口气跑了好几里路，气喘吁吁，满头大汗地追上了卖小吃的老汉。

老人见他爱书心切，就把残缺不全的《梦溪笔谈》给了他，书少了后半部。老汉告诉他这书是清早路过南村纸浆店时向店老板讨来的。宋应星又一路跑着赶到纸浆店，可那后半部书已经和别的旧书一起拆散泡入水池，正准备打成纸浆。他拉住店老板的手，急切地说："求求您，帮忙把《梦溪笔谈》那本书从水池中捞上来吧。"说着，他拿出了身上所有的钱，摆在老板面前，老板不解地说："孩子，这一池废书也不值这些钱啊！"

宋应星向老板讲述了自己找这本书的经过。⁸¹ 老板被他求学的精神深深感动了，赶忙让工匠下水池从散乱的湿纸堆中找齐了那半部书。宋应星捧着湿淋淋的书回到了家，小心翼翼地一页页分开、晾干、装订好。他终于得到了 ⁸² 梦寐以求的那本书。

손을 잡고는 절박하게 말했다 "부탁 드려요. 좀 도와 주세요.〈몽계필담〉을 수조에서 좀 건져주세요." 그리고 가지고 있던 돈을 모두 주인 앞에 꺼내 놓았다. 그러자 상점주인은 이해가 안된 다는 말투로 얘기했다 "이봐, 이처럼 물에 담긴 폐지 따위가 이 돈을 지불할 만한 가치가 없어 보이네!"

송응성은 자기가 이 책을 찾아 오게 된 과정을 상점주인에게 털어 놓았다. ⁸¹ 상점주인은 학문을 탐구하고자 하는 이런 정신에 깊은 감동을 하였고, 서둘러 목수를 불러 수조에 흩어져 있던 젖은 종이 더미 속에서 그 후반부 내용이 담긴 책을 찾아 오라고 시켰다. 송응성은 젖은 책을 두 손으로 받쳐 들고 집을 돌아와, 조심스럽게 한 페이지 한 페이지씩 떼어 내어, 그늘에서 시원한 바람에 말린 후, 다시 제본을 했다. 그는 마침내 ⁸² 그토록 바라던 책을 얻게 되었다.

### 79

问: 宋应星为什么去追卖小吃的老汉?
- A 想拜他为师
- **B 想找《梦溪笔谈》**
- C 想买小吃
- D 想问纸浆店的位置

질문: 송응성은 왜 간식을 파는 남자를 쫓아 갔는가?
- A 노인에게 사부가 되어 달라고 부탁 하기 위해
- B 〈몽계필담〉을 찾고 싶어서
- C 간식을 사고 싶어서
- D 종이펄프가게의 위치를 알고 싶어서

[정답] B

[해설] 송응성은 왜 간식을 파는 남자를 쫓아 갔는지 이유를 묻고 있다.〈몽계필담〉이 매우 가치있는 서적이라고 알고 있었고 마침 우연하게 간식을 파는 노인이 간식을 싸는 포장지로〈몽계필담〉서적을 사용한 것을 알았기에 책을 구하고 싶은 마음에 쫓아감을 알 수 있다.

---

汉子 hànzi 명 남자
一口气 yìkǒuqì
 부 단숨에, 단번에
气喘吁吁 qìchuǎn xūxū
 성 숨을 가쁘게 몰아쉬다,
  숨이 가빠서 식식거리는 모양
满头大汗 mǎntóu dàhàn
 온 얼굴이 땀투성이이다
追上 zhuīshàng 따라 잡다
老汉 lǎohàn 명 노인, 영감
心切 xīnqiè 형 마음이 절실하다
残缺不全 cánquē bùquán
 훼손되거나 결여되어 완전하지 못하다
清早 qīngzǎo 명 이른 아침
南村 náncūn 명 남쪽마을
纸浆店 zhǐjiāngdiàn
 명 펄프가게
讨来 tǎolái
 동 구해오다, 얻어오다
赶到 gǎndào
 동 서둘러 도착하다
拆散 chāisǎn
 동 따로 떼어 놓다, 분해하다
泡入 pàorù 동 (물에) 담그다
水池 shuǐchí 명 못, 저수지
打成纸浆 dǎchéng zhǐjiāng
 동 펄프를 만들다
拉住 lāzhù
 동 끌어당겨서 붙잡다
急切 jíqiè 형 절박하다, 다급하다
捞 lāo 동 건지다, 끌어올리다
摸出 mōchu 동 꺼내다
摆 bǎi 동 놓다, 벌여 놓다 ★
不解 bùjiě 동 이해하지 못하다
不值 bùzhí 동 값어치가 없다
讲述 jiǎngshù 동 이야기하다
求学 qiúxué 동 학문을 탐구하다
赶忙 gǎnmáng
 부 서둘러, 재빨리
工匠 gōngjiàng 명 공예가, 장인
散乱 sǎnluàn 형 흩어져 있다
湿纸 shīzhǐ 명 젖은 종이

### 80

问: 关于宋应星可以知道什么?
A 学过印刷
B 续写了《梦溪笔谈》
C 从小就爱好文学
D 乐于读科学类书籍

질문: 송응성에 관해 알 수 있는 것은?
A 인쇄술을 배운 적이 있다
B 〈몽계필담〉을 읽고 썼다
C 어렸을 때부터 문학을 좋아했다
D 과학서적을 읽는 것을 좋아한다

**정답** D

**해설** 송응성에 관해 알 수 있는 것은 무엇인지 묻고 있다. 단문 두 번째 단락에서 바로 그 책을 읽기를 갈망했다고 했으므로 송응성은 과학서적을 읽는 것을 좋아한다라는 내용과 일치한다.

### 81

问: 根据上文,下列哪项正确?
A 宋应星是一名物理学家
B 宋应星和那老汉是亲戚
C 店主被宋应星打动了
D 《天工开物》是一本残缺不全的科学类书籍

질문: 윗글에 근거하여, 다음 중 옳은 것은?
A 송응성은 물리학가이다
B 송응성가 노인은 친척이다
C 가게주인은 송응성에게 감동했다
D 〈천공개물〉은 불완전한 과학서적이다

**정답** C

**해설** 위 글에 근거하여 옳은 내용을 고르는 문제이다. 단문 마지막 단락에서 상점주인은 학문을 탐구하고자 하는 그의 마음가짐에 깊은 감동을 하였다고 했으므로 결과적으로 가게주인은 송응성에게 감동했다라는 내용과 일치한다.

### 82

问: 最后一段划线部分 "梦寐以求" 的意思是什么?
A 共同的梦想
B 提出请求
C 迫切地希望
D 完美无缺

질문: 마지막 단락에 밑 줄 친 '梦寐以求'의 뜻은?
A 공통의 바람
B 요청을 하다
C 절실한 바람
D 완벽하여 흠이 없다

**정답** C

**해설** 밑줄 친 어휘의 뜻을 묻는 문제이다. 단문 두 번째 단락에서 몽계필담을 두고 그 책을 읽기를 갈망했다고 언급했으므로 결과적으로 책을 간절히 원했다는 것을 알 수 있다.
* 梦寐以求는 '꿈 속에서도 바라다. 자나깨나 갈망하다'라는 성어임을 기억해 두자!

---

堆 duī 명 더미, 무더기 ★
找齐 zhǎoqí
동 보충하다, 보완하다
捧 pěng 동 두 손으로 받쳐 들다
湿淋淋 shīlínlín
형 물이 뚝뚝 떨어지다, 흠뻑 젖다
小心翼翼 xiǎoxīnyìyì
성 매우 조심스럽다
分开 fēnkāi 동 분리하다
晾干 liànggān
동 그늘이나 바람에 말리다
装订 zhuāngdìng 동 제본하다
拜~为师 bài~wéishī
~을 스승으로 모시다
位置 wèizhi 명 위치 ★
印刷 yìnshuā 동 인쇄하다 ★
爱好 àihào
동 ~하기를 즐기다 ★
物理学家 wùlǐ xuéjiā
명 물리학자
打动 dǎdòng 동 감동시키다
书籍 shūjí 명 서적, 책
划线 huàxiàn 동 줄을 치다
梦想 mèngxiǎng
동 갈망하다, 간절히 바라다 ★
提出 tíchū
동 제의하다, 제기하다
请求 qǐngqiú 명 요구, 요청 ★
迫切 pòqiè
형 절박하다, 다급하다 ★
完美无缺 wánměiwúquē
성 완전무결하다, 전혀 흠잡을 데가 없다

**第83到86题是根据下面一段话：**

后悔情绪可以被应用在股票市场中投资者心理学领域。无论投资者是否打算购买下降或上升的股票或基金，实际上购买自己关注的证券就将产生情绪上的反应。投资者可能回避卖掉价格已下跌的股票，83这是为了回避曾经做出的错误决策的遗憾和报告损失带来的尴尬。因此即使决策结果相同，如果某种决策方式可以减少遗憾，对于投资者来说，这种决策方式依然优于其他决策方式。

实质上，投资者正是有了"从众心理"。为避免做出错误决策带来的遗憾，投资者可能拒绝卖掉价格已经下降的股票，很容易购买本周热门或受大家追涨的股票，导致股市中"羊群效应"的产生。

由于人们在投资判断和决策上经常容易出现错误，而当出现这种失误操作时，通常感到非常难过和悲哀。所以，投资者在投资过程中，85为了避免后悔心态的出现，经常会表现出一种犹豫不决的性格特点。

86研究人员表示，这种后悔情绪并不是人类独有的。为了弄清动物是否也有后悔情绪，研究人员做了实验。研究人员通过实验发现，84小动物们做出错误的决定以后，这种情绪还会影响它的今后的决定，并再也不会去理睬。

## 83

问: 投资者为什么回避卖掉价格已下跌的股票?
A 挽回曾经做出的错误决策的遗憾
B 觉得肯定会再涨
C 等着趁机出手
D 会听从专家的语言

질문: 투자자는 왜 가격이 떨어진 주식을 파는 것을 회피하는가?
A 예전의 잘못된 결정에 대한 아쉬움을 되찾기 위해서
B 틀림없이 다시 오를 거라고 생각해서
C 기회가 오기를 기다렸다가 처분하기 위해서
D 전문가의 말을 따르기 때문에

**정답** A

**해설** 투자자들이 가격이 떨어진 주식을 파는 것을 피하는 이유에 대해 묻고 있다. 단문 첫 번째 단락에서 이것은 잘못된 판단에 대한 아쉬움과 손실에 대한 당혹감을 회피하기 위한 것이다고 언급했으므로 해당 내용을 보기에서 찾으면 된다.

## 84

问: 关于小动物的实验, 可以知道什么?
A 结论和我们想的恰恰相反
B 在一家饭店里进行
C 小动物们的后悔情绪影响到今后的决定
D 这项实验弄得非常失败

질문: 동물 실험에 관련해서 알 수 있는 것은?
A 결론은 우리가 생각했던 것과 정반대이다.
B 한 음식점에서 진행되었다
C 동물들의 후회하는 심리는 이후의 결정에 영향을 준다
D 이 실험은 실패했다

**정답** C

**해설** 동물의 실험에 관련해서 알 수 있는 것은 무엇인지 묻고 있다. 단문 마지막 단락의 동물들이 잘못된 판단을 한 이후 이러한 종류의 심리가 이후 결정에 영향을 준다고 했으므로 보기 B의 작은 동물들의 후회하는 심리는 이후의 결정에 영향을 준다는 내용과 일맥상통한다.

避免 bìmiǎn
동 피하다, 모면하다 ★

热门 rèmén
명 화제거리, 인기가 있는 것

导致 dǎozhì
동 초래하다, 야기하다 ★

股市 gǔshì 명 주식시장, 주가

失误 shīwù
동 실수하다, 잘못하다

操作 cāozuò
동 조작하다, 다루다

难过 nánguò 형 괴롭다, 슬프다

悲哀 bēi'āi
형 애통하다, 비통하다

心态 xīntài 명 심리상태

表现 biǎoxiàn
동 나타내다, 표시하다 ★

犹豫不决 yóuyù bùjué
성 결단을 내리지 못하고 망설이다, 머뭇거리다

特点 tèdiǎn 명 특징, 특색, 특성

人类 rénlèi 명 인류 ★

实验 shíyàn 동 실험하다 ★

发现 fāxiàn
동 발견하다, 알아차리다

理睬 lǐcǎi
동 상대하다, 거들떠 보다

挽回 wǎnhuí
동 회수하다, 되찾다, 만회하다

涨 zhǎng 동 오르다 ★

趁机出手 chènjī chūshǒu
기회를 틈타서 내다 팔다, 매각하다, 처분하다

结论 jiélùn 명 결론 ★

恰恰相反 qiàqià xiāngfǎn
전혀 상반되다, 반대이다

手头紧 shǒutóu jǐn
주머니 사정이 어렵다

风险 fēngxiǎn 명 위험, 모험 ★

谨慎 jǐnshèn
형 신중하다, 조심스럽다 ★

集体 jítǐ 명 집단, 단체 ★

传染 chuánrǎn
동 전염시키다, 옮다 ★

## 85

问: 人们在投资时变得犹豫不决的原因是:
A 手头太紧
B 为了避免后悔
C 投资有风险
D 投资时要谨慎

질문: 사람들은 투자를 할 때 망설이게 되는 원인은?
A 수중에 돈이 많지 않아서
B 후회를 하지 않기 위해서
C 투자에는 리스크가 있어서
D 투자할 때 신중해야 해서

**정답** B

**해설** 사람들은 투자를 할 때 망설이게 되는 원인은 무엇인지 묻고 있다. 단문 세 번째 단락의 후회하는 심리 상태가 나타나지 않게 하기 위해서라고 언급했으므로 보기 B와 일치하는 내용이다.

## 86

问: 根据上文,可以知道什么?
A 小动物们习惯集体活动
B 情绪容易被传染
C 小动物们也会受到后悔的情绪
D 小动物们也受到人类的情绪

질문: 윗글에 근거하여 알 수 있는 것은?
A 동물들은 단체활동에 익숙하다
B 정서는 전염되기 쉽다
C 동물들도 후회하는 기분을 느낀다
D 동물들도 인류의 기분을 느낀다

**정답** C

**해설** 위 글에 근거하여 알 수 있는 것은 무엇인지 묻고 있다. 단문 마지막 단락의 이러한 종류의 후회하는 심리는 인간만이 가지고 있는 것이 아니다고 언급했으므로 동물들도 후회하는 기분을 느낀다라는 의미임을 유추할 수 있다.

**第87到90题是根据下面一段话：**

一年秋天，有位商人到河北一个村庄去看亲戚。他意外发现，当地的玉米秸秆柔韧度很强，特别 87 适合编织结实的遮阳帽。这种帽子在国内很畅销，价格也不低。

这个好消息立刻在村里炸开了锅。原本不值钱的秸秆突然成了宝贝，大家都有些不敢相信。接着，商人又找来技术人员教大家编遮阳帽，并承诺所有成品都会高价回收。于是，从秋天到来年夏天，村里人都忙着编帽子，家家都赚到了钱。只有一个叫张娜的姑娘，每天跑去山里玩，什么都没挣着。88 有人劝她不要再游手好闲，错过了发财的好机会，她却总是笑而不语。

转眼间，秋天又来了。大家发现了一个致命的问题：因为只顾着编织，土地都荒废了，玉米种不了，原来贮存的秸秆也用完了，拿什么去编遮阳帽呢！

就在大家急得团团转时，有人惊喜地发现，89 张娜不知什么时候已经在荒山上种满了玉米。村里人只好争相去向她买秸秆。张娜没费多大劲，就赚了很多钱。当许多人计较着眼前利益时，有智慧的人却把目光放到了将来。90 比金钱更重要的，往往是一个人的远见。

### 87

问: 关于那种帽子，可以知道什么？
A 可以防水
B 很结实
C 只能手洗
D 不受中老年的欢迎

질문: 그 모자에 관해, 알 수 있는 것은?
A 방수가 된다
B 매우 튼튼하다
C 손으로 씻을 수 있다
D 중노년층의 환영을 받지 못한다

**정답** B

**해설** 그 모자에 관해 알 수 있는 것은 무엇인지 묻고 있다. 단문 첫 번째 단락에서 튼튼한 차양모를 만들기에 아주 적합하다고 했으므로 보기 B의 매우 튼튼하다라는 내용과 일치한다.

### 88

问: 刚开始他们对张娜的行为怎么想？
A 很担心
B 感到可笑
C 游手好闲
D 非常聪明

질문: 사람들이 처음에 장나가 하는 행동에 대해 어떻게 생각하였는가?
A 걱정한다
B 우스꽝스러웠다
C 빈둥거리며 놀고 있다
D 아주 똑똑하다

**정답** C

**해설** 사람들이 처음에 장나가 하는 행동에 대해 어떻게 생각했는지 묻고 있다. 단문 두 번째 단락의 어떤 사람이 그녀에게 빈둥거리며 놀다가 부자가 될 수 있는 기회를 놓치지 말라며 충고를 해줬다고 했으므로 보기 C와 일치한다.

### 89

问: 关于张娜，可以知道:
A 离开了村庄
B 自学编织帽子
C 种了很多玉米
D 开了帽子店铺

질문: 장나에 관해서 알 수 있는 것은?
A 농촌을 떠났다
B 스스로 모자 짜는 방법을 배웠다
C 많은 옥수수를 심었다
D 모자가게를 차렸다

**정답** C

**해설** 장나에 관해서 묻고 있다. 단문 마지막 단락의 장나는 이미 황산에 옥수수를 가득 심어 놓았다라고 언급했으므로 장나는 많은 옥수수를 심었음을 알 수 있다.

---

转眼间 zhuǎnyǎnjiān 별안간
致命 zhìmìng 동 치명적이다, 결정적이다
只顾 zhǐgù 동 오로지 ~에 정신이 팔리다
土地 tǔdì 명 토지, 농토 ★
荒废 huāngfèi 동 경작하지 않다, 묵히다
种不了 zhǒng bùliǎo 동 씨를 심을 수가 없다
贮存 zhùcún 동 저축해 두다, 저장하다
团团转 tuántuánzhuàn 동 허둥지둥하다, 쩔쩔매다
种满 zhǒngmǎn 씨를 가득 심다
争相 zhēngxiāng 부 서로 다투어
费劲 fèijìn 동 힘을 들이다
计较 jìjiào 동 계산하여 비교하다
利益 lìyì 명 이익, 이득 ★
智慧 zhìhuì 명 지혜 ★
目光 mùguāng 명 분별력, 시야
远见 yuǎnjiàn 명 통찰력, 선견지명
防水 fángshuǐ 명 방수
可笑 kěxiào 형 우습다, 우스꽝스럽다
自学 zìxué 동 독학하다
店铺 diànpù 명 상점, 가게
苦恼 kǔnǎo 명 고민, 고뇌
赢家 yíngjiā 명 승자, 승리자

**90**

问: 最适合做上文标题的是:
A 农民的苦恼
B 结实的帽子
C 玉米的效果
D 最后的赢家

질문: 윗글의 제목으로 가장 적합한 것은:
A 농민의 고충
B 튼튼한 모자
C 옥수수의 효과
D 최후의 승자

정답) D

해설) 이 글의 제목을 찾는 문제이다. 단문 제일 마지막에 언급을 하고 있다. 언제나 늘 그렇듯 앞을 내다볼 수 있는 통찰력을 가지는 것이라고 했으므로 결국은 최후의 승자가 되는 것에 관한 내용임을 알 수 있다.

# HSK 5급 5회 쓰기

**제1부분** 91~98번 문제는 제시된 어휘를 어순에 맞게 배열하여 문장을 완성하는 문제입니다.

### 91

那种　　　植物靠　　　来传播种子　　　风

**보기 어휘**
- 植物 zhíwù 몡 식물
- 靠 kào 통 의지하다, 기대다 ★
- 传播 chuánbō 통 전파하다, 퍼뜨리다 ★
- 种子 zhǒngzi 몡 종자, 씨앗

**정답** 那种植物靠风来传播种子。
그런 종류의 식물들은 바람을 통해 종자를 전파한다.

**해설** 동사 来의 이해

| 동사 靠(의지하다)는 뒤에 명사를 수반하여 '~를 통해, ~를 의지하여'라는 전치사적인 의미를 내포한다. 이에 靠风을 '바람을 통해, 바람에 의지하여'로 결합 가능하다. | → | 동사 来는 '오다'라는 뜻 외에도 동사구와 동사구 사이에 쓰여 전자가 방법을, 후자가 목적임을 나타내는 역할을 한다. 靠风来传播种子 '바람을 통해 종자(씨앗)를 퍼뜨린다'로 연결할 수 있다. | → | '지시대명사 + 양사 + 명사'의 순으로 那种植物를 주어 자리에 놓는다. |

### 92

嘉宾　　　进入会场就座　　　陆续　　　已经

**보기 어휘**
- 嘉宾 jiābīn 몡 귀빈, 내빈
- 进入 jìnrù 통 진입하다, 들어오다 ★
- 会场 huìchǎng 몡 회의장
- 就座 jiùzuò 통 자리에 앉다, 착석하다
- 陆续 lùxù 부 끊임없이, 연이어, 잇따라 ★

**정답** 嘉宾已经陆续进入会场就座。
내빈들은 이미 잇따라 회의장으로 들어와 자리에 앉아 있었다.

**해설** 부사어 위치 이해

| 술어 자리는 进入(들어오다)이다. | → | 주어는 嘉宾이고, 여기서는 부사 陆续(계속해서)와 已经(이미, 벌써)의 부사어 배치 순서에 주목해야 한다. 일반적으로 已经이 陆续 앞에 선행한다. | → | 목적어는 会场就座이다. |

### 93

她　　　很　　　犹豫　　　表现得

**보기 어휘**
- 犹豫 yóuyù 형 머뭇거리다, 망설이다 ★

**정답** 她表现得很犹豫。
그녀는 매우 망설인다.

**해설** 정도보어의 위치 이해

| 술어 자리는 表现(나타내다, 보이다)이고, 表现 뒤에 구조조사 得가 있으므로 정도보어 [주어 + 술어得 + 정도보어] 구조로 배치한다. | ⇒ | 주어는 她이고, 表现得뒤에는 정도 보어 (부사 + 형용사) 순으로 배치한다. | ⇒ | 부사는 很이며, 형용사는 犹豫(망설이다)이므로 犹豫앞에 得를 배치하면 된다. |

表现 biǎoxiàn
동 나타내다, 표현하다 ★

## 94

这种    不利于    家庭    孩子成长

**정답** 这种家庭不利于孩子成长。
이런 가정은 아이의 성장에 해가 된다.

**해설** 전치사성 결과보어 위치 이해

| 술어 자리는 不利(불리하다)이다. | ⇒ | 不利 뒤에 전치사 于는 결과보어로 쓰여 '~에(있어) 불리하다, ~에 해가 되다'의 의미를 나타낸다. 그러므로 '不利于孩子成长(아이의 성장에 해가 된다)'으로 결합한다. | ⇒ | 주어 자리는 [수사 + 양사 + 명사] 구조로 배치하고, 의미상 这种이 수식하는 명사 성분은 家庭이므로 주어 자리에 배치한다. 于 뒤에 올 수 있는 명사는 孩子成长이다. |

**보기 어휘**
不利 búlì
형 불리하다, 해가 되다
家庭 jiātíng 명 가정 ★
成长 chéngzhǎng
명 성장 동 성장하다 ★

## 95

他    把    工作上    所有的注意力    都放在

**정답** 他把所有的注意力都放在工作上。
그는 모든 주의력을 업무에 쏟아 넣었다.

**해설** 把자문 위치 이해

| 술어 자리는 '동사 + 전치사 결과보어' 형태인 放在 (~에 넣다) 이다. | ⇒ | 보기에 把가 있으므로 把자문 [주어 + 把 + 행위의 대상 + 술어 + 기타성분] 으로 배치한다. 把 뒤에는 일반명사가 오므로 所有的注意力(모든 주의력)가 把 뒤에 위치한다. 여기서는 把 A 放在 B(A를 B에 두다) 구조에 주목하면 된다. | ⇒ | 주어 자리는 他이고, 放在에서 在는 기타성분이므로 방위사가 있는 工作上과 배치하면 된다. |

**보기 어휘**
所有 suǒyǒu 형 모든, 일체의
注意力 zhùyìlì 명 주의력
放 fàng 동 넣다, 놓다

## 96

| 他的话里 | 信心和 | 充满了 | 力量 |

**보기 어휘**

信心 xìnxīn 몡 자신감
充满 chōngmǎn
툉 넘치다, 충만하다 ★
力量 lìliang 몡 힘, 역량 ★

**정답** 他的话里充满了信心和力量。
그의 말 속에서 자신감과 힘이 넘쳐났다.

**해설** 주술목 위치 이해

| 술어 자리는 充满了 (넘쳐났다) 이다. | ➡ | 여기서는 기본 구문 [주어 + 술어 + 목적어] 배치에 주목해야 한다. | ➡ | 주어 자리는 他的话里이고, 목적어 자리는 信心 뒤에 접속사 和(~와/과)가 있으므로 의미상 어울리는 力量을 信心和 뒤에 배치하면 된다. |

## 97

| 身体状态 | 良好 | 他目前的 | 非常 |

**보기 어휘**

状态 zhuàngtài
몡 상태, 컨디션 ★
良好 liánghǎo
혱 양호하다, 좋다, 훌륭하다 ★
目前 mùqián
몡 지금, 현재 ★

**정답** 他目前的身体状态非常良好。
그의 현재 몸 컨디션은 매우 양호하다.

**해설** 형용사 위치 이해

| 술어 자리는 형용사 良好(양호하다)이므로 뒤에 목적어가 올 수 없다. | ➡ | 주어는 관형어 형태로 他目前的身体状态이다. (그의 현재 몸 컨디션) | ➡ | 非常(매우)은 정도 부사이므로 형용사 良好 앞에 위치하면 된다. |

## 98

| 我们 | 新鲜空气 | 呼吸 | 森林里的 | 着 |

**보기 어휘**

新鲜 xīnxiān 혱 신선하다
空气 kōngqì 몡 공기
呼吸 hūxī
툉 들이마시다, 호흡하다 ★
森林 sēnlín 몡 삼림, 숲

**정답** 我们呼吸着森林的新鲜空气。
우리는 숲의 신선한 공기를 마시고 있다.

**해설** 着(~하고 있다) 위치 이해

| 술어 자리는 呼吸 (들이마시다) 이다. | ➡ | 보기에 着가 있으므로 동사 呼吸 뒤에 着를 붙인다. 森林里 뒤에 구조조사 的가 있으므로 森林里的(숲의) 가 新鲜空气(신선한 공기)를 수식하는 관형어 형태로 배치한다. | ➡ | 주어 자리는 我们이다. |

## 제2부분

99~100번 문제는 제시된 어휘와 사진을 활용하여 80자 내외의 작문을 완성하는 문제입니다.

### 99

| 网络 | 缺乏 | 获得 | 合理 | 安慰 |

**보기 어휘**

网络 wǎngluò 명 인터넷 ★
缺乏 quēfá 동 결핍되다 ★
获得 huòdé 동 얻다, 획득하다
合理 hélǐ
형 도리에 맞다, 합리적이다 ★
安慰 ānwèi 동 위로하다 ★

**Step 1 : 주제를 찾기**

| 주제 단어 | 网络 wǎngluò 인터넷

**Step 2 : 주제 어휘들을 중심으로 각각 어휘에 살 붙이기**

▶ 获得 huòdé 얻다, 획득하다
   获得现实生活中无法得到的东西。현실 생활에서 얻을 수 없는 것을 얻다

▶ 合理 hélǐ 합리적이다
   合理地安排上网的时间 인터넷을 하는 시간을 합리적으로 계획하다

**Step 3 : 각각 어휘에 살을 붙인 문장을 토대로 원고지에 완성하기**

**[정답]** 很多人会上网消遣时间，网络是一个虚拟世界，人们从那里获得现实生活中无法得到的某些东西，像自我肯定、安慰等等。不过，一旦陷入这个网络世界，人就会变得缺乏理性，在现实生活中越来越消极。因此，我们要合理地安排上网的时间。

**지문 어휘**

消遣 xiāoqiǎn
동 심심풀이로 하다, 소일하다
自我 zìwǒ 명 자아
陷入 xiànrù 동 ~에 빠지다
理性 lǐxìng 명 이성
消极 xiāojí 형 소극적이다,
의기소침하다 ★

|   | 很 | 多 | 人 | 会 | 上 | 网 | 消 | 遣 | 时 | 间 | ， | 网 | 络 | 是 |
| 一 | 个 | 虚 | 拟 | 世 | 界 | ， | 人 | 们 | 从 | 那 | 里 | 获 | 得 | 现 | 实 |
| 生 | 活 | 中 | 无 | 法 | 得 | 到 | 的 | 某 | 些 | 东 | 西 | ， | 像 | 自 | 我 |
| 肯 | 定 | 、 | 安 | 慰 | 等 | 等 | 。 | 不 | 过 | ， | 一 | 旦 | 陷 | 入 | 这 |
| 个 | 网 | 络 | 世 | 界 | ， | 人 | 就 | 会 | 变 | 得 | 缺 | 乏 | 理 | 性 | ， |
| 在 | 现 | 实 | 生 | 活 | 中 | 越 | 来 | 越 | 消 | 极 | 。 | 因 | 此 | ， | 我 |
| 们 | 要 | 合 | 理 | 地 | 安 | 排 | 上 | 网 | 的 | 时 | 间 | 。 |   |   |   |

**[해석]** 많은 사람들은 심심풀이로 인터넷을 하는 경우가 있는데, 인터넷은 일종의 가상 세계이며, 사람들은 현실 생활에서 얻을 수 없는 어떤 것을 그 곳에서 찾는데, 마치 자기 자신을 긍정적으로 평가하거나 스스로를 위안하는 것 등을 말한다. 하지만, 일단 이런 인터넷 세계에 빠지게 되면, 사람들은 이성이 결핍되어 현실생활에서 점점 더 소극적으로 변하게 될 것이다. 그러기 때문에 우리는 인터넷을 하는 시간을 합리적으로 계획해야 한다.

**Step 1 : 그림을 간단하게 묘사하기**
▶ 图片里有一个女人在休息。
그림 속의 한 여자가 휴식을 취하고 있다.

**Step 2 : 살 붙이기**
▶ 随着生活水平的提高，几乎每家每户都有电脑。
생활 수준의 향상에 따라 거의 모든 집에 컴퓨터 한 대씩은 있다.

**Step 3 : 서론 ⋯▶ 본론 ⋯▶ 결론으로 마무리**

[정답] 图片里有一个女人在休息。随着生活水平的提高，几乎每家每户都有电脑，长时间面对电脑工作的人应该多动一动。运动有很多好处。第一，眼睛可以得到放松，第二，可以缓解紧张的情绪，第三，短暂的休息会带来更高的工作效率。

### 지문 어휘

**随着** suízhe 젠 ~에 따라
**水平** shuǐpíng 명 수준
**提高** tígāo
동 향상시키다, 제고하다
**几乎** jīhū 부 거의
**每家每户** měi jiā měi hù
집집마다
**面对** miànduì 동 직면하다 ★
**放松** fàngsōng
동 느슨하게 하다, 긴장을 풀다
**缓解** huǎnjiě
동 완화되다, 풀리다 ★
**效率** xiàolǜ 명 능률, 효율

|  | 图 | 片 | 里 | 有 | 一 | 个 | 女 | 人 | 在 | 休 | 息 | 。 | 随 | 着 |
| 生 | 活 | 水 | 平 | 的 | 提 | 高 | , | 几 | 乎 | 每 | 家 | 每 | 户 | 都 | 有 |
| 电 | 脑 | , | 长 | 时 | 间 | 面 | 对 | 电 | 脑 | 工 | 作 | 的 | 人 | 应 | 该 |
| 多 | 动 | 一 | 动 | 。 | 运 | 动 | 有 | 很 | 多 | 好 | 处 | 。 | 第 | 一 | , |
| 眼 | 睛 | 可 | 以 | 得 | 到 | 放 | 松 | , | 第 | 二 | , | 可 | 以 | 缓 | 解 |
| 紧 | 张 | 的 | 情 | 绪 | , | 第 | 三 | , | 短 | 暂 | 的 | 休 | 息 | 会 | 带 |
| 来 | 更 | 高 | 的 | 工 | 作 | 效 | 率 | 。 |  |  |  |  |  |  |  |

[해석] 그림 속의 한 여자가 휴식을 취하고 있다. 생활 수준의 향상에 따라 거의 모든 집에 컴퓨터 한 대씩은 가지고 있는데, 장시간 동안 컴퓨터로 업무를 보는 사람들은 많이 움직여야 한다. 운동을 하는 것은 많은 장점이 있다. 첫 번째로는, 눈이 편안해지고, 두 번째는, 긴장을 완화시킬 수 있으며, 세 번째로는, 잠시라도 휴식을 취하면 더욱 높은 업무능률을 가져다 줄 수 있다.

파고다 HSK 문제집

5급 실전모의고사

파고다외국어교육연구소 저

PAGODA Books

# 목차 5급

## 모의고사

- 실전모의고사 **1**회 · 3
- 실전모의고사 **2**회 · 21
- 실전모의고사 **3**회 · 39
- 실전모의고사 **4**회 · 57
- 실전모의고사 **5**회 · 75

# 汉语水平考试
# HSK（五级）模拟试题
# 第一套

## 注　　意

一、HSK（五级）分三部分：
　　1. 听力（45题，约30分钟）
　　2. 阅读（45题，45分钟）
　　3. 书写（10题，40分钟）

二、听力结束后，有5分钟填写答题上。

三、全部考试约125分钟（含考生填写个人信息时间5分钟）。

# 一、听 力

## 第一部分

第1-20题：请选出正确答案。

1. A 看京剧
   B 看电影
   C 看话剧
   D 学太极拳

2. A 运费高
   B 显示不清楚
   C 不来电
   D 质量不合格

3. A 环境好
   B 离学校近
   C 位置好
   D 租金便宜

4. A 打扫房间
   B 扫地板
   C 浇花
   D 洗澡

5. A 不赞同男的的教育方式
   B 责怪男的
   C 非常欣赏男的
   D 感谢男的

6. A 教师
   B 导游
   C 警察
   D 律师

7. A 可以见很多明星
   B 免费去很多地方
   C 收入很丰厚
   D 可以随时旅游

8. A 准备参加比赛
   B 搬家了
   C 课多
   D 忙于考试

9. A 色泽选得不恰当
   B 背景暗
   C 没有个性
   D 没有重点

10. A 是科幻小说
    B 总共有46本
    C 正在打折销售
    D 非常畅销

11. A 和人聚会
    B 去买东西
    C 看望爷爷
    D 旅游

12. A 女的没买机票
    B 女的不想走
    C 女的坐火车了
    D 航班照常起飞

13. A 很便宜
    B 很高档
    C 很实用
    D 手感好

14. A 下个月中旬
    B 月初
    C 月末
    D 明年中旬

15. A 朋友
    B 亲戚
    C 父母
    D 没人帮忙

16. A 已经吃过了
    B 不喜欢今天的饭菜
    C 肚子难受
    D 等会再吃

17. A 班会取消了
    B 今天没时间
    C 班会人数不够
    D 老师不在

18. A 包里
    B 抽屉里
    C 笔盒里
    D 桌子上

19. A 太厚了
    B 太暗了
    C 不正式
    D 颜色过于鲜艳

20. A 房间多
    B 很好看
    C 非常新
    D 窗户多

# 第二部分

**第21-45题：请选出正确答案。**

21. A 是一部情感剧
    B 只有女的再看
    C 拍了八年
    D 演员都没有变

22. A 照顾父亲
    B 不想去
    C 妻子病了
    D 需要休息

23. A 跑业务的
    B 金融投资
    C 高学历
    D 会计专业

24. A 参加了短跑比赛
    B 今天状态不好
    C 获得了比赛冠军
    D 平时不锻炼

25. A 滑冰场
    B 沙滩
    C 划船
    D 滑雪场

26. A 收入低
    B 换了公司
    C 开店
    D 没有资金

27. A 出去购物
    B 和朋友旅游
    C 去朋友家玩
    D 和家人吃饭

28. A 男的是日语专业
    B 女的不喜欢学习
    C 男的是英语专业
    D 女的不喜欢问问题

29. A 合作事宜
    B 找客户
    C 签约时间
    D 出差日期

30. A 个人画展
    B 珠宝
    C 手工艺
    D 农产品

31. A 挑出甜食
    B 检查零食是否过期
    C 把手洗干净
    D 先了解零食的价钱

32. A 当垃圾扔了
    B 放进了口袋
    C 存起来
    D 交给了妈妈

33. A 药店员工态度差
    B 药太昂贵
    C 药店关门了
    D 没买到金银花

34. A 向药店老板咨询
    B 替老板说好话
    C 帮顾客打听别的药店
    D 推荐了其他中药

35. A 有经商的才能
    B 没得到顾客好评
    C 独自开了一家诊所
    D 是一名老中医

36. A 滑得非常稳
    B 经常摔倒
    C 进步非常快
    D 不敢往远滑

37. A 掌握了技巧
    B 不停地练习
    C 靠天分
    D 他的父母是滑冰选手

38. A 要敢于面对现实
    B 要学会换角度思考问题
    C 学会放弃
    D 珍惜每一次难得的机会

39. A 把碎片扔了
    B 将碎片粘好
    C 新买回来一个
    D 立即向母亲认错

40. A 对孩子的爱
    B 长辈的信任
    C 对孩子的不满
    D 母亲的歉意

41. A 特别聪明
    B 很诚实
    C 很沉默
    D 非常敏感

42. A 与人多交流
    B 肌肉运动
    C 睡眠
    D 有氧运动

43. A 久坐不动
    B 饮食不规律
    C 长期待在室内
    D 空气不好

44. A 10月的第二个周一
    B 12月27日
    C 10月的第一个周一
    D 12月的第一个周末

45. A 提醒政府重视环境保护
    B 促使人们关心居住环境
    C 呼吁人们保护环境
    D 限制物价过快上涨

# 二、阅 读

## 第一部分

第46-60题：请选出正确答案。

46-48.
　　随着改革开放的不断深入发展，同时与其他国家的交往也日趋频繁，世界日益变为一个大家庭。因此，人们开始重视不同国家之间的经济文化交流。但实际上不同国家与民族之间 _46_ 着一道看不见摸不着的文化屏障。因而，在跨文化背景下的商务谈判中，谈判双方不仅懂得对方的语言是不够的，还要进一步了解 _47_ 之间的文化差异并接受与自己不同的价值观。相反，如果不能正确认识这些差异，在谈判中有可能 _48_ 不必要的误会，有可能失去许多促成谈判成功的机会。

46. A 存在　　　B 组成　　　C 吸收　　　D 包括
47. A 彼此　　　B 其余　　　C 对方　　　D 任何
48. A 产生　　　B 到达　　　C 达到　　　D 养成

49-52.
　　乾隆皇帝几次出访江南，他对甲于天下的苏州风景十分喜爱。一次，他带着母亲一起去了苏州，此次出行让她大开眼界。回到北京后，皇太后一直对江南的 _49_ 景象念念不忘。但因她年纪很大， _50_ 。因此，乾隆皇帝为了 _51_ 母亲的期望，命人在北京建了一条苏氏商业街，俗称"苏州街"。这条街不仅在建筑方面仿照苏州，乾隆皇帝还特意 _52_ 人从苏州请来那里的生意人，可谓原汁原味的苏州街景。遗憾的是，由于历史原因，这条街在近代已被烧毁了，此后也就名存实亡了。

49. A 高级　　　B 繁荣　　　C 经典　　　D 豪华
50. A 不便再次出游　　　　　B 总想到处去游玩儿
　　C 与皇帝关系亲近　　　　D 未曾对人发脾气
51. A 安慰　　　B 允许　　　C 满意　　　D 满足
52. A 夸　　　　B 逃　　　　C 追　　　　D 派

53-56.

现代著名作家、文学评论家茅盾先生，原名沈德鸿。他在学校里，各门功课都名列前茅，特别是他的作文更是出色。茅盾中学毕业，参加北京大学入学考试后，自我感觉 53 。就安安心心地回家等候好消息了。没想到成绩公布的那天，录取 54 上，竟没有沈德鸿的名字，令茅盾十分 55 。但不久，他却意外地收到了北京大学寄来的入学通知，通知书上写的是沈德鸣三个字。茅盾 56 ，把"鸿"字写得像个"鸣"字了。这件事对他触动很大。从此，他写字写得一笔一划，端端正正。

53. A 无奈　　B 良好　　C 糊涂　　D 安慰

54. A 人数　　B 名单　　C 简历　　D 合同

55. A 痛快　　B 失望　　C 惭愧　　D 骄傲

56. A 学习一直刻苦　　B 显得格外惭愧
　　C 忽然转变想法　　D 因为字迹杂乱

57-60.

一个旅行者决定利用三年的时间徒步走遍全国各地。一天，旅行者满头大汗地敲开一家的房门，请求屋主给他一杯水。屋主给他倒 57 了一杯水，旅行者接过水， 58 。屋主问："喝出水的味道了吗？"旅行者回答道："水怎么会有味道呢？"屋主又给他倒了一杯水，要他坐下来，慢慢喝。旅行者接过水，开始一小口一小口地喝，喝着喝着，他果然 59 出了水的甜味。"喝第一杯水时，知道你为什么没有喝出水的味道吗？那是因为你只是为了解渴，目的性太强，又怎么能喝出水的味道呢？"屋主接着说："做任何事都是这样，如果目的性太强，就会失去做事的乐趣和味道。你行程这么匆忙，怎能 60 到沿途的风景呢？"

57. A 软　　B 多　　C 满　　D 浅

58. A 他想住几天再走　　B 一口气就把水喝完了
　　C 不留神把水全洒了　　D 不知道房主心中的疑问

59. A 吸　　B 闻　　C 尝　　D 歇

60. A 盼望　　B 解释　　C 欣赏　　D 观察

# 第二部分

*第61-70题：请选出与试题内容一致的一项。*

61. 把压力视为挑战的人，往往愿意听取别人的批评和建议，以此来完善自己。而把压力视为负面因素的人，哪怕听到的是善意的批评，也会本能地反感，甚至还会因此而生气，进而长时间地处在消极情绪中。

    A 要正确对待他人的批评
    B 压力大的人往往很悲观
    C 要合理利用自己的优势
    D 压力不利于人的成长

62. 过去，画儿一般是挂在墙上的。如今往墙上画画，成了家庭装修中最能体现主人个性的画龙点睛之笔。随着新型家居装饰的升温，充满个性和创意的家居手绘墙在潍坊市流行起来。这样既能突出主人的个性，花钱也不多。

    A 传统的家居装饰开始消失
    B 手绘墙画目前还不被人们接受
    C 传统的家居装饰费用比较便宜
    D 手绘墙画是直接画在墙上的

63. 古代文学史上著名的父子作家"三苏"就是指北宋散文家苏洵和他的儿子苏轼、苏辙。其中，苏轼则不但在散文创作上成果甚丰，而且在诗、词、书、画等各个领域中都有重要地位。他的《石钟山记》、《赤壁赋》等作品都流传后世。

    A 苏洵只有一个儿子
    B 苏洵和苏轼关系不融洽
    C 苏轼在文学上成就很大
    D《石钟山记》是苏洵的代表作

64. 有句俗语叫"师傅领进门，修行靠个人"。它的意思是说，师傅教的只是基础或者一个法门，起引导的作用，或者说是抛砖引玉，而真正能学到多少东西，修行到何种程度，就看学生的领悟能力，以及努力的程度了。

   A 课堂上的师生互动至关重要
   B 学生应更注重自身的努力
   C 教师要适当听取学生的意见
   D 学生的成绩能不能提高在于老师怎么去教

65. 2015年1月6日，今年中国农业部发布的信息，说明马铃薯有望成为稻米、小麦、玉米之外的第四大主粮作物，推动把马铃薯加工成馒头、面条儿、米粉等主食的项目，意料2020年50%以上的马铃薯将作为主粮消费。

   A 马铃薯的消费量已经突破了50%大关
   B 马铃薯未来将成为主粮
   C 中国人不习惯吃马铃薯
   D 零食对身体有很多坏处

66. 天气晴朗时，你将会看到很多人都带着孩子到野外放风筝。多姿多彩的风筝后面一般都有长长的尾巴。这些尾巴不仅样式好看，它们还起着保持平衡的作用，能使风筝自由自在地在空中飞舞。

   A 风筝的线越粗越好
   B 风筝的尾巴能控制平衡
   C 前面一般都有长长的尾巴
   D 阴暗的天气很适合放风筝

67. 路途有多远，双脚会告诉你；沿途是否美丽，眼睛会告诉你。面对选择，我们与其按兵不动、犹豫不决，不如勇敢上路。只有让双脚走在路上，让双眼饱览了一路的风光，我们才知道哪一条路是对的，哪一条路是错的。

   A 遇到困难要平静
   B 面对选择不要犹豫
   C 旅行可以开阔眼界
   D 散步对健康有帮助

68. 随着绿色潮流的不断高涨，绿色消费已成为一种新的时尚。它主要有三层含义：一是倡导消费者在消费时选择未被污染或有助于公众健康的绿色产品；二是建议消费者在消费过程中注意对垃圾的处置，不造成环境污染；三是引导消费者转变消费观念，在追逐健康、舒适的同时，注意节约资源和能源，实现可持续消费。

   A 消费者的观念不轻易被改变
   B 绿色消费造成环境污染
   C 市场上绿色食品还罕见
   D 绿色消费提倡人们节约资源

69. 动感单车是目前健身房中最受欢迎，最火爆的健身运动。因为它避免了个人运动带来的孤独、乏味和易疲劳的缺点。它自20世纪80年代出现至今，经过了多次技术上的改善。现在，它不仅简单易学，而且能够使人全身得到锻炼，尤其是使年轻人受欢迎的。

   A 动感单车是室外的运动器材
   B 动感单车能锻炼人的全身
   C 新手不易学动感单车
   D 动感单车只适合年轻人

70. 西双版纳热带雨林是一个融生态旅游、科普教育为一体的旅游景点。它保存着一片中国最完美、物种最丰富的热带雨林。在这片仅占领全国国土面积1/500的土地上，生存着全国1/4的野生动物物种和1/6的野生植物物种。因此被誉为"物种基因库"和"森林生态博物馆"。

   A 西双版纳是繁盛的大城市
   B 西双版纳有一家生态博物馆
   C 西双版纳物种丰富
   D 西双版纳位于云南最西部

# 第三部分

**第71-90题：请选出正确答案。**

**71-74.**

　　有一位农夫想要为他的小女儿买一匹小马，在他居住的小城里，共有两匹马要出售，他相比了一下那两匹马，发现除了价钱不一样以外，其他几乎没有什么区别。

　　商人甲的小马卖3000块，想要就可立即牵走。商人乙则要价3600块，但他告诉农夫：他可以让农夫的女儿先试着学骑小马，而且他还自备小马一个月吃草所需的费用。等过了一个月后，假如农夫的女儿依然不喜欢那匹小马，那么他会亲手去农夫家将把小马牵回来，并且把马房扫干净。若是农夫的女儿喜欢小马，那他会以3600元的价格把这匹小马买下来。

　　农夫最终决定先将乙的马骑回家看一看。一个月后，<u>不出商人乙所料</u>，农夫果真买下了乙的马。

　　商人如果想要成功地将自己的商品卖出去，就必须站在顾客的角度去考虑问题，尽量多为客户提供各种各样的服务。商人乙正明白这个道理，才能顺利地做成了这笔生意。

71. 根据第一段，那两匹马：
    A 毛色很鲜艳　　　　　　　B 奔跑速度很快
    C 售价都一样　　　　　　　D 区别不大

72. 试骑期间，商人乙会提供什么服务？
    A 教农夫的女儿怎么骑马
    B 免费给农夫21日的草料
    C 每周一次安排人打扫马舍
    D 教农夫的儿子骑马

73. 第三段中画线的句子是什么意思？
    A 商人甲事后很后悔　　　　B 商人乙很莫名其妙
    C 和商人乙想的一样　　　　D 商人甲很糊涂

74. 根据上文，可以知道：
    A 马匹买卖勉强糊口　　　　B 农夫的女儿害怕骑马
    C 商人乙的生意不如商人甲　D 农夫买了3600块的那匹马

75-78.

　　白居易是中国古代杰出的诗人，也是个名副其实的"绿化迷"。他为官多年，不管走到哪里，都会带领百姓种花栽树，所以很多地方都流传着他与绿化相关的故事。
　　公元819年，白居易来到四川就职。见城周山岗满目荒芜，感慨万千。为此，他极力劝说当地人，并亲自带领他们一起种花栽树。树苗栽好后，他总是任劳任怨地前去查看。等到树木逐渐成林后，白居易非常快慰。他早晚去林间散步，并写过很多寄情于山水、树木的诗歌。在他的倡导与带领下，没过多长时间，当地变得绿树成荫，鸟语花香。
　　公元825年，白居易被调到苏州当官，这期间他又亲自种了许多桧树。后来，这些树被人们称作"白公桧"。
　　白居易植树绿化大搞园林的功绩，千古流传，现在苏州政府和人民自筹资金为后人专门修建了白公碑和白公园林，以此来纪念这位伟大的诗人。

75. 白居易初到四川时，发现当地：
　　A 长满了杂草　　　　　　B 四川兴隆昌盛
　　C 百姓十分活泼　　　　　D 人口渐渐增长

76. 在苏州任职期间，白居易做什么？
　　A 培养了很多人才　　　　B 种了很多桧树
　　C 开发了农机具　　　　　D 修建了很多房屋

77. 根据上文，可以知道：
　　A 白公碑具有纪念意义
　　B 白居易饱食终日，无所用心
　　C 白居易不愿接近百姓
　　D 四川的百姓擅长花鸟

78. 上文主要谈的是：
　　A 古代当官的路径
　　B 白居易重视绿化的故事
　　C 白居易在诗歌上的贡献
　　D 保护环境的方法

79-82.

有个年轻人订了一份杂志，他连续看了几期，便喜欢上了杂志的封面设计和内容。

有一天，这一期的杂志到了，年轻人翻着翻着，就突然发现在这份杂志中间有两页居然连到一起没有裁开。他埋怨道："最受年轻读者欢迎的杂志不料会犯这种低级错误！"说完，他便把那本杂志丢在了一边。

晚上，年轻人又拿起杂志，喃喃自语说："计较这个小小的失误干嘛？自己动手裁开不就好了。"可是当他小心翼翼地把那两页纸裁开后，弄得他更纳闷的就是，这次是其中一页的中间一节被纸糊住了。心想：这杂志实在太糟糕了，我必须要找他们去退钱。谁知，当他耐着性子拆开那层糊纸时，他却发现下面竟写着这样几行字：感谢您帮我们更正错误，您把这本杂志寄给我们，就可以获得1000元奖金！

年轻人试着地把杂志寄了过去。过两天，他竟然真的收到了奖金和杂志，杂志里面还夹着一封信："非常感谢您的参与！在这次活动中，我们故意印错了5000本杂志，但只有18人幸运地得到了这份奖励，您就是这18位幸运之一。"原来，杂志社是想利用这次活动告诉大家，当你带着善意去谅解他人的错误时，将会有意想不到的收获。

79. 关于那份杂志，可以知道什么？
   A 封面设计很糟糕　　B 以介绍减肥为主
   C 每月出版一期　　　D 受年轻读者的欢迎

80. 第三段中画线词语"失误"是指：
   A 中间撕破了几页
   B 有两页连在一起
   C 有错别字
   D 没收到这一期的杂志

81. 根据第四段，可以知道：
   A 那个年轻人获得了奖励
   B 有上百人中奖
   C 年轻人生气得说不出话来
   D 退了故意印错的杂志

82. 最适合做上文标题的是：
   A 糊涂的编辑
   B 我们要耐心地学习
   C 年轻人的烦恼
   D 故意印错的杂志

83-86.

燕子是鸟类中最灵活的雀形类之一，也是众所周知的益鸟。几千年来，中国人一直把燕子视为吉祥与美好的象征，非常乐意让燕子在自家屋檐下筑巢"定居"。

燕子两翼狭长，善于飞行。它飞行速度相当快，喜欢俯冲疾驰，忽上忽下，能在比自己身体长度还小的距离内做90度转弯，也是众所周知的"飞行高手"。

早在几千年前，人们就知道燕子秋去春回的飞迁规律。当秋风萧瑟、树叶飘零时，燕子成群地向南方飞去，到了第二年春暖花开、柳枝发芽的时候，它们又飞回原来生活过的地方。无论迁飞多远，哪怕隔着万水千山，它们也能靠着自己惊人的记忆力返回故乡。燕子捉昆虫为生，且习惯在空中捕食飞虫。可是，北方的冬季没有飞虫供燕子捕食。食物的缺乏使燕子只好每年秋去春来，南北迁徙。

燕子返回家乡后，头一件"大事"便是雌鸟和雄鸟共同建造自己的家园，有时补补旧巢，有时建一个新的巢穴。家燕们不断地用嘴衔来泥土、草茎、羽毛等，再混上自己的唾液。没多久，一个崭新的碗型的窝便出现在你家的屋檐下了。

然而，随着平房逐渐减少、高楼大厦逐渐增多，如今建筑的封闭式格局正使燕子逐渐陷入无处筑巢安家的艰难境地。

83. 关于燕子，可以知道：
　　A 翅膀比较华丽　　　　B 喜欢独自飞行
　　C 飞行本领强　　　　　D 多在夜间活动

84. 根据第三段，可以知道：
　　A 燕子只有一个住处　　B 鸟的种类越来越消失
　　C 燕子记忆力好　　　　D 鸟类大部分分布在西方

85. 燕子为什么不在北方过冬？
　　A 缺少食物　　　　　　B 想躲开天敌
　　C 气候严寒　　　　　　D 不喜欢下雪

86. 根据上文，下列哪项正确？
　　A 燕子象征爱情
　　B 燕子的视觉非常灵敏
　　C 燕子的飞行本领很差劲
　　D 如今燕子面临安家难题

87-90.

　　大超市，各类商品不可谓不多，各种服务行业也日趋"五花八门"，但在现实生活中，几乎每位消费者，都有为找一种特殊服务或一件急需商品"问破嘴皮儿""跑断腿儿"却仍寻觅不到，只能干着急。

　　有关专家认为，这些"盲点"产业中，一部分是由于新需求尚未引起广泛关注造成的。随着生活节奏的加快和健康的重视，消费者想买营养全面的快捷食品，而目前这方面的食品却十分罕见。此类市场盲点一旦被认知，很容易受到消费者的欢迎。

　　市场盲点的另一部分是长期被忽视引起的。此类商品一般利润较薄，商家不愿经营。例如，在一些大商场中，虽然各类商品琳琅满目，但却很难见到纽扣，原因就在于纽扣的利润非常低，商家不太感兴趣。其实，像圆珠笔、针线等小商品看上去似乎利润较低，但它们利润比较稳健、风险较低，其背后可能蕴藏着无限的商机。

　　企业在生产经营中要是善于寻找和发现市场中的这类盲点，也许就能创造出非凡的卖点来。

87. 第一段中的画线部分说明：
   A 消费者常用大超市
   B 有些商品极难买到
   C 商品价格涨价
   D 买家喜欢打折的商品

88. 下列哪种原因可能会导致市场盲点的产生？
   A 工厂技术没有发展
   B 行业竞争激烈
   C 新需求未引起关注
   D 管理人很愚钝

89. 商家为什么不愿意经营纽扣生意？
   A 进货难
   B 利润低
   C 制作程序复杂
   D 制作费用比较贵

90. 最适合做上文标题的是：
   A 已经消失的小商品
   B 市场盲点背后的商机
   C 薄利多销的原理原则
   D 网上购物的好处

# 三、书写

## 第一部分

第91-98题：完成句子。

例如： 发表　　这篇论文　　什么时候　　是　　的

　　　　这篇论文是什么时候发表的?

91. 一门　　插画　　是　　艺术

92. 比　　这条裤子　　紧了　　前几天　　不少

93. 饭桌上　　菜　　摆了　　一桌

94. 咨询一下　　我一会儿　　去俱乐部　　费用

95. 他的　　觉得　　行为　　让大家　　很佩服

96. 你把　　那张　　麻烦　　发给我　　合影

97. 手艺　　熟练　　他的　　相当

98. 他一下午　　躺在　　沙发　　都　　上

# 第二部分

第99-100题：写短文。

99. 请结合下列词语（要全部使用，顺序不分先后），写一篇80字左右的短文。

　　　成果　　　　精神　　　　压力　　　　缓解　　　　千万

100. 请结合这张图片写一篇80字左右的短文。

# 汉语水平考试
# HSK（五级）模拟试题
# 第二套

注　　　意

一、HSK（五级）分三部分：

　　1. 听力（45题，约30分钟）

　　2. 阅读（45题，45分钟）

　　3. 书写（10题，40分钟）

二、听力结束后，有5分钟填写答题上。

三、全部考试约125分钟（含考生填写个人信息时间5分钟）。

# 一、听 力

## 第一部分

第1-20题：请选出正确答案。

1. A 价格昂贵
   B 非卖品
   C 即将出口
   D 样式独特

2. A 学校网址
   B 考试范围
   C 讲座内容
   D 课程表

3. A 价格合算
   B 效果不怎么样
   C 节约时间
   D 支付安全

4. A 已经出院了
   B 换病房了
   C 正在住院
   D 恢复得不怎么好

5. A 堵得厉害
   B 变窄了
   C 变宽了
   D 更热闹了

6. A 不想留名片
   B 只想留座机号
   C 没带钱包
   D 可以留手机号码

7. A 摔伤了腿
   B 被蚊子咬了
   C 皮肤过敏
   D 在山上迷路了

8. A 亲属
   B 邻居
   C 同事
   D 好朋友

9. A 买新机器
   B 给客户打电话
   C 让工人们放假
   D 找人维修设备

10. A 做工粗糙
    B 款式太旧
    C 颜色有点鲜艳
    D 价格昂贵

11. A 难度大
    B 只受女士们的欢迎
    C 滞销
    D 畅销

12. A 销售部
    B 营业部
    C 人事部
    D 生产部

13. A 是跳水运动员
    B 明天要训练
    C 拿过金牌
    D 没参加过奥运会

14. A 为了挣生活费
    B 要照顾孙子
    C 在当志愿者
    D 被单位再次聘用

15. A 买了往返票
    B 买了单程的
    C 行李太多
    D 没有相应的票

16. A 女的的大儿子要结婚
    B 女的的小儿子退伍了
    C 女的的小儿子改行了
    D 女的的小儿子违反了队伍的纪律

17. A 个个都体贴
    B 没有海外经验
    C 耐心不足
    D 岁数不大

18. A 第一天上班
    B 观众没反应
    C 没做好心理准备
    D 初次参加面试

19. A 型号不对
    B 不来电
    C 速度太慢
    D 画面不清

20. A 作家
    B 教练
    C 记者
    D 工程师

# 第二部分

第21-45题：请选出正确答案。

21. A 尽快到达
    B 轮流开车
    C 坐地铁去
    D 停车休息

22. A 男的是厨师
    B 女的是韩国人
    C 女的口味很清淡
    D 男的口味重

23. A 向女儿道歉
    B 想换工作
    C 想辞职
    D 和女儿旅行

24. A 教他弹吉他
    B 帮他辅导汉语
    C 教他音乐
    D 挑选乐器

25. A 和女朋友吵架了
    B 父母不支持他
    C 被女朋友甩了
    D 没找到工作

26. A 日程安排
    B 合作方案
    C 车票信息
    D 产品订购单

27. A 科学减肥
    B 运动技巧
    C 饮食搭配
    D 养身之道

28. A 爱读历史书
    B 常去旅行
    C 喜欢参观博物馆
    D 想当一名导游

29. A 询问对方实力
    B 享受比赛
    C 做好充分准备
    D 勇于争第一

30. A 价格
    B 颜色
    C 功能
    D 设计

31. A 发怒
    B 吃惊
    C 责怪
    D 感动

32. A 西方人更关注对方的面部
    B 东西方只有外貌差异
    C 表情未必能准确反映心情
    D 西方人感情表达更加委婉

33. A 作品很有创意
    B 比较真实
    C 太普遍了
    D 作品太单调了

34. A 惊讶
    B 无奈
    C 不满
    D 感谢

35. A 这位设计师终于如愿以偿了
    B 时装秀被编成了电影
    C 表演时这位评论家睡着了
    D 全场都给了这位大师100分

36. A 丈夫挣得少
    B 丈夫胆子太小
    C 丈夫每天不回家
    D 丈夫不干家务活儿

37. A 学会体贴别人
    B 懂得孝敬父母
    C 换个角度思考问题
    D 夫妻要互相谅解

38. A 女儿非常善解人意
    B 父亲是一个非常有智慧的人
    C 不能不懂装懂
    D 女子的丈夫是司机

39. A 体型笨重
    B 行动缓慢
    C 从来没下过树
    D 长期不进食

40. A 躺在树上
    B 倒挂在树上
    C 蹲在树洞里
    D 趴在树上

41. A 以果实为食
    B 寿命长
    C 白天睡午觉
    D 消化食物时间短

42. A 便于就医
    B 经济繁荣
    C 商业发达
    D 交通方便

43. A 如何搞好社交关系
    B 房价趋势
    C 怎么处理家庭矛盾
    D 各年龄段如何选择住处

44. A 模仿天敌的声音
    B 成群生活
    C 只在夜里出行
    D 更换羽毛及其颜色

45. A 寿命短
    B 雷鸟去南方过冬
    C 飞行速度较快
    D 数量极少

# 二、阅 读

## 第一部分

第46-60题：请选出正确答案。

46-48.
　　北京烤鸭作为最著名的中国菜品之一。但是北京烤鸭并不是起源于北京，而是在北京发扬光大的。
　　北京烤鸭其实发源于南京。南京位于被称为"鱼米之乡"的江南大地，_46_ 的鸭子肥壮无比，极其鲜美，而用炭火烘烤后的鸭子更是风味_47_，深受南京人们的欢迎。
　　后来，明朝的第三个皇帝朱棣将都城从南京迁移到北京，烤鸭这道菜也被带到了北京，很快就受到了北京人的喜爱。到了清朝，这道菜的名声就更响了，于是就被_48_命名为"北京烤鸭"。

46. A 当地　　　　B 家乡　　　　C 表面　　　　D 现场
47. A 舒适　　　　B 巧妙　　　　C 独特　　　　D 特色
48. A 正式　　　　B 全面　　　　C 临时　　　　D 面向

49-52.
　　随着科技的_49_进步，商品技术含量也越来越高了，然而许多产品的使用方法也越来越复杂了。于是_50_商品说明书占据着非常重要的角色。那么商品说明书应具备什么特点呢？首先，_51_，使普通的消费者一看就明白。避免出现专业术语，弄得消费者产品说明与_52_不符等问题。其次，信息要完整准确。如果商品说明书里所提供的信息含糊不清，难以理解，消费者就会失去对该产品的兴趣，不会产生购买欲望，更不会有购买行为。

49. A 不断　　　　B 持续　　　　C 继续　　　　D 连续
50. A 如今　　　　B 当代　　　　C 期间　　　　D 事先
51. A 说明书的文字必须要写得漂亮　　　B 说明书的语言要简洁易懂
　　C 说明书应配带图片　　　　　　　　D 用文字说明是不够的
52. A 基本　　　　B 大体上　　　C 实际　　　　D 心情

53-56.

古人说:"学而不思则罔,思而不学则殆。"也就是说,在读书的过程中,要给思考留下余地。你在求知时,学进来的东西,如果没有同你原有的知识碰头,就只能 53 在那里,无法变成你自己的养料。人的胃能够处理各种食物,能够自动地把它们划分为营养和废料,再根据人体的需要, 54 输送给不同的器官。读书和胃处理食物的原理是一样的。读书需要动脑思考,才能 55 书本上的知识。 56 ,书本知识就能与原有的知识融合在一起,产生"化学作用。"

53. A 摆　　　　　B 安装　　　　　C 堆　　　　　D 伸

54. A 亲自　　　　B 分别　　　　　C 互相　　　　D 相对

55. A 形成　　　　B 组成　　　　　C 吸引　　　　D 吸收

56. A 获取知识的途径有很多　　　B 读书并加以思考
　　C 读书带给人的欢乐　　　　　D 阅读让人终身受益

57-60.

小俊特别喜欢画马,刚完成了一幅猎人骑马上山的画儿,正在得意的时候,父亲走过来看了一看,对他说:"马背上的人坐得太直了,骑马上坡的时候,身子要向前倾, 57 人和马都容易翻倒"

过一会儿,小俊又画了一幅猎人"骑马下山"的画儿,父亲看了还是不太满意,对他说:"你画的人太向前倾斜了,骑马下山的时候,马往下走,人要坐得挺直,如果人也跟着马向前倾斜,就很容易滑下去"

遭到两次批评,小俊 58 地说:"反正都是骑马,怎么有这么多规矩呢?"父亲说:" 59 ,不然人很容易从马上摔下来。这和处世是一个道理:当马向高处走好比人生得意时,要谦虚谨慎,身体应该向前倾斜;当马往低处走好比人生失意时,要勇敢 60 ,身体要坐得正、坐得直。"

57. A 不如　　　　B 尽管　　　　　C 否则　　　　D 假如

58. A 不得了　　　B 不要紧　　　　C 了不起　　　D 不耐烦

59. A 骑马也是一个学问　　　　　B 马即使是温顺的动物
　　C 骑马要讲究方法　　　　　　D 骑马毫无乐趣可言

60. A 面临　　　　B 面对　　　　　C 争取　　　　D 指导

# 第二部分

第61-70题：请选出与试题内容一致的一项。

61. 西红柿中含有94%左右的水分，用来消暑解渴，可与西瓜比美。西红柿中维生素C的含量也很高，大约相等于西瓜的10倍，而且由于有有机酸的保护，在贮藏和烹调过程中，它所含的维生素C又不易遭到破坏，人体利用率很高。

    A 西红柿生吃更营养
    B 蔬菜普遍含有有机酸
    C 西瓜不宜长期存放
    D 西红柿的维C含量高于西瓜

62. 有人说："友谊是一种温静与沉着的爱，没有嫉妒，也没有恐惧，并建立在相互欣赏基础上，欣赏对方身上最看重的优点。"真正的友谊是在你伤心时让你走出低谷，在你开心时和你一起欢笑，在你成功时提醒你不要骄傲，在你遇到挫折时给你信心，在你需要帮助的时候及时帮你。

    A 朋友能帮助我们改正错误
    B 相互欣赏是建立友谊的前提
    C 要理解朋友的难处
    D 好朋友之间有时会互相妒忌

63. 迎春花与梅花、水仙和山茶花统称为"雪中四友"，是中国常见的花卉之一。迎春花不仅花色端庄秀丽，气质非凡，具有不畏严寒，不择风土，适应性强的特点，历来为人们所喜爱。迎春花栽培历史1000余年。迎春花现在为河南省鹤壁市的市花。

    A 迎春花对土壤的要求低
    B 迎春花集中分布于河北省
    C 迎春花的适应能力非常差
    D 迎春花是中国罕见的花卉

64. 俗话说"艺多不压身",比喻人掌握的技艺越多越好。但这是建立在学得精、学得深的基础上的,而不能今天学这个明天学那个,一项本领还没学好就去学另外的本领,以至于到最后什么也没学成。换句话说,学本领归在要精益求精,而不是得过且过。

    A 应试着同时学多项本领
    B 学习本领应该求精求透
    C 学习是一个艰苦的过程
    D 现社会需要技艺多的人才

65. 蜻蜓的眼睛既大又鼓,非常奇特,占据着头部的绝大部分,蜻蜓的视力不仅特好,而且特敏锐,因此不需转动头部就能环顾四周。科学家模仿蜻蜓眼睛的结构,制造了一次能拍出近千张的照相机。

    A 蜻蜓的视力相当好
    B 蜻蜓的分布范围相当广
    C 蜻蜓制造了照相机
    D 蜻蜓是一只非常活泼的动物

66. 随着现代人交通工具的发展,自行车的功能也有了新变化。对现代人来说,自行车已经远不是代步工具,越来越多的人把骑车当作一种健身方式。自行车还为旅行者提供了一个新的视角,让人们最大限度的发挥自身的力量。因此,很受旅游爱好者的欢迎。

    A 应大力提倡自行车健身
    B 自行车的功能发生了变化
    C 自行车是年轻人健身的首选
    D 旅行时必须有自行车

67. 心理医生是治愈人们心灵的特殊职业,然而在国内这一新兴的行业还不成熟,不少人对心理医生的工作不了解或者存在误区。心理医生首先要具备扎实的专业知识和技能,并能熟练运用。除此之外,还要深入了解病人的内心。他的最终目的就是让大家过上健康快乐的生活。

    A 心理医生很难当
    B 心理医生应该了解病人的内心
    C 嗓子不舒服的时候也可以去找心理医生
    D 心理疾病越来越常见了

68. 古时候写文章没有标点符号，读起来很吃力，甚至容易被人误会。到了汉朝才发明了"句读"符号，语意完整的一小段为"句"；句中语意未完，语气可停的一段为"读"。宋朝用'。''，'来表示句读，由此出现了汉语最早的标点符号。

    A 标点符号对阅读作用不大
    B 古时候没有标点符号也没太大问题
    C 汉朝时用'。''，'来表示句读。
    D 标点符号晚于文章

69. 吉林市因吉林省而得名，位于吉林省中部偏东。它依山傍水，四季分明，风景优美，环绕的群山和回转的松花江造就了它"四面青山三面水，一城山色半城江"的美景，使其兼具南方城市的秀美和北方城市的粗犷。

    A 松花江流经吉林市
    B 吉林市因靠海而闻名
    C 吉林市四季如春
    D 吉林市位于中国南部地区

70. "夫人外交"指的当然就是夫人在对外交往中的活动和作用，其中又尤其指由夫人出面完成某种特定的外交任务的外交形式。就外交领域来讲，女性的严谨细致、亲和力都是非常好的特质，发挥好很容易让人接近，特别是在谈话当中女性比较善解人意，更容易沟通，这些方面女性总领事优势更明显些。

    A 女性在外交活动中起着重要角色
    B 外交官慢慢会被女性代替
    C 外交官中女性占多数
    D "夫人外交"只在国外流行

# 第三部分

**第71-90题：请选出正确答案。**

71-74.
　　所谓"范围偏爱症"就是相对于那些单一的数字，人们会更喜欢使用有上下限的一组数字，比如说超市大卖场有减价活动，同一组商品，在减价30%时和减价20%～40%时，我们更倾向于选择后者。这是为什么呢？让我们先看个比较好理解的例子。

　　很多女孩都有减肥的经历，但是大部分人最终都以失败告终了。当我们询问失败者给自己定下的减重目标时，大部分人都会给出5斤、8斤或者10斤这样单一的数字。但是反观那些成功者，她们给自己定下的目标大多是"3～5斤"、"4～8斤"这样一段有上下限的目标。

　　这是因为可浮动的目标有上限和下限两个标准，一般的下限都是比较容易达成的目标，当人们完成很容易达成的目标后，会有很强的成就感，并在继续挑战最高目标的过程中，一再地享受这种成就感。因此这样既有挑战性、又能不断体验到成就感的有范围的目标，就比那种既不容易达成又没有什么挑战性的单一目标更容易帮助人们成功。

　　同理，很多商家在商业场上运用了这个理论。以降价10%～50%为例，人们会感觉，那些降价10%的商品一定质量比较好，而降价50%的商品则在价格上更具有吸引力，而单一降价30%的商品，价格上既没有太便宜，又不像是品质很好的样子，所以人们反而不愿意选择购买。

71. "范围偏爱症"是指人们：
    A 喜欢吉利的的数字　　　　　　　　B 对数字比较有讲究
    C 偏爱有上下限的一组数字　　　　　D 爱买打折商品

72. 根据第二段，为什么有些女孩子减肥会失败？
    A 目标数字不太吉利　　　　　　　　B 平时不爱运动
    C 生活没有规律　　　　　　　　　　D 目标数字单一

73. 根据第三段，下限目标：
    A 比较容易实现　　　　　　　　　　B 没有动力去实现
    C 数字不太吉利　　　　　　　　　　D 可以忽视

74. 最后一段主要谈什么？
    A 怎么以便宜的价格买到最合算的东西　　B 千万不能买打折商品
    C "范围偏爱症"影响购物选择　　　　　　D 人们的购物观念有差别

75-78.

有一家航空公司遭受到了资金短缺的问题，要是不及时解决，有可能面临破产。

按相关行业惯例，处理此类问题最见效的办法就是通过裁员来节省支出。当时，这家航空公司内部也流传着公司裁员的消息。

正当大家忧虑不安地等待着裁员时，公司总裁却郑重宣布："请大家放心工作，公司绝对不会裁掉任何一个人的！"员工们先是有些惊愕，而后兴奋不已，纷纷鼓起掌来。"不裁员是好事，但资金短缺的问题该怎么解决呢？"有人感到大惑不解。"请大家放心，我打算裁掉一架飞机。"总裁淡淡一笑回答道："我决定卖掉公司的一架飞机，换回的钱应该可以应付员工的工资。到那时如果资金还周转不开，就再卖一架。"多么打动人心的话呀！

其实，在卖掉不卖掉飞机的问题上，总裁和董事曾经发生过严重分歧。有几位董事认为，飞机是公司最重要的赢利工具，千万不能轻易卖掉，再加上公司的飞机本来就不太多。总裁却认为，裁员尽管能让公司在短时间内节省成本，但会使员工失去对公司的信任，今后可能没法安心工作。最后，那几位董事被总裁说服了。

75. 员工们为什么忧虑不安？
    A 工资要减一半　　　　　　B 没完成季度任务
    C 担心被辞退　　　　　　　D 怕被总裁责备

76. 总裁是如何解决公司资金短缺的问题的？
    A 减少日常生活费
    B 申请银行贷款
    C 增加更多航班
    D 卖掉一架飞机

77. 最后一段中的画线词语"分歧"最可能是什么意思？
    A 意见不一致　　　　　　　B 想法差不多
    C 效果很一般　　　　　　　D 语气很过分

78. 下列哪项属于总裁的观点？
    A 应加强团队精神
    B 让员工信任公司
    C 要多给员工奖励
    D 应同意董事会的决定

79-82.

两个老板碰面，彼此交换经营心得。老板甲抱怨道："我不能容忍不成材的员工，虽然现在还有三个这样的人待在我的公司，但我过几天会将他们开除掉。"

"哦，他们怎样不成材呢？"老板乙问道。"你不知道，他们一个吹毛求疵，整天嫌这嫌那；一个杞人忧天，总为些莫名其妙的事情担忧；而另一个游手好闲，喜欢在外面瞎逛乱混。"

老板乙想了一想，说："要不让他们三人到我的公司上班吧，这样也省了你开除他们的麻烦。"老板甲高兴地答应了。

第二天，这三人到新公司报到，老板乙为他们安排好了相应的岗位：爱吹毛求疵的一位负责质量监督；杞人忧天的一位负责安全保卫；而喜欢闲逛的一位负责出外做宣传和调查。一段时间过后，这三人在各自的工作上做出了优秀的业绩，那个老板的公司也因此迅速发展起来。

79. 老板甲最初想怎样处理那三位员工？
A 辞退　　　B 警告　　　C 罚款　　　D 转部门

80. "杞人忧天"的意思最可能是：
A 强烈的责任心
B 不必要的担心
C 眼光比较狭窄
D 考虑得非常周到

81. 老板乙给很挑剔的那个人安排了什么工作？
A 记录员
B 安全保卫
C 质量监督
D 职工培训

82. 上文主要告诉我们什么？
A 吃一堑，长一智
B 要多听取他人意见
C 不要随便抱怨生活
D 要学会将缺点转化为优势

83-86.

很多父母都有催促孩子的习惯，通常是从早到晚，从大事到小事。比如：有些孩子出门时，会模仿大人穿鞋的样子，自己也会尝试穿一下，但很多父母觉得孩子的动作太慢了，为了缩短时间，父母们一般会阻止自己的孩子做这样的新尝试。

有些父母说自己催促孩子是希望孩子能尽快适应外部的世界，但父母之所以选择催促孩子是因为自身过度担心和焦虑。如果经常催促孩子，对孩子的成长是很不利的，会使他们产生一种挫败感，很容易怀疑自己。催促孩子带来的结果主要有三个：孩子要么渐渐认同父母，变成和父母一样过度担心和焦虑的人；要么会产生依赖父母的心理，觉得所有的事情跟自己无关；要么会使孩子产生逆反心理，和父母反着来。

父母在教育孩子的过程中应该学会放慢自己的生活节奏，试着和孩子一起按照正常的节奏生活。这样会对孩子的成长更加有利的。

另外，专家还强调，应该给孩子自由玩耍的时间。很多父母觉得孩子们一个人和自己的玩具聊天，对着天空和云朵发呆，或者非常专注地看蚂蚁搬家是极其浪费时间的行为。其实不然，这些看似浪费时间的事情，可以让孩子获得更多乐趣。父母应该让孩子用自己喜欢的方式玩耍，这样不仅可以帮助他们把事物形象化、概念化，而且能够使他们更了解自己、了解他人。

83. 孩子如果被过多地催促，可能会：
   A 依靠自己的力量      B 有责任心
   C 怀疑自己            D 变得沉默

84. 第三段中，父母应该怎么做？
   A 放慢自己的速度      B 经常带孩子去旅游
   C 少抱怨生活          D 对孩子更加严厉

85. 孩子通过自己喜爱的方式玩耍，可以：
   A 掌握多种语言        B 激发创造力
   C 提高动手能力        D 了解自己和他人

86. 最适合做上文标题的是：
   A 谁偷听了孩子的秘密   B 兴趣是成长的朋友
   C 父母要成为孩子的榜样  D 别让孩子在催促中成长

87-90.

　　胡雪岩是中国近代著名商人。他曾经在杂粮行当学徒，后来改行到了浙江金华火腿行。在火腿行干了一段时间后，善于观察和思考的胡雪岩发现，开钱庄很赚钱。于是，他暗暗下定决心，一定要到钱庄去当学徒。

　　可是，怎么去呢？对此，一般人可能就会直截了当地去问：你们那里需要学徒吗？我能不能去呀？或者暗地里偷偷地递上简历、找关系等等。但胡雪岩没有这样做，而是首先详细了解当钱庄学徒所需的条件。当他得知做钱庄学徒要算钱算得快，算盘打得熟，字写得漂亮时，他马上就开始每天暗自苦练书法和珠心算。

　　他刻苦用心，很快就掌握了。之后，在与钱庄掌柜核对账目时，胡雪岩就故意不用算盘，但算得一分不差。因此钱庄掌柜相中了他。后来，掌柜发现胡雪岩的算盘也打得快，还勤快好学，于是，钱庄掌柜便主动跟胡雪岩的老板说："我们钱庄非常需要像胡雪岩这样的人，你愿不愿意把他让给我呢？"看到胡雪岩有更好的发展前途，同时又能进一步加强自己与钱庄的联系，老板自然是高兴地答应了。就这样，胡雪岩就如愿以偿地进入了钱庄，不动声色地顺利实现了第二次跳槽。

87. 根据第一段，可以知道什么？
　　A 杂粮行业待遇丰厚
　　B 胡雪岩想改行去钱庄
　　C 胡雪岩是杭州人
　　D 火腿行业竞争很激烈

88. 根据第二段，当钱庄学徒有什么条件？
　　A 会拍马屁
　　B 善于与人打交道
　　C 性格开朗
　　D 算盘打得准

89. 胡雪岩怎么引起钱庄老板的注意的？
　　A 向老板推荐自己
　　B 对顾客非常亲切
　　C 心算又快又准
　　D 靠朋友接近钱庄老板

90. 最后一段"如愿以偿"的意思是：
　　A 称心如意　　　　　　　　B 兴高采烈
　　C 兴致勃勃　　　　　　　　D 有意外的收获

# 三、书写

## 第一部分

第91-98题：完成句子。

例如：发表    这篇论文    什么时候    是    的

这篇论文是什么时候发表的?

91. 计算机    输入错误    显示密码    里

92. 会陆续    员工的    奖金    发给

93. 一条    她    看中了    白金项链

94. 这个橱柜    没有    盘子    里

95. 搬到    把桌子    屋    哪个    你准备

96. 应该    大家的尊重    这些伟人    受到

97. 你们    新商品    特色    推出的    各有

98. 教育是    基础    经济发展    的

# 第二部分

第99-100题：写短文。

99. 请结合下列词语（要全部使用，顺序不分先后），写一篇80字左右的短文。

　　　庆祝　　　　球迷　　　　警察　　　　对方　　　　吵架

100. 请结合这张图片写一篇80字左右的短文。

# 汉语水平考试
# HSK(五级)模拟试题
# 第三套

注　　　意

一、 HSK（五级）分三部分：
　　　1. 听力（45题，约30分钟）
　　　2. 阅读（45题，45分钟）
　　　3. 书写（10题，40分钟）

二、 听力结束后，有5分钟填写答题上。

三、 全部考试约125分钟（含考生填写个人信息时间5分钟）。

# 一、听 力

## 第一部分

第1-20题：请选出正确答案。

1. A 雨很大
   B 车多
   C 路面不平
   D 路上滑

2. A 男的想读中文系
   B 女的想办语言培训学校
   C 女的赚钱了
   D 女的想跟男的结婚

3. A 别躺着
   B 戴上眼镜
   C 把电脑亮度调暗
   D 声音关小些

4. A 便利店
   B 隔壁餐馆
   C 公司的食堂
   D 姥爷家

5. A 看天气预报
   B 收衣服
   C 拉窗帘
   D 关电视

6. A 李导演
   B 王经理
   C 张教练
   D 服务员

7. A 内容抽象
   B 插图很可爱
   C 字体模糊
   D 卖价太高

8. A 种花儿
   B 包饺子
   C 晒被子
   D 擦玻璃

9. A 年纪太大
   B 演技好
   C 性格差
   D 汉语不标准

10. A 被教练批评了
    B 没拿到驾照
    C 被警察罚款了
    D 想学骑自行车

11. A 不熟悉地点
    B 周末面试
    C 打算辞职
    D 会去郊游

12. A 不理解字幕
    B 想练习听力
    C 字幕太大
    D 字幕有错误

13. A 停车场
    B 录音室
    C 卖票处
    D 报刊亭

14. A 翻译资料
    B 批改作业
    C 写项目总结
    D 写实验过程

15. A 属于专科学校
    B 校区不干净
    C 名次比较靠后
    D 教学资源丰富

16. A 有志愿者帮忙
    B 观众们不够
    C 工资发晚了
    D 办公室太小

17. A 水管漏水
    B 房东明天搬家
    C 电视机坏了
    D 空调没开

18. A 弄丢了购物小票
    B 没开发票
    C 印错了名片
    D 忘交电费了

19. A 眼睛手术很成功
    B 孩子顺利出生了
    C 孩子考上大学了
    D 男的升职了

20. A 售票系统关闭了
    B 卡里没钱了
    C 忘带身份证了
    D 网断了

# 第二部分

**第21-45题：请选出正确答案。**

21. A 怕花时间
    B 没基础
    C 钢琴太重
    D 老师难找

22. A 填汇款单
    B 修改日期
    C 交订金
    D 搜索地址

23. A 女的想买文具
    B 男的在寄邮件
    C 女的想搬到小区里
    D 文具店关门了

24. A 耽误找工作
    B 不适应当地饮食
    C 不能按时回国
    D 有语言障碍

25. A 临时停车
    B 发车晚了
    C 网络信号不好
    D 没电了

26. A 进口纸张
    B 是单层的
    C 手工画图
    D 色彩鲜艳

27. A 复印说明书
    B 修改宣传册
    C 联系印刷厂
    D 给对方结账

28. A 键盘
    B 画儿
    C 光盘
    D 刀子

29. A 今天开业
    B 销售进口零食
    C 准备关门
    D 正在招聘

30. A 通知老板
    B 加入会员
    C 上网充值
    D 改天再来

31. A 想让他学习
    B 怕花钱
    C 没空儿
    D 没刮风

32. A 要懂事
    B 做事要慢
    C 要善于思考
    D 做事要靠自己

33. A 医术非常高
    B 不想当官
    C 是明朝人
    D 是儿科医生

34. A 给治疗带来麻烦
    B 影响病人的性格
    C 被患者家人骂
    D 不能收治疗费

35. A 治疗费用
    B 病人的爱好
    C 住院的经过
    D 病人的病史

36. A 墙边
    B 树上
    C 牡丹花下
    D 湖水里

37. A 买画的地点
    B 画儿中的时间
    C 画家的心情
    D 画的价格

38. A 眼睛变得细长
    B 摇动身体
    C 躲在花下
    D 爬到山上

39. A 治疗腿伤
    B 对健康有利
    C 使人提起精神
    D 训练全身肌肉

40. A 长期不运动
    B 过量抽烟
    C 吃太多甜食
    D 睡觉太晚

41. A 鼓励员工多健身
    B 增加工资
    C 改善午餐
    D 让员工提前下班

42. A 人们不愿进入室内
    B 大多数人没换座位
    C 中年人更爱坐中间
    D 靠后的座位最舒服

43. A 失去别的机会
    B 更快找到目标
    C 找到理想的职位
    D 找不到好朋友

44. A 现已很成熟
    B 网上交押金
    C 运动员有优惠
    D 费用比较高

45. A 有助于国际化
    B 反对其占用人行道
    C 使用率不高
    D 认为其值得学习

# 二、阅 读

## 第一部分

第46-60题：请选出正确答案。

46-48.
　　在炎热的夏天有时会出现这样的奇特情况：在同一个城市，一边是阳光高照，但另一边是倾盆大雨。原来，这是因为降水量水平分布的不连续性而产生的，这种情况在夏季尤其 46 。这与夏季的降水方式、当地的地形和地貌等 47 有关。在夏季，产生降水的云大部分为雷雨云，这是一种垂直发展非常旺盛，但水平范围发展较小的云。因为体积较小，在它移动和产生降水的时候，只能 48 一片很小的雨区，雨区内外雨量分布会有明显的差别，所以会出现"东边日出西边雨"的现象。

46. A 深沉　　　B 强烈　　　C 突出　　　D 多余
47. A 物体　　　B 阶段　　　C 现象　　　D 因素
48. A 形成　　　B 变化　　　C 消化　　　D 成立


49-52.
　　有一天，一块金子和一块泥巴相遇了，金子看了一眼泥巴， 49 地说："你有我这么闪亮吗？"泥巴摇了摇头。"那你有我这么高贵吗？"金子接着说。泥巴又摇了摇头，然后问"金子啊，既然你如此高贵， 50 ？""当然不能，但你又能生出什么东西呢？"金子不屑地看了看泥巴。"我能生出花儿、生出树木、生出庄稼、生出万物。"
　　泥巴继续说，"生命的价值，不在于自身价值的高低，而在于你自身能 51 多少价值。"听完泥巴的这些话，金子 52 了。

49. A 可怜　　　B 骄傲　　　C 惭愧　　　D 亲切
50. A 你有过梦想吗　　　　　B 你愿意跟我交朋友吗
　　C 你会发光吗　　　　　　D 那你能生出金子吗
51. A 建设　　　B 建造　　　C 创造　　　D 改进
52. A 愤怒　　　B 鼓励　　　C 沉默　　　D 思考

53-56.

　　有一个苹果园位于高原地区，一年夏天，快要成熟的苹果被一场冰雹打得伤痕累累，这使原本丰收在望的园主心痛不已，他开始苦苦思考，怎样才能把这些样子丑陋的苹果 53 出去。等苹果成熟后，　54　，他意外地发现这些受过伤的苹果竟然变得格外清脆、酸甜可口。园主心中一下子有了好主意，他在苹果的宣传单上写道："今年的苹果有高原地区特有的 55 ——冰雹打击过的痕迹。这些苹果不仅从外表上，而且在口感上体现了高原苹果的 56 风味。数量有限，欲购从速……。"人们听讯后都争相购买，很快，苹果园里的苹果都被卖光了。

53. A 分配　　　　B 批改　　　　C 销售　　　　D 展开
54. A 被园主低价处理掉了　　　B 树上的苹果都落地了
　　 C 园主随手摘下一个一尝　　D 全部都冻坏了
55. A 形式　　　　B 标志　　　　C 原因　　　　D 原则
56. A 独特　　　　B 单调　　　　C 重大　　　　D 活泼

57-60.

　　市面上卖的软饮料瓶子多数都是圆柱形的，可牛奶却多 57 在方形盒子中出售。原因是什么呢？软饮料瓶做成圆柱形的目的是便于携带，尽管圆柱形瓶子占更多空间，提高了储存成本，不过软饮料巨大的销量所带来的 58 能抵消其额外存储成本。 59 ，因此设计牛奶包装时并不用考虑其方便携带与否的问题。另外，牛奶需要放进冷柜里冷藏，而方形容器能够 60 利用冷柜空间，从而降低存储成本。

57. A 开　　　　　B 装　　　　　C 盖　　　　　D 撕
58. A 成本　　　　B 利润　　　　C 利息　　　　D 汇率
59. A 矿泉水瓶能反复使用　　　B 塑料瓶会破坏酸奶的味道
　　 C 纸盒子容易加热　　　　　D 而人们一般不拿着盒子喝牛奶
60. A 明白　　　　B 必要　　　　C 熟悉　　　　D 充分

# 第二部分

第61-70题：请选出与试题内容一致的一项。

61. 每当说到危险的动物，人们首先会想到的可能是凶猛的狮子。其实在自然界里，蜻蜓才是最成功的捕食者。蜻蜓捕捉目标猎物的成功率高于95%，是狮子的4倍。

   A 狮子主要以蜻蜓为食
   B 狮子的寿命都比较短
   C 蜻蜓捕食能力很强
   D 蜻蜓是狮子的敌人

62. 一个人的成就往往与他遇到的困难和挑战有很大的关系。这就好像在你面前放了一面墙，墙越高，你跳得也就越高。所以在你遇到一下子解决不了的问题时，不要轻易被吓倒，只要勇敢面对这些问题，就能克服它们，取得的成就会更高。

   A 要勇于面对挑战
   B 要制定短期目标
   C 要珍惜现在的生活
   D 人生充满了奇迹

63. 冬季运动时，贴身衣物最好选择干得快的，但外套则需要选择有防风效果的。整体搭配不要太厚，尤其是裤装。因为运动一会儿后，体温就会上升，适当地少穿一点儿，不光有助于散热，还不易感冒。

   A 冬季要控制运动量
   B 运动服越厚越好
   C 冬季运动穿衣有讲究
   D 贴身衣物尽量地少穿

64. "如鱼得水"原来的意思是说，像鱼儿得到了水一样。人们常用这个成语来比喻到了适合自己的环境。例如你在新公司表现很好，没什么任务能难倒你，并且很快就升了职，这种情况就可以说，你在职场上"如鱼得水"。

    A 应该换一家新公司
    B 鱼在古代象征权力和地位
    C 工作顺利可用"如鱼得水"形容
    D 该成语可指人很乐观

65. 四方街地处丽江古城的中心广场，因过去道路四通八达而得名。四方街又被称为"居民博物馆"，街道两边的建筑现在依然保留着清明时代的风格，人们走在四方街，好像置身于清明时期的商业街中一样。

    A 四方街上多为现代建筑
    B 四方街以前的交通便利
    C 四方街在唐宋时期很热闹
    D 四方街目前已无清明风格

66. "慢活族"虽然倡导慢工作，慢动作，慢阅读，不过他们并不只是简单地追求放慢速度，而是追求生活中的平衡，该快则快，能慢则慢。"慢活族"关注心灵成长，他们希望生活在快节奏中，少一些浮躁，多一些平静，充分享受生活带来的乐趣。

    A 慢活族提倡低效率工作
    B 慢活族追求生活平衡
    C 慢活族反对慢工作
    D 慢活族不想面对烦恼

67. 软木画，又称软木雕、木画，它是一种把"雕"和"画"结合起来的手工艺品，主要产于福建福州。其色调纯朴，刻工精细，形象逼真，很好地再现中国古代亭台楼阁和园林景色。2008年，软木画被选入中国国家级非物质文化遗产名录。

    A 软木画刻工粗糙
    B 软木画善于再现园林景色
    C 软木画色彩比较鲜艳
    D 福州是软木画的唯一产地

68. 有研究指出，假如光线太明亮，会妨碍人们做出正确的判断。这是因为把灯光调暗后，人的大脑能够更加客观地看待问题，避免因情绪的波动而做出错误的判断。特别是在做重大决定时，黑暗往往能使你的头脑保持清醒，做出正确的决定。

    A 人在黑暗中情绪易失控
    B 光线强弱能影响人的判断力
    C 在强光下能作出快速判断
    D 做重大决定前要与人商量

69. 很多人都有睡不着的时候，要是这种状态持续两周甚至更长时间的话，就意味着得了"失眠症"。但更多人事实上并不是睡不着，而是想睡却没有充足的时间，从而引起睡眠不足，这种情况被称为"睡眠剥夺"。这种情况长期下去，他们的生活节奏可能会被打乱，进而导致失眠。

    A 长期睡眠不足可能引起失眠
    B 失眠会导致体重下降
    C 经常失眠的人记忆力差
    D 三餐不规律的人会失眠

70. 运动员型消费者与冲动型消费者有别，运动员型消费者仿佛运动员一样喜欢竞争，只不过他们的竞争对象是零售系统。在购物之前，他们会先做好计划，并仔细对比原价和折扣价，目标就是买到价格最低的东西。他们最自豪的事情就是自己购买的物品都是以折扣价到手的。

    A 运动员型消费者不善于做计划
    B 运动员型消费者喜欢买打折商品
    C 冲动型消费者爱买名牌商品
    D 打折商品往往不好买

# 第三部分

第71-90题：请选出正确答案。

71-74.

每年，都有不少人去拜访一位著名的小提琴家，希望他能指点一下自己。这位小提琴家也从来不推辞，对来拜访的学生都必定认真指导。他有个习惯：当学生演奏时，他一句话也不会多说。等他们拉完曲子之后，他会把那首曲子再仔细地拉上一遍，使学生通过对比，发现自己的问题在哪儿。

一天，一个年轻人从很远的地方来拜访小提琴家，请他收自己为学生。小提琴家对年轻人说："我先听听你演奏的曲子，等我听完再决定好吗？"于是年轻人就开始演奏，他演奏得非常动听，可以看出来，这个年轻人在音乐上很有天赋。年轻人演奏完后，小提琴家还是像以前一样拿着琴走上台去。不过这一次，他不是重复演奏年轻人拉的那首曲子，而是把小提琴缓缓地从肩上拿下来，叹了一口气，随后走下台来。在场的人问道："老师，您为什么不再演奏一遍就下来了呢？您叹气难道是因为刚才那首曲子里有太多错误了？"小提琴家笑着摇摇头，说道："并不是这样！其实是这位年轻人拉得太好了。如果我再拉一遍，反而会误导他。"

小提琴家对年轻人的称赞是发自内心的，他因此赢得了在场所有人的掌声。

71. 小提琴家是如何对待拜访者的？
   A 态度非常冷淡　　　　　　　B 收取高额学费
   C 拒绝指导　　　　　　　　　D 认真指导

72. 通常，小提琴家在学生演奏完后会：
   A 自己再拉一遍　　　　　　　B 详细评价
   C 询问学生的意见　　　　　　D 叹一口气

73. 那个年轻人：
   A 没有演奏曲子　　　　　　　B 想拜小提琴家为师
   C 表现很糟糕　　　　　　　　D 会各种乐器

74. 根据上文，下列哪项正确？
   A 年轻人不适合演奏小提琴　　B 年轻人很自豪
   C 小提琴家称赞了那位年轻人　D 有人专门模仿小提琴家

75-78.
　　结束了忙碌的一天，许多人回到家都会看看电视、玩儿会儿游戏，希望通过这样的方式让自己彻底放松。但这种方式真的能使人放松吗？
　　有所高校的研究人员对471人进行问卷调查，结果发现，在紧张地工作或学习了一天后，倍感疲劳的人会觉得看电视和玩儿电子游戏是一种时间的浪费。认为自己为了娱乐而没有去做重要的事情，这种想法会让他们感到自责。所以这些人最终并没有获得轻松的感觉。
　　这一研究结果显示，那些希望通过玩电子产品方式来放松的人不但没有感到轻松，反而使精神上的压力增加了。研究人员称："当今社会，智能手机被广泛应用，随处可见的信息和便捷的娱乐方式已成为一种负担和压力，而并非缓解精神紧张的最佳方式。"
　　由此可见，在现实生活中，电子娱乐产品与人的身心健康之间的有着非常复杂的关系。也许人们在使用电子产品之前，还需三思而行。

75. 多数人下班回家后玩儿游戏是为了：
　　A 成为游戏高手　　　　B 排解孤独
　　C 获得成就感　　　　　D 缓解疲劳

76. 根据第二段，人们为什么会自责？
　　A 打扰了家人休息　　　B 娱乐浪费了时间
　　C 与朋友的关系远了　　D 与家人沟通减少了

77. 研究人员如何评价极易获取的信息？
　　A 破坏了传统的学习方式
　　B 妨碍了正常交际
　　C 会带给人压力
　　D 有效缓解了精神压力

78. 根据上文，下列哪项正确？
　　A 乐观的人自控力差
　　B 电子游戏能激发想象力
　　C 儿童不应该多接触游戏
　　D 要谨慎使用电子产品

79-82.

　　皮埃尔是一家公司的创始人，他想为公司挑选一位总经理，经过考查，只有五位候选人入选，他们都很优秀，皮埃尔无法立刻做出决定。

　　一天，皮埃尔突然想到了一个主意，他给这五个人各发了一封同样的电子邮件，一个小时后，其中一位回复了他："请把您的电话号码告诉我。"皮埃尔照做了。很快，他的电话就响了，电话那边一个温柔的声音响起："喂，请问你需要我帮忙吗？"那一刻，皮埃尔惊喜万分，直接亮出自己的身份，并最终决定任命这位候选人担任公司总经理。

　　其他四个人不知落选的原因，便来询问，皮埃尔回答："我之前给你们五个人发了一样的邮件，内容是'我是贵公司的一名顾客，我的卫生间漏水，你能给我解决吗？'结果只有她一个人回复了我，因此我选择了她。"四个人这才想起来，确实看到过这封邮件，但当时都直接删掉了，因为他们认为既然自己应聘的职位是公司的管理人员，就不该管这种小事，没想到却因此错失了机会。皮埃尔认为："让更多的人认识我们，建立公司的品牌知名度，是目前最紧迫的任务。她能这么热情、耐心地对待顾客，正是我们需要的人。"

　　结果证明，皮埃尔的选择非常正确。新总经理上任后，大力倡导平等观念，而且每天都会亲自阅读收到的公司用户的电子邮件，帮助他们解决各种问题。半年后，公司上市，用户数量急速增加至1.5亿。到她离职时，公司已成为世界500强企业之一。

79. 皮埃尔是以什么身份给应聘者发的邮件？
A 秘书　　　　　　　　　B 总裁
C 管理层　　　　　　　　D 顾客

80. 那四位应聘者为什么没回邮件？
A 认为不是自己的职责
B 觉得是广告邮件
C 认为邮件是骗人的
D 想放弃总经理的职位

81. 根据第三段，皮埃尔认为公司当前的目标是：
A 扩大规模　　　　　　　B 吸引投资者
C 修理卫生间漏水　　　　D 提升知名度

82. 关于新上任的总经理，下列哪项正确？
A 在应聘者中学历最高　　B 对新人很苛刻
C 为公司做了很大贡献　　D 年收入1.5亿元

83-86.

驯鹿主要的生活区域是北半球的环北极地区，像绝大部分北极物种一样，它们已经完全习惯了北极恶劣的气候条件，就算在冬天，也能吃得饱，睡得香。

对驯鹿来说保温并不困难，它们的皮毛隔层保暖效果极佳，能有效地隔绝寒冷。在冬季，要是气温降到零下30度，人类鼻子呼出的气体就会变成水汽。而驯鹿在这么低的温度下，鼻子也不会冒出水汽。因为它们的鼻子里有"热交换器"，能在排出体内的空气前先冷却处理，从而减少了身体的热量流失。

鄂温克族以狩猎为主，他们是中国唯一饲养驯鹿的少数民族。他们通过对驯鹿的长期驯化，使之成为他们日常生活中不可缺少的经济性动物。驯鹿善于穿越森林和沼泽地，是鄂温克猎人的主要运输工具，被誉为"林海之舟"。

鄂温克人不论男女老少都非常喜爱驯鹿，他们将驯鹿定为鄂温克族的吉祥物，赋予其吉祥、幸福和积极进取的寓意。

83. 关于驯鹿，可以知道什么？
  A 体型不大
  B 不适应北极的气候
  C 需要冬眠
  D 多分布在北半球

84. 根据第二段，驯鹿通过什么战胜了严寒？
  A 集体生活
  B 住在温暖的山洞中
  C 选择高热量的食物
  D 皮毛的保温作用

85. 鄂温克人为什么将驯鹿称为"林海之舟"？
  A 驯鹿奔跑速度慢
  B 驯鹿住在大海里
  C 驯鹿能种树
  D 驯鹿是主要的运输工具

86. 根据上文，下列哪项正确？
  A 驯鹿是中国一级保护动物
  B 鄂温克人视驯鹿为幸福的象征
  C 鄂温克人热爱冒险
  D 驯鹿是鄂温克人的主食

87-90.

可能很多人不相信，我们的房子有一天也可以像搭积木一样拼装而成。

就像制造汽车一样，工人们会在工厂里分别制造好拼装房子时需要的楼板、墙、楼梯等部分，然后运至工地进行组装。和汽车产业一样，装配式住宅属于先进制造业，这种"工厂化"制造模式，可以最大程度地节省能源、工地占地面积以及建筑材料。

住宅产业化的好处很多，它可以最大限度地实现节能以及减少垃圾和碳排放的目标，另外能大幅缩短工期，还可节约开发商和建筑方的时间成本，例如，根据目前对上海的装配式住宅项目测算，施工的效益能提高4至5倍。除此之外，和传统的建筑方式比起来，产业化住宅虽然初期投入资本较多，但建成后的维护成本却减少了。

住宅产业化的普及，需要从"建造"房子转向"制造"房子，虽然只有一字之差，其实却是建筑业的转型和升级，随着技术的改革和产业的升级，一定会出现更多的新兴市场，而建筑行业的大变革也是不可避免的。

87. 根据第二段，"工厂化"制造模式有什么好处？
   A 零污染　　　　　　　　B 保证了工人的安全
   C 解决设计问题　　　　　D 节约能源

88. 产业化住宅初期有什么特点？
   A 投入资金多　　　　　　B 只针对小户型
   C 建造难度大　　　　　　D 运输费极高

89. 根据上文，下列哪项正确？
   A 传统建筑初期投资更高
   B 未来会出现移动住房
   C 技术改革会带来新兴市场
   D 组装的房子比普通房屋结实

90. 最适合做上文标题的是：
   A 如何建造房子
   B 如何提高房屋空间利用率
   C 组装房子：建筑业的发展方向
   D 新能源汽车的技术难题

# 三、书写

## 第一部分

第91-98题：完成句子。

例如：发表　　这篇论文　　什么时候　　是　　的

这篇论文是什么时候发表的?

91.　我家的　　比　　你家的厨房　　多　　宽得

92.　取消　　了　　被经理　　会议临时

93.　这份报告　　不准确　　结论　　的

94.　亚军　　模特儿　　比赛的　　她　　取得了

95.　情绪　　你需要　　学会怎么　　控制

96.　带来了　　营业执照　　你的　　吗

97.　一些　　神话　　色彩　　带有　　这部电视剧

98.　表达了　　自己的想法　　那位作家　　用　　画

# 第二部分

第99-100题：写短文。

99. 请结合下列词语（要全部使用，顺序不分先后），写一篇80字左右的短文。

忽视　　　抱歉　　　承担　　　损失　　　责任

100. 请结合这张图片写一篇80字左右的短文。

# 汉语水平考试
# HSK（五级）模拟试题
# 第四套

## 注　　意

一、 HSK（五级）分三部分：
    1. 听力（45题，约30分钟）
    2. 阅读（45题，45分钟）
    3. 书写（10题，40分钟）

二、 听力结束后，有5分钟填写答题上。

三、 全部考试约125分钟（含考生填写个人信息时间5分钟）。

# 一、听 力

## 第一部分

第1-20题：请选出正确答案。

1. A 学历很高
   B 教学方式独特
   C 很有经验
   D 要求严格

2. A 再逛一逛
   B 觉得男的骗人
   C 觉得太贵了
   D 钱带得不够

3. A 想自己经营公司
   B 将要举行婚礼
   C 把以前工作辞了
   D 升职了

4. A 现代广场
   B 广播电台
   C 新华书店
   D 市图书馆

5. A 太烫了
   B 不符合口味
   C 肚子不舒服
   D 有点咸

6. A 想成为设计师
   B 为了好找工作
   C 听从教授的建议
   D 想当一名软件开发者

7. A 他们是恋人
   B 男的是单身
   C 男的在服装店
   D 男的想买戒指

8. A 停车场
   B 电梯门口
   C 小区门口
   D 商场一楼

9. A 原料不怎么好
   B 标志有误
   C 没写明产地
   D 穿起来有点小

10. A 还没找到员工
    B 营业执照
    C 租房子
    D 签合同

11. A 尊重孩子的意见
    B 要学习怎么教育孩子
    C 好好享受现在
    D 要和孩子一起锻炼

12. A 先休息一下
    B 继续爬
    C 爬山对健康有益
    D 好像迷路了

13. A 忘带钥匙了
    B 弄丢车钥匙了
    C 拿错行李了
    D 找不着手机了

14. A 愁着找工作
    B 想去国外留学
    C 正在一家公司实习
    D 有点灰心

15. A 空间太窄
    B 风景优美
    C 护肤品保湿效果好
    D 空气潮湿

16. A 提供了资金支持
    B 免费提供了场所
    C 所有问题都解决了
    D 为影片做宣传

17. A 奇怪
    B 后悔
    C 灰心
    D 感谢

18. A 失恋了
    B 分手了
    C 生孩子了
    D 刚怀孕

19. A 涨工资了
    B 中大奖了
    C 升职了
    D 有人请他吃饭

20. A 报团旅行
    B 一起去选购
    C 买顶帽子
    D 送购物券

# 第二部分

第21-45题：请选出正确答案。

21. A 日照时间
    B 彩虹的形状
    C 彩虹的颜色
    D 电视频道

22. A 平时忙于工作
    B 请过私人教练
    C 开了健身房
    D 获得过很多奖杯

23. A 还钱
    B 换成小号
    C 换成别的款式
    D 另买一件

24. A 商贸
    B 国际贸易
    C 数学
    D 文学

25. A 疲劳驾驶
    B 酒后驾驶
    C 新手上路
    D 超速驾驶

26. A 他们在看日记
    B 女的是大美女
    C 他们在看照片
    D 他们是恋人

27. A 数据分析
    B 已经完成了
    C 收集资料
    D 等着上司的批准

28. A 男的关机了
    B 充电器出故障了
    C 手机还没充满电
    D 手机电池型号不对

29. A 乒乓球
    B 网球
    C 健美操
    D 乐器

30. A 剪短发了
    B 拉直了
    C 烫卷发了
    D 刚吹头发

31. A 看上你
    B 羡慕你
    C 有事瞒你
    D 关注你

32. A 如何获得他人的肯定
    B 怎样赢得主动权
    C 眼睛在交流中的作用
    D 交谈的艺术

33. A 想住楼房
    B 特别调皮
    C 想成为富人
    D 想买一套楼

34. A 怀念过去
    B 看望朋友
    C 想去城里工作
    D 那里非常舒适

35. A 记忆力很好
    B 现在住在胡同里
    C 打算经营酒吧
    D 小时候住平房

36. A 做热身运动
    B 买救生圈
    C 让他量水温
    D 到海里去

37. A 担心海水太凉
    B 觉得教练不可靠
    C 最终没学会游泳
    D 想换个教练

38. A 不能轻易相信别人
    B 要勇于实践
    C 不要过分在意结果
    D 学游泳需要耐心

39. A 有人预订
    B 为了以更高的价格卖出去
    C 喜欢风格独特的包装盒
    D 开展木制造盒行业

40. A 质量差
    B 很结实
    C 十分精美
    D 很耐用

41. A 要表里一致
    B 不要以貌取人
    C 不能只看表面
    D 要言行一致

42. A 缺乏职业思考
    B 容易满足
    C 缺乏社交能力
    D 不懂团队协调

43. A 职业发展前景
    B 企业文化
    C 工薪待遇
    D 公司政策

44. A 便于修理
    B 利于保存食物
    C 改善制冷功能
    D 节省能源

45. A 冰箱的作用
    B 冰箱使用常识
    C 冰箱为何多为浅色
    D 怎样选购冰箱

# 二、阅 读

## 第一部分

第46-60题：请选出正确答案。

46-48.
　　当你被人们误解时，__46__ 对任何人解释和倾诉。因为，懂你的人，必然会理解你。不懂你的人，讲给他们也无济于事。__47__ 不是所有的是非都能说清楚，换句话说可能 __48__ 就没有真正的对与错。有时候，失忆，是最好的解脱；沉默，是最好的诉说。

46. A 不必　　　　B 难免　　　　C 不能　　　　D 不然
47. A 反正　　　　B 毕竟　　　　C 居然　　　　D 总算
48. A 毫无　　　　B 简直　　　　C 从来　　　　D 根本


49-52.
　　"孩子需要鼓励，就像植物需要养分"这是一位著名心理学家的一句名言。
　　周宠是一名普通的公司职员，他非常善于鼓励别人。他女儿小时候特别不喜欢数学，__49__ 。有一天，周宠给女儿出了10道题，结果女儿居然只做对了一道题。周宠并没有生气，而是对女儿大加 __50__ ："这么难的题，你竟然也能做对？我小时候可是连一道题都没做对！"第二天晚上，周宠 __51__ 为女儿准备了10道难道度降低了的题，让女儿做，结果女儿一下做对了5道。他又鼓励女儿说："天啊，你简直太 __52__ 了！一天之内，你进步这么大！"第三天，女儿自己主动提出要求："爸爸，今晚我还想做数学题。"
　　不久后，周宠女儿的数学成绩在班里名列前茅。

49. A 被一所大学录取了　　　　　　B 她开始喜欢数学了
　　C 所以数学成绩很差　　　　　　D 对数学很好奇
50. A 重视　　　　B 看不起　　　　C 确认　　　　D 称赞
51. A 特意　　　　B 渐渐　　　　　C 难怪　　　　D 始终
52. A 不要紧　　　B 了不起　　　　C 不得了　　　D 不耐烦

53-56.

　　住在一个 53 人的家里，或者让一个陌生人住在你的家里，听起来有些不可思议。但如今，越来越多的年轻人开始关注"跨国沙发客"这种旅游 54 。两个不同国家的人，通过"沙发客俱乐部"这一网络平台相识，免费 55 最贴心的导游服务，吃到最地道的当地美食，而对方到你所在的城市旅行时， 56 。最棒的是，对方不仅是旅游活地图和当地文化的介绍者，更有可能成为你的一个知音。

53. A 熟　　　　　B 陌生　　　　C 好　　　　　D 好心
54. A 方法　　　　B 方式　　　　C 办法　　　　D 优势
55. A 分享　　　　B 享受　　　　C 珍惜　　　　D 体会
56. A 你也许会感到无奈　　　　　B 你也要同样认真地招待他
　　C 这也许让你感到不耐烦　　　D 未必会事先通知你

57-60.

　　古代有两个书法家。第一个极认真模仿古人，讲究每一画都要与某某相似， 57 练到了这一步，他就颇为得意；另一个则 58 相反，要求每一笔都要不同于古人，讲究自然，只有这样，才觉得满意。
　　有一天，第一个书法家嘲讽第二个书法家，说："　59 ？"
　　第二个书法家笑着反问了一句："您写的字到底哪一笔是您自己的呢？"
　　第一个书法家听了顿时哑口无言。
　　任何情况下，人都不能失去自己的 60 ，一味地模仿别人，那样只会迷失自我。

57. A 一旦　　　　B 尽管　　　　C 陆续　　　　D 迟早
58. A 必然　　　　B 果然　　　　C 确实　　　　D 正好
59. A 您喜欢别人的话吗　　　　　B 您的字哪一笔是古人的呢
　　C 你何必委屈自己呢　　　　　D 您难道只会模仿别人
60. A 个性　　　　B 魅力　　　　C 才能　　　　D 地位

# 第二部分

第61-70题：请选出与试题内容一致的一项。

61. 对动物来说，睡眠是一生中不可或缺的活动。那么，看似平静的植物也会睡觉吗？所谓植物"犯困"，比如生长在水面的睡莲，每当旭日东升时，它那美丽的花瓣就会慢慢舒展开，似乎正从甜蜜的睡梦中苏醒；而当夕阳西下时，它便闭拢花瓣，重新进入睡眠状态。由于它"昼醒晚睡"的规律性特别明显，故而获得了"睡莲"的美名。

    A 睡莲一般在晚上开花
    B 睡莲一直闭拢花瓣
    C 植物的睡眠时间一般极短
    D 植物也有睡眠

62. 鲁菜、淮扬菜、粤菜、川菜是中国四大菜系的代表，成为当时最有影响的地方菜，被称作"四大菜系"。当然，其中最有名的，还是大家熟悉的川菜。川菜主要以麻辣为主，最地道的川菜是成都和重庆两地的菜肴。如今，川菜馆早已遍布世界各地，受到了人们的广泛欢迎。

    A 只有成都和重庆两地有川菜
    B 川菜口味清淡
    C 重庆菜属于川菜
    D 中国菜的特点是麻和辣

63. 黄山有"天下第一奇山"之美称。夏季平均温度在25℃，冬季平均温度在0℃以上。冬季是云海出现最多的季节，下山还可以泡温泉、欣赏怪石等。因此冬季是去黄山的最佳时期。

    A 黄山四季如春
    B 冬季是黄山旅游的最好时节
    C 黄山的彩虹非常漂亮
    D 夏季是云海出现最多的季节

64. 生命是宝贵的。生命在于运动，运动在于锻炼，锻炼贵在坚持，坚持就是胜利。运动时流的汗可以加速血液循环，提高人的免疫力。在众多的运动方式中，走路是最简单的一种，不受地点和运动器材的限制。每天坚持走路半个小时，可以让人精力充沛。

A 运动后要及时补充水分
B 运动使人促进血液循环
C 走路是最好的运动
D 上班族可以在周末多做运动

65. 二胡始于唐朝，至今已有一千多年的历史。根据琴筒情况可分为四类。它最早发源于我国北部的少数民族。二胡发出的乐声有着丰富的表现力，因此非常动听。二胡不但制作简单，而且价格也很便宜，深受中国人的喜爱。

A 普通人买不起二胡
B 二胡的历史快到一千年了
C 二胡始于明朝
D 二胡在中国很受欢迎

66. "一方水土养一方人"是一句俗语，环境影响着人们的饮食习惯和生活方式，进而又造就了这一方人的性格和气质。每个地区的水土环境、人文环境都不相同，人们的生活方式、风俗习惯和思想观念也就随之不同。生活在同一个环境中的人，性格也会相似，从而带有一个地区的独特性。

A 人才是地区进步的关键
B 要保护环境
C 不同地区人口数量差别大
D 同一环境下的人有共同点

67. 唐代是诗歌的黄金时代。这一时期社会繁荣稳定、思想开放，为唐诗的繁荣准备了充足的条件。因此这一时期出现了很多伟大的诗人。作为盛唐时期的代表诗人李白，他的诗神采飞扬、充满理想色彩。

A 唐代的商务贸易非常发达
B 唐代是古典诗歌的繁荣时期
C 社会稳定对唐诗的发展没有关系
D 晚唐时期仍是诗歌的黄金时代

68. 一位著名的作家到外地旅游时，经过一座城市，他打算去参观这个城市有名的书店。听到这个消息，书店的老板想做点儿事让这位作家高兴。于是，他在所有的书架上摆满了这位作家的作品。作家走进书店时，看到书架上全都是自己的书，感到惊讶。"其他人的作品呢？"老板一下子有点反应不过来。"其他人的书？"书店老板一时不知所措，信口说道"上……上午卖光了。"

A 著名的作家很幽默
B 书店的老板喜欢开玩笑
C 书店老板闹了个笑话
D 作家的书被卖光了

69. 成长过程中，每个人都会经历一段"叛逆期"，这是因为他们觉得外界忽视了自己的独立存在，从而用各种手段和方法来确立"自我"与外界的平等地位。其实，这并不是坏事儿，从变化的角度来看，这是获得"独立思考"能力的必经的阶段。

A "叛逆期"的孩子很听话
B "叛逆期"是每个人必经的阶段
C 孩子应该养成好习惯
D 父母不应批评孩子

70. 滑冰运动在世界上有悠久的历史。古代生活在严寒地区的人们，在冬季冰封的江河湖泊上把滑冰当做交通手段。以后，随着社会的发展，逐步发展成滑冰游戏，直到现代的速滑运动。

A 速滑运动是儿童的运动首选
B 滑冰起初是一种交通运输工具
C 滑冰游戏在春季更常见
D 速滑运动在少数国家流行

# 第三部分

第71-90题：请选出正确答案。

**71-74.**

关于地球上最热的地方其实有不少争议。很多人都认为地球上最热的地方是赤道，因为赤道地区的太阳一年到头高高地挂在天空，直射到地面，因此气温肯定会高。

我国的戈壁沙漠，白天最高温度达45℃。赤道地区受太阳的光热最多，却不是最热的地方，而一些沙漠远离赤道，为什么夏季反而比赤道更热呢？原来，赤道地区大部分海洋。广阔的赤道洋面，能把太阳的热量传向海洋深处，海水的热容量大，水温升高速度比陆地慢，海水蒸发要耗去大量的热量，因此，赤道地区的温度不会急剧上升。

而在大沙漠里，情况就不同了。那里植物很少，水源也不充足，光秃秃的一片沙地，热容量小，升温快速，沙地传热慢，热量很难向地下传递。所以，在太阳的照射下，沙漠的温度就上升得非常快，成为了地球上最热的地方。

此外，赤道上的降雨量比沙漠地区多得多，几乎隔两天就会碰上雨天，这样一来，赤道的温度也不会升得非常高。

71. 关于赤道地区，可以知道什么？
 A 地球上降雨量最多　　　　B 早晚温差比较大
 C 四季不太分明　　　　　　D 气温升高比较慢

72. 沙漠地区和赤道相比，有什么特点？
 A 太阳一年到头高高地挂在天空　B 大多数被海洋所占据
 C 升温较快　　　　　　　　　　D 热容量大

73. 根据上文，下列哪项正确？
 A 赤道地区降雨较多　　　　B 赤道温度上升得非常快
 C 沙漠附近有很多大洋　　　D 赤道的热容量小

74. 上文主要谈什么？
 A 沙漠比赤道更热的原因　　B 介绍赤道的气候状况
 C 海洋与沙漠的关系　　　　D 沙漠缺水的原因

75-78.
　　胡适担任上海中国公学校长时，经徐志摩介绍，聘用了沈从文做讲师，主讲大学一年级的现代文学选修课。当时，沈从文在文坛上已初露头角，在社会上也已小有名气。因此，来听课的学生极多。第一次登台授课的日子终于来临了。沈从文既兴奋，又紧张。在这之前，他成竹在胸，所以没带教案和教材。
　　他走进教室，看见下面黑压压的一片，顿时紧张起来。他陷入窘迫。
　　最终，他只得拿起粉笔，在黑板上写道：我第一次上课，见你们人多，怕了。顿时，教室里爆发出一片笑声，一阵鼓励的掌声响起来了。
　　课后，学生们议论纷纷。消息传到教师中间，有人说："沈从文这样的人也来中公上课，半个小时讲不出一句话来！"这议论又传到胡适的耳里，胡适却不觉窘迫，竟笑笑说："上课讲不出话来，学生不轰他，这就是成功。"

75. 第二段中，"黑压压一片"是什么意思：
   A 学生们的头发非常黑　　　B 听课的人相当多
   C 学生积极举手　　　　　　D 教室里都是黑人

76. 沈从文没拿材料，是因为他觉得：
   A 讲课内容不难　　　　　　B 自己准备得很充分
   C 教材会限制他自己的发挥　D 带教材会紧张

77. 看见沈从文写的那句话，学生们：
   A 觉得沈从文是一个不可思议的人
   B 心里看不起他
   C 十分理解并鼓励他
   D 纷纷离开了教室

78. 上文主要谈的是：
   A 沈从文第一次讲课的情景
   B 沈从文的教学方法
   C 中国教育方式
   D 沈从文的人生经历

79-82.

你的同事是否总是不停地抱怨自己的郁闷？如果是的话，你在倾听的过程中，也会不知不觉地被"传染"。心里学家发现，压力好比感冒，会被传染。这种"二手"焦急情绪蔓延得非常快。人们似乎能以惊人的速度模仿他人的面部表情、声音和姿势，从而对他人的情绪感同身受。

我们事实上都是"海绵"，能吸收周围人散发出的有感染性的情绪。而在吸收他人压力的同时，我们自己也会开始感受到压力，并无声无息地去关注那些可能会干扰我们的问题。

为什么别人的压力会被传染呢？这是因为，一方面，我们吸收周围人的压力就是为了和他们打成一片；另一方面，往往听着别人的抱怨和委屈，也会让我们变得消沉起来。

研究者发现，我们不仅会接受他人消极的思维模式，还会不自觉地模仿他们的身体语言。另外，女性遭遇'二手压力'的风险更大，因为她们更能对他人的感受产生共鸣。

79. 为什么说"我们其实都是'海绵'"？
　　A 有很强的适应性　　　　B 学习能力强
　　C 会吸收别人的情绪　　　D 人体能吸收很多水分

80. 第三段中的"打成一片"是什么意思？
　　A 打架　　　B 争论　　　C 搞好关系　　　D 进行谈判

81. 根据最后一段，下列哪项正确？
　　A 人的思维模式很难改变
　　B 女性思维不太灵活
　　C 女性喜欢模仿
　　D 女性更容易受他人影响

82. 最适合做上文标题的是：
　　A 海绵效应
　　B 怎么去倾诉
　　C 会传染的压力
　　D 你能读懂表情吗

83-86.

甲、乙二人约好时间在某展示馆入口处相见，一起去参观。甲按时到达约定地点，而乙在路上遇到一个老同学，寒暄了几句，结果晚到了半个小时。乙说："不好意思！来迟了一会儿。"甲说："我等得双腿都酸了。怎么会是一会儿呢？你所说的一会儿是多久啊？"乙说："顶多不超过10分钟。"甲说："至少一小时呢。"

客观时间就是半个小时，乙推断"最多不超过10分钟"，甲推断"至少一小时"，难道是甲有意夸大，乙有意缩小吗？不，他们说的都是自己内心体验的实话。这就是"时间的相对主观性"所产生的结果。

在同样一段时间里，人们为什么会有长短不同的感觉呢？首先是因为人们所做的事情影响着人们对时间的估计。甲就一直干等着，乙和老同学寒暄说话。一个人正做着枯燥乏味的事，另一个饶有趣味地聊天，难免会产生时间知觉上的差异。其次，情绪和态度也会影响人对时间的估计。仔细观察就会发现，时间与心理因素有着密切关系。所以有"欢乐恨时短，寂寞嫌时长"的说法。

总而言之，从心理学的研究中，发现有许多因素影响人们对时间的知觉。但实际上，客观时间并不会因人们的主观感觉而变快或变慢。然而人们却可以运用心理学知识，利用时间错觉，让人们产生特殊的心理效应。

83. 根据第一段，可以知道什么？
    A 乙迟到了1个小时　　　　　B 乙不想参观展览
    C 甲等了10分钟　　　　　　D 甲准时到了

84. 为什么甲觉得时间特别长？
    A 腿很痛
    B 等待让人觉得无聊
    C 身体不好
    D 没戴手表

85. "欢乐恨时短，寂寞嫌时长"说明：
    A 时间是很长的
    B 时间由心情决定
    C 要有效地利用时间
    D 情绪影响人们的时间感受

86. 上文主要想告诉我们：
    A 要遵守时间　　　　　　　　B 要珍惜时间
    C 时间具有相对主观性　　　　D 时间是会因人而异的

87-90.

一群大雁聚在公园的湖边,它们打算先在这里生活,等到了秋天就飞往南方过冬。

公园里的游客见到大雁都很惊喜,纷纷掏出饼干、鱼片等食物丢给它们。开始大雁不知道游人丢的什么东西,"哗"的一声把它们吓跑了。等时间久了,它们才慢慢地靠近那些食物,试着吃起来。

后来,大雁们知道游人对它们没有威胁,每当游人丢下食物时,便争先恐后地一哄而上。日子久了,大雁就以游客的食物为生,一只只长得圆滚滚的。

秋天来了,大雁还是过着安逸的生活。它们也不打算回南方了,觉得没有必要飞那么远。

到了冬天,开始下大雪了,游客们日益稀少了。大雁们躲在洞穴里瑟瑟地发抖,感到又冷又饿。有几只大雁试图往南飞,但沉重的身体和寒冷的天气让它们没飞多远就又折了回来。大雁们找不到食物,冷风不断地从它们的羽毛里透进去,它们紧紧地依偎在一起,怀念去年的这个时候。幸福是通过自己不懈努力和奋斗争取的,而不是依靠别人的施舍得来的。

87. 一开始面对游客给的食物,大雁:
A 很感谢　　　　　　　B 很高兴
C 觉得好吃　　　　　　D 不敢吃

88. 大雁为什么不想回南方了?
A 南方越来越温冷　　　B 南方污染严重
C 习惯了舒适的生活　　D 不会飞

89. 根据第五段,下列哪项正确?
A 有些大雁飞到了南方　B 大雁过得很艰苦
C 大雁的羽毛很厚　　　D 大雁喜欢单独行动

90. 上文主要想告诉我们什么?
A 幸福要靠自己争取
B 要善于发现良机
C 适应力要强
D 遇事不要挫折

# 三、书写

## 第一部分

第91-98题：完成句子。

例如：发表　　这篇论文　　什么时候　　是　　的

　　　这篇论文是什么时候发表的？

91. 还在为　　女儿的终身大事　　操心　　吗　　你

92. 竞争　　这门专业　　相当　　激烈

93. 恢复得　　您的　　身体　　好　　很

94. 血液循环　　可以　　半身浴　　促进

95. 这是　　减肥人群的　　特殊菜单　　针对

96. 通知书将在　　发放　　月末　　入学

97. 落了一层　　薄薄的　　灰尘　　抽屉里

98. 恢复　　过来　　了　　身体总算　　爷爷的

# 第二部分

第99-100题：写短文。

99. 请结合下列词语（要全部使用，顺序不分先后），写一篇80字左右的短文。

　　理解　　　温暖　　　本来　　　取消　　　遗憾

100. 请结合这张图片写一篇80字左右的短文。

# 汉语水平考试
# HSK（五级）模拟试题
# 第五套

注 意

一、 HSK（五级）分三部分：
    1. 听力（45题，约30分钟）
    2. 阅读（45题，45分钟）
    3. 书写（10题，40分钟）

二、 听力结束后，有5分钟填写答题上。

三、 全部考试约125分钟（含考生填写个人信息时间5分钟）。

# 一、听 力

## 第一部分

第1-20题：请选出正确答案。

1. A 没有创新
   B 演过很多戏
   C 第一次演戏
   D 当过导演

2. A 退休了
   B 拍照水平不好
   C 摄影技术很好
   D 爱拍风景

3. A 调整文章结构
   B 退还给作者
   C 马上发表
   D 推荐给李主编

4. A 购买新文件包
   B 查找项目资料
   C 整理文件资料
   D 保管文件资料

5. A 身体不舒服
   B 没收到邀请
   C 要出国工作
   D 不想去欧洲

6. A 比想象得差
   B 气氛很好
   C 发言的人不多
   D 教室里很热

7. A 男的还没回国
   B 男的提前回国了
   C 生意失败了
   D 谈判不太顺利

8. A 今天不热
   B 现场有很多球迷
   C 今天是半决赛
   D 他不想来

9. A 恭喜女的
   B 通知女的
   C 银行的工资很高
   D 女的还没毕业

10. A 挑礼物
    B 做贺卡
    C 做礼物
    D 包装礼物

11. A 青少年的问题
    B 网络的好处
    C 青少年是否要远离网络
    D 怎样正确使用网络

12. A 维修管道
    B 洗衣服
    C 晒被子
    D 洗窗帘

13. A 室内装修
    B 家具样式
    C 建筑设计
    D 时尚饰品

14. A 风景很美
    B 当地人不热情
    C 气候不好
    D 食物很少

15. A 已经结婚了
    B 已经选好了旅行地点
    C 打算旅行结婚
    D 要拍婚纱照

16. A 饭馆
    B 厨房
    C 卧室
    D 客厅

17. A 听讲座
    B 找工作
    C 当老师
    D 读硕士

18. A 女的还没有驾照
    B 女的早就拿到驾照了
    C 女的没去过驾校
    D 女的没有期末考试

19. A 路上很黑
    B 他们在坐电梯
    C 路灯不能修
    D 女的眼睛不舒服

20. A 去年年末
    B 前年年底
    C 前年夏天
    D 前年秋天

# 第二部分

**第21-45题：请选出正确答案。**

21. A 操场
    B 街上
    C 宾馆
    D 商场

22. A 男的要赔女的玻璃钱
    B 女的很生气
    C 女的的车玻璃碎了
    D 女的已经换好玻璃了

23. A 公园
    B 果园
    C 水果店
    D 超市

24. A 感冒了
    B 头受伤了
    C 失眠了
    D 过敏了

25. A 生产部
    B 销售部
    C 开发部
    D 财务部

26. A 家庭住址
    B 身份证号码
    C 银行卡信息
    D 电话号码

27. A 他不回家
    B 机票太贵了
    C 回程日期没定
    D 决定乘坐火车

28. A 男的每天做八个小时操
    B 女的从电视上学了做操
    C 那组动作能缓解腰痛
    D 那组动作很难学

29. A 市民消费习惯
    B 市民住房要求
    C 市民喜欢的电影种类
    D 市民喜爱的演员类型

30. A 只卖女鞋
    B 发宣传广告
    C 打折促销
    D 增加女装种类

31. A 1912年出生
    B 是一位护理工作者
    C 提倡设立国际护士节
    D 提出了今年护士节的主题

32. A 每年主题不同
    B 是南丁格尔主持的
    C 纪念活动持续一周
    D 给全体护士送礼物

33. A 骑着马赶路
    B 找人同行
    C 推迟出发日期
    D 多穿衣服去

34. A 老师会不搭理他的
    B 让人看不起
    C 受批评
    D 不尊重老师

35. A 在路上丢了行李
    B 很在意母亲的看法
    C 喜欢采取单独行动
    D 后来成为了文学家

36. A 听不到声音
    B 会发出各种声音
    C 长得像小鸟一样
    D 常常跟人说悄悄话

37. A 灯光
    B 星星
    C 太阳
    D 月亮

38. A 阳光不能照射到海底
    B 深海鱼视力很差
    C 海底渔业资源丰富
    D 星星能照射到海底

39. A 帮他赚钱
    B 把他的故事编成小说
    C 卖书给他
    D 把他的船写进小说

40. A 小说卖不出去
    B 多次环游世界
    C 作品很受欢迎
    D 打算写关于船的故事

41. A 小说家拒绝了老板的请求
    B 轮船公司即将面临破产
    C 老板爱写小说
    D 老板让作者投资

42. A 因成绩差无法毕业
    B 没人同意他唱歌
    C 难以选择
    D 不想当教授

43. A 只有用笔才能写字
    B 要学会放弃
    C 选择职业时兴趣不太重要
    D 要分清主次关系

44. A 伤眼睛
    B 皮肤过敏
    C 不停地流泪
    D 闪闪发光

45. A 能发光
    B 会放电
    C 能制药
    D 有毒性

# 二、阅 读

## 第一部分

第46-60题：请选出正确答案。

46-48.
　　你有没有这样的习惯，无论多饿，在饭馆吃饭之前总要摆好餐盘，拍下照片发到朋友圈？在这之后，你对面前的食物还会有初见时的 46 吗？心理学家指出，如果你进行某项活动的 47 在于给他人留下某种印象，那么你就很难从活动本身获得快乐。对此，心理学家表示："如果只是为了令他人印象深刻而消费某种生活体验，那么这种体验的乐趣就会一扫而光，因为这种外在的动机会削弱体验本身 48 人们某种心理需求的能力。"

46. A 想象　　　B 兴奋　　　C 幻想　　　D 新颖
47. A 目的　　　B 用途　　　C 标志　　　D 目标
48. A 满足　　　B 加强　　　C 得到　　　D 促进

49-52.
　　大学刚毕业的小陈往各家公司投了不少简历。终于有一家肯让他来面试。小陈带着自己大学时写过的几篇文章去新闻社参加面试。面试官看到小陈写的文章后，决定聘用他，让他当自己的助手。原来那位面试官就是该公司的主编。小陈对主编 49 万分。但没过多久，他俩渐渐产生了意见冲突。有一次，主编不在时，小陈没有征求主编的意见擅自把已经 50 的文章删除了，还写了篇文章反驳一位主编赞扬过的作家。别的员工们觉得小陈胆子太大了，早晚会被开除的。小陈也感到自己做的有点过分了。因此， 51 向主编道歉。想不到主编居然说："我看了你编的文章， 52 ，可后来我发现很多人都说你编得很不错。看来你的水平胜过我了呀！"从那以后，他们互相征求对方的意见，公司也办得越来越好。

49. A 感激　　　B 感受　　　C 惊讶　　　D 疼爱
50. A 修改　　　B 完美　　　C 改善　　　D 确定
51. A 主动　　　B 亲自　　　C 谦虚　　　D 谨慎
52. A 刚开始很满意　　　　　　　B 刚开始的确很生气
　　C 整个文章写得非常协调　　　D 内容没有意思

53-56.

　　我们通常能听到中老年人常说的这么一句话："年纪大了，记忆力衰退了！"那么是否人的年龄越大，记忆力就越差呢？国际语言学会 _53_ 对9至18岁的青少年与35岁以上的成年人学习语言的情况做过一次比较，发现前者记忆能力明显 _54_ 后者的好。很多成年人知识和经验比青少年丰富。容易在已有知识的基础上，建立 _55_ 的联系。心理学上把这种联系称为"联想"。

　　因此，我们的知识与经验越丰富， _56_ ，记忆力就会得到相应的提高。

53. A 至今　　　B 忽然　　　C 尽快　　　D 曾经
54. A 接近　　　B 不如　　　C 具备　　　D 等于
55. A 平等　　　B 平均　　　C 广泛　　　D 过分
56. A 就越容易建立联想　　　B 越需要努力积累
　　C 对待人生会很乐观　　　D 充分发挥想象力

57-60.

　　红叶谷是长白山余脉老爷岭的一条山谷，位于吉林蛟河庆岭山区。它以优美的自然环境和 _57_ 的民俗风情、以游客为上帝的经营理念，吸引了众多游客不远千里前来 _58_ 。长白山红叶谷不同于世界其他天然红叶的可贵之处在于它的"四绝"。一是原生态环境保护极好，它充满原始与古朴的野性韵味。二是它 _59_ 大，范围广。整个红叶区以蛟河市庆岭为中心，沿长白山脉绵延百余公里。三是它叶密片薄，玲珑剔透，色彩丰富。放眼整个红叶谷，绚丽得令人陶醉。第四是 _60_ ，因而显得十分珍贵。红叶谷地处北纬度较高的深山，每逢秋季，这里昼夜温差加大，降温幅度也大。秋分过后，树叶陆续转红，持续数日便随风飘落，红叶便美妙如梦幻一般。

57. A 高档　　　B 激烈　　　C 独特　　　D 夸张
58. A 欣赏　　　B 浏览　　　C 讨论　　　D 体会
59. A 类型　　　B 气氛　　　C 周围　　　D 面积
60. A 这儿的红叶生长周期短　　　B 这儿的冬天非常冷
　　C 长白山早晚温差大　　　　　D 长白山的四季一年如春天

# 第二部分

第61-70题：请选出与试题内容一致的一项。

61. 企业家创办企业的目的是盈利，而所谓"社会企业家"是以社会问题的解决为出发点而创办企业的，他们为理想所驱动，是有创造力的个体，具有持续的开拓与创新精神，肩负着企业责任、行业责任与社会责任，为了建设一个更好的社会而努力。他们才是我们真正值得去敬佩的企业家。

    A 社会企业家以建设美好的社会为目的
    B 社会企业家是为了利润才创办企业的
    C 很多企业家的创新能力需要提高
    D 小型企业成长空间有限

62. "在家靠父母，出门靠朋友"，这是一句中国古老的俗语。可见，在社会里生存缺不了朋友。但朋友也有很多类型，有偶尔遇见打打招呼的"一面之交"，有仅仅在表面上礼尚往来、但平时交情不深的"泛泛之交"，有酒席上缺不了的"酒肉朋友"，还有亲密无间的"胶漆之交"。你的身边什么样的朋友最多呢？

    A 我们应该多认识"酒肉朋友"
    B "胶漆之交"形容困难中产生的友谊
    C "一面之交"的朋友没必要再见
    D "泛泛之交"表示关系很一般

63. "兰新高速铁路"是甘肃兰州经青海西宁市至新疆乌鲁木齐的双线电气化铁路，是甘肃铁路、青海铁路和新疆铁路的重要部分。它不仅是连接新疆与内地的大动脉，而且是中国首条在高原地区修建的高速铁路。它构筑中国向西对外开放新格局都将产生深远影响。

    A 兰新高速铁路主要用于货运
    B 中国西南地区铁路交通发达
    C 兰新高速铁路还未通路
    D 兰新高速铁路经过高原地区

64. 许多开车带孩子出门的父母都有把孩子独自锁在车里的习惯，这些父母认为他们离开车的时间很短，不会对孩子造成伤害。实际上，父母开车带孩子出门，无论要去做什么都不要把孩子留在车里。密闭的环境会让孩子的心理产生焦虑，甚至会出现车内供氧不足等情况，危及孩子的生命。

    A 父母不应该开车带孩子出门
    B 孩子不应该被父母伤害
    C 父母不要把孩子单独留在车里
    D 父母应该批评孩子

65. 深海鱼生活在百米以下深海区域，与淡水鱼和近海鱼相比，深海鱼被当代工业污染的可能性很低，而且营养高，肉质也鲜美。由于它们生长速度缓慢、难以繁殖，一旦过度捕捞，很容易导致数量急剧下降，甚至灭绝。

    A 深海鱼营养丰富
    B 过度捕捞情况很少见
    C 海洋污染日益严重
    D 深海鱼繁殖速度快

66. 其实，孩子们经历挫折之后最需要的是父母的鼓励与信任，这也是家长可以给予孩子最重要的财富。每次活动结束后，家长都应及时作出表态，给与肯定和鼓励。这样才能让孩子走出挫折的阴影，变得更加自信。

    A 家庭教育与学校教育应同时进行
    B 应让孩子独自面对挫折
    C 父母的鼓励能让孩子变得自信
    D 孩子对胜利的渴望比父母更强烈

67. 所谓"学而不思则罔，思而不学则殆"，就是孔子所提倡的一种读书及学习方法。指的是一味读书而不思考，就会因为不能深刻理解书本的意义而不能合理有效利用书本的知识，甚至会陷入迷茫。而如果一味空想而不去进行实实在在地学习和钻研，则终究是沙上建塔，一无所得。告诉我们只有把学习和思考结合起来，才能学到切实有用的知识，否则就会收效甚微。

    A 要养成良好的读书习惯
    B 只要好好读书，就能成功
    C 学习和思考不能分开
    D 学习比思考更重要

68. 四合木是中国特有孑遗单种属植物，草原化荒漠的群种之一。它是最具代表性的古老残遗濒危珍稀植物，被誉为植物的"活化石"和植物中的"大熊猫"。其分布范围非常狭窄，在世界范围内零星散见于俄罗斯、乌克兰部分地区。四合木既是国家一级保护植物、也是内蒙古一级保护植物。

A 四合木是欧洲特有的植物
B 四合木不是草原化荒漠的群种
C 四合木的分布范围非常宽
D 四合木相当珍贵

69. 周有光是中国语言学家、文字学家。周有光早年主要从事经济、金融方面的工作，还当过经济学教授。1955年，他的学术方向改变，开始专职从事语言文字研究，曾参加并主持拟定《汉语拼音方案》。在他的主导下，建立了汉语拼音系统。几十年来一直致力于中国大陆的语文改革。他被誉为"汉语拼音之父"之称。

A 周有光1955年开始研究了金融
B 周有光是汉语拼音方案设计者之一
C 周有光写过很多文学作品
D 周有光当过汉语教授

70. 平湖秋月景区位于西湖白堤的西面，也是杭州著名的西湖十景之一。由于它伸出水面的平台非常宽广，视野极为开阔，故而成为一流的赏月胜地。景点附近有几株樱花树，每年三月时分，满树樱花一片绚烂，能将西湖的美景尽收眼底。

A 平湖秋月是杭州唯一的西湖
B 平湖秋月适合赏月
C 每年冬天是西湖美景之一
D 平湖秋月附近的樱花树隔一年开一次

# 第三部分

**第71-90题：请选出正确答案。**

**71-74.**

　　春秋时期，楚国有身份的人都喜欢坐 矮马车。楚王认为矮马车不仅容易碰伤马腿，而且车速很慢，不利于运送物资，想制定法律，让全国的马车都改高，于是就找楚国高官孙叔敖来商量这件事。

　　楚国高官孙叔敖认为这种做法不好，他对楚王说："如果因为这样的事情，制定一条法令，强行命令他们改造马车，很难让百姓听从。"

　　楚王听了，觉得有道理，就问孙叔敖有什么办法。孙叔敖说："如果大王一定要把马车加高，我请求想让百姓加高家中的门槛。"楚王很是不解，问道："我是想加高车座，这和门槛有什么关系呢？"

　　孙叔敖微微一笑，说："在我们国家，能坐得起马车的都是有身份的人。他们不会为了过门槛一次次下车，有失身份。所以我建议加高门槛，这样一来，他们自然就会把马车改高了。"听了孙叔敖的建议，楚王就下令，让人们把自家的门槛都加高。这样过了半年，那些乘车的人因为极不方便，都自动把坐的车子造高了。

71. 根据第一段，楚国的马车有什么特点？
　　A 门槛矮　　　　　　　　B 下车很难
　　C 底座不高　　　　　　　D 方便驾

72. 孙叔敖为什么反对楚王直接命令百姓改造马车？
　　A 高官不会同意　　　　　B 改造后的马车不利于驾驶
　　C 百姓不愿意　　　　　　D 百姓家中的门槛太矮了

73. 根据最后一段，老百姓加高家中的门槛是为了：
　　A 使房子看着更美观　　　B 为了乘车进家门方便
　　C 避免家里进水　　　　　D 阻止小偷进入

74. 关于孙叔敖，可以知道：
　　A 不想改造高马车　　　　B 不受楚王重视
　　C 是一个很有智慧的人　　D 是一个没有身份的人

75-78.

在第十一届中国国际文化产业博览交易会上，一位福建年轻小伙子制作的古香古色的油纸伞吸引了大众的眼球。

这小伙子名叫严磊，学的是电子工程专业，一次偶然的机会让他接触到了福州油纸伞。"有一天，朋友拜托我帮他买油纸伞，并提出了很多要求。但市场上很难找到相应的油纸伞。最后，打听到了制伞的师傅，但师傅却说我要求太苛刻，让我自己学着做。"随后，严磊真的开始学习制伞。经过三年的时间，严磊终于学出样来了。但没过多久，他发现相比制伞，更加头疼的就是销售。

他在2010年成立了一家名为"坊巷书生"的油纸伞工作室，终于在南京街有了一个摊点。制作的方法是遵循延续100多年的制伞老工艺，因此平均一天只能做出10把伞。他说："我想让已被人遗忘的油纸伞重新回归到日常生活中，它需要过程，这活急不得。"

其实，父母一开始就不同意严磊做油纸伞的生意。因此，家人不断向他施压。严磊说，"我的合伙人如今都退出了，每年都在亏本，他们顶不住来自家庭的压力，只有我坚持下来，接下来的日子开始慢慢赚钱了，比起我的那些在电子厂流水线上上班的同学，我觉得我做的事有趣和有意义多了。"

75. 什么原因使严磊开始接触油纸伞？
A 与家人的谈话  B 通过问卷调查
C 朋友托他买伞  D 朋友的建议

76. 关于严磊做的油纸伞，下列哪项正确？
A 能大批量生产  B 不太实用
C 样式特别新颖  D 制作工艺古老

77. 根据最后一段，合伙人为什么退出了？
A 利益分配不均  B 家庭压力大
C 合同到期了    D 和严磊不和

78. 根据上文，可以知道严磊：
A 善于学电子工程
B 喜爱收藏文物
C 油纸伞店倒闭了
D 认为做油纸伞很有意义

79-82.
　　宋应星是中国明末清初著名的科学家。宋应星的著作和研究领域涉及自然科学及人文科学，而其中最杰出的作品《天工开物》被誉为"中国17世纪的工艺百科全书"。

　　宋应星在他十五岁那年，听说宋代沈括的《梦溪笔谈》是一部价值很高的科学著作，于是他渴望拜读这本书，以作为借鉴。有一天，他听说镇上的文宝斋书铺刚购进一批新书，就急匆匆赶去买书。店老板告诉他，现在人们都读四书五经，为的是考取功名，科学方面的书即使进了货也没人买。宋应星只好沮丧地离开了文宝斋。

　　宋应星在往回走的路上，脑子中一直在想那本书。他一边走，一边想，只听"唉哟"一声，撞上了前面的一个汉子，那人手中的小吃掉在了地上。宋应星突然发现，包小吃的纸上写有《梦溪笔谈》一个字。他忙问那个人小吃是在哪儿买的。问清楚后，宋应星一口气跑了好几里路，气喘吁吁，满头大汗地追上了卖小吃的老汉。

　　老人见他爱书心切，就把残缺不全的《梦溪笔谈》给了他，书少了后半部。老汉告诉他这书是清早路过南村纸浆店时向店老板讨来的。宋应星又一路跑着赶到纸浆店，可那后半部书已经和别的旧书一起拆散泡入水池，正准备打成纸浆。他拉住店老板的手，急切地说："求求您，帮忙把《梦溪笔谈》那本书从水池中捞上来吧。"说着，他拿出了身上所有的钱，摆在老板面前，老板不解地说："孩子，这一池废书也不值这些钱啊！"

　　宋应星向老板讲述了自己找这本书的经过。老板被他求学的精神深深感动了，赶忙让工匠下水池从散乱的湿纸堆中找齐了那半部书。宋应星捧着湿淋淋的书回到了家，小心翼翼地一页页分开、晾干、装订好。他终于得到了<u>梦寐以求</u>的那本书。

79. 宋应星为什么去追卖小吃的老汉？
　　A 想拜他为师　　　　　　B 想找《梦溪笔谈》
　　C 想买小吃　　　　　　　D 想问纸浆店的位置

80. 关于宋应星可以知道什么？
　　A 学过印刷　　　　　　　B 续写了《梦溪笔谈》
　　C 从小就爱好文学　　　　D 乐于读科学类书籍

81. 根据上文，下列哪项正确？
　　A 宋应星是一名物理学家
　　B 宋应星和那老汉是亲戚
　　C 店主被宋应星打动了
　　D《天工开物》是一本残缺不全的科学类书籍

82. 最后一段划线部分"梦寐以求"的意思是什么？
　　A 共同的梦想　　　　　　B 提出请求
　　C 追切地希望　　　　　　D 完美无缺

83-86.
后悔情绪可以被应用在股票市场中投资者心理学领域。无论投资者是否打算购买下降或上升的股票或基金，实际上购买自己关注的证券就将产生情绪上的反应。投资者可能回避卖掉价格已下跌的股票，这是为了回避曾经做出的错误决策的遗憾和报告损失带来的尴尬。因此即使决策结果相同，如果某种决策方式可以减少遗憾，对于投资者来说，这种决策方式依然优于其他决策方式。

　　实质上，投资者正是有了"从众心理"。为避免做出错误决策带来的遗憾，投资者可能拒绝卖掉价格已经下降的股票，很容易购买本周热门或受大家追涨的股票，导致股市中"羊群效应"的产生。

　　由于人们在投资判断和决策上经常容易出现错误，而当出现这种失误操作时，通常感到非常难过和悲哀。所以，投资者在投资过程中，为了避免后悔心态的出现，经常会表现出一种犹豫不决的性格特点。

　　研究人员表示，这种后悔情绪并不是人类独有的。为了弄清动物是否也有后悔情绪，研究人员做了实验。研究人员通过实验发现，小动物们做出错误的决定以后，这种情绪还会影响它的今后的决定，并再也不会去理睬。

83. 投资者为什么回避卖掉价格已下跌的股票?
　　A 挽回曾经做出的错误决策的遗憾
　　B 觉得肯定会再涨
　　C 等着趁机出手
　　D 会听从专家的语言

84. 关于小动物的实验，可以知道什么?
　　A 结论和我们想的恰恰相反
　　B 在一家饭店里进行
　　C 小动物们的后悔情绪影响到今后的决定
　　D 这项实验弄得非常失败

85. 人们在投资时变得犹豫不决的原因是：
　　A 手头太紧　　　　　　　　B 为了避免后悔
　　C 投资有风险　　　　　　　D 投资时要谨慎

86. 根据上文，可以知道什么?
　　A 小动物们习惯集体活动　　B 情绪容易被传染
　　C 小动物们也会受到后悔的情绪　D 小动物们也受到人类的情绪

87-90.

　　一年秋天，有位商人到河北一个村庄去看亲戚。他意外发现，当地的玉米秸秆柔韧度很强，特别适合编织结实的遮阳帽。这种帽子在国内很畅销，价格也不低。

　　这个好消息立刻在村里炸开了锅。原本不值钱的秸秆突然成了宝贝，大家都有些不敢相信。接着，商人又找来技术人员教大家编遮阳帽，并承诺所有成品都会高价回收。于是，从秋天到来年夏天，村里人都忙着编帽子，家家都赚到了钱。只有一个叫张娜的姑娘，每天跑去山里玩，什么都没挣着。有人劝她不要再游手好闲，错过了发财的好机会，她却总是笑而不语。

　　转眼间，秋天又来了。大家发现了一个致命的问题：因为只顾着编织，土地都荒废了，玉米种不了，原来贮存的秸秆也用完了，拿什么去编遮阳帽呢！

　　就在大家急得团团转时，有人惊喜地发现，张娜不知什么时候已经在荒山上种满了玉米。村里人只好争相去向她买秸秆。张娜没费多大劲，就赚了很多钱。当许多人计较着眼前利益时，有智慧的人却把目光放到了将来。比金钱更重要的，往往是一个人的远见。

87. 关于那种帽子，可以知道什么？
　　A 可以防水　　　　　　B 很结实
　　C 只能手洗　　　　　　D 不受中老年的欢迎

88. 刚开始他们对张娜的行为怎么想？
　　A 很担心　　　　　　　B 感到可笑
　　C 游手好闲　　　　　　D 非常聪明

89. 关于张娜，可以知道：
　　A 离开了村庄　　　　　B 自学编织帽子
　　C 种了很多玉米　　　　D 开了帽子店铺

90. 最适合做上文标题的是：
　　A 农民的苦恼　　　　　B 结实的帽子
　　C 玉米的效果　　　　　D 最后的赢家

# 三、书写

## 第一部分

第91-98题：完成句子。

例如： 发表　　这篇论文　　什么时候　　是　　的

这篇论文是什么时候发表的?

91. 那种　　植物靠　　来传播种子　　风

92. 嘉宾　　进入会场就座　　陆续　　已经

93. 她　　很　　犹豫　　表现得

94. 这种　　不利于　　家庭　　孩子成长

95. 他　　把　　工作上　　所有的注意力　　都放在

96. 他的话里　　信心和　　充满了　　力量

97. 身体状态　　良好　　他目前的　　非常

98. 我们　　新鲜空气　　呼吸　　森林里的　　着

# 第二部分

第99-100题：写短文。

99. 请结合下列词语（要全部使用，顺序不分先后），写一篇80字左右的短文。

网络　　　　缺乏　　　　获得　　　　合理　　　　安慰

100. 请结合这张图片写一篇80字左右的短文。

# HSK（五级）答题卡

## 汉语水平考试　　HSK　　答题卡

―― 请填写考生信息 ――

按照考试证件上的姓名填写：

姓名

如果有中文姓名，请填写：

中文姓名

| 考生序号 | [0] [1] [2] [3] [4] [5] [6] [7] [8] [9]<br>[0] [1] [2] [3] [4] [5] [6] [7] [8] [9]<br>[0] [1] [2] [3] [4] [5] [6] [7] [8] [9]<br>[0] [1] [2] [3] [4] [5] [6] [7] [8] [9] |
|---|---|

―― 请填写考点信息 ――

| 考点代码 | [0] [1] [2] [3] [4] [5] [6] [7] [8] [9]<br>[0] [1] [2] [3] [4] [5] [6] [7] [8] [9]<br>[0] [1] [2] [3] [4] [5] [6] [7] [8] [9]<br>[0] [1] [2] [3] [4] [5] [6] [7] [8] [9]<br>[0] [1] [2] [3] [4] [5] [6] [7] [8] [9]<br>[0] [1] [2] [3] [4] [5] [6] [7] [8] [9]<br>[0] [1] [2] [3] [4] [5] [6] [7] [8] [9] |
|---|---|
| 国籍 | [0] [1] [2] [3] [4] [5] [6] [7] [8] [9]<br>[0] [1] [2] [3] [4] [5] [6] [7] [8] [9]<br>[0] [1] [2] [3] [4] [5] [6] [7] [8] [9] |
| 年龄 | [0] [1] [2] [3] [4] [5] [6] [7] [8] [9]<br>[0] [1] [2] [3] [4] [5] [6] [7] [8] [9] |
| 性别 | 男　[1]　　　女　[2] |

注意　请用2B铅笔这样写：■

**一、听力**

1. [A][B][C][D]　　6. [A][B][C][D]　　11. [A][B][C][D]　　16. [A][B][C][D]　　21. [A][B][C][D]
2. [A][B][C][D]　　7. [A][B][C][D]　　12. [A][B][C][D]　　17. [A][B][C][D]　　22. [A][B][C][D]
3. [A][B][C][D]　　8. [A][B][C][D]　　13. [A][B][C][D]　　18. [A][B][C][D]　　23. [A][B][C][D]
4. [A][B][C][D]　　9. [A][B][C][D]　　14. [A][B][C][D]　　19. [A][B][C][D]　　24. [A][B][C][D]
5. [A][B][C][D]　　10. [A][B][C][D]　　15. [A][B][C][D]　　20. [A][B][C][D]　　25. [A][B][C][D]
26. [A][B][C][D]　　31. [A][B][C][D]　　36. [A][B][C][D]　　41. [A][B][C][D]
27. [A][B][C][D]　　32. [A][B][C][D]　　37. [A][B][C][D]　　42. [A][B][C][D]
28. [A][B][C][D]　　33. [A][B][C][D]　　38. [A][B][C][D]　　43. [A][B][C][D]
29. [A][B][C][D]　　34. [A][B][C][D]　　39. [A][B][C][D]　　44. [A][B][C][D]
30. [A][B][C][D]　　35. [A][B][C][D]　　40. [A][B][C][D]　　45. [A][B][C][D]

**二、阅读**

46. [A][B][C][D]　　51. [A][B][C][D]　　56. [A][B][C][D]　　61. [A][B][C][D]　　66. [A][B][C][D]
47. [A][B][C][D]　　52. [A][B][C][D]　　57. [A][B][C][D]　　62. [A][B][C][D]　　67. [A][B][C][D]
48. [A][B][C][D]　　53. [A][B][C][D]　　58. [A][B][C][D]　　63. [A][B][C][D]　　68. [A][B][C][D]
49. [A][B][C][D]　　54. [A][B][C][D]　　59. [A][B][C][D]　　64. [A][B][C][D]　　69. [A][B][C][D]
50. [A][B][C][D]　　55. [A][B][C][D]　　60. [A][B][C][D]　　65. [A][B][C][D]　　70. [A][B][C][D]
71. [A][B][C][D]　　76. [A][B][C][D]　　81. [A][B][C][D]　　86. [A][B][C][D]
72. [A][B][C][D]　　77. [A][B][C][D]　　82. [A][B][C][D]　　87. [A][B][C][D]
73. [A][B][C][D]　　78. [A][B][C][D]　　83. [A][B][C][D]　　88. [A][B][C][D]
74. [A][B][C][D]　　79. [A][B][C][D]　　84. [A][B][C][D]　　89. [A][B][C][D]
75. [A][B][C][D]　　80. [A][B][C][D]　　85. [A][B][C][D]　　90. [A][B][C][D]

**三、书写**

91. _____

92. _____

93. _____

94. _____

95. _____

96. _____

97. _____

98. _____

99.

100.

请不要写到框线以外！

# HSK（五级）答题卡

## 汉语水平考试　　HSK　　答题卡

——— 请填写考生信息 ———

按照考试证件上的姓名填写：

姓名

如果有中文姓名，请填写：

中文姓名

考生序号: [0] [1] [2] [3] [4] [5] [6] [7] [8] [9]　[0] [1] [2] [3] [4] [5] [6] [7] [8] [9]　[0] [1] [2] [3] [4] [5] [6] [7] [8] [9]　[0] [1] [2] [3] [4] [5] [6] [7] [8] [9]

——— 请填写考点信息 ———

考点代码: [0] [1] [2] [3] [4] [5] [6] [7] [8] [9]　[0] [1] [2] [3] [4] [5] [6] [7] [8] [9]　[0] [1] [2] [3] [4] [5] [6] [7] [8] [9]　[0] [1] [2] [3] [4] [5] [6] [7] [8] [9]　[0] [1] [2] [3] [4] [5] [6] [7] [8] [9]　[0] [1] [2] [3] [4] [5] [6] [7] [8] [9]　[0] [1] [2] [3] [4] [5] [6] [7] [8] [9]

国籍: [0] [1] [2] [3] [4] [5] [6] [7] [8] [9]　[0] [1] [2] [3] [4] [5] [6] [7] [8] [9]　[0] [1] [2] [3] [4] [5] [6] [7] [8] [9]

年龄: [0] [1] [2] [3] [4] [5] [6] [7] [8] [9]　[0] [1] [2] [3] [4] [5] [6] [7] [8] [9]

性别: 男 [1]　女 [2]

注意　请用2B铅笔这样写：▬

## 一、听力

1. [A][B][C][D]
2. [A][B][C][D]
3. [A][B][C][D]
4. [A][B][C][D]
5. [A][B][C][D]
6. [A][B][C][D]
7. [A][B][C][D]
8. [A][B][C][D]
9. [A][B][C][D]
10. [A][B][C][D]
11. [A][B][C][D]
12. [A][B][C][D]
13. [A][B][C][D]
14. [A][B][C][D]
15. [A][B][C][D]
16. [A][B][C][D]
17. [A][B][C][D]
18. [A][B][C][D]
19. [A][B][C][D]
20. [A][B][C][D]
21. [A][B][C][D]
22. [A][B][C][D]
23. [A][B][C][D]
24. [A][B][C][D]
25. [A][B][C][D]
26. [A][B][C][D]
27. [A][B][C][D]
28. [A][B][C][D]
29. [A][B][C][D]
30. [A][B][C][D]
31. [A][B][C][D]
32. [A][B][C][D]
33. [A][B][C][D]
34. [A][B][C][D]
35. [A][B][C][D]
36. [A][B][C][D]
37. [A][B][C][D]
38. [A][B][C][D]
39. [A][B][C][D]
40. [A][B][C][D]
41. [A][B][C][D]
42. [A][B][C][D]
43. [A][B][C][D]
44. [A][B][C][D]
45. [A][B][C][D]

## 二、阅读

46. [A][B][C][D]
47. [A][B][C][D]
48. [A][B][C][D]
49. [A][B][C][D]
50. [A][B][C][D]
51. [A][B][C][D]
52. [A][B][C][D]
53. [A][B][C][D]
54. [A][B][C][D]
55. [A][B][C][D]
56. [A][B][C][D]
57. [A][B][C][D]
58. [A][B][C][D]
59. [A][B][C][D]
60. [A][B][C][D]
61. [A][B][C][D]
62. [A][B][C][D]
63. [A][B][C][D]
64. [A][B][C][D]
65. [A][B][C][D]
66. [A][B][C][D]
67. [A][B][C][D]
68. [A][B][C][D]
69. [A][B][C][D]
70. [A][B][C][D]
71. [A][B][C][D]
72. [A][B][C][D]
73. [A][B][C][D]
74. [A][B][C][D]
75. [A][B][C][D]
76. [A][B][C][D]
77. [A][B][C][D]
78. [A][B][C][D]
79. [A][B][C][D]
80. [A][B][C][D]
81. [A][B][C][D]
82. [A][B][C][D]
83. [A][B][C][D]
84. [A][B][C][D]
85. [A][B][C][D]
86. [A][B][C][D]
87. [A][B][C][D]
88. [A][B][C][D]
89. [A][B][C][D]
90. [A][B][C][D]

## 三、书写

91. _____

92. _____

93. _____

94. _____

95. _____
96. _____
97. _____
98. _____

99.

100.

请不要写到框线以外!

# HSK（五级）答题卡

## 汉语水平考试　　HSK　　答题卡

请填写考生信息

按照考试证件上的姓名填写：

姓名

如果有中文姓名，请填写：

中文姓名

考生序号
[0] [1] [2] [3] [4] [5] [6] [7] [8] [9]
[0] [1] [2] [3] [4] [5] [6] [7] [8] [9]
[0] [1] [2] [3] [4] [5] [6] [7] [8] [9]
[0] [1] [2] [3] [4] [5] [6] [7] [8] [9]

请填写考点信息

考点代码
[0] [1] [2] [3] [4] [5] [6] [7] [8] [9]
[0] [1] [2] [3] [4] [5] [6] [7] [8] [9]
[0] [1] [2] [3] [4] [5] [6] [7] [8] [9]
[0] [1] [2] [3] [4] [5] [6] [7] [8] [9]
[0] [1] [2] [3] [4] [5] [6] [7] [8] [9]
[0] [1] [2] [3] [4] [5] [6] [7] [8] [9]
[0] [1] [2] [3] [4] [5] [6] [7] [8] [9]

国籍
[0] [1] [2] [3] [4] [5] [6] [7] [8] [9]
[0] [1] [2] [3] [4] [5] [6] [7] [8] [9]
[0] [1] [2] [3] [4] [5] [6] [7] [8] [9]

年龄
[0] [1] [2] [3] [4] [5] [6] [7] [8] [9]
[0] [1] [2] [3] [4] [5] [6] [7] [8] [9]

性别　　男 [1]　　女 [2]

注意　请用2B铅笔这样写：■

一、听力

1. [A][B][C][D]　　6. [A][B][C][D]　　11. [A][B][C][D]　　16. [A][B][C][D]　　21. [A][B][C][D]
2. [A][B][C][D]　　7. [A][B][C][D]　　12. [A][B][C][D]　　17. [A][B][C][D]　　22. [A][B][C][D]
3. [A][B][C][D]　　8. [A][B][C][D]　　13. [A][B][C][D]　　18. [A][B][C][D]　　23. [A][B][C][D]
4. [A][B][C][D]　　9. [A][B][C][D]　　14. [A][B][C][D]　　19. [A][B][C][D]　　24. [A][B][C][D]
5. [A][B][C][D]　　10. [A][B][C][D]　　15. [A][B][C][D]　　20. [A][B][C][D]　　25. [A][B][C][D]
26. [A][B][C][D]　　31. [A][B][C][D]　　36. [A][B][C][D]　　41. [A][B][C][D]
27. [A][B][C][D]　　32. [A][B][C][D]　　37. [A][B][C][D]　　42. [A][B][C][D]
28. [A][B][C][D]　　33. [A][B][C][D]　　38. [A][B][C][D]　　43. [A][B][C][D]
29. [A][B][C][D]　　34. [A][B][C][D]　　39. [A][B][C][D]　　44. [A][B][C][D]
30. [A][B][C][D]　　35. [A][B][C][D]　　40. [A][B][C][D]　　45. [A][B][C][D]

二、阅读

46. [A][B][C][D]　　51. [A][B][C][D]　　56. [A][B][C][D]　　61. [A][B][C][D]　　66. [A][B][C][D]
47. [A][B][C][D]　　52. [A][B][C][D]　　57. [A][B][C][D]　　62. [A][B][C][D]　　67. [A][B][C][D]
48. [A][B][C][D]　　53. [A][B][C][D]　　58. [A][B][C][D]　　63. [A][B][C][D]　　68. [A][B][C][D]
49. [A][B][C][D]　　54. [A][B][C][D]　　59. [A][B][C][D]　　64. [A][B][C][D]　　69. [A][B][C][D]
50. [A][B][C][D]　　55. [A][B][C][D]　　60. [A][B][C][D]　　65. [A][B][C][D]　　70. [A][B][C][D]
71. [A][B][C][D]　　76. [A][B][C][D]　　81. [A][B][C][D]　　86. [A][B][C][D]
72. [A][B][C][D]　　77. [A][B][C][D]　　82. [A][B][C][D]　　87. [A][B][C][D]
73. [A][B][C][D]　　78. [A][B][C][D]　　83. [A][B][C][D]　　88. [A][B][C][D]
74. [A][B][C][D]　　79. [A][B][C][D]　　84. [A][B][C][D]　　89. [A][B][C][D]
75. [A][B][C][D]　　80. [A][B][C][D]　　85. [A][B][C][D]　　90. [A][B][C][D]

三、书写

91. _____
92. _____
93. _____
94. _____

95. _____

96. _____

97. _____

98. _____

99.

100.

# HSK（五级）答题卡

## 汉语水平考试　　HSK　　答题卡

──请填写考生信息──

按照考试证件上的姓名填写：

姓名

如果有中文姓名，请填写：

中文姓名

考生序号　[0] [1] [2] [3] [4] [5] [6] [7] [8] [9]
　　　　　[0] [1] [2] [3] [4] [5] [6] [7] [8] [9]
　　　　　[0] [1] [2] [3] [4] [5] [6] [7] [8] [9]
　　　　　[0] [1] [2] [3] [4] [5] [6] [7] [8] [9]

──请填写考点信息──

考点代码　[0] [1] [2] [3] [4] [5] [6] [7] [8] [9]
　　　　　[0] [1] [2] [3] [4] [5] [6] [7] [8] [9]
　　　　　[0] [1] [2] [3] [4] [5] [6] [7] [8] [9]
　　　　　[0] [1] [2] [3] [4] [5] [6] [7] [8] [9]
　　　　　[0] [1] [2] [3] [4] [5] [6] [7] [8] [9]
　　　　　[0] [1] [2] [3] [4] [5] [6] [7] [8] [9]
　　　　　[0] [1] [2] [3] [4] [5] [6] [7] [8] [9]

国籍　　　[0] [1] [2] [3] [4] [5] [6] [7] [8] [9]
　　　　　[0] [1] [2] [3] [4] [5] [6] [7] [8] [9]
　　　　　[0] [1] [2] [3] [4] [5] [6] [7] [8] [9]

年龄　　　[0] [1] [2] [3] [4] [5] [6] [7] [8] [9]
　　　　　[0] [1] [2] [3] [4] [5] [6] [7] [8] [9]

性别　　　男 [1]　　　女 [2]

注意　请用2B铅笔这样写：■

## 一、听力

1. [A][B][C][D]　　6. [A][B][C][D]　　11. [A][B][C][D]　　16. [A][B][C][D]　　21. [A][B][C][D]
2. [A][B][C][D]　　7. [A][B][C][D]　　12. [A][B][C][D]　　17. [A][B][C][D]　　22. [A][B][C][D]
3. [A][B][C][D]　　8. [A][B][C][D]　　13. [A][B][C][D]　　18. [A][B][C][D]　　23. [A][B][C][D]
4. [A][B][C][D]　　9. [A][B][C][D]　　14. [A][B][C][D]　　19. [A][B][C][D]　　24. [A][B][C][D]
5. [A][B][C][D]　　10. [A][B][C][D]　　15. [A][B][C][D]　　20. [A][B][C][D]　　25. [A][B][C][D]
26. [A][B][C][D]　　31. [A][B][C][D]　　36. [A][B][C][D]　　41. [A][B][C][D]
27. [A][B][C][D]　　32. [A][B][C][D]　　37. [A][B][C][D]　　42. [A][B][C][D]
28. [A][B][C][D]　　33. [A][B][C][D]　　38. [A][B][C][D]　　43. [A][B][C][D]
29. [A][B][C][D]　　34. [A][B][C][D]　　39. [A][B][C][D]　　44. [A][B][C][D]
30. [A][B][C][D]　　35. [A][B][C][D]　　40. [A][B][C][D]　　45. [A][B][C][D]

## 二、阅读

46. [A][B][C][D]　　51. [A][B][C][D]　　56. [A][B][C][D]　　61. [A][B][C][D]　　66. [A][B][C][D]
47. [A][B][C][D]　　52. [A][B][C][D]　　57. [A][B][C][D]　　62. [A][B][C][D]　　67. [A][B][C][D]
48. [A][B][C][D]　　53. [A][B][C][D]　　58. [A][B][C][D]　　63. [A][B][C][D]　　68. [A][B][C][D]
49. [A][B][C][D]　　54. [A][B][C][D]　　59. [A][B][C][D]　　64. [A][B][C][D]　　69. [A][B][C][D]
50. [A][B][C][D]　　55. [A][B][C][D]　　60. [A][B][C][D]　　65. [A][B][C][D]　　70. [A][B][C][D]
71. [A][B][C][D]　　76. [A][B][C][D]　　81. [A][B][C][D]　　86. [A][B][C][D]
72. [A][B][C][D]　　77. [A][B][C][D]　　82. [A][B][C][D]　　87. [A][B][C][D]
73. [A][B][C][D]　　78. [A][B][C][D]　　83. [A][B][C][D]　　88. [A][B][C][D]
74. [A][B][C][D]　　79. [A][B][C][D]　　84. [A][B][C][D]　　89. [A][B][C][D]
75. [A][B][C][D]　　80. [A][B][C][D]　　85. [A][B][C][D]　　90. [A][B][C][D]

## 三、书写

91. _____

92. _____

93. _____

94. _____

95.
96.
97.
98.
99.
100.

请不要写到框线以外!

# 파고다
# HSK 문제집
5급 실전모의고사